U0947552

# 广州沧桑录

（1911—1949）

冯沛祖◎著

南方出版传媒
花城出版社
中国·广州

图书在版编目（CIP）数据

广州沧桑录 : 1911—1949 / 冯沛祖著. -- 广州 : 花城出版社, 2020.5
ISBN 978-7-5360-8988-4

Ⅰ. ①广… Ⅱ. ①冯… Ⅲ. ①城市史－广州－1911-1949 Ⅳ. ①K296.51

中国版本图书馆CIP数据核字(2019)第226836号

出 版 人：肖延兵
责任编辑：李　谓　李加联
技术编辑：凌春梅
装帧设计：林　希

---

书　　名　广州沧桑录：1911—1949
　　　　　GUANGZHOU CANGSANG LU 1911—1949
出版发行　花城出版社
　　　　　（广州市环市东路水荫路 11 号）
经　　销　全国新华书店
印　　刷　佛山市浩文彩色印刷有限公司
　　　　　（广东省佛山市南海区狮山科技工业园 A 区）
开　　本　787 毫米×1092 毫米　16 开
印　　张　34　1 插页
字　　数　825,000 字
版　　次　2020 年 5 月第 1 版　2020 年 5 月第 1 次印刷
定　　价　98.00 元

---

如发现印装质量问题，请直接与印刷厂联系调换。
购书热线：020－37604658　37602954
花城出版社网站：http://www.fcph.com.cn

# 目录

contents

## 第四章　古城终结



## 第五章　拆城开马路，建现代都市



## 第六章　濠渠·水道·桥梁



## 第七章　市政公用事业

## 第八章　建筑·居宅



## 第九章　文化



## 第十章　医疗慈善事业



## 第十一章　商业

1912年1月1日，中华民国建立。广州隶属于中华民国政府。一度成为全国政治中心。

广东军政府、广东都督府、督军府、陆海军大元帅府、民政长公署、巡按使公署、省长公署、省政府、两广军务督办府、巡阅使公署、总统府、大本营、国民政府、广州行营、华南军政长官公署等高级军政机关，均先后设在广州。

1918年，筹建市制，广州以省会设市。

1921年2月，广州市正式建立，广州市区成为独立的行政区域，开我国京都以外城市型行政区域设立之先河。这时的广州市区，已远远超出传统古城的范围。

1923年12月，广州市政厅拟定广州市权宜区域范围，“东至东圃车陂，南极河南黄埔，北尽白云山，西达增埗对河之两岛”（1934年版《广州指南》），正式确定完整的市区划界。

1924年1月6日，核准广州市拟定区域，以后照界管辖。1930年，在交界地点立石碑，刻“广州市界”及“中华民国十九年立”等字样。

1925年7月1日，中华民国国民政府正式宣告建立。定都广州市，广州又称穗京。同月，改广州市政厅为广州市政府，并增设市政委员会。

1926年7月，国民革命军在东校场誓师北伐。广州成为北伐战争的策源地。

1929年8月，改市政委员长为市长。

1930年1月，广州称特别市，直隶中央，仍为广东省省会。8月取消特别市，改为广州市，隶属于广东省政府。

1931年7月6日，广州市政府工务局公布本市权宜区域范围。

1936年7月，陈济棠下野，还政中央。

1938年10月，日军攻陷广州，省府迁粤北。

1940年4月7日，汪伪广州市政府成立。8月，重庆国民政府任命何彤为广州市市长。

1945年8月，抗战胜利，汪伪广州市政府解体。9月1日，广东省政府任命了新的市政府。

1947年1月7日，国民政府公布广州市改行政院辖市。

1947年3月29日，广州市改为特别市。6月，改为国民政府行政院院辖市，由中央直辖，但仍为广东省省会。面积235.35平方公里。

1949年4月，南京国民党政府南迁广州。10月14日，解放军进入广州城，国民党统治结束。历史掀开新的一页。

民国是广州从古城走向现代都市的时期，其最显著变化和发展主要有如下数端：

一、拆去明清两代古城墙，从此真正地告别古代，进入现代。

在城基上修筑了今天的越秀北路、越秀中路、越秀南路（北段）、文明路、大南路、大德路、人民北路、人民中路、人民南路（北段）、盘福路、万福路、泰康路、一德路等马路。呈现出一个现代都市的面貌。

城墙拆去，城区迅速向东、南、西方向不断扩展。民国七年（1918）广州设市政公所，全市面积30平方公里。到1949年，全市面积248.60平方公里，市区建成区面积36平方公里。其间又经历多次扩展市界及行政区划调整。

二、辟建马路成路网。

晚清时在城区内辟建了第一条马路天字码头江岸马路，第一条城郊马路东沙路，走的是手拉车、马车，不是现代汽车。民国时期城墙拆去，城基修筑马路，同时逐步将主要城中城郊干道拓宽辟建为马路，越辟越多，呈棋盘式，终成路网。加上街巷整治，市内外交通得到极大改善。

三、骑楼商业街广泛而大规模的兴建。

四、现代高层建筑的大规模兴建。

五、1933年2月建成海珠桥，珠江南北两岸自此连通。

六、东山城区的形成与西式新村的建设。

七、现代交通工具的出现与发展。

市面上奔走着各式汽车，逐渐取代轿子、黄包车、手拉车、马车等。珠江上出现了现代电船火轮船，逐渐取代横水渡。这是民国以前从来没有过的。

以上数端，使广州古城风貌发生了脱胎换骨式的改变。

大革命时代，国共两党合作，改变了社会与人们的思想观念。后两党决裂，广州暴动。影响了中国的历史发展进程。

民国时期广州城市的建设发展，基本上是在抗日战争之前。这一时期城市建设发展较快，城貌改观，今天广州城区道路、坊巷、标志性建筑的布局，大体形成于此时。

沦陷时期，苦难深重，城建基本停顿。胜利后曾出现过短暂繁荣，随后内战爆发，民生维艰，元气大伤，几乎乏善可陈。

# 第一章 战乱连绵

## 一、广东军政府·解散民军

1911年10月10日，武昌起义爆发。随后不到一个月，全国有10个省及上海宣布独立。11月9日上午，广东宣布独立。11月10日，广东军政府正式成立。广州光复。

胡汉民任广东军政府都督，陈炯明为副都督，廖仲恺、丘逢甲、朱执信等人为各部正副部长。

广东军政府废除了清朝的府、直隶州、州、厅的建置，将全省划分为六道，设观察使（后改为道严），道下辖县，设知事。

从广东军政府成立到民国六年（1917），广州沿清制，无常设军事机构，由驻军担负广州市区和郊区的守备、警备等军事任务。

光复后的广州城，新旧政权变换，社会秩序极其混乱，并非一个升平世界。

造成这种混乱局面，主要是省城内留下大批反正的新军、防营、绿营、旗营等，与纷纷入城、号称10万之众的民军矛盾很大。“民军以首义自居，视他军如降虏；他军则薄视民军为起自草泽绿林。”广东都督胡汉民“审视各部分之性质”，采取“先巩固新军，使其居中不动，作诸军之监视，而张民军之势，以压迫降军与防营”的策略，颁布军令8条：

1. 不听号令者斩；
2. 反正之营勇、军警与有敢与守法之国民为难者斩；
3. 既经反正之营勇、军警，如有敢向之勒令缴械者斩；

4．强买强卖者斩；

5．各乡自卫之枪械，如经颁布命令后，仍有敢向之勒令缴出者斩；

6．保护外人生命财产者赏；

7．恪守军令大功劳者赏；

8．能维持社会治安者赏。

同时，划定驻防范围：城内治安，由桂军（龙济光部）、旗军负责；城外治安，由新军、水师负责。

胡汉民命胡毅生、李文范成立军务处，管理旧军。委派龙济光部到钦廉剿匪。

当时广州城中盗匪横行，烟馆赌馆遍布，劫杀案件频发，社会秩序混乱。

光复之初，原清廷的旧官吏几乎跑个精光。都督胡汉民建立广东军政府，任命铁腕人物陈景华为民政部长兼省会警察厅长，整顿治安。

陈景华是广东警察史上一个颇具传奇色彩的人物。他本是革命党人，反清志士。清末刘思复谋刺李准被捕，多得他暗中援救才获释赴港。现在他受任省城治安首长，上任后，随即建立一支素质较好的警察队伍，严厉打击横行市井、无恶不作的“百二友”（由120个匪徒组合而成的抢劫团伙）、“救世军”等抢劫集团。厉行禁赌、禁娼，收养不堪受虐的婢女、侍妾、童养媳、尼姑、幼妓等。建立户籍管理制度，健全各级警察机构。使社会治安明显好转。

不过陈景华因而得罪了不少人。相传他曾不动声色地处决过百二人（当时处决犯人的地方主要在东校场，也有在长堤）。1913年中秋节他在镇海楼被龙济光枪杀后，因棺材店相约不出售棺材与他成殓，以致暴尸多日。

1911年12月21日，孙中山经香港归国，要胡汉民随往上海组织民国政府。胡即辞去广东都督职务，由陈炯明代理。陈遂回省就职。

1911年12月24日，广东临时议会在广州成立。其中女性议员10名，开中国妇女参政之先声。议会推举汪精卫为广东都督，因汪坚辞，陈炯明仍留任。

1911年12月29日，独立之粤、桂、奉、直、豫、鲁、晋、陕、苏、皖、赣、闽、浙、湘、鄂、川、滇十七省代表在南京集会，选举孙中山为临时大总统。

1912年1月1日，孙中山在南京就任中华民国临时大总统。2月13日辞去临时大总统职务，让位于袁世凯，4月1日正式解职。

其间，广东军政府曾出师北伐。

1911年11月下旬，北洋军攻下汉阳，南京被包围。广东军政府组织北伐军共8000人，在12月上旬从广州北上救援。三战皆捷。在南北议和达成协议后（这个协议使袁世凯成了大总统）退驻南京，1912年5月自动解散。自作战以来，广东北伐军阵亡将士20人，伤病死者34人。1912年3月，这54名烈士被葬于南京莫愁湖畔，墓名“建国粤军烈士墓”。孙中山亲题“建国成仁”四字勒石。广东北伐军总司令姚雨平撰联歌咏：“渡江率子弟八千，淮上收功，破虏永除专制政；流血数健儿二十，国殇不死，雄风长在莫愁湖。”

“建国粤军烈士墓”建成之际，陈炯明正着手以武力解散聚集在广州城中的民军。

1911年12月，四乡八镇的各路民军约44支队伍，约共10万之众相继开入广州城厢内外。其中以陈炯明的循军和王和顺的惠军人数最多，势力最大。4000人以上的民军还有澳字军、兰字军、康字军、建字军。4000人以下的有25路，共计2.5万人。人数未详者，有14路。（以上主要依据当年香港报纸的估算，亦有资料记载民军拥入广州最多时达50余路约14万人。）

这些民军各部互不相属，品流复杂，纪律松弛。大部分是无业游民、绿林会党，甚至有山贼海盗；还有市井无赖、地痞流氓、贩夫走卒、破产农民，基本上是抱着“捞一番新世界”来到省城，各据地盘，包烟庇赌，嫖赌饮吹，抢劫商铺，寻衅斗殴，无所不为。比较吓人的是石字营首领石锦泉竟然在多宝路当街杀人。另传他令手下在咨议局门前将跟他有嫌怨的原清新军标统秦觉劫持，当场挖出其五脏六腑，悬挂路旁树上。

当时的广州城中，到处是三五成群、四出游荡的民军。一到晚上，所有街闸关闭，断绝行人，气氛恐怖。一群商人联名给各报馆主笔写信，把广州形容为“行者居者常有戒心，商务凋零，乱机隐伏，如弓在弦”的盗贼世界。

民团总局局长先后由刘永福（晚清中法战争时期黑旗军统领）、何克夫、黄世仲（与民军素有联络的著名记者、作家）担任，但根本约束不了这些民军。

这种状况对新政权与广州治安显然构成了严重威胁。

身为广东都督的陈炯明将所部循军编为正规陆军，加强装备。他决意解散民军，一为巩固政权与安定社会，二为减少支出，因为当时广东军政府要给民军支付军饷，而自身财政却十分困难，故民军常有“追饷闹事”之举。

晚清时的广东财政收入，大部分靠赌饷和其他苛捐杂税。辛亥四月间，实行禁赌，光复后又宣布废除苛捐杂税，收入大为减缩。光复后数月间，政费和军饷主要是靠香港各地华侨的捐助和广州住户、商店的捐租来维持的，入不敷出。整理财政是陈炯明代理都督后的当务之急。

陈炯明初时用较为温和的办法来解决民军问题。他把民军中最弱的一部分解散，另一部分送去北伐。广州街头的民军少了，治安渐有好转。随后，把各路民军首领召集到军团协商，说明“民军编遣，势在必行”。赫赫有名的民国元勋朱执信亦出面劝告各路统领服从编遣，不要在省城滋事。开始时遭到反对，吵吵嚷嚷到深夜，最后大都表示服从。

2月27日，一批军政府购买的军火运抵广州。石字营首领石锦泉拉了一队人马，赶赴虎门去打算截劫军火。陈炯明闻讯大怒，下令都督府军政司副司长魏邦平率军追上他们，一网打尽。

当晚大批陆军开入广州城内戒备，在各主要路口布哨巡逻。都督府和大佛寺门外，挖起街石垒成炮台，架起机关炮，气氛异常紧张。魏邦平在去虎门的途中拿获了石锦泉，把他押回省城。另外一支4000人的军队则包围了石字营的总部，把石锦泉的部下统统缴械，遣散回乡。营地由政府新军进驻接管。当晚全城肃静，没有哗变。

石锦泉被直接押到都督府后院枪决。

宣布石锦泉罪状的告示随即张贴全城，并送到各大报馆。陈炯明发出严厉警告：“其余军队务宜各守本职，勿蹈覆辙。”

惠字军首领王和顺、仁字军首领关仁甫和协字军首领杨万夫，惊惶不安，担心自己成为石锦泉第二，于是匆匆结盟，相约在受到攻击时，互相支援。

王和顺是老同盟会员，曾追随孙文参加过镇南关起义，在江湖上颇有威名。

对陈炯明来说，这三军结盟显然是一个危险信号，若不能制止，所有民军都会群起效法。

那么政权瓦解，将为期不远。但如果公开宣战，则可能会三面受敌，甚至会有更多的民军趁火打劫。这真是一个危险的时刻。

陈炯明和朱执信、邓铿等人在咨议局商量了一个晚上，一致认为，必须采取有效措施，裁抑民军。

从3月1日开始，陈炯明把龙济光的济军调回省城，在城厢内外遍布巡查军，以资震慑。在不到10天内，宣布编遣民军40多营，共3万多人。大部分民军自知无力抗拒，只好服从；更有两位民军首领主动提出解甲归田，以换取政府的恩饷功牌。陈炯明立即明令褒奖，并赠送一块写着“追踪张范”的牌匾——张、范指古代名人张良和范蠡，他们在功成名就之后，都选择了急流勇退。

王和顺不肯屈从，他认为自己资格比陈炯明老，和孙中山的关系比陈炯明深，因而比陈炯明更有资格担任广东都督。他公开指责陈炯明“自任职以来，擅作淫威，厉行专制，与革命宗旨大相违悖”。至此双方摊牌，只能武力解决了。

从3月7日开始，城里的新军渐渐向东堤、南关逼近，形成包围，把盘踞大南门一带的惠字军、东堤的仁字军、归德门的协字军分隔开来。双方发生了一些零星枪战。陈炯明事后报告，称惠军“率先狙击派出巡查军队，经理员弹压，彼并击所派人，致毙排长一人，从卒三人，伤数人”。究竟谁先开了第一枪，已无从查究。

3月9日晚上，邓铿奉陈炯明之命去见王和顺，劝他不要破坏大局。王坚决不从。

3月10日，双方终于爆发大战。惠军副司令陆梅指挥开炮轰击都督府，全城为之震撼。陈炯明迅速调兵围剿。仁字军首领关仁甫和协字军首领杨万夫果然出兵策应，但未能遏制政府军的凌厉攻势。其他民军大部分采隔岸观火立场。街上店铺，到处飘扬着“中立”的旗帜。

天字码头、永汉街（今北京路）、财政司署前、仓前街、广府街等地先后发生了枪战。长堤、南关一带战况尤烈。政府军步步进逼，把盘踞在大南门附近的惠军赶出来加以清剿。这些民军本来就没有什么战斗力，此时更是乱作一团，很快后撤。

陈炯明宣布，只要投降交枪，每支枪可领回枪价银15元，一律不复究办，“或愿归农，或愿编归吴协统部下，均听其便”，“倘仍助虐肆凶，定受严剿”。惠军士气顷刻瓦解，士兵纷纷向巡警区所和新军缴枪，然后揣了15大元，溜之乎也。

3月12日，政府军完全控制了大局。王和顺带着妻子逃往日本。3月19日，政府军攻克被惠军占据的黄埔炮台。3月21日，朱执信兵临虎门，把那里的残余惠军统统缴械遣散。

入民国后发生在广州城中的第一场战乱终于平息。“统共军民死伤逾2000余人”，其中“惠军居八九成，余一二成则为陆军或过路人”。

省议会随后通过决议：“一、请饬知警察厅调查城内外商民，因此次军事损失生命财产实数，分别抚恤。二、请查照本省会知会整理民军原案，实行令城内外民军，务定期限一律迁出远郊空地。三、请责成卫生司，一律将城内外各街道整理洁净。”

开进广州城厢内外的10万民军大约被裁去十分之九。仅陈炯明的循军和李福林的福字军等少数队伍得以保留。

## 二、反袁讨龙·海珠之变·桂军据粤

广州城度过了危机之时，袁世凯当上了中华民国临时大总统，开始践踏共和。1913年3月谋杀了即将在国会选举中可能获胜的国民党领袖宋教仁。

1913年5月1日，广东都督胡汉民通电反袁。6月14日，袁世凯将胡汉民免职，由陈炯明接任。政局危急，孙中山从日本回国，力主发动“二次革命”，武力讨袁。7月18日晚，陈炯明通电讨袁。袁世凯则在7月26日任命龙济光、龙觐光为广东正、副镇抚使，主持广东事务。与二龙联合变节附袁的肇军统领李耀汉，一致反陈。接着，第二师师长苏慎初也叛陈，由沙河出兵炮轰都督府。8月3日，陈炯明被迫出走香港。4日，苏慎初任临时都督，5日，又推举张我权代替苏慎初，苏为之宣布取消广东独立。广东讨袁至此失败。

8月11日，龙济光（1867—1925），这位云南省蒙自县彝族封建土司，进驻广州，正式任都督，兼署民政长、陆军上将，成为袁世凯在粤代理人，忠实走狗。据粤后，龙采取了一系列祸害粤民的措施：

第一，剪除异己，扩编军队。陈景华即为其所杀。又曾悬赏通缉陈炯明，邓铿、朱执信、姚雨平、廖仲恺等革命党人。同时，将所部济军扩编成四个旅，在粤中骄横跋扈。据1914年2月统计，龙济光共拥有军队118个营又2个连。此外，还有警备队、游击队、护沙警察、海军舰艇等。自1913年8月至1916年7月。三年军费支出共达4334.2万元。

第二，横征暴敛，掠夺钱财。龙济光巧立屋、地、米、柴、屠牛、杀猪、售鸡、卖狗、品茗、拜神等名目，强征苛捐杂税。又开放烟、赌，使卖烟、吸毒合法化。1915年，广东赌饷收入达206.4万元。龙还下令“娼寮妓院律复业”，以收取花捐、筵捐。

第三，实行专制独裁。禁止集会结社。先后封闭了《平民报》《中国日报》《中国报》《民生报》等，逮捕编辑。《震旦日报》（曾发表《不斩袁头誓不休》等反袁文章）编辑人康仲荦即为其所杀。

第四，在广州成立“集思广益社”，为袁称帝大造舆论，因而深得袁的赏识，1914年6月，被袁授予振武上将军。袁称帝后，更赐予一等公加郡王衔。孙中山称龙济光“在粤三年，无恶不作”。

1914年9月，中华革命党派邓铿等人回粤主持讨伐龙济光。此后在外县多次举事，均告失败。城里则未能举事，反被龙济光查获捕杀。11月中旬，朱执信、邓铿等策动驻防广州观音山（越秀山）炮兵内应，失败。炮兵数十人被捕杀。

1915年7月17日，龙济光前往其兄龙觐光住宅时，路经积厚坊，中华革命党人钟明光（1881—1915）预伏于此，掷炸弹行刺，伤龙左脚，并击毙击伤其卫士共计17人。钟明光被捕，第二天被凌迟处死。后葬于今广州起义烈士陵园内的四烈士墓。

1915年，广西都督陆荣廷联合唐继尧、岑春煊等滇、粤、黔、桂四省实力派，在肇庆成立军务院。准备进攻广州。

1916年1月，龙济光将精锐军队调离广州前往抵御滇、桂护国军。2月9日，朱执信集合民军，计划兵分三路进攻广州。各路民军千余人集结在广州附近的石湖村，不幸事泄，遭龙济光镇压。接着，中华革命党人又在广州策动了袭击黄埔“肇和”舰事件，亦失败。3月17日，广州革命党人袭击观音山制造局，又失败，6名党人被捕死难。

随着全国护国运动进入高潮，先期反袁独立的桂军陈兵粤桂交界地区，云南护国军也在李烈钧率领下进攻广东。广东的各支讨龙力量，乘龙济光抵御桂粤两支军队、内部力量空虚，加紧军事行动。到1916年3月底，中华革命军占领城镇31处，据有军舰2艘；进步党的护国军占领城镇1处，军舰10艘。肇庆、钦廉、潮汕驻军也相继宣布独立。

4月6日，滇、桂、黔、粤四省军警同盟会为粤独立事向龙济光发出通牒，要龙“24小时内决定大计，表示态度，若逾期不报，则此后唯有自由行动”。护国军舰队驶入广州白鹅潭，声言将开炮攻城。17时，停泊在珠江的宝璧舰向观音山开炮，促龙济光立即宣布独立。龙当即派人上舰协商。19时，在讨袁军压境、境内民军蜂起、部属不稳、四面受敌的窘境中，龙济光被迫通电宣布“独立”（一说4月14日宣告独立，疑误），以作缓兵之计。

因龙济光态度暧昧，所属济军与民军在各地不断发生冲突。省会官员及民军司令徐勤均致电广西，邀陆荣廷、梁启超来粤商讨调和办法。

4月12日，在龙济光的策划下，各方面力量的代表在广州海珠岛水上警署开会，商议广东独立的善后问题以及反袁军与龙济光的合作事项。到会的有两广护国军的代表汤觉顿、徐勤，龙济光的代表贺文彪、颜启汉，中路民军司令吴仲铭，北路民军司令王伟，将军府顾问谭学夔，广东省警察厅长王广龄，商团领袖岑伯著等。

会议由徐勤主持。会上龙济光的代表提出取消护国军名号，改并到广东警卫军问题时，遭到各方的强烈反对，会议为此争执不下。龙的部将颜启汉、潘斯凯和卫士等突然开枪，广西陆荣廷、梁启超的代表汤觉顿、陆军少将谭学夔（将军府顾问）当场中弹毙命，王广龄、吴仲铭、岑伯著亦负重伤，相继身亡；徐勤和王伟逃出会场，幸免于难。史称“海珠凶杀事件”“海珠凶杀案”，或称“海珠之变”。

“海珠之变”使社会各界为之震惊。

龙济光极力推脱责任，出示布告：“据警备厅报告，本日徐君勉邀请各统领在海珠会议。当场言语冲突，开枪互击，旋已各散。现已由本都督加派军队严密逡巡弹压，维持秩序。商民人等务即各安生业。毋得悖惶。”对何人是凶手，此案如何了结则一字不提。后龙下令枪决参与策划密谋此案的四省禁烟督办蔡乃煌，了结此案。

孙中山、朱执信、陈炯明及各路民军均主张用武力驱逐龙济光出广东，朱执信曾与驻肇庆的护国军代表岑春煊商讨了讨龙计划。但梁启超及桂系陆荣廷却以不要境内“自生葛藤”为由，主张对龙济光妥协，以便一致对付袁世凯。

4月19日，龙济光亲赴肇庆，与陆荣廷、岑春煊、梁启超进行谈判。达成五条协议，以龙仍任广东都督为条件，换取龙济光同意即日调兵北伐反袁。然而，龙济光不仅不履行协议出兵北伐，反而以准备北伐为借口，乘机招兵筹饷，扩张私人势力。

1916年6月6日，袁世凯病死北京。7日，黎元洪继任总统，段祺瑞留任，稍后，将袁政府时的国务卿改为国务总理。9日，龙济光宣布取消广东独立，被任命为广东巡按使。广东各界纷纷致电北京政府，要求罢斥龙济光。孙中山致电黎元洪，指出：“龙在粤三年，无恶不作，粤人恶龙，甚于洪水猛兽。此人不去，粤无噍类。政府与民更始维新，万不宜留此奇凶。”7

月6日，北京政府任命龙济光为督办两广矿务，移住琼崖。龙济光自此离开广州。

1916年9月，朱庆澜来广东接任省长。10月，陆荣廷率桂军进入广州。开始了桂系军阀据粤时期。

陆荣廷为控制广东，一方面排挤滇系的朱庆澜，并迫使他于1917年8月辞职；一方面把广西军队大量调粤，增强桂系在广东的实力。广设各项苛捐杂税，开放烟赌，以致“烟苗遍地，赌馆满街”。将广东造币厂所出毫洋运回广西，同时设立广东地方实业银行发行纸币，榨取民财。同时大借内债外债。陆荣廷统治广东五年，计借内外债1665万余元。

## 三、中华民国军政府

1917年7月17日，孙中山自上海来到广州，开展护法活动，住农林试验场。

7月22日，海军总长程璧光在上海发表海军护法宣言，舰队从上海起锚开往广州。南下广州的护法舰队加上次年前来附义的肇和舰，共有舰只11艘，占全国海军总吨位44%。

孙中山在广州组织中华民国军政府。8月上旬，赞成护法的国会议员陆续来到广州。

9月10日，军政府成立。孙中山在广州河南就任中华民国军政府大元帅。陆荣廷、唐继尧任元帅。是夜，广州城万余人举行提灯大会以示庆祝。

9月11日，颁令特任军政府的财政、外交、内政、陆军、海军、交通各部总长。下旬，大元帅府和军政府迁到广州珠江南岸士敏土厂（现海珠区纺织路广东省农机公司所在地）。

1917年11月，莫荣新奉陆荣廷命继陈炳焜之后任广东督军，在军事、财政上对军政府多方掣肘。

1918年1月2日，粤督莫荣新枪杀孙中山卫队连、排长及士兵多人。3日，军政府派员招兵亦被捕杀。

孙中山大怒，于1918年1月3日下令海军、滇军、粤军讨伐莫荣新；并亲登同安、豫章两舰驶至大沙头，于4日凌晨向督军署及各桂军驻地炮轰50余发。但各军均不执行命令，讨莫行动未获成功。莫因虑战端一启不利桂系在广东的统治，令熄灭督军署灯火，没有还击，次日派人言和，许诺尊重军政府，实际依然故我。

1918年1月9日，孙中山向各界解释炮轰督军署是为“表公道，申不平，而使军政府自辟其生路”。

此时，北洋军阀内部皖系与直系矛盾加深，直系冯国璋为了反对皖系，提出南北停战议和。桂、滇系首领准备响应，孙中山坚决反对。

1918年5月4日，滇、桂系军阀通过《军政府组织大纲修正案》，决定以七总裁合议制取代大元帅元首制。同日，孙中山被迫通电辞大元帅职。5月20 日，非常国会选举唐绍仪、唐继尧、孙中山、伍廷芳、林葆怿、陆荣廷、岑春煊七人为总裁，又推举岑春煊为主席总裁。孙中山未就总裁职，于21日离开广州去上海。第一次护法运动以失败告终。

# 四、驱逐桂军·讨桂战争

1920年8月，孙中山命陈炯明率在福建发展壮大起来的粤军回师讨伐桂系军阀。

广东历史上曾声名显赫的粤军，便是从建立援闽粤军开始的。

1917年9月，原广东省省长朱庆澜将桂系军阀控制下的警卫军20营，改为省长亲军，归孙中山元帅府管辖；并在孙中山授意下，任命陈炯明为亲军司令。这支部队备受桂系军阀敌视和刁难。适值北洋军队自福建南侵，粤东告急。为保存一支由军政府直接掌握的武装，将这20个营约5000人组成援闽粤军，开赴粤东。

该军总司令部设在广州越秀南路惠州会馆（今中华全国总工会旧址纪念馆）。12月2日，孙中山任命陈炯明为援闽粤军总司令，邓铿为参谋长。1918年1月12日在广州东郊誓师，开赴潮梅地区整训，5月进军闽南。

现在，这支粤军奉孙中山命回师广东。

1920年8月12日，粤军在福建漳州公园誓师出征，兵分三路回粤讨伐桂系军阀。

陈炯明以“粤人治粤”为号召，赢得广东各地军民的支持。

8月16日，粤军开始发动对桂军的全面进攻，连克诏安、梅县、饶平、潮安、汕头、惠州。消息传到广州，各报发出号外。粤督莫荣新欲掩饰败绩，令广州报纸停刊。

与此同时，朱执信奉孙中山指示策动虎门要塞于9月6日宣布独立，响应粤军回粤。

9月26日，广东省警察厅厅长、原依附桂系的护国第五军军长魏邦平和广惠镇守使李福林率部约2万人于广州河南宣布独立，实行“兵谏”，通电主张“粤人治粤”。响应粤军回粤讨桂。江防舰队的江汉、江巩、江固和广元、广亨、广利、广贞等10余艘军舰，也为魏邦平所控制。江防舰队集中白鹅潭，直接威胁桂系广东督军署。

9月30日，魏邦平、李福林等推举军政府海军次长、广东花县人汤廷光任广东督军。陆荣廷则以索要200万桂军开拔费为由，拖延退出广州。

10月中旬，讨桂粤军进逼广州。20日，广州学生罢课，要求驱逐莫荣新。在广州外围，19日，粤汉铁路广州韶关段机车工人在国民党人策动下举行罢工，拒运桂军，广九铁路工人罢工响应。广东各地农民和香港工人也积极支援讨伐桂系的战争。

10月22日，粤军向广州发起总攻。杨仙逸等粤军飞行员驾机轰炸广州德宣街督军署。桂军在广州的统治秩序开始混乱。

10月24日，岑春煊、林葆怿、温宗尧等桂系军政府四总裁声明辞职。桂系军政府作鸟兽散。

10月25日，广九铁路司机及机器工人，与粤汉铁路工人采取一致行动举行罢工，抗议桂系军阀广东督军莫荣新镇压工商学界罢市罢工。声言“桂不离粤，两路不行车”。

10月29日，陈炯明等部粤军攻克广州，洪兆麟、魏邦平、李福林所部开入广州，陆荣廷桂军残部退往广西，结束了旧桂系军阀在广东的统治。

11月10日，孙中山委任陈炯明为广东省省长兼粤军总司令，邓铿为粤军参谋长，叶举为参谋处长。部队整编为2个军，下辖3个师，邓铿兼第一师师长，驻防广州，司令部驻东堤旧官纸局，各团分驻东、北郊营房及黄埔，兼负警卫广州任务。

陈炯明率援闽粤军回师驱逐桂系军阀时，周天禄率海防舰队宝璧、广金、广玉、广海等舰宣布独立，脱离桂系，被陈炯明委任为广东江防司令。后陈炯明将江防司令部改为水上警察厅，委龙荣轩为厅长，设办事处于广州南堤旧水师行营，将东西北三江和珠江三角洲一带河道，划段分泊，派出舰艇巡逻，负责水上治安。

## 五、非常大总统

1920年11月28日，孙中山重返广州。次日，军政府在广州重开政务会议，建立政府机构。

12月1日，军政府政务总裁孙中山、唐绍仪、伍廷芳、唐继尧等联合发表通电，宣布继续执行职务，并发表建设方针宣言，“以护法诸省为基础，厉行地方自治”。

1921年2月25日，广东海陆军同袍社在东园召开大会。孙中山发表演说，指出“粤军回粤只做到第一步，尚未完全成功”，号召军人“赞助组织政府”。

1921年4月中旬，通过了《中华民国政府组织大纲草案》，规定实行大总统制，组建“正式政府”。孙中山当选“正式政府大总统”。

5月5日，孙中山宣誓就任“大总统”，同时撤销军政府，改为总统府（府址在越秀山南麓今中山纪念堂地）。由于“大总统”是非常国会所选举，故俗称“非常大总统”。广州20万人执旗游行，晚间举行提灯大会以示祝贺。

5月7日起，陆续发表了政府各部总长和次长人选：伍廷芳、伍朝枢分别为外交总长、次长，唐绍仪、廖仲恺分为财政总长、次长，陈炯明为陆军总长兼内政部长，汤廷光为海军总长，李烈钧为参谋总长，马君武为秘书长。

护法政府在外交上争取国际承认，但未获成功。在内政方面，厉行禁赌；进行了中国有史以来第一次民选县长的选举，由有选举权的公民直接选出3名县长候选人，再由省长从中择一任命。全省共选出88个县的县长。

1921年6月27日，孙中山下令讨伐陆荣廷，荡平桂系军阀。8月中旬，粤军占领南宁，滇、粤、赣各军占领桂林。陆荣廷逃出广西，两广遂告统一。

统一两广后，10月15日，孙中山在广州天字码头乘宝璧舰溯江赴广西，在桂林成立北伐大本营，准备北伐。

粤军总司令陈炯明主张联省自治，反对北伐，电辞本兼各职，并取消了对北伐军军饷的接济，截留应解交中央政府的各项税收。

1922年4月21日，非常大总统孙中山下令免除了陈炯明的军政职务。当晚，陈炯明退守惠州，密令其心腹叶举等人占据广州城要冲。

5月26日，叶举等向孙中山提出恢复陈炯明原职和将廖仲恺等人撤职的要求，并在广州北郊一带布防。

为稳定广东后方，孙中山于6月1日从韶关返回广州，希望通过报界舆论，敦促“陈家军”退出广州。

6月14日，陈部扣押廖仲恺。

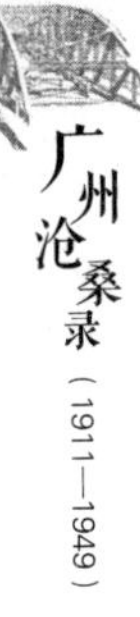


# 六、六一六事件

1920年11月28日，孙中山偕伍廷芳、唐绍仪等自上海抵广州。29日，通电宣布恢复军政府（设在越秀山南麓旧广东督军署），重开政务会议。孙中山在总统府发表《对外宣言》，颁布了工会条例、禁止蓄婢、禁种鸦片等法令。

孙中山要北伐，统一中国。陈炯明主张联省自治“保境息兵”，抵制北伐，既不派兵，也不援粮。两人矛盾激化。

1922年6月1日，孙中山由韶关返回广州，翌日巡视观音山，获情报，知粤军将谋叛。6月12日，孙中山召集广州各报记者举行谈话会，阐述有关出师北伐的问题，并称陈炯明实行武人专制，阴谋篡权，希望记者以舆论压力迫使敦促“陈家军”退回东江。此时叶举等人在广州白云山总指挥处举行军事会议，策划兵变。

6月15日，孙中山接报粤军可能兵变，认为是谣言，不必置信。

6月16日凌晨2时（一说3时），粤军兵变，攻占广州市各要害机关，控制市内要隘，4000多人围攻总统府（旧址废后，建今中山纪念堂），炮轰孙中山住所粤秀楼（今越秀山百步梯东侧“孙先生读书治事处碑”位置）。叶举以粤军总指挥名义，布告安民：“国会恢复，护法告终。请孙下野，表示大公。粤军将领，一致赞同。诸色人等，安业无恐。”史称“六一六事件”。

孙中山的卫士们在粤秀楼英勇抵抗叛军。孙中山和宋庆龄先后脱险。

孙中山原要坚守粤秀楼。秘书林直勉、参军林树巍、辎重队长陆志云等人再三劝告，最后强行要他撤离。孙中山装扮成医生，着长衫，戴眼镜，从侧门走出粤秀楼，沿越秀山的小路步行下山，经今中山纪念堂北面芒果树街、莲花井、雨帽街，到达珠江岸边，雇了一只小艇划向海珠岛（20世纪30年代前期筑海珠新堤，海珠岛从此被埋没。故址在今新堤一横路与沿江路相交处一带），海军舰队司令温树德亲自迎接孙中山前往海军司令部。随后，孙中山登上停在白鹅潭的楚豫舰，号召各军平定叛乱。各舰驶入白鹅潭，威慑广州。孙同时电令入赣的北伐军回师讨伐叛军。回师北伐军在韶关遭到陈炯明军和直系军队的夹击，未能进军广州。

孙中山驻节永丰舰，在江面与叛军对峙了50多天。援军不至，株守省河，有损无益。8月9日，孙中山乘英国炮舰摩轩号离开广州，转赴上海。第二次护法战争遂告失败。

今广州天字码头有浮雕两幅分别嵌于码头大门两边的墙上。所载大事，一是清道光时钦差大臣林则徐于1839年3月10日抵达广州查禁鸦片，自天字码头上岸进城的场景。二是六一六事件中孙中山化装出走，在天字码头登上军舰的场景。

1924年元旦，孙中山在大元帅府举行盛大的颁奖仪式，给姚观顺等61名在粤秀楼抗敌的侍卫颁发了奖牌和奖状，并颁发训词：“今天执行奖赏、颁发从前在观音山打仗有功诸卫士奖牌，这是本大元帅亲自执行的第一次。”

## 七、收复广州·滇桂军入粤·江防会议事变

陈炯明窃取广东军政大权后，由许崇智率领的北伐军由粤经赣入闽，于1922年10月12日攻克福州。18日，孙中山将入闽北伐军改称东路讨贼军，许崇智为东路讨贼军总司令，下辖3个军，准备取道闽南进攻潮汕，讨伐陈炯明；并派邹鲁以特派员名义驻香港，联络驻广西境内的滇、桂、粤军，组成西路讨贼军，由梧州沿西江而下，直逼广州。同时，任命驻钦廉的黄明堂为南路讨贼军总司令，协同东西两路讨贼军作战。

当时，陈炯明粤军分布全粤，近10万人。陈炯明一面出兵攻闽，以阻击东路讨贼军回粤；一面以邓本殷部在高州、廉江一带阻击黄明堂部。

1922年12月，杨希闵任滇军总司令、刘震寰任桂军第二路总司令、沈鸿英任桂军第一路总司令，与粤军代表在广西藤县白马庙举行会议，决定讨伐陈炯明，成立滇、桂、粤西路讨贼联军。

孙中山令西路讨贼军约4万人，在南路讨贼军协同下，沿西江而下，讨伐陈军。

联军迅速沿西江东下，与驻梧州的粤军莫雄、陈济棠、邓演达等部倒戈会合，东进攻击盘踞广州的陈炯明。

12月28日，西路讨贼军占领梧州，随即分两路东进：进展顺利，陈军败退。

1923年1月3日，粤军第一师团长陈济棠、卓仁机等在封川反正，脱离陈炯明。

1923年1月4日，孙中山在上海发布讨伐陈炯明通电。滇、桂、粤联军随即于9、10两日连破陈炯明的肇庆、三水防线，直逼广州。

1月12日，滇、桂军会合粤军第一师攻克三水，陈军残部败退。同日，陈军谭启秀部及驻广州城观音山炮队，受邹鲁策动，相继反正。广东各地魏邦平、朱卓文、陈策、周之贞、方瑞麟等部，也纷纷响应讨逆。

1月15日，陈炯明军洪兆麟部在潮汕宣布归顺孙中山。

陈军四面受敌。陈炯明见大势已去，于15日通电下野，率叶举、熊略等残部仓皇退走惠州，邓本殷部退据高州、海康。

1月16日，滇、桂、粤联军进入广州。

西路讨贼军占领广州后，南路讨贼军黄明堂部收复琼崖、雷州半岛。粤北各地也被讨贼军先后攻克。

20日，孙中山任命胡汉民为广东省长，许崇智为粤军总司令，魏邦平为广州卫戍司令。孙原拟27日由沪回穗，因沈鸿英图谋不轨而延期南下。

滇、桂、粤联军进入广州后，并没有给广州城带来安靖。他们各占一方强征暴敛。

滇军入粤后即扩充为3个军5个师，杨希闵任滇军总司令兼第一军军长，范石生任第二军军长，蒋光亮任第三军军长（后由胡思舜接任）。

滇军总司令部初设在农林试验场，后迁往广州八旗会馆。第一军第二师驻广州西关及其附近地区。第二军驻广州，该军司令部设在天字码头旧水师提督署内。第三军驻佛山、三水、石围塘广三铁路沿线。

1月22日，沈鸿英部李易标师进攻观音山谭启秀防地，收缴谭部枪械。

其间，桂系军阀沈鸿英（中央直辖桂军第一路总司令）利用“客军入境，广东亡省”的流言，离间滇、桂军与粤军的关系，称魏邦平将联络粤籍各军，驱逐入粤的滇、桂客军。

1月26日晚，沈鸿英在海珠江防司令部滇军杨如轩旅部驻地，以召开地方善后和卫戍会议（史称江防会议）为名，企图诱杀广东军政首要胡汉民、邹鲁、魏邦平等人。以巩固自己在广东的统治。开会时，沈鸿英托故缺席。会议由桂军总司令刘震寰主持。

会上，沈鸿英部几名将领蓄意挑起争端，攻击魏邦平，沈部军长李易标随即拔枪向胡汉民、魏邦平等射击，胡、魏等卧倒未中，会场大乱。

杨如轩以事件发生在其旅部，责任重大，出面劝阻。

胡汉民、邹鲁由刘震寰护卫逃离会场，魏邦平被沈部警卫人员捉获捆绑。李易标等欲将魏押往沈军总部，遭杨如轩拒绝，改送滇军总部。

会后，沈军参谋长黄鸿猷与军长刘达庆乘汽车返部，途经长堤时被误作胡汉民被沈军击毙。

这次事件，史称“江防司令部会议事变”或“江防会议事变”，亦称“沈鸿英事件”。

事变发生后，沈鸿英与滇军总司令杨希闵联名宣布魏邦平罪状，称魏反复无常，勾结陈炯明图谋不轨，并将魏旧部粤军第三师驻穗部队缴械；沈又擅自委派其第二军军长古日光为广州公安局长。

胡汉民被迫辞去省长职务。

孙中山闻变，立即致函各路海陆军将领，指斥沈鸿英逆迹，说对沈“必须从速进剿，迟恐滋蔓难图”。

拥护孙中山的粤军许崇智部正离闽回粤，滇军李烈钧部、朱培德部也陆续入粤，形势于沈鸿英不利。

1923年2月12日，沈鸿英为缓兵计，发电迎孙回粤主政，并率部退出广州，移驻西江、北江一带。

## 八、陆海军大元帅·讨沈之战

1923年2月21日，孙中山经香港抵达广州，并于当天设立元帅府，以大元帅名义行使管制陆海各军等职权。

2月23日，以大元帅名义令沈鸿英部移驻肇庆及西江北岸，原属沈部北江防地，由滇军杨希闵部接防。

3月2日，中华民国政府陆海军大元帅大本营正式建立，设在东山农林试验场，与北京政府分庭抗礼。孙中山就任陆海军大元帅，谭延闿任内政部长，程潜任军政部长，廖仲恺任财政部长，邓泽如任建设部长，伍朝枢任外交部长。另外，孙中山还任命杨庶堪为秘书长，蒋介石为行营参谋长，胡汉民为总参议。共产党人陈独秀曾任宣传委员会委员长，谭平山为委员。

大本营建立后，广东省政府、广州市政府随之建立起来，由廖仲恺、孙科分任广东省长、广州市长。

4月1日，大元帅大本营由广州农林试验场迁到广州河南士敏土厂（现海珠区纺织路东沙街18号）。

大元帅大本营是孙中山第三次在广州建立政权，也是国民政府的前身。其管辖范围只限于广州及其周围一些地区，而且还处于军阀的四面包围之中，西北两面有桂系沈鸿英，东有粤军陈炯明，南有邓本殷。政府内部成分复杂，军内矛盾重重。

4月10日，沈鸿英以移防为名，将所部近2万人集结于广州北郊及新街、韶关、高塘一带，谋攻广州。

1923年4月15日，沈鸿英宣布接受北洋政府任命的“广东军务督理”职务，要求孙中山“取消帅府，赴沪倡导兵工”。16日，沈军李易标部7个营，由白云山进攻滇军总司令部驻地农林试验场及观音山等地。

孙中山立即宣布撤销沈鸿英的桂军总司令职务，并亲临镇海楼，命令杨希闵、刘震寰等部反击叛军。

4月19日，沈军放弃白云山南麓和广州附近阵地，沿粤汉线溃退，平叛军乘胜追击，在江村桥歼灭沈军一部后，徒涉流溪河，于21日占领新街。沈军退至源潭。

7月，沈鸿英发动的叛乱以失败告终。

## 九、广州保卫战·收回“关余”

1923年5月8日，孙中山指挥滇、桂、粤军同沈鸿英叛军于北江、西江战斗正酣之际，惠州的陈炯明军兵分三路，进攻广州。孙中山任命程潜为东江讨贼军总指挥，统率滇、桂军分路向惠州攻击。

5月30日，孙中山亲赴石龙督战。

6月11日，滇、桂军克复博罗，陈军退回惠州。

10月，陈军又分三路攻向广州，并于11月中旬占领石龙，直抵广州的石牌、黄埔、瘦狗岭一带；豫军樊钟秀部三个旅也由北方抵达韶关准备进攻广州城。广州陷入恐慌。正危急之际，谭延闿奉孙中山命率湘军自湖南赶来援救，樊钟秀亦倒戈参加广州保卫战。经11月18日和19日两天战斗，陈军主力败退，广州转危为安。

19日，朱培德部得豫军樊钟秀部支援，一举占领联和市，切断陈军退路。陈军洪兆麟部被包围于龙眼洞，随后被击溃。

26日，滇、粤、桂、湘、豫军会同增城守军，击败陈军主力李易标部，攻克石龙。陈军残部退回惠州。广州保卫战胜利结束。

在进行广州保卫战的同时，广州大元帅府采取收回粤海关“关余”的行动。

早在1919年广东军政府时期，北京外国公使团准广州南方军政府获取粤海关13.7%的“关余”。但在1920年军政府分裂后，外交使团便停付此款。到1923年2月止，广州政府本应得到的“关余”及其积存达400万两。当时广州大元帅府财政日益困难，连士兵军饷和机关职员的薪俸都无法正常发放。如能得到这笔款项，一可缓和财政危机，二乃事关收回国家主权，无疑具有重大意义。

1923年9月5日，大元帅府照会北京外交使团，要求将“关余”及1920年以后的“关余”积存，全部交还广州政府，英美等国政府称未与广州政府建立外交关系，置之不理。

后经多次交涉，1924年4月11日，北京外交使团终于做出将粤海关“关余”拨付广州政府的决定。收回“关余”的斗争取得胜利。

## 十、平定刘、杨叛乱

1924年10月，直系将领冯玉祥在北京发动军事政变，推翻了曹锟、吴佩孚控制的北京政府。此后，冯玉祥等人多次通电邀请孙中山北上共商国是。11月13日，孙中山偕夫人宋庆龄以及随行人员汪精卫、李烈钧、陈友仁等30多人离粤北上。北上之前，孙中山任命胡汉民留守广州代行大元帅职权，以谭延闿为北伐军总司令，驻守韶关负责大本营事务。

陈炯明自1922年冬战败后，退居东江一带。

1925年1月初，陈炯明自称“救粤军总司令”，以10个军10万多兵力集中于河源、兴宁、惠州一线，分三路向广州进发。

1925年1月中旬，广州大本营组成“东征联军”讨伐陈炯明。主力是黄埔军校的学生军和两个教导团，共3000人。2月15日，攻克淡水，3月13日取得棉湖战役的胜利。4月22日占据惠州，陈炯明主力被击垮，退往江西和闽南。

第一次东征胜利结束。

当东征军节节胜利之际，滇军杨希闵、桂军刘震寰却在广州发动叛乱。

1923年1月，刘、杨进入广州以后，各占一方强征暴敛。“滇、桂军盘踞广州两三年，搜刮民财，无恶不作……连长以上的军官都是腰缠万贯，姬妾成群”（《包惠僧回忆录》第159、175页，人民出版社，1983年版）。滇、桂军阀抢占市内繁华地区，霸占税收机关，使政府财政极度困难。当时身为大元帅府财政部长的廖仲恺，为了黄埔军校的经费，“常常夜里要到杨希闵吸食鸦片的烟床旁边，去等杨希闵签字，然后才能领款到黄埔军校”（何香凝《我的回忆》，《双清文集》下卷第939页，人民出版社，1985年版）。东征开始后，担任左路、中路进攻任务的杨希闵、刘震寰部抗命不动。

1925年3月下旬，刘、杨调集滇、桂军驻扎广州城乡，控制战略要地。广州局势骤然紧张。

5月19日，大元帅府迁往广州河南士敏土厂办公。21日，由许崇智、蒋介石率领的东征军回抵广州。

6月2日，李福林受大元帅府命令，宣布保护河南，并架炮指向河北，准备进攻。

6月3、4日，刘、杨占据省长公署和财政厅等要害机关，并自行任命广东省长和广州卫戍司令。5日，滇、桂军公开发动武装叛乱，占领省长公署、粤军总司令部、财政厅、公安局、电报局等要地。

6月5日，大元帅府下令免除杨希闵、刘震寰的滇、桂军司令职务，并宣布其叛逆罪状。任命黄埔军校校长蒋介石为总指挥，率领革命军及广州工团军、农民自卫军，共5万人，分三路进剿叛军。

党军第一旅、粤军第四师与第一旅、警卫军、黄埔军校学生队为东路军，由潮汕直趋广州；驻粤北的湘军和建国军为北路军；西江的粤军第一师第二旅及珠江南岸的李福林部为西路军，协同东路军会攻广州，并发动铁路职工罢工，切断滇、桂军的联络，使其首尾不能相顾。

6月11日，政府所属各军向叛军发起攻击，叛军溃退。

12日上午，政府军发起总攻。东、西路军对白云山、观音山、大沙头、瘦狗岭一带的滇军猛烈攻击，激战3小时，滇军全线崩溃。12时，滇军撤至市区。14时，革命军占领观音山，广州宣告收复。北路军及粤军第一师第二旅向石井、江村、三元里攻击，生俘桂军师长张天泰。败退石井的桂军，全部缴械投降。广州局势转危为安。

杨希闵、刘震寰见大势已去，逃入沙面租界，后转香港。盘踞广州四年之久的滇、桂军遂告覆灭。

同日，广州政府任命蒋介石为广州卫戍司令，吴铁城为副司令。

同日，滇军第三军军长胡思舜率部由惠州回援杨、刘，因铁路职工罢工，交通阻塞，14日始抵广州近郊，当即被政府军包围缴械。至此，平定滇、桂军叛乱结束。滇、桂军阀在广东的统治亦告结束。

# 第二章　风云激荡

## 一、声援五四·抵制日货

1919年5月4日，北京爆发五四运动。广州各大报刊纷纷报道。广东省会学生联合会、广东外交后援会等组织先后发出通电予以声援和支持。

5月11日，广州国民外交后援会联合各界民众，在东堤东园广场召开国民大会，参加者有10万之众。各界群众代表及一些国会议员先后登台演说，痛陈“国破家亡”危机。会后游行，要求释放被捕“五四”爱国学生，取消“二十一条”，严惩国贼。这是现代史上广州人民的第一次反帝示威。

5月29日上午11时，广州各校学生约3万人，自天字码头出发举行抵制日货大游行。冲击出售日货之先施公司（在长堤大马路，今华夏百货公司前身）等百货公司。粤督莫荣新派出军警弹压。

5月30日晚，爆发了轰动全城的抵制日货风潮，数万人分头拥向主要售卖日货的百货商店，强令停业。

6月，北京、天津、上海中等以上学校学生联合会的代表来到广州，广东中等以上学校学生联合会成立，各校学生纷纷罢课。之后，各行业工人先后举行罢工，一部分商人罢市。

11月8日，广州各校学生于是日开追悼会及游行，追悼因奔走抵制日货积劳病故的广州学生黄复颜、范曾养、古太一、程万镒4人。游行队伍行至长堤先施公司门前时，广东警务处长兼广州警察厅长魏邦平派武装警察数十人到场弹压，学生死伤多人。学生领袖张殿邦等11人被逮捕。

11月11日，广州各校学生数千人，先后赴军政府督军、省长公署请愿，各校校长、职员代表亦赴省署请愿，要求立即释放学生。15日凌晨，张殿邦等11人被释放。

## 二、共产党与社会主义青年团

当时马克思主义开始在广州传播。香山南屏（今属珠海市）人杨匏安（1896—1931）从1919年5月到12月底，在《广东中华新报》上以《世界学说》为总题，先后发表了40多篇介绍宣传马克思主义的文章。1920年10月，曾亲身经历过五四运动的谭平山、谭植棠、陈公博等人从北京返回广州，在泰康路水母湾创办了《广东群报》，作为在广州宣传马克思主义思想的阵地。这期间，陈独秀从上海函请陈公博、谭平山等人在广州建立共产党组织。11月，他们组织了广州社会主义青年团，作为党的外围组织。

1920年12月25日，陈独秀从上海抵达广州，下榻大东酒店。不久即定居在泰康路回龙里九曲巷11号二楼，斋号为“看云楼”。

从1921年1月至9月，陈独秀在《广东群报》《新青年》《劳动与妇女》等刊物上发表了40多篇文章、演说词和通讯等，宣传新文化和马列主义，产生了很大影响。

陈独秀、李大钊等创办的《新青年》《每周评论》以及其他刊物，如《新潮》《政衡》等也大量传入广州。1920年9月，共产党的早期出版机关人民出版社相继出版了“马克思全书”“列宁全书”和“康民尼斯特丛书”等数十种书刊。广州一些报刊如《唯民》《真共和报》《国民报》等都有关于十月革命和马克思主义的介绍。

1920年夏秋之交，陈独秀等建立了中国共产党上海发起组。同年秋，俄国人米诺尔和别斯林到广东，建立俄国通讯社，出版了《劳动者》周刊，建立了共产党组织。1921年春，陈独秀在广州与谭平山、谭植棠、陈公博等人重新组建“广东共产党”，成员共9人，陈独秀任书记，并将《广东群报》作为“广东共产党”的机关报。7月，中国共产党第一次代表大会在上海召开，陈公博作为“广东共产党”的代表，前往上海出席。至此，“广东共产党”成为中国共产党的重要组成部分。

随后，广东共产党组织创办《劳动妇女》杂志，成立“马克思主义研究会”。

1921年1月中旬，陈独秀等人以广东省教育委员会名义，在高第街素波巷创办了“广东宣传员养成所”“注音字母教导团”“俄语学校”等，进行广泛宣传与培养干部。3月，陈独秀与谭平山、谭植棠等人成立广东共产主义小组，地址在高第街素波巷19号。

1921年8月，在广州惠福西路玉华坊成立了中国劳动组合书记部南方分部，创办“机器工人夜校”，建立工会组织，发动了1922年五一劳动节大游行，并倡议、促进第一次全国劳动大会在广州召开。

1922年3月，重建了一度解散的广东社会主义青年团。3月19日，广东社会主义青年团在素波巷召开第一次团员全体讨论会。5月5日，中国社会主义青年团在东园召开了第一次全国代表大会。5月14日，在东园召开广东社会主义青年团成立大会。上半年在广州发展团员400余人。

1922年春，中共广东党组织进一步扩大，支部开会除在高第街素波巷广东省宣讲员养成所外，并经常在广卫路杨家祠杨章甫家中举行。

1922年6月，广东共产党党员数32人，仅次于上海。同时成立了中国共产党广东区执行委员会（简称“广东区委”“广东区委员会”，又称“粤区委”），旧址在文明路75—81号。广东区委之下设有广州、海陆丰、汕头等特支或地委。其中广州地委按行业系统成立了总支、支部。

1922年9月，广东劳动组合书记部设通讯社于广州惠福中路玉华坊中约20号之二的二楼，作为中共领导工人运动的公开合法机构。

1923年5月，中共中央机关迁来广州。6月10—20日，在广州恤孤院后街31号（现为恤孤院路3号）一幢普通居民住宅召开了中国共产党第三次全国代表大会。代表有陈独秀、李大钊、毛泽东等30余人，代表全国党员420人。共产国际派代表马林出席大会。大会正式确定了国共合作的方针。

1924年2月，中共中央局决定撤销中共广东区委，成立中共广州地方执行委员会（简称中共广州地委）。直属中央局领导。10月，中共中央又将广州地委改为广东区委员会（简称“粤区委”，因领导广东、广西，又称“两广区委”）。

在鼓动和领导各种运动的同时，共产党人发展工会，扩大组织。到1925年上半年，仅广州就建有30多个支部，有党员400余人。

1927年5月20日，中共广东区委改组为中共广东省委。

## 三、罢工浪潮此起彼伏

在这个风云激荡的时代，劳工大众已懂得团结起来争取权益。罢工浪潮此起彼伏。自1921年5月至1922年2月这九个月内，发生了近三十起罢工事件，涉及多个行业，人数多者近万人，少者二百余人，目的只有一个：加薪。有的当天就解决了问题，有的拖了好几个月。劳资双方协商解决，大部分罢工最后都取得了一定成效。下表是对当年各行业罢工及收效的记录。

**广州各行业工人罢工一览表（1921年5月—1922年2月）**

| 行业 | 罢工人数（人） | 罢工日期 | 解决日期 | 结果加薪 |
|---|---|---|---|---|
| 搭棚业 | 2500 | 1921年5月22日 | 1921年6月13日 | 加二成 |
| 爆竹业 | 850 | 1921年5月24日 | 1922年2月10日 | 加一点五成 |
| 油漆牌匾业 | 520 | 1921年5月22日 | 1921年9月6日 | 加二点五成 |
| 机器业 | 3500 | 1921年5月26日 | 1921年6月8日 | 加三成 |
| 茯苓业 | 350 | 1921年6月29日 | 1921年10月10日 | 失败 |
| 茶叶业 | 2500 | 1921年7月12日 | 1921年12月17日 | 加二点五成 |
| 油业 | 3450 | 1921年8月7日 | 1921年11月26日 | 加三点五成 |
| 机织业 | 340 | 1921年8月10日 |  | 未解决 |
| 酒楼菜馆 | 8640 | 1921年8月12日 | 1921年8月25日 | 加五成 |
| 建筑业 | 9400 | 1921年8月16日 | 1921年8月25日 | 加四成 |

（续表）

| 行业 | 罢工人数（人） | 罢工日期 | 解决日期 | 结果加薪 |
|---|---|---|---|---|
| 牛肉业 | 720 | 1921年8月19日 | 1921年9月5日 | 加三点五成 |
| 陶瓷业 | 340 | 1921年11月1日 | 1921年12月8日 | 失败 |
| 缝业 | 3300 | 1921年10月6日 | 1921年10月8日 | 加四成 |
| 华履 | 3300 | 1921年9月20日 | | 未解决 |
| 革履 | 3200 | 1921年11月28日 | 1921年12月8日 | 加四成 |
| 洋服业 | 622 | 1921年11月11日 | 即日 | 加三成 |
| 车衣业 | 1630 | 1921年11月24日 | 即日 | 加五成 |
| 纸业 | 1400 | 1921年12月14日 | | 未解决 |
| 打包 | 1500 | 1921年12月12日 | | 未解决 |
| 锯木 | 1420 | 1921年12月9日 | 1921年12月18日 | 加五成 |
| 理发业 | 2430 | 1921年12月16日 | 即日 | 收入四六分 |
| 排印 | 3400 | 1921年12月13日 | 1921年12月25日 | 加四成 |
| 洗衣业 | 620 | 1922年1月2日 | 即日 | 加三成 |
| 酿酒业 | 1200 | 1922年1月7日 | 1922年2月11日 | 加二点五成 |
| 宰牛业 | 210 | 1922年1月12日 | 即日 | 加二成 |
| 白铁业 | 1520 | 1922年1月13日 | 1922年1月18日 | 加三成 |
| 木箱业 | 1320 | 1922年1月29日 | 即日 | 加四成 |

## 四、国民党“一大”·国共合作

1923年1月26日，《孙文越飞宣言》发表，标志孙中山正式确立联俄政策。

4月1日，孙中山恢复了国民党广东支部。

截至1924年1月12日，广州全市国民党员登记数为8218人，两个月新增党员4569人，新增党员多数为学生和工人，其中工人占60%。依据党章草案，全市共成立9个正式区党部，3个代理区党部，66个区分部，3个特别区分部。著名共产党人和社会主义青年团员如阮啸仙、刘尔崧、杨匏安、周其鉴、周文雍等20人分别出任国民党广州市各区分部或区党部执行委员。

1924年1月20—30日，在广州市文明路广东高等师范学校大钟楼礼堂（今文明路215号）召开了中国国民党第一次全国代表大会。大会的海内外代表总数为196人，实际出席165人，其中有23名共产党员，如李大钊、毛泽东、张国焘等。陈独秀也是大会代表，但没有出席。

孙中山以总理身份提任大会主席。其他会务组织如宣言审查、党务审查、党章审查、出版及宣传问题案审查等委员会，都有共产党员出任“委员”。

国民党一大的目的有二：“一改组本党，一建设国家。”通过了同意中国共产党党员和中国社会主义青年团团员以个人身份加入国民党的《中国国民党章程》。通过了《中国国民党第一次全国代表大会宣言》，对三民主义做了新的解释。大会标志着第一次国共合作形成，一般认为是近代大革命的起点。

## 五、国民革命运动的中心

国共合作的建立，使广州成了全国国民革命运动的中心。

当年广州地区工潮、学潮、农运不断；群众大会，示威游行，此起彼伏。而在1924年大革命时代来临之前，这似已形成了一种社会风气，这在民国以前是没有的，故可称为民国时代的产物。最早的一次集会，是民国元年（1912）5月4日，广州报界19家共60余人在东园开会欢迎孙中山发表《民生主义之实施》的演说；以后陆续有来。而自民国七年（1918）五一集会，至民国十六年（1927）12月广州暴动，将近十年的岁月，广州城几可谓一片“热土”，每年都有集会、游行，届时会场里、马路上旗帜飘扬，口号声响彻云霄。如1923年5月，共产党人发动青年学生组织“五九废约运动大会”和5000多人的集会游行。以后又成立“反基督教大同盟”和“反帝国主义大同盟”。轰轰烈烈，风云激荡。

1921年，共产党正式诞生，其最成功的活动是“发动群众”，鼓动、组织和领导城市工人运动、学生运动、城郊农民运动，同时发展组织；当然，当年也有很多社会活动是自发的。也有很多活动是国民党政府公开领导的，或两党共同组织领导的。如1924年6月30日，国民党中央农民运动委员会决定在广州附近各县开展农民运动，并派遣农运特派员（基本上都是共产党员和青年团员）前往指导。

当年有好几个地点是经常举行群众集会的地方：一是东园（今沿江东路北侧东园路、东园横路和东园后街一带），二是广东大学操场（文明路旧贡院地），三是东校场（今省体育场），四是西瓜园（今人民中路广州日报社一带）。这几处地方都是大片空地，适于举行人数众多的集会。会后往往就举行示威游行。

作为国民革命运动的中心，广州创建了黄埔军校，开办了农民运动讲习所，成立了中华全国总工会。发生了不少在中国近现代史上影响深远的重大事件。

### （一）商团事件

广州商团（亦称广东商团）成立于民国元年（1912），原系广州商人及金融资本家为了防备盗匪抢劫，保护自己生命财产的一个自卫组织。后为英国人所支持，组建商团军。

成立初期，广州发生变乱，商团总是严守中立。

1922年8月，广州商团在丰宁路（今人民中路）西瓜园建立商团总部。

1924年国共合作建立后，出任商团团长的是香港汇丰银行驻沙面华人经理，已入了英国籍的大买办陈廉伯，当时有英国势力暗中鼓动他运动商团，反对政府，承诺帮助他组织商人政府。陈廉伯遂与广东政府公开对抗，组成了一支拥有6000人的武装，司令部设在广州西瓜园。

1924年5月27日，陈廉伯主持召开“商团乡团会议”，宣布要在8月13日成立“全省商团联防总部”，以他为团长，李颂韶、邓介石为副团长，并定于8月14日“推翻大元帅府，取而代之”。

广州政府对商团的阴谋早有觉察，并采取了一定的防范措施。

1924年7月，陈廉伯为武装商团向英国南利洋行购买大批枪械，于8月初利用挪威哈佛轮私运大批军火进了广州。广州政府获悉后，命长洲要塞司令蒋介石派舰赴沙角截缉，扣留哈佛轮的军火，存储于黄埔军校，并下令通缉陈廉伯。

陈廉伯携眷逃往香港，同时煽动商团1000余人向孙中山请愿，要求发还枪械，并以总罢市相威胁。

8月20日，商团总机关迁往佛山，由佛山大地主、商团副团长陈恭受主持。

8月22日，罢市由佛山开始，迅速蔓延到广州和全省数十个市镇。

8月23日，商团向孙中山提出三项要求：1.无条件发还全部枪械；2.准许商团成立联防总部；3.取消陈廉伯的通缉令。

8月24日，广州各界团体2万余人在第一公园举行“声讨陈廉伯私运军械，鼓动商团以图罢市，以危害市民安全，扰乱地方治安大会”。

8月25日，商团总部由佛山迁回广州，广州商人实行总罢市，且在各大商号挂出英法国旗；商团军也配合散发大量宣传品，并通电各县商团，驱逐县长，宣布“独立”。

8月28日，英国集中炮舰9艘于白鹅潭，对广州政府进行武力恫吓。

廖仲恺一面令驻粤各军缉拿陈廉伯、陈恭受归案查办，一面电告各地商会，劝其复业，不要附逆作乱。广州的工团军、农民自卫军、学生军、工人代表会、农民协会、妇女团体反对商团罢市，纷纷到孙中山大元帅府游行请愿，要求下令讨伐。

随后，政府实行妥协。9月20日，取消了对二陈的通缉令，并于10月初发还被扣押的部分枪械。

商团得到枪械后，悍然发动叛乱，在长堤西濠口一带戒严。

1924年10月10日，广州30多个团体6000多人在第一公园（今人民公园）举行庆祝“双十”节大会。周恩来发表演说，谴责商团叛乱。下午群众游行到太平路与西濠口之间时，遭商团军袭击，死伤二三十人。史称“双十惨案”。

惨案发生当晚，广州成立了革命委员会，孙中山任会长，廖仲恺、许崇智、汪精卫、蒋介石、谭平山、陈友仁任委员，作为平定叛乱的最高指挥机关。

10月11日，商团军进一步封锁市区，迫令商店一律罢市，同时散发攻击政府的传单，张贴“打倒孙政府”“驱逐孙文”“请孙文下野”等标语，十余艘外国军舰停泊在珠江上，声言如政府当局向市区商团开火，即进行武装干涉。

10月13日，参加北伐的全部警卫军和部分湘军、粤军，星夜兼程回到广州。翌日，孙中山发布平定商团手令，任命蒋介石为总指挥，廖仲恺、谭平山为正副监察，负责平乱，限令在24小时内务必解除商团武装，“以免后患”。

当时，广州商团军有1.5万人，驻扎西城一带，据楼坚守。

蒋介石指挥政府军和工团军、农民自卫军、黄埔军校学生队，共2万余人。以粤军许崇智部进占丰宁路，李福林部进入太平南路至西堤一带，警卫军进入大德路，滇军集结西堤，湘军、黄埔军校学生队进入城北，分路攻击商团军。

10月15日凌晨，政府军发起总攻。



警卫军进攻二围、西瓜园，并先派便衣潜入西关为内应。许崇智部和黄埔军校学生队向西关攻击前进，中午进抵西关，占领广州商团公所。李福林部攻太平门、普济桥、回栏桥。滇军攻长堤、黄沙。湘军攻西村。商团军无法抵御，于13时停止抵抗。

商团军西关大本营崩溃。其他各处商团军纷纷缴械投降，陈廉伯、陈恭受逃亡香港。商团军被粉碎。

商团事件反映了当时广州日益复杂的政治形势。

## （二）省港罢工·沙基惨案

1925年5月30日，上海发生了五卅惨案。

消息很快传到广州。1925年6月2日，中华全国总工会等六个团体在广东大学操场举行援助沪案示威大会，有万余人参加。由中华全国总工会代表李森（李启汉）主持，罗亦农代表中国共产党发表演说。会后示威游行。

6月上旬，中共广东区委以中华全国总工会名义，派邓中夏、杨殷、杨匏安为代表赴香港联系和发动香港工人罢工，成立了“全港工团联合会”作为香港工人罢工的统一指挥机关。冯菊坡、刘尔崧、周文雍等负责组织发动广州工人罢工。

6月19日，省港大罢工爆发。

首先发动的是苏兆征等领导的香港海员、电车、印刷等行业的工人，其他行业群起响应，仅15天内罢工人数即达25万。

6月21日，广州沙面租界工人也宣布罢工。广州市英、日、美洋行及私人住宅雇佣的中国工人纷纷加入罢工行列，纷纷离港回到广州，与广州的罢工斗争合流。罢工浪潮激荡着整个广州社会。

1925年6月23日，省港罢工工人和广州的工农商学兵各界共10万人集会东校场，大会提出收回租界、海关和取消一切不平等条约等要求。

下午二时半，举行大游行。按工农商学兵次序列队，军界按粤军、警卫军、湘军讲武学校、黄埔军校入伍生、党军一、二团各连之次序上街游行示威。沿途高呼“打倒帝国主义”“取消不平等条约”“援助上海五卅惨案”等口号，航空局飞机也升空散发传单。

游行队伍沿惠爱路（现中山路）、财政厅前转入永汉路（现北京路）、泰康路、一德路、太平南路（现人民南路），到长堤直趋沙基（现六二三路）。

14时40分，当游行队伍的前队经过沙面西桥附近转入内街，后队（黄埔军校学生）行至沙基西桥口的时候，沙面英国军警突然向游行队伍施放排枪，停泊在白鹅潭的英、法、葡等国军舰也发炮轰击。由于事起仓促，路狭人稠，游行群众死伤惨重。据不完全统计，当场中弹死亡52人，重伤170余人，轻伤者不计其数，其中军校学生士兵死23人，伤53人。酿成震惊中外的“沙基惨案”，又称“六二三惨案”。

广东省长公署于当日照会英、法、葡三国领事，提出严重抗议，要求严惩肇事者，撤退外国兵舰，收回沙面租界，赔偿伤亡华人等。并照会各国，要求废除不平等条约。广东各界纷纷集会，援助罢工。

6月27日，中华全国总工会在广州召开香港工人代表大会，通过“经济封锁法”“援助省

港罢工工人办法”，决定成立“省港罢工委员会”以加强对罢工的组织领导。

1925年7月1日，广州国民政府正式成立；4日，广州市政府成立。国民政府支持罢工，并在经济方面给予支援。

1925年7月3日，中华全国总工会省港罢工委员会在东园（今东堤把翠路与东园路交界处）成立，为罢工最高领导机关。罢工工人清除东园的野草瓦砾，盖起了一座座葵篷竹寮。同时组织工人武装纠察队，协同广大工人群众严密封锁沙面、香港，禁止粮食外流，扣押走私物资，厉行抵制英货。

罢工委员会以苏兆征、何耀全、林伟民、李启汉等13人为执行委员，苏兆征为委员长，聘请廖仲恺、汪精卫、邓中夏、黄平、杨匏安为顾问。下设干事局、财政委员会、纠察队、保管拍卖处、会审处、工人医院、宣传学校、文书部、招待部、庶务部、宣传部、交际部、交通部、游艺部等。中共广东区委在罢工委员会中设党团组织，由邓中夏任党团书记。

在东园大门挂着“中华全国总工会省港大罢工委员会”和“中华全国总工会省港大罢工委员会纠察队本部”两条长匾。

7月15日，选举产生了800余名代表组成的省港罢工工人代表大会，作为省港罢工最高议事决策机构。

罢工委员会组织了2000多人（最多时达5000多人）的工人武装纠察队，严厉抵制外货。使香港交通运输中断，食品供应断绝。随后又改变为单纯对英封锁，规定“凡不是英国货英国船及经过香港者，可准其直来广州”。

罢工期间，1925年7月21日，省港罢工工人筑路委员会决定筹建中山公路。该路自东山至黄埔，全长24公里，由罢工工人修筑。

1926年10月10日，省港罢工委员会在广东革命政府决定增加25%的关税附加税以安置罢工工人的条件下，发表关于停止封锁香港的布告，历时16个月之久的省港大罢工至此结束。过了不足一个月，11月6日，省港罢工委员会会址——东园被人纵火焚毁。仅存一座门楼和红楼前的一棵大树。省港罢工工人及社会各界纷纷谴责这一罪行。事后，罢工委员会发动罢工工人重建了罢工会址。

### （三）建立国民政府

平定刘、杨叛乱，广州政权得到巩固。

1925年6月7—9日，滇军3次渡江企图袭击河南革命政府所在地，均被政府兵舰击退。6月10日，大元帅府任命魏邦平为渡河攻城军总指挥，由河南向珠江北岸广州市区进攻。

1925年6月14日，国民党中央执行委员会发出第11号训令，提出整顿军队和统一财政、民政，并决定将大元帅府改组为国民政府。随后颁布国民政府组织法和省、市政府组织法，依据民主集中制原则，实行委员制，即对各种重大问题“采用合议制”，“由委员会议执行之”。

1925年7月1日，中华民国国民政府正式宣告建立。定都广州市，广州又称穗京。以汪精卫、胡汉民、谭延闿、廖仲恺、徐谦、许崇智、伍朝枢、孙科等16人为国民政府委员，由汪精卫、许崇智、谭延闿、胡汉民、林森担任常务委员，汪精卫任国民政府主席，胡汉民为外交部长，廖仲恺为财政部长，孙科为交通部长，许崇智为军事部长，聘任鲍罗廷（1923年奉派到广州，任共产国际驻中国代表及苏联驻广州政府全权代表）为国民政府高等顾问。

当天，在广州中央公园（今人民公园）举行成立典礼，有10万人参加。国民政府委员宣誓就职。誓词是："余等诚警宣誓，恪守总理遗训，服从党义，奉行国家法令，尽忠本职。决不营私舞弊，授受贿赂。谨守誓言，决不违背。"

国民政府还发表了《成立宣言》和《告世界各国人民书》。《成立宣言》指出：国民政府之唯一职责，即履行先大元帅之遗嘱，致力实现中国的独立、平等、自由，当前国民革命之任务即着手废除不平等条约及召集国民会议。

国民政府成立后，制定了各项方针政策和决议，促进了工农运动发展。

7月3日，广东省长公署改组为省政府，推举许崇智为主席。

7月4日，改组广州市市政府，成立市政委员会为本市立法机关，以伍朝枢为市政委员长，执行市长职权。同时，广州市市政厅也未撤销，依然是市长办公机关。原各局分出，与市政厅一同由市政府统辖。

按市政府组织法规定，市政委员会成员，由现在职业团体、农会、工会、商会、教育会、自由职业团体等六种团体中各委任3人担任，并采用选举制产生。

7月6日，国民政府军事委员会在广州成立，设在广州河南士敏土厂，为最高军事机关。以汪精卫、胡汉民、伍朝枢、廖仲恺、朱培德、谭延闿、许崇智、蒋介石为委员，汪精卫任主席（后为蒋介石）。下设海军局、航空局、军需局、参谋团、政治训练部及团务委员会等机构。

8月26日，军事委员会为统一军政，议决编组国民革命军，取消原有地方军的名称。军事委员会共编组五个军，由蒋介石、谭延闿、朱培德、李济深、李福林分任第一、二、三、四、五军军长。第二次东征至北伐前夕，又增编了六、七、八三个军，由程潜、李宗仁、唐生智分任军长。各军编组后，仿效苏联红军的建制，建立党代表和政治部，许多共产党员担任各级党代表和从事政治工作，苏联专家受聘担任顾问。

国民政府成立后，大力整顿民政以统一政令。

1925年7月22日和8月1日，先后成立了惩吏院和监察院，积极肃清奸商，惩办贪官污吏，以整顿内部。

另外，国民政府在清匪保民、废除苛捐杂税、禁绝烟赌、整顿交通、扶植地方自治、发展工商业等方面，采取了一系列积极措施，取得了一定成效。

### （四）两广统一

1925年10月1日，国民政府东征军各部相继开拔，进行第二次东征。14日，东征军攻克军事重镇惠州，歼灭陈炯明军主力。11月中旬，陈炯明军被全歼。第二次东征胜利结束。

东征开始之际，1925年10月初，国民政府南征军发动了南讨邓本殷之役。1926年2月，退缩海南的邓本殷残部被肃清。广东全境统一。

广东全境统一后，1925年11月间，国民政府将广东94个县划为东江、南路、广州、两江、北江、海南等六个行政区，每区设行政委员一人，为该区最高行政长官。其中东江、南路、广

州、西江区行政委员为周恩来、甘乃光、宋子文、古应芬，领导该地区的民政工作。

在统一民政的同时，国民政府还对财政进行了治理，主要采取了以下措施：统一国民财政收支，规定各地方财政收入集中于政府财政部；建立国家预算制度，统一税收政策；建立中央银行，改革币制。以上措施的施行，使政府财政状况有了明显改善。

广东全省军事、行政、财政的统一，促进了政权的巩固，为即将进行的北伐战争提供了一个可靠的后方基地。

1926年3月，两广统一会议决定广西政府、军队、财政均接受国民政府的命令和指挥监督。6月，广西省政府正式成立，黄绍竑出任省府主席。至此广西受辖于国民政府，两广统一。

### （五）北伐·迁都

1925年3月12日，孙中山在北京逝世。北伐，统一中国，是其遗愿。孙生前曾两次亲自督师北伐，均无结果。

1926年5月，广东国民政府通过出师北伐案，颁布出师北伐令。

5月1日，周恩来代表中共广东区委在司后街（今越华路）叶家祠（叶挺家中）召开叶挺独立团连级以上共产党员干部会议，对即将出师的独立团作北伐前政治动员。

6月2日，叶挺独立团进抵湖南安仁县，击退正向安仁推进的直系军队，并乘胜占领攸县。同时，广西李宗仁的第七军第八旅也由桂入湘，到达衡阳一带，协助唐生智的第八军击退直系军队的进攻，揭开了北伐战争序幕。

6月5日，国民党中央执行委员会在广州召开临时全体会议，通过国民革命军出师北伐案；同日，国民政府任命蒋介石为国民革命军总司令，成立总司令部；后任命李济深为总参谋长，白崇禧为总参谋次长，邓演达为总政治部主任，加伦为军事顾问。下辖第一、二、三、四、五、六、七、八军，何应钦、谭延闿、朱培德、李济深、李福林、程潜、李宗仁、唐生智分任军长，总兵力约10万人。

7月1日，国民政府军事委员会主席蒋介石发布北伐动员令。

7月4日，国民党中央第二届执行委员会临时全体会议通过《国民革命军出师北伐宣言》，宣言称："中国人民之一切困苦之总原因，在帝国主义之侵略及其工具卖国军阀之暴虐。"这次北伐的任务和目的是："剿灭卖国军阀之势力""实现中国人民唯一的需要""建设一人民的统一政府"。

7月9日，国民革命军在东校场举行北伐誓师大会。省港罢工工人、黄埔军校师生、北伐各军、粤军各部及广东各界群众约共30万人参加典礼。国民党中央执行委员会和国民政府委员何香凝、林祖涵、吴稚晖、张静江、甘乃光、邓颖超、杨匏安、彭泽民、许苏魂、陈公博、谭延闿、孙科、宋子文、邓泽如、陈友仁、古应芬、陈树人等出席了大会。

会场搭起大礼台，台上的横额用鲜花缀成"我武维扬"四个大字。礼台的正中悬挂着孙中山遗像、遗嘱以及国民革命军总司令的誓师词。

誓师典礼由张治中担任司礼官，李济深担任检阅总指挥。

军旗招展，刀光耀日，典礼庄严肃穆，士气昂扬。当时的上海《民国日报》形容典礼是“秩序整齐，礼容甚盛，为民国以来绝无仅有之盛典”。

大会开始，国民政府代理主席谭延闿和国民党中央监察委员吴稚晖分别向蒋介石授印、授旗，蒋介石宣誓就职。然后，国民革命军举行宣誓：“仅以至诚实行三民主义，服从长官命令，捍卫国家，爱护人民，克尽军人天职。”

会后，国民革命军正式从广州出师北伐。

十万大军从广东出师，兵分三路，一路向湖南、湖北，一路向南昌、九江，一路向福建、浙江进军。北伐的主要对象是直系军阀吴佩孚、奉系军阀张作霖和从直系军阀分化出来自成一派的孙传芳。

1926年8月22日，广州各界群众30余万人聚集东校场，举行预祝北伐成功大会。全市商户悬灯结彩庆祝。

10月，北伐军攻占湘、鄂，进军江西。全国革命重心由广东转移到长江流域。

11月26日，国民党中央政治会议在广州召开，决定将国民政府和国民党中央机关从广州北迁武汉。

12月13日，已到达武汉的国民党中央执行委员和国民政府委员召开联席会议，决定成立党政临时联席会议，代行国民党中央和国民政府职权，标志着国民政府迁到武汉。

1927年1月1日，临时党政联席会议开始办公，并发布命令，以武汉为国都。此后进入武汉国民政府时期。

今越华路广东省民政厅地为广东省政府所在地。

## 六、清党·决裂

国民政府北迁，广东省的党政军权力逐步为李济深所控制。

1927年1月2日，广东机器工会出面纠集200多人，袭击了粤汉、广三两个铁路工会，打死10人，伤10余人。

1927年4月12日，蒋介石在上海发动“清党”。当天，李济深和古应芬从上海回到广州，着手广州的“清党”运动。

4月15日凌晨2时，广州戒严司令钱大钧宣布全市戒严。马路街道布满步哨侦缉，交通断绝，枪声四起。佩戴白色蓝字臂章标记的军警分三路进攻粤汉铁路总工会、广三铁路总工会和广九铁路总工会，搜捕共产党人和工农领袖，解除了黄埔军校和省港罢工委员会的武装，包围搜查了全国总工会广州办事处、省港罢工委员会、广州工代会、铁路工会、海员工会、广州洋务工会、农民协会、妇女协会、中山大学等机关、团体和学校200多处。史称“四一五”政变。

在这次政变中，一种记载是，5000余人被捕，其中2100多人被杀。另一种记载是，2100多人被捕，先后被秘密枪杀的有100多人；另有黄埔军校师生400余人被捕，其中约200名共产党人被秘密杀害。著名共产党人邓培、萧楚女、熊雄、李启汉、刘尔崧、何耀全、张瑞成、毕磊等死难。

当时广九、广三、粤汉铁路工人，在农民军配合下，进行了抵抗，终被镇压。

4月23日和6月19日的政治性罢工和游行示威亦均遭镇压。

国共两党彻底决裂。

余波未了。

1927年6月底，军队包围太平南路嘉南堂省港罢工工人公共食堂，拘捕工人200多名。11月3日，省港罢工工人在中央公园前举行反对政府封闭罢工工人组织的示威游行，被军警用枪械冲散，多人被捕。11月7日，省港罢工委员会及工人代表在西瓜园召开纪念十月革命十周年群众大会，到会1000余人，提出“打倒国民党反动派”的口号。11月23日，省港罢工委员会所属香港金属业总工会在中央公园召开群众大会。突然被军队包围，当场被捕25人。大会停开。

一方发动进攻，一方奋起反击，并试图建立政权。再过了不足二十日，广州暴动。

## 七、张黄事变·广州暴动

1927年8月7日，中共中央在汉口召开紧急会议，确立了开展土地革命和武装反抗国民党的总方针。8月20日，中共广东省委决定组织广州暴动委员会。

1927年9月下旬，粤籍将军张发奎率军从江西返回广州。

10月10日，李济深部同张发奎部冲突，李济深在河南实行戒严。

汪精卫于10月29日来到广州，企图借广东实力，恢复其“正统”领袖的地位，重新控制国民党中央。

11月17日凌晨，张发奎部下黄琪翔率第四军会同李福林、薛岳等粤系将领发动政变（或称兵变），宣布解除李济深在粤一切职务，包围了广东省军事委员会主席黄绍竑等桂系将领住宅，勒令驻广州的桂军缴械。黄绍竑事前闻讯出逃，桂系在粤部队急忙向广西撤退。张发奎自任广州军事委员会主席，任命第四军军长黄琪翔兼任广州卫戍司令，由第四军教导团、警卫团和新编第二师第三团、炮兵团以及李福林的第五军一部担负广州警备任务。张发奎、黄琪翔由此取得了广州的统治权。这一事件，史称“张黄事变”。

桂军很快重整旗鼓。陈铭枢和黄绍竑各率军旅从东西两面夹击广州。张发奎派黄琪翔主力西去阻击黄绍竑军，而将广州防务交给自己的参谋长叶剑英负责。叶兼任教导团团长，而该团实际上是共产党掌握的武装力量。

11月26日，广东省委书记张太雷和共产国际代表罗曼等议决，趁此粤桂军阀混战与粤军主力离穗之机，立即发动武装暴动，夺取广州政权，并正式成立了广州起义总指挥部——革命军事委员会，张太雷任委员长，叶挺（原国民革命军第十一军副军长兼第二十四师师长）、叶剑英任正、副总指挥，徐光英任参谋长。

1927年12月5日，中共中央批复广东省委同意广州暴动计划。

12月7日，中共广东省委革命军事委员会在越华路一家剧院内召开工农兵代表会，确定12日晚起义。

参加起义的主力是叶剑英领导的第四军教导团和由叶剑英推荐的共产党员梁秉枢为团长的

警卫团，另有周文雍任总指挥的工人赤卫队3000多人，还有黄埔特务营和宪兵一连等，再加上近郊农民武装，约五六千人。

汪精卫得到消息，即派其妻陈璧君从上海赶来广州，要张发奎迅速解决教导团，并令黄琪翔从西江前线速回广州。12月10日，广州市公安局宣布戒严，四出搜捕，形势十分危急。省委决定提前起义。

12月11日凌晨2时，张太雷、叶挺、徐光英、周文雍、恽代英等来到北较场四标营教导团驻地，举行起义誓师大会。

3时30分左右，教导团发射3颗信号弹，全市3000余名革命军和工人武装系红领带，高举红旗，按原定部署，向市区各指定目标发起攻击。

教导团分三路出击，一路直奔沙河，一路进攻东校场、广九车站和公安局，一路进攻省长公署和观音山（越秀山）。同时，市内各地工人赤卫队亦手执红旗，分路举事。第四军警卫团宣布起义。

霎时间，枪声四起。经过数小时激战，起义军占领了珠江北岸的大部分市区。张发奎、黄琪翔、陈公博、朱晖日等逃往南岸李福林处。

周文雍带领的赤卫队和敢死队，从龙藏街太邱书院出发，分两路进攻市公安局：一路由四牌楼（现解放中路）向北，经惠爱路（现中山五路），进到维新路北口；一路由四牌楼向南，经惠福路，进到维新路南口，对市公安局形成钳形攻势。

此时，埋伏在第一公园（现人民公园）的敢死队，经惠爱路向市公安局连续发起冲击。

守军以铁甲车和机关枪阻击，并得到驻维新路的保安队的支援，起义军进攻受阻。在战斗紧急关头，叶剑英率领的教导团第一连赶到维新路，投入战斗，以密集火力压住敌人，炸毁铁甲车。起义军乘势逼近守军。20多名敢死队员搭人梯，爬上围墙，向市公安局院内投掷手榴弹，趁守军混乱之际，跳进院内，从侧后攻击守军。预先打入保安队做内应的士兵，此时也突然向市公安局门口射击，守军被迫后撤。起义军趁势砸开公安局铁栅门，冲进院内。

公安局长朱晖日越墙逃跑，保安大队长李作日被击毙，顽抗的守兵被消灭，其余的缴械投降，关押在公安局牢房的800多名共产党员和群众被解救。驻维新路的保安队也全部缴械投降。

12月11日上午6时，广州苏维埃政府（又称广州公社）和临时工农红军总指挥部，在维新路（今广州起义路）广州市公安局宣告成立，以苏兆征为主席（因苏时在上海，由张太雷代理），其他成员有：内务兼外交委员黄平，肃反委员杨殷，土地委员彭湃，劳动委员张太雷，秘书长恽代英，叶挺为工农红军总指挥，叶剑英为副总指挥。

苏维埃政府发表了宣言和告民众书。宣布“一切政权归苏维埃，打倒反革命国民党和各式军阀，工人实行8小时工作制，监督生产，一切土地收归国有，归农民耕种，联合苏联，打倒帝国主义”。

广州工人代表会在学宫街渭滨书院恢复办公。中共广东区委员会设在明星戏院（今新星戏院）。赤卫队总部设在原广东省政府。

国民党军立即停止内争，联合对付起义军。

12月11日广州苏维埃政府宣布成立。张发奎、黄琪翔、朱晖日等逃至河南李福林住地。

张发奎、黄琪翔紧急调回防堵桂军的黄琪翔部，集中五万余兵力，从江门、韶关、石龙三

面进逼广州。英国商船公开运载张、黄和李福林部队渡河到市区镇压。

12日上午8时，各军同时发动攻击。起义军据守长堤江畔，堆沙包为垒进行抵抗，激战至10时，渐不能支，被迫撤退。

12月12日中午1时，在丰宁路（现人民中路）西瓜园空地召开群众大会。张太雷宣布广州苏维埃政府成立。并发出宣言，公布政纲。

12日下午，从韶关南下之国民党军由大北门攻占观音山（越秀山）起义军部分阵地，并分兵直扑广州市区。张太雷闻讯乘车赶赴大北门，途经惠爱路（现中山五路）与大北直街（今解放路）相交处时，突遭机器工会体育队伏击，死难，年仅29岁。广州暴动失去指挥重心。

12日黄昏，叶挺、聂荣臻登上永汉北路财政厅天台，观察全市战况。鉴于当时敌军已包围广州，建议乘包围圈尚未合拢之机，将起义军撤出广州，转向农村。当日夜，由徐光英在起义指挥部主持召开军事会议（叶挺等军事指挥员没有参加），经讨论决定起义军立即撤退。教导团大部和警卫团、赤卫队各一部，向沙河方向撤退。

12月13日，张发奎、薛岳会同李福林及英、美、德、日军舰向起义武装大举反扑，从河南分兵四路向市区进攻。

13日上午，国民党军约4000人，分六路向尚未撤离的起义军围攻：第一路第五军600余人由金花庙横渡珠江，进攻西濠口；第二路第五军一部和第二十六师第七十八团由石围塘火车站渡江，攻占黄沙；第三路教导第一师第一、二团由士敏土厂渡江，进攻东堤；第四路新编第三师黄慕松团由猎德进攻东堤；第五路第二十五师沿广九铁路进攻沙河；第六路教导第四团由西村进攻观音山。

国民党军炮舰发炮助战。

第四军教导团女子队班长游曦带领全班在珠江北岸天字码头附近血战，除一人送信离开外，全部战死。

13日下午3时，广州苏维埃政府和工农红军总指挥部所在地失守，起义部队撤出广州。

经过三天激战，暴动至此失败。

张发奎率部进驻广州，任命李福林部第十五师师长李俊任广州卫戍司令。

大屠杀随后开始。在14—19日内，5700多人被杀。东方通讯社香港分社12月19日报道："路上到处皆有惨杀之尸体，大有血流成河之势。"加上土匪、地痞乘机肆虐，城中秩序一片混乱。据统计，广州被焚铺户900多间，被劫商铺1000余家。

1954年，在当年大批死难者之地红花岗兴建了广州起义烈士陵园。"红陵旭日"曾为新羊城八景之一。

广州暴动失败后数天，12月下旬，张发奎便在反对派的攻击下通电下野，张部也在李济深、黄绍竑部队东西对进的威逼下，撤出广州，开赴东江地区。民国十七年（1928）1月初，李济深回广州复职，任命邓世增为广州卫戍司令。

1929年3月下旬，李济深遭蒋介石软禁，南京政府任命陈济棠为广东部队编遣特派员，负责广东的整编并指挥广东境内各军。"南天王"自此崛起，"治粤八年，确有建树"。

# 第三章 广州建市

民国后，清代设立的广州府废置。

1912年，设在广州的广东省会警察厅担负了公安和市政的职能。广州正式建市，则在九年后。

## 一、设市政公所

1918年9月30日，广东督军署与广东省长公署发布第153号委任令，委任杨永泰、魏邦平为广州城厢市政公所总办，负责筹办广州城厢市政公所。规划市政建设。广州开始走上现代行政之路。

《广州市市政公所章程》规定："本公所管理广州市交通、卫生、经界、登录及其他关于市政一切事务。"这是历史上第一次使用"广州市"的概念。不过当时广州城在行政区划上仍由南海和番禺两县分管，并无真正的"市区"，因而当时的"市"并无实际区域。

1918年10月17日，广州市市政公所发出第一号布告（括号文字为笔者所加注释）：

广州市开通较早，百货骈填，有一十五万四千九百余户，有七十万零四千九百余口（每户平均4.55口。比清末宣统二年广东省咨询局编制《编查录》记载广东省垣警界区域人口517596人增加了187304人）。民物殷繁，为中国省会冠。……奉准设立广州市市政公所，抡员分职，兼程进行。惟是市政范围，经纬万象。弊去其泰甚，事先于所急。分头擘画，括为五端。

一曰拆城基。近世城垣，已如古代兵器，无存在之理由。广州老城新城，尤为天然障碍。辛亥鼎革之初，早经议拆，今当赓续实行，廓而清之，然后一切交通，方可措手。

一曰辟马路。已成为马路，只有东西长堤，余尚闭塞。若已拆城基，即可循为路线，而由普济桥（故址在今和平东路与人民南路相交处之西侧、古西濠流经处）便门至西门（今西门口），由西门至财政厅前，更由此后通省长公署（今省民政厅地），前达永汉街口（今北京路口），概先筑路，外而与长堤衔接，内而与西关旗界（旗界指今解放路一线以西，人民路一线以东、大德路一线以北地）一气沟通，则城里工商，首蒙莫大之利。盖不拆城、不辟路，绝无市政可言，而欲辟路先拆城，尤为此中枢纽，故无论如何，断不稍存瞻顾。

一曰设市场。屠沽露店，逼处街衢，卫生交通，两受其害，不得不设市场以容纳之。拟先改建禺山关帝庙为模范市场，其他分择适中地点，次第建设，先收划一整齐之效，乃有公众卫生之可言。

一曰设公园。西人称公园为都市之肺腑……以较广州市，真可谓之无肺腑矣。今先择定旧抚署为第一公园（今人民公园），推及于海珠（指海珠石）、东校场、东山庙（今署前路东侧一带地）三处，西关则另谋适合地点，同时举行。

一曰设工厂。市民无业者多，尤以旗籍（指满洲人后裔）为甚……拟先于旗界设一大工厂以其纳之。大约规划，每年常费约在五万元之间，通厂工额，可容二千名以下。教育事业，亦市政初基，扩而充之，悬是为的。

以上五端，决定为进行第一时期，其他属于市政范围，更当旁考列强成规，内审地方习惯，集思广益，力图改良。

由此布告可知，当年计划办五件事，即拆城基、辟马路、设市场、设公园、设工厂。而其当务之急，就是拆城筑路。

1918年10月22日，广州市政公所设于育贤坊禺山关帝庙（今北京路禺山市场内），内设总办、帮办、坐办三职，分别由杨永泰、魏邦平、曹汝英出任。下辖总务、工程、经济、登录四科。总务科负责财政、工艺、卫生、档案等工作；工程科主理各项市政建设；经界科负责测绘、调查、评价事务；登录科负责注册、印证、税契等事务。为广州创办市政之开始。负责拆除城垣修筑马路，规划街道等市政建设事项。开始对建设工程及建设用地进行初步管理。这是广州建市的筹备阶段，为建市做了重要的准备工作。

10月29日，广东督军署及广东省公署再发指令，市政第一期进行办法核准立案。

1920年9月，陈炯明率粤军返粤，驱逐了桂系军阀莫荣新，并以总司令兼省长身份首倡地方自治，认为广州为全省行政中枢，原设立的“市政公所管辖范围太狭，除拆卸城垣，辟宽街道外，一切未遑计及，未足以言市政”，“市政规划刻不容缓”。

陈炯明于是提出有关动议交法制编纂委员会讨论，该会推举“留美有年，夙专研各国市政”的孙中山之子孙科主笔，起草新的广州市政条例。孙科留美返国后曾任广州治河督办，对城市问题很有研究，著有《都市规划论》，这是我国第一部阐释城市建设的专著。此外还有其他专著。受命之后，孙科即于当日起草《广州市暂行条例》57条，第一次将市和县分立，使广州直属省的管辖。

1920年12月20日，广东省省长公署公布了《广州市暂行条例》。该条例具体规定了广州市的行政区域、行政范围、行政组织及其职权，是广州设市的依据，也是全国第一部比较完整的城市组织规章。《广州市暂行条例》规定：“广州市为地方行政区域，直接隶属于省政府，不入县行政范围。”即广州市区不再由南番二县分治。事实上。当时广州市区的界限还没有完全划定（1923年才划定），但已决定“暂以现在警察区域为市区区域标准”。这是对广州市区的一种确认。遂设立广州市政厅以管理广州市政。

## 二、市政厅·市政府·特别市

1921年2月15日，中国第一个市政府——广州市政厅成立，标志着广州正式建市。这是中国第一个现代意义的“市”。

市政厅总理区内市政。《广州市暂行条例》公布实施。“广州市”这三个字，从传统的地域概念，转变为现代城市名称。城市管理进入新阶段。

依据《广州市暂行条例》，1921年2月16日，广东省省长公署发布第7号布告，宣布将省会地方划为广州市的行政区域。同日，广东督军署、广东省长公署发出布告，委任孙科为广州市市长。

孙科将原设于育贤坊禺山关帝庙之市政公所迁至南堤，改组为广州市政厅。行市长制。厅址即今沿江中路中国人民银行广州分行址。

厅内设秘书处、总务科各一，另设财政、公安、工务、教育、卫生、公用六局，分掌市政。

广东省长公署根据孙科的推荐，任命魏邦平为广东全省警务处处长兼任广州市公安局局长（广东省会警察厅改为广州市公安局），蔡增基为广州市财政局局长，程天固为广州市工务局局长，黄垣为广州市公用局局长，胡宣明为广州市卫生局局长，许崇清为广州市教育局局长。

新建制的广州市，六个局长全是留学生。当时有人以“洋化机关”称之。

按照《广州市暂行条例》，市政组织包括三个独立部门：

1. 市行政委员会。由市长和各局局长组成，其职权为议决执行市行政事务；裁决一切进行事项。市长综理全市行政事务，为广州市行政委员会主席。

2. 市参事会。为代表市民，辅助市行政之代议机构。

3. 审计处。其职权为审查市财政收支情况，审查市行政委员会所订立有财政上关系之各种契约合同，献议关于市财政会计方式之改良。

市参事会、审计处均为辅翼监督机关。

广州建市后，致力于市区马路之拓宽与建设。

市区“向东展拓至东冈；向西开拓，使与广三铁路黄沙站相连，又与西村相连”。并兴筑市区马路，使广州现代城市建设初具规模，马路四通八达，市区日趋繁华。

1925年7月4日，“以广州为革命首部，乃改组市政府，成立市政委员会，以为市民参与市政机关”。市政委员会为市立法机关，由省政府在农会、工会、商会、教育会、现代职业团体、自由职业者等六种团体中各委任三人为市政委员会委员，任命伍朝枢为市政委员长（市行政会议主席），伍大光为市政委员会秘书。并分成五个委员分会以监察各局的工作，防止渎

职、违法或舞弊行为。

实行委员会制，市长改称市政委员长。仍行使市长职权，其办公机关仍称广州市市政厅，内设机构不变。按新的组织系统，市政府辖公安局（局长吴铁城）、财政局（局长谭兆槐）、卫生局（局长司徒朝）、教育局（局长王仁康）、工务局（局长林逸民）五局。原公用局撤销，其所管辖的事务由财政局、工务局分别接管。

同日，广州市政府发表成立宣言，在第一公园（今人民公园）举行市政委员长暨各局局长就职典礼。

1926年7月，增设土地局。

1927年6月，决定市各机关集中购料，于是设立购料委员会以司其事。7月，增办市立银行以流通金融。8月，将公用局规复。10月，开办《市政日报》（1928年7月改名为《日日新闻》）以宣传市政。

1928年11月，增设市营事业经理处，管理市营各长途搭客汽车，并置立贫民教养院，将普济三院，市立贫民教养院，市立盲人学院，归并办理。12月，加设城市设计委员会。

1929年8月1日，复改市长制，撤销市政委员会。9月，社会局成立。10月，改广州市为特别市。

1930年1月，民初广东省会警察厅所设各区署改为公安分局，共30个。

1930年5月和1931年7月，政府先后公布《市组织法》和《市地方自治条例》，实施市下设区辖坊，以500户为坊，10坊为区，市郊在坊之下设里，以25户为里。广州全市设立30个区公所。

1930年8月18日，奉行政院令取消特别市名义，改为广州市政府，仍任林云陔为市长。

1930年，工务局局长程天固编著《广州工务之实施计划》，从规划范围、城市主干路网、内街内巷改造三个方面奠定了近代广州城市基本格局。

1931年7月30日，设立广州市政府协助地方自治委员会。

1932年2月，设立城市设计委员会。

以上1933年前之广州市市政机关沿革，详载于民国二十三年（1934）出版的广州市政府编《广州指南》。该书附有《市政府组织系统图》与《市政府内部组织系统图》。

1946年，广州调整为24个区，由区警察分局长兼任区长。同年10月，广州市政府公告，收回沙面租界为市辖区。

1949年建国前夕，广州全市设区公所33个，其中市区23个。

清代、民国时期均实行保甲制度。以户为单位，设户长；10户为1甲，设甲长；10甲为1保，设保长。建国后废除。

# 第四章　古城终结

1918年10月17日，广州市市政公所发出第一号布告，宣布当年计划办五件事：拆城基、辟马路、设市场、设公园、设工厂。而其当务之急，就是拆城筑路。

广州城垣自秦时修筑，不断扩展，至晚明基本定型；再至民国创建，共历二千余年，终于完成其历史使命。拆去，让广州迈向现代都市。

拆城垣前夕的广州城区状况大致是这样的：

城中主干道基本上是东西向或南北向取直，横街窄巷则是九曲十八弯，辟建时毫无章法，进去了还不容易走出来。

街巷两旁不少是长列的店铺，所谓“铺户云连”。民宅多与店铺合一，基本上是木构建筑，有的是前店后宅，两层楼的则多为下店上宅，有的底层用砖砌成，上、下楼层有陡梯相连。店门一般高出街道一个台阶，漆制招牌挂在店铺的两侧柱子上。风吹过，噼噼啪啪的响。

近代工业企业兴起，这在鸦片战争前是没有的。高大雄伟的近代建筑出现了，耸立在这片古老的土地上。马路出现了，铁路也建成了，广州逐渐呈现出近代城市的面貌。但城墙仍然高耸，仍未告别古代——尽管皇帝已经倒台。

总的来说，广州城垣内外仍多是一片片低矮的平房，整座古城的城垣直到民国前期被拆去，并无变易，仍是原来的样子。“广州城周一十二里半，长二千二百八十四丈有奇，高三丈二尺，垛口二千五十有五，炮房二百五十间，安炮二百尊，另八千觔大炮三尊，堆卡四十间。”这是晚清《驻粤八旗志》对全城的综述。

晚清时期，不少洋人来到广州游历，其中部分人留下了对这座城市的记述。他们以通俗的文笔，从各自不同的角度来描述亲眼看到的广州城，感觉不尽相同，描述亦未必准确，但都可谓朴实、形象而真切。这种记述在中国士大夫的笔下（包括地方志）是难以见到的。

我们先来看看当年整座广州城的“形象”（括号文字为笔者所加注释）。

**眼力所及的广州城**

我们登上了楼顶。从一楼到楼顶共有13层。从楼顶向外看出去，广州城的景色尽收眼底，宽阔的珠江、清式和西式的阁楼、宝塔、博物馆、清真寺、大厦、仓库、商铺等等，这些建筑物看上去并没有分成街道，而是毫不间断地紧紧挨在一起。远处可见英国领事馆（今广东迎宾馆地）的小教堂，上面有钟楼和高高的十字架。高高的越秀山和白云山耸入云端。在辽阔的珠江平原上，清澈的河水从园林和树丛中蜿蜒而过……我们眼力所及的就像是山水的画卷，像世外桃源一样如歌如诗。同时，也没有什么能比我们脚下的闹市更激动人心了，它包容和涌动着两三百万情趣盎然的生命。

——《帝国的回忆——〈泰晤士报〉晚清改革观察记》

广州城有众多的人口，近100万……由一些窄窄的街道——约56条，6米宽——（此记述不确。街巷绝对超过56条，除主干道外，其他街巷都达不到6米）和矮房组成。广州城位于一块平地上，又在一座很高的名山——白云山脚下（应该是越秀山脚下），被珠江分成两半。山背是一些山脊，有三四个小山岗，其高度足以控制全城。在这些小山岗上是炮台和扎营的部队……该城由有7.6米厚度墙基的城墙围住。

——1858年2月20日《伦敦时事画报》

清末的广州……城墙的大门在夜晚一律关闭。在遭到攻打或发生暴乱时，城墙可以起到特殊的保护作用。因城门修得非常坚固，足以阻止蜂拥的人群，以等待援兵的救援。

穿过城门，顺城墙前行不远，便可见到一座高大的瞭望台，这就是人们熟知的五层塔楼（指镇海楼）。这座谷仓式的建筑已多年失修，零星散落着斑驳的红色。来广州的游客都喜欢到楼上来休憩和登高望远。站在五层塔楼的顶上，可以眺望整个广州城。然而所见到的景物破败不堪，不免令人失望：到处都是一样普通、单调、低矮、没有生气的房屋，被一条条狭窄的街道串接在一起。从这片巨大的空间中持续传来单调的火车汽笛一样的嗡鸣声，似乎在提醒人们：在这座城市里，已密集地生活着近200万人口。

——[美]约翰·斯塔德《1897年的中国》

**城墙与城门**

广州城显露出一片红色屋顶，只有少数建筑物高出其他建筑物。城墙由规则的方形石头砌成，也掺杂了一些乱石，可以看到还有一些塔楼用于加固城墙。据说全城周长14.48公里，其中有一大段城墙穿过民居（这指的是老城的南城墙，亦即南城的北城墙，今大德路、大南路、文明路一线），并由此将广州城分出一大部分。城门是低牌楼，上面设置了带火炮的塔楼。

——1857年1月10日《伦敦时事画报》

城墙内的广州城呈不规则的方形，并被一条从东至西的城墙（指老城的南城墙）分为两大部分：北城占大部分，被称为旧城；南城则被称为新城。整座城的城墙约6至7英里

（1英里=1609.344米）长，可以穿行，走完一圈需两个小时。南城墙与珠江平行，二者相距15到20码（1码=0.9144米）。在北边，部分城墙呈不规则线路建在山岗斜坡上（指建在越秀山上），海拔可能有300多英尺（1英尺=0.3648米）高。

城墙由砖砌成，并以粗糙的红砂岩石作墙基，高度在20至30英尺之间。城门共有16座，其中有四座将新城和旧城分开。因此，有12座城门对外，每座城门以其位置命名。……城门的每一面都设置了爬城的梯。

——1858年3月27日《伦敦时事画报》

**街巷与店铺**

你一旦来到广州的大街上，就几乎分辨不清东南西北。……这些街道其实不过是些很长很长的巷道，道两边有很多正在营业的店铺。这些店铺老板的名字和他经营的业务都油漆在一块长长的厚木板上，木板垂直地悬挂在店铺的门口，如果有一阵大风吹来，它们就会左右摇摆，彼此碰撞，发出噼里啪啦的声音。

——《帝国的回忆——〈泰晤士报〉晚清改革观察记》

在人们经常光顾的地方中，比较有吸引力的大概要算茶馆。广州的茶馆很像纽约的小酒馆或酒吧，也有伦敦酒吧的格调。但杜松子酒或啤酒与茶之间的差别可就大了，特别在它们的效果上。这里常常是30人围坐在一些小桌子旁，面前摆放着茶水、饼干和糖果之类的东西。他们之间的谈话欢快但不喧嚣，所有人都显得恭谨有礼，宽宏大量。

——《帝国的回忆——〈泰晤士报〉晚清改革观察记》

广州的街道窄窄的，房子大多数只有一层，除公共建筑和石拱门外，它们的外表都很一般。城墙内有很多开敞的地方。

——1858年3月13日《伦敦时代画报》

**狭窄的街道**

广州的街道没有名字（事实是，广州的主要街道都有名字），也没有照明等设施，很难称得上是真正意义上的街道，只是些蜿蜒曲折的小巷而已。这些街巷狭窄、阴暗，臭气熏天，一般只有1.2—2.4米宽（这比说街巷有6米宽要相对准确）。在蛇形弯曲迂回的巷子里，挤满各类店铺。由于过道被大量挤占，人们头顶上挂满各种颜色的木制广告招牌，几乎透不进一丝阳光。在这样狭窄的街道上，每前进一步，都会摩肩接踵地碰上衣衫不整的行人。他们中有很多人光着膀子，拥挤在狭小的空间里，仿佛梗堵在峡谷中湍急的洪流。偶尔有官家的轿子从拥挤喧闹的人群中穿过，轿夫需要不断地提高嗓门高喊着，让路人给轿子让路。有时两乘轿子迎头相遇，双方的轿夫便像疯子一样相互喊叫着，连挤带让地设法艰难地通过……

——[美]约翰·斯塔德《1897年的中国》

**林立的店铺**

与狭窄的街道相反，街道两边林立的店铺一般都很深，很多店铺进深达二十四五米。在每家店铺的门外，都竖立着写有店名的木制招牌，店铺的角落里摆放着神龛。店铺的二层上环绕

着长廊，这一层或店铺的后半部分，是店家的住所（按：此即前店后宅格局）。有些店铺还用精致的木雕和青铜灯具做装饰。店铺的货柜里陈列着各种物品，其中较多的是丝棉制作的工艺品、扇面、珠宝、雨伞、滴漏钟表以及中式鞋子等。

最有气派的要数典当行，当时广州共有五六座，其高度可与宝塔和教堂比肩，像是竖立起来的大花岗岩盒子。从这庞大的建筑外形上，人们就可以推断出它们的富有——当时广州半数以上的个人财富都聚集在这里。跟全国一样，当时的抵押风也很盛。成百上千的广州人把自己的家什寄存在这里，夏天主要寄存皮革和大衣，冬天主要寄存单薄的夏装，以便从老板那里换点钱花。这些典当行为了防止盗贼打劫，都在房顶上堆放着石块和硫酸。遇到强盗来犯，便从楼顶上往下扔石块和泼硫酸，进行抵御。

——[美]约翰·斯塔德《1897年的中国》

创刊于光绪十年十一月（1884年12月）的《述报》记当时广州，亦称“省垣人烟稠密，铺户云连”。当年有位叫王运的人，从北方来到广州，在写给夫人的信中这样描述广州城：

市廛逼窄，宅第坚狭，街衢垢秽，无洁清之容。……地性蒸暖，易生疾疫。蚊蝇乘其昏运，蛇鼠充其毒食。……岛夷杂糅，诡服殊形，刀剑火枪，纵横于路。

从以上记述中可以看到，清末民初广州城的房屋，基本上仍是连片的低矮的单层小平房，城中街巷狭窄（二三米），卫生条件甚差，有时流行瘟疫。商铺一间接一间，街巷里行人常常是摩肩接踵，是一个典型的拥挤的商埠。

洋人来广州游历，不过短时居住，况且语言不通，其记述基本上是记其所见而已，带有很大的局限性，自然是很不全面的。

比如，他们没有记述太平井。当年广州城密集的木结构房屋可令星火速成燎原，对居民的生命财产构成严重威胁，一场火灾常常导致数以百计的房屋被毁；太平井就是准备来随时救火的，每街均设。清末庚戌（1910）《南海县志》载：“会城繁杂，时防回禄。故每街设太平井，遇火警，撬石汲水，以供水龙之用。冬月则淘挖之，习以为常。”

又比如，洋人没有记述晒台。清末民初徐珂《清稗类钞》载：“广州房屋，瓦面均建晒台，故用石灰砌实，上置方砖，瓦上可行走。窃贼即以瓦面为孔道，盖由上而下也。庭中有用铁条木闸者。”

以上记述大致可看作清末民初广州城予人的总体印象。若要详细而全面地记述城区内外的状况：一街一巷，一渠一沟，一岗一丘等，主要得依据当地官府组织编撰的地方志与当年问世的广州城地图。

本章简略载录古城垣被拆除前夕广州城区内外的状况。

主要依据如下历史文献：

一、晚清广州城图与民国时期出版的广州城图，如光绪三十一年（1905）《粤东省城图》、1907年德国人舒乐测绘的《广东省城内外全图》、1918年《广州市图》等。

二、《广州府志》《番禺县志》《南海县志》《广东通志》的相关记载及其广州城附图，如清末宣统二年（1910）《南海县志·县治附省全图》、民国二十年（1931）《番禺县志·六脉渠图》等。

此外，参考其他相关文献，如清光绪五年（1879）《驻粤八旗志》、光绪二十八年

（1902）《广东沿海图》（广州城段）等。

珠江将广州城区明显地分成了三大块：河北、河南、芳村。以下依城区、城东、西关、城北（以上河北部分）、河南、芳村区域为序记述。

这是广州古城在消失前最终的较为全面、完整的记录。

## 一、 广州城区

广州城区指城墙范围内的区域，包括老城、南城、雁翅城。大致北起越秀山，南至珠江江岸。东至东城墙（今越秀路）、东濠涌（南段）；西至西城墙（今人民路）、西濠涌（南段，今人民路）。以下自北往南，依老城、南城、雁翅城分别记述。

### （一）老城

老城区指明代老城，在整个清代基本没有改变，直到民国前期拆城墙建马路。其范围：北起越秀山镇海楼、镇海路；南至今大德路、大南路、文明路；东至今越秀北路、越秀中路；西至今盘福路、市一人民医院内东西主干道、市一人民医院西门以南人民北路、人民中路段。这是广州城最古老也是最核心的地区，历史可上溯二千余年。

### （二）南城

南城区指明代嘉靖后期所建之新城，因在老城区南面，故又称南城。其范围：北至老城之南城墙（今大德路、大南路、文明路一线）；南至新城之南城墙（今一德路、泰康路、万福路一线）；东至东城墙（今越秀南路北段）；西至西城墙（今人民南路北段）。此区域初建成时称新城，后来渐称南城，因为在清代时，此城区已不“新”。尽管在清代方志和地图中，仍多称作“新城”。

### （三）雁翅城・鸡翼城

雁翅城又称鸡翼城，其城区指清初修筑的东西雁翅城内的区域。其大致范围：北至今一德路、泰康路、万福路（明代嘉靖末年所筑新城之南城墙故址）；南至珠江江岸；东至今越秀南路南段、拙翠路；西至今人民南路南段。随着江岸的向南推移，从清初到清末，地域有了相当的扩大。清后期起，沿珠江地带开发较快，经济发展水平较高。

在清代地方志中，有时把新城与雁翅城合二为一，统称为新城或南城。如民国《广州城坊志・卷四・新城》所载区域就包括了南城与雁翅城。本节所记述的仅是雁翅城区。

雁翅城区大致可以分成两部分。一部分是太平沙岛及其东侧至鸡翼城、东市大街的地域，一部分即为太平沙岛以西至今人民南路的区域。两部分地域的大小大致相当。

先说太平沙岛及其以东地域。

太平沙岛在府城东南部。北宋时为五块逐渐露出水面的沙洲，彼此有水道相隔，称“五

洲”。在今北京路南段两侧，约以今珠光路、太平沙街为沙洲的中心。随着沙洲间的水道不断淤积成陆，至明代中期时，“五洲”渐合并成一个靠近北岸的大沙洲，称太平沙，南临珠江，北东西三面环水，其实就是一个大岛。明代末期已有人到此岛上垦荒耕作。

清代时，随着陆地的淤积，太平沙岛向四周越渐扩大。

清乾隆时（1736—1795），太平沙岛与北岸尚隔着宽阔的水道。北缘约在今厂后街一线以南；东缘约在今越秀南路南段一线以西；南临江，约在今接官亭、东园横路一线。西缘约至今侨光西路与回龙路之间。

过了几十年，至道光时（1821—1850），其地域如清道光二年（1822）《广东通志·广东省城图》所绘，岛西缘约扩展至今回龙路西侧。

当时太平沙洲上有市场、集市，称沙洲市，见载于康熙三十六年（1697）《广东通志》、乾隆二十四年（1759）《广州府志》；亦称沙洲墟市，见载于雍正九年（1731）《广东通志》。确切位置不详。

至清末时，太平沙洲大约东扩至湛塘涌（1933年时填涌建成了今湛塘路），西面到了今海珠广场西广场的东界，约今海珠大桥北引桥的东侧。北面的水道基本上是沿着万福路、泰康路一线（当时是南城的南城墙）的南侧，大约在今石基里、厂后街、麦栏街、海味街一线与万福路、泰康路一线的中间，今通正巷即为当年水道的一段，是陆续填平水道而渐成街道的。

清同治《广州府志》称这条分隔太平沙洲与北岸的水道为“外城濠”，这样记述（括号文字为笔者所加注释）：“外城濠，由永兴门东从海北入（即珠江水从湛塘涌即今湛塘路一线北入），折而西，经永兴门外万福桥（今通正巷与万福桥相交处）下，又西经永清门桥下，又西过果栏回龙桥下，又西过太平市桥下，折南入海。”说的便是这条水道。

晚清时，太平沙岛虽然还未与北面的陆地相连接，但当年这条相隔北岸的水道已相当狭窄，基本上已成水沟，而非河道，故可将二者视为一体，即太平沙岛已成珠江北岸陆地的一部分，其南岸即为城南珠江的北岸。

由于有水道的阻隔，而这条水道上只建有三座桥梁与北岸相通（其中西面的桥梁距城门颇远），北面的城墙又只有永清门与永兴门进入南城，交通不便，故太平沙岛的经济发展远不及在其西面的地域。

清末时太平沙洲东西长约1000米，南北宽约500米。随着与北岸相隔的水道逐渐淤积成陆，本岛与珠江北岸相连，而最终成了江岸的一部分。作为岛，已不复存在。

民国初年，原沙洲南缘已基本形成目前的珠江岸线。民国后期，太平沙西部大概淤积到今起义路一线。

今北京路南段西侧的太平沙、太平通津一带，约为明清时期太平沙的西半部分。

再说太平沙岛西面地域。

这部分地域在明代后期已是重要的码头区和商业区，北面与南城没有水道阻隔，且有四个城门相通（自东往西依次为五仙门、靖海门、油栏门、竹栏门），交通远比太平沙岛为方便。清代近三百年，江岸不断向南推移，码头区亦随之向南推移，商业发展便利。由于经济发展快，江岸南移的速度亦快，故其江岸线与太平沙岛的南岸线不在同一水平线上，而是明显地呈现出自东北向西南倾斜的形状。

明嘉靖四十四年（1565）二月动工修筑今一德路、泰康路、万福路一线的南城城墙，翌年正月完工。当时城墙以南不远即珠江江岸。80年后明朝覆亡，进入清代。再过了268年，清朝覆亡，民国建立。这时珠江江岸已扩展到了今长堤大马路、沿江路一线。也就是说，雁翅城区的发展，主要在清代，其最大特点是逐渐向南扩展，珠江逐渐缩窄。因而雁翅城的街道，基本上是清代开街，而且其中大部分是清代后期才形成的。越往南的越迟形成。历史都不长。因而也就没什么掌故。

雁翅城街道，基本上由东西走向和南北走向的街巷所构成。

东西走向的街巷基本上在北侧，相对建巷较早。

南北走向的街道基本上是以东西走向的街巷作骨架，向南延伸至江岸，这显然是随着江岸的向南推移而逐渐向南延伸发展的，而且街巷的数量明显比东西向街巷为多。也就是说，随着江岸的向南推移，南北向街巷亦随之自然形成，而东西向街巷没有辟建，所以街巷基本上是“丁”字形而非“井”字形。直到清末才开始沿江岸北侧开辟道路，而且是较为开阔的沿江大道，而非像自然形成的南北向街巷那样的小巷。可以说，清末江岸大道的辟建，已逐渐揭开了广州城走向现代城市的序幕。

鸡翼城街道以沿江岸东西走向的街道为大街，为商业街区，临江岸的便是码头所在地。南北向的街巷多为小巷，大都直达江边，为货物装卸及居民担挑食用水的通道，多称“水巷”。街道多狭，如回龙直街宽只2.5米，仓前直街2.1米，湛塘街2.0米。

雁翅城中，东西向大街主要有湛塘街、万福里（今万福路）、珠光里（今珠光路）、镇龙街（东鸡翼城）、会仙街（今一德路）、安澜街（今一德路）等；南北向街道主要有东市大街（今挹翠路）、仓前街（天字码头以北）、靖海直街（今靖海路）、油栏直街（今海珠南路）、仁济大街（今仁济路）等。官署、寺庙均不多，自西往东大致有：大口汛、洪庙、北帝庙、谷仓、正南仓、天后宫、督运馆、龙王庙、总巡馆、石公祠等。

雁翅城区南临珠江，它跟其东面的东关沿江河地一起，构成了一个码头众多，商旅货物川流不息的商业辐辏地区，形成了辐射全省的商品交易市场，清末宣统《番禺县续志·实业志》称雁翅城区：“果栏、菜栏、东猪栏、东鱼栏，各栏口为四乡农民与全城商贩交易之枢纽，范围较广。麦栏街、海味街、太平沙、增沙各盐馆为全省盐业交易之枢纽，范围更广，但均未出国门一步。”威廉·C.亨特《广州番鬼录》则称：“从内地来的货船、客船、水上居民和从内地来的船艇、政府的巡船及花艇等，其数目是惊人的。”这片地区的行业批发街市有小东糙米栏、猪栏、船栏、麦栏、新柴栏、谷埠等。

在晚清用石块修筑堤岸前，珠江北岸之岸线参差不齐，渡口码头也没有统一的规划，基本上是自然形成，并随江岸的逐渐南移而南移。清代末期，以石块修筑江岸，填平参差凹陷处，扩宽并拉直江岸，成为广州城最早出现的马路。沿江江岸景象大为改观。当时岸线已在今沿江路北侧，沿江重要码头有：天字码头（入城通道）、香港渡（天字码头侧，有船通香港）、新安长洲渡（天字码头侧，通长洲）、东莞太平渡（通东莞）、石角渡（通石角）、新安裙带路渡（至香港）、东莞黄埔渡（至黄埔）等。

## （四）区域

### 1.海珠桥北岸

今海珠广场一带。

海珠广场现为广州市区中部的绿化、交通广场。范围在海珠桥以北，泰康路、一德路以南，侨光路以西，谊园以东。因西面是旧时珠江中的海珠石所在（今沿江西路与新堤一横路相交处一带），又南靠著名的海珠桥，故名海珠广场。

清代时，此地为南城外的蔬菜、水果集市，称菜栏和果栏。

20世纪30年代前后此地民居渐密。至抗战初期，成为居民密集区。据1937年《广州市最新马路全图》标示，有如下街巷、马路：

新沙水埠、新沙上街、新沙下街、乐善坊、新横巷、爱育东街、永兴通津、新沙横街、果栏、菜栏、永安街、小半约、维新南路南段（泰康路至海珠桥脚段）、兴隆里、八间巷、龙王庙前（龙王直街）、韭菜栏街、菜栏横、驿前南等。

1938年，此地遭到侵华日军飞机狂轰滥炸，房屋大片塌毁。几成废墟。

1945年8月抗战胜利后，广州市工务局将海珠桥北岸区划入灾区重建计划，拟将之建设为商业区。民国三十六年（1947）7月进行重划，可惜后来很多规划都未能实现。

据1949年5月再版《新广州市街道详图》标示，本区域之主要街巷、马路仍与1937年《广州市最新马路全图》标示的基本相同，部分横街窄巷不存。

1949年10月14日下午，海珠桥被炸毁，此地受损严重。

建国后，1950年修复海珠桥。1951年，修建西广场，称海珠广场。后续建东广场，1954年正式建成。面积3.5万平方米，遍植绿草、鲜花和榕树、凤凰木、木棉、紫荆、刺桐、棕榈等。自然式布局。民国时期在此地域之街巷，全部消失。

1959年10月在广场北侧建广州解放纪念像。1969年“文革”期间拆除。1980年重建。

### 2.南关

南关指位于今北京路南端段两侧一带的街区，大致北至万福路、泰康路，南至珠江北岸，东至文德南路，西至太平通津地域。因地处广州城南门永清门之南而称南关。当今南关珠江堤岸线形成于清末。

1934年《广州指南》载南关有如下公会、旅店等，见下表：

| 名称 | 地址 |
|---|---|
| 广州市商学学生自治会 | 南关路 |
| 广州市增城公会 | 南关善庆新街三号 |
| 钦廉会馆 | 南关二马路 |
| 肇庆会馆 | 南关大马路 |
| 广州市医学卫生社 | 南关后街十一号 |
| 珠江大旅店 | 南关二马路 |

以上地址，南关路、南关大马路当即南堤大马路。南关二马路即南堤二马路。

此外，国民党工人宣传运动委员会于1926年6月举办的工人补习学校第八所也在南关，确切位置不详。

## 二、越秀山·粤秀山·观音山·粤秀公园（越秀公园）

越秀山，广州市区北部丘陵，由7个石英砂岩丘陵组成。主峰海拔68米；是白云山向西南方向延伸于城区的余脉，与白云山联成广州城北的屏障。又名观音山，因明永乐年间山上修建了观音阁（今中山纪念碑附近）而得名。

广州著名风景地。历代均入选羊城八景，到民国时期，景点已基本湮没。

民国时期的越秀山，主要发生了如下大事与改变：

1．1918年广州开始拆城墙，修马路，扩展城区。建于越秀山上的城墙亦随之陆续被拆去，西段城墙建为盘福路，东段城墙建为越秀北路。大北门与小北门之间的城墙，其东段建为镇东路（今镇海路东段），其西段得以保存。又扩展街巷与拆民宅开山路辟建山麓马路。跟明清时代相比，越秀山形貌大为改变，不再分城内城外。

2．20世纪20年代，越秀山被辟建为公园。是民国时期广州市最大的公园。

3．越秀山地域比前代修建了更多建筑，如中山纪念堂、孙中山纪念碑等，乡野进一步向城郊城区演变。

4．民国前期，广东常有兵争。越秀山上、山麓爆发了多场战事。

5．抗战前期，越秀山麓一带城区遭到日寇飞机轰炸，死人塌屋，损毁惨重。

### （一）战事

民国时期，广州发生多次兵争。越秀山是广州城北屏障、制高点，防护州城的军事要地，山上、山麓都曾发生过战事。抗战初期，越秀山麓遭到日寇飞机轰炸。

#### 1.讨伐龙济光

清末宣统三年（1911）三月黄花岗起义失败；七月，两广总督张鸣岐为防范党人在粤举事，特调滇军来粤弹压。清宣统三年郑荣等修《南海县志》载：“两广总督张鸣岐奏调广西提督龙济光，带领滇军来粤，驻军粤秀山上。”当年龙济光到粤任新军25镇统制兼广东陆路提督、兼警卫军副司令，设司令部于广州司后街（今越华路），执掌军权，位在水师提督李准之上。越秀山成了龙的驻军之地。

辛亥革命成功，张鸣岐宵遁。胡汉民任广东军政府大都督，龙济光被任命为广东安抚使。陈炯明继任大都督后，龙济光转投袁世凯，由此引发了一系列的讨伐龙济光兵争。

#### 2.炮轰督军署

1917年7月17日，孙中山自上海来到广州，开展护法活动。9月10日，军政府成立。孙中山在广州河南就任中华民国军政府大元帅。

1917年11月，莫荣新任广东督军，在军事、财政上对孙中山领导的军政府多方掣肘。11月15日，孙中山命海军炮击广东督军驻地观音山，海军部长程璧光拒绝执行。

1918年1月2日，莫荣新以土匪罪名擅拘孙中山卫队官兵60余人，枪杀连、排长及士兵多

人，军政府所派募兵委员也被捕杀。

孙中山大怒，1月3日下令海军、滇军、粤军讨伐莫荣新；并亲登同安、豫章两军舰驶至大沙头，于4日凌晨向德宣街督军署（今中山纪念堂地）及各桂军驻地炮轰50余发。据丁中江《北洋军阀史话》记载，炮击督军署实为发起进攻的信号，但各军均不执行孙的命令，讨莫行动遂告失败。莫遭炮击，即令熄灭督军署灯火，没有还击（另有记载，当时城中也发炮还击，至天亮始止。疑误），并打电话到海琛舰的海军总长办公室，请程璧光调处。程立即派海琛舰向豫章、同安两舰传令停止炮击，并令两舰开回省城。这两舰发炮后没有获得陆军响应，又接到长官命令，只好开回省城。次日（1月4日）莫荣新本人（一说派人）向孙中山言和。许诺尊重军政府。

1月9日，孙中山向各界解释炮轰督军署是为“表公道，申不平，而使军政府自辟其生路”。

今有资料称，1918年杨仙逸应孙中山之召回国，在福建漳州组建了一支空军。当时桂系军阀莫荣新盘踞在越秀山上，杨奉命自闽驰机回粤，轰炸了莫荣新的督军公署。莫荣新率残部逃回广西。此说不确。第一，当年莫荣新是住在督军公署里，并非盘踞在越秀山上；第二，杨仙逸驾机轰炸督军署是在1920年，不是在1918年；今立于黄花岗公园的《杨仙逸中将纪念碑》明确记载：“民九驾机回粤讨逆，炸观音山。”第三，桂军是在1920年10月被逐出广东的，并非在1918年。

1918年5月4日，孙中山通电辞大元帅职。21日，离开广州去上海。第一次护法运动以失败告终。

**3.空袭督军署**

1920年8月12日，陈炯明率援闽粤军在福建漳州公园誓师出征，兵分三路回粤讨伐桂系军阀。8月16日，粤军向桂军发起全面进攻，连克诏安、梅县、饶平、潮安、汕头、惠州。9月26日，广东省警察厅厅长、原依附桂系的护国第五军军长魏邦平和广惠镇守使李福林率部约2万人在广州河南宣布独立，通电主张“粤人治粤”。江防舰队十余艘军舰为魏邦平所控制。集中白鹅潭，直接威胁越秀山麓的桂系广东督军署（今中山纪念堂地）。

此前，陈炯明统率的粤军在澳门购入寇蒂斯飞机两架（一说一架是澳商卢九赠送的），并附带雇用美籍飞行员史密斯、维纳二人和机械员杨标、余炳扬、吴势等多人。9月26日，杨仙逸、张惠长、陈庆云等在东莞虎门河面，分驾两架飞机起航，飞抵广州越秀山南麓上空，掷弹于德宣街粤督莫荣新公署（今中山纪念堂地），并空投大量声讨桂系军阀的传单。桂军在广州的统治秩序开始混乱。

10月22日，讨桂粤军向广州发起总攻。29日，粤军攻克广州。陆荣廷桂军残部退往广西，结束了旧桂系军阀在广东的统治。

**4.平定沈鸿英叛乱**

1923年1月12日，滇、桂军会合粤军第一师攻克三水，陈炯明军残部败退。同日，陈军谭启秀部及驻广州城观音山炮队，受邹鲁策动，相继反正。广东各地魏邦平、朱卓文、陈策、周之贞、方瑞麟等部，也纷纷响应讨伐陈炯明。

滇、桂军和部分粤军组成的西路讨贼军攻入广州城后，粤军第一师第四团进驻观音山、执信学校，后移驻大沙头。

1923年1月22日，广州江防司令沈鸿英部叛变，其李易标师袭击驻扎在越秀山的粤军谭启秀与梅萼所部，收缴了谭部枪械，随即控制了白云山、观音山、瘦狗岭等制高点；激起全体粤军公愤，主客军互相敌视的情形愈加严重。

4月3日，桂军总司令沈鸿英军以移防西江为名，复回驻观音山。

4月15日，沈鸿英公开背叛孙中山，宣布接受北洋政府任命的“广东军务督理”职务。16日，沈军李易标部7个营突然由白云山进攻滇军总司令部驻地农林试验场及观音山等地。

孙中山以大元帅名义宣布撤销沈鸿英的桂军总司令职务，命令畅希闵、刘震寰等部反击叛军。滇军防守广州北郊及大北门、小北门、越秀山一线。孙中山亲率卫士数十人，登临越秀山镇海楼督战。

4月19日，沈军放弃白云山南麓和广州附近阵地，沿粤汉线溃退。平叛军乘胜追击。

7月，沈鸿英叛乱被平定。

**5.观音山之战**

1927年8月7日，中共中央在汉口召开紧急会议，确立了开展土地革命和武装反抗国民党的总方针。8月20日，中共广东省委决定组织广州暴动委员会。11月26日，议决乘粤桂军阀战争爆发，广州城内兵力空虚之机，立即发动武装暴动，夺取广州政权。12月7日，确定12日晚起义。

12月10日，广州市公安局宣布戒严。形势危急，中共广东省委决定提前起义。

12月11日3时30分左右，全市3000余名革命军和工人武装系红领带，举红旗，按原定部署，向市区各指定目标发起攻击。

教导团分三路出击，一路直奔沙河，一路进攻东校场、广九车站和公安局，一路进攻省长公署（今广东省民政厅地）和观音山。教导团第三营进攻文德路仰忠街的第四军军械库以及第十二师后方留守处，后由东堤经文德路直取观音山。其时，天河地区沙河、石牌、东圃等地100多名农民自卫军，沿沙河配合教导团主力攻打观音山。义军击溃了当时驻守越秀山的国民党第四军警卫团第一营和省长公署的敌军，控制了城北制高点与进出要道。利用山上旧城墙修筑了防御工事，并建立炮兵阵地，轰击在长堤的国民党第四军军部。

12月11日上午6时，广州苏维埃政府和临时工农红军总指挥部在维新路（今广州起义路）广州市公安局宣告成立。

11日早晨，义军占领了观音山。原国民革命军第四军叶挺独立团排长许卓带领一支80名的工人赤卫队夺取观音山军械库。他们先打进军械库附近的一座兵营，缴获了一批枪弹。在冲向军械库时，遇到密集火力的拦击，又受到大批增援敌人的侧击。撤出时只剩下十余人。

教导团第三营与工人赤卫队一部扼守观音山。农军则到观音山大北门一带警戒。中午以后，国民党军薛岳部、李福林部轮番进攻，几次冲上山头。均被击退。

11日夜，外地国民党部队源源不断地向广州增援。

12日早晨，教导团大部分队伍开到镇海楼西线阵地，利用倾倒的城墙和城头上的一些坑坑洼洼的地方，构筑起了临时防御工事。墙脚下有一条弯弯曲曲的小沟，国民党军阵地就在小沟

对面起伏的小山岗上。国民党军万余兵力猛攻，企图占领制高点。

此时，由韶关沿粤汉铁路南下的国民党军周陆两部，亦已抵广州城北。从大北门进攻观音山。拼死冲杀十余次，教导团与之激战。义军第一营、二营、炮兵连及工人赤卫队第一、六联队与部分农民军受命赶往大北门、观音山，协同教导团作战。

下午2时，义军各部队同时发起攻击。步兵二连的一个排发起攻击后受挫于山腰间，国民党军队麇集山头。教导团炮连协同步枪排攻击国民党军队阵地。

3时半，起义军收复观音山阵地。随后，国民党军再次组织兵力进攻，被击退。

4时许，国民党军队又一次发起进攻。攻占义军部分阵地；一部越过观音山，进攻吉祥路，危及广州苏维埃政府的安全。叶剑英派红军指挥部副官陈赓率部增援。此时，徐向前带领赤卫队由东山奔赴观音山增援。两支队伍会合，打退国民党军多次冲击，重新控制观音山。

观音山争夺战是教导团等正规部队在起义中打得最为激烈的战斗。

12月12日黄昏，国民党军源源增援，枪炮声不绝。入夜，国民党军又多次进攻观音山。义军严重伤亡。观音山至维新路（今广州起义路）的通道被截断，起义军与总指挥部失去联络。此时，国民党军援兵不断拥进市区，情况发生剧变，义军随即处于危急境地。

12日夜，起义指挥部决定立即撤退。教导团大部和警卫团、赤卫队各一部奉命退出阵地，向沙河方向退却。此时起义军指挥系统已乱，领导人之间失去联系。简发受命到观音山向第一联队传达撤退命令。工人赤卫队因进行街垒战，有的接不到撤退命令，有的接到了命令却不肯撤退，拼死坚守。

13日上午，国民党军分六路围攻尚未撤离的义军：其中第六路教导第四团由西村进攻观音山。停泊珠江的国民党军炮舰发炮助战。

在观音山只有教导团炮三排部分战士和一部分工人赤卫队员，坚守阵地，以掩护主力部队撤退。后称观音山阻击战。工人赤卫队和工会骨干2000多人战死，观音山最终失守（另有资料记载，12日晚观音山已失守。疑误），工人赤卫队第二联队队长沈青带着身边的十多名战士撤退。部分义军由吉祥路退入市区。13日17时，国民党军占领整个广州市区。暴动失败。

撤出广州市区的义军共千余人，在沙河地区集结后，经太和转移到花县。16日，经整顿后，改编为工农红军第四师。

在今越秀山上，立有“广州起义史迹”纪念石牌。一立于明代城墙遗址旁，水塔东面路侧；一立于镇海楼东南海员亭牌坊下方路侧，文字相同，上书“观音山战斗遗址”：

观音山现为越秀山，是广州城北的制高点，自古就是兵家必争之地。1927年12月11日，在中国共产党的领导下，广州起义爆发。起义军迅速解除了驻观音山敌军武装，并以镇海楼为中心，在东西两线，沿明代城墙遗址构筑工事，与敌军展开激烈的战斗。12日，大批国民党军队从四面八方进攻广州起义军民。敌军对观音山阵地进行了十数次轮番进攻，均被起义军击退。当晚，教导团奉命转移。尚未接到撤退命令的工人赤卫队员，仍守在观音山阵地。在弹尽援绝的情况下，负了伤的工人赤卫队大队长石喜抱着一个冲上阵地的敌兵，一起滚下山崖。许多工人在战斗中壮烈牺牲。

广州市文化局

2007年9月28日

还有一块立于金印游乐场正门前东侧之四方炮台遗址岗丘脚处，上书“四方炮台遗址”。亦记述了此处在广州起义时的战事。

今天广州起义烈士陵园内正门大道北端，建立了一座为纪念广州起义而建的石雕“广州起义纪念碑”，1987年11月竣工，分别刻有四面浮雕。其中一幅就是观音山之战向农村转移浮雕。董必武曾诗咏广州起义：“将成即毁原尝试，虽败犹荣应赞扬。”

**6.遭日机轰炸**

1937年卢沟桥事变，揭开了全国抗战的序幕。自1937年8月底始，广州遭日寇持续轰炸达14个月之久；遭轰炸之严重程度，仅次于陪都重庆。越秀山地域未能幸免，损毁惨重。略记如下：

1937年9月22—27日，德宣路（今东风中路一带）遭日机多次轰炸。中山纪念堂落弹5枚。

1938年4月17日上午11时40分，日军飞机11架闯进广州市区，分为数队，在广州北郊开机枪向地面扫射。其中一队日军向小北路及德宣东路口一带连续投下重约250磅的炸弹十余枚，随后转至大北外观音山麓再投数弹，企图将小北、大北附近的省立女子中学、大中中学、远东中学、市立二十八小学及广中中学炸毁。同仁里崇仁街同仁菜地、登瀛路、德宣东路口、林秀里、福成庵、药师庵、二十八小学、湛家园大街等地均遭轰炸，塌屋54间半，焚毁2间，震毁五六十间；其中，高阳里二十八小学落弹5枚，广东中学、两广人寿义庄一带落弹十余枚，死者累计超过36人，伤190人。均成灾区。

5月28日，日军空袭广州市区，中山纪念堂中弹。

5月29日上午，德宣区德宣西路思思中学被日军飞机炸毁。

5月30日，越秀北路、三元宫等处遭日机轰炸。5月31日《中山日报》整版报道：《敌机惨炸广州未已，昨又毁民房四百余》。文中报道，敌机“先后投放猛烈炸弹及燃烧弹二百余枚。计毁房屋数百座，死平民四五百人，伤七八百人，灾情惨重”。

6月4日，都土地巷遭日机轰炸，落巨弹1枚。

6月5日，德宣路芒果树街落弹1枚，附近民房倒塌多间。志锐中学校全间被毁。德宣路第15号至17号，2号至4号之一及福康园，第1号与第2号，亦倒塌。德宣东路与正南路口一带落重磅炸弹3枚，正中昌发生果店，波及附近铺户。德宣东路美光影相店落弹2枚，被炸毁屋户计由第85号至95号一连6间，双门牌由110号至114号三间，均半毁，第124号至138号亦被震塌过半，平民死伤多人。莲桂坊遭日机轰炸。德宣分局段内的莲桂一、二、三巷，被2枚炸弹击中，毁屋数十间，死伤平民多人。大石街亦遭日机轰炸。

6月7日，日机夜袭广州市，德宣西、德宣区榕树巷、德园巷均遭到轰炸。中山纪念堂前被重磅炸弹炸出个大坑。当年拍下的照片至今尚存。

6月8日，中山纪念堂再遭日机轰炸，堂顶一角炸毁，以后日渐残漏。

6月10日晚，越秀北路再遭轰炸，落弹3枚。天官里落弹1枚，毁民房，死伤多人。

6月15日，莲桂巷、莲塘路、双槐洞（今吉祥路北段东侧一带，为今广东省政府大院地）等处遭日机轰炸。

广州遭空袭之时，宪兵司令部曾三迁其址，最初迁往现解放北路542号，再迁陈塘京华酒

店，三迁小北田心村（小北门外北面，今环市中路南侧，其东面不远，即今国龙大厦）。该村位于越秀山麓，山边建有水泥防空洞，“当敌机入市我们就进洞暂避，飞机一走我们即照常工作。此地是一个死角，始终没有落过炸弹”。（冯湛泉《日机空袭广州目击记》。载《广州文史资料》第四十八辑）

### （二）拆城墙·筑马路

明代初年，广州城池扩展，往北扩上越秀山，山上筑城墙，山南部自此被归入城区。清代曾多次修葺城墙，加固维护。

民国初年，除镇海楼外，越秀山上只剩下高低不等的残墙。

1918年10月，广州市政公所设立，随后开始大规模拆城墙，墙基建马路。建在越秀山上的城墙亦随之被拆去（今东风路以北原城墙，均属当年越秀山范围），仅镇海楼附近一段城垣（已无雉堞）因无碍当年城建，也无阻交通规划而得以保存；今人亦有称这是特意留作纪念的，但无碍当年城建应是其得以保存的根本原因。

民国时期，在越秀山地域首开马路，部分是拆城墙以原城基修建，部分是扩展街巷与拆民宅、辟山路修建，共计横四条（镇海路、应元路、德宣路、西村公路），纵七条（盘福北路、越秀北路、中华北路、小北路、吉祥北路、广花公路、南北向镇海路。今自东风路至应元路的连新路北段属越秀山南麓地，但并非建于民国，而是建国后20世纪50年代才辟建的）。加之孙中山纪念碑等各类高大建筑及民房的陆续兴筑，再加被辟为现代公园，越秀山形貌随之大变，并非民国以前模样。

有关在越秀山上辟建各路状况，详第五章。

### （三）辟建公园

越秀山为广州著名风景地。历代均入选羊城八景；到民国时期，历代八景景点已基本湮没。

1921年，广州市工务局工程建筑课下设园林股，主管城市公园和路树业务，这是广州最早的园林管理专职机构，城市园林绿化自始才有规划。同年，非常大总统孙中山倡议将越秀山辟建为公园，称粤秀公园。

当年广州市政府官员大多是在欧美留过学的。他们引入花园都市新概念，认为田园式城市最宜人居。建公园的理念如市政计划书所说：“西人称公园为都市之肺腑，盖市民藉公园以救济健康。”辟建公园的筹款办法是：择定适宜地区为住宅区，由人民承领，所得地价作开辟公园之需。

今天资料多称，建国后，粤秀公园改名为越秀公园，或称1949年后改称越秀公园，甚至有资料称是“1957年，当时的广州市长朱光为公园取名并题写‘越秀公园’”。

这不符合事实。事实上，越秀公园之名在民国时就已有了。据民国二十三年（1934）广州市政府编《广州指南》载，当年公园是既称粤秀公园，又称越秀公园。如书中第四章《游览娱乐及食宿·名胜古迹·公园》载：“市公园，除中央园外。继续完成者尚多：有利用天然形势造成者，如越秀公园……”下面列表记当时的公园：“粤秀公园，（面积）九四四九点七〇（华井），（园址）粤秀山麓。”1948年1月《广州市街道详图》标“越秀公园”而非“粤秀公园”均可证。

1922年市政公署公布《加强观音山苗木保护》，并饬令警察加强巡护。由此可知，当时公园尚未建成，且未定名。

1923年2月26日至1924年9月，孙中山之子孙科再任广州市市长，在任期间，兴建了2200码道路，“并计划在观音山建立一座公园”。（《广州市志·卷十九·人物志·孙科》）可证当时仍未建成公园。

1923年，广州市政府110次会议上，工务局提出建观音山公园住宅区。但此后几届政府力推东山地区的发展，在东山一带进行了大规模的模范住宅区建设。观音山公园住宅区的建设未得实施。

民国前期，越秀山是驻军之地，龙济光、陈炳焜、莫荣新等大小军阀，常划越秀山为禁区；而公园是开放给公众休息休闲的公共场所。

1923年3月26日，陆海军大元帅孙中山命令驻越秀山的中央直辖第5军军长李易标，将军队另择市外适当地点移驻。又命令广东省长，“俟李部移驻后，即行出示通告居民人等，将观音山开放为公园，以后不得驻扎军队”。

1925年12月，举行粤秀公园开放典礼。这可定为越秀公园建成的日子（参阅《五羊城脉》第99页。另有资料记载，1927年2月越秀公园建成开放。并将当月定为“建园时间”。疑误）。

从1921年孙中山倡议将越秀山辟建为公园至举行开园典礼，花了五年。

当年在越秀山栽种的树，现已成参天古木。园中亭台、楼阁等，由国民党恳亲会、港侨恳亲会、南洋兄弟烟草公司、梁培基药局各认建筑一座。

1926年，由市民和海外侨胞发起筹款建设公园，修筑道路。今天资料多载，当时公园面积为14.2公顷。这记载可能有误。因为据1934年广州市政府编《广州指南》记载，当时粤秀公园的面积是9449.7华井。“井”是民国时期的面积计算单位，一井约相当于11平方米。依此计算，当时粤秀公园的面积是103 946.7平方米，还不足11万平方米，比现在的越秀公园小得多。园址不是整座越秀山，而只是“粤秀山麓”。依此推断，公园范围大概只是镇海楼四周及楼以南一带。1934年广州市政府编《广州指南》称：“粤秀山位居城北……山之东北，有镇海楼。”由此可知，当年镇海楼以北肯定不属粤秀公园范围，公园的东界大致就到仲元图书馆（今广州美术馆）。至于当年公园有没有筑园墙，1934年《广州指南》没有记载。从现存的民国时期粤秀公园照片来看，似乎没有。既无明确边界，所谓公园面积，约数而已。

今天的越秀公园四周被马路所包围。越秀山被辟建为公园之时，今公园正门前的解放北路马路尚未辟建。当时这段路叫新胜街，是条泥路。1925年《最新测绘广州市面马路区域全图》只在此处标出双山寺，其余一片空白。1932年4月27日广州市工务局制印《广州市马路路线图》只在镇海楼西南面山岗（即今孙中山纪念碑所在山岗）标上“粤秀山”三字，其余岗峦什么都没标。也没有标越秀公园或粤秀公园，以后的多幅广州地图也没有标。直到1948年1月《广州市街道详图》上，此处才标上“越秀公园”四个字。那时公园面积仍比现在小得多，镇

海楼以北山岗既无辟路，亦没有什么建筑，并不属公园范围。

1926年，粤秀公园游艺会以筹款兴建游艺会名义，定于3月7日假长堤海珠戏院举行花国（妓女界）“总统”大选举，并计划让当选为“总统”的妓女乘坐洋车，用洋乐先导，环游全市，沿途燃放鞭炮欢送回妓寨。消息传出，全城哗然。3月4日，国民党中央党部妇女部要求政府“速令禁止，以保女性，而维风化”。3月5日，广东妇女解放协会、省立女子师范、广东女司机联合会等30多个团体联名发表宣言，“共同反对此违背人道伤害风化之花国选举”。广东省政府和广州市政府下令禁止“花选”，游艺会只得服从。这可能是民国时期粤秀公园游艺会闹出的一件最轰动的事。

1928年12月，国民政府批准在越秀山兴建广州植物园。

1929年，广州健社创办于越秀山脚。学员约为四五十人。是当年广州健身训练班中，规模比较大的一个。学习两个月，每月收费5元。参加者多为神经衰弱及心肺胃病者。相传有一位在美国的中国商人，患了半身不遂，眠食失常，步履维艰，十余年无法治好，特回国学太极拳，在广州健社苦练一年，身体得以康复，满心欢愉回美营业。1938年，广州健社结束。

广州精武体育会太极拳研究班亦创办于1929年，由拳术理论家和教育专家炜昌和少林拳专家李佩弦主持。参加学者达100余人，分别在越秀山畔、丰宁路该会、佛山国术学院三处教练，对增进学者健康有不少帮助。1937年结束。

1929年。广州工务局局长程天固在《广州市工务之实施计划》中，提出增辟公园的计划，计划在越秀公园建设八角亭2座、公共厕所、园林管理事务处及工人住室、望远台等，完善路面、石凳、灌溉系统及运动场设施。增加飞禽、花草品种等。可惜多未能实现。

1929年后，每逢3月12日植树节（孙中山逝世纪念日），由广州市造林运动大会组织机关人员和学校师生在石牌及越秀山等地植树。

1933年11月28日，广州市政府成立园林委员会，对园林绿化的规划、建设等进行管理。是年，市政会议通过规划新建公园12处。

1934年《广州指南》称越秀公园“浓阴挹翠，颇具美感，足供游憩”。有人撰《越台秋望赋》咏：

登越台以一望，杳炎海之悠悠。森寒烟于日脚，悲落木于城头。……对此西风残角，古堞危楼。莫不溯沧波而欲绝，感戎马以增愁。……帆影无极，江声忽迈……下歌舞之冈头，溯蒹葭于万里。

（载《广东文征续编》，香港《广东文征》编印委员会1986年版）

1935年，鼎鼎大名的学者胡适来广州，原准备作公开学术演讲。但他在北京《独立评论》中，曾发表过攻击主政广东的陈济棠的文章，说陈提倡读经是开倒车。陈济棠非常讨厌胡适，于是指使报章和文人群起攻之。中山大学中国文学系主任古直还发表了一篇《讨胡适檄》，说胡适妖言惑众。胡适来到广州，见势不妙，遂取消了公开演讲，只和几个朋友逛了逛越秀公园，随后离穗走了。可见当年的越秀公园是广州著名游乐胜地，遐迩闻名。

1936年，越秀山广州植物园改为中正林场，是一个综合性公园。

日军占领广州期间，越秀山树木几乎尽毁。

1945年，中正林场易名越秀林场，面积约47公顷。

到1949年10月，广州只有4个较完整的公园，粤秀公园是其中之一，其余三个是永汉公园（旧儿童公园）、中央公园（今人民公园）、海幢公园（另有资料记为黄花岗公园——今黄花岗七十二烈士陵园的一部分。但当年黄花岗实属广州郊野地，市民前往甚不方便），总面积25万平方米（见1949年5月1日出版的《新广州建设概览》）。而有正式规模的，仅越秀公园和中央公园。

此外还有设施简陋的净慧、东山等小公园。连同上述四个公园，面积共约32.6公顷；其时城市绿化覆盖率仅1.56%，人均公共绿地为0.34平方米。作为当年广州城北最大的一片绿地（尽管绿化程度不理想。事实上，从抗日战争到建国前夕，城市造林、园林绿化工作已是基本停滞，规章也基本废弛），越秀公园源源不断地向市区输送清新湿润的空气，调节城市小气候。对美化广州城、平衡城市生态环境、净化空气显然起着相当重要的作用。

## （四）文物名胜

民国时期，越秀山上建有孙中山纪念碑、海员亭、光复纪念亭等名胜，大多至今尚存。此外还建有学校、医院、博物馆、运动场、政府机构等。其开发和建设规模，远超前代。

民国时期的越秀山，前朝留下的文物名胜仍有不少，后多毁圮不存。

### 1.孙中山纪念碑·百步梯

孙中山纪念碑位于中山纪念堂北面的越秀山顶。此处原为古越王台故址。清末时，山顶建有几幢平房（据今存清末照片），民国前期，尚有神安炮台遗址（见1918年《广州市图》）。

纪念碑的选址和兴建，是1926年1月1—19日举行的中国国民党第二次全国代表大会决定的。

由于纪念堂的选址改变（原似定在西瓜园，最后定于越秀山南麓原总统府故址），纪念碑与南面山麓的中山纪念堂遂处在同一轴线上，前堂后碑，形势天然。2月23日，碑堂合一重新刊登悬奖征求设计图启事，9月2日公布获头奖者为吕彦直。“当年中山纪念堂、纪念碑应征图案的评判工作，是由高剑父等一批德高望重的一流专家所担任的。”（《广州中山纪念堂钩沉》）

1929年1月15日，中山纪念堂与中山纪念碑由筹建委员会李济深等同时奠基立石，正式动工兴建；碑于1930年1月竣工（一说1929年建成）。南临“百步梯”，共498级。承建商为香港宏益公司。

当年尚未辟建纪念堂北面的马路，中山纪念碑通过百步梯与中山纪念堂相连，实为一体建筑。后来修了马路（今应元路，当时称纪念堂路或纪念堂北路），被一分为二了。广州人一般也不将之看作一个整体（纪念堂归纪念堂，纪念碑属越秀公园）。

百步梯是自越秀山脚通往山顶中山纪念碑的阶梯，宽五六米不等，梯级、石栏、平台全部用花岗岩石砌筑。山脚有东、西两入口（正与中山纪念堂东、西两附楼相对），往上登，相汇于一个大平台。平台呈八角形，面积约为202平方米，与正对着的中山纪念堂堂体的平面形状相呼应，外围绕以花岗岩石栏杆。今此处为越秀公园游憩活动分区之一，旁边立有《百步梯一级平台游憩活动分区示意图》。供人们在此进行健身活动。

“大平台之上有台阶10组，计360级。整座‘人’字形百步梯，共有台阶18组，计636级。每组台阶之间，均有一个15—25平方米不等的花岗岩石小平台。自大平台始，大小平台两侧，间隔安放对应的两张4座位的水磨石椅子，供拾级者歇息。由于年深月久，历经破坏，如今，百步梯两旁，仅剩有8张4座位的水磨石椅子了。除水磨石椅子外，沿梯还装备有与纪念堂庭院内一模一样的宫灯式路灯36支。这些路灯高约4米，灯杆和方形玻璃灯箱边框都是铁铸件，漆朱红色。方形玻璃灯箱上，覆盖着一个墨绿色的铸铁四角亭子顶，独具特色。”（《广州中山纪念堂钩沉》）

百步梯的顶端直接中山纪念碑基座平台。

中山纪念碑所在为越秀山主峰。

碑高37米，坐北朝南，外立面用花岗岩石砌筑。内里为钢筋混凝土结构。

碑首层为四方基座，长约15米，宽约15.6米，高约7米（至围栏顶）。底面积约234平方米。在基座与碑身相接的转换层，绕以小平台，小平台四面绕以石围栏，围栏石板上的卷草花纹雕刻，与中山纪念堂铜像基座平台四周的围栏石板上的纹饰相同。围栏石板的侧面嵌石雕羊头，东、西、北三面各6个，朝南面的8个，共26个，象征羊城。有资料称基座平台有石栏杆围绕。石柱上共有26个羊头石雕，误。石柱上没有羊头石雕。

碑身下大上小，以曲线向上收分为四坡尖顶，呈方锥形，挺拔而雄伟。

“有的书上说‘纪念碑原为尖顶，后来遭雷击辟断，维修时就改为平顶了’——这是失实和没有根据的。纪念碑本来就是这个样子——吕彦直的设计原图清楚地表明：纪念碑顶部东西向呈三角形尖顶；南北向则呈方形平顶。”（《广州中山纪念堂钩沉》）

碑身正面（南面）以高约七米、宽约四米的巨块花岗石镌刻着《总理遗嘱》全文：

余致力国民革命凡四十年，其目的在求中国之自由平等。积四十年之经验，深知欲达到此目的，必须唤起民众，及联合世界上以平等待我之民族，共同奋斗。现在革命尚未成功。凡我同志，务须依照余所著《建国方略》《建国大纲》《三民主义》及《第一次全国代表大会宣言》，继续努力，以求贯彻。最近主张开民国会议及废除不平等条约，尤须于最短期间，促其实现。是所至嘱！

著名书法家吴子复书于1931年，其书法以隶书见称于时，书风遒劲古雅，稚拙纯真，有“吴隶”之称。此为其代表作之一（其他代表作有镇海楼横匾、镇海楼长联、广州博物馆横匾等）。字涂金，在阳光下熠熠生辉。

《总理遗嘱》碑之上，原来镶嵌着中国民主革命第一烈士陆皓东所设计的国民党党徽石雕（以整块石头雕成），20世纪50年代后被凿去，填补进去的小石块，还是未能抹去该党徽石雕的几何外形八角形。

纪念碑座刻“中华民国十八年一月十五日孙中山先生纪念碑经始筹备建筑委员会李济深等立石”“建筑师吕彦直，承造人林佐”。

《总理遗嘱》碑之下，是一块长约0.8米，宽约4米的石碑，上刻“中华民国十五年一月四日 中国国民党接受总理遗嘱决议案 中国国民党第二次全国代表大会谨以至诚接受总理遗嘱并努力以履行之"56个正楷大字。谭延闿书。1926年1月4日，国民党"二大"通过的《谨以至诚接受总理遗嘱并努力实行之》决议案规定：在粤秀山上建筑"接受总理遗嘱纪念碑"，两天后改称"中国国民党总理孙先生纪念碑"。

碑座正南面开一圆拱门，宽约2米，高约4米。从此拱门进入碑内，是一个约12平方米的门厅，门厅东、西两面墙壁上各有一块约4平方米大小的墙面。门厅以北是一个约50平方米的大厅。其四面墙壁与前门厅墙壁，原均嵌碑石，上有当年政要与各种机构的题词，后被铲去销毁，今余空白平面。

登碑的楼梯口设于大厅北侧。沿着平坦斜坡式的盘旋梯而上，共十三层，可达碑顶，俯瞰全城。其第二层开一门，可出平台眺望四周风景。

今天在百步梯旁立有一个《中山纪念碑》的说明牌，文称：

碑身用花岗岩砌成，高37米，外呈方形、尖顶。而37这个数字刚好与国民党在大陆统治的实际年数相一致；另外碑的主体高度，是由59块砖砌叠而成的，这与孙中山先生的寿辰吻合……石碑的正面有一块高约7米的花岗石，上面刻有孙中山先生的《总理遗嘱》，它的高度刚好在第15块砖的水平处，这与孙中山先生"执政"年数相符；而它的宽度又占据了5块砖，意为当时"五权宪法"的象征。

窃以为这主要是后人的"发明"，并非当年设计者与施工者的"寓意"。

1934年广州市政府编《广州指南·中山纪念堂纪念碑》载：

纪念堂在德宣分局段内之德宣西路，即原曰抚标箭道，后改为督练公所。民国初年，以为督军衙署；至民十、十一两年，总理驻节于此。十一年六月，陈军称兵围攻总统府，即在是处。该处毗连粤秀山，地势雄壮，后人追思总理功业，遂于是处建筑纪念堂。气象雄伟，建筑堂皇，为吾粤有价值之建筑物。至粤秀山原曰观音庙地址，为该山之最高峰（高出吉祥北路面二百一十英尺），建总理纪念碑，以资景仰。是处交通便利，西有盘福路，东有德宣东路，中有吉祥路，北有应元路、镇海路，以达粤秀山麓。路程：由财政厅前为出发点，可雇人力车前往，车费约一角半。

1938年10月21日，广州沦陷。12月，中山纪念堂与中山纪念碑由汉奸组织派员接管，名称是"广州市革命建筑物管理专员办事处"。

抗日战争胜利后，1945年10月，国民党广州市政府正式接管中山纪念碑，发现各层玻璃窗均被撬盗。可见长期失于管理，并屡遭破坏。

1946年4月，省政府派员对纪念碑进行修复。配齐了沦陷时被撬盗的所有玻璃窗户。哪料过了4个月，碑上各层的玻璃窗再次被撬盗。缺去六十二件。

民国时期广州城区中轴线的北起点是中山纪念碑。

广州古城传统中轴线是承宣街、正南门直街，即今北京路北段（中山路以南段）。

民国时期广州城区中轴线是维新路（今广州起义路）。辟建于1919年，路名取"维新变革"之意。北起清代旧巡抚署（今人民公园地），南至珠江江岸。为南北纵贯广州城的一条主干道，是当时广州城区最宽阔的马路之一。

1933年海珠桥建成后，北自越秀山顶中山纪念碑始（也有称自镇海楼始，但镇海楼不在正北，而在中山纪念碑的东北方），南下山脚，是中山纪念堂，往南经广州市政府（今存）、中

央公园（今人民公园）、维新路，南过海珠桥（民国时期没有海珠广场）通往河南区延伸至刘王殿，全长约6000米，将广州城区划分为东西两部分，成为民国时期的广州城区中轴线。自中山纪念碑至海珠桥这段中轴线，也是广州市政治行政中心区。

20世纪80年代中后期，广州城区迅速扩展，至90年代，广州中轴线实际上已移至天河区的广州大道。

1959年9月30日，广州电视台（广东电视台前身）建成试播。那时还没有自己的天线铁塔，便是通过设在中山纪念碑顶的电视临时天线，试播黑白电视节目的。发射功率1千瓦。经过将近一年的努力，电视图像技术质量从不稳定到逐渐稳定，1960年7月广州电视台正式播出。

1962年，中山纪念堂连同中山纪念碑公布为广东省文物保护单位。

1978年7月公布中山纪念碑为广东省文物保护单位。

1994年划定从中山纪念碑石座和百步梯边线向外延伸20米为省级保护文物。

2001年6月25日，中山纪念堂连同中山纪念碑由国务院公布为全国重点文物保护单位。

**2.仲元图书馆·广州美术馆**

仲元图书馆位于越秀山上镇海路旁，海员亭东面。为纪念粤军名将邓仲元而建。

邓仲元（1886—1922），名铿，又名仕元。广东惠阳人。早年加入同盟会，参加过黄花岗起义。追随孙中山十多年，历任东江第一军参谋长、中华革命军东江总司令、参谋长兼第一师师长等职。1922年3月21日傍晚，在广九车站被刺不治。此凶案至今成谜。孙中山追赠他为陆军上将，并着陆军部从优拟议恤典。安葬于黄花岗。

1927年，国民党元老李济深提议创建仲元图书馆以作纪念。由建筑师杨锡宗设计，式样仿北京故宫文华殿。1929年奠基，1932年3月23日邓仲元去世10周年纪念日落成。坐北朝南，门楼建在正面小山岗（狗头岗，亦称狗头山）前，立柱采用水磨青砖砌建，铁门和柱顶装饰为中西合璧建筑的特色。四周有山岗环绕，绿树成荫，环境优美。

大楼占地面积253平方米，总面积7600平方米。钢筋混凝土结构，仿木斗拱和飞檐，歇山顶，绿琉璃瓦，水磨青砖墙，花岗岩墙脚，雕刻花饰为门框，水泥洗石米台基和月台。大楼正门内两边各有一道转曲楼梯直上三楼，室内也有一道楼梯可上二、三楼。一楼后半部有地下室。主楼总面阔41米，总进深22米，建筑面积2241平方米，高两层。台基仿清代宫式栏杆，雕式考究，富丽典雅，具有民族特色。

图书馆建成后，名气不小，却始终未正式对外开放。另有资料记载1932年对外开放。

1945年8月抗战胜利后，外迁学校纷纷迁回广州复校。广东省立艺术专科学校（1940年春创办于韶关，或称1938年创办于曲江）从粤北迁回广州宝华路，为1945年底省立之三所广州高校中之一所。由于校址地方狭小不敷用，1946年8月至1947年6月，广东省立艺术专科学校曾借仲元图书馆为校址。在校学生有200多人。以丁衍庸为校长，分美术、音乐、戏剧三科，并成立实验剧团。后校址再迁至光孝寺。建国后改组为华南文学艺术学院。

1950年，广州市人民博物馆成立，以仲元图书馆为馆址。1955年（一说1953年）春节起迁回镇海楼，辟仲元图书馆为广州市人民博物馆自然部陈列室。

1953年，“中南体育学院运动竞技指导科”建立，设游泳、跳水、水球、足球、乒乓球、篮球6个队，运动员189人，驻仲元图书馆（另一记载是，1954年6月，中南体院竞技指导科在越秀山仲元图书馆成立）。1957年迁二沙体育训练基地。另一记载是：1956年广州市体委从仲元图书馆址迁出。

1956年9月，中南体育学院竞技指导科建立体操队，在仲元图书馆训练。

1956年冬，仲元图书馆改为广州艺术博物馆。

1957年2月17日，广州美术馆成立，以仲元图书馆作馆址，11月，广州美术馆开幕，对外开放。广州市政府向北京故宫博物院商借了一批明清著名画家的作品和一批宫内旧藏的工艺品来作开馆第一回展览。名为“故宫博物院藏艺术品展”。故宫博物院明清藏画到广州展览，这不仅在建国后是第一次，在建国前也是从未试过的。结果反应甚佳，广受欢迎。同时，广州博物馆所藏书画移交广州美术馆。

广州美术馆是中国最早成立的专业美术馆、艺术类型的专题博物馆、举办各种美术展览，征集、保管和研究历代书画名家美术作品的专门机构。

1959年，市政府拨款8万元，在大楼后侧旷地增建一座长廊式的画廊，作为展览美术作品之用。1962年扩建。“文化大革命”期间闭馆，1980年2月8日复馆。建筑面积2241平方米。收藏宋元以来历代绘画作品七八千件，广东名家名作尤多。有北宋文同墨竹图轴、元代黄公望溪山图轴、明代陈献章草书卷、林良秋树聚禽图轴、高剑父秋鹰图轴等珍品。

华侨关金鳌先生先后于1982、1984年将其收藏的水粉画、水彩画、油画、速写169件捐献给广州美术馆。

1984年底，广州市清退查抄文物图书办公室在广州美术馆举办查抄文物图书认领会，展出查抄文物图书33 400册，1995年底在文明路鲁迅纪念馆再次举办。两次共退还文物图书25 200件（册），占参展文物图书总数76%；退还查抄户1100户，占登记查抄户1223户的90%。

广州美术馆主楼前是一片岗地，名五星岗。1989年9月28日，在五星岗兴建的回环碑廊竣工（一说1987年落成。一说1990年建成），镶嵌晋至清代的名家碑刻118版，为原清代广州潘仕成海山仙馆摹刻的历代书法丛帖刻石。大楼前水池两边又各建一小陈列室，并在水池前、小山堆竖立体艺术雕刻各1座。增添了诗情画意的艺术境致，幽美雅静。

1998年，在馆址东边续建碑廊，嵌有“尺素遗芬”刻石58方，均是清末海山仙馆遗石。

2002年7月，公布广州美术馆为广州市文物保护单位。现为广州博物馆美术馆展区。

**3.望海楼·镇海楼·五层楼·镇海层楼**

明代时在越秀山上修建的最著名建筑是望海楼，后改名镇海楼。楼建于越秀山中央山脊小蟠龙岗上，这是广州现存最完好，最具气势，也最富有民族特色的古建筑，是广州最著名的古楼，广州城的标志物之一；又是我国四大镇海楼之冠。因楼高五层，俗称五层楼——老广州便多用此称。

关于镇海楼之修建，说来是六百多年前的事了，乃广州历史上一段有趣的掌故。

话说明初洪武年间，镇守广州的永嘉侯朱亮祖将宋三城合而为一，并辟东北山麓，开拓城北八百余丈，城墙跨到了越秀山上，同时建此楼于城墙之最高处。至于建于何年，史志记载不一。

一说洪武六年（1373）。“洪武六年，永嘉侯朱亮祖拓北城八百余丈，建镇海楼。”（清乾隆《南海县志》）

一说洪武七年（1374）。“北门镇海楼，明洪武七年为永嘉侯朱亮祖所建。”（《粤东诗海》引黄河《葵村集诗序》）

一说洪武十三年（1380）。理据大致是“明洪武十三年，永嘉侯朱亮祖以旧城低隘，辟东北山麓以广之”（清道光《南海县志》）。既然是年扩展北城，故亦应在是年建筑位于北城城墙最高处之镇海楼。

较多的是笼统的说法：“洪武初，永嘉侯朱亮祖建。”如清初《广东新语》、道光《广东通志》等均如此记载。

明万历年间（1573—1620）郭棐修《广东通志》，载广州城区的扩展始于洪武七年（1374）：“（七年）永嘉侯朱亮祖拓广东北城八百余丈。”至洪武十三年仍在修筑，可知工程浩大，非一蹴而就之事。

朱亮祖于洪武元年随廖永忠取两广，洪武三年封永嘉侯，洪武十二年出镇广东，洪武十三年九月初与其子俱被处死。镇海楼既为朱亮祖建（这在史志记载中基本没有异议），而此楼之建成当需一两年，故认为始建于洪武十二年（1379），而建成于洪武十三年（1380），应当较为符合史实。

为什么会在越秀山上修建这么座大楼呢？其中原因，历来有多种说法：

一、因为当年粤地濒海，岁多边患，建此楼以加强城防守备，作军事瞭望之用；亦为“雄镇海疆”，故名镇海楼。其地理位置，正处广州老城正北，扼守城垣边关。因而后人有认为此楼乃广州现存最早的城防建筑。

二、不为城防，而只为壮会城（广州城）之势。所谓“壮三城之观瞻”。

三、“朱亮祖所建，谓岭南濒海都会，且近水涯，宜镇以土，遂建此楼。”（《粤东诗海》引黄河澂《葵村集诗序》）这就不是城防建筑，而是风水楼。

四、为镇压广州此地的“王气”。清乾隆《楚庭稗珠录》记为：“以越山气王，建楼镇之。”（气王：有王者之气）清初屈大均《广东新语》说得更为详细而明白：“以压紫云黄气之异者也。”为什么会这样呢？因为“广州背山面海，形势雄大，有偏霸之象”——从南越国、南汉国至南明绍武政权，广州曾是三朝十帝之都，只是屈大均没有写出来，其意却是十分明白的——而这镇海楼“巍然五重，下视朝台，高临雁翅，实可以壮三城之观瞻而奠五岭之堂奥者也”。相传永嘉侯建造此楼后，镇守粤中的封疆大吏中再没有心怀异志的乱臣贼子。这楼是用来镇压这类邪气的。

以上诸说均有道理，也可能就是这诸种理由之综合，促使朱亮祖建造此楼。而“镇王气”之说，又衍化出下面一个神奇的传说：

话说明洪武皇帝朱元璋得了天下，派朱亮祖领兵打下广州城，并封他做永嘉侯，镇守南疆。

朱亮祖这人很信风水，心想当今皇上小时候只是个放牛的，无路可走时还去寺庙当过小和尚，经常饿肚皮，现在却成了天子，一定是他的风水好。于是朱亮祖就经常带着风水佬在广州四处寻找风水宝地。一天，他来到越秀山上（当时的越秀山是林壑幽深，古木参天的郊野之地，不是今天这个当代公园的样子），只见小蟠龙岗一带环山面水，气势雄伟，又听了风水先生的一轮吹嘘，便决定把自己的府第建在那儿。当晚高兴得多喝了两杯，发觉自己正站在新府第前眺望大海——南面就是宽阔的珠江，粤人称为珠海。突然，只见海中飞出一条青龙来。张牙舞爪，尾卷残云，鼻孔里喷出的水柱直冲苍昊，紧接着便是晴天霹雳，电闪雷鸣。这把个杀人如麻的朱亮祖也吓了一大跳，正想转头入屋，却见白云缭绕的越秀山上冲出一条赤龙来，鼻嘴喷火，那火柱比青龙喷出的水柱还要高，也是张牙舞爪，扑向青龙。双方立即展开一场恶斗，只见巨浪冲天而起，火海漫天盖地，最后青龙力气不支，逃回海里去了。

朱亮祖猛然惊醒，才知是南柯一梦。回味梦中情景，不知主何凶吉，忙叫幕僚进来占梦，结果不得要领。他的那帮谋士，这个说越秀山上出赤龙，主羊城要出能人了，大吉；那个说两龙相斗，主天下祸乱，大凶；还有的说，二龙相争，火胜水败，主天下大旱，有灾害。云云。搞到朱亮祖不知听谁的好。没两天，这事就传了出去，引起广州全城人心惶惶。这下子朱亮祖也惊慌起来，急忙修本，星夜派人进京启奏洪武皇帝，请主上定夺。

朱元璋看了奏章，也心中不安，就传国师刘伯温进殿一决疑难。刘伯温问明情况，明白这不过是永嘉侯自己日有所思夜有所梦而已，而且这梦要怎么断都行，心想现在还是安定民心要紧，便对洪武皇帝说，这是个吉兆，赤色火龙主皇上圣明；青色妖龙乃海上盗贼——当时海盗猖獗，海疆不宁——盗贼潜逃，主大明天下兴旺强盛，固若金汤。可令永嘉侯建一四方塔楼镇住海妖，便可保大明江山永固了。

朱元璋听说是吉兆，也很高兴，但静下心来一想，这越秀山上飞出龙来，打赢的还是条喷火的赤龙，这总叫人不放心：莫非那里有“龙穴”不成？做皇帝的，谁不担心天下又生条龙出来？于是下令朱亮祖在观音山上风水最好的地方修一座镇海塔楼，目的就是要封住“龙穴”。朱亮祖不敢有违圣旨，就在自己打算建府第的地方建了这座镇海楼了。

这是一个曾在旧广州广泛流传的民间故事。

有关建楼“镇王气”还有另一个传说，而且与今天的越秀山过去为何得名“观音山”有关——过去老广州多称越秀山为观音山的。相传某日，明太祖朱元璋与道人铁冠子登上南京钟山，铁冠子忽然指着西南方对朱元璋说，广东海面笼罩着青苍苍的一股“王气”，似有异人要出世了，得立刻在广州建造一座镇海楼压住，否则日后必成大明的祸患。朱元璋于是派遣大臣到广州，在白云山脉中之所谓“龙头”处（即今镇海楼所在山岗）修建了一座五层的塔楼，并在第五层楼上安放了一个罗刹像，以镇压南越之“王气”。罗刹是佛经中恶鬼的通称。唐朝慧琳《一切经音义》说：“罗刹，此云恶鬼也。食人血肉，或飞空，或地行，捷疾可畏也。”相传罗刹可以变成不同形相：或男或女，或鱼虫或鸟兽。罗刹男黑身朱发绿眼，罗刹女能变为美丽妇人，魅惑食人。这当然都是迷信。而当年镇海楼上所供的是个女罗刹。州人游山登楼，看到楼上有像如观音，也没加考究，便以为观音菩萨在此，于是称此山为观音山。

这个说法流传并不广，不及上述的民间故事；而关于观音山的得名，另一个更为后人所接受的说法则是：明成祖永乐元年（1403），都指挥花英在越王台故址处建造了一座观音阁（其具体位置约在今中山纪念碑下之“佛山”石牌坊一带），“郡人岁时多游屐焉”。（清道光

《白云越秀二山合志》）因阁而称山，越秀山便被叫成观音山。此外还有其他说法，但有一点没有异议，那就是因人们认为山上有观音菩萨而称“观音山”名。

说回上引民间故事，这涉及楼名的问题。

后人主要提出两种说法，一说明初楼建成，本名五层楼，后楼毁，到明嘉靖年间重修后，张岳题匾“镇海楼”，才得镇海楼名。另一说与民间故事一致，认为此楼本名镇海楼，五层楼只是俗称。若根据上面列出的建楼原因来推论，应以后一说为是；试想如果只以其楼层多少来命名，那未免太通俗、太一般，也太没文采了，更与历代文士对此楼的描述（详下文）相悖。耗巨资建成这么个雄伟城楼后只挂个“五层楼”的匾，（岂不是建成六层就名“六层楼”，建成七层就名“七层楼”？）那多煞风景！但若以今存文献为依据，此楼初名应叫“望海楼”——尽管这名字后来渐被人遗忘，现在更已不大为人所知——而镇海楼与五层楼之名是后来才有的。主要论据是：以上两种说法（初称五层楼或镇海楼）所依据的文献几乎全是清代人的著作，而在明天顺五年（1461）修成的《大明一统志》第七十九卷《广东布政司·广州府》里就只记有“望海楼”一条目，全文是：“望海楼，在府城上北，本朝洪武初建，复檐五层，高八丈余。”（明万历《广东通志》记“楼高八丈多”即从此而来）这分明说的是镇海楼了（因为此地四周再没有一座“复檐五层，高八丈余”的楼），却只字没有提镇海楼名，亦没有提五层楼名。

现在我们无法肯定当时有没有“镇海楼”或“五层楼”的别名，但可以肯定的是，“望海楼”才是当时官府所认可的此楼的正式名称；如果楼上挂匾的话，应当就是这三个字。因为《大明一统志》是受皇帝诏命纂修的，依据的材料主要是官修的《大明志书》（1370年修成，十年后五层楼才建成）、《大明清类天文分野书》（1384年修成，当时五层楼建成才四年）、《寰宇通衢》（1394年始修，后中辍）、《寰宇通志》（在《寰宇通衢》的基础上于1454年修成），而当时《大明一统志》是最具权威性的。如果以上数部官修地理志书记的是“镇海楼”或“五层楼”名，那《大明一统志》应该不会只列出“望海楼”一个名字来。这里还有一个有力的佐证：清前期康熙十二年编成的《广州府志》中，亦是这样记载：“望海楼，在府城上。明洪武初建。复檐五层，高八丈余。”并没有提镇海楼或五层楼名。也就是说，直到清代前期，官府所认可的此楼的名称似乎仍是“望海楼”，尽管当时镇海楼、五层楼名早已有了。明末清初广东文献大家屈大均《广东新语》亦这样记载：“洪武初，永嘉侯朱亮祖戡定南粤，于越秀山巅建望楼。”这“望楼”无疑即“望海楼”简称。

至于以上所记的民间故事，只能当作民间故事来看待了。

为什么叫“望海”呢？因为当时登此楼可清楚地看到珠江。

楼建于州城最高的地方——在广州成为现代城市之前，它一直是广州城最高的建筑物，所谓“楼冠全城”，建成后就成为人们登临览胜，遥赏珠海白云景色的好去处；登楼远眺，不但全城在望，更见南面珠江水波荡漾，浩瀚接天，煞是壮观，正如后人所撰名联：“急水与天争入海，乱云随日共沉山。”“矗立云汉，山川形胜，一瞬可悉。”（清乾隆《南海县志》）明代初年的珠江宽达七百余米（河北一德路南侧至河南福场西一巷北侧），为今天珠江的三倍以上，人们称为珠海；再加当年没有现代工业的污染，空气晴朗，可视度大，因而登楼得以“望海”。别说在明代时，就是到了19世纪后期，站在五层楼上，还可以看到番禺莲花山上的莲花塔，至于珠江南岸的琶洲塔、赤岗塔，自然就更看得清楚了（见美国人威廉·C.亨特著《旧中国杂记·九层宝塔》，此书1885年初版）。而眺望珠江也正是清代羊城八景之一“镇海层楼”一景之所在。

不过今存之镇海楼并非明代所建之镇海楼。历六百余年的风风雨雨，这古楼是屡次毁圮又屡次重建的。

楼初建成时，“复檐五层，高八丈余”（《大明一统志·广东布政司·广州府》）。“高八丈余”为二十六七米（现楼高28米），约为现在八层楼那么高。至于宽多少，深多少，史志无载。明末清初屈大均《广东新语》称“洪武初，永嘉侯朱亮祖戡定南粤，于越秀山巅建望楼，高二十余丈”是不对的。

过了近百年，楼已甚残破了。明成化年间（1465—1487），当时的两广军务提督韩雍重加修治（那时《大明一统志》修成不久，可证“望海楼”当为其本名），成化、弘治年间（1488—1505）全楼竟遭火焚毁，所谓“烬于火”（清乾隆《南海县志》、清嘉庆《羊城古钞》）。因耗资甚巨，未能复建。“亟图再作，以费巨力艰，持弗决者累年。”（明张岳《镇海楼记》）

过了数十年，明嘉靖乙巳年（1545），提督蔡经（一名张经）正式兴工重建古楼。后蔡经离任，侍郎张岳接任，继续修建。这是第一次重建。而在重修之前一年，即明嘉靖二十三年（1544），蔡经就在楼前修建了一座亭子，名仰高亭。此亭后毁圮，不再见记载。

嘉靖二十六年（1547）正月朔，楼建成，仍为五层，题匾“镇海楼”，寓雄镇海疆之意。“镇海楼”的得名当自此始。张岳当年撰《镇海楼记》记述：

规制如旧，而闳伟壮丽视旧有加。楼前为亭曰“仰高”，左右两端跨衢为华表，左曰“驾鳌”，右曰“飞蜃”，旧所无也。方楼之未作也，环海百万家挢首齐嗟，若失所负。及其既作，重檐飞阁，迥出云霄，以临北户（按：古人以“北户”指称南方边远地区）。群山内向，大海浩渺，如秃者之冠，痿者之起。凡海邦之形胜精神，有不迅张翕沓以赴兹楼者乎？……斯楼之成，岂徒抗形胜于一邦，实所以章国家一统休明之盛。

（碑在今越秀山镇海楼前碑廊，碑文载于清同治《番禺县志·金石略四》、宣统《续修南海县志·金石略一》）

可知当时重建的镇海楼前有仰高亭，左右两边有华表，这是现在所没有的。

今楼前一对用红砂岩石雕刻的狮子和楼前广场西侧碑廊中的明嘉靖《镇海楼记》碑（这是现存最早记载镇海楼的碑记。当年十一月立。黑色端石石碑，高2.43米、宽1.34米），是明代遗存下来的重要文物。

当时人叶权（1522—1578）曾游镇海楼，他在明嘉靖四十四年（1565）撰成《贤博编》一书，书中有《游岭南记》一文，这样描写镇海楼：

广城佳致当以五层楼为最，在粤秀山上观音山后……重檐叠槛，高逼霄汉，梁栋榱拱，窗户磴道，五层间寸寸悉铁力木为之。木大者两抱，人行其中，宏窨如入洞室。闳敞壮丽，下瞰一城，万山北接，大海南开，长江如带，可谓伟观。中州欲构此楼，安得此美材为之哉！

文章不长，但已足可让后人想象一下当年镇海楼之雄姿。由此文亦可知，当年镇海楼又称五层楼，是一座木构建筑。楼中大柱要两个人才能抱过来。站在楼上向北望，山峦起伏，连绵

不断；向南望，可以清楚地看到宽阔的珠江。景色很壮观。

同时代的嘉靖年进士，南园后五子之一李时行有《宿五层楼》诗，把读者引进一个凭空御风的境界，遨游了霄汉之际的奇异幻境。诗曰：

危楼凌碧落，俯眺万山秋。明月樽前过，银河槛外流。
高歌振林木，清梦落沧洲。夜半闻笙鹤，翻疑霄汉游。

杨作国于明隆庆丁卯年（1567）题《镇海楼》诗二首，序句是："镇海楼落成登眺二首（楼为大中丞李公捐资创修）"，其碑刻原立于镇海楼，现在没有了，其二云：

崇楼百尺据崇墉，放眼乾坤远照冲。俯瞰琉璃波万顷，平临翠黛岫千重。
上方灯火凌空汉，下界潮声送晚钟。日暮天涯催客绪，乡关何处白云封。

写出黄昏之际登楼远眺所看到的景色，亦即清代羊城八景中"镇海层楼"之景。

明代后期，嘉靖时以贡生历官国子博士的欧大任撰《镇海楼》诗，写深秋时登楼览胜，天高气爽之景，是众多咏镇海楼诗中的名作，被后人誉为"气韵沉雄"。诗曰：

一望河山感慨中，苍苍平楚入长空。石门北去通秦塞，肄水南来绕汉宫。
虚槛松声沉暝壑，极天秋色送征鸿。朔南尽是尧封地，愁听樵苏说霸功。

从以上诗文可以想见当年的镇海楼是何等雄伟壮观。明万历三十年（1602）《广东通志》这样形容："左有楼五层，名曰镇海，登其颠，则百粤形胜，了然在目，真岭海之雄观也。"可知当时题匾"镇海楼"。自嘉靖二十六年（1547）重建后，这匾大概一直没换过。

不过几十年后此楼又毁圮了。明末期崇祯十年（1637）任广东布政使的姜一洪及知县朱光熙（崇祯十二年任南海知县）再次重新修建，这是第二次重建。

今天镇海楼东西两山墙和后墙的第一、二层，均用红砂岩条石砌筑。可能是明代修筑时的遗物。

1644年，李自成攻进北京，明朝覆亡。

又过了六年，即清顺治七年（1650），清军围攻广州城。当时广州属南明永历政权统治，十月初十日是永历帝生日，一帮文武官会齐集于五层楼拜祝。当时守西门外城的主将叫范承恩，在为永历帝祝寿时，因主将杜允和直呼其名字，感觉自己受辱于众，心生怨恨，遂潜通清军，致广州城后来被攻陷。此事载于清计六奇《明季南略》。

清军攻陷广州城，镇海楼毁于兵火，所谓"顺治庚寅，粤乱楼废"（李士桢《重修镇海楼记》），"省垣两遭兵燹，镇海楼为灰烬"（清《南海百咏续编》）。

清顺治八年（1651），已占据广州城的平南王尚可喜听了堪舆家（风水佬）的话，在原基上又重新修复镇海楼，是为第三次重建。

同时，尚可喜将楼下山地圈为养鹿院，并修路直通藩王府（今市府大楼、人民公园地），占了城北大片地方，其他官员不敢过问。人们从远处眺望，这条路径"如破巾在首"，风水佬认为是很不吉利的，后来尚家果然破败（见《粤东诗海》引黄河澂《葵村集诗序》）。

当时楼被藩王霸占，禁止州人登临，并设官守卫；又在楼上放信鸽来传递军事信息，相传信鸽从五层楼飞到清远中宿峡，一天可往返几次。撤藩后，两广总督李栖凤增建缭垣，楼上供奉文武帝君，复为州人登临览胜之地。"咏觞茗麈，遂无虚日。"可见颇热闹。

不过此楼随后又毁了。清康熙十二年（1673）十一月，吴三桂起兵反清，"三藩之乱"爆发。镇守广东的尚可喜之子尚之信随后响应，数年后投降。就在这场“平藩煽乱”的过程中，镇海楼再次“废为平地”（李士桢《重修镇海楼记》、清道光《白云越秀二山合志》）。

康熙十九年（1680），尚家败亡。翌年，原藩兵北撤。康熙二十一年（1682），李士桢出任广东巡抚（相当于省长），来到广州。康熙二十二年（1683），广东当局上奏朝廷，请将原藩兵占住的房屋归还广州百姓，“凡诸古迹名胜，缺而弗治者，皆以次举复”。朝廷批复同意。当时缙绅、士庶向李士祯进言：“河南海幢寺阁，高耸杰业，于郡不利。五层楼关系形胜，亟宜修复。”李通过咨询各方意见（广咨博询），决定修复镇海楼。“乙丑夏，首撤高阁，改为平宇。冬，相度形势，谋建斯楼。随捐俸倡……庀材鸠工，量期命日。以康熙乙丑岁十一月甲子日经始，迄康熙丁卯岁四月丁卯日落成。”依此记载，官府在乙丑年（康熙二十四年，1685年）夏天把原楼上层拆掉；冬季开始谋划重新修建，并于当年十一月甲子日动工，至康熙二十六年丁卯（1687）四月完工，工期约一年半。此为镇海楼第四次重建。（以上记述及引文，采自李士桢《重修镇海楼记》。此人任广东巡抚近六年，有政绩）

这次重建，“计费巨万，壮丽坚致，不减畴昔。仍涂黄壤，盖象土云”。（《粤东诗海》引黄河澂《葵村集诗序》）李士桢《重修镇海楼记》记载了当年镇海楼的壮观及其附设楼阁和四周的建筑：

（楼）高计七丈五尺，广计九丈五尺，袤（南北距离的长度）计五丈七尺，层计有五，题曰镇海楼。

旧制，楼之东西有亭，东曰“驾鳌濯旭”，西曰“控蜃搴霞”，今于两端各建一门，仍题旧名，以存前迹。又于楼之两旁筑立圈门，东曰“环山”，西曰“带水”，绕楼而行，周遭相通，肖然奂然，若胜旧观。

蒲涧白云，黄木赤花，缭绕左右。虎头十字诸门外澄波万顷，在指顾间。遐瞩远览，洋洋乎岂特东粤一大观也哉！实五岭以南第一楼也。

楼巅奉文昌、关帝二神。文昌助天嬗化，为儒者贵神；关帝福国佑民，肸蚃海内，皆所谓聪明正直而一者也，故并祀焉。

楼东南一冈地势宽衍，面带深林，藏风纳气，最为幽寂之境，乃建亭屋三楹，奉吕祖像于中，命羽士鲁全中率徒侣守之。饔餐香火之需，余与诸司绅士捐资赡给。

又建屋数楹，以为宴息庖湢之所，星坛法醮，步虚笙磬之声，云中飘落，下界闻之，更新胜境。

（此文后被勒石，立碑于越秀山镇海楼侧，今不存。文见于清康熙《南海县志》卷十七《艺文》。清光绪《驻粤八旗志》记镇海楼“高十余丈”，不确。）

清代营造尺，一丈为320厘米，一尺为32厘米。楼高七丈五尺，约合24米；广计九丈五尺，约合30.4米；袤计五丈七尺，约合18.24米。今天镇海楼楼高28米。呈长方形，阔31米、深15.77米。二者相差不大。但看清嘉庆《羊城古钞》所附《镇海层楼》图，二者形制就相差大了，绝对不是同一种类型。

据此文亦可知，此前的镇海楼的东西两边建有亭子，现在就各建一门以代替，楼顶则加建了两座神楼，又在楼之两旁，建筑圈门。

当年广东文献大家屈大均见三藩既平，复明无望，便隐居乡下著述，写成《广东新语》一书以补《广东通志》之不足，书中《宫语·六楼》这样描述当时的镇海楼：

自海上望之，恍如蛟蜃之气，白云含吐，若有若无。晴则为玉山（即粤秀）之冠，雨则为昆仑（番大舶也）之舵。横波涛而不流，出青冥以独立，其玮丽雄特，虽黄鹤、岳阳莫能过之。（清雍正《粤中见闻》把这段话摘抄了一遍）

可见是何等的玮丽雄特。其时楼左有三君祠，祀任嚣、赵佗、陆贾。后毁圮不存。

屈大均曾登楼吊古，写有一首《卖花声·题镇海楼》词，音节亢亮而深沉，寄托家国兴亡之恨。词曰：

城上五层高，飞出波涛。三君俎豆委蓬蒿。一片斜阳犹是汉，掩映江皋。
风叶莫悲号，白首方搔。蛮夷大长亦贤豪。流尽兴亡多少恨，珠水滔滔。

与屈大均同时的清初岭南三大家之一陈恭尹撰《镇海楼赋》，他的描述又是另一番文采："涌地五成，浮空百丈，北拱神京，南临溟涨。""下听松风，俯临绝献。海珠一洋，四江一线，隐映池台，参差古殿。万室如鳞，千帆若扇。"综合屈文与此文，便是清代羊城八景中"镇海层楼"之景。陈恭尹并赋《九日登镇海楼》诗：

清樽须醉曲栏前，高阁临秋一浩然。五岭北来峰在地，九州南尽水浮天。
将开菊蕊黄如酒，欲到松风响似泉。白首重阳惟有笑，未堪怀古问山川。

诗中颔联"五岭北来峰在地，九州南尽水浮天"成为咏五层楼的名联。据清樊封《南海百咏续篇》载，康熙二十四年（1685）春，当时饮誉全国诗坛的著名诗人王士祯在五层楼举行盛大诗会，可谓名人雅集，其间陈恭尹写了此诗，王士祯读完此联，为之搁笔。（不过此说不可靠，因为康熙二十四年时楼仍未建成；且诗名《九日登镇海楼》，九日即九月九日重阳节，诗中亦"菊蕊"等词。诗写于秋天，并非春天）又有文史大家赵翼在《瓯北诗话》中极力称赞此诗，谓此联"虽少陵亦当视为畏友也"（少陵，指唐代大诗人杜甫），均可见此诗在当时甚具影响及广受后人之推崇。

当时的南海文昌县令沈元沧（1666—1733）亦有《登镇海楼》诗，写楼前州城景色与山川风光：

凌虚百尺倚危楼，似入仙台足胜游。半壁玉山依槛峙，一泓珠海抱城流。
沙洲漠漠波涛静，瓦屋鳞鳞烟火稠。黄云紫气消歇尽，还凭生聚壮炎州！

晚清曾名动天下的康有为亦有《登越秀山顶五层楼》诗：

登山缥缈又登楼，风起云飞揽九州。沧海有时经浩劫，布衣何处不王侯。
袖中纳纳乾坤易，眼底茫茫星汉浮。云水此身频出入，珠江花发又扁舟。

镇海楼自建造后，就雄踞在州城之北，为纵览广州全城风光之佳处。明代时它没被选入羊城八景，实在是遗漏了。清康熙年间重建后入选清羊城八景，名"镇海层楼"，可谓顺理成章。清乾隆九年（1744）金甡《镇海楼》诗，称"兹楼实冠冕，极北扬高旒。……岭海壮都会，大势一览收"。当年站在楼上南眺珠水，"珠江一衣带，海客万斛舟。飘飘凫鸥聚，风帆弄轻柔。"可谓景色壮美。（金甡《镇海楼》诗碑原在海幢寺，已不存。碑文载于清末宣统《番禺县续志·金石志四》）

清乾隆年间（1736—1795）任广东学政的李调元撰《南越笔记》，又名《粤东笔记》，书中《五层楼》条记述："五层楼一名镇海楼，在广州城内观音山之东北。明洪武初，永嘉侯朱亮祖所建，岿然上出重霄。登至第五层，全府境像皆归一览之中，真巨观也。粤中楼阁无杰出者，当以此为第一。”

成书于清嘉庆年间（1796—1820）的《羊城古钞》形容镇海楼“矗立霄汉间，山川形胜了然在目。每当四窗洞开，一望无际，俯涵巨海，仰陟苍冥，亦一远观也。”又说它“辉煌壮丽，为岭南第一胜概”。卷首并附有“镇海层楼”写意图：楼五层，层层上缩，其形既是楼，亦如塔。每一层的檐下均有回廊，既有正门，也有侧门，四窗洞开，跟今天所见之五层楼相比大不相同，绝对不是同一种类型，应是康熙二十四年（1685）重建竣工后的镇海楼外貌。“上矗云汉，俯极四陲，山川形胜，瞻顾在目，岭南奇观，此为最焉。”（清道光《广东通志》）而当时楼外的景观则是“蒲涧白云，赤花黄木，缭绕左右。虎头十字以外，澄波万顷，在指顾间。实五岭以南第一楼也。”（清道光《白云越秀二山合志》引清乾隆《南海县志》）晚清樊封《南海百咏续编》则称其“明窗洞启，俯接沧溟，为三城雄镇之表”。从这诸种文献可见清人对此楼的推崇备至了。

镇海楼真正发挥城防作用大概是在清咸丰四年（1854），是年红巾军围攻广州城，当时的两广总督叶名琛与广东将军穆恩特就在镇海楼上调兵遣将跟红巾军对抗。后来叶名琛在咸丰七年被英法联军俘虏，囚死于印度加尔各答，赋诗有“镇海楼头百尺寒，将星翻作客星单”句。又鸦片战争一役，英军炮轰羊城，五层楼被炸去了一角。

清香山（今中山）小榄人、文士何瑞丹（他倡筑通乡大围，使小榄后无水患）在战乱后登镇海楼远眺，撰《登镇海楼》诗感叹：“南尽波涛迷岛屿，北来鸿雁带烟尘。休嗟割据当年事，且念干戈此日身。”

几十年后，中法战争爆发，兵部尚书彭玉麟在清光绪十年（1884）来到广东督师抗敌，其指挥部就设在镇海楼上。彭能诗善画，独爱梅花，在镇海楼之第三层供梅花赏玩。当时的镇海楼是任由人登临览胜的，也因此才没有荒废。民国黄节《重修镇海楼记》这样记述：“光绪中衰，彭玉麟掌边防，来屯斯楼，设厅事第三层，面梅花悬于中。尔时士大夫登眺莞楼者，卖饼饵茗，往往延坐终日。扶梯板高尺计，历阶数十，人不惮登，故游迹之所常至，而楼以不荒。”

一日，彭玉麟凭栏远眺，看此楼“五百年风雨尚在，万千种胜迹尽收”，心中大为感慨，挥笔写下一副楹联：

万千劫危楼尚存，问谁摘斗摩霄，目空今古？

五百年故侯安在，使我倚栏看剑，泪洒英雄！

（按：当时并无现代标点。联中“霄”字有写成“星”字或“天”字的，“使”字有写成“只”字的，略有异文。上为今挂于五层楼联字，亦无标点。）

此联对仗工整，声调铿锵，寄怀沧桑，情感浓郁，赢得后人广泛称赏。另有一说，此联实为彭之幕僚李棣华所撰。不管是谁写的，联语所抒发的肯定是彭玉麟的心境：“问谁摘斗摩霄”“使我倚栏看剑”都自然是将军，而不是幕僚。原联为岑春煊（1903年4月——1906年9月任两广总督）所书刻，已不存；民国初年，书法名家叶恭绰又榜书“镇海楼”与此联，悬于楼上；据说笔力雄健无匹，名联名书，被誉为“双绝”，可惜后来毁于“文革”（另有资料记载是1957年后被毁弃）。今人所见之联，乃20世纪50年代由当代书法名家吴子复所重写刊刻，为

隶体，功力深厚而洋溢一种清新雅健、稚拙纯真的韵味。

大概二十年后，曾任广东教育总会会长，广东咨议局议长的近代杰出爱国诗人丘逢甲来登镇海楼，写下《镇海楼》诗，亦为佳作：

高踞仙城最上头，万方多难此登楼。金汤空抱筹边策，觞咏难消吊古愁。

绝岛风尘狮海暮，大江云树虎门秋。苍茫自洒英雄泪，不为凭栏忆故侯。

晚清时的镇海楼是广州人的登高览胜之地，尤其在九九重阳节，更是成群结队而来。光绪时人陈坤《岭南杂事诗钞》有诗咏："一年容易又深秋，结袂联踪汗漫游。笑问登高何处去，观音山上五层楼。"并加按语："粤秀山左，明洪武初永嘉侯朱亮祖建镇海楼，凡五层，俗因呼为五层楼。矗市云汉，山川形胜一瞬可悉。重九日，城中士女登高，相率至此。"[美]约翰·斯塔德《1897年的中国》记载：

清末的广州……穿过城门，顺城墙前行不远，便可见到一座高大的瞭望台，这就是人们熟知的五层塔楼（笔者按：指镇海楼）。这座谷仓式的建筑已多年失修，零星散落着斑驳的红色。来广州的游客都喜欢到楼上来休憩和登高望远。站在五层塔楼的顶上，可以眺望整个广州城……

数百年来，骚人墨客登五层楼赞咏抒怀者甚多，留下了不少脍炙人口的篇章，上面录载的只是一小部分。今还有清代黎简、李调元、杨锐等名家咏五层楼的诗作传世。而咏镇海楼联，除上面列出的外，著名的还有下面两副：

岁登大有，人乐春台，览胜直穷千里目；

海不扬波，山皆献瑞，筹边时上五层楼。

——陈弘谋（清乾隆东阁大学士、工部尚书）

五岭南来，珠海最宜明月夜；

层楼晚望，白云仍是汉时秋。

——胡汉民（民国元勋）

可谓佳作。

清代时，有关镇海楼有过这么个传说，载于《粤小记》：

许来，字方来。番禺人。为张真人（张天师）法官，善捉狐怪。家中器具悉以符镇之，人不能取。有偷儿窃其古瓶，迷闷不能出户，及返故处乃已。承宣街（今北京路）圣贤里有寡妇为怪所惑，延治之。夜有老翁启户入，见许惊走。逐至粤秀山镇海楼，怪入大石板而没，自尔不复至。

这类鬼怪故事，只可聊作谈资。

再说中法战争后二十余年，清末宣统三年（1911），在镇海楼后出土了晋永嘉（307—313）古砖，上书"永嘉七年春宜孙子"。字在篆隶之间。以工部营造尺，长九寸五分，宽四寸三分，厚一寸二分，两面有方格纹，字在砖边（民国二十年《番禺县续志·卷三十三·金石志一·周至宋》）。永嘉七年即西晋愍帝建兴元年（313），正是中原大乱，晋室南渡之时。

1911年10月，辛亥革命爆发，清朝随后覆亡，民国建立。

1913年，粤赣宁三督讨袁失败，军阀龙济光随后盘踞广东，在镇海楼附近设置炮位，派出军队巡逻，划该处一带为禁区，一代名楼与民隔绝。当年在这名楼上发生过的一件最轰动的事，乃龙济光秉承袁世凯旨意，诱杀《震旦日报》（曾发表《不斩袁头誓不休》等反袁文章）编辑人康仲荦与警察厅长陈景华。

这是1913年的中秋节。龙邀二人上镇海楼宴饮赏月。二人没有提防，欣然前往，不料到得观音山上，均被枪杀。

陈景华是广东警察史上一个颇具传奇色彩的人物。他本是革命党人，反清志士。推翻清朝后，就任民政部长与第一任警察厅长。上任后，铁腕治乱，曾不动声色地杀过不少人（据传处决过百二人）。当龙济光亮出袁世凯之令（加给陈景华的罪名是“密谋煽乱，残害人命”“私运枪械，接济赣匪”）要取他性命时，倒也能慷慨就死。陈在生前曾下令棺材铺出售棺木时要将死者姓名、住址、性别、年龄等查明后上报，棺材铺老板以为这是政府准备抽收寿板税，遂联合关门罢工。陈一边派警员从外地购运棺木供应广州市场；一边发出布告严令棺材铺复业，中有“景华以杀人著，勿谓言之不先也”等语，吓得棺材铺老板只好复业，并按要求申报资料。现在陈被杀害，至暴尸多日，因棺材店相约不出售棺材与他成殓。

说回镇海楼。民国建立后八九年间，广东常有兵争，这座名楼竟成了“马槽军灶”，以致最后只剩下四壁与楼基，可谓断壁颓垣了。但另据记载，1919年广州拆城开马路时，元代铸造的计时器铜壶滴漏从拱北楼上被移置于镇海楼（原件于1959年调北京中国历史博物馆展出。今广州博物馆陈列的是复制件）。如此说来，当时应还有楼的模样，并无毁圮。1928年林云陔任广州市长时，倡议重修，由市工务局拨款4万多元作重建款，当时的镇海楼“四壁兀立”，人们也搞不清是“始建之基耶？抑重建之基耶？”（民国黄节《重修镇海楼记》）此为第五次重建。距上次重建，已近两个半世纪。

此次重建从1928年5月5日动工，至当年10月22日竣工（此据《广州文物志》。有资料记为12月竣工）。按旧基垒筑，将原来的木楼层结构改为钢筋混凝土结构，并在正立面加建栏杆；相传砖石砌筑之外墙基本上是明代时的旧物，笔者认为这不可能。明嘉靖叶权《贤博编·游岭南记》写明这古楼是木结构，并无砖石砌墙；清嘉庆《羊城古钞》所载《镇海层楼》图，也明显是木结构，楼墙是木板，而非砖石。

重建后的镇海楼，整座漆成绛红色，坐北朝南，成一座巍巍巨构，也就是人们今天所看到的这个模样。同年，曾任广东教育厅长、广东通志馆馆长，书法名家兼诗人黄节撰书《重修镇海楼记》，记述了镇海楼的历史沿革，并在十二月勒石立碑，碑高2.5米、宽1.04米，今位于越秀山镇海楼东侧。碑文载：

当楼未修也，赭壁青烟块然，附郭残城坏堞，出没其下。及其成也，涂饰丹雘，扫除烦秽，盘马纡道，干云而上。大海奔流，五山南来，以临北户；形胜在目，浩淼无际。夫昔日之楼也，不改者山海也。

1928年10月24日，广州市政府第107次市政会议，通过设立广州市市立博物院（据今存广州市市立博物院开幕典礼照片。不少资料记为“广州市立博物院”“广州市市立博物馆”，均误）提案，院址定为重修后的越秀山镇海楼。

1929年2月11日，以镇海楼为院址的广州市市立博物院开馆。为中国较早成立的博物馆之一。内分五层，陈列矿物地质、鸟类、昆虫、哺乳类等标本及民俗用品、工艺美术雕刻、书画、革命先烈纪念品及历史文物等。该院成立博物院管理委员会，以谢英伯、丁衍镛、辛树帜、陆薪翘四人为常务委员。

1934年广州市政府编《广州指南》载："博物院……现在标本总值三四万元，计有古物、民俗、革命纪念、美术、动植物，及矿石等。每月游览人数，据该院最近之统计，平均约三万有奇。"并记当时镇海楼景况：

粤秀山位居城北，为广州市屏蔽……山之东北，有镇海楼，建自明洪武十三年永嘉侯朱亮祖。楼凡五层，矗立云汉。广州形势，一瞬可悉……辉煌壮丽，为岭南第一胜概。其后屡遭兵燹，即传诵人口彭玉麟所撰之联："万千劫危楼尚存，问谁摘斗摩星，目空今古；五百年故侯安在，只我倚栏看剑，泪洒英雄。"亦复无存。近市政府为保存古迹起见，已于十七年五月间，重建落成，丹青照眼，金赭呈鲜，市立博物院即设于此。博采文献异物，陈列其中，公开游览。每当春秋佳日，宾影葵丝，相憍于道，洎乎夕阳在山。明月初上，俯瞰全市，则见电火齐辉，繁星万点，真巨观也。

1950年9月，广州市政府决定成立广州人民博物馆，暂以镇海楼东面的仲元图书馆（今广州美术馆）为馆址，接收寄存于文德路广州市中山图书馆等处的原广州市立博物馆文物、生物标本等3000多件。

1950年12月，广州人民博物馆筹备处派员到清远、新会等地接收一批古籍、瓷器等。是年，该馆统计藏品共8652件（未经鉴定）。

1951年3月1日，广州市人民博物馆正式开馆。

1951年，广州人民博物馆接管镇海楼。市政府拨出专款全面维修，作为该馆历史之部，展出历史文物、革命文物。原仲元图书馆为自然之部，展出自然物产、气候资源等。

1952年，镇海楼进行了一次大修葺。当年9月2日，河南客村晋墓首次发掘出土的金饰在广州人民博物馆展出被盗。

1954年4月30日，广州人民博物馆易名广州博物馆。

1955年春节起，广州博物馆从仲元图书馆迁回镇海楼。建筑面积5000平方米。

1963年对历史部分的陈列进行了大修改，使其能够比较系统地反映广州历史发展的概貌，成为广州博物馆的主体陈列。"文革"期间关闭，万幸珍贵文物没被毁损。1972年重新开放，举办了历代陶瓷展览。"文革"结束后，办成了"广州历史陈列"，系统地展现了地方历史的发展面貌。

今广州博物馆（镇海楼）已成为收藏、研究广州地区古代、近代文物资料，进行地方历史陈列展览的专业性博物馆，常年展出"广州历史陈列"以及广州地区的考古发掘和文物收集所得，史料翔实。通过这些文物，以及照片、史画、模型、图表等，展示广州城市二千多年来的历史发展概貌。全馆用地面积4386平方米，陈列展览用房建筑面积2705平方米。馆藏文物二万余件。建馆60多年来接待中外游客2000多万人次。

镇海楼前东侧竖1928年《重修镇海楼记》碑刻，文见上。西侧竖明嘉靖丁未年（1547）十一月立的《镇海楼记》碑，乃黑色端石，高2.43米，宽1.34米。石质本坚硬细腻，通篇字体端正，但亦已严重风化，碑文不易读了，幸好清同治《番禺县志·金石略四》与清宣统《续修南海县志·金石略一》均载有碑文。这是现存最早记载镇海楼的碑记，叙述嘉靖二十四年提督尚书蔡经倡议重建镇海楼，蔡去任后由总督侍郎张岳继续主持完成重建工程的经过。

《镇海楼记》碑之南立着一长列的碑刻，名镇海楼碑廊，又称越秀山碑廊、广州博物馆碑廊。1962年8月1日建成（一说修建于1964年，疑误），陈列历代碑石，共二十三方。为广州市明清时期有历史价值的碑刻史料。这些石碑有的原在越秀山，有的是别处运来的。碑廊之建，既为保存石碑免遭自然风化侵蚀，亦为供游客观赏和考究。

**4.孙先生读书治事处碑**

1930年，中山纪念堂建筑管理委员会在粤秀楼旧址建筑“孙先生读书治事处纪念碑”，6月16日落成。乃钢筋混凝土石米批荡建筑。坐北向南，碑身高约5.5米，碑脚2.28米，呈尖顶方柱形，台座宽6.20米，高0.76米，正面有5级台阶。

碑的正面镌刻“孙先生读书治事处”八字，背面镶嵌高1米，宽0.60米的连州青石，上刻当年广州市市长林云陔撰写于1928年的《抗逆卫士题名碑记》（一说是孙中山秘书林直勉撰并书），记载62名总统府卫士在“六一六事件”中奋战之情形。

1981年，碑上的“孙先生读书治事处”八字贴金翻新。

2002年9月，公布为广州市登记保护文物单位。

2008年12月19日公布为广州市文物保护单位。

**5.海员亭·海员亭牌坊·海员路·镇海路**

海员亭位于越秀山小蟠龙岗镇海楼东边山坡上，是我国海员工人为纪念香港海员大罢工而建的纪念性建筑。建成于1933年。

亭下方另建有海员亭牌坊，立于路旁山坡上。是一座四柱三间花岗冲天式石牌坊，明间阔6.21米，高约5米，坊额镌刻胡汉民题“海员亭”三个红色楷书大字，两旁坊额刻有坊纪，述建亭经过。

在镇海路沿石级上，穿过海员亭牌坊，便来到海员亭。

海员亭矗立在一个方形平台上，高6米多，环竖8条石米批荡圆柱，重檐八角攒尖顶，亭顶覆盖绿色琉璃瓦，地面用石米砌成蓝底黑铁锚白字的“中华海员工业联合总会”（英文缩写CSU）旗帜图案。

1983年8月13日，公布海员亭为广州市第二批文物保护单位。

**6.光复牌坊·光复纪念石牌坊·光复纪念亭**

位于海员亭西侧、镇海楼东侧的小蟠龙岗上。为纪念辛亥革命推翻清朝（时称光复）及广州旅香港同胞捐款支援广东军政府而建。

1911年11月9日，广东宣布脱离清廷独立，成立了广东军政府。当时广州“库藏如洗，饷粮告匮”，参加广东军政府工作的广州旅港同胞代表李煜堂、杨西岩、邓仲泽等30余人组成了侨港筹饷局，“先后募得三百余万元，接济军糈，籍屋清社。政府嘉之，为建光复牌坊于粤秀山”。（转引自《广州市志》卷十六《文化·文物志》）

这座光复牌坊（亦有资料写作“光复纪念石牌坊”“光复纪念石坊”）用花岗岩石建造，

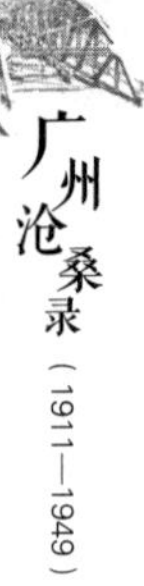


建于1929年。曾任广东财政司司长的李煜堂于1928年十一月撰《粤秀山上光复纪念石坊跋语》（此碑在今光复纪念亭内）载当年筹款经过，文尾曰：“今日者，吾国同一实现，固足以慰总理在天之灵，亦可以副港侨当日之望也。请诸政府，得许建坊，爰赘数言，永留纪念。”

另有唐兰甫等人撰于1929年的《光复纪念碑》（此碑在光复纪念亭内）述其事。

光复石牌坊正面嵌胡汉民题字“光复纪念”石额，背面嵌陈少白题“革命之源”、杨西岩题“实现共和”、古应芬题“脱离专制”石额。

1938年10月日军侵占广州后，石牌坊被拆毁。

抗日战争胜利后，1948年4月，在光复牌坊原址，用钢筋水泥及残存的八块刻花白麻石建成一座四角亭，7月建成。名光复纪念亭。

光复纪念亭为四角攒尖顶，绿琉璃瓦面，坐北朝南，平面方形，边长3.5米，高7米，台基高0.95米。四边各设阶梯3级，梯旁砌原牌坊的抱鼓石。纪念亭四面镶嵌石额。原光复牌坊残存的胡汉民题刻“光复纪念”石额嵌在南面，左右面分别嵌古应芬题“脱离专制”、杨西岩题“实现共和”石额；北面嵌一摹刻民族英雄岳飞笔迹“还我河山”石额。内刻新添的邓仲泽等人撰写的《建造光复纪念亭梗概》。

中间两石柱刻对联：“何时世界大同，宪法先从民主立；此日河山光复，义旗曾向港侨来。”

1989年12月，公布光复纪念亭为广州市文物保护单位。

**7.观音山足球场·广州市公共运动场（越秀山足球场）**

1934年《广州指南》记载：

广州市公共运动场设于越秀山麓，乃市政府拨地建立，三面环山，一面向南……四边座位约一万五千席，内有煤屎竞走路、足球场、垒球场各一，排、篮场三，沙池凡二，形势天然。

据此描述，此广州市公共运动场即为今越秀山足球场（旧称观音山足球场）之前身。20世纪20年代末30年代初，此地已有较平整的泥地足球场。

此地是民国时期举办运动会的地方。

1926年4月，第一届广州市辖学校运动会在观音山足球场举办。有10多所学校、1000名学生参赛。项目有田径、排球、足球、篮球、垒球、千人操、童军操等。当时体操比赛项目只有双杠、低单杠、木马和横梯等单个动作，没有完善的比赛规则。是为广州体操比赛的开端。

同年12月，举办了第二届市辖学校运动会，参赛者是广州市内的中小学生。

1927年11月举办第三届。1931年5月举办第四届，运动员达3000余人。市立师范学生张启钧、屈兆祥、金子章获男子优秀运动员前三名；女子优秀运动员前三名是：张洁琼（市三十九小）、蒋垣蓉（市三中）、金有娣（孤儿院）。

1933年1月，举办第五届市辖学校运动会。

以上五届市辖学校运动会均在观音山运动场举办。

1933年春，南京教育部颁发中学毕业会考规程到粤。学生们酝酿反对。6月某日早晨，广州各校学生在观音山体育场集合，斩鸡头、烧黄纸、反对会考，旋即列队到教育厅，请求收回成命。由上午纠缠到下午。临散队时，有学生把“广东省教育厅”的木制长招牌除下，扛到永汉路（今北京路）附近，弃在路侧。事后教育厅也没有追究。

1934年4月，广州市体育运动委员会为了进一步发展群众性体育活动，把原定的第六届市辖学校运动会扩大为广州市第一届运动会，4月8—13日在东校场公共运动场举行。

1929年出版的《广州市市政府统计年鉴》，刊载广州市公共园场面积表，其中运动场一个，即越秀山广州市公共运动场，面积为1.7公顷，即1.7万平方米，比现在越秀山体育场少得多（今天越秀山体育场占地4.3万余平方米，建筑面积1.3万平方米）。

观音山足球场也曾是举行集会的地方。1931年九一八事变，东三省沦陷。12月2日，广东省立五校（工专、省一中、省二中、省女中、省女师）学生集合在第一集团军总司令部前请愿，要求出兵及武装学生抗日。12月17日，扩大行动，联合市内各校在观音山足球场举行抗日救国大会，并将队伍开向正在中山纪念堂内举行西南政务会议的当局请愿。

中华人民共和国成立后，观音山足球场建为越秀山体育场。

## 三、城东地区·东关

广州西城墙以西地域称西关，与之相应，东城墙以东地域自然就称东关。但事实上，“东关”此称的地域概念是相当模糊的。在当代出版的主要广州词典中，包括《广州市地名志》《广州百科全书》《广东省今古地名词典》等，都没有收“东关”这个词条。在清代方志中，有“东关”之名，却没有明确记述东关的地域。民国时编成的《广州城坊志》，卷六是“东关”，所记述的街巷，基本上是今中山三路以南地域。再看清光绪后期绘制的《广东沿海图》，其东关地域，大概是城墙以东，今中山路以南至江岸，约今启明大马路以西这片地区。这应该是清代后期人们关于“东关”的概念。

自鸦片战争后至清末民初，历约70年，东山地域发生了很大的改变。明显的变化有：

**1.商业发展，人口汇聚，街巷激增**

在鸦片战争前，东濠以东，大东门以北，只形成了一条街巷北横街；到清末时，除北横街外，南北向的还有越秀坊、马草步街；东西向的横巷多条。

大东门以南地区，因临近珠江，经济发展较快，人口较集中，在鸦片战争前已形成较多街巷，到民国前期拆城墙前，街巷已相当密集。据现存方志文献的记载与清代广州城图的标示统计，鸦片战争前城外东郊地区街巷大约只有20条，发展到民国前期，达200多条，增加了10倍。

不过，就人口而言，本地区仍属较为稀疏的。清朝宣统年间（1909—1911），广州城人口划分警辖区域，当时是划分为四大警界区，即老新城、南关、西关、河南，东关（或东郊）没有另划一区，可证人口是较为稀疏的。

东濠南北贯通城外东郊地域，是一条重要的航道；随着经济发展，其东侧的北横街、线香街、永胜街、三角市、糙米栏、永安桥一带形成城外东郊重要的商业区。河岸兴建码头，商旅货物川流不息，形成了辐射四乡的商品交易市场，“果栏、菜栏、东猪栏、东鱼栏，各栏口为四乡农民与全城商贩交易之枢纽，范围较广”。（清宣统《番禺县续志·实业志》）“从内

地来的货船、客船、水上居民和从内地来的船艇、政府的巡船及花艇等，其数目是惊人的。”（威廉·C.亨特《广州番鬼录》）

东关街道为沿江岸发展之长条“街墟”，明代街墟在北，清代街墟在南，这是由于江岸逐渐南移，街墟亦逐渐沿江岸发展。鸦片战争前，东郊外已形成了两条主要的东西走向的长条街墟，一条是今天的中山三路、中山二路一线，一条是今东华路一线。到清代后期，随着江岸的南移，逐渐形成又一条东西走向的街墟，即今海旁街、元运街、罗基、牛乳基一线，大致与江岸平行，街道两旁是屋宇店铺，多是经营手工业的产销商户。

从以上记述可知，城外东郊商业主要集中在东关一带。

直到清末，百子路（今中山二路）以东仍是乡野地。“田畴弥望，曲径回合，绿荫夹道，古榕参天，尤得深幽邃密之致。”（张白英《廿五年来东山之社会》载《朝曦》15卷）

**2.沙洲并岸，江岸向南大为扩展**

随着经济发展，人工填陆以及水道的逐渐淤积，先是东校场与南澳沙连陆，随后筑横沙、永胜沙亦与陆地相连。至清末，大沙头岛之西北部亦渐淤近东关。今东园路以东亦渐成街区。

**3.房地产开发。医院、学校、教堂、慈善机构相继兴建**

第一次鸦片战争后，广州开放为通商口岸，东山地区开始受到外国人的青睐，陆续有外国人在区内购地建房、创办学校和医院，开始时较缓慢，到晚清时开始迅速发展。

当时东山一带空旷地多，遍布低丘荒冢、稻田菜畦，乡民主要集中在山河村（现新河浦附近）、寺右乡（今寺贝底）、猪屎寮（今中山二路中山医学院门诊部附近）三个自然村，只有一条长约三公里的山间羊肠小道通往城区，途经烟墩岗（今培正路、烟墩路一带）、龟岗（今龟岗大马路、龟岗一至五马路一带）、木棉岗（今中山二路东段东山区人民医院处）、马棚岗（今马棚岗一带）、螺岗（今为东川路北段省人民医院）、英雄岗（今广州起义烈士陵园地）、东校场，才由大东门入城。故东山地域环境幽静而地价低廉，不少华侨与洋人于是在这一带购地建造房屋自用或出租出售。

欧美传教士开始在东山兴建教堂，创办教会学校和慈善机构。

最早成片开发东山的是美国南方浸信会广州分会。

美国浸信会国外传道部（简称美南差会）是进入东山最早且在东山势力最大的教会。

清光绪十四年（1888），美国浸信会在此地办起了培道女子学堂（今广州市第七中学前身），后又创办两广浸信会神道学校、培正中学（1907年迁此地）、培坤女中（原东山区少年之家）、培贤神道女校（今为寺贝通津小学）、浸信会礼拜堂、中华浸信会书局以及恤孤院（1903年建成）、医院和近百幢西式小楼房。

随着这些建筑的出现，东山乡野地貌大为改观。

1905年，美南差会决定迁址东山，随后医院、孤儿院、安老院等陆续迁往东山地区，作为原美南差会工作中心的五仙门一带被东山取代。

今天的培正路在当年是山岗、水塘地，1907年，两广基督教浸信会（浸信会与长老会都是岭南势力最大的基督教派）教友在此兴建“培正中学”并开辟培正路，环境大变。

从清光绪三十三年（1907）开始，美国南方浸信会广州分会利用中美《望厦条约》弛禁外来宗教组织的机遇，在寺贝通津、恤孤院路、庙前西街、培正路一带广为购地，并先后兴建了福音堂、礼堂、神道学校、恤孤院、安老院、慕光盲人学校、美华浸信会书局、医院、中外传教士住宅等。

浸信会中国教徒、华侨李济良、冯景廉、廖德山、余德宽等于光绪三十四年在烟墩岗建成培正学堂新校舍。

清宣统二年（1910），美国的基督教安息会在犀牛尾（今犀牛路）购得一块土地，兴建教堂、学校和医院。后来买地范围扩展至今农林下路、三育路、福今路。

民国元年（1912）在犀牛尾建大楼4座，以2座办三育中学、2座作美国传教士住宅。该会还先后购地数十亩，兴建大小楼房十多座，成为该会华南联合会的中心。

民国元年（1912），英国的圣公会将其在广州开办的圣三一中学的中学部迁到东山前鉴街（今东华东路与东华南交界处附近）。民国二年又购得今中山二路87—91号建立校舍。民国六年，圣三一中学在东沙路（今先烈路）购地40余亩，建筑新校舍，后改为华英医院（今广州市传染病医院）。

除美、英、法三国传教士在东山地区从事学校、教堂和慈善等事业而大兴土木外，德国人曾在三育路开设俱乐部，荷兰人也在寺贝通津新街购地建房。这些购地建房活动促进了早期有“郊野”之称的东山地段的房地产开发，且因楼房建筑款式具有西洋特色，使东山地区早期的建筑群体具有多种风格。

当年此地有盗匪，绑架勒索，入屋盗窃，拦路抢劫之事时有发生。为保安全，此地的富户们组织了一个民间治安管理机构——保安局：日夜武装巡逻，保障了地方安宁。保安局周围迅速形成街道，出现了保安局前、后街、保安局南，北街等街名。后来，略去了“局”字。以后，附近新增的街名也冠以“保”字，如保育路、保宁路、保乐路等。这便是今天东山“保”字地名的由来。

**4.近代东山城建**

光绪十三年（1887）7月，在黄华塘兴建了广东钱局。在中国造币史上占有重要地位。

光绪三十三年（1907），修筑了广州城郊的第一条砂石马路——东沙马路，商办，由东校场至沙河，可乘马车，中经牛头庙、东明寺等，为广州最早马路之一。后扩建为今先烈路。广九铁路于清末宣统三年（1911）建成通车。广九车站设在今白云路南端段东南侧。

清末广州第一次划界，城外东郊区域在警界范围内。光绪三十一年（1905），巡警总局改组，分老新城、东南关、西关南路、西关北路、河南五大区域，城外东郊属东南关区域。宣统二年（1910），城外东郊属警察四区辖，但当年广东省咨询局编制《编查录》记载分区人口，并没有把东关地区列入。

本节记述民国前期拆城墙前广州城东地区的状况，包括地理状貌、建筑、名胜等。记述范围不限于东关。大致是东城墙、今南北向段越秀南路、挹翠路以东的地域，而以小北门作北界（小北门在今越秀北路与小北路相交处，与今解放路与盘福路相交处的大北门基本上处于同一水平线上），基本上从北往南、从西往东依次记述。为使地理概念明晰，兹以当代马路作区域的划分。

### （一）今越秀北路以东区域

此区域包括今越秀北路（原东城墙）以东，中山三路、中山二路以北区域。在清代直到民国前期，这片区域除靠近东城墙一带形成了几条已定名的街巷外，其余主要是山地和池塘。山地主要有乌龙岗（上建有保厘炮台）、孖鱼岗、蚬壳岗、和尚岗（建有东明寺又名二里庵）、青菜岗、走马山、四马岗、大眼岗、小珠石、竹丝岗、马棚岗、玉子岗、白灰牛等。

### （二）今越秀中路以东区域

此区域包括今越秀中路（原东城墙）以东，中山三路、中山二路以南，东华西路、东华东路以北区域。此区域在清代时期有了很大的发展，人口汇聚，商贸渐兴。到清末民初时，其西部已形成了相当密集的街巷。东部则主要为东校场旷地及岗丘、池塘。

### （三）今东华西路、东华东路以南区域

此区域包括今文明路东端段、东华西路、东华东路以南，南北向段越秀南路（原东城墙）、挹翠路以东，南至珠江江岸区域。此区域在清代时期有了很大的发展，到清末民初时，东濠涌南段以东区域已形成相当密集的民宅街巷区，原江岸地已建起了楼房，沿江已修筑了马路。民国前期城墙拆。

### （四）东山城区的形成和发展

清末民初时，城垣外东关区域已发展为城区，商业主要沿东濠东侧和珠江北岸发展，商铺较稠密的大致有3处：一处是沿东濠东侧的北横街、线香街（今荣华北）、永胜街、三角市、糙米栏、永安横街以及永安桥一带；一处是从八旗会馆（在今德政南路）到大沙头之间的珠光路、德政南路、东园路、广舞台、沿江中路、东沙角等地段；一处是由永胜里、安怀里、世仁居、泰来里、前鉴街组成在明代已有商业基础的江边大街（即今东华西、东华东路）。

商业区人口汇聚，已有相当密集的街巷。但百子路（今中山二路）以东仍是乡野地。“田畴弥望，曲径回合，绿荫夹道，古榕参天。”

当时东山乡民进城主要有两条路线：

一是从东山庙北行折西，沿今中山路一线（当年是岗丘间泥路）至大东门进城。

一是经龟岗南行折向西，经紫来街、前鉴街（今东华东路一线）北经东校场抵大东门，或南入元运街、三角市达小东门进城。

清末民初，广州地区纺织、机械、制革、建材、船舶修理等近代工业已兴起，广九铁路建成通车，城区流动人口大增。城东郊濒江平坦地已开发殆尽。岗阜相连、村园错落、地旷人稀、空气清新的东山地区地价低廉，遂成公共建筑和住宅区开发的热土。

欧美传教士在东山陆续兴建教堂，创办学校和慈善机构。

清末宣统三年（1911），东山地区开办的小学堂有：广才两等小学堂、尊孔半夜学堂、达

时两等小学堂、启明两等小学堂、培英初等小学堂等。

官僚政要、工商人士、归侨侨眷随后亦纷纷在此购地建造房屋自用或出租出售。并渐取代西方教会而成开发东山地区的主力。东山乡村地貌逐渐改变，城区逐渐形成。

1915年，旅美归侨黄夔石等组织大业堂，在东山龟岗买荒地18亩多，筑成龟岗一、二、三、四马路，开归侨在东山购地筑路、建房之先河。龟岗范围大致北起庙前西街，南至东华东路，西起均益路，东至江岭下，此地至今仍多为民国时期华侨投资兴建的住宅区。

同一时期，华侨杨远荣、杨廷霭出资掘平龟岗岭附近江岭小丘，建筑江岭东、西街，并盖楼出售；钟树荣等则开辟广成路一带，先后建筑房屋。这些地产项目均获利颇丰，进而刺激了更多人来东山开发和修筑道路。

随着人口增多，龟岗、庙前直街等地开始出现商业店铺。

1917年，广东省警察厅厅长魏邦平在东山自建两座别墅，一在江岭东街，名猎庐；一在大沙头东端，名渔庐。当年广州市东山区公所成立，为东山区得名之始。

第一次世界大战后，20世纪20年代初，东山房地产开发较前更为迅速，旅美华侨继教会之后成为开发东山的主力。不少军政要员亦纷纷从西关转移到东山兴建别墅、公馆。

东山地区日渐兴旺。

1921年，广州市政厅成立，东山地域属行政区。

当年有洋人以非法手段侵地。他们先买下一些有墓葬的地段，然后每天向周围移动界碑若干尺，蚕食四邻。

工务局长程天固侦知洋人这种占地伎俩，于是传教会人士到政府，问他们是否知道地下有白骨。教会否认。程天固随即带上工役到现场，下令挖地，果然发现白骨多具，教会人士无言以对——依政府当时规定，买地后先要将墓葬迁移好了，才能兴建新房。教会显然违反了这一规定。政府责令教会赔出地价，并迁葬好遗骨。

今天东山的竹丝岗、马棚岗等处，过去都是荒冢之区。把坟迁出，清理好后，工务局再派人来铺渠架线。由政府划段出卖。市民得地，政府得利。

1923年，政府开始将广州市区往东发展。1927年，政府特规划筹建马棚岗、竹丝岗为东沙住宅区域，定为广州的“模范住宅区”加以推广。从1928年开始组织筹备委员会，负责全部的规划、设计和建筑等工作。

整个模范住宅区范围较大，面积有40.8万平方米（612亩），除了执信女子中学占去8万平方米（120亩）外，其余地区分为6期工程建设。在新区内计划设立市场、公园、小学、幼儿园、公共会堂等公共设施。可惜没有全部完成，在1928年至1936年只在执信路、松岗村和农林下路一带实施规划中要建的住宅。住宅区规划得整齐有序，居住环境得以改善。

梅花村、农林路至今尚存近现代住宅群，建于20世纪二三十年代，有着浓厚西方乡村别墅建筑形式和风格，多为二三层楼房，主要有西班牙式、英国乡间式等。大致可分为以下三种：一是官邸式，这类建筑多采用西方建筑柱式风格，平面布局对称，建筑尺度较大，陈济棠公馆是其中一个具有代表性的住宅建筑。二是小型别墅式，前后建有花园，平面采用不规则的布局，建筑体量不大，建筑风格简约。三是中西合壁的建筑风格，屋顶有采用中国传统建筑式样，也有西式的平顶式样。

1928年，工务局改建由百子路至东山的之字形路段，尽量将路取直，穿越过广九铁路，扩宽为马路，交通随之顺畅。当年，市政府公布《确定本市马路第一期路线》，确定路线共22条；《确定全市马路第二期路线》，又确定路线20条。当时东山地区的马路路线有7条，如下表：

| 路线 | 起止 | 长（米） | 宽（米） |
|---|---|---|---|
| 第九线（东华路） | 由越秀中经文明里、永胜西约、世仁居、安怀礼、复兴里、前鉴街、启明坊、紫来街至东山大街 | 1960 | 20 |
| 第十五线（德政路） | 由八旗会馆起，经洪圣庙前街、定海街、仰星街、吉庆北约、赐福里，直至德政街止 | 1800 | 20 |
| 第十六线（文德北路） | 从惠爱东起，经大塘街至文明路止 | 400 | 27 |
| 第十七线（文德路） | 由文德北往南经老隆桥直达东堤 | 500 | 20 |
| 第十八线（中山二、三路） | 由大东门起，经东川路、百子路，抵达东山口 | 450 | 27 |
| 第十九线（珠光路） | 由永汉南起，经仓前横街、珠光西和珠光东至洪圣庙止 | 600 | 7 |
| 第二十线（白云路） | 东起川龙桥，往西至东铁桥止 | 650 | 50 |

1928年，10月，广州市教育界同仁提议，将一批墓地周围的马路，改以先烈英名为路名，永做纪念。提议经市行政会议核准，由教育、公安及工务等三局会同办理，把东山地区6个岗的10条马路以先烈英名命路名，如下表：

| 原路名 | 纪念路名 | 起止 | 宽度（米） | 备注 |
|---|---|---|---|---|
| 东明路 | 坚如路 | 由永胜寺北路起，经乌龙岗之西、红花岗之东，至史坚如旧坟止 | 13 | 纪念史坚如 |
| 公道路 | 生才路 | 由永胜寺北起，经乌龙岗之东、白灰牛之西，达东沙路止 | 13 | 纪念温生才 |
|  | 执信路 | 由百子桥经马棚岗之东、大小竹丝岗脚及大眼岗之西，到东沙路止 | 13 | 纪念朱执信 |
|  | 皓东路 | 由农林学校前起，沿水坑经葬牛尾之东，至螺岗之东，出东沙路止 | 13 | 纪念陆皓东 |
|  | 荫南路 | 沿竹丝岗之北，西接冠慈路，东接仲元路及皓东路 | 8 | 纪念邓荫南 |
| 农林西路 | 仲元路 | 沿大眼岗与竹丝岗之东，直接皓东路 | 8 | 纪念邓仲元 |
| 朱紫路 | 冠慈路 | 沿马棚岗脚之东，经公医院之北，接生财路 | 8 | 纪念林冠慈 |
| 龙岗北路 | 汉持路 | 沿乌龙岗脚之西，出东沙路 | 8 | 纪念伍汉持 |
| 红花南路 | 明光路 | 沿红花岗脚之南，出东沙路 | 8 | 纪念钟明光 |
| 红花路 | 敬岳路 | 沿红花岗脚之东，出东川路 | 8 | 纪念陈敬岳 |

不过，除执信路外，以上纪念路名在民国时期广州地图上并没有标示出来。

当年城墙已拆去，马路辟建，东山地区与原城区已通连，马路两旁商铺渐多，商业形成。据《广州商业名录》1929年12月的资料，其时东山地区境内有715家店铺，主要经营汽车配件、工艺美术品、五金、建筑材料、日用品、金银器、药材、丸散、酒米等。许多商铺是前店后厂，亦工亦商。

1915年，在今中山二路中山医科大学一带的台地上曾建加压水塔，是为东山供水之始。在此之前，东山居民主要靠挖井取水。近珠江边的居民则饮用珠江水。

1928年7月，东山自来水厂建成。1929年，在杨箕村北石牌龙潭建造了东山水塔。这是广州第二座水塔。沦陷期间被日军拆毁。

1928年，嘉华储蓄银行总经理、南华置业公司董事会主席冼锡鸿在烟墩路以东（当时尚未开发）建二层住宅一座，遂带动了大批华侨在保安前街、保安后街、保安北街、保安南街、保宁路、保乐路一带建住宅。

1930年，广州市改设公安分局三十处，原东山区范围包括东山分局、大东分局、前鉴分局全部地段及小北、永汉、贤思、东堤、海珠分局部分地段。

陈济棠主粤期间（1929—1936），广州社会稳定，商业发展迅速。政府制定了鼓励华侨投资的优惠政策和法令，东山再度成为华侨投资房地产业的热土。

政府在东山一带进行了大规模开发，使之成了近代“花园式洋房”的集中地，形成了花园式洋房住宅群，一个可与西关大屋抗衡的高品位住宅区。在城市的东部和西部形成了两种极不相同甚至是对立的建筑风格。

东山别墅式洋房星罗棋布，典雅别致，造型华丽；以新河浦地段为代表。至今农林上、下路，梅花村，东皋大道等地仍保存有大量这样的建筑。其建筑特点为：造型受西方风格影响，多为古典柱式；建筑面积较大；布局灵活，二、三层居多，前后有庭园；多有柱式门廊，也有门上方设三角山墙式屋顶遮雨，似欧洲乡间别墅；室内装修较好，地面多铺优质水泥花阶砖。梅花村陈济棠公馆可谓典范。

梅花村位于今中山一路中段北侧。大致北至广东省气象局，南至中山一路，东至水均南街，西至福今路南段。20世纪20年代曾称模范村。1931年陈济棠在此营建官邸（陈济棠公馆），并在路旁广植梅花，故改名梅花村。20多位国民政府军政要员，包括陈济棠、陈维周、林翼中、余汉谋、孙科、林云陔、李扬敬、缪培南、香翰屏、林逸民、李汉魂、邓龙光、陈玉琨、周宝衡、陈庆云、杜益谦、黄光锐、张达、周景臻、李务滋等，先后在此兴建西洋式楼房住宅。

除梅花村外，一些国民政府军政要员还在东山其他地方占地建屋，如陈济棠曾在寺贝底村西开辟马路，将土地分段出售建房；余汉谋在保安后街建两层楼房3座，在百子路建两层楼房1座；李汉魂在新河浦建三层楼房1座，面积达886平方米。胡汉民在达道路，林森在烟墩路均有住宅。连一向在外省的阎锡山、于右任也在东山曾有房产。这些权贵在东山买地建房，推动了东山区房地产的开发，故当时民间流行“有钱有势住东山”之说。

此外，东山地区还有西式洋房新村相继兴建，成为小区开发中心。这类小区的选择已由平原向台地、坡地转移，以城外近郊岗地为主。早期多由外国教会投资办慈善事业，继而华侨进行地产开发。

东山地区西式新村主要集中在以下各路段：

龟岗大、二、三、四、五马路。为1915年后开建的框架结构洋房区，缺乏花园式建筑。

合群中、西、一、二、三马路。合群置业公司地产，为缺少花园的框架结构洋房区。1920

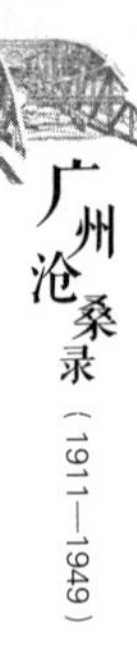


年前后建成。

新河浦路。1921年后兴建成花园洋房，为2—3层庭院式混合结构住宅。

农林上路。1930年后建有二至三层小洋房花园，并形成横路多条。

东平一、三、四、五路。多为1930年后建成的花园洋房区。

东皋大道，多为1930年后建的二至三层混合结构楼房。

永安北街二、三、四巷，1931年后成街，多为二至三层庭院式混合结构洋房。

梅花村。1931年后建成花园洋房区。为当时显要住宅区。

竹丝岗二马路、三马路。多为1925—1938年修建的花园洋房区。

20世纪二三十年代，华侨、市民还建造了不少西式简化住宅，现恤孤院路一带尚存较多这类住宅。

至抗日战争爆发，东山龟岗、烟墩岗、寺贝通津、恤孤院路、庙前西街、美华路、新河浦一大片地域的建筑已基本连成一片。

抗日战争爆发后，东山房地产业进入低潮。

据统计，自19世纪中叶至20世纪中叶这百年间，华侨在东山开发房地产共建筑房屋884幢。其中，晚清时期21幢，抗战以前764幢，抗战时期14幢，战后至建国前85幢。

1945年5月15日深夜，一批盟军美机轰炸东山。6月30日，再袭东堤一带。

1948年3月21日，国史馆馆长、国民党元老戴季陶在东山小东园2号寓所服安眠药自杀身亡。

**自治会、学校及其他单位**

1934年《广州指南》载东山有如下自治会、学校及其他单位，见下表：

| 名称 | 地址 |
|---|---|
| 培正小学学生自治会 | 东山 |
| 培道中学学生自治会 | 东山 |
| 培正女校学生自治会 | 东山 |
| 广州越秀体育会 | 东山万华书局 |
| 东山团体联合会 | 东山保安局 |
| 邮局番禺九支局 | 东山 |
| 市立第八十七小学校 | 东山模范村 |
| 先志（私立小学） | 东关二十六号 |
| 培正校刊（杂志） | 东山培正学校 |
| 广东建设厅工业试验所 | 东山沙地 |
| 广东建设厅农林局 | 东山皮革厂 |

此外，还有如下学校、幼稚园、公馆：

| 名称 | 地址 | 备注 |
|---|---|---|
| 私立扶轮中学 | 东山 | |
| 惠爱幼稚园 | 东山 | 1948年存 |
| 光东幼稚园 | 东山 | 1948年存 |
| 余汉谋公馆 | 东山保安街 | |

## （五）区域

**1.大沙头·大沙岛（存）**

大沙头在今白云路以东，原是珠江中的沙洲，正当沙河、东濠涌出口之间，因河水泥沙含量较多，泥沙淤积形成沙洲。外形呈中部阔两端窄且东西向延长对称状态。清代初年称海心沙。即是海中的沙洲；随着泥沙淤积，沙洲逐渐扩大。到清末时，已成一个大岛，东西长约1700米，南北宽约550米。改称大沙头。四面环水，北隔一水道与东山相望。此水道一直在逐渐淤浅淤窄。

由于城建发展与人口激增，岛北面水道西口淤浅；东口则少有人居，故水道宽深。清代后期，岛之西部曾筑有炮台，称东炮台。清末民初时，岛之西端部（今大沙头三马路以西）建有小量民宅，所形成的窄小街巷未有名称。全岛其他地方基本上为禾田、滩地，尚未开发。

今花园二巷往西南延线至今大沙头路东二巷，约为清末时大沙头岛的西界。即此连线以西，今东华南路以东地原为珠江水道。

今大沙头二马路约建于清末时大沙头岛西面珠江水道的西缘。民国时期水道逐渐变窄，此路成为河边基堤，50年代才扩建成路。

今大沙头二马路东端以东的东湖新村地实为清末大沙头岛北侧的珠江水道。今大沙头二马路南端与白云路相交处的人工绿化岛（称大沙头绿岛）在清末民初时尚为珠江水道。

今沿江东路中段（花园一巷南延与沿江东路相交以东一小段）北侧约为清末时大沙头岛的南界。

今沿江东路东段在清末时尚非陆地，而是大沙头岛南侧的珠江水道。

今大沙头路约建在清末时大沙岛的南缘。

今东西向段的东湖西路南侧约为清末时大沙岛的北界，当时这一带称郭村。

今海印桥南引桥以北的东湖路乃从清末时大沙头岛的中部纵穿而过，今大沙头路东端与东湖路相交处为清末时大沙头岛之南端，今东西向段东湖西路东端与东湖路相交处为清末时大沙头岛之北端。

今东湖路以东、东山湖公园正门东面的公园主道约建于清末大沙头岛的北缘，此公园主道南面的湖泊和公园地即以清末大沙头岛的东部地辟建。此公园主道以北的湖泊实为清末大沙头岛北面的珠江水道的“遗迹”，现在此湖泊尚东接宽阔的水道，往东汇入二沙岛北面的珠江。

今东山湖公园东南侧的珠岛宾馆为清末大沙头岛东端部地。

综上所述，今大沙头二马路南侧、东湖新村、东山湖公园北部湖泊为清末大沙头岛北侧的珠江水道。今沿江东路中段、大沙头路东段、东山湖公园南面、珠岛宾馆南面为清末大沙头岛南侧的珠江水道。

看今天的广州市地图，清末大沙头岛南面水道犹存，但已缩窄很多；东北侧水道基本尚存，中北侧水道成为东山湖公园北部湖泊。西侧水道（今东山湖公园正门以西）则全部成为陆地，自东往西分别建为东湖路、东湖新村、大沙头二马路、花园二巷至花园六巷、大沙头路西段、沿江东路西段、大沙头绿岛。基本上已没有留下河道的痕迹。

民国时期市政工程施工是实行公开招标、投标的。最早的招标工程便是1915年5月5日开投

的大沙头西端第一段道路，即当年大沙头北岸筑堤岸数百尺。

20世纪20年代，在大沙头西岸狭浅处建桥与珠江北岸相连。当时已对大沙头进行规划，准备建成一个商业区。1925年《最新测绘广州市面马路区域全图》已在大沙岛上画出棋盘式的马路——那是规划建路。

1929年，建于东濠口上的木桥改建为铁桥（一说改建为钢架结构）。今天资料多称，此桥（今为沿江中路东端段）使珠江北岸与大沙头岛相连，但查考民国时期广州地图（包括上列所有民国时期地图），并非如此。此桥只是连接了东濠口之两岸，跟大沙头岛无关。

1932年4月27日，广州市工务局制印的《广州市马路路线图》不但在大沙头上画出棋盘式马路，还在岛的正中画了个环形马路。但那不过仍是规划而已。

1933年春，广东省建设厅动工将大沙头开辟为商业区。未能实现。

1937年，工务局规划填塞大沙头北面河道，使大沙头与市区相连，亦没有实施。

1937年，《广州市最新马路全图》给上述这些规划中的马路全标上了路名。北岸环岛路称“乾大街”，南岸环岛路称“贞大街”（今沿江东路是建国后1956年沿大沙头岛河边沙滩地修筑的，约为当年所规划的“贞大街”的西段）。自北往南之东西向横路依次称“元龙街”“亨达街”“利益街”，自西往东之南北向纵路依次称“中庸街”“正道街”“和同街”“平坦街”“整治街”“齐礼街”，最东端的两条路没有标名。岛之西端写上“公”字，表示建公园。中庸街南端东侧标名“航空处”。岛中环形路中心标名“草地”。以后的民国广州地图都是如此标示，只是西端标明建成公园。事实上，这些道路最终并没有建成，河道也没有堵塞，却大沙头在民国时期一直是珠水环绕之岛。

1938年7月23日，国际反对轰炸不设防城市大会在巴黎召开。广九铁路各机关团体在大沙头站礼堂开会，发出《告民众书》，在车上散发。据广九路统计，自1937年8月底日机首次轰炸广州，广九路被投弹1500枚，搭客、乡民及职工死伤人数超过1000人。

日伪时期，大沙头是日军用以运输军用物资的码头。

抗战胜利后，广州的山村、大沙头、泰康路等地渐形成了三个较集中的竹业市场。

建国后，1953年版广州市《都市计划图》仍清楚地绘出大沙头岛北岸河道。在1958年1月第一版《广州游览图》上则绘出大沙头西北部已与北岸连成一体，即这段大沙头涌已被填陆，原大沙头岛成为珠江北岸的一部分，岛已不复存在，其南缘真正成为珠江江岸。岛之东部，在20世纪50年代后期开挖成今东山湖公园。

1958年12月动工兴建大沙头南缘码头堤岸工程，同时兴建大沙头客运码头。堤岸工程于1959年建成。客运码头于1960年建成启用，珠江内河航运码头东移至此，命名为广州港客运站；因站址在大沙头，习称大沙头客运站。为广州市最大的内河航运码头，航线20多条，有通往上海、厦门、梧州、肇庆、中山、江门等定期客轮往返。是广州市与省内水路客运的主要交通口岸。

今大沙头路长约800米，宽16米，为横贯大沙头岛的东西向干道，故名。

1981年按大沙头路北侧道路之东西顺序命路名，依次为大沙头二马路、大沙头三马路和大沙头四马路。

**2.二沙头·二沙岛**

二沙头又称二沙岛，在大沙头东部（今东山湖公园地）的东南面，二者中隔珠江水道。

二沙头原是珠江河道中的沙洲，形成于清代，因位于珠江扩张段，水流缓散，加上地处沙河出口，流沙于此淤积而成沙洲，以后逐渐扩展成一大岛，呈纺锤形。到清末时，岛东西长约3300米，最宽处约600米，面积1.26平方千米；因在大沙头（岛）下游地，且成岛在大沙头之后，故名二沙头。清代至民国前期，岛上只有零星的渔民棚宅，全岛基本上为荒地与禾田。岛上居民种植水果、荸荠（马蹄）、莲藕等农作物。

清代、民国时期乃至20世纪50年代，东山地区的运输业以水上运输最为发达。

据1934年的调查资料记载，在二沙岛岛南操业的389人中，棹艇和航业的有99人之多。

据1957年4月东区人民政府对大沙头、二沙头改造木屋的情况调查，2003户、7554人中，运粪和运垃圾的占301户、1017人，搬运工236户、1061人，划艇有202户、557人，水上小贩155户、614人，渔民和农民只占282户、1111人。

20世纪50年代中期在岛之西端建成广州体育俱乐部，后来称二沙体育训练基地。今存。20世纪80年代中期后对二沙岛全岛进行大开发。1987年填沙，建成东西向主干道，至1990年底，搬迁、平整土地工作及基础设施建设基本完成。今已建成田园式高级住宅、旅游风景区，并建有星海音乐厅、博物馆、美术馆、艺术展览馆等。

## 四、城西地区·西关

城西地区指广州古城西城墙以西地区，即旧荔湾区。传统上一般称为西关。

西关地形北高南低。北部、东北部（今西华路、光复北路一带）地势较高，称为上西关；中部、南部原为珠江浅水区，后因长期江水、流沙的沉积作用以及人工围河造地而形成了冲积平原，地势低平，称为下西关。上下西关并没有明确的分界。传统观念，大抵由西山、第一津到太平门这一地域为上西关，上西关以西至江岸为下西关。

自古至今，西关地域变动甚大，总的来说，是沧海变桑田，桑田变城区。

1918年，广州开始拆城墙。在拆城墙前，城垣高耸，西关是在城外，跟城内界限分明。在城墙拆去后，西关真正融入城区。

西关开发虽迟，但发展迅猛。尤其自清光绪中叶起，西关地域迅速开发。人口汇聚，街巷激增。据清中期《南海县志》记载，当时西关街道分西门外和太平门外两处。其中西门外街道共三十六（实为三十八），太平门外街道为134条，除去鸡翼城内各街，以西濠为界，尚有126条。即合共164条。发展到清末，据清宣统二年（1910）《南海县志·舆地略二·都堡》的记载，当时南海县捕属辖下的警察西三区段至西六区段内街道大部分为西关地域街道，街巷名共有千余。街巷数与人口数成正比。据清宣统二年（1910）广东省咨询局编制的《编查录》统计，当年西关是广州城人口最多的地区，达233 144人，占广东省垣（广州）警界区域总人口517 596人的45.04%。至拆城墙前夕的1918年，西关地域街巷更为密集。据1918年《广州市图》（这是广州拆城墙前最详尽的广州城图）的标示，当时西关地域共有街巷1750余条（1990

年统计，全荔湾区共有自然街巷1796条）。

当年广州当局对城里街巷建设没有规划，对城外街巷更是任由居民自建；本区域街巷纵横交错，毫无章法，而东部街巷最是密集凌乱，是典型的横街窄巷。

西关街巷，基本上是花岗石铺砌成的条石路。条石一般宽度为32～40厘米，长1米以上，最长的达5米，这是西关旧城区的一大特色。条石路在1957年前基本上是横向铺砌，并作为旧有砖砌明渠的盖板，板缝间用于收集雨水。

发展至清末民初，西关地域已被开发为城区的街巷状况及江岸线大致如下：

**江岸线**

民国初年西关南部江岸线

1. 沙面以东、西濠口以西的江岸线在今沿江西路的北侧，当时并没有修筑江堤，江岸线是不规则的。珠江涨潮退潮，江岸线必不相同。

2. 上岸线以西，沙面岛南部道路即为该处珠江岸线。

3. 沙面岛西面的江岸线甚不规则。今黄沙临江地西猪栏路一带，当时是个四面环水的小岛，四乡人从水道运米到省城，在此上货，故名米埠。其西侧，有粤汉铁路码头，当时是伸出江岸的，其位置约为今蓬莱路南端南面的珠江北岸地。那里便是清末时的江岸。此段珠江北缘水域在20世纪90年代前已填为陆地，用于扩建广州南站。原码头早已了无痕迹。由此渐折往北，便是西关地域的西岸线。

民国初年西关西部江岸线

1. 清光绪二十七年（1901），在黄沙始建粤汉铁路车站，称黄沙车站，站址在海傍街中段西南侧，往南不远即铁路线。铁路线的西侧为江岸线，今广州南站地。不过当年的江岸不像现在筑有江堤，岸线拉直，而是极不规则的。铁路线的两侧，基本上都是菜地。

2. 岸线往北，一直至增步。由于清末时的岸线不规则，以现在的江岸线与之比较，有的地方西移了过百米，有的则只西移了十来米或数十米。这样表述只能是约数，因为现在修筑了江堤，岸线拉直且稳定；清末时的岸线不规则，且东岸基本上是菜地与禾田，潮涨潮退，变化颇大。

**街巷状况**

东起广州西城墙。西濠以东至城墙地均已建为街巷。

北至西山庙一带，约今东风路与人民路相交处一带。再往北是岗丘地带。

南至沙基大街（今六二三路）、珠江江岸。

西部街巷区的西缘地，并非垂直，而是大致自东北斜向西南，大致可分几段记述。

西华路一线，约西至万善里，即今西华路西段（今新桥直街至吉瑞坊段）。

今市四中以西为菜地，还未成住宅区。

今陈家祠所在，已是该处街巷的西缘。其西侧有上西关涌流经。

龙津路一线，街巷大约建至今龙津西路与百岁里相交处，南面不远是上西关涌，再往西便是泮塘地的菜田。当时的泮塘村仍未与其东面的街巷相连。村的四周是河涌、池塘、菜田。直到清末，龙津首约、龙津二约、龙津三约、三圣大街（即今荷溪首约以西的龙津中路和龙津西路）以北只有几条小巷，再往北即为菜园、池塘，尚未开发。这些街巷，在清代后期才逐渐形成。

往南，多宝路一线，当时称多宝大街，沿路多为商贾富豪聚居地，石板小路和青砖石墙的民居街巷风貌独特，是以消费商业为主的商业区。当年多宝大街的西缘，是一个大池塘，在刘园（今市二医院一带）的西北面。刘园便是在多宝大街的南侧。池塘往西是柳波涌上游流经，尚有一段距离。

当时的此段上游柳波涌，流经菜田，而非街巷。到逢庆西约（今同名）西端，始向东南流经街巷城区，即逢庆西约为清末西关该处街巷的西缘。

再往南，即西关地域西南隅之街巷西缘地，约至今黄沙大道与蓬莱路相交处以东。

清末庚戌（1910）《南海县志》记载："太平门外率称西关，同光之间（1862—1908），绅富初辟新宝华坊等街（今宝华大街至宝华路一带地域），已极西关之西，其地距泮塘、南岸等乡尚隔数里。光绪中叶，绅富相率购地建屋。数十年来，甲第云连，鱼鳞栉比，菱塘莲渚，悉作民居，直与泮塘等处，壤地相接，仅隔一水。生齿日增，可谓盛已。"记载的大致是光绪三十三年（1907）《广东省城内外全图》所绘出的西关的状况。

综上所述，民国初年西关街巷区的西缘大约至今市二医院东部一线，再往西，已非城区，而是乡村地。以整个西关地域而言，清末民初时的乡村与街巷城区的面积约各占一半。而西关南部的经济发展明显优胜于北部，下西关涌一带是当年最繁华的商业区，所谓"八桥之盛"。晚清时，上九甫、下九甫形成了百货商业街；第十甫成为拥有莲香楼、陶陶居等多家名老字号的饮食街；在今长寿路一带出现了玉器墟；西来初地则以酸枝家具街驰名；杨巷专卖布匹；沙基（今六二三路）则因船艇云集而成米埠。1910年在十八甫开业的真光公司、1918年在西堤开业的大新公司都曾在广州百货行业中独树一帜，开创广州市近代大公司的先河。至今上九路、下九路、第十甫路、宝华路一带仍是广州商业中心区之一，便是从清代发展而来。

从清代后期的西关照片来判断，当时西关主要街巷的宽度，大概也就是五六米，比现在的主要街巷要窄得多。至于小巷，只有二三米，比如今德星路东侧内街冼家巷，宽仅2米；比如辟建成马路前的石路，宽仅3米。就算是今中山七路南侧的康王直街，亦是宽仅3米。所谓横街窄巷，是形象的表述。

下西关街道沿珠江平行发展，故主街多为东西向。

下九甫至江岸有八条东西向街：下九甫、光雅里、曹基、十八甫、旧豆栏（和平中路）、冼基、杉木栏（杉木栏路）、沙基（六二三路）。

第十甫至江岸有七条：第十甫、十三甫、十二甫、黎家基、上陈塘、陈塘、新填地。

十一甫至江边有九条：十一甫（今恩宁路）、蓬莱正街、蓬莱新街、蓬莱东约和西约、丛桂西和新街、冯家祠直街、黄沙北约和中约、蟠龙大街、海旁中约。

此外，西关地域还有如下九个比较著名的市场：撒金巷口市、宜民市、青紫坊市、沙角尾市、三摩地市、大观桥市、清平集市、十七甫市、泮塘街市。

中华人民共和国成立前，西关地区居民贫富悬殊，富商高官拥有西关大屋、花园洋房，结构精巧，装修华丽；小康之家多为一正一偏的带阁楼砖木瓦房或两层小楼，占地60～80平方米不等；贫苦百姓住在低矮、闷热、潮湿的简陋小房里，无专门的厨、厕、浴设施，有的数户人

挤住一屋。更有人只租住一个床位。

沿江一带，数以千计的水上居民建起众多水棚，以小艇、水棚为家。抗战胜利后，大批进城农民、城市贫民在城区边沿烂地凭借残墙断壁，用板、布、沥青纸、铁皮、松皮、竹木搭起窝棚木屋数量多达5000余间。

下面记述民国前期拆城墙前夕西关的街巷、建筑、名胜及相关事件。

为使地理位置明晰，亦为便于查阅使用，兹以当今马路为界，划分区域予以记述。民国时期辟建马路，改革开放后大规模旧城区改造，华厦高楼如雨后春笋般到处建起，民国时期的西关街巷大部分随之消失不存。详载于此，为西关这片土地，为已成历史的西关老街巷留个全面而翔实的纪录。

### （一）今西华路东段以北区域

此区域包括今西华路东段以北，康王北路北段以东，清代老城西城墙（今盘福路、市一人民医院东西干道、人民北路一线）以西地域。

此区域中之街巷，大部分都形成于清代中后期，由于经济发展，人口激增，故街巷辟建甚多。至清末民初时，本区域之东部街巷纵横交错，密集凌乱，人口稠密。直到20世纪80年代改革开放后才进行大规模的整治开发，拆去残旧的砖木结构民宅，建起新式高楼，今已面貌全变，难觅旧颜。

民国前期拆城墙前夕，原在这些街巷的名胜古迹多已不存。

### （二）今西华路西段以北区域

此区域包括今西华路西段以北，康王北路北段以西地域。

直至民国前期拆城墙前夕，此区域大部分仍为菜田、河涌和沼泽地，尚未开发，民宅甚少。约有街巷十条。主要名胜有白马庙。

### （三）今中山七路东段以北区域

此区域包括今中山七路东段以北，康王北路以东，西华路以南，人民北路南段以西地域。清末民初，此地域已是街巷密集，达200余条，大部分街巷建于清代中后期〔见清道光二年（1822）《广东通志·广东省城图》〕。主要名胜古迹有：斗姥宫、报资寺、金花古庙、太保庙、西禅寺、医灵庙、四庙善堂等。

### （四）今中山七路西段以北区域

此区域包括今中山七路西段以北，康王北路以西，西华路以南，荔湾路以东地域。至清末民初，此一区域的街巷西缘在陈家祠，街巷不多。主要名胜有陈家祠，现为广东民间工艺馆。陈家祠以西基本上是城郊乡野地。至民国前期拆城墙前夕，本区域大致有如下街巷、名胜：

**陈家祠·陈氏书院·陈氏实业学堂**

陈家祠在恩龙里西北侧，今中山七路陈家祠道北侧（清代时并无陈家祠道）。建于清光绪十六至二十年（1890—1894）。为广东全省陈氏的合族祠堂。因接受本族各地读书人来广州应科举考试时居住，又称陈氏书院。为祠堂与书院相结合的典型建筑。

封建时代的社会风气，所谓敦孝悌，重人伦，慎终追远，于是建祠堂，供奉祖先的牌位，虔诚地祭祀；同时，人们重科举，金榜题名才可以做大官，出人头地，光宗耀祖，所谓“立身行道，扬名于后世，以显父母，孝之终也”（《孝经》），于是建书院，以培养族中子弟。清代时广州城中有不少祠堂、书院，大多规模不大，甚者只一间房子，现在绝大部分已消失。封建时代广州规模最为宏大的、装饰得最精美的书院、祠堂，就是这陈家祠。

陈家祠原为广东全省陈氏的合族祠堂，因供奉广东陈姓历代祖宗牌位而得名。由归国华侨陈瑞南、陈照南和当年广州慈善界陈香邻等倡议发起，由广东七十二县陈姓人士合资兴建；当年建造的目的，既是为供奉祖先，发扬祖先遗教遗德；也是为了更好地培养陈姓子弟，便于广东陈氏本族各县读书人来省城应考科举，供他们入考前的备读和考后的等榜之用。陈氏为广东望族，人口甚众，俗有“广东陈，天下李”之称，即说广东陈姓最多。于是一经知名人士倡议，全省各房陈姓，纷纷响应，各埠华侨亦汇款支援，以致形成了一股兴建祠堂以光宗耀祖的热潮。营造祠堂来增强宗族的凝聚力，作为自己宗族的象征和精神支柱。于是在今址购地兴建。因接受本族各地读书人来广州应科举考试时居住攻读待试和待放榜，其建筑形式又是祠堂和书院相结合，故又称“陈氏书院”。门前匾额即题这四字。

全祠建筑坐北向南，总占地面积近1.5万平方米。大门前有开阔的坪地。坪地以南现在是一大片草坪，坪地以北，在纵横三进三开间的广阔空间上建有九厅六院，建筑面积8000多平方米，主体建筑呈正四方形，宽和深均为80米，面积6400平方米，为三进院落式布局，总体以“三进三路九堂两厢杪”布设。整组建筑以正门以北的中路为主线，以最高的聚贤堂为中心，由南往北依次是首进大厅、中进聚贤堂、后进神厅，其东西两边各有一个厅堂，厅堂外是厢房，东西各五间，把厅堂围合在内。其建筑均为硬山顶，抬梁与穿斗混合式梁架结构。每座单体建筑之间以青云巷相隔，由六院、八廊穿插相连。整个建筑群布局严谨对称，结构精炼，显得庭园宽敞，高旷阔大；厅堂巍峨雄伟，气宇轩昂。为广东民间宗祠与书院相结合的典型建筑。门前坪地和东院、西院、后院环绕四周，与内部的庭院相应，从而又表现出中国建筑与园林相结合的特色。

陈家祠于清光绪十四年（1888）开始筹建，建造于光绪十六至二十年（1890—1894），耗资百多万两白银，由当时著名的土木工程师黎巨村设计。据其回忆：“陈家祠是在原茨菇塘上，每根柱子下打了十六条二丈四尺长的木桩（当然土质好会打短一些）。”建成后，每逢农历正月初十日，举行庆灯大会；二月初四和八月初四，要分别举行春秋祭礼，大开中门，鸣炮奏乐，跪叩献牲，朗读祭文，仪式相当隆重，全程约一小时。民国陈济棠主粤时对此颇为重视，陈不止一次充当主祭人。日寇占领广州时，伪省长亦主持过祭礼。建国后废除了这一仪式。

陈家祠这座晚清时代南方祠堂与书院相结合的典型建筑，房舍高大阴凉，内外庭院满目苍翠，以廊庑贯通全院来挡雨遮阳，这都与广州亚热带气候十分适应，幽雅宜人，富于岭南风味，与岭北建筑格调大不相同。而陈家祠最闻名于世的是其精湛的广东民间传统装饰工艺。人们来游此地，第一印象也是最深印象的可能就是这些工艺，令人叹为观止。只见全院的门、窗、屏、院廊、栏杆、屋脊、露台、瓦檐、墙壁、梁架，均分别饰以三雕（石雕、砖雕、木雕）二塑（陶塑、灰塑，通称“花脊”“灰批”），还有铁铸、铜铸、壁画等，与雄伟的砖、木、石建筑大殿浑然一体，使整座建筑更具艺术魅力。这些作品题材广泛，有历史典故和小说戏曲故事，如“尉迟恭金殿争帅印”“竹林七贤”“群英会”“梁山聚义”“桃园三结义”“郭子仪祝寿”“刘伶醉酒”等，又有楼台胜景、藤蔓佳果、羊城风物、岭南名胜、珍禽异兽、山水园林、钟鼎彝铭、各种风格迥异的图案花纹。雕塑得精巧传神，充分展示出当时雕塑铸工艺的最新成就与高超水平。院中还有铜铁铸工艺品，主要用在庭院连廊的廊柱及镶嵌在月台石雕栏杆里，比如大门铜铸錾花门斗、铁铸双面通花栏板“金玉满堂”“麒麟凤凰”“三羊启泰”“龙戏珠”等，都是极为罕见的建筑装饰佳作。数量虽不多，但造工精美，给人以巧夺天工之感，实为近代中国冶金制造业的实物档案。使陈家祠得以成为一个时期的代表性建筑，既具民族风格，又具浓郁的岭南地方传统特色，乃集广东建筑、装饰工艺之大成，不愧为世界建筑艺术之典型、岭南艺术建筑的一颗明珠。

考察历史，岭南人自古对于祖先祠堂、佛道教寺庙、民居宅第，特别以陶塑瓦脊，或嵌瓷、灰塑垅塑（灰批）、木雕、石刻、砖雕、门画、壁画等艺术进行美化，营造庄重绚丽、神秘肃穆的环境，以敬奉鬼神。这些古老建筑今天已越来越少，陈家祠则是集其大成并得以完好地保存下来，其价值不言而喻。

陈家祠的建筑及装饰艺术，不仅在近代中国建筑史上占有一定地位，且为世界所瞩目。早在20世纪20年代，德国学者陂士敏便最先把这一建筑载入《世界建筑艺术》一书，随后英国的《中国古代建筑艺术》亦以较大篇幅给予介绍，两书均附照片，称之为“中国南方典型建筑”。日本森清太郎编撰的《岭南纪胜》，也把陈家祠作为岭南建筑艺术的典型加以推介。中国大学木土工程系把它列为学生参照的典型建筑。陈家祠对建筑学、广东民间工艺美术学、民族风俗学、美学等方面的研究，都是极珍贵的资料。

陈家祠建成后十一年（1905）科举制度废除了，本祠就改办陈氏实业学堂。民国后，陈济棠主粤时曾一度作文范学校、广东体育专科学校和聚贤中学校址。

建国后，1950年在此设立广州市行政干部学校。1957年，陈氏书院列为广州市文物保护单位。1959年辟为广东民间工艺馆。1962年列为广东省文物保护单位。“文化大革命”期间，书院被工厂、学校占用。1981年文物部门收回书院，进行大规模维修复原，1983年2月复馆开放。1988年，被国务院颁布为全国重点文物保护单位。

石狮传说

陈家祠大门前放一对形态生动而威武的大石狮，以三弯线条表现出笑眯眯的神态，咧开大嘴迎客，口中含一个可转动的石球，光滑规整。北方石狮以雄健威武见长，广东石狮以镂刻精细，秀丽丰满著称，于此可见。关于这对石狮还有段掌故。相传在清光绪年间（1875—1908），有一次涨大水，陈家祠一带水位越来越高，眼看就要毁房死人。深夜，突然传来阵阵狮吼，第二天大水便渐渐退去。此后，陈家祠一带再没发生水灾。百姓都说石狮把大水喝光了，人们因此奉这对石狮为报平安的“圣狮”，说有“吉祥如意”之兆云云。

### （五）今中山八路以北区域

此区域包括今中山八路以北，荔湾路以西地域。至民国前期拆城墙前，这一大片地方尚未开发，基本上为禾田、菜田、池塘地。只有几处村落民居，均建于司马涌或其支流的岸边。如增步（在增步河东岸。今紧靠增步河的增步大街即为增步村旧址）、南岸村（在澳口涌南岸）、澳口村（在澳口涌北岸）、西场（今东风西路与环市西路相交处一带。南海县金利司恩洲堡属下的一个自然村）、源头村（又名源溪村。今源溪大街乃当年之村干道。清末民初，此干道北侧已形成多条街巷，南侧亦已形成数条小巷）、冼家庄（今西华路西端南侧）、小桥村（西华路西端南侧一带）、周门村（今西华路冼家庄西南。清代此地一带亦称荔枝湾）等。主要名胜是广雅书院（今广雅中学前身）。

### （六）今龙津东路以北区域

此区域包括今龙津东路以北、康王路以东、中山七路东段以南、人民中路北段以西区域。在西关地区，这片区域开发较早，在清代后期已为街巷稠密区。

此区域有康公庙（在康公直街北端）、康王庙（在康王直街南端），21世纪初辟建为康王路，路名即由此得。

### （七）今龙津中、西路以北区域

此区域包括今龙津中路、龙津西路、荔枝湾路以北，中山七路西段、中山八路以南，康王中路北段以西至珠江江岸地域。清代中期前，此区域基本上是郊野，直至清代后期，其东部渐为民宅区；而西部仍为菜田、河涌、沼泽、池塘地。

### （八）今长寿东路以北区域

此区域包括今长寿东路、长寿西路东段以北，康王中路南段以东，龙津东路以南，人民中路中段以西地域。这一区域的街巷大部分形成于清代中后期。至清代末年，街巷已相当稠密。共有180余条。清代谭莹撰《乐志堂文集》（光绪元年即1875年刊）载此地“闾阎殷富，士女昌（娼）半”，可知晚清时这一带是纸醉金迷的烟花之地。主要名胜有长寿寺、顺母桥。

### （九）今长寿西路以北区域

此区域包括今长寿西路西段以北，华贵路、宝华路北段以东，龙津中路以南，康王中路南段以西区域。此区域在清代前期基本上为郊野地，自清代中期后才逐渐开发，建筑民宅区。至民国前期拆城墙前夕，街巷已相当稠密。

### （十）今宝源路以北区域

此区域包括今宝源路、逢源大街以北，龙津西路、荔枝湾路（原上西关涌）以南，华贵路以西到珠江江岸区域。此一区域原是郊野地，直至清代后期才逐渐开发。主要名胜有小画舫斋、福音堂会所（伦敦教堂）。逢源大街是具有传统风格和地方特色的建筑保护区。

### （十一）今上九路以北区域

此区域包括今上九路以北，人民中路南段以西，长寿东路以南，德星路以东区域。此区域是西关的重要商业区，开发较早，在清代中期已辟建了不少街巷。

清道光五年（1825）美国商人威廉·亨特来到广州，道光二十四年（1844）才返回美国。他后来在其名著《旧中国杂记》中记述，他当年去游长寿寺，在庙门前的一个小广场遭到当地孩子们泥头砖块的“追击”，“只好拔腿奔逃。大步跑过所有弯曲交错的街道……不一会儿，就来到故衣街的街头，停下来喘几口气。再过几分钟，走进‘广场’（当年外洋商馆前的广场，故址约在今十三行路），为自己的冒险而笑；然后回商馆去”。

依此记载，可知清道光时，自长寿寺（今长寿东路中段一带）南至故衣街（今和平东路南侧）这七八百米的范围已形成了连绵的街巷。

### （十二）今下九路以北区域

此区域包括今下九路以北，德星路以西，长寿西路东段以南，文昌南路以东区域。自晚明起，此区域渐成西关著名商业区，开发较早，有著名古迹西来初地、华林寺。主要名胜有：锦纶会馆、华林寺、五眼古井、星泉井、文澜书院、文武庙、湄洲庙、南海西庙、文昌庙等。

### （十三）今第十甫路以北区域

此区域包括今第十甫路以北，文昌南路以西，长寿西路以南，宝华路以东区域。此区域原是郊野地，清代后期逐渐开发成住宅区。主要名胜有基督教十甫堂。

### （十四）今恩宁路以北区域

此区域包括今恩宁路、多宝路西段以北，宝源路、逢源大街以南，宝华路以西至珠江江岸区域。此区域原是郊野地，直到清代后期光绪年间才逐渐开发，建筑住宅区。清末庚戌（1910）《南海县志》载：“太平门外率称西关，同光之间，绅富初辟新宝华坊等街，已极西关之西，其地距泮塘、南岸等乡尚隔数里。光绪中叶，绅富相率购地建屋。数十年来，甲第云连，鱼鳞栉比，菱塘莲渚，悉作民居，直与泮塘等处，壤地相接，仅隔一水。生齿日增，可谓盛已。”也就是说，这片区域是清光绪中叶以后才发展起来的。主要名胜有夏葛女子医学校、柔济医院、彭园等。

### （十五）今和平东路以北区域

此区域包括今和平东路以北，人民南路以西，上九路以南，杨巷路、长乐路北段以东区域。此区域开发较早。清道光年间（1821—1850）自长寿寺（今长寿东路中段一带）南至故衣街（今和平东路南侧）这七八百米的范围已形成了连绵的街巷。

### （十六）今和平中路以北区域

此区域包括今和平中路以北，杨巷路、长乐路北段以西，下九路以南，十八甫北以东区域。

### （十七）今和平西路以北区域

此区域包括今和平西路以北，十八甫北路、十八甫南路北段以西，第十甫路、恩宁路东段以南，丛桂路北段以东区域。这片区域在明末已渐形成商业区，是西关开发较早的地区。主要名胜有银行会馆、观音庙、三界庙等。

至民国前期拆城墙前夕，本区域街巷稠密。

### （十八）今和平东路、和平中路东段以南区域

此区域包括今和平东路、和平中路东段以南，康王南路南段以东，人民南路以西，沿江西路西段以北区域。此区域之街巷基本上是沿着今十三行路逐渐向南推进，随着珠江北岸的逐渐南移而拓建，故其最大特点是除了几条屈指可数的东西向街道外，大部分街巷都是南北纵向，达至江岸。而其得名大都与洋行十三行相关。主要名胜有十三行、塔影楼、邮政总局、粤海关税务司署等。

至民国前期拆城墙前夕，本区域街巷稠密。

### （十九）今和平中路以南区域

此区域包括今和平中路以南，十八甫南路以东，康王南路南段以西，六二三路东段以北区域。这一区域的街巷大部分都是清代后期才逐渐辟建的。

### （二十）今和平西路以南区域

此区域包括今和平西路以南，十八甫南路以西，六二三路西段以北，丛桂路南段以东区域。这片区域基本上是在清代后期才逐渐发展起来的。至民国前期拆城墙前夕，已是人烟稠密。

## （二十一）今丛桂路以西区域

此区域包括今丛桂路以西，恩宁路以南至珠江区域。

此区域开发迟至清代光绪年间，主要是向珠江推进，即向南扩展。速度较前代快得多，短短几十年，至清末民初，就已辟建了相当密集的街巷，其特点是大多都并非正西正东正南正北，而是西北—东南走向，或东北—西南走向。这些街巷显然是随着江岸的向南推移而沿珠江江岸走向形成的。西关地东北高，西南低，西关水道亦基本是西流汇入荔枝湾再出珠江，但此区域有一条河涌是向东南流的，那就是柳波涌，街巷自然沿河岸辟建，这也造成了街巷的西北—东南走向。主要名胜有：詹天佑故居、粤汉铁路火车站（黄沙车站）。

## （二十二）西关各区域演变

本节记述西关不同区域的演变。

**1.沙面·沙基（六二三路）**

西关有一个独立的地域——沙面。

今沙面地最初形成沙洲，当在明代。到晚明时，沙面北距江岸（今杉木栏一线）仍有二三百米之遥。

“沙面”一词大概最早出现于清乾隆年间进士袁树的《红豆村人诗稿》中，原文称：“羊城西南隅，水阔波明，俗呼沙面，周回十余里，为花船聚集之所，兰桡桂棹，罗列成行。中列街衢，居然成市。因亦名沙市。”

“沙面”名称的含意，“沙”是指沙洲，“面”当是形容这沙洲平坦，且已有相当面积。

随着泥沙淤积，西关地域江岸南移，沙洲北部亦渐向北扩展，约至清代中期，沙面北部已渐与西关平原陆地相连。

清代时，沙面附近江面是妓船聚集之处。乾嘉年间（1736—1820）已甚盛。据乾隆时人苏州沈三白所撰《浮生六记》、倪鸿《桐阴清话》、周寿昌《思益堂日札》等文献记载，当时的妓女在沙洲地搭建木寮营生，更多的妓女是在船上营生。各种妓艇在沙面对出江面密密麻麻的排列成一大片，成街成市，因而又名“沙市”。

清道光十四年（1834），英国邮政总局在广州沙面英国驻中国商务监督驻所开办“英国邮局”。这是外国人在中国领土设立的第一间邮局。

清咸丰六年（1856）六月，沙面一带妓艇突遭火灾，焚毁殆尽。

1856年10月，第二次鸦片战争爆发。12月14日夜，十三洋行被焚毁。洋人后来移到河南鳌洲等处继续进行商贸活动。

1857年底，英法联军攻占广州城，直到清咸丰十一年（1861）八月二十七日才撤走。其间，1859年，英法二国依据与清政府签订的《天津条约》，以在战争中原外国商人在十三行居留的洋馆被焚毁，需“恢复商馆洋行”为借口，向广东巡抚毕承昭提出要求将西濠及沙面两地正式划为租借地。毕承昭认为西濠人口稠密不易迁移，沙面是水旁官地容易处理，答应租借沙面，两广总督黄宗汉亦被迫同意。于是英法方面进一步提出将沙面筑成小岛的要求。

清咸丰九年六月初二（1859年7月12日），官府正式同意将沙面租给英、法二国建商馆。当月，英、法迫使清廷在中英、中法《天津条约》所定赎城费600万两中提支基建费用，将沙面筑成四面环水的小岛。以后陆续修建楼房商馆。原来在十三行的外贸此后便移至沙面。

清咸丰九年（1859）夏秋间，筑岛工程开始。

首先迁走住在沙面的寮民，拆毁城防炮台（西固炮台），然后用花岗石在沙面周围筑起高出水面丈余的堤围。沙面北面原与陆地相连，则先开挖一条约40米宽、1200多米长的河涌（今沙面北部的沙基涌），然后修护河堤，填土筑基。当时挖出来的泥土垒于沙基涌北岸与东岸，后"迄油步头各修石坎，并于石坎上筑直路，至联兴街（注：其南段为今沿江西路西段北侧的联兴路），接连填平，俗称'鬼基'"。泥沙堆积在北岸和东岸沙滩上修成基围，故名沙基；因是番鬼所建基堤，故民众称为"鬼基"。清末民初称沙基大街。

清光绪三十一年（1905）四月，长寿寺被拆。寺地公开拍卖，得款60万元，一部分拨作两广师范学院经费，其余专用于修筑沿江堤路。规定凡建在沙基大街北侧，即面对沙面租界的楼宇，一律高四层，以壮观瞻，并以示不弱于洋人。清宣统初（1909），筑堤与开路的主要工程竣工，沿江楼宇亦相继建成，西堤一带成为广州最繁盛的地区。

民国时，沙基大街扩建为马路（黄沙到联兴街），称沙基路。并建邮局大楼。1925年6月23日沙基惨案发生于此。为纪念牺牲的烈士，当时政府遂将路名改为六二三路。

四面环水的小岛筑成后，用沙石、泥土将地面填平，使之与堤围高度一致。又运石填海（珠江）开街建房。再在东、北两处各修石桥一座，与陆地连接。整个工程于清咸丰十一年七月二十九日（1861年9月3日）竣工（一说1862年竣工），耗资32.5万墨西哥银元。同日，两广总督劳崇光分别与英法驻广州领事秘密签订并交换了《沙面租界协定》，规定每亩地年租为制钱1500文，每年应交39.6万文；租期99年。在租借期内，中国政府"均不得在此内执掌地方收受饷项及经理一切事宜"。失去对沙面的一切主权。这样，沙面租界就并非只是供外国人居留和经商，而是成了外人之领土。

工程竣工后，沙面全岛呈椭圆形，全以花岗岩石筑造护堤。东西长900米，南北宽300米（一说长868米，宽290米），总面积22万平方米（55英亩，即334市亩）。英国占五分之四，为17.6万平方米（44英亩，即267市亩），位于沙面西部；法国占五分之一，为4.4万平方米（11英亩，即66.8市亩），位于沙面东部。今沙面一街便是当时英法租界的分界线。连接东岸的石桥称东桥，属法租界；连接北岸的石桥称西桥，设步级，不能通车，属英租界。

英法领事治理沙面租界，分别设立"工部局"作为政权机构，负责沙面的一切行政事务。下设"巡捕房"掌管治安，配备有巡捕和便衣侦探。英租界的巡捕最初主要由印度人充当，后来亦雇用中国人，分为印警队和华警队。法租界的巡捕主要是越南人，后来亦有中国人。苏俄十月革命后，一些流亡在外的白俄也有个别人充当了法租界的巡捕。东西两桥的入口处都装上了铁栅，由巡捕把守，晚上9时以后外人不得进入。

英法还在沙面的东面和北面依傍着建筑物的地下室安装了许多小型炮台，炮口终日直指广州城。英法军舰长期停泊在白鹅潭江面上，军舰上的海军陆战队随时可以进入沙面加强防卫力

量。在英租界南面珠江河滨修筑了一座小码头，状如亭子，人称“绿瓦亭”。建国后20世纪60年代仍在。英法人员可以从小码头乘船上军舰，自由出入中国，无须通过中国海关。沙面实际上已成为独立王国。

《沙面租界协定》签订后翌日，七月三十日，英国驻广州领事将英租界划分为82区，以每区3500银元至9000银元的价格向在广州的外国人出租，租期99年，用英女王名义发给租地契约，称为“皇契”。契约规定该土地及其上盖均不得转让给中国人使用，否则契约作废。通过投标，英租界共租出地52区，获利248 000银元，其余地区由英国政府收购，作修筑领事馆及教堂等用。

清咸丰十年十二月（1861年1月），法国向清朝政府取得原两广总督署（今一德路石室地）为“永租地”，当时正全力将在战争中被摧毁的两广总督署旧址改建为天主教堂（今圣心大教堂即石室）及附属楼房住宅，工程浩大，至清光绪十四年（1888）教堂等建筑完成后才开始经营沙面法租界。清光绪十五年（1889）十月十四日，法国驻广州领事将法租界的土地除留下部分修建领事馆及教堂等外，其余的亦仿效英国用公开投标的办法出租，由法国领事代表法国政府发给出租地契。

英法经营下的沙面形成了跟广州老城全然不同的独立城区。在兴建之始，已有比较统一完整的规划。全岛有东西走向的主干道三条（今沙面北街、沙面大街、沙面南街），南北走向的次道路5条（今沙面一街、沙面二街、沙面三街、沙面四街、沙面五街），并环岛修筑道路（堤岸）。这是广州修建马路之始。（今有资料称，沙面原建南北向道路三条，至清末增至五条。此说不对，因为光绪《广东省城图》已标出南北向道路五条）

全岛规划整齐，分割成大小不等的12个区，几个主要领事馆区安排在较佳地段。岛南面沿江地带设置公园、球场等公共活动场所，处处草地成片，古榕青翠，花荣木茂，鸟鸣清脆，环境幽美，构成西方园林的布局，跟当时西关地区及老城区的城貌形成鲜明对照。

1934年广州市政府编《广州指南》这样描述沙面：“全岛环筑石砌，旁植树木，更筑东西两桥，以通广州。……风景清幽，足资鉴赏。”

现岛中尚有百余株古树名木被市政府挂牌保护，是广州市区古木最为集中之地。岛南面沿江的花园马路幽雅静谧（今沙面公园地），濒临白鹅潭，凭栏远望，只见珠水浩荡，为观赏珠江景色的绝佳之处；每当风轻云淡之夜，一轮明月倒映波光潋滟，此即曾为新羊城八景之一的“鹅潭夜月”胜景。

初期的沙面建筑有警察局、英国领事馆、礼拜堂。除此之外就是一些破茅屋。经数十年经营，沙面形成了明显有别于中国传统的、具有西方古典建筑风格及西方园林布局的特色，成为较完整地保留了19世纪英法租界欧陆风情风貌的地区。租界时代早已过去，近代形式丰富多彩的西洋式建筑群却得以在沙面保留下来，展现了19世纪末叶以来欧洲的各种不同建筑风格。

沙面租界设立后，外国驻广州的领事馆陆续迁入沙面。

清同治四年（1865），英国领事馆首先迁入沙面（今沙面南街46号）。清光绪十六年（1890），法国领事馆迁入（今沙面南街18号）。民国四年（1915）在西侧（今20号）另建新馆。从清道光二十三年（1843）到民国元年（1912）间，先后有19个国家在广州派驻领事，它们是：英、美、法、荷兰、德、西班牙、葡萄牙、瑞典、挪威、奥地利、匈牙利（奥、匈领事由英国领事兼任）、日本、丹麦、俄国、秘鲁、意大利、比利时、墨西哥、古巴。

外国银行支行等机构及原设在十三行的洋行亦纷纷迁入沙面。

至清末宣统三年（1911），沙面租界内设有外国银行、洋行127家。据统计，外国银行最多时达15间。有些外国银行借经营银行业务为名，擅自发行货币，扰乱金融市场。

**附：1845—1945年在沙面设立的外商银行一览表**

| 名称 | 国别 | 开设年份 | 经营业务范围 |
| --- | --- | --- | --- |
| 丽如银行 | 英 | 1845 | 发行纸币、经营各种银行业务。为首家在中国国内开办的外资银行。 |
| 江隆银行 | 英 | 1851 | 一般银行业务 |
| 呵加剌银行 | 英 | 1854 | 一般银行业务 |
| 利开银行 | 英 | 1856年前 | 各种银行业务 |
| 汇丰银行 | 英 | 1880 | 发行货币、存放款、国际汇兑 |
| 渣打银行（麦加利银行） | 英 |  | 一般银行业务 |
| 大英银行 | 英 |  | 各种银行业务 |
| 友华银行 | 美 | 1920年前 | 一般银行业务 |
| 花旗银行 | 美 |  | 存放汇款、国际兑换 |
| 德华银行 | 德 | 1890 | 一般银行业务 |
| 横滨正金银行 | 日 | 1893 | 一般银行业务 |
| 台湾银行 | 日 | 1907 | 汇兑、出入口信用状、保险等 |
| 华南银行 | 日 | 1920年前 | 一般银行业务 |
| 东方汇理银行 | 法 | 1890 | 进出口押据为主、人寿保险及其他银行业务 |
| 中法实业银行 | 法 | 1913 | 一般银行业务 |
| 法兰西银行 | 法 |  | 经营银行业务 |

此外，还有万国宝通银行、台湾银行亦设在沙面。万国储蓄会、中法储蓄会设在沙面法国租界。协记经纪行、柯杜经纪行设在沙面，林吻银业经纪行设在沙面英租界六六号。均载1934年广州市政府编《广州指南》。

民国成立以后至民国二十三年（1934）间，共有12个国家设立驻广州领事馆，地点都在沙面。它们是英、美、法、荷、德、日、葡、瑞典、挪威、瑞士、芬兰、丹麦。

沙面的住户，主要是各国领事馆、银行、洋行以及外籍的税务官员和传教士等。

19世纪末20世纪初，沙面租界内的公共设施已陆续完备，主要有：英租界的基督教堂、牧师住宅（清同治三年完工）、法租界的天主教露德圣母堂（清光绪十五年兴建）、邮政局、电报局、红十字会医院、雅典小学、维多利亚酒店、经济办馆、供上层人物娱乐的俱乐部群英会、供水兵娱乐的沙面酒吧，还有沿江公园（英法租界各一）、羽毛球场、网球场、露天音乐台、游泳池等，并设有消防班和清洁队保护环境。清宣统二年（1910）租界和工部局又向各住户集资兴建水厂和容量为10万加仑（454吨）的水塔。后来还配备了发电装置，必要时可自行供应沙面用电。

民国时期，沙面岛上曾发生过多起有影响的事件：

### 范鸿泰刺杀法国安南总督

1924年6月19日晚，沙面维多利亚酒店（今胜利宾馆）正举行一场欢迎宴会，法国领事为来穗访问的法国安南（越南）总督马兰接风洗尘。突然有人从窗口扔进一颗炸弹，炸死五人，伤五人，事后伤者均送往长堤一家医院。所幸马兰无大损伤。次日晨，马兰离开广州，广东省

省长廖仲恺前往送行。

当晚8时45分左右，沙面英租界维多利亚酒店一楼大厅，舒缓的音乐洋溢在酒店大厅。突然一个身影在窗口一闪，一个黑乎乎的东西投掷进来。一声巨响，一股白烟直冲天花板，电灯泡无数碎片纷飞，窗上玻璃呼啦啦向下落。有人投掷炸弹。现场一片混乱。当场死三人，伤五人。马兰距炸弹爆炸地点较远，他迅速跑入附近房中躲避。

现场伤亡惨重，两位死者头部被炸坏。一对刚来广州的法国夫妇受重伤，送至医院后死亡，据说女方已有身孕。法国军舰上的一位军官受伤最奇特，吃饭刀叉被插入胸口。另有一位法国人惊吓过度，呆坐在椅子上，失去知觉。

刺客投弹后，立即向沙面南面珠江方向跑去，一名法国人奋起直追，凶手鸣枪恐吓，这名法国人不敢近前，凶手乘机逃脱。

事发后，沙面全面戒严，法国警方打电话给广州公安局，要求增派警力。中外警方联合调查此事，来往可疑人员逐一搜查，停靠在沙面前的珠江渔船被挨个搜查。

英国总领事照会广东当局，毫无根据地指投掷炸弹者乃中国人，责任在于广东方面，声称沙面要限制华人进出。

6月21日上午，广州水警在南堤河面附近发现一具尸体，随即报告市公安局和英法巡捕房。三国警方前来验尸，证明死者是越南人，身穿白裤，脚登皮鞋，口袋中有港币三元。

6月27日，警方在刺客跳水处捞出手枪一支，与死者身上子弹相符。经查，死者名叫范鸿泰，是越南北圻人。

此案被炸身亡的法国人，6月21日上午，由法领事在法教堂开会祭悼。随后用轮船运往车歪炮台附近的西人坟场殓葬。广东省外交部派人前往致哀。

以上是当年《广州民国日报》的报道。

范鸿泰后被葬于二望岗，1958年迁葬于黄花岗公园后太和岗，墓为水泥砌筑，占地面积约80平方米。花岗石墓碑，呈锥形，碑座分3层。碑高3.27米，底层面积为12.96平方米。正面镌刻中、越对照文字：

越南范鸿泰烈士之墓 出生于一八九五年五月十四日 牺牲于一九二四年六月十九日 一九五八年二月二十四日广州市人民委员会重建

墓侧竖立烈士墓表，宽1.8米、高2.6米，记述烈士生平简历。

范鸿泰（1895—1924），原名成绩，越南义安省北圻人。早年加入越南光复团、义烈团，投身越南民族解放事业。1924年6月19日写下《告全世界人民》遗书后，在中国革命者的协助下，以新闻记者身份作掩护，进入广州沙面维多利亚酒店（现胜利宾馆），用炸弹行刺法国驻越南总督麦林（即马兰），当场炸死炸伤其随从数人，麦林逃脱。范鸿泰在军警包围追捕的危急情况下，跳入白鹅潭壮烈牺牲。其遗骸原葬于先烈路二望岗，墓向西南越南方向，1958年因扩建公路需要，墓迁葬于今址，墓表同时移竖墓侧。4月12日新墓建成，范鸿泰的夫人、儿子及越南劳动党代表高鸿岭出席了落成仪式。

### 罢工废除“新警律”

民国十三年（1924）6月19日晚上，越南范鸿泰在沙面维多利亚酒店行刺法国越南总督。

沙面英法领事借此事件即宣布实行“新警律”。6月30日通过《发行通行证条例》12条，多方限制沙面华籍职工的行动自由，其中规定自8月1日起，华籍职工出入沙面必须携带贴有本人照片的通行证，而其他各国职工则不受此种限制。这引起华籍职工极大不满。7月15日，全体罢工抗议，要求废除新警律。16日，沙面英法工部局的华籍巡捕48人亦全部罢岗。同日，罢工工人在长堤茶居工会举行大会，选出21人组成罢工委员会领导罢工。

7月19日（另有资料记为8月6日），英法领事晋见孙中山，要求广东革命政府取缔罢工。孙中山明确表示：“此次沙面华人罢工风潮，系出于工人自动，政府不便干涉”。“因争人格发生合理循轨之罢工，政府实不能加以取缔，苟或有之，即为剥夺人民自由之违法行为”，“沙面为中国领土之一，外人以居留资格，实无取缔华人权。”同一天，广东省长廖仲恺在答复法国领事的信中也指出，此次罢工“全由沙面英法工部局颁布新律所激动而成”，并表示，如果英法租界当局认为自己已经管不了沙面的事务，那么中国政府随时可以前来接管。

英法领事终于表示基本答应工人提出的条件，但在工人复工时采取了欺骗手段。8月16日，罢工巡捕进入沙面，工部局负责人诱骗他们在事先印好的外文辞职书上签字，然后强迫他们离开沙面。此事激起罢工工人更大愤慨，决定继续罢工。英法领事怕事态扩大，表示道歉。8月19日，工人全部复工，罢工胜利结束。

### 封锁沙面

1925年5月30日，上海发生“五卅惨案”，全国各地掀起反帝高潮。6月19日，省港大罢工爆发。21日起，沙面华籍职工全体罢工。罢工后即成立沙面中国工人援助上海惨案罢工委员会，办公地点设在丰宁路（今人民中路）太平戏院内。罢工工人宣布封锁沙面，在进入沙面的东、西桥口遍插写上反帝标语口号的旗子，纠察队员守卫沙基内河，不许船艇进入。驳艇工会亦宣布所有大小船只不准停泊沙面河岸，不准代沙面西人搬运货物。

### 南京惨案余波

1927年3月24日，南京城内的外国领事馆、教堂等遭到侵犯和洗劫。英国和日本领事馆被袭击，死伤外侨多人。当天下午，英美军舰炮击南京城达一小时之久，炸死炸伤中国军民2000多人，毁坏房屋无数，史称“南京惨案”。受此事件影响，3月29日，沙面英法当局重新设置铁丝网，海军陆战队准备登陆，日本军舰亦准备有所行动，停泊广州河面之英、美军舰水兵，在沙面北面构筑战壕。

### 汇丰银行挤提

1940年10月19日，在粤美侨奉美国政府令撤退。沙面汇丰银行存户挤提。

10月25日，沙面万国银行决定撤退。原沙面英、美商行所雇华人均被辞退。

### 收回沙面主权

沙面租界回归祖国，经历了一段漫长曲折的过程。

1925年6月23日沙基惨案发生后，广东政府向英法领事严重抗议，并提出收回沙面租界的要求。同年7月1日，国民政府成立，外交部长胡汉民于7月23日照会北京公使团，再次要求“交还沙面与广东政府”。1927年初，国民政府在收回九江、汉口英租界后，即指示外交

部长陈友仁迅速交涉收回广州沙面租界，后因第一次国共合作破裂，收回沙面租界的计划未能实现。

1938年10月21日广州沦陷。因英法与日本不是交战国，侵占广州的日军对沙面租界未予触动。1941年12月8日，太平洋战争爆发，日本向英美宣战。当天凌晨，日军进占沙面英租界，随即成立民政署接管英租界。法租界则因维希政府已向德国投降，被认为与日本不是交战国而未被占领，但实际上法租界亦在日军控制之下。

1942年3月25日，日军将沙面英租界“交还”汪伪政府，伪行政院派秘书长陈春圃来粤“接收”，并将沙面改为“特别行政区”。7月1日，伪沙面特区“开放”，准市民自由出入。

1943年1月11日，中国政府外交部长宋子文在重庆同英国驻华大使签订了《关于取消英国在华治外法权及其有关特权条约》。1943年4月5日，沙面旧英租界“特别区署”撤销，该区改划入市伪行政区范围。同年5月19日，中国政府发表声明，取消法国在中国的不平等条约所定的一切特权。

1943年6月5日，法国傀儡政权驻广州领事在日本驻广州总领事石川监督下，将沙面法租界“交还”汪伪政府，由伪广东省长陈耀祖前往“接收”。

1945年8月，第二次世界大战结束，日本投降，汪伪政权瓦解，中国政府收回了沙面并开始清理租界遗留问题。原英法及一切外国人在沙面拥有的地契经中国政府重新审定后换发中国政府的土地契据。

1946年2月28日，法国政府通过驻华大使同中国政府外交部长签订《关于法国放弃在华治外法权及其有关特权条约》。

此间有一个插曲：1946年6月30日，中共领导的东江纵队负责人在广州沙面举行向美方调处代表米勒上校赠送锦旗仪式，锦旗上绣“和平使者”四字，以酬米勒为广东和平出力。

1946年10月22日，国民政府行政院广州租界清理委员会成立，办理接受沙面租界事宜。10月，广州市政府颁布“收回沙面租界为本市辖区”的命令，由广州市政府在沙面设立特别区和警察局负责行政和治安管理，沙面租界从此回归祖国。

1996年公布沙面为全国重点文物保护单位。

### 焚烧英国领事馆事件

1948年1月16日，“粤穗各界对九龙城事件后援会” 发动全市大中学生及各社团举行后援大会及游行示威，抗议占据香港的英国当局侵犯我国主权。广州当局事先派遣特务混入游行队伍，鼓动群众1000多人前往沙面焚烧英国领事馆。市长欧阳驹亲到现场，指挥军警拘捕“嫌疑分子”116人，其中学生36人。1949年1月7日，1948年焚烧沙面英国领事馆案之被拘押人员骆刚等16人被广州法院刑一庭判处1年至3年6个月徒刑。

### 经济餐厅

鸦片战争后，西式糕点制作传到西关，以面粉为原料的酥饼和各种中式、西式糕点 逐渐兴起。西关以生产西包及中西式糕饼最为著名，网点分布在沙面、沙基（六二三路）、第十甫、宝华路等主要马路和闹市。

经济餐厅位于沙面二街8号。1930年开办，经营面包、西点，后转为包办膳食的“西肴馆”。顾客多是各国驻穗外事机构的官员、洋商及外轮海员，是西关仅有的一家正规西餐馆。名西菜有“葡国鸡”“咖喱鸡”“牛油焗石斑”“大杂扒”“牛尾汤”“法兰西多士”“牛油多士”“法兰西猪排”等。

1956年2月公私合营。“文化大革命”期间曾改名为前锋餐厅，70年代初期复原名。

古树名木

西关古树名木，集中在沙面。

1984年10月，广州全市第一批报市政府同意公布挂牌保护古树名木共209株，荔湾区占102株，集中在沙面。有100株树龄在百年以上，仅两株为80年。树龄最长的一株为300年以上，胸径最大的是165厘米。其余另有分布在逢源、昌华、南源、西村、站前、岭南等七条行政街道的零星古树，主要有木棉、樟树、大叶榕、细叶榕等4个树种。

沙面古树的分布为，在沙面北街有49株，沙面南街有20株，其余在现沙面公园及北边、沙面大街和沙面岛东、西巇。树龄300年以上的那株古樟位于沙面南街东端，靠近今白天鹅宾馆的引桥边。

从古树的分布位置看，是建岛时作防风之用种植。

清咸丰九年（1859）沙面被辟为租界时，岛上有少量细叶榕、樟树和柳树。其后20年间，沿堤岸成批植树（以榕、樟树为主）。

沙面古树树龄最高的两株，当是中流沙原有林木。榕树、樟树为风土树，红叶榕是板根树种，又有气根，即为热带树种生态，颇耐湿。樟树则为深根树，喜湿润活土，但不耐水，根系大都萎缩，加上环境污染，以及“文化大革命”期间基本建设等人为损害，病虫害逐渐滋生，每年出现不少枯枝，个别甚至整株枯槲。据统计，20世纪六七十年代，被台风刮倒9株，建设需要处理9株，发生病虫害和自然枯死7株。整个沙面的古树名木，生长状况较好的仅有30株，而遭受虫、蚁为害的多达40株，已倒下的达25株。

**1985年市政府第一批公布保护的沙面古树情况表**

| 树名 | 合计（株） | 树龄（年） | 数量（株） |
|---|---|---|---|
| 细叶榕 | 77 | 180 | 31 |
| | | 130 | 44 |
| | | 80 | 2 |
| 樟树 | 25 | 300以上 | 1 |
| | | 200 | 1 |
| | | 180 | 12 |
| | | 160 | 4 |
| | | 130 | 7 |

**2.黄沙**

如意坊南面是黄沙。明末时，此地是由珠江和柳波涌带来的泥沙在珠江中淤积而成的沙洲。

清代，珠江沿岸淤积加剧，沙洲不断扩大，形成珠江北岸的大片沙滩地。因多黄色沙子，

故名黄沙滩，简称黄沙。这就是黄沙得名的由来（另一说，在清代时因路旁有黄沙村，故泛指附近一带为“黄沙”）。

晚清光绪二十七年（1901），此地建成当年的粤汉铁路南端始发站黄沙车站。1946年改名广州南站，但在1948年1月初版的《广州市街道详图》上，仍标作黄沙车站。位置在当时的丛桂路南端、珠江江岸。现此地江岸已南移了一段距离，并非当年江岸了。

民国时的黄沙地域是水上居民聚居地。抗日战争前期，日寇轰炸广州，黄沙地区遭严重毁损。流经此地的柳波涌因而被堵塞，涌水改由荔湾涌出珠江。

民国时期，黄沙、六二三路一带是运输行、汽车公司的集中地，也是货仓的集中地。1934年广州市政府编《广州指南》称：“粤人称堆栈曰货仓，为各类商店起落货物时埋货之处。广州市之货仓，集中于花地及黄沙一带，盖大船只在白鹅潭湾泊，花地及黄沙，即白鹅潭之对岸也。”如公泰鸿，货仓。地址黄沙一〇号又十二号。泰兴行，货仓。地址黄沙。

建国后，20世纪50年代初开始，黄沙地域填江造陆，建码头，1952年辟建马路，长2218米，最宽56.5米，最窄36米。黄沙地域渐成为广州铁路和航运转运中心之一、人口密集的居民住宅区。广州南站、广州港新风作业区、广州市运输公司、黄沙码头等均设于此。现珠江隧道北口亦在此。

1934年广州市政府编《广州指南》载，黄沙地域有如下四个慈善团体：

### 吉庆公所·八和会馆·八和剧员总工会·八和粤剧协进会

吉庆公所是专门的粤剧演出营业机构。清同治六年（1867）兴建，地址在黄沙承祥坊，至光绪十年（1884）乃成。由接戏员组成的慎和堂当即倡议建立粤剧界的同业公会——八和会馆。经过数年的筹备，光绪十五年，八和会馆在黄沙海傍街建成。

会馆包括作为首脑机关的总会、掌管全行对外演出营业的吉庆公所、8个分堂及其宿舍，并附设方便所（赠药所）、一别所（殓葬所）、养老院及八和小学。会馆每年通过吉庆公所收取数量可观的签约费作为经费来源。馆内还有茶叶、柴火、熟烟、纸条和食盐供应，不少无家可归的中、下层演员以此作为栖身之所。

八和会馆按戏行各行当分设八个堂：永和堂（小武、武生等）、兆和堂（文脚及以唱工为主的行当，包括大花面）、福和堂（花旦、马旦、打武旦）、庆和堂（二花面、六分、大花面）、新和堂（男女丑）、德和堂（打武行当，后改銮舆堂）、慎和堂（负责接戏的退休老艺人，后改慎诚堂）、普和堂（敲击乐及音乐人员，后改普福堂）。

第一次国内革命战争时期，八和会馆由行长制改为委员制，并改名为八和剧员总工会。后又改称八和粤剧协进会。民国十四年（1925），以打武行为主的一批中下层演员脱离八和会馆，自行组织“广东优伶工会”（会址在黄沙柳波巷）。广东优伶工会于民国十六年参加广州起义，起义失败后被国民党政府解散。

抗战期间，八和会馆被日机炸毁。

1946年，粤剧界人士谋求恢复八和会馆，先是租得十三甫的一间房子作址。不久，由美国三藩市、新加坡等地艺人捐献一万多美元及本地艺人义演筹款，在今恩宁路建成新会址，正式恢复会务。

1948年6月，八和会馆协进会改组为广东八和粤剧职业工会，有会员3000余人，成为全省性的大工团之一。

1951年6月，广东八和粤剧职业工会移交给广州市总工会管辖，不久停止活动。1956年会址由市文化工会接收。

### 黄沙大火

1949年10月14日下午6时30分，解放军进入市区，滞留黄沙的国民党军队一个团拒绝缴械，纵火焚烧在黄沙车站满载汽油弹药的40多辆军用汽车，引发黄沙西猪栏一带大火，并燃及六二三路货仓及江边民艇，毁船102只、码头7座、猪栏7间（被烧生猪236头）、鱼栏7间、店铺22间、码头搬运工宿舍1座，死伤27人，灾民达150户、450人。

随后市民政局为赈济灾民，发放棉衣300件、棉被150张、麻包300个、大米2250公斤，设立临时宿舍1所，收容受灾群众200人。

**另一种记载是：**

1949年10月14日凌晨，国民党第五十军第一〇七师近2000人及百多辆满载军用物资车辆，经西关地区拥往黄沙码头，准备渡江经芳村往粤西撤退。进入了广州城区的解放军四十三军第一二八师三八二团第三营沿惠福路西进插入长寿路，与国民党军遭遇，随即追至黄沙车站。与此同时，第二营顺珠江北岸由东往西搜索，发现沿六二三路、丛桂路口、大同路口至黄沙车站一带，蜿蜒停靠着多辆国民党军车，慌乱的士兵正在等候渡江。解放军发起进攻，在沙基涌附近，战斗尤为激烈。经数小时激战，国民党军千余人在黄沙车站被全歼，接着，在黄沙码头准备乘船逃跑之国军500多人亦被歼。解放军缴获渡江船队船只及军车126辆。战斗中，因部分军车燃烧和爆炸，造成大火，附近店铺30多间、码头8座被焚毁。

### “三三”轰炸事件

1950年3月3日下午2时左右，国民党空军5架飞机空袭广州西关地区。向黄沙铁路南站附近一带投掷炸弹，并用机枪扫射。有20多颗炸弹落在南站旁的木屋区以及梯云西的西善直街、西隆里和丛桂路的宁溪横街、丛桂新街、龙华前街、西猪栏后街一带。当场引起木屋区大火，民房被毁坏，南星烟厂、天龙织布厂、光华小学也中弹。据不完全统计，整个黄沙灾区共被炸毁房屋200多间，受灾335户，死伤近300人。

逢源区中弹15枚，被炸地区是龙津西路恩洲北横街至泮塘一带的居民区、农田区，灾区为恩洲大巷、恩洲六巷、恩洲八巷、恩洲九巷、隔濠西一巷、三多里及其北侧的部分农田，房屋被毁坏126间（其中倒塌82间），死亡62人，受伤78人（泮塘农民在田间被炸死炸伤未计在内）。

这次轰炸造成308人死亡、330多人受伤，炸毁、烧毁房屋564间、船艇近百只。

**另一记载是：**

被炸毁、损坏的民房、店铺231间，涉及群众1500多人，其中死亡128人，重伤45人，轻伤33人。

空袭后，广州市政府与黄沙、逢源两区政府马上动员各有关部门开展救援工作，扑灭了大火，抢救伤员，共收容安置300多人，对344个受灾户、1179人发放衣物、食物一批，并发出救济款人民币（旧币）1328.72万元，安排受灾人员的生活。

另一记载是：

3月4日，市设立灾民收容所，处理救灾事宜。至4月中旬，收容灾民370人，发放大米4390公斤、棉被179张、棉衣184件、毛毡80张、草席200余张、牛油2大箱、现款3283.44元。

**3.泮塘·半塘**

泮塘是西关地域名，在西关西部。原称半塘，意即半是陆地半是水塘，后人为求典雅，称为泮塘。另一说法是，在科举制时代，入学宫读书又称“入泮”。人们为图吉利，便把“半塘”改为“泮塘”。此改既保留当地“一半是水”的地理景观的含义，又与《诗经·鲁颂》中“思乐泮水”之意相合，并兼有祈望本地学子成才、祝福当地文运昌盛、百姓安居乐业之意。

泮塘地名在宋代已流传。南宋《舆地纪胜》称：“刘王花坞，乃刘氏华林园，又名西御苑。在郡治六里，名泮塘，有桃梅莲菱之属。”在清代方志中，两称均有出现。直到光绪二十八年（1902）《广东沿海图》上仍标作半塘。可知两称相同。

泮塘亦称半溪。在今泮塘五约直街与泮塘五约八巷相交处有一座旧石桥，桥下本为水道，现已成暗渠，渠面成街巷；桥脚之侧有一石额，上书“半溪”二大字，中间书“五约”二小字，石额上款是“同治元年（1862）重修立”，下款是“里人黄某某敬书”，可证此地当时称“半溪”，后又雅称“泮溪”（今泮溪酒家名即由此得）。跟“半塘”又称“泮塘”是一样的道理。石额两边是一副对联：“门接水源朝北极，路迎金气盛西方。”

自明清至现代，半塘、半溪、泮塘、泮溪这四个地名是并行不悖的。

“荔基莲塘”的水乡风貌，为历代诗人所吟咏。

泮塘是地域的泛称，并没有确切的范围。在清代中前期，大致指龙津桥（今龙津中路与荷溪首约相交处）以西地域，约北至今中山八路以北，南至多宝路，西至珠江这大片地域（见道光初年《广东省城图》与咸丰《广东省城图》）。清代后期，随着西关地区的开发，原泮塘范围的东部乡村地逐渐建起楼房，变为城区，人们所指的泮塘范围亦随之缩小；到晚清光绪年时，大致指今龙津西路至荔湾湖公园这片地域，南约至多宝路。今有两座“泮塘牌坊”，一立于泮塘路（原泮塘石头路）侧，一立于中山八路南面，内有泮塘牌坊捐建碑，碑文称：“泮塘位于广州市西隅之西关腹地，域及今龙津路、荔湾湖、黄沙大道、中山八路、荔湾路南段一带。”

远古时这里属珠江水域，约自唐代中叶后始逐渐由珠江冲积成陆，地势低平，多为池塘、洼地，故名半塘。唐后期此地筑有郑公堤，主要种植荔枝，称荔枝洲。后来随陆地越渐淤积，形成河涌，便称荔枝湾。今荔湾区名即源于此。唐末郑公堤北侧有私园唐荔园。唐代后期，西关平原大部分已形成。

唐之后为五代，五代南汉时此地是刘氏皇家园林，水乡泽国，园景以水为胜，其中以华林园最为秀丽。今泮溪酒家建于1947年，因地处溪涧纵横的泮塘村前，故名泮溪。其地即为南汉王御花园“昌华苑”故地。今西关有多条以“昌华”命名的街巷，即因这大片街区曾是“昌华苑”旧址而得名。



南汉后是宋。此地复归乡野。“刘王花坞，在城西六里半塘，名华林园。”“独刘王花坞

宋末犹存。”（清乾隆《南海县志》）

宋后是元。元前期泮塘一带曾是“御果园”，种植了许多宜母子，用以制成所谓“渴水”做贡品。元大德七年（1303）罢贡。罢贡后渐复为农家田地。当时人陈大震称之为“一水环绕林幽邃”（元大德《南海志》），可见当年这一片树木繁茂。

元后是明。泮塘地景色幽雅，一派乡野风光。明中期著名学者黄佐这样记述：“广城出西间里许，半塘之滋（水边），闻阓稠狭，如无隙焉……丹荔载道，平畴弥望，云萝烟水，远混天苍。”（《泰泉集·矩洲书院记》）“刘王花坞，在府城西六里泮塘，有秀华园。”（《大明一统志》）明末，陈子升有咏昌华苑诗：“南汉风流地，芳洲曲带潮。芙蓉依殿脚，杨柳近宫腰。一往多疑冢，千年不复朝。空余化萤草，幂幂翠虹桥。”可以想见当年此地景观。

半塘地名自唐代始，历近千年，至清初，仍多是池塘。清初屈大均《广东新语》载：“广州郊西，自浮丘（今中山七路东段）以至西场，自龙津桥以至蚬涌，周回廿余里，多是池塘，故其地名曰半塘。上甚肥腴多膏物。种莲者十家而九，莲叶旁复点红糯。夏卖莲花及藕，秋以莲叶为薪。”又载：“逾龙津桥而西。烟水二十余里。人家多种菱、荷、茨菰、蕹芹之属。”

清康熙年间海禁，沿海民众被迫迁徙内地，流离失所。巡抚李士桢下令各县分地安置。其中番禺渔户约万人，择广州城西柳波涌、泮塘、西村地结寮栖止。

以后又历近二百年，到清代同治（1862）前，泮塘仍基本上是池塘成片，水网纵横的地貌。当时潘仕成在泮塘建海山仙馆，便是利用了这种地貌。

清代时此地池塘以种植慈姑、菱角、莲藕、茭笋、荸荠为主，因其质优，被誉为“泮塘五秀”，遐迩闻名。河涌两岸则种植荔枝林成片，荔枝熟时，所谓“十里红云，八桥画舫”。呈现一片“荔基莲塘”的水乡风貌。清《学海堂集·熊景星·岭南荔枝词·自注》载：“广州城西数里许曰‘半塘’，居人以树荔为业者数千家，长至时十里红云，八桥画舫，游人萃焉。”清道光粤督阮元有名句“白荷红荔半塘西”

1906年（光绪三十二年）2月，“省河正局”设立于海珠岛，专营水上巡查任务。嗣后又设东局于大沙头，设北局于泮塘海口，设西局于花埭，悉归水师提督节制。至宣统元年（1909）改由知府总管。嗣后又加派兵轮4艘分段驻巡省河一带。后停歇，水巡任务改属省城警察第十二区。

自清光绪中叶起，西关地域迅速开发，至清末，城区已发展至泮塘。

由于地势低洼，泮塘常遭水患。1915年乙卯水灾，泮塘水深丈余，屋多没顶，损失极为惨重。

清初《广东新语》载自浮丘石至西场多是池塘，民国时，池塘地已退至半塘以西，地貌已由池沼变农田了。

民国时半塘以西的池塘分布是成排成行的，有明显的五列池塘，成串排列，平行河岸，由此反映出当地农民按江岸不断向前淤积地方围垦浅水滩地。如由南岸到珠江（东海）有五道堤围、四列池塘、两条涌。由荔湾涌到如意坊有五列堤围、四列池塘、一涌。每列池塘即相当于当日河岸浅水河滩，堤围为农民围垦时在河涌浅处抛泥抛石堆高，使堤内浅水河滩成塘，而岸堤成路。当岸堤外河岸浅滩不断淤涨成浅水区时，又在浅水区外浅水处抛石挑泥筑围堤，成为新江岸，岸堤内浅水区又开成一列池塘。五列水塘，表示五次成堤时期所致。现在珠江三角洲各地对河道围垦，也是用的这种方法，结果造成河道变窄，新围垦地先成大塘成列，然后逐渐变浅成田。泮塘出产的“五秀”都是沼泽植物，即由于此。

建国前和建国初期，泮塘的姜片虫病感染率很高，1951年高达71.9%。

20世纪50年代以来随着城区扩展，泮塘土地多被征用，乡野风貌渐变。

20世纪70年代末改革开放后，城区更是急剧扩张，所存农田、池塘基本上已用于房地产开发，今仅存荔湾湖公园一带湖泊和一小段荔枝涌，所谓“泮塘五秀”已仅存其名，而原来仅泮塘村部分农户保留的砖木结构乡村农舍亦已基本无存。不过，此地基层组织至今仍以“社”称。2006年农历三月三仁威庙庙会，属泮塘地的龙津西路路边墙上贴着《通知》，请泮塘一、二、四、六社（即原泮塘首、二、三、四约）出钱赞助本次庙会中的人士当晚到泮塘酒家聚会。

**4.荔支湾·荔枝湾**

荔支湾又称荔枝湾，西关地域名，位于荔湾区西南部，但并无确切范围，大致东接流花涌之北端“荔溪东约”，西至现在的荔湾湖公园西河边的“红荔湾头第一村”一带。现之荔溪南约和荔溪西约都是这条湾水流经的地方。在未辟为荔湾湖公园之前，有刻着“红荔湾头第一村”的石牌坊竖在涌边。涌边两地遍种荔枝，每逢荔枝成熟之时，果香四方，荔红一片，“白荷红荔泮塘西”的荔枝湾景色吸引着无数游人。

在不少记述中，荔枝湾约相当于半塘地。故有直称“广州城西半塘为荔枝湾”的（清《粟香随笔》），今人亦多此说。上文所记半塘事，亦可说是荔枝湾事。不过，从多种文献来看，古代荔枝湾的地域实大于半塘地。半塘实是荔枝湾的一部分。

清后期蔡士尧《八桥竹枝词》自注：“汇源桥，西即荔枝湾。”汇源桥在今恩宁路东段北侧今汇源桥（巷名），照此来说，荔枝湾地比泮塘地要大。明万历《广东通志》：“龙津桥，在城西荔枝湾。”清同治《广州府志》：“龙津桥，在荔枝湾，路出泮塘。”也说明荔枝湾的地域比泮塘大。

最明显的是，清道光十五年（1835）《永安围基图》、《西乐围基图》与光绪三十一年（1905）《粤东省城图》均标出洗马涌南面即为荔枝湾地。而泮塘则标在今中山八路以南的仁威庙一带范围。1947年《再新广大广州市马路图》，在洗马涌以南、今荔湾路以西、中山八路以北（今周门一带地域），自北往南标出荔溪西西园地、荔湾东约、荔湾南约等地名，可知在清代至民国传统观念中，这一带均属荔枝湾，在古代为池苑之区，荔湾东、西、南三约包绕成湾状，多汊涌池沼，后为田园菜地。可见这片平原是由湾变沼，由沼变涌，由涌变田。现在全是高楼大厦的城区，乡村痕迹荡然无存。今马路名荔湾路，此为其渊源。

除地域范围不同外，传统观念上，人们称半塘、荔枝湾，侧重点也不相同。称半塘，多是指整片地域；说荔枝湾，则着重于大于这片地域的河涌与相连成片的湖泊、池塘。比如说到仁威庙，多称半塘仁威庙，而极少说荔枝湾仁威庙；而说到此地的园林，则多称“在荔枝湾”（园林必有水景，故建于荔枝湾河岸或湖畔），而较少称“在半塘”。通读清代人所写地方志，可以明显感到当时人对此是各有侧重的。今天不少人称荔湾涌，往往将之等同于荔枝湾，这其实是误解。荔湾涌是西关的重要水道，是河涌名，有时就指西关涌；但近现代人称荔湾涌，则是多指由多宝桥脚起至西郊游泳场西连珠江的河道，亦即只是西关涌的一段。

荔枝湾是地域名，包括河涌、湖泊、池塘、田地，荔湾涌只是其中的重要部分。两者并非等同。

荔枝湾的得名源于古时此地植有荔枝林。今有资料称，此地在汉代就已植荔枝，此说不确。因为汉代时此地还属珠江水域，尚未成陆。也有说始于南汉，亦不确。因为“植荔非十余年不实；实矣，非数十年不繁”（阮福《唐荔园记》）。南汉建都广州不外数十年，若由南汉始，那到它被北宋灭亡时，刘王还难得有“红云宴”。此地植荔当始于五代十国之前的唐代。

唐代时，荔枝湾地渐成陆，形成连片的洲渚地，栽种荔枝成林，因四周尚为水域，故称荔枝洲，一个“洲”字，说明它四面环水。后人称唐荔园，意思就是唐代时的荔枝园。唐后期诗人曹松有《南海陪郑司空游荔园》诗，把这“唐荔园”称为“南国名园”，诗有“树上丹砂胜锦州”句，可见“已具红云之胜概”，南汉时便成“昌华红云”（御园昌华苑荔枝林）。

南汉时在此地建造昌华苑御园，北宋灭亡南汉时，南汉王下令焚城，御园建筑毁于火，此后复归乡野，渐有民居，陆地淤积越多，形成弯弯曲曲的河涌与成片的池塘地貌，遂称荔枝湾。

今有资料称：荔枝湾古称荔枝洲，唐代时改称荔枝湾。此说疑误。荔枝洲的得名当在唐后期，而荔枝湾之得名，当在宋代。在今存文献中，荔枝湾名最早见于元大德《南海志·卷六·物产·果》，而且只此一段：“南海县地名荔枝湾，潮置御果园，共二处。栽植里木树，大小共八百株。”

还须指出的是，在明清方志中记述荔枝湾，基本上都以“广袤数十里”来形容其大，清乾隆《南海县志》更离谱，说建在荔枝湾的南汉显华苑就已“广四十里，袤五十里”。今人有不察，亦称“荔枝湾……为袤三十余里”。其实都与事实不符。实际上，别说只荔枝湾，就是今天的整个荔湾区（不包括原芳村区），总面积也只是11.8平方公里（1991年）。明清时代的荔枝湾，满打满算也占不到今天整个荔湾区的三分之一。说“广袤七八里”，当较符合事实。

古人之记面积长度，常有不确。如明代的《重修羊城街记》，说羊城重整后的街巷，“广二丈五尺，延袤约数十里”，显然夸张。

明代时，荔枝湾为羊城八景之一“荔湾渔唱”所在。

成书于清代初年的《广东新语》这样描写当年的荔枝湾：“前有龟峰，后枕花田；白鹅潭吞吐其南，白云山盘回其东，泉甘林茂。”清初张心泰《粤游小志》则记为：“荔枝湾距城西五六里，相传为南汉昌华故苑。松桧之外，杂植荔枝……夏日，泊画船绿荫下，枝叶荫覆，渺不知人间有高蒸汽。故宫三十六，虽蔓草荒烟，而夕阳明灭中，犹想见当日红云宴也。”

故宫没有了，红云宴也没有了，画船绿荫仍在。此地是鱼虾成群，物阜民丰。纵横交错的河涌，碧水涟漪，漂荡着渔夫的叶叶扁舟；沿河两岸满种了榕树、松树、桧树、荔枝树，有垂柳，有竹丛，浓荫一片，倒映河中，令酷热尽消，清凉宜人，为避暑胜地。鸟儿在树丛中飞翔，渔夫的歌声从水面上悠悠传出。这就是“渔舟晚唱”，也是明清时代广州城外乡村的一幅民间风俗画。

清代前期，荔枝湾仍为乡野地；到了清代中后期，才渐成富商大贾及归田官僚们营造园林别墅的集中地，并成为此地最大的特色。其中著名的有唐荔园、海山仙馆、荔香园、小田园等。尤以海山仙馆因其“宏规巨构，水广园宽”而遐迩闻名，其规模之大，为当时广州私家园林之最。

清后期《粟香随笔》载：道光时著名文士张维屏自己有游舫，称“海天霞唱”，常邀朋友游荔湾，盛夏荷花盛开，恰有女伶善箫，于是朋友吟成绝句：“风骚裙屐快招邀，水软山温送画桡。吹散炎云三百顷，万荷花拥一枝箫。”张维屏亦有“消夏且谈今日事，一双红袖万芙蕖（荷花）”句。当时的荔枝湾，白荷与红荔相衬，景色最为迷人。大学士阮元名句“白荷红荔半塘西”被广为传诵。

到清代后期，人口的激增使荔枝湾多已成为民居宅舍；而那“一湾溪水绿，两岸荔枝红”的景色却是延绵了数百年。当年荔枝湾还有座何仙姑庙，又称何仙姑祠。在今黄沙大道与荔枝湾水道相交处之东面，今荔湾湖公园之中西部位置。建于清代。确切年份不详。祀八仙之一的何仙姑。清后期毁圮无存。

民国初期，荔枝湾入口移至多宝路西（现广州第二人民医院右侧桥脚），经西郊泳场南边出珠江（名为西郊口），把荔枝湾水上活动引向珠江。

清末民初时荔枝湾，出现了演唱粤讴的花艇。当时荔枝湾荔枝夹岸，游艇如梭。专供民间艺人演唱粤讴的花艇亦泊于其间。花艇长约15米，宽约3米，朱栋粉梁，雕花绘彩。夕阳西下时，乐手端坐艇中，歌手站在船头演唱，乐曲悠扬，随风远送。清人叶廷勋曾有竹枝词描写这种情景：“金碧交辉映水窗，月台邀月枕珠江。夜阑欸乃渔家曲，不是潮腔是广腔。”建国后，花艇遂亡。20世纪50年代末期，荔枝湾的景色已不复存在。1987年，广东省首届民间艺术欢乐节有仿制花艇，曲艺名家登艇演唱，再现荔枝湾歌艇风情。

荔枝湾最繁盛期为陈济棠主粤时（1929—1936）。1934年广州市政府编《广州指南》称：“荔枝湾在本市之西隅，南汉时，创昌华苑于其上……前清潘绅仕成曾建海山仙馆于此，今尚有遗迹可寻。每当夕阳西下，但见桨断云光，舟穿树影，鸳舲飞棹，昼舫纵横。现市政府更拟建荔湾公园，辟林荫大道，设露天剧场，他日完成，市民游乐于此者，当更不少也。（路程）由财政厅前出发，可搭长途车直到，车费一角。如乘手车，车费三角至四角。”

当时有两个学生自治会设在荔枝湾。一是广东国民大学学生自治会，二是坤维女校学生自治会。

日军占领广州时，湾水出河口的珠江河道被日本人封锁，游客大减。荔枝湾渐趋萧条。

由于城区人口逐渐增加，荔枝湾的河涌两岸渐成菜农、贫民聚居之地，形成若干条村（如荔溪东约、南约、西约等）。居民在荔枝基上建屋，砍掉不少荔枝树；菜农开辟菜畦藕塘，亦使荔枝树逐年减少。到20世纪40年代中期，荔枝湾河畔建了泰盛染整厂、三新染整厂、健康化工厂，工厂排放的污水对荔枝湾污染极大。不过直到20世纪50年代初期，“一湾溪水绿，两岸荔枝红”的景色仍然依稀可见——尽管那时荔枝湾的水面面积比明代时少多了，很多地方都已成了藕塘、菱池，而民居则是多多了。当时荔枝涌从多宝桥头曲折婉转，流入珠江，夹岸遍植荔枝；每年初夏季节，荔枝红熟，绿树丛中，如缀红缯。游人乘画舫泛舟溪中，歌吹相答，仍显一派岭南水乡风光。原广州市长朱光在50年代写有《广州好》词咏荔枝湾：“广州好，夜泛荔枝湾：击楫飞觞惊鹭宿，啖虾啜粥乐余闲，月冷放歌还。”便是写的这一景致。



不过到了50年代后期，荔枝湾地楼房群起，居民渐密，河涌日益淤塞污染，昔日的荔枝湾景色基本上已不复存在。1958年，政府动员民众在泮塘以西的荔枝湾故地（当时是一片旷地、池塘和沼泽）挖掘辟建了今天的荔湾湖公园，整治河堤，方圆450市亩，碧水红莲，鸟语花香，风光秀丽，为今日广州城中一大名园，其景致规模跟南汉御园、清代荔枝湾相比是另一番风光。

1960年荔湾区政府整治河涌，在荔枝湾出口处建成防潮闸，小艇从此不能再沿湾水出珠江。大部分支流涌濠填塞或作暗渠成为新型内街。

因为污染，自50年代后期至80年代的数十年间，荔枝湾的荔枝树即使有存在，也不能开花结果了。90年代初，经治理污染，部分荔枝树才重新开花结果。

园林之荒废与湮没

清代中后期，荔枝湾渐成富商大贾及归田官僚们营造园林别墅的集中地。荔枝成林，风景颇佳，促进了当地的发展，尤其是大大改变了荔枝湾、泮塘一带的地貌。这是清代西关地域发展的一个特色。

西关建造园林的历史，可以追溯到千多年前的唐代。以后每朝每代都有新建，亦每朝每代都有荒废湮没。清代是西关园林最兴盛时期，可惜到民国时已多荒废，以至湮没不存。幸存者景况均大不如前。荔枝树减少。风光大为逊色了。

历代羊城八景，在西关地域的，明代时有荔湾渔唱，清代时有浮丘丹井，民国时均已湮没不存。

西郊泳场

坐落在广州市西郊荔湾涌口，始建于1930年。初时利用珠江河水，按自然地势，依水位的深浅用竹、木材料围出初级池、中级池和高级池各1个，并用松皮盖顶。设备虽然简陋，但因交通方便，门票收费便宜，颇受市民和学生们的欢迎。日军占领广州后，占据泳场为检查岗。

抗战胜利后，泳场恢复开放。

1948年，合并了相邻的荔湾游泳场，场地面积达到7000平方米，建有初级池2个，中级池1个，高级池2个，溜冰场1个，常在节假日举行各种水上表演和体育竞赛。

1935年5月，西郊泳场举办了一次龙舟竞渡，来自白沙、南榕等地乡民的40多艘龙舟竞渡珠江，比赛气氛非常热烈，观众达数千人。

1947年8月17日，荔湾泳场（位于西郊游泳场旁）举行抗战后第一次渡江游泳比赛。

1949年以后，逐步改变了西郊泳场原来简陋的竹木结构建筑面貌。因珠江河水污染，1986年全部采用自来水泳池。

**5.西村**

今广雅中学东北一带地。范围大致北至京广铁路，南至东风西路和流花路，东至站前横路西侧，西至增步河。属于台地低丘区。此地在唐代时渐成村落，因位于城外之西，故名西村。清代时是村落。四周为岗丘高地，岗上驻扎有多处军营。西有小路通增步，东有小路通今下塘西得胜山岗。

民国时期，部分皮革作坊集中在西村。

20世纪30年代陈济粤治粤时期，西村是陈济棠规划及实施建设的“第一工业区”，对于繁荣当时广东经济起了重要的作用。详下文《陈济棠治粤·西村工业区》。

西村名今存。四周山岗多已被铲平，不复旧貌。

**6.增步**

在史志中，又称缯步。在增步河东岸。

清代时，增步是村名，今紧靠增步河的增步大街即为增步村旧址，亦因此而得名。增步同时又是一片地域名，自今增步村往南至今东风西路之增步河东岸一带，清代时皆称增步。清后期，在增步村以南，增步河东岸建制造局，即称增步制造局。今广州自来水厂地，今人视为西场地，清代后期时亦视为增步地。

增步是古代广州西侧主要水陆码头，由北江和西江到达广州的船只多在此登陆入城。其历史可上溯至南越国时代。公元前196年，汉高祖刘邦派大夫陆贾携印信、诏书来广州颁予赵佗，劝他向汉室称臣。起初赵佗拒不相见。陆贾在增步河东岸自筑泥城以等待，其位置在今东风西路与环市西路相交路口西北的西场大街至增步河一带，即今广州自来水厂地。后人建“陆贾亭”以作纪念。直到20世纪60年代，今水厂内仍残存陆贾亭。

清代时，增步一带是城防要地，“佛山镇之要路、北门之管寄焉”（清樊封《夷难始末》）。因为“省城坐北向南，倚山面海（珠江），东西城外全是民居，敌船倘由东南两水路入内河，东南城外万难接济城内军火。北方陆路不通舟楫，所恃以接济城内军火、兵勇、粮食者，只有西北角泥城一隅耳”（清光绪年邹诚注《广东省城图》）。第一次鸦片战争时期，英军即在增步水厂地登陆攻城。

清道光二十一年（1841）5月22日，英国军舰沿珠江入增步河，一路开炮，放火焚毁泥城所备木筏材料及油薪船只30余艘。5月24日，英军攻泥城，清副将岱昌闻炮先遁，泥城失陷。清军储备物资及水师船、油薪船30余艘悉被焚毁，军资可用者尽为所夺。5月25日，登陆增步的英军攻陷广州城北各炮台。清军1.7万余人退入城内。5月26日，广州城四面被英军围攻，炮火打入城内，官民惶骇。清将奕山于城内竖白旗，并派广州知府余保纯出城向义律求和。翌日订立城下之盟《广州和约》。

1841年6月3日，英军退出泥城。

当年英军入珠江攻泥城，其中有一个小插曲简直令人啼笑皆非。清后期《南海百咏续编》载：“道光辛丑（1841），英夷窜入珠江。楚黔援军几及四万，有某帅者，不事攻剿，惟日修祝祷，大言欺人。或有以夷炮为虑者，某乃令官吏广收妇女之便器及败秽裙裤，罗置江浒，以为厌胜（厌胜乃古方士一种巫术，称能以诅咒或其他法术压制对手）。夷人用炮摧之，散碎无余。遂直抵泥城逍遥观中。援军不战而溃，夷酋（英军）整队及城下焉。”这样的军队和将领，不被英军的坚船利炮打败才怪。

## 五、城北地区·北关

城墙以西称西关，以东称东关，以北称北关，顺理成章。北关之称当始于清代，大致指大北门以外地域。像东关一样，并无确切范围所指，在方志中仅偶然出现（如《南海百咏续编》），民国《广州城坊志》记广州地域有西关、东关，而无北关。可见此称甚少。

城北地区不只是指北关，而是指大北门（今解放路与盘福路相交处）与小北门（今越秀路与小北路相交处）之间北城墙的以北区域，为城区之北郊，白云山、越秀山自北往南而来，整个区域地势高亢，岗陵相接，如小北门外，完全是一派乡野风光。清中后期诗人黄培芳《香石诗钞》载："庚寅（1830）秋日，余与谭硕卿、陈芋村同醉小北门外桥头野店。好事者因题《三醉桥勒石诗》：小醉寻常事，何人向此桥？酒徒闲落落，溪水碧迢迢。夕照山前店，秋风树外瓢。野吟留姓字，且喜混渔樵。"不难想见当年此地的地理状貌和景观。

直到民国前期，城北地区亦只发展出几条街巷而已，还有的是泥泞小道。鸦片战争前一派乡野风光的广州府城外北郊地域，仍是一派乡野风光。山岗仍是山岗，池塘仍是池塘，树丛仍是树丛，鸦片战争前在这一区域已建的寺庙、祭坛、炮台、墓葬、练兵场等，亦基本上保存下来。地理状貌基本上没有改变。跟现在高楼林立，车水马龙的环境相比简直是大相径庭。

经济发展尽管相当缓慢，但人烟还是较鸦片战争前稠密了，新辟了两条街巷：双井后街、新胜街；多了墟市；连接各处的山间泥泞小道被人们踩踏出来。此外，还有新建的军营、寺观、宗祠、陵墓。教堂也出现了。

## 六、河南地区

河南地区位于广州市南部，隔珠江与河北相望。地势北高南低，可分为北部红层台地区和南部三角洲平原区。北部从西往东为一列略有起伏的低丘岗峦，最高的圣堂岗海拔54.3米，南部和东部为河海冲积的沙洲平原，河网密布，区内河道多是回环曲折，潮涨水满，潮退水浅的水网区，属于平原地貌，一般海拔只有4—5米。

河南地区受珠江广州河段前后航道包围，四面环水，是广州市南出口，重要的航运交通枢纽。"河南"的范围在不同时期有广义和狭义之别。明代以前，河南泛指整个河南地区，即今海珠地区。明清至民国时期，由于河南地区西北部的开发，城区逐步发展，人们习惯将当时广州珠江南岸西起白鹅潭，东止"河南尾"（今草芳围），面积约3公里的城区部分称"河南"。这是狭义上的河南。建国后，河南指整个海珠地区。

河南包括海珠岛、东面的官洲岛和南面的丫髻沙岛，东西最长处约17公里，南北最宽处约6公里，总面积90.45平方公里，今天的河南，城区面积约占三分之一，村镇面积约占三分之二。旧时城区面积要少得多。

清末，河南地区对外加工工场和洋庄纷纷兴建，逐步形成了一个从东面的河南尾（今纺织路）至基立、宝岗、龙导尾、永兴街以北，东西长2.4公里，南北宽约1公里的城区。

同时，农村的村落规模也不断扩大，多数村落在村内及墟场之间修筑了麻石路。

1921年，广州市政厅正式成立。同年2月，原属番禺县茭塘司管辖的河南城区划归广州市管辖，分设为洪德、蒙圣、海幢3个区。广州市区界线南至河南小港（今云桂晓港公园附近）。

随后修筑了南华路、同福路、纺织路、洪德路4条主要干道，开路时在马路两旁建起一些二三层骑楼式楼房，这时的城区已具有一定的规模。此外还辟建了小港路和凤安桥至南石头、小港路至赤岗等几条公路。

清末民初，河南的商业形成了城区商业区、墟市小商业群、农村商业网点的商业服务网络。曾有福仁市、漱珠市和岐兴市三大集市，商品交易繁盛。

民国时期，轧延、木材加工、机器制造、造纸、造船等现代工业行业在海珠地区已略具规模。饮食业久负盛名，有三如、成珠等茶楼数十家。形成了五金、木材、“三鸟”苗等商业街。最旺时，河南地区有商店数千家，与隔岸的广州老城区商业相互影响。

1931年2月，广州市实行区、坊管治，市下设区，区下设坊。每500户为1坊，每10坊为区。蒙圣区辖15坊，海幢区辖11坊，洪德区辖13坊。

1937年7月，原属番禺县的河南乡村部分（今新滘地区）划归广州市管辖。不久后，4个乡改为区。即河南地区共设蒙圣、海幢、洪德、公和、敦和、沥滘、彬社7个区，共有自然形成的小村73个，人称“河南七十三村”。村名如下：

瑶头、隔山、石头、博基、白水塘、沙园、南边、庄头、大园、南石头、五村、沙溪东、沙溪西、泰宁、水口堡、新凤凰、旧凤凰、大塘、鹭江、康乐、西村、新村、桂田、客村、下渡、江贝、台涌、江头村、新市头、旧市头、赤岗墟、上涌、白蚬壳、福地里、太平坊、厂前街、草芳、早科、蒙圣里、小港、南村、福仁里、官渡头、宝岗、保安社、洗涌东、洗涌西、洗涌中、福场大街、福场园、福麟街、紫来里、寺前街、漱珠东市、鳌洲外街、鳌洲东约、鳌洲中约、鳌洲西约、龙溪首约、龙溪西、龙溪南、龙溪中、聚龙社、永兴社、南岸东、南岸西、溪峡、白鹤洲、龙导尾、龙田、福龙街、龙珠百睦、龙潭。

至此，整个海珠地区已隶属广州市管辖。

抗日战争期间，1940年10月，敦和、公和、沥滘、彬社区（乡）暂划归番禺代管。抗战胜利后，1946年12月复归广州市管辖。

1942年1月，伪广州国民政府规定市内各区下设保，保下设甲，甲下设户，每10户为1甲、每10甲为1保。直至建国前夕，海珠地区仍按上述7个区公所分设。其中蒙圣、海幢、洪德区属城区（市区）部分；敦和、沥滘、彬社区属市郊部分。

民国时期，河南地区高楼较少，除几条主干马路两旁有两三层高的楼房外，多是连片平房。区内还有众多木屋窝棚和以破船烂艇为住所的水上居民浮家泛宅。

1949年以后，改造木屋区，兴建工人新村、水上居民住宅区、楼层逐渐增高的新楼。

以下载录民国前期拆城墙前夕河南地域街巷、河涌、建筑、名胜及相关事件等。

为使地理位置明晰，亦为便于查阅使用，兹以当今马路为界，划分区域予以记述。

今天已经不复存在的街巷、河涌等，基本上是拆去后起了高楼、商场或建为绿化地带。仍然存在的街巷，亦基本上已建成了新式楼房。清代时期的民宅基本不存。民国时期的民宅街巷亦已大部消失。在此详细载录，为河南这片土地，为已成历史的河南老街巷留个全面而翔实的纪录。

### （一）南华路以北区域

此区域包括今南华东路、南华中路、南华西路以北至江岸地。

此地区原是珠江水域，直到清同治十年（1871），珠江前航道的江岸仍在今南华路南边台地的边缘，以后江岸逐渐北移，原江滩地渐成陆并建筑民宅，故此地街巷基本上都是清代后期才逐渐形成或辟建的，因而没有什么掌故。

### （二）江南大道以东区域

此区域包括今江南大道北、江南大道中、江南大道南以东，南华东路以南地域。此地域之北部在清代后期已是街巷密集，归属城区；其余地方基本上仍是乡村。直到民国前期拆城墙前，仍是如此。

### （三）江南大道北以西区域

此区域包括今江南大道北以西，南华中路东段以南，同福东路以北，同庆路以东地区。此区域在民国前期拆城墙前已是街巷密集，归属城区。

### （四）同庆路以西区域

此区域包括今同庆路以西，南华中路西段以南，宝岗大道以东，同福中路东段以北地区。此区域在民国前期拆城墙前已是街巷密集，归属城区。

### （五）南华西路以南区域

此区域包括今南华西路以南，宝岗大道以西，同福中路西段、同福西路东段以北，洪德路北段以东地区。此区域有著名古庙海幢寺。在民国前期拆城墙前已是街巷密集，归属城区。

### （六）洪德路以西区域

此区域包括今洪德路以西至珠江江岸，海珠涌西段以北至珠江江岸地区。清代时，这片地域比现在要小得多，其西部和北部地原为白鹅潭水域，是后来逐渐填为陆地的。

### （七）江南大道中以西区域

此区域包括今江南大道中以西，宝岗大道以东，同福中路东段、同福东路以南地域。在清代中期前，此地域基本上为乡村地，至清代后期，其北部渐为城区，至清末民初时已是房屋成片，街巷密集纵横，人口稠密。南部地则基本上仍为乡村。

## （八）宝岗大道以西区域

本地域包括今宝岗大道以西，同福中路西段以南，海珠涌西段以北，旧漱珠涌（今为渠箱。今龙溪首约、龙溪南首约、福龙东一线即其故道）以东地区。

## （九）同福西路东段以南区域

本地域包括今同福西路东段以南，洪德路南段以东，旧漱珠涌（今为渠箱。今龙溪首约、龙溪南首约、福龙东一线即其故道）以西地区。

## （十）海珠涌以南区域

本区域基本上为乡村地。至民国前期拆城墙前夕，只有龙安大街、凤宁街、凤安街等几条街巷。

## （十一）岗丘

### 1.琶洲

琶洲是琵琶洲的简称，位于今广州市郊东南、新港东路北侧之琶洲村。此村历史悠久，建于明代。

在清代以前，琵琶洲并非今天这样与陆地相连成片，而是珠江中的一个江心洲渚，“江中有洲，洲上有冈”（清《番禺县志》），四面环水，“上有三阜，形似琵琶”（《大明一统志》），故称琵琶洲。清嘉庆《羊城古钞》卷首有木刻“琶洲砥柱”写意图，画出在波涛翻滚的“海”面上“浮”出形似琵琶的洲渚（这在今天是只能看到一山丘，而不能看到形似琵琶的“三阜”了）；而800年前南宋人方信孺著《南海百咏》，书中便已有“琵琶洲”条，文曰：“琵琶洲，在郡东三十里，以形似名。俗传洲在水中，与水升降，盖海舶所集之地也。”（南宋时流经广州城南面的珠江宽约千米，而此地的珠江江面宽度当在三千米以上）并赋诗一首：

仿佛琵琶海上洲，年年常与水沉浮。
客船昨夜西风起，应有江头商妇愁。

元代人修《宋史》，书中《注辇传》便有关于当时南印度注辇国的一个贡使前来中国时“至广州之琵琶山”的记载。此时的古琵琶洲高数十米（清《番禺县志》说它“高十余丈”，也就是数十米），崛起江中如一座小山丘，珠水四周围绕，潮涨潮落，随水升降。自距今约千年前的宋代起，它一直是往来船舶的引航标志，又是船舶停泊之处。当年东来海舶到琶洲，便是进入广州城的路标了。

不过，若仅是一个江中洲渚，这并不能使它有以后的名气。琶洲闻名至今主要是由于其岗顶建了座古塔：琶洲塔，又名海鳌塔，是清代羊城八景之一“琶洲砥柱”所在。

琶洲塔 · 琶洲砥柱

琶洲塔建于明代后期。清代羊城八景之一的“琶洲砥柱”即指此塔一带景色。“砥柱”意为“中流砥柱”，是对琶洲塔的形容。当年此景既指洲岗及塔，亦指登塔览胜。

宋代以后，山岗四周积沙，琵琶洲地域逐渐扩大。明万历丙申年（1596），户部云南司员外郎、东莞人袁昌祚自波罗庙乘舟回州城，途中经过琵琶洲对出之江面，“遥望琶洲，去郡可三十里，其山川葱秀剌目，遂息棹登之。洲居二水中，吞吐潮汐，势逆而面巽（东南方），二山连缀，穹然（隆起貌）若魁父（小山丘名，在今河南开封市东南）之丘。内一山，石顶高平，为塔基若天造焉”。袁对此感到惊奇，回到州城后就找其他官吏筹款在这“石顶”建塔，结果“人皆奇之……相继命舟往视，皆曰‘可’……工始于丁酉年三月初五日，至庚子年十二月十五日而成（即建于1597—1600年）。棱觚峻起，凡九级，曰海鳌塔”。（《琶洲鼎建海鳌塔记》）

有关这海鳌塔的始建年份，今人有多种说法，有说建于1597年的，有说建于1598年的，有说建于1600年的，甚至有说建于1607年的。看来都错了。因为《琶洲鼎建海鳌塔记》立于明万历三十五年（1607）夏六月吉旦（此碑仍存，就立在塔之西侧），那时距海鳌塔的建成才七年，对建塔的人员、起因、经过及起止年月日均记得清清楚楚，一点不含糊，并勒石铭碑，应该是不会错的。若这个记载没错的话，那其他的说法就错了。这里必须提到的是，郭棐于明万历三十年（1602）修成的《广东通志》，在卷十四中笼统地说此塔建于明万历戊戌年（1598），看来他当时也没有调查清楚，似有些不够严谨。不过郭棐对这座“九级浮屠”（浮屠即塔）的描述却是很形象的：“屹峙海中，扩大形胜，名曰海鳌。”

“以其水常有金鳌浮出，光如白日，因名曰海鳌之塔。”所谓鳌，其实是传说中的一种海中大龟，或名“大鳖”。古人一直认为这家伙挺厉害。远在先秦时，屈原《天问》中就有问：“鳌戴山抃，何以安之？”唐李白《猛虎行》有“巨鳌未斩海水动”句，刘禹锡《白舍人自杭州寄新诗因而戏酬》更有“鳌惊震海风雷起”句。可见是种“神物”。明代时，今琶洲一带是否真有“金鳌”浮出水面，实在是很成疑问的。当时那段珠江尽管阔达二三千米，但如此海中大鳖哪会潜游到此内河来？而且还是只“光如白日”的“金鳌”？大概也是传说而已。

这得名还有一说，谓建塔时曾有海鳌化作神仙前来相助，故名海鳌塔。这见于今竖于塔前西北侧之《说明》，但在旧文献中似乎没能找到这种记载，可能是当地人的传说。

此塔又以所在地名，故又名“琶洲塔”，今人多是这个称呼。又曾称“番塔”（这与番舶在此停泊有关）或“鳌洲塔”的（说琶洲又名鳌洲），但今天都已不大为人所知了。此塔由名工匠龚坤主持建造，建塔目的既是为“以壮形胜”，更是为“以培通省气脉”及“镇邪避灾”，《琶洲鼎建海鳌塔记》说：“形家又谓其宜镇水口，可以固风气之所未完……吾粤列郡，以会城为冠冕。会郡壮，则全粤并壮，理势固然。而琶洲绾毂其口为扃鐍……兹塔成，屹然与白云并秀，为捍门，其势皆逆趋而上，地力益厚，引海珠、海印为三关并海，远山壁立，而外护灵气完矣！”说得挺玄乎，可见此塔其实是座“风水”塔。这让人想起在清代后期被誉为“中国通”的美国人亨特当年对这些古塔（包括琶洲塔、赤岗塔、莲花塔）的记述，他在《旧中国杂记》（1885年初版）中这样写道：“同样是在耶稣会教士的著作中，我们知道这些塔是为神的灵魂而建的。人们设想这些神要在某些地点的上空翱翔，在这些地方建塔是一种和解的表示，祈望他们务必保佑这些地方的人民可能从事的所有活动，尤其是指他们在田地上的劳作；同时保佑他们不受疫病瘴气之灾。这些如果用洋泾浜英语讲起来就是一句话：‘是菩萨的事情。’”这很可能是当年老百姓的解释，说来甚是有趣，不无道理。

姑勿论其建塔目的如何吧，总之此塔一建，拔地摩霄，屹立于烟波之上；登顶远眺，看南北，“潮平两岸阔”：当年两岸均是田畴，东南面的琶洲只是一个小村；望东西，“月涌大江流”：珠水从西面滚滚奔来，东逝而去。从远处遥望此塔，即成江心“中流砥柱”的壮观；琶洲在明代已是广州郊区胜景之一，因此塔而更加遐迩闻名了。而此其时也，洲渚上树丛处处，绿荫浓浓，葱茏郁勃，枝条低垂，显出一派风光绮丽。清前期岭南著名诗人、学者罗天尺的《珠江竹枝词》有“琶洲塔口月初低，雁翅城头又夕晖”句，清初诗人梁佩兰更有咏琶洲塔诗，写当地风光与渔人的生活情景，有竹枝词之风，予人清新明快之感。诗曰：

琵琶洲头洲水清，琵琶洲尾洲水平。
一声欸乃一声桨，共唱渔歌对月明。

以上种种景致，便构成“琶洲砥柱”之佳景。

现在且看重修前的琶洲塔本身。这是一座八角九层楼阁式青砖塔，平面八角，八面砖砌，外观九级，内膛为八角直井式，共分十七层，高度五十余米。

塔基以红砂岩垒砌，须弥座八面刻有八卦图样。塔基八角均镶有石刻托塔力士像，高半米，宽半米，呈跪状，头顶塔，双手或单手托塔，刻工古朴，为广州明代石雕罕见的实物，难得的佳作。力士相貌与服饰均为西方人形象，这可能与当时的对外交往，番舶停泊于此有关。

塔基直径12.7米，边长4.95米，壁厚3.97米。塔之首层辟三门， 南北门进首层塔心室，西门原有砖砌梯级上二层（暗层）塔心室。梯级为穿壁绕平座式。自第二层起，每层相对错开辟门，如一十字巷之纵横贯通。其他四面无门。塔内均设神龛，可惜神像早已没有了，无法考其究竟。每层原有楼板，可盘旋而登顶层，远眺珠江景物。现旧楼板亦早已不存。塔身每层有收分，墙白色，转角处置红色倚柱，上施黑、红额枋，上以叠涩出檐。各级腰檐上以叠涩牙砖挑出平座。八角攒尖顶上铺素瓦，顶端八角刹座上盖铁铸覆盆，铸有“道光重修”字样。顶檐原有铁铸雁形角梁伸出悬钟，早已掉落，旧物无复得见。塔身以灰浆批荡成白色。各级平座原有木护栏，均已毁。顶层原有十字梁支承楼板及刹柱，后来因危险被拆除。塔刹早已不存。塔旁尚存上面说过的《琶洲鼎建海鳌塔记》石碑，碑高1.71米，宽0.87米，花岗石碑座（清同治《番禺县志·金石略四》载有碑文全文）。

上文说过，自宋代起，这个崛起于江中的琵琶洲起着导航的作用，明代后期建起这座十七层的高塔后，此处就更成了航标了——尽管这似乎并非倡议建塔者的用意——明末清初顾祖禹所撰著名地理典籍《读史方舆纪要》卷一〇一载：“闽浙舟楫入广者多泊于此。”综合上引文献，可见宋、元、明三代共六七百年，此处一直是广州的一个外港；而琶洲是海船入省城的三关之首关，为州城东面的门户。所谓三关即海鳌、海印、海珠，清代时均在上面修筑炮台，成为海防要冲。

琶洲塔建成后六十来年，便改朝换代，进入清朝了。清代时有所谓“广州四塔”（见《广东新语》），琶洲塔是其中之一（另三塔为花塔、光塔、赤岗塔）。清嘉庆十九年（1814）和道光二十四年（1844）曾重修过。当时塔的北面建有北帝宫（或称北帝庙）。北帝亦称黑帝、上帝、真武帝（今著名的佛山祖庙，就是祀奉北帝的代表性庙宇），古人认为北帝位居北极而司命南溟，专管水之源。建宫于此祭祀，用意自然是用来“镇”海。塔的西南不远，又建有海鳌寺。据清金烈编纂《广州府志》载，该寺建于明万历年间，那大概就是在海鳌塔建好后随建的，自然是专门用来祭祀那只传说中的大海龟的。又据《羊城古钞》载："葺寺三座于（塔）前，中为知府戴曜生祠，见置香灯田八十三亩零。"从该书卷首所附"琶洲砥柱"图可见塔前画有三两间小寺庙。不过这些宫庙寺祠在"文革"时均已坍毁湮没，今遗迹荡然无存，难觅其踪。

江中的琵琶洲演变成地上的小山岗大概始于清代后期，具体年份难以稽考，但肯定是在鸦片战争以后，因为史载侵华英军于1841年（清道光二十一年）3月1日攻占了琶洲炮台，可知当年那里仍是江心洲渚。

演变的过程是缓慢的，总之是洲渚四周积沙逐渐增多，而水面逐渐减少，直至与南岸的陆地连成一片。原来的江心洲便成了平原田野上的山岗，岗上之古塔自然也就无所谓"砥柱"了。琶洲村增加了很多土地，而一代胜景"琶洲砥柱"则从此彻底消失。

古塔像是被广州人忘记了，近当代已很少有人提到它；历多年风吹雨打，愈渐颓败废圮。1963年3月公布为广州市文物保护单位。但在"文革"中寺庙俱被毁去，塔遭严重损坏。1983年8月重新核定公布为广州市文物保护单位；1989年公布为省级重点文物保护单位。重修前塔内楼板全坏，已不可登。1992年初，有香港同胞向文物部门捐资人民币50万元帮助修葺这琶洲塔。1995年广州市政府又拨款60多万元，终于使修葺工作得以顺利完成，基本上依原样修复，并于1996年2月19日春节起对外开放。不过现在登上塔顶，环顾一周，尽是田地楼房，北距珠江已达六百余米之遥矣！当年"琶洲砥柱"之景只能靠各位的想象了。

### 赤岗

赤岗位于河南地区珠江南岸，大致北抵赤岗涌，南至江贝，东至石榴岗路口，西接客村。由红色砂岩、页岩和砾岩所构成的台地，海拔20～30米，岩石和土壤颜色赤红，故名。

明清时，此处已形成村落，后逐渐发展成墟镇。20世纪50年代始建工厂，逐渐形成赤岗工业区。

赤岗塔，位于新港中路赤岗，建于明代万历四十七年（1619）。因所处山岗是红色砂砾岩构造，塔身也呈红色，故称赤岗塔，1989年12月定为广州市文物保护单位。

赤岗塔是楼阁式青砖塔，外观九级，平面呈八角形，内膛分十七层高约50米，底层塔墙厚达3.85米，塔基八角镶有中世纪晚期西方人形象的托塔力士，神态生动，是广州明代石雕佳作，也是研究广州明代对外交往的宝贵文物。

赤岗塔、琶洲塔、莲花塔都是明代万历年间建于珠江岸边的风水宝塔，是古人依据堪舆学兴建的，起"关锁珠江水口"的作用，使广州乃至全粤的气势"完且固"。同时可为海船导航。

历史上，赤岗塔一带发生过战事。

清咸丰四年（1854）十二月五日，天地会义军不敌清军，分别撤退到河南大塘、新村、赤岗、上涌、南石头等地。七日，200多艘天地会义军战艇从长洲驶来增援，在赤岗塔下驻营（可知当时塔在江岸），遭到清兵炮火猛烈轰击，伤亡惨重，被迫退往大塘、鹭江等村。

抗日战争时期，日军曾从沙河瘦狗岭炮轰赤岗塔，击中首层北面塔墙。由于塔墙厚而未被

击穿，但造成首层小部分崩塌。塔身经多年风雨侵蚀，墙体斑驳破损，但整座古塔仍基本保存原貌。

1989年12月8日，广州市政府公布赤岗为市级文物保护单位。

1999年，市政府拨款将塔修葺一新。

**2.七星岗**

广州市区岗地之一。位于新港中路东端南侧。西北东南向排列，长约2000米，宽400—800米，因一列岗地排列类似北斗七星，故名。由白垩纪红色砂砾岩构成，岩层向东北倾斜。南端保存有形成于6000年前的海蚀地貌，称七星岗古海岸遗址。

七星岗古海岸遗址 · 七星岗海蚀遗迹

七星岗古海岸遗址又称七星岗海蚀遗迹，位于海珠区石榴岗北面的七星岗南端，保存有完整的海蚀地貌。这是当年古海留下的“痕迹”。

海蚀崖呈额状突出，高约2米。海蚀平台宽6米，高出今海平面约1.93米， 为切平构造地面，岩层倾斜15度。岩下有一连串海水冲蚀成的海蚀瓯穴。这就是著名的古海岸遗址。它是地理学家吴尚时在1937年5月14日发现的，后为中外学者所确认。1982年被列为市级重点文物保护单位。它告知世人：大约在6000—1万年前，这里原来是浅海的海岸，南海岸边就在这里。而今天的南海海岸是在此地以南的百多公里了。

七星岗古海岸遗址是目前世界上少数深入内陆的古海岸遗址之一，是珠江三角洲地区海面变化的重要证据。“先有海崖，后有三角洲”，三角洲生长，海崖才被封死。这样深入内陆又保存得如此完整、如此典型的海蚀遗迹，世所罕见。对研究广州地区的海岸变化和海陆变迁有着重要的科学意义。各位若想形象地看看什么叫沧海桑田，不妨去游览一下广州这个重要的旅游景点。现在岗上建有“古海岸遗址”碑记和纪念亭。

1963年3月1日。广州市政府公布七星岗古海岸遗址为文物保护单位。1982年再次公布。

## （十二）园林

清代以前，河南地区基本上是一个农耕区，除晚明郭家园外，再无其他修造园林的记载。及至清代，随着经济发展，人口激增，河南岛四周环水，一派山清水秀的郊野风光；既近城郭，又因珠江阻隔可避兵燹等诸多优点愈渐显现出来，尤其是沿珠江前航道面对广州府城的岸畔，随着民宅不断扩辟，自然村落逐渐接连成片，形成彼此血脉相通的集市。经济与广州府城结成千丝万缕的联系，许多富豪便看中了这半城半郊的风水宝地，纷纷在此兴建园林别墅。

河南园林荟萃之地在珠江前航道河南岛西北部一带，此地隔江北望府城，来往便利。其中广州十三行商首富潘氏所建的潘家花园与另一广州十三行巨富伍氏所建的万松园，名气最著、占地最广，是两处典型的“行商庭园”——“行商庭园”是岭南庭园的重要组成部分。

至清末，在这一带建造的私园大大小小达数十处之多。这里有一条流水清澈，如玉带般的漱珠涌流经；而水，正是修筑园林的必不可少的要素。清咸丰七年（1857）陈徽言《南越游记》载：“广州城南隔河有地名河南，富者多居之。人烟稠密，栉比相错。”说的不是整个河南岛，而是这一带地域。

当年漱珠涌一带，沿岸酒肆鳞次栉比，画艇有如过江之鲫。“波光淡荡漱珠桥，罗绮丛中系画桡。”是清代显贵富商寻欢作乐之所，也是骚人墨客吟咏消闲之地。清道光《白云粤秀二山合志》载：“桥畔酒楼临江，红窗四照，花船近泊，珍错杂陈，鲜薨并进。携酒以往，无日无之。……即秦淮水榭未为专美矣。”不难想见当日漱珠涌之繁华。

20世纪20年代末辟建南华路，漱珠桥已基本被毁，只剩下桥东的几级石阶。60年代漱珠涌被改为暗渠，昔日景色一去不返。

**1.潘家大屋**

潘家大屋，亦作潘氏大院，不只是一栋建筑，还包括大屋外的庭院，是清代广州富商潘振承及其族人在河南（今海珠区）龙溪乡的故居。为潘家花园的一部分，坐北朝南，始建于清乾隆年间，扩建于19世纪中叶。

整座大屋深约77米、宽约25米，占地面积约2600平方米，分为三开间五进，东西两侧为卧室、偏厅、客厅、厨房等，中轴为厅堂，由前至后依次为头门、二门、祠堂、老太太厅、神厅。各门厅之间都有天井相隔，以利于通风采光。屋内还设有两条青云巷。

整座建筑为砖木石结构，用料讲究，装饰华丽。周围墙壁是水磨青砖石脚，正门以花岗岩石作框，以硬木作门；厅堂为中式屋顶，西式吊架，窗装彩色刻花玻璃，融合中西建筑风格。在建筑学上颇有研究价值。

鸦片战争前几年，美国人亨特在广州经商，后著《旧中国杂记》，书中写到潘家大屋：“我们到各处散步，得以一见潘启官众多的妻妾。她们穿着紫、鲜红、梅红、蓝各色华丽的衣服，很多长得相当漂亮，明亮的双眸、极美的手和天然的小脚。她们跟我们一样感到好奇。当我们经过的时候，她们却在敞开的厅堂里漠不关心地行走坐立。”

大屋西侧已于20世纪初被征用改建，现今只存中轴和东侧两部分，面积约1900平方米。潘正炜曾为潘家大屋起了诸多室名，如清华池馆、秋江池馆、望琼仙馆、听帆楼等。经历数百年风雨，今已显得十分残旧。但细看之下，依然能见到昔日的辉煌气魄，高门大户，中西合璧。

**2.十香园**

广州河南名园。园址在江南大道中隔山村怀德大街。占地面积约700平方米。

十香园是晚清著名岭南画家居廉、居巢的居室及作画授徒之所。南倚隔山，北面马涌（海珠涌），四周以青砖砌墙围成小院，园中种有素馨、茉莉、瑞香、夜来香、鹰爪、夜合、珠兰、君子兰、白兰、含笑等十种香花及各种草木，故名十香园。环境清幽，富有诗情画意。

十香园平面近方形，东面是青云巷，南北走向，红砂岩条石铺地。北巷口原有更楼一座，前装有企栋及板门，后为石夹巷门。

东墙外有红砂岩铺砌的青云巷，巷口原有门官厅，已毁。巷西开院门，有砖砌小路入花园，花园门上悬清咸丰末年（1861）杨其光书“十香园”隶书小木匾。通道南面是居廉的住处兼画室啸月琴馆（居廉收藏有啸月琴及谷响琴，啸月琴现藏上海博物馆），馆西是居巢住处今夕庵。

紫莉花馆在园之西北部尽头，进深一间，坐北朝南，面宽6.5米、深4．4米。原为卷棚顶青砖平房，碌筒素瓦顶。20世纪60年代改为硬山顶。白墙灰瓦，木窗框兰花、竹叶雕刻，雕工精细、造型美观。门上悬居秋海隶书“紫梨花馆”木匾，长1.5米、宽0.38米，至今尚存。室内西部是居廉授徒处，东为书偏。馆内种有紫藤、凤凰树等花木，乃作馆名。岭南画派创始人高剑父、陈树人等曾在此学画。馆门原有木刻对联一副：“月在凝枝梢上，人行末丽花间。”作者是嘉庆七年（1802）进士、道光《广东通志》总纂谢兰生（1760—1831）。可惜已佚不存。居廉亲手栽种的“脱衣换锦”，今仍繁茂。

馆前为花园，园林美景一览无遗。原有藤廊，廊前砖石坊上镶有“居廉让之间”石额。这是居廉晚年对居室的谦辞。现尚存由青砖及通花格砌基的花座一个，中立太湖石一块。高2.2米，瘦身，玲珑秀致。

日本侵占广州期间，啸月琴馆与今夕庵均被拆毁，仅存部分残垣断壁。

园内现存建筑三座、东巷及四周围墙。除位于西北角的紫梨花馆外，其余两座为后来补建。

居廉（1828—1904），字古泉，隔山乡人。工画草虫花卉，精篆刻。居廉父早故，堂兄居巢（1811—1865）授以绘画技艺。后合称“二居”，是岭南画派启蒙师祖。

十香园前身是居巢的画室啸月琴馆。建于清道光十二年（1832），时称隔山草堂。环境清幽，村前茶园花圃，村后绿带河涌，当年盐务当局在这马涌支流的入口处设闸，以杜私贩。此处溪水清澈，鱼虾孳衍，引来群鸥（一种常在河滩活动的小鸟——沙鸥）觅食，为著名的“瑶溪二十四景”中的“盐闸来鸥”一景所在。约在清咸丰六年（1856），二居改建隔山草堂为十香园，占地面积约700平方米，由居巢旧居“啸月琴馆”、居廉旧居“今夕庵”和授徒之地“紫梨花馆”等主要建筑和庭院组成。是珠三角地区典型的“庭院式”民居建筑。园内一年四季花荣木茂，芳香扑鼻，馆舍与石景错落有致，环境甚是幽雅。后居巢去世，居廉独担十香园，绘画授徒，开近代广东美术教学之先河。培养了著名画家高剑父、陈树人等大批岭南画派名家，在当年画坛上独树一帜。形成了名震一时的“隔山画派”。清末期罢科举倡新学，设立新学堂，开设图画课，广东中小学校的图画师资，大多数都是居廉门下弟子。20世纪20年代时，广东将近八成的美术教师都出自十香园。

清末民初时的十香园环境仍很清幽。潘飞声（1857—1934）有《访居古泉隔山草堂》诗咏：“久别相逢笑破颜，茅堂依旧好溪湾。晴窗恰对疏疏树，矮纸工描细细山。暂抚菊松拼我醉，得餐薇蕨共君闲。饥驱屡负栖岩约，明镜惊看鬓渐斑。”（《说剑堂诗集》一）

十香园一直为居氏后人居住。

1983年8月，广州市人民政府公布十香园为市级文物保护单位。

2007年，政府修葺十香园。园中一株已枯死多年的铁树（居巢手植）竟长出嫩绿枝芽，并很快便枝繁叶茂，可谓神奇。

**3.汉园**

汉园在河南江湾路基立村，西式园林宅第，坐北朝南，约建于1917年。四周有围墙，园内建有四幢红墙绿瓦的西式楼房，建筑面积达1600平方米。融汇中西风格，周围是花园，景色优美，为当时人所瞩目。



汉园建造者是从美国归国的华侨刘仲平（1871—1936），曾加入美洲同盟会，出资支持过辛亥革命。民国成立后，刘仲平携眷回广州定居，在基立村建汉园作宅第。他热心公益事业，国民政府军政要员常到访。1923年一个夏日周末，孙中山与宋庆龄、宋子文等到汉园探望刘仲平，并参观了基立村，并与刘家合影留念。报刊报道此消息时题为《孙大元帅不忘故旧》。民国著名将领李烈钧为刘仲平题写了“汉园”匾额。

汉园的原建筑大部分已毁，现园中仅存一幢三层楼房，建筑面积400平方米。砖、木、石结构，红砖砌筑，平顶。花园已荒芜，仅存之屋也经改建，面目全非，园门亦已毁不存。

**4.厚德围庄园**

在今河南新滘南路大塘村，李福林所建庄园。

李福林（1874—1952），字登同，广州番禺人。国民党政要。早年加入同盟会，率民军参加辛亥革命，一直盘踞于广州河南一带。1924年9月至1925年7月任广州市长，曾率领民团组成的“福军”，参加平定商团叛乱及平定杨刘叛乱诸役。著有《李福林从事革命经过》《李福林革命史料》。

厚德围庄园建于1921年。占地面积13334平方米，俗称“二十亩”。四面环水，是一个小岛。主体建筑在庄园中心，既是碉堡，又是田园式住宅，占地1200平方米，包括门楼、主楼、耕仔楼、水榭、钓鱼台、门楼等建筑。

主楼位于岛心，坐北朝南，为混凝土结构西式楼房，楼高4层。采用拱门卷窗。首层正门花岗石门框，装铁趟栊大门，内厅为花岗岩条石铺地。顶层四角有挑出墙外约1米的角堡，为瞭望台。四周及楼底部有瞭望孔，亦作枪眼。

主楼前临水处建有钓鱼台，主楼两旁沿湖建有曲尺形两层“耕仔楼”，为工人、护卫人员居室。耕仔屋二楼临水处有挑出水面的凉台，可作观景及站岗放哨用。岛北面是一堵砖墙。西北面是二层门楼，楼上原设有可起合的吊桥与岸相连，现改为水泥桥。门上装有钢“趟栊”（拉合式门）。岛东面湖中：建混凝土水榭，歇山顶，回廊匿匝，有桥与岛相接。岛上种满杨桃及凤郻果树。池岸四周为石砌湖堤，堤边砌琉璃瓦筒护栏。公馆内遍种橄榄、龙目瓢荔枝等果树，庄园内设石狮把守通道。环境十分幽静安逸。

1924年，李福林家乡河南大塘开办厚德围农场。农场共有土地24亩，以种植杨桃、番石榴、白榄等水果为主。经过30多年的经营，到建国前夕，厚德围已办成有500多亩耕地、400多亩果园、雇工20多名的私人农场。1949年10月，该农场由广东省人民政府接收，易名为广州市河南园艺试验场。今日的广州大道南，有一公交站名称园艺场，即由此得名。1980年称市国营园艺农工商联合公司。

据李福林自述，1927年底，李福林辞去国民革命军第五军军长一职，解甲归田，“归我故园大塘厚德围”。抗战时期，厚德围为汪精卫之妻陈璧君所占，战后收回。

1999年7月，公布厚德围为广州市文物保护单位。

**5.李福林公馆**

李福林公馆在今宝岗大道1号，建于民国初期。原为李福林驻军的据点，占地面积约1000平方米。民国十年李福林于此地建筑楼房、花园，做军队总部，又称“福军总部”。

公馆坐北朝南，四层西式楼房。正门是四柱弧形拱门，正中二、三楼窗户为突窗，易于

采光，其余窗户上端以白色弧形图案装饰，窗台下外墙以白色方框线条衬托。一至三层内走廊呈长条形，以白色罗马柱连接弧顶层见叠出；四层屋顶略低，走道顶部直直长长，避免了压缩感，而走道两头及两侧房间均设有大小不一的阳台。整座建筑形如飞机，似飞向北方，据说寓意李福林坚信北伐胜利。南面空地则围成花园，广种果木。

公馆建筑物现作中共海珠区委办公楼，经修缮保护，其内外形状、结构依然完好。

2002年9月，公布为广州市登记保护文物单位。

**6.瑶溪二十四景**

在河南岛西部，有一条长5.83公里的小河，名马涌。1986年起称海珠涌。横贯东西，东西出口分别与珠江前后航道相连。过去，马涌没有受到污染，河水清澈，可数游鱼；沿岸花木，掩映扶疏，风光旖旎。

马涌在云桂桥（在今晓港公园东部）下流过，往西不远为瑶溪。瑶溪既是水道名，也是村名。清代时，瑶溪地遍栽桃花、梅、水松等，林木繁茂，溪水清澈，被誉为“颇擅溪山园林之胜”。

清道光庚子（1840），生于斯长于斯的名士刘彤“区别名目，得二十四景。每景撰一小序，缀一小诗，遂成《瑶溪二十四景诗》一卷”。

瑶溪二十四景故址在瑶溪沿岸及其附近地域，即今昌岗中路、昌岗东路北侧一带。现在这一带是车水马龙的繁华商业区，当年却是自然风光山清水秀，田园景貌素妆雅朴。遗址至今仅存三处：石马岗、待月桥与合流津，其他均已湮没不存。

瑶溪二十四景为当年文人逸士探梅赏桃、怀古寻幽的胜地，清光绪文士潘飞声记为：“水松夹岸十余里。松尽得村，曰‘瑶溪’。溪又多桃花，时红霞照天，与松翠荡为云彩，上下异色，最称烟波胜赏。”光绪诗人杨永衍《添茅小屋诗草》载：“瑶溪遥望松冈，山翠如黛。棹转溪曲，烟水更幽。忽睹红霞抹天，下映碧水，则桃花新放也。”

可以想见当年瑶溪景色之美。

除刘彤著《瑶溪二十四景诗》〔一卷。光绪三年（1877）面世〕外，清增城人吴瑞辑有《瑶溪事文纪略》（二卷。清道光六年刊本），清番禺人杨永衍著有《瑶溪二十四景诗杂咏》（二卷。清光绪三年刊本），民国黄锡凌编有《瑶溪二十四景寻踪录》（1938年刊），都是对此地风光的记述和吟咏。至民国中期，瑶溪一带尚为乡村之地，并未归属城区。

## 七、芳村地区

珠江将广州城区明显地分成了三大块：河北、河南、芳村。

芳村地区在珠江西南岸，广州府城的西南面，中隔宽阔的珠江，与城区分离。

南汉时，刘氏建都广州城，花埭（花地）属皇城南七寺景区。宋代，花埭发展为大通镇，为宋代羊城八景之一“大通烟雨”所在。元末明初的孙蕡称赞花棣是“茉莉素馨天香园”。明万历年间，花埭相传“有花园楼台数十”。

清代时，今芳村地区以花地河为界，东属番禺县，西属南海县，仍不属城区范围。

清代绘制的广州城地图，今芳村地区基本被忽略。德国营造师舒乐在清代末期光绪三十三年（1907）绘成出版的《广东省城内外全图》，可以说是民国以前问世的绘画得最详尽而准确的广州城图，也只是在此地区的珠江南岸及花地河两岸约略绘上些房屋，大片地域则标以“禾田”二字了事。事实上，当时芳村地区已有一定数量的村庄和街巷，比前代要多得多，还有著名的寺庙与园林，但舒乐全部忽略，可知直到清末，当时人们仍不将今芳村地区视作广州城区，而只是视为乡村（花地是直到1937年才划归广州市的）。舒乐此图反映出来的另一个信息是，当时人称花地河以西地域为石围塘，以东地域为花地，而芳村之名主要是指花地东南面一带地域，这与方志的记载可相互印证〔清同治《番禺县志》载：花埭（花地）范围包括策头（栅头）、寺岸、芳村三部分〕。而在1918年《广州市图》上，芳村之名亦是标在花地河以东的区域，可知当年所称芳村跟今天的芳村区并非同一地理概念。

清初顺治四年（1647），今芳村地区在当时地图上标明属南海县神安司大通堡、盐步堡的村有：西浦、东联、石湖、上村、南村、增滘、谷树、棉村、赤岗、西滘、凤溪、贝底水（秀水）、新基下村、新基上村、南塘、山村、龙溪、郭村、滘口。属番禺县茭塘司崇文社乡辖的村有：芳村（下龙湾）、寺岸（新隆沙）、花埭（地）、大墩、茶滘、汾水，招村、大涌口（冲口）、墩头、沙涌、西坑、东漖、黄墩、坑口、白鹤洞、螺村、东塱、新爵、湛涌、大桥、西塱、麦村、江夏、西边河（俗称崇文二十四乡）。

芳村区地势平缓，只有几个小山岗，相对高差不超过20米。北、东、南三面临江，岸线长31公里，区内有7条主要河涌，其中花地河自北往南贯穿全区。清代时，各河涌分支水道众多，水网纵横，水路交通便利。

清代时芳村兴建有三、四、五码头，使芳村在清代后期成为重要商埠，是内河船舶靠泊之处，也是海轮停泊之所。但这片地域毕竟与府城隔着宽阔的珠江，白鹅潭水域更是风高浪急，与府城之间的交通甚为不便，故广州府城中的官绅富豪不愿来定居、开发，官府亦不将此地视为城区，本地的官绅则主要是修筑自己的私家园林，故清代时芳村地区并无什么城市建设，发展缓慢，基本上仍是农耕地区。散布着零星的小村落，村民以种植水稻为主，兼种花卉、蔬菜、甘蔗、水果等。养殖以养猪、牛、三鸟（鸡、鸭、鹅）与塘鱼为主。

清同治十年（1871）、光绪十五年（1889），先后在秀水（今五眼桥）、西塱、涌（冲）口等地形成墟市（集市贸易），如“冲口墟”。在东漖形成“桑市”。不过市场简陋，无遮盖，朝集暮散。

民国时期，今芳村地域有花地、西滘、东漖、鹤洞、茶滘、芳村等7处墟市，场地比较狭小。部分墟市延续至今。

清代时，芳村区内运输主要靠小艇从事客货运输。陆上则主要靠人挑肩扛或用板车。整个民国时期，直到建国前夕，芳村始通汽车。

清代芳村地区特色有二：

一是以花闻名，为世代花乡，向以花卉栽培历史悠久著称。

二是园林众多。芳村园林（私园）鼎盛于清代，主要在花地一带，清末时有大小园林三十多处。

地名往往是地理环境的素描特写，又是区域历史的产物、时代的反映。花卉与园林给芳村的地名留下了深深的印记，这与老城街巷名有明显的差别，并一直影响至今。如花地湾、花湾路、花蕾路、浣花路、浣花溪、映花溪等都可说是从花地一名派生出来的。浣花西路、穗芳街、红棉街、芬芳街、怡芳街、金兰路、春兰街、秋兰街、剑兰街等，都是选用与花卉有关的名称。花地湾新建生活小区，如红棉苑、玫瑰苑、百合苑、牡丹苑、玉兰苑、紫薇苑、甘棠苑、荷花苑等，亦是以芳村名花命名。

芳村园林几经沧桑，今除醉观公园是过去主要园林的集中地外，其他基本上已不存，却在街巷名中留下了印记，亦即古园名做了街巷名，如茂香园、广香园、荣香园、杏芳园、余庆园、同乐园、积善园、厚福园、万生园、万春园、厚成园、永隆园、长安园、悜园、鹤围圃、知道园、兄弟园、太湖园、两宜园、寿春园、迦南园等，达二十余处。

此外，芳村又是岭南盆景艺术的发祥地之一。清末时许多花农在种花的同时兼营观赏鱼养殖。观赏鱼、花卉、盆景被称为芳村“三宝”。

清代时期花地已有作坊式手工业。多为碾米、榨油、船篷、酿酒、火柴等行业。清末，白鹤洞沿江地段设有多家专门修造两广水师木船的小厂。鹤洞大街、新马路一带亦有一些经营酿酒、制鞋、补锅、小五金等手工作坊。

随着经济发展，人口增加，居屋亦渐多，约自清道光后，在花地河东岸、南岸及白鹤洞、坑口等村逐渐形成众多街巷，但大都狭窄难行，泥泞遍地。一般小工商业户和乡村居民住房都甚为简陋，多为草屋、高脚水棚，有的甚至只用葵叶搭架棚以栖身。渔民则世代居于小木船（艇）上。这种状况，延至民国。

鸦片战争后，洋人在芳村这片土地上逐渐建起了德国教堂、中华基督平民堂、协和神学院、真光中学、培英中学等教堂和学校。此外，还建起了集中于鹤洞山顶的别墅群等建筑。这些建筑物建造精美、装饰优雅，甚具西欧特色。改变了该处一带的景色和地貌。

西方石油公司如亚细亚、德士古、美孚等先后在沿珠江南岸兴建了数座大型油库，使之成为石油销售基地。

清末，在石围塘修建了铁路，给这片农耕地带来了现代的气息。

以下记述民国前期广州拆古城墙前夕芳村地区的街巷、岗丘、村落、名胜等。为求地理位置明晰，兹以花地河为界，分河西与河东两区域记述。

## （一）花地河以西区域

**石围塘**

地域名。在芳村北部，珠江南岸，与黄沙隔岸相对。范围大致北至珠江江岸，南至芳村大道，东至山村路北段，西至小涡、塞坝涌。今有资料称：“1922年辟路时，用石围筑周围池塘，故名。”此说不对，因为在1907年《广东省城内外全图》上，已清楚地标上“石围塘”名。

关于石围塘的得名，民间倒是有个有趣的传说，而且还扯出两个地名，一个叫鹤立滩，一个叫鱼游地。

话说今石围塘、大涡、小涡一带，古代是珠江水域，随着北江、西江的大量流沙聚积，约在明末时成为浅滩，有数百亩之广。清初，南海县有个财主预见到这大片河滩终将成良田，便想霸为己有，于是造了假地契，收买了假证人，说这片地名叫鹤立滩，是祖辈买下的，浅水时鹤能站立的地方都是他的土地；另有一个财主也请人造了一张假地契，收买了假证人，也说是祖上买下此地，地名叫鱼游地，看得清鱼游的河滩都是其家产。两人都告上南海县衙门。县官为了捞钱，明知有诈，却一时说这家有理，一时又说那家有理，结果三年任满，官司不了了之。

随着岁月流逝，浅滩渐终成陆，土地肥沃，附近农民便在这里种植水稻，并种出了一种优质稻米。有个无赖想借此做官，便向广州知府密告，说这种米磨开谷壳后，红腰紫带，应做贡品。当地绅士和乡民得知此事后，大感惊怕，因为如果定为贡田，官员来往，将不胜其烦；遇上天灾人祸，贡田失收，甚至会惹来欺君之罪。他们商议后，决定在知府来勘踏之前，把这些稻田改成鱼塘。于是一连几晚，农民搬运石料，围筑成一个广达数亩的鱼塘，并放上鱼。不久，知府前来，看到的只是一口大鱼塘，并无稻田，召来当地绅士询问，都说历来如此。知府败兴而归，重罚了告密者。石围塘即由此而得名。

石围塘一直是农田地，不为世人关注，直到19世纪后期，英国人通过广州豪富伍氏，企图购买石围塘这块土地建立夷馆，受到当地乡民反对，只好作罢。石围塘亦因此闻名。清光绪二十九年（1903）兴建广三铁路，并在此建石围塘站作始发站，石围塘已广为人知。1927年12月广州暴动时，广三铁路工人组成工人第六联队，与南海、番禺农民自卫军一起，攻占石围塘火车站，并派部分农军入城。石围塘之名可谓家喻户晓。名称一直沿用至今。

1948年，石围塘军火库发生爆炸，引起火灾。

### 广三铁路·省佛支路·省城三水铁路·粤汉三省东路（广三铁路）

广三铁路是广东最早建设的铁路。东起自广州珠江南岸石围塘，经三眼桥、佛山、小塘、西南至三水，故名。全长48.9公里。

兴建于清光绪二十七年（1901）十一月，由美国合兴公司根据《粤汉铁路借款合同》有关添建短支路的规定建造。

光绪二十八年十二月，石围塘至佛山16.5公里双线竣工；

光绪二十九年八月，佛山至三水32.4公里单线修通；同年九月二十六日，全线正式通车（全线有桥梁23座，涵渠45座），当时称省三支线。

另一说，光绪三十年（1904）全线竣工通车。时称省佛支路，为粤汉铁路的支线。

在1907年《广东省城内外全图》上标作“省城三水铁路”。1913年改称广三铁路。今同。在1918年《广州市图》上，又标作“粤汉三省东路”。

1929年省三支线改称粤汉铁路广三段，由粤汉铁路管理局管理。

1950年，石围塘至佛山段双线中的右线被拆除，改为单线，并对原有桥梁和线路进行改造。

1990年底，广三线有桥梁14座、287延长米，涵洞67座、1066延长米。80年代末期，桥梁和涵洞的状态评定验收优良率分别为98%和97.7%。

石围塘火车站

石围塘火车站是省佛支路（广三铁路）起点站。因在石围塘，故名。

建于光绪二十九年（1903）。

始建站时，站内设正线2股，站线2股。

是广州至三水的旅客、货物运输中转站。主体建筑为一座二层楼房，占地面积900平方米，上层为办公室，下层为候车室。

1950年前后，有站线2股，站台1座（长177米），候车室350平方米，售票处13.5平方米，行包仓11.2平方米。

1960年以前，石围塘火车站主要从事客运。

建站初期，每日接送旅客上千人次，并年年增加。

1965年客运量达最高峰，为76.3万人次/年。

80年代以后，由于汽车运输业的迅猛发展，客运量逐渐减少，1980年为73.5万人次，1987年为52.7万人次，1990年约为38万人次，1992年3月1日，石围塘火车站停办客运业务。

20世纪50年代，广三铁路相继与广州钢铁厂、广州市工业燃料公司、广州造船厂、广东省陶瓷公司、广东省储运公司和佛山市燃料公司6条专用铁路联轨，石围塘火车站成为水陆联运站，于1960年正式开办货运业务。80年代，货物吞吐量达至顶峰。此后货运量开始下降。1990年后该站主要办理广州北站至石围塘站小运转货物列车解体、编组作业，专用线工业用煤、百货、煤炭水铁联运换装作业和专用线取运车作业。

石围塘火车站遗址至今尚存。在今珠江南岸，海滨街西侧。

石围塘火车站战事

1927年4月15日凌晨3时30分，国民党第五军一个营、第四军二十师一个连，突袭石围塘火车站。广三铁路工人赤卫队紧急应战。激战一个多小时，赤卫队100余人突出重围，撤退到南海县大沥。战斗中有10名队员被俘，其中7人死难。

1927年12月11日凌晨3时30分，广州起义爆发。芳村地区的各村农民自卫军奉命到凤溪村集中，前去碧华与原基率领的南海农军会师。会师后，赵自选、黄谦指挥2支农军经五眼桥沿铁路东进，直奔石围塘，迅速攻占广三铁路管理局（现铁路小学）及石围塘火车站，歼灭敌军一个连。当天，农军还攻占了花地警察分署及广三铁路沿线的几个火车站。

12日，30多名农军乘小艇渡过白鹅潭进入黄沙，到市区参加战斗。

13日，据守石围塘火车站的赤卫队接到撤出战斗的命令。在突围撤退时，有来不及撤离及受伤的农军10多人，被国民党军押到垃圾岗（现石围塘盐仓附近）杀害。

## （二）花地河以东区域

### 花地

地域名。在珠江白鹅潭西南岸，并无确切的范围。今人所称花地，主要指今芳村大道中之东段西南侧一带，范围大致北接同安坊兰圃园（今醉观公园北部地，芳村大道中之南侧），南邻茶滘，东至中市，西至花地河东岸。

现在相关资料多称花地“西达联桂北街口”，此说无理。因为醉观公园属花地，此无疑义；而联桂北街是在醉观公园的东南面，哪会是花地的西界？其次，今花地河是因流经花地而得名，而联桂北街西距花地河尚有相当距离。若花地的地域不是西达花地河，花地河就不应叫花地河，而只能称山村河了。再看1918年《广州市图》，花地河东岸、南岸即称花地北约，可证是属花地地域。

清代时花地的范围比现在为大。大约是西至花地河东岸。南邻茶滘，而北至珠江江岸，东至下芳村。

花地原是河滩、草坦地，珠江三角洲河网区，隋代已开始栽种花木。初名“花埭”（“埭”是土堰之意）。“埭”“地”谐音，清代渐称为花地。以种花闻名。旧有民谣《花地人》这样咏唱：“蜜蜂嗡嗡吱喳喳，劳碌奔波为种瓜；掘地担肥做到怕，不如花地学种花。”“蝴蝶双飞鹊喳喳，花地人女甚巴揸（泼辣）；种得花儿威喳喳，天光采摘过黄沙。”清诗人张维屏有《花地》诗咏：“花地接花津，四时皆似春。一年三百六，日日卖花人。近海多烟水，离城少市尘。东园数亩地，聊且寄闲身。”

正月初七“人日”游花埭，是旧时广州的岁时风俗，历久相沿。清咸丰二年（1852）许[illegible]光等刊刻诗社集咏第一集，集名便题为《人日游花埭看牡丹》。《番禺县志》载：“（花埭）楼台绣错，群卉绮交，每岁人日，游屐画船，咸集于此。”可见当年的热闹。清末名人康有为有《人日游花埭》诗：“烟雨井边春最闹，素馨田畔棹方徊。千年花埭花犹盛，前度刘郎今可回。”

此外，据传农历三月二十三日天妃诞，广州人亦有游花地风俗。

民国时期，花地是货仓的集中地。1934年广州市政府编《广州指南》称：“粤人称堆栈曰货仓，为各类商店起落货物时埋货之处。广州市之货仓，集中于花地及黄沙一带，盖大船只在白鹅潭湾泊，花地及黄沙，即白鹅潭之对岸也。”

### 燕子播花——花地得名的传说

相传很久以前，花地只是一片低洼的荒地，杂草丛生，人们就叫它“荒村”。

此地住着一个善良的老人，叫蔡伯。他无儿无女，在泥屋里不知住了多少岁月。家中孤寂，只有屋檐下的燕子与他做伴。蔡伯特别喜欢这些燕子，他每天在菜地里捉些菜虫蜢蚱，到檐头去喂燕子，别人也不敢到他的园子里打鸟。

蔡伯家的燕窝越来越多。

这一年，母燕生下了一窝十分可爱的小燕，蔡伯对其精心喂养，不到两个月，小燕就长大了，练飞了。

一天，母燕带着小燕子在园子里练飞，突然，站在枝头的一只小燕子被一粒从园外飞来的小石头击中，脚被打断了，掉在地上。蔡伯刚好从地里回来，双手把它捧回屋里。

蔡伯用破棉絮给燕子做了个松软的小窝，又到野地采回些松筋藤，驳骨硝之类的草药捣碎，给小燕子敷上。以后，每天换药喂水，捉蜢蚱菜虫给它吃。不到一星期，小燕子的伤就好了。

当年秋天，小燕子依依不舍地告别蔡伯，随母燕南飞度冬。

第二年，春暖花开，燕群回到蔡伯的菜园，奇迹出现了。回来的燕子，都到蔡伯的门口兜一圈，吐下乌亮的种子。燕子一群接着一群，一队跟着一队，成千上万，它们是为了感谢蔡伯的恩德，特意给他送来从世界各地采撷的奇花异草的种子。蔡伯把种子撒在菜园里，园内五彩缤纷，百花争妍，长出各种各样的奇花异果来。

老人家高兴极了，他把那些花草种苗，分给街坊邻里种植。从此，种花的人越来越多。不知经历了多少年代，这里就成了花卉之乡，人们把它叫作“花埭”，即今花地。

这传说当然只能看作神话。它与白鹤仙女的传说含义一样，都是好心有好报。表达一种良好的愿望。

据1934年广州市政府编《广州指南》载，花地有七所学校、三间船厂。

### 黄大仙祠·黄大仙庙

黄大仙祠俗称黄大仙庙，在今东漖北路北段西面、百花路东段北面。

黄大仙是道教著名人物，民间尊为“普济劝善，有求必应”的神仙，这种民间信仰大约始于明末清初，至今绵延了数百年。不过广州人建祠以供奉，却是迟至清代后期，相传是建于清咸丰六至八年（1856—1858），亦有确指其建于咸丰七年的。那就是芳村黄大仙祠，地点在当时花地大凼尾，即今芳村新复建之黄大仙祠之西北侧。另一说始建于清同治年间（1862—1874），疑误。还有一种说法，相传清光绪二十四年（1898），广东爆发瘟疫，很多人染疾而亡，菩山道僧就请求政府建坛，芳村黄大仙祠就在该年建成，救人无数云云。这就肯定是误传了。

据考，这座芳村黄大仙祠是广东境内最早以黄大仙命名的庙宇。不过其初建之时，只是一座三进的普通庙宇，亦就是三间简陋平房，那时民间的黄大仙信仰远非如后来之盛，因而这祠并没有多大的名气，但已有了给穷人赠医施药的传统。此庙真正风光起来，是在清光绪三十年（1904）。相传当时的广东水师提督李准的母亲得了怪病，双眼红肿，精神恍惚，茶饭不思，遍寻广州城中名医，却俱束手，以致历久不愈。服侍她的婢女说：“老太太的病，医生是无法医好了，除非黄大仙。”李母听后，便问李准广州是否有黄大仙。李准问了下人，方知花地有间黄大仙祠，便偕母亲到这穷人求医问药的地方一试，并许诺若母病得愈，必重修庙宇，再塑金身。祠中草医认为这贵妇人并无大病，只是进补太多积滞而已，于是开了几剂名医不敢开的大泻大消之药，服后果然奏效，老太太肚饿想吃饭了，眼病也好了。李准大喜，为了报谢神恩，随后就发动城中富商和海外侨胞捐资，并请来能工巧匠重修黄大仙祠，完工后捐款犹有剩余，便在院后购得百亩果园，作为黄大仙祠的永久产业。

这座重修后的庙宇极其壮观，为当时芳村地区最宏伟之灰墙绿瓦建筑。占地达30多亩（一说占地130亩，那是把院后的百亩果园也计算在内），成为芳村地区三大寺庙之一（另二处为大通寺和小蓬莱仙馆。前者在花地河口东侧，清末时已毁圮；后者原在芳村隧道口西侧，今亦已拆除移建于醉观公园内）。

祠深三进。祠前建一座雄伟的石牌坊，牌坊外立一对深雕达11厘米的，雕有云纹、花卉、飞禽的花岗岩石柱，状如华表（今幸存的一柱断为两截，共长3.8米，其中刻有对联的半部“暮鼓若晨钟”）；祠额石刻楷书阴文“赤松黄大仙祠”，门两侧嵌一副花岗岩石刻对联："叱羊传晋代，骑鹤到南天"（今幸存半块，上刻三个凸出的楷书大字"叱羊传"，余字缺）。上款是"光绪三十一年乙巳（1905）孟秋上瀚穀旦"。石联宽0.9米，长约1.6米，雕工非常精致。联上首正中刻有"万兴店"，右刻"杨教忠"，左刻"李石保"。据传，万兴是当年佛山的一间石店，杨、李则是两位雕石名师。二人各刻一边，互相竞技。这是一件十分珍贵的石雕艺术品。而从此半石联推断，当时祠门墙高当在4米以上。

牌坊后是大殿，为第一进，以水磨砖为墙，绿琉璃为瓦。中间供奉黄大仙像，此像之形状及造材，已难确考。像之左供奉吕纯阳，即吕洞宾，道教八仙之一；像之右供奉魏征，乃唐太宗时的名相，后被尊为神。两旁置木架，架上插着十多块高脚牌，上书"黄大仙祠""肃静"等，供黄大仙出巡时使用。大殿柱上刻一长联，上联是"洞中别有乾坤，四周烟雨云山，犹增胜概"；下联已佚，一传乃"祠里自成天地，两岸杏林（花）桔（橘）井，永著仙踪"；或说是"祠里自成天地，两岸杏花杨柳，仙留灵踪"。番禺县晚清进士卢维庆书。上款是"光绪甲辰"，即光绪三十年（1904），而祠门联的上款是光绪三十一年，可知此祠当时至少建了两年。

第二进为中殿，正中供奉如来、弥勒、文殊三佛，右为观音大士，左为护法神韦驮。

第三进即后殿，是二层建筑，底层是道士、香烛杂工起居之所及会客之处，二层是藏经阁。

大殿两侧为青云巷，方便出入；隔青云巷有两庑，一是赠医施药处，内设药房，费用随缘乐助，贫者不收分文，因而此祠实兼有慈善机构性质。另一处是解签及出售香烛用房。

综上所述，当年重修后的黄大仙祠体现出两大特点，一是继承了赠医施药的慈善衣钵，二是兼容了儒释道三教，这点很重要，它使种种不同信仰者都可前来朝拜。黄大仙能受人尊崇并"开枝散叶"（国内外不少地方都建有黄大仙祠），自有其种种原因，而这两大特点，正是其主要因素。

这庙宇建成后即名闻广东。当年广州人有元月初七游花地的民俗，黄大仙祠即在游赏之列。而每年农历七月十四、十五中元节，珠江三角洲不少信徒都前来参拜。当时祠地北临花地河一条支流水道，再往北至花地河亦甚近，中元节有放灯的风俗，当年七月十四晚人们就在水道上放各式灯船，闪闪烁烁，一片迷离。

不过这黄大仙祠却没有风光了多少年。清末民初，战乱频仍，黄大仙祠日渐萧条。革命党人前赴后继，终于推翻清朝，是为辛亥革命。辛亥革命后，曾在该祠办过广东妇女教育院。1912年民国创立。当时当局独尊孔子、关公，再加各地渐起破除迷信之风，是年，辛亥革命志士潘达微在黄大仙祠故址上创办了花地孤儿院（一说广东省孤儿院，一说芳村儿童教养院），每年招收孤儿约300名，实行半工半读。有小学教育六年和职业教育二年制。饭堂前悬一楹联："好容易吃饱一顿饭，莫等闲白了少年头。"治学颇严谨。小学毕业成绩优秀者由院方送入市内中学读书。孤儿院培育了不少人才，著名粤剧艺人罗品超便是其中之一。当时祠中院落仍十分宽敞，殿后的百亩果园遍植荔枝。每到年节，仍保留了从前的热闹，在寺前广场办庙会，唱大戏，收入用于孤儿开支。今犹存1937年时的孤儿院礼堂照片。

自建孤儿院后，旧黄大仙祠实际上已不存在。1937年，抗日战争全面爆发。1938年，日军入侵芳村，孤儿院停办，旧祠成了日伪宪兵司令部，后遭拆毁，青砖、大梁被变卖，旧祠

从此消失。抗战后，1947年又复重建为孤儿院，当时犹可见废碉堡和被害者遗骨。建国后，1952年将重修的孤儿院改为儿童教养院。1958年，政府大力宣扬破除迷信，普济坛（黄大仙庙前身）被封闭，建筑物被拆，1967年“文革”期间，红卫兵更将其全部摧毁，普济坛变成了耕地，相传当时尚存一块石碑，上书“赤松黄大仙祠”。

“文革”后，在原址办了福利工厂广州包装制品厂，当年的孤儿院礼堂便成了此厂的仓库，犹可见仓库斑驳的墙根嵌着块奠基石，上刻“中华民国三十六年四月吉日广州市孤儿院重建奠基”字样。而厂区内的一块空地，就是旧祠的大殿位置，厂的北围墙外曾是旧祠的百亩果园，如今矗立着花地村的一座五层大楼。旧祠幸存的石柱、华表、石门楣等物就散落在厂区内。后来工厂修防空洞，又用去不少旧黄大仙祠留下的石料石材。现尚存几根石柱和几块石雕门饰而已。

一座古祠庙经历了如斯沧桑，彻底消失了。直至1997年1月才动工复建新祠。其位置在旧祠遗址东南侧旁，而新大殿位置便是旧祠的门前广场。

### （三）地方整治·芳村各界整理地方协会

1935年，在芳村公安分局的支持下，一些民间人士发起组织“芳村各界整理地方协会”，1936年5月9日协会正式成立，会址设在公安分局内。

协会进行了一些小规模的建设，致力于整治芳村地区的交通、沟渠和路灯等有益民生的事业。成立当年，协会在上市、尚贤坊、仁义坊、平民大街、松基直街等14条街修建暗渠、两边明渠和单边明渠共883米，并将松基涌（下市涌的一段）挖深0.6米。

1936—1937年，芳村各界整理地方协会铺建了19条街、里、坊的路面，全长2.6公里，路面宽1—7米不等。19条街是：松基直街、寺岸街、寺前街、红花街、太和街、新隆沙西街、上涌直街、上涌横街、上市大街、尚贤街、仁义坊、平民东街、平民中街、镇东大街、隆昌东街、隆昌西街、隆昌中街、丹阳里、新隆沙东街。

此外，在芳村、花地和白鹤洞等人口较稠密处，有纵横交错的小街巷，多为泥沙路面。

至1937年2月，协会筹银11 864元（共有商号和单位342户、居民740户认捐），进行修路、挖渠、打井、装路灯等工程建设，共支银10 673元。

工程完毕后，该协会即行解散。

除此之外，建国前芳村地区再无任何城乡建设机构。

### （四）区域

**白鹤洞·鹤洞**

白鹤洞原指白鹤洞的山顶一带，后来才成了一片地域的名称。

白鹤洞简称鹤洞。在芳村地区的东南部，鹤洞村一带。东抵珠江河岸，与海珠区隔江相望；西、南面与东朗、西朗交界，北与冲口街的招村和墩头相接，南邻广州钢铁厂。属低丘台地区。清代和民国初期属番禺县，1937年划归广州市。1949年11月成立鹤洞乡。

白鹤洞农业历来以水稻、蔬菜种植为主，兼养生猪、塘鱼，所产茄子名闻广州。

清末，白鹤洞沿江地段设有多家专门修造两广水师木船的小厂。鹤洞大街、新马路一带亦有一些经营酿酒、制鞋、补锅、小五金等手工作坊。

建国前，白鹤洞只有零星米铺、杂货店和鞋店。

关于白鹤洞的得名，有好几种传说。

一说清代时，这一带丘陵台地草木丛生，四周为河水环绕，有成群白鹤筑巢栖息（或说有成群白鹤在洞穴中筑巢栖息），故名白鹤洞。

一说清代时，白鹤洞山岗有茂盛的树林，岗下河涌纵横，鱼虾丰盛，由于环境适宜白鹤繁衍生息，故林中到处可见鹤巢。有一次，千余只丹顶鹤飞临山岗，树顶、篱笆、草坪，甚至连屋顶也栖满鹤群，鹤鸣、鹤翔、鹤舞，蔚为壮观，如此三日，鹤才成群飞去。此地因而称白鹤洞。

一说四百多年前，今白鹤洞山顶一带，飞来了成群白鹤，并在此繁衍生息。这里有一条河涌，两岸生长着高高的水松，枝叶繁茂，遮盖在河涌之上，白鹤飞来飞去，如进出洞一般，故称白鹤洞。

以上三说，说的都是这一带在古代时是白鹤栖息之地。至于这“洞”字是山洞、鹤洞还是水松形成的洞，乃乡人各自发挥想象的传说，无所谓是非。不过依据这些传说，在清末宣统年间，山顶上建有观鹤亭、池桥等，供游人登高观景。

还有一说是“白鹤仙女”的传说。故事大致是这样：

在白鹤洞这片土地上，过去曾有一个小村庄，名叫黄村。村里有个小园子，名叫黄园。那园子原来挺兴旺，百卉争春，花木竞秀，后来因主人破了产，年久失修，竟至周围只剩下一道疏落的竹篱了。

管园的是个老人家，为人勤快，心地善良，没儿没女的孤单度日，靠种花卖果为生。一天清早，彩霞满天，老人起来修补破烂的篱笆，忽然从西边飞来一群白鹤，在空中飞舞徘徊了一回，就落在了黄园的篱边，朱顶青足，亭亭玉立，煞是好看。老人触景生情：要是老夫有这么一群儿女，该多好啊！

正在遐思，突然听得嗖的一声响，其中一只小白鹤应声坠地，其他白鹤吃惊得冲天而起，向白云山飞去。老人飞奔过去，只见倒地的白鹤中了箭，连忙抱在怀中，走回屋里。就在这时，一个手持弓箭的少年叫嚷着闯进来：“我明明看见射倒了一只，怎么不见了？！”

老人家把小白鹤藏好了，瞪着眼睛走出来：“后生仔，这么好的生灵，你为什么要射它呢？幸好你的箭法欠火候，否则射杀了，你真是造孽啊！”

少年人信以为真，又看到老人家一脸怒气，不敢纠缠，转身走了。

老人家立即返回屋中，抱起小白鹤，看它受了箭伤的腿躺着血，又红又肿，下半截吊着，看来是骨头断了，怎么办好？猛然想起人传盲鸡婆能治断骨，但如何能够找到盲鸡婆来为小白鹤治伤呢？老人家想来想去，终于想到个主意。

喂好了小白鹤，老人家就上了白云山，钻荒草堆去寻找盲鸡婆的窝。一直找到日落西山时，才总算找到了一个，只见窝里有两只出蛋不久的盲婆鸡仔。老人家闭了眼睛，好不忍心将其中一只的腿折断了，然后退回一丈多远的草堆中藏起来。不久，母鸡回来了，看到小鸡断了腿，便向深山飞去，不大一会，便衔了一根草回来，把草嚼碎了，咬出汁液，滴在小鸡的伤口

上，再用草渣把伤腿裹起来。

老人家看清楚了整个治疗过程，就在草丛里藏了整夜，第二天，看那小鸡站在窝里东张西望的，看来断腿已经好了。等母鸡出去觅食时，老人又把另一只小鸡的腿折断了。那盲婆母鸡于是又飞去衔来了一根草，老人只等它把草一放下，飞扑过去拿在手中，再沿着母鸡飞去的方向，在深山里采集到了同样的药草；回到黄园，照盲婆母鸡的方法给小白鹤治伤，果然神效，第二天，白鹤的断腿就好了。

当天飞来了一大群白鹤，落在黄园的篱笆边，好像是要来寻找自己的小伙伴。老人家于是把小白鹤放回园中空地，大群白鹤便开始觅食玩耍。玩够了，同向空中飞去，唯独那只小白鹤，在盘旋一圈送走了伙伴后，又飞回到黄园来，看着老人家，一副留恋的模样。老人家看它舍不得离开，便把它收养起来，像是抚养自己的孩子。

转眼三年过去，小白鹤长大了，成了园中的小主人。老人下地干活时，它就在家看门，出了什么事，或有什么人来，它会飞去给老人报信。

一天，老人下地回来，看到桌上放着热腾腾的饭菜，水缸的水也挑得满满的，不觉大为吃惊，问左邻右里是谁这么好心，大家都摇头说不知道。老人愈加奇怪了。

以后每天都是这样。老人终是按不住那好奇心，这天他扛着锄头挑了畚箕走出家门后，没有下田去，而是悄悄绕到后门边上，伏在柴草丛里偷看屋里的动静。过了好一会儿，看见白鹤进屋来了，抖动着羽毛，突然脱下一件羽毛衣，现出了人形，竟是一个天仙般漂亮的姑娘！她开始挑水做饭，扫地冲茶。老人高兴极了，急步冲进屋里，拾起那件羽毛衣，请求姑娘别再变回白鹤了，留下做自己的女儿吧。白鹤仙女笑着答应了。

此后父女俩相依为命。邻居听说老人捡来了个女儿，都来相看，一看竟是貌若天仙，这白鹤仙女的消息便立时传开来了，传过了珠江，传遍了整个广州城。有的人便来看热闹，更有人前来求亲；有的人干脆搬来住下，不走了。人们相传这里是一块风水宝地，是仙鹤驻足的吉祥之地。于是迁居此地的人越来越多，黄园于是逐渐繁荣起来，变成了大村庄。这个白鹤仙女的故事也代代流传，到后来，人们便把原来的名字忘掉了，把这地方叫成白鹤洞了。

今天鹤松里、鹤洞山顶、鹤园、观鹤等地名均由白鹤洞名派生而来，鹤洞大桥亦由此得名。清末宣统二年（1910），在白鹤洞山岗上建了招鹤亭、湛碧亭、池桥、月波桥等名胜，给后人留下了点草木清幽的郊野景象。当年在此登岗观景，远眺珠江帆影，近看田园景色，渔歌唱晚，秋水长天，落霞飞鹤，景色甚佳。后因环境改变，白鹤绝迹，桥亭毁圮不存，今已难寻其故址。今天的白鹤洞是广州市重要工业基地之一，自50年代起，一大批大中型工厂拔地而起，近年更修路架桥大发展，车水马龙，摩肩接踵，“草木丛生，河水环绕”之景观早已荡然无存；所谓白鹤，仅留名矣。

另一部分是分布在山脚下的居民住宅和街市，以砖木结构的旧式平房为主，街巷狭窄，排污均为明渠，且不畅通。街市以外便是自然村落。

# 第五章　拆城开马路，建现代都市

清末经济发展，人口增多，拓展城区已日显必要。

广州开辟马路始于晚清，当年是筑珠江北岸江堤建马路。当时的马路用石铺砌，真的是走马车，还有是走手拉车，而不是走汽车。至晚清光绪三十三年（1907），东山地区建成烟墩路、培正路，还建成了由大东门外至沙河的东沙路。这几条马路的辟建对当时东山地貌稍有改变，对广州城基本无影响。

真正改变了广州城模样的是民国时期拆城墙并大规模辟建马路。

当时旧城区的街道狭窄，卫生环境恶劣，容易引起疫病。开筑马路可以改善环境，便利交通，提高地价，大有利于工商业发展，一举数得，显然是有益于民生的好事。

民国初年，政府曾有动议拆去城墙，就城基筑马路。民国二年（1913），广东都督胡汉民设立工务司，专责拆城墙筑马路事。计划拆除城垣，改筑新式街道。可惜战乱频仍，政局不稳，没有真正实行。

民国七年（1918）成立广州市政公所，设有经界科测量队，负责拆除城墙与修筑马路的测量工作，正式开始拆城墙筑马路。现代市政工程由此兴起。当年共修路7000多米。

民国十年（1921）成立工务局，道路测量由该局测量股负责。至民国十一年（1922），城墙全部拆去，城基辟建为马路。城貌一新。历史悠久的广州城真正告别古代，建成现代都市。

20世纪20年代的中国是一个大变易的时代，不只是广州在拆城墙，上海、武汉、长沙、梧州等城市亦纷纷将城墙拆除。当时视拆城墙为开新式城市建设的必然，是现代城建的发轫。广州的市政建设突飞猛进，是当年这场全国性拆城墙运动中的佼佼者，成了其他城市的学习榜样。

至1932年，广州共辟建马路8000多米。当年工务局编制出市区道路系统图，并于翌年临时组织5个测量队进行道路测量，共完成道路测量21 270米。

20世纪二三十年代，原有街道也部分陆续扩建为马路。全市道路系统基本呈棋盘形。

从晚清光绪十二年（1886）至民国三十八年（1949）的60多年中，修建马路228千米、面积185万平方米（一说180万平方米）；兴建大小桥梁101座，总长度1336米，其中建成于1933年的海珠桥是连接广州河南与河北市区的第一座跨江钢桥。

以下记述民国时期在广州辟建之马路。主要依据今存民国文献及如下民国时期出版的广州地图：

1. 1918年《广州市图》
2. 1926—1933年《广州市经界图》（广州市政府土地局编制）
3. 1927年1月4日《广州市六脉渠图》（广州市工务局）
4. 1928年10月《广州市图・广州市图幅联合表之五》（广东陆军测量局）
5. 1921—1930年《最新测绘广州市面马路区域全图》（光和眼镜公司编制）
6. 1932年1月《广州市续辟马路路线图》（广州市城市设计委员会审定）
7. 1932年4月27日《广州市马路路线图》（广州市工务局制印）
8. 1937年《广州市最新马路全图》（书籍行远安堂印行）
9. 1938年3月初版《广州市最新马路交通图》（公正书局编制）
10. 1942年4月《广州市全图》（三江五彩石印局刊）
11. 1943年6月《广州市最新马路交通图》（三江五彩石印局刊）
12. 1947年4月新编第一版《再新大广州市马路图》（香港光荣社总发行）
13. 1947年7月《广州市图・广州市图幅联合表之六》（广州市政府地政局编制）
14. 1947年8月《广州市马路图》（广州市工务局绘）
15. 1948年1月初版《广州市街道详图》（中国史地图表编纂社编制）
16. 1948年1月《最新广州特别市马路交通图》
17. 1949年5月再版《新广州市街道详图》（武昌亚新地学社印行）

应予说明的是，民国时期政府对路名的制定和标记远没有今天的严格、严谨。不少已变更的路名在地图上可能没有反映出来。最明显的例子，横贯广州的主干道惠爱路，民国三十七年（1948）2月为纪念孙中山，国民政府广州市地政局决定更改路名为中山路，将鱼珠到农林路改名中山一路；百子路至先烈路改名中山二路；大东路为中山三路；惠爱东、中、西路更名为中山四、五、六路。至今仍大抵如此。但在1949年5月再版《新广州市街道详图》上，自今中山一路由东往西仍然标作：中山马路、百子路、东川路、大东路、惠爱东路、惠爱中路、惠爱西路。西门口以西，也不是标称中山七路，而是标作石岗街、聚龙东路。再如东沙马路，因路西有黄花岗烈士墓园，为纪念辛亥革命先烈，于1921年改名先烈路（今同名），但在民国广州地图上，仍是标作东沙马路。

# 一、拆城墙城门，城基筑马路

传统封建城市最明显的象征是修筑一座城池，城墙高耸，起防卫的作用，并以此作为划分城内城外的界线。

广州城墙历史悠久。进出城区必须通过城门。城门是交通要道，也是重要公共空间。官府公告、寻人启事、通缉人犯、失物招领等，都是在城门张贴告示。这是一般市民获取和交换信息的地方。

按照规定，广州城门开放时间通常是自早上6点到晚上9点。那里经常人群拥堵、车马排队，相当不便。到了晚清时期，随着近代城市经济发展、人口汇聚、城市繁荣，城墙早已失去防卫的功能，而且越来越成为经济发展与城市建设的障碍。所谓“近世城垣，已如古代兵器，无存在之理由”。这一点渐成社会共识。清末已有拆城之议。

1918年10月17日，广州市市政公所发出第一号布告，其规划市政建设的当务之急，就是拆城墙。

拆城墙，包括拆城门（广州城有18座城门），既是拆去一个实体，同时也是拆去一个根深蒂固的“封建”符号，从而开社会之新局。这是当年 “反封建”与“告别旧时代”的社会思潮的体现。

孙中山之子、后来的广州市首任市长孙科在中华革命党1918年创办的《建设》上发表了《都市规划论》一文，文中把拆除城墙和“文艺复兴”“改良”“自由市府”等词汇相提并论。

1918年10月22日，广州市政公所正式成立，开始大规模拆城筑路。以后几年，城墙、城门连同相邻的5000多座房屋均被陆续拆去，原城基筑成宽敞的新式马路，从而清除了城内城外的分界、新旧城区的隔阂，使老城区和已经得到相当充分开发的城郊区域融为一体，为20世纪二三十年代广州市区的发展打下了良好的基础。

部分新辟马路以城门命名，如大南路因大南门命名，太平路因太平门命名。

1934年《广州指南》称：

广州市自前清末年，始闻开辟马路之呼声。至岑春煊督粤时，亦只有长堤一马路而已。迨民国九年，拆毁城垣，建筑马路。于是马路渐次开辟，交通始称利便。

以下分述各马路之辟建，曾发生过之事件，所在之建筑、文物名胜等。

## （一）东城墙

1918年，拆东城墙和大东门（今越秀路与中山路相交处）。

今有资料称，民国元年（1912）3月，广东都督胡汉民（又或说是继任广东都督陈炯明）将省内外民军之裁剩者一部分编为工兵，开始拆除正东门（大东门）。遂开民初拆城筑路先声。

亦有资料称：民国元年拆除正东门城楼。

又有资料称：1913年2月，广东首届省议会在大东门的咨议局旧址召开，120名代表经过一番议论和探讨，通过了拆城墙修马路的决议。但由于缺乏资金，只好动用正在服刑的囚犯去拆城墙，因而拆拆停停。

又有资料称：1913年3月，拆正东门，为广州拆除城墙之始，甚至有资料称，大东门“清代已毁”。

可谓众说纷纭。

大东门拆于何时？在1918年《广州市图》上，仍清楚地绘画出正东门，并无损伤，连瓮城内的两条小路都清楚画出。可证大东门在1918年仍未被拆除。

拆去东城墙和大东门后，城基辟建为马路，全路称越秀路，因在越秀山麓而得名。

越秀路分北、中、南三段，分别称越秀北路，越秀中路，越秀南路。

**1.越秀北路**

越秀北路于1919年辟建，因路在北段（原小北门至大东门段），故名（或称因北接越秀山）。长603米，宽7米，以榕树为行道树，浓荫夹道，与长堤并称美景。

**2.越秀中路**

越秀中路于1918年拆建成路，因在越秀坊旁，路又在越秀路之中段（大东门至文明路段），故名。北与越秀北路相接。长450米，宽14米。

**3.越秀南路**

越秀南路于1918年拆建成路，因在越秀中路之南（文明路以南段），故名。长770米，宽10.5米，当年以城基筑路的是万福路以北段以及万福路东南面的东翼城段。今存。其东段今名广九大马路。

1949年前后，越秀南路、广九路、白云路一带，既有省汽车站，又有火车站，过路旅客多，是小食店的汇聚地，绵延60多家。经营粥品、面食、甜品、油点、凉茶等。

## （二）北城墙

1918年10月，拆广州西北城墙，墙基建马路。

**1.镇海路·镇东路（镇海路）**

在今越秀公园内，西起大北门（今盘福路与解放北路相交处），东连小北门（今小北路与越秀北路相交处），是横贯越秀山东西的干道。因在镇海楼旁而得名镇海路。长1100米，宽10米，路旁有明清北城墙遗址。部分路段原为城墙。

镇海路东段一小段又名镇东路（大约自山坡处至小北门段），意为“镇海路之东段”，故名。现在今越秀公园内。此路本是北城墙。1925年《最新测绘广州市面马路区域全图》绘出此段城墙已拆去。1932年4月27日广州市工务局制印《广州市马路路线图》、1937年《广州市最新马路全图》均绘出此路，但没有标名。1943年6月《广州市最新马路交通图》与 1947年4月《再新大广州市马路图》均标名“镇东路”。可知这段路大约到40年代前期才定名。

还有一段镇海路是南北走向的。

据1948年1月《广州市街道详图》与1949年5月再版《新广州市街道详图》标示，越秀山上狗头山南侧辟一路，标名镇海路，自北往南，顺山而下，至山麓，南接莲塘街，西接纪念堂路（今中山纪念堂北面之应元路段），这条镇海路在1932年前的广州地图上没有标出，在1932年4月27日广州市工务局制印《广州市马路路线图》明确绘出，可知当辟建于20世纪30年代初期。

此镇海路之南段现称应元路，北段已不存。

**2.盘福北路（盘福路）**

因附近建有南朝的佛教戒坛，被视为佛门福地，戒坛周围地区称盘福里，本路位于盘福里北侧，故初名盘福北路。20世纪50年代初期改名盘福路。长527米，宽32米。

从1929年至1949年10月，广州市共有三座变电站（所）投入运行。其中城北变电站位于盘福路，1949年6月投入营运。

## （三）西城墙

1919年，拆西城墙和正西门（今中山路与人民路相交处），城基辟建为马路，自北往南依次名长庚路、丰宁路、太平路。此地发生过战事。1924年10月15日凌晨，政府军向商团发动总攻击。战斗在长庚路、丰宁路、太平路进行，经过几小时激战，商团军被粉碎。

**1.长庚路（人民北路南段）**

今市一人民医院原正门以南至中山路段之城墙拆去，城基筑马路，称长庚路。因路旁有长庚里，故名。宽27米，今为人民北路南段。

1966年把虎长路（长庚路至虎山即今广州火车站。建于1953年）、长庚路合称为人民北路。全长2323米，宽27米。

长庚路西侧高岗（亦写作高冈。今人民路与东风路相交处西侧和西南侧一带地域），又称城西高冈、西门外高冈，在民国时期曾建有学校和学生自治会。

**2.丰宁路（人民中路）**

自今中山路南至上九路段的城墙拆去，城基筑马路，称丰宁路，含祈求民丰安宁之意。长695米，宽21米（有资料称宽30米，误）。为商业主道，骑楼式马路。

抗战胜利后商业街复兴，包括太平北、丰宁路（今人民中路）的汽车零件业。

1948年，广州汽车行业登记有56户，25户有进口资格，90%货源来自英、美、澳、加等国，10%来自上海、衡阳和市内。大部分商户集中在丰宁路，成行成市。少部分在越秀南路。汽车销路除供省内，还远销长沙、昆明、重庆、上海、天津等地。

1966年“文革”初期，丰宁路改名人民中路。至今。

1987年全路段上架设高架路。称人民路高架桥。

本路尚存名胜为基督教堂锡安堂。

**3.太平路·太平南路·太平北路（人民南路）·西濠口**

拆去今上九路以南之西城墙及西鸡翼城，城基兴筑马路，称太平路（在民国资料中——包括民国时人所写文章及有关广州的史地著述，此段马路因主要在太平门之南，故又称太平南路，有的还将其北段称太平北路。民国时期出版的广州地图则基本上标作太平路）。西鸡翼城以南段至江岸乃建于西濠之上。路长820米，宽32米，为广州当时最宽阔的马路之一。

1921年，用三合土首筑太平路。

1927年12月11日广州暴动。13日上午，国民党军进攻西濠口，双方激战。

20世纪二三十年代，太平路南段一带连同长堤一带沿珠江北岸向东西延伸的商店群区，是全市三大中心商业区之一，一般称作西濠口商业区。沦陷时衰落，胜利后复兴。

1966年太平路改称人民南路。至今。

本路至今保存大量民国时期骑楼建筑。2000年12月公布为越秀区第一批历史文化保护区（内部控制）。

## （四）老城南城墙

老城南城墙在今大德路、大南路、文明路一线。由西往东有归德门、大南门、文明门、小南门，城墙连同城门拆去后，城基就筑成了这三条东西向马路大南路、大德路、文明路。

**1.大南路**

1920年，拆老城南城墙，城基建为马路，因有城门大南门，故名大南路。东连永汉路（今北京路），西至维新路（今广州起义路）。长294米，宽12.2米。为老城南城墙的中段。

在拆城墙之前的民国初年1912年3月，王和顺的民军惠字军盘踞在大南门一带，被陈炯明的新军击溃。此为入民国后发生在广州城中的第一场战乱。

大南路直到程天固二任工务局长时，即20世纪30年代初才正式建成竣工。

**2.大德路**

1921年，拆老城南城墙之西段（东起今广州起义路，西至人民中路），城基建为马路，因有城门归德门（今大德路与解放路相交处），故名大德路。长1163米，宽16米。

20世纪30年代，大德路是铁器业专业街，铁器店铺的汇集地。

抗战胜利后，大德路与文昌路、南华路、小港路同为广州五金机械商店的集中地。

大德路又是广彩（广州彩瓷，又叫广州织金彩瓷）作坊集中地。广彩始创于清康熙晚期，并在乾隆年间逐步形成独特的艺术风格。是中国对外贸易出口的重要品种。主供外销，故广彩经销主要集中在广州古城。建国初仍有广彩作坊分布在大德路一带。后建广州织金彩瓷厂，便是在大德路，后来才迁至芳村。

建国前夕，大德路有大陆书店，发行图书、杂志。

1966年为纪念向秀丽烈士，大德路改名秀丽三路。1981年复名大德路。

**3.文明路**

1922年拆老城南城墙建，因有城门文明门，故名。东起越秀中路，西至永汉路（今北京路）。长925米，宽16米。为老城南城墙的东段。1967年改名延安二路，1981年复名文明路。

### （五）新城南城墙

新城南城墙在今一德路、泰康路、万福路一线。1919—1920年拆除，城基筑成马路。

**1.泰康路**

1919年拆新城南城墙、城墙南侧之泰康里，连同城门大南门，辟建为马路。东连永汉路（今北京路），西至维新路（今广州起义路）。为新城南城墙之中段。

当今资料多称本路取名泰康路，有祈求国泰民康之意。事实上，更可能是由于此地本为泰康里，故名泰康路。长454米，宽16米。

大南门内外大街商业店铺如鳞，秦楼楚馆栉比，为广州最热闹繁华之处。

清初，广州已有柴栏竹栏。民国时期，还有竹业、药材、京果海味业等。这些行业大户相对集中，其中山货、竹木、藤器。木盆桶及木制日用杂品业多集中在泰康路。泰康路是山货专业街，据20世纪30年代时的统计，有山货竹器草席业41户，占全市70%。

泰康路也是糖面业户较为集中之地。据统计，1935年，全市有糖面业户88间，其中在一德路、泰康路一带的有24间。

民国期间，各行业逐渐成立商业同业公会，多设于一德路、大新路、泰康路。

1938年6月4日，泰康路遭到日机轰炸。

抗战胜利后，广州商业街复兴。据1948年《广州大观》记载，其中有泰康路的山货藤器业。

**2.万福路·万福东路·万福西路**

1919年拆新城南城墙及万福里建，东起越秀南路，西至永汉路（今北京路）。为新城南城墙之东段。因原有万福桥、万福里，故名万福路。长864米，宽16米。民国时期广州地图，有的分别标作万福东路、万福西路。

**3.一德路·一德西路·一德中路·一德东路**

1920年，拆新城南城墙之西段，包括城门竹栏门（天成路和一德路相交处）、油栏门（今一德路和海珠南路相交处）、靖海门（今一德路与靖海路相交处）、五仙门（今一德路与五仙里相交处），城基建马路，因有一德学社（今为一德路小学），故名一德路。东接维新路（那时未有海珠广场），西接太平路（今人民南路）。长1150米，宽15—17米。

一德路南靠珠江，交通方便。清末民初以来，此地逐渐发展为广州京果海味集散地。

民国初年，城墙未拆，当时一德社（街巷名，今一德路东段）的咸鱼、海味、京果、副食贸易经营已很发达，行栈、货仓毗邻，大、小栏口有启亨、鸿发、荣发等十余户，更兼小贩沿骑楼行人道摆卖，十分拥挤热闹。

民国前期，城墙拆去，承接传统，京果海味、咸杂副食行业大户集中在一德路。形成海味集市。抗日战争胜利后，在一德路经营海味业者有67户。

专营糖面杂粮业的商户，亦多设于一德路、天成路。据统计，1935年，全市有糖面业户88

间，其中在一德路、泰康路一带的有24间，批发商多集中在一德路一带。一德路遂成以购销咸鱼、海味、干果、河鲜、糖面杂粮业等而著称的专业街。

挑夫、小贩汇聚于此地做生意，以之为主要营业对象的取价低廉的晏店（小饭店）因而在一德路开设亦多。1947年设于一德西的德栈饭店兼营早粥市及夜宵，是有名的晏店。抗战胜利后40年代后期，广州西餐馆有较大发展，位于一德路的大观酒店附设西餐茶点，也颇有名气。

1938年9月底，日军战火侵扰，广州治安混乱，盗匪趁火打劫，一德东路的咸鱼栏、果栏至海珠桥脚的店铺被烧毁。

## 二、辟建马路，构筑路网

很明显，只是拆城墙以城基筑马路，并不能真正使城市道路通畅。故除拆城开路外，必须在城内城外辟建马路才能构成路网，建成现代都市。最现成而便利的筑路方法，是拓宽原有街巷建成马路；没有现成街巷的，那就拆民宅及其他建筑物开路。

广州工务局主持这项工作。除以城基修筑的马路外，在城区内外还陆续辟建马路，奠定了当代广州城中心区马路的基础。连同清末辟建的马路，依不同城区，以时间先后为序，分述如下：

### （一）城区、城东地区

**1.东沙路·东沙马路（先烈路·先烈南路、先烈中路、烈士陵园）**

东沙路于晚清光绪三十二年（1906）三月兴工开筑，翌年筑成。路名意为由大东门外至沙河。这是广州第一条城郊马路。建成之时，西南起东校场北，经东明寺（故址在今先烈南路南端段）、牛头角，东北至沙河今禺东西路西端，全长12公里。当时称东沙马路。因路西有黄花岗烈士墓，为纪念辛亥革命先烈，于1921年改名先烈路（今同名），但在民国广州地图上，仍是标作东沙马路。1934年《广州指南》也是这样记述："黄花岗，在东门外永泰村之东北，有东沙马路可以直达，为辛亥三月二十九日围攻督署杀身成仁七十二烈士之坟场。"

抗战初期，黄花岗一带曾是广州防空部队的驻地。

1938年7月13日，日机空袭广州，在黄花岗投弹4枚，其中有500磅炸弹1枚，毁墓地甚多，炸死附近乡民5人，炸伤20多人。

1954年兴建今广州起义烈士陵园，东沙马路南段（今东风东路以南段）成为陵园部分，不复存在。其南端自今东风东路始。

本路所经原是广州城之东北郊荒野之地，多墓葬。本路名胜之最大特色，主要为墓葬。

黄花岗公园·黄花岗七十二烈士墓园

清末宣统三年（1911）农历三月二十九日，同盟会党人起义，攻两广总督署。与清军激战一昼夜后失败。战死和被捕牺牲的革命党人百余名，不少遗骸陈尸于咨议局前空地上。

时任《平民报》访员的革命党人潘达微冒险收集了72具遗骸，埋于东门外永泰村东北之红花岗。这是一片白垩纪红色砂岩构成的台地。海拔20～30米。东起太和岗路，西至今华侨新村，北至太和岗。原称三望岗，俗称红花岗。潘随后撰文，以《咨议局前新鬼录，黄花岗上党人碑》为题将安葬情况在报纸上报道。

红花岗后遂改称黄花岗。潘达微曾撰一联："生经白刃头方贵，死葬黄花骨亦香。"刘一剑亦曾撰联咏："碧血千秋冲敌涌，黄花四季傲霜开。"

民国元年（1912），广东军政府拨款10万元在潘达微掩埋忠骨处始建烈士墓园。早期墓园为著名设计师杨锡宗设计。同年5月15日（农历三月廿九日）黄花节，首次举行了七十二烈士墓祭典。孙中山亲自主持，并写下祭文，还亲手在园内种植了四棵松树（今尚存一棵）。黄兴致祭，亲笔书挽联："七十二健儿，酣战春云湛碧血；四百兆国子，愁看秋雨湿黄花。"可谓慷慨悲歌。

黄花岗烈士墓园从此成为辛亥革命重要史迹。

民国七年（1918），滇军师长方声涛（七十二烈士之一方声洞之兄）募捐继续修建墓园，使之初具规模。

民国八年（1919），参议院议长林森发起向海外华侨募款，先后增建了墓亭、纪功坊、乐台、四方塘、黄花亭、西亭、大门楼等。

民国十年（1921）5月6日，孙中山为纪念黄花岗七十二烈士殉国十周年，亲往黄花岗致祭，广州各团体机关学校亦派代表参加。

民国十三年（1924）3月21日，广东省长通令广州市各机关学校每年4月5日为植树节，并择定黄花岗为是年植树地点。

民国十四年（1925）3月29日，广州市各界民众近10万人纪念黄花岗起义14周年，并首次将3月29日定为悼念黄花岗先烈纪念日（注：起义日子是农历三月廿九日，公历4月27日）。

在民国时期广州地图上，此地一般标作"黄花岗七十二烈士墓"。民国二十三年（1934）《广州指南》则只称作"黄花岗"，描述其景物："丰碑高耸，蔚为壮观……冈外广植梅株，每届冬令，国花盛放，绿暗红香……游人至此，莫不肃然起敬焉。"显然是著名游览地，无公园之名而有公园之实。

民国二十三年、二十四年（1935）墓园扩建，已基本建成现有规模，并辟为黄花岗公园。

墓园位于今先烈中路西侧。坐西北朝东南，规模宏大，气魄雄伟。其主要建筑汇集在中轴线上，依托地形，逐级上升。

巨型牌坊式门楼正门，仿凯旋门式建筑，三间四柱，面阔32.50米，花岗石门额上镌刻孙中山题书"浩气长存"四个镏金大字，上款"民国十年"。门后是长达230余米的墓道，两旁植有翠柏和古榕。黄花茂盛。中段建有喷水池和石拱桥。过桥拾级而上，尽头便是七十二烈士陵墓。

墓平面呈正方形，前设一石拜桌，以花岗岩石砌成墓基，每边长17.50米，在石砌围栏的四周围着铁链栏杆。中央建一平面为正方形的石亭，亭顶形如钟，寓意"唤起民众""争取自由"。顶的四边设镌刻着革命党党徽的山花。亭中立"七十二烈士之墓"白色墓碑，隶体的碑文为方声涛所书。

墓前右侧碑亭内立一碑石，碑文题《黄花岗七十二烈士之碑》，以下镌刻着72位烈士的姓名，花岗岩石碑座刻“中华民国八年春林森监修汪兆铭书石”。左侧立一石碑，刻着1932年继续审查所得14位烈士姓名的《补书辛亥三月廿九日广州革命烈士碑》。墓后是“缔结民国七十二烈士纪功坊”，由著名革命党人章炳麟篆额，上款“民国九年”。坊墙正面刻着和正门相同的“浩气长存”4个大字，

坊内东西两侧各有螺旋式梯级可达坊顶。

顶层中间用72块长方形青石横列堆砌成崇山形的“献石堆”，每块青石由中国国民党在海外的一个支部敬献，象征七十二烈士，代表广大海外赤子对烈士的无限敬仰。顶端伫立着一高举火炬的石雕自由神像。两侧各竖有一个折柱，象征着烈士为追求自由解放而死的献身精神重于泰山。纪功坊后面耸立《广州辛亥三月二十九日革命记》碑。

碑题顶格，碑文3124字，竖排39行，行81字。1934年刻置。较详尽地记述了黄花岗起义的历史和墓园修建的经过。碑阴共表列有86位烈士的就义情形。是役死难烈士100多人，有姓名可考者86人。

墓园南边还有一侧门，红色拱形铁门上嵌着“黄花岗七十二烈士墓道”10个大字。铁门两侧各立有一高大的花岗岩石座，石座上立有仿一间十柱式牌坊的花岗岩石柱，中西结合风格，柱身、额枋、石座饰回纹、云纹、盘长纹等。柱间立一青石，雕西式狮子戏彩球、仙鹤等造型。

这原是早期墓园的正门，后来新增建了大门，遂成为侧门。

道侧排列着海内外各界人士致祭时敬献的10余方献词刻石和1对青石透雕盘龙柱，还有起义烈士喻培伦的衣冠冢。

抗日战争时期，自由神像被国民党政府拆去，换上青天白日国民党徽。建国后，被换成自由神像，“文革”期间，被换成大火炬。“文革”结束后，重建自由神像。

建国后，1954年曾扩建黄花岗墓园。以后政府又多次拨款维修。占地12.90万平方米（一说13.6万平方米，一说13.2万平方米）。绿化面积达9.5公顷，乔灌木共3520株，人工种植草坪1160平方米，墓园气魄宏伟，墓道两旁苍松翠柏，陵道侧旁至今保存有孙中山在民国元年手植松树。公园大量培植黄菊、黄蝉、黄槐、黄素馨、黄花夹竹桃、黄大丽花、黄花穗冠等作为陪衬。每年大部分时间园内黄花不绝，绿树成荫，碑亭交错，肃穆庄严。

1961年3月，由国务院公布为全国重点文物保护单位。

1981年辛亥革命70周年时拨款重修。1986年入选新羊城八景，称“黄花浩气”。

**2.培正路·培正一横路、二横路、新横路**

晚清光绪三十三年（1907），两广基督教浸信会教友在东山建培正中学，当年该处是山岗、水塘；同时辟建马路，名培正路。长371米，宽7.4米。

1920年修筑培正一横路、二横路、新横路。因与培正路横交而得名。

培正一横路。西起培正路南段西侧，东至山河后街。长204米，宽7米。

培正二横路。培正路中段东侧。东至培正中学。长110米，宽7米。

培正新横路。培正路南端东侧。南至新河浦路，北至培正一横路，呈不规则Y形。20世纪

20代建街，是与培正路横交的“新”建道路，故名。长235米，宽7.8米。

**3.白云路**

白云路始筑于何时，说法不一。有说是1912年建路，有说是1915年开始兴建。1925年建成。广州市规划局编《五羊城脉》（2012年版）明确记载白云路建成于1921。约出版于1928—1930年的《最新测绘广州市面马路区域全图》有文字专门记载了“市政公所规定开辟第二期马路路线、尺寸”。其中南北向马路之第十六条为白云路，文称：“南由东濠口起，经广九车站，就东川马路、东沙马路，至白云山脚止。此路由东濠口起至东川马路止，阔七十尺。”图上，此段马路已绘出，即已辟建。北接东川路，南至东堤桥脚。长960米。当年兴建为带试验性的有分隔带的复式道路，宽达45米，为建国前广州市最宽马路。

一般资料多称，由于当时北段东川桥一带有川龙口，是源于白云山的水道，故此路名白云路。《最新测绘广州市面马路区域全图》却是标作“东川马路”，即为东川路之西段。而1932年4月27日广州市工务局制印《广州市马路路线图》却将此路与现在的东川路均标作白云路。看来当年此路曾是白云路与东川路两名互称。

**4.文德路·文德北路·文德中路·文德南路**

1918年拆府学东街扩建为马路，路东侧有文德里，故名文德路，分南北两段。

北段为文德路（民国时期书籍亦有写作文德北路），长630米，宽15米。

当年府学东街，北起惠爱七约（今中山四路），南至老城之南城墙（今文明路一线）。穿过城墙再往南，是文德里三巷，巷南是玉带濠。此处濠上并无修建桥梁。再往南，并非街巷，而是民宅，一直到南城的南城墙（今万福路一线）都是民宅。也就是说，当年辟建文德路，今文明路以北段是扩建府学东街而成，以南段则是拆去民宅而建成。

今万福路以南段为文德南路，长470米，宽11米。其北段（万福路至石基里段）乃拆去民宅建成，并非街巷；再往南，乃扩建通津里及旗杆巷建成。旗杆巷以南当年是大片菜园，菜园以南是当年开平煤厂的西部地，南接八旗二马路。再往南至长堤，也非街巷。即当年辟建文德南路，只有约半段路是扩建街巷而成。

万福路以北之文德路（文德北路），自宋代以后一直在广府学宫东侧，文脉悠长。清代时以销售文房四宝、古董字画著称。清末民初，文德路的毛笔成行成市，陈富之、何大珍等名店所产毛笔畅销省港澳和东南亚。

民国时期，文德路是广州市著名文化街，20世纪二三十年代，有40余处旧书摊和古玩店，著名的有文华阁、玩文斋、萃经堂等，经营古玩、字画、陶瓷、裱画，成为省内外闻名的古玩字画一条街。还有私立统计学校、私立崇德中学等6所中学，翰香楼、研经阁、开明等10家书店和广东欧美同学会等10多个文化团体设在文德路一带。抗战胜利后至建国前夕，汇聚了13个书刊发行机构。

1926年春，毛泽东在番禺学宫主办农民运动讲习所，常到文德路旧书摊看书，并顺路去文德路口的妙奇香饮茶，其“饮茶粤海未能忘”诗句便是记他曾和柳亚子一起在妙奇香品茗聊天。

1927年，鲁迅受聘任中山大学文学系主任，也曾偕同夫人许广平到文德路买书，并一起到

妙奇香饮茶吃饭。

1927年12月11日广州暴动，起义军进攻文德路仰忠街的第四军军械库以及第十二师后方留守处，后由东堤经文德路直取观音山。

1938年7月14日上午，文德路遭到日机大规模轰炸，大量平民死伤。

1940年1月21日，由日伪政权扶植起来的各“民众团体”在文德路伪“公余俱乐部”开会，筹组“促进和平运动”组织机构“华南各界促进和平联合会”。同期，伪“广东省政府筹备委员会”在文德路“国际俱乐部”（原欧美同学会旧址）设会办事。

1944年4月4日下午6时，伪广东省长陈耀祖在文德路遇刺，当夜毙命。

抗战胜利后广州商业街复兴，包括文德路的旧书古董业。

著名教育机构广府学宫、私立教忠师范学堂、私立教忠中学与著名老字号致美斋、三多轩等均在文德路。

建国后，全省档次最高、名家荟萃的文化团体——省戏剧家协会、省舞蹈家协会、省音乐家协会、省美术家协会、省作家协会均汇聚于此。文德路至今仍为广州经营古玩、字画、陶瓷、裱画的文化市场，有集雅斋、广州文物总店等规模较大的老字号。

广州市立中山图书馆·广东省中山图书馆（孙中山文献馆）

位于今文德北路81号。一座具有民族传统风格，古朴雅致的优秀建筑作品。

1927年6月，在市政委员长林云陔的倡议下，经第一百〇五次市政会议决定筹建广州市立中山图书馆。同年9月，派伍智梅、参事谦益前往美国、加拿大、墨西哥、古巴四国，募得美金20多万（一说25万），用于建造该馆。由当时著名建筑设计师林克明设计。

1929年12月10日破土动工。1930年5月1日补行奠基典礼，1933年10月15日建成。

图书馆坐西朝东，外表为正方形中国古宫殿式建筑，阔45米，高18.3米。中西合璧，两层。

全座屋顶采用绿油瓦脊、瓦筒、瓦龙、瓦狗及上等白泥瓦片等。四角的角楼为单檐四角攒尖顶。四周采用回廊式，中间有一个八角亭，为重檐八角攒尖顶，四边各有一走廊与亭相通。角楼、八角亭屋脊皆有鳌鱼、犬等陶塑。

外立面以红色水磨石倚柱贯通第一、第二层，施绘有图案的仿古额枋。水泥仿木斗栱。红砖外墙，花岗岩石墙基座。

正面大门位于东面正中，圆拱门，全身以柚木造成，门框用山樟木，花岗岩石镶边。门临石阶用白萤石铺设。大门两侧有陈融撰书的《广州市立中山图书馆碑记》、古应芬撰书的《广州市立中山图书馆碑记》青石碑。

整幢建筑为钢筋混凝土砌筑。建于离地1米左右的台基上。台基四周围以中国式的白色栏杆，构成正方形的台阶，以红墙绿瓦衬托，具有民族传统形式的风格，古朴雅致。

馆前有长方形莲池，池边有护栏。

建筑内部采用西式，正面大厅墙裙与地面用大理石铺砌。布局紧凑，规模壮丽，空间广阔。

该建筑连同附属建筑占地约5600平方米。

1933年该馆开放后，日平均读者达1200人次。1938年10月广州沦陷停馆，馆舍被日本海军武官府霸占。1945年8月抗战胜利，1946年3月11日复馆开放。1949年4月25日，南京国民政府南迁广州，立法院设于本馆内。

建国后经短期整顿，更名为广州市中山图书馆。1955年5月17日与广东人民图书馆合并，成立广东省中山图书馆。现为孙中山文献馆，专门存放一些古旧珍贵书籍。

2002年7月，公布为广州市文物保护单位。

**5.文德东路**

在文德路南段东侧。东至聚仁坊。1919年建路，因在文德路东侧，故名。长200米，宽7.3米。

文德楼

位于文德东路文德里1—3号。建成于1925年。由5幢3层的楼房连成一体，为近代带阳台的“洋楼”式建筑，钢筋混凝土结构，红砖墙，外墙批荡，入口处有拱券式门楼。屋顶有天台及女儿墙，原为花阶砖地面，现大部分已改为水泥地面。

民国十四年（1925），中共广东区委租赁文德楼的部分房子给工作人员居住。周恩来、邓颖超住文德楼3号二楼，李富春、蔡畅住1号二楼，海军局代理局长、代理中山舰舰长李之龙等住4号二楼。

1926年初，周恩来、邓颖超随中共广东区委军委迁往万福路南华银行楼上。中山舰事件时，1926年3月20日凌晨，李之龙在文德楼被拘捕。现文德楼除巷口铁栏栅、匾额、更楼被拆除外，其他建筑尚保存完好。

1999年7月，公布文德楼为广州市文物保护单位。

**6.惠爱路·惠爱大街（中山四、五、六路）**

惠爱路的前身是惠爱街，又称惠爱大街。西起西门，东至大东门，东西横贯整座广州城。晚清时，由西往东分为十约。

1918年起，陆续拓宽为马路，由东往西依次称惠爱东路、惠爱中路、惠爱西路。

1948年2月，为纪念孙中山，国民政府广州市地政局决定更改路名，将鱼珠到农林路改名中山一路；百子路至先烈路改名中山二路；大东路为中山三路；惠爱东、中、西路更名为中山四、五、六路。至今仍大抵如此，不过这在民国时期的广州地图上没有反映出来。

民国时期，惠爱路是广州商业旺地。惠爱中路与永汉路（今北京路）相交处一带，是市区商业中心。至今仍是。

1935年，惠爱路有兆丰和、广丰昌等米店百余户，是米铺的汇聚地。沦陷时期多歇业，抗战胜利后始复业。米铺多兼营食油。

1935年《广州年鉴》记载，当时全市有下级饭店80户，惠爱路是集中地之一。小食品商业同业公会，设址于惠爱中路。

惠爱路又是洗染业集中地。1923年，美国华侨黄璋传、陈孟浣、梅光华等带回熨绒机、洗衣机等器械，先后在广大路、惠爱路一带开设广大、国新、纽约等洗衣店铺。沦陷时期萧条，

抗战胜利后再度兴旺。

1941年9月17日，惠爱中路发生炸弹爆炸，炸死炸伤日、伪军数十人。

抗战胜利后商业街复兴，包括惠爱中路的杂木家具业。

抗战胜利后酒楼业兴旺，惠爱中路、汉民路有国泰、红棉、大中、新陶芳、迎宾（今北京路新华书店址）等酒家先后开业，盛极一时。

惠爱路之名胜古迹颇多，如南越国宫署遗址、番禺学宫、城隍庙等。

农民运动讲习所·农讲所

国民革命运动一大影响深远的事件是农民运动讲习所（简称“农讲所”）的开办。

农讲所是第一次国共合作时期培养农民运动干部的学校。由共产党人彭湃倡议，经中国国民党中央执行委员会决议而开办的。

从1924年7月至1926年9月，共办了六届，毕业生772人，另有旁听生25人。亦有资料称为培养了800多名农运干部。

农讲所课程初时10多门，后增至20多门。农讲所重视军事训练，每日清晨排队扛枪喊口令，到东校场操练队列、投弹、刺杀，有时还到郊外进行军事演习。

所址有三处：第一、第二届在越秀南路惠州会馆（现越秀南路89号）天台临时建筑，第三、第四、第五届在东皋大道1号（现东皋大道礼兴街6号），第六届在惠爱东路番禺学宫（现中山四路42号）。第一至第五届的主任依次是彭湃、罗绮园、阮啸仙、谭植棠、彭湃，第六届由毛泽东担任所长。

1924年7月3日，第一届农民运动讲习所开学。训练方针、内容、方法等以农民运动政策为依据。

1924年8月21日，孙中山出席农民运动讲习所第一期结业典礼并发表演说。

当天，第二期学员开学。当时正值“扣械事件”（广州政府扣押商团枪械）发生，商团鼓动罢市。农讲所主任罗绮园决定把全体男学员组织起来成立广州农团军，共162人，驻扎在广东省长公署（今越华路省民政厅地），彭湃为团长，徐成章任指挥，分为两个中队，每中队设3个小队，每小队3个分队，每分队9人。10月10日，发生“双十惨案”，广州商团公开叛乱。农团军参与平叛。商团军被击溃。10月30日，农讲所第二期学员毕业，农团军同时解散。

1925年1月1日，第三届农民运动讲习所开学。同年5月17日第四届农讲所开学。9月14日第五届农讲所开学。

农讲所第一届学员毕业后，被委任为中国国民党农民部特派员，到广东各地领导农民运动。第二届学员毕业后，编入农民自卫军，参加平定商团叛乱。第三届学员毕业后除部分毕业生为中国国民党农民部及农讲所留用外，均到四乡从事农民运动。第四届学员毕业后回原籍工作（第三、四届学员为农民协会会员或佃农子弟）。

1926年5月3日，由毛泽东接办的农民运动讲习所第六届开学，至1926年9月11日结束。学员来自全国20个省、区。有327人。所址在番禺学宫。学宫大成门的左右两侧分别隔成教育部、值星室、庶务部。东耳房是毛泽东办公室兼卧室，西耳房是图书室。大成殿是课堂，崇圣殿正间为膳堂，东间为军事训练部，前院的两庑和后院的两廊均是学员宿舍。

当年毛泽东主编了第六届农民运动讲习所丛书《农民问题丛刊》，1926年9月出版。丛刊原计划出52种，实际出版了26种。是有关当年农民运动的重要文献。

1953年，政府对第六届农讲所旧址进行了修缮复原。周恩来题书“毛泽东同志主办农民运动讲习所旧址”门匾。1961年3月，公布为全国重点文物保护单位。

**7.启明大马路·启明一、二、三、四马路**

1918年，华侨在东山龟岗开发启明住宅小区，并兴建马路五条，分别命名为：

启明大马路，长200米，宽5.3米。因在广州城之东，故以“启明星”名作路名。

启明一马路，长88米，宽5.9米。因是启明大马路旁由南向北的第一条马路，故名。

启明二马路，长139米，宽6.5米。因是启明大马路旁由南向北的第二条马路，故名。

启明三马路，长101米，宽5.9米。因是启明大马路旁由南向北的第三条马路，故名。

启明四马路，长100米，宽5.4米。因是启明大马路旁由南向北的第四条马路，故名。

龟岗启明路的建筑，主要是20世纪二三十年代由华侨投资兴建的二至三层砖木混合结构的洋房、别墅。洋房采用并联式和连排式的建筑设计，别墅有前后庭院或柱式门廊，以红砖、铁花艺术为主要建筑风格，室内门窗、地板装饰讲究，具有欧陆风格，俗称“东山小洋楼”。主要分布在启明大马路、启明二马路、启明三马路、启明四马路及周边街巷。目前外表保存完好的约有60栋，主要为民居。

2005年9月，龟岗民国建筑群公布为广州市登记保护文物单位。

**8.珠江堤岸马路**

晚清光绪十二年（1886）兴筑天字码头堤岸120丈，建成广州第一条马路。光绪二十九年（1903）特设堤工局，专责修筑广州城南之珠江堤岸，至清末宣统二年（1910）渐次完成。从今广州海关（粤海关）到东濠口，依地理方位，由西往东依次称西堤、长堤、南堤、东堤，均沿江岸而筑。

入民国后，续修江堤。

江堤东段修成八旗大马路。大致是东起横跨于东濠口上的东铁桥，西至永汉路南端天字码头北岸。因鸦片战争后在此地曾是驻粤八旗兵水师营所在，后又建有八旗会馆，故称八旗大马路，在1918年《广州市图》上有标示，即此路（江堤）在民国前期已筑成。

1920年，修筑东起天字码头，西至海珠桥脚的一段江堤，长125米，宽12～13米。为新商业区。

清末，长堤修筑完成。呈弓形，其南面是珠江滩涂地。1920年政府修筑堤岸，此江堤被建为马路，取名长堤大马路（今存，同名）。呈一弧形，其东端在今长堤大马路与解放南路相交处东侧，西端在今长堤大马路与仁济路相交处。长710米，宽12米。路筑成后，渐成商业区。而其南面仍是大片江滩地。

1923年7月，广州市行政委员会决定把此江滩地填平，将堤岸修直。

1929年，《广州政府施政计划书》公布，提出修筑河南、河北堤岸的计划，其中河北填筑海珠新堤，东起天字码头，西至西濠口，将原位于江中的海珠岛划入珠江北岸，使弧形江岸变成直线。这段新修江堤比晚清时所修之江堤明显地向南面推移了。1932年4月27日广州市工务局制印《广州市马路路线图》以虚线绘画了出来。

这个大工程于1930年9月开始施工，至1935年底竣工，耗时五年。当时已被辟建为海珠公园的海珠石被炸平，包在堤内，埋于地下，从此不复得见。

这段江堤，因是在长堤之南新筑，故称“海珠新堤”；又因是在长堤之南所筑新堤上建成马路，故名新堤大马路。长3800英尺。为主要金融外贸商业区。从天字码头起向西直到广州海关之珠江江岸，从此成为修直的堤岸马路。这段原长堤大马路以南的新填成陆的土地，颇长一段时间被称为长堤新填地。1934年动工兴建的爱群大酒店即建于此新填地之西南隅。

整段珠江堤岸至此基本固定下来。此后至建国初期，除受日寇空袭轰炸而遭损坏外，基本上再无改变。但在民国时期的广州地图上，这整段江堤的标名却是很不一致的，因而也造成了后世有关记述的不一致甚至混乱。

1918年《广州市图》与1925年《最新测绘广州市面马路区域全图》均清楚地画出了整条江堤，从西濠口至东濠口，但竟没有一处标名。

1932年4月27日广州市工务局制印《广州市马路路线图》，自西濠口（太平路即今人民南路南端）至维新南路（海珠桥建成后即桥北岸处）段江堤没有标名（制图时海珠新堤尚在修筑，还未建成，图上用虚线表示）。自维新南路口至今德政路口段标作“南堤”，自今德政路口至东濠口段标作“东堤”。这整段堤岸显然是马路，但没有标路名。

1937年《广州市最新马路全图》，自西濠口至海珠桥北岸段江堤标作“海珠新堤”。自海珠桥至德政路段标“南堤”，自德政路至东濠口段标“东堤”。仍是没有标路名。而在民国二十三年（1934）《广州指南》上，已记有“南堤大马路”。

1943年6月《广州市最新马路交通图》，自西濠口至中华南路（今解放南路）段江堤标作“海珠新堤”。自中华南路至文德路段标“南堤”，自文德路至东濠口段标“东堤”。仍是没有标路名。在今人所编有关广州的地名词典中，没有收录“海珠新堤”这个词条。

1947年4月《再新大广州市马路图》，自西濠口至海珠桥段江堤标“新堤大马路”。自海珠桥至文德路段标“南堤大马路”。自文德路至东濠口段标“东堤大马路”。

1948年1月《广州市街道详图》与1949年5月再版《新广州市街道详图》，自西濠口至潮音正街段江堤标作“长堤大马路”（西段），自潮音正街至海珠桥段江堤标作“新堤大马路”。自海珠桥至东濠口全段标作“南堤大马路”

由上引地图可知，当年广州政府对江堤马路的标名是没有严格规范的。

### 天字码头

在永汉路南端。民国时期是广州城南珠江最大和最主要的码头、广州船舶中心地点及各地航运总站。东堤和天字码头一带设有猪栏、牛房、生鱼栏，代各地存放并将其销售给批发商和零售商。

这里曾是战场。1927年12月13日，广州暴动时期，第四军教导团女子队班长游曦带领全班在天字码头附近抵抗进攻之敌，除一人送信离开外，全部战死。

晚清时，天字码头是杀人的刑场。1945年10月14日，广州地区大汉奸吕春荣经军事法庭判处死刑，也是押赴天字码头执行枪决。当时有很多市民围观，高呼“枪毙大汉奸”“吕春荣死有余辜”等口号，不少人以石头、泥块击之。

1938年8月13—19日，广州掀起以纪念“八一三”淞沪抗战为名义的献金运动。献金台是临时搭起来的露天小戏台，位于市内几处热闹地点，其中一个在天字码头。

### 警察医院·广东医院·广州市市立医院·市立医院·省立广东医院（广州市第一人民医院）

民国元年（1912），广东省警察厅创办警察医院。地址在南堤（今沿江中路）。设病床60张，只收治伤病警察及各警区遣送的贫病无依市民。

民国二年（1913），广东警察医院在小北飞来庙设天花收容所，对天花患者实行隔离治疗。另有资料记载，民国三年（1914），广东警察医院开始设立收容所，对传染病隔离治疗。民国五年（1916），在小北马庄三巷（越秀山东南麓地）设立分院，专门收治需隔离治疗的传染病人。

民国六年（1917），警察医院由广东省政府接办，改名为广东医院，亦有称为“省立广东医院”，为广东省首间公立医院。并从南堤迁至九曜坊旧提学使司署（今教育路与西湖路相交处东北面）。1921年，改名为广州市市立医院（不少资料亦写作广州市立医院。据今存民国时期该医院照片，名称是广州市市立医院），简称市立医院。直属广州市卫生局，迁至盘福路金字湾今市一人民医院东部地（方便医院在西部地）。此地属越秀山西南麓。为民国时期广州著名私立医院。

1935年，陈济棠为董事长的广东仁爱善堂主办广东仁爱医院，院址在三元宫后座及左廊。翌年9月，当时陈济棠已下野离穗，市立医院接收了广东仁爱医院，改组为广州市市立医院第一分院，由市立医院院长曾宪立兼任分院院长。1937年3月，分院附设广州市戒烟医院分院，设病床100张。

日军侵占广州期间，市立医院及其分院均停办。抗日战争胜利后，市立医院于1946年恢复业务。

建国后，市立医院由政府接管。1951年，市政府拨出专款，在盘福路兴建门诊大楼、内科大楼及妇产科大楼各1座。1953年1月1日（一说1952年12月），方便医院与市立医院合并为广州市人民医院，新建的3座大楼同时投入使用。1954年2月1日，改名为广州市第一人民医院（即方便医院与市立医院均为今市一人民医院前身），并将盘福路东自市立医院，西至长庚路（今人民北路）的一段划入医院范围。

1953年，广州市第一人民医院占地面积5.06万平方米，医疗用房建筑面积3.96万平方米。有病床1116张，是当时国内病床最多的大型综合性医院。

### 长堤大马路·西濠口商业区

清末，长堤修筑完成。是一段弓形堤岸。1920年政府修筑堤岸，建为马路，取名长堤大马路（今存，同名）。其南面仍是大片江滩地。20世纪30年代前期修筑海珠新堤，江岸拉直。原滩涂地填陆。建起楼房。长堤大马路西端至太平南路一带临江地商铺林立，是民国时期全市主要商业区之一，称太平路商业区或西濠口商业区。陈济棠治粤时期尤其兴盛。

抗战胜利后灾民甚多，民国三十五年（1946）4月，各界组织施饭救济联合会，筹得国币

107.61万元，白米2000公斤，在长堤设施饭站，每晚施赈2000多人。

据1948年《广州大观》记载，抗战胜利后的长堤，是洋酒业汇聚地。

长堤文物有潮州八邑会馆，在今长堤真光中学校园中央。

海珠新堤 · 新堤大马路（沿江西路）

自西濠口（太平南路南端）至海珠桥段江堤。民国时期具体划分与标名不统一。1981年，这整段江堤改名沿江西路，包括西濠口以西接六二三路段。

**9.八旗二马路**

八旗二马路东起东园路，西至永汉路（北京路）。鸦片战争后，此地一带为驻粤八旗水师营操场，后又建有八旗会馆，建马路后沿用“八旗”之名，且又为八旗大马路（今为沿江中路）北侧的第二条马路，故名八旗二马路。长580米，宽11米。

在1918年《广州市图》上已画出此路，即此路在民国前期已筑成。

民国时期，本路靠近广九火车站、天字码头，水陆交通方便，省内外的猪牛、三鸟、蛋品、木材、大米源源运进，与东堤、德政南等地段同为商品集散地。

**10.永汉路 · 汉民路（北京路）**

1918年，永汉直街失火。

永汉直街，现资料一般称永汉街。1918年《广州市图》标作永汉直街，为今泰康路至太平沙街之间的北京路段。

灾后，1919年，拆去城门永汉门（清代时名永清门。今北京路和泰康路相交处）辟建马路，取名永汉路。长137米（今泰康路至太平沙街之北京路段）。

有传当时的市政公所督办杨永泰想留下自己的名字，故取此路名“永汉路”。这纯属传说。永汉路的得名是源于被拓宽建路的这条街巷叫永汉街。

1920年，拆掉拱北楼（今北京路与西湖路相交处北侧）辟建马路，往北修筑马路至财厅前。往南修筑马路至天字码头江岸，即今北京路。全路长1252米，宽16米。

当年修路，自太平沙街往北至财厅前，本是大街，乃拓宽大街修筑马路；而自太平沙街南至接官亭，并无街巷，全是民宅。当年这段马路是拆民宅辟建的。接官亭以南段马路，本是清代时的刑场，即晚清光绪三十三年《广东省城内外全图》标示的“杀人地”。入民国后仍是大片空地，建路亦就不必拆民宅了；空地南接八旗二马路的西端，再往南，亦无街巷，又是民宅。当年即拆民宅辟路，南达天字码头（见1918年《广州市图》）。

这条南北贯通广州城中心区的马路建成后，名称并不固定。主要是有的广州地图标称分南北，有的不分。

1925年《最新测绘广州市面马路区域全图》标大南门（今大南路与北京路相交处）以北段为永汉北路；大南门以南至泰康路段为永汉南路。泰康路以南至江岸段则没有标名。看来这段马路在当时才修好不久，仍未定名。

过了三年，1928年10月版《广州市图幅联合表之五》已把大南门以南至江岸全段标作永汉南路。1932年4月27日广州市工务局制印《广州市马路路线图》所标相同。即以大南路作永汉北路与永汉南路之分界。

在民国文字资料中，出现过“永汉中路”，但不多见。亦无确指是哪一段。广州地图则从来没有标过“永汉中路”。

1936年5月12日，胡汉民突发脑溢血去世。为纪念这位民国元勋，永汉路易名汉民路。但在两个不同版本的1937年《广州市最新马路全图》上，一个是全段路标作汉民路，没有分南北。一个则仍标作永汉北路、永汉南路。

今有资料称：“1920年扩建为马路，名永汉路。20年代后期，为纪念胡汉民易名汉民路。”（《广州百科全书》第108页）亦有资料称：“北京路……清代街名为双门底，民国初为纪念胡汉民改名为汉民路。”以上两说都是不对的。20年代后期，胡汉民还在世，何来纪念？1932年4月27日广州市工务局制印《广州市马路路线图》只标永汉北路、永汉南路，民国二十三年（1934）版广州市政府编《广州指南》一书中，只记有永汉路，没载有汉民路。都证明胡汉民死之前从来没有过汉民路。

1942年4月《广州市全图》，全路标作汉民路，没有分南北。

1945年复称永汉路。但以后的广州地图仍标作汉民路。

1943年6月《广州市最新马路交通图》、1947年4月《再新大广州市马路图》、1947年7月《广州市图·广州市图幅联合表之六》、1948年1月《广州市街道详图》、1948年1月《最新广州特别市马路交通图》、1949年5月再版《新广州市街道详图》全都标作汉民北路、汉民南路，以大南路作南北分界。只有1947年8月《广州市马路图》将全路标作汉民路，没有分南北。今天地图制作如此严谨，本路一般都只标作北京路，但也有个别地图标作北京路和北京南路的。怪不得民国时期本路标名的不一致。

由上资料可知，民国时人们一般是把本路分为永汉南路、汉民南路和永汉北路、汉民北路的。以大南路为界。

永汉路建成，商铺绵延不断，为广州商业中心区。

酒肆、茶楼、茶室、西餐馆、外江菜馆、小食店，“五步一楼，十步一阁”。据传本路茶楼率先出现女招待，“女不经商”的封建传统观念由此被逐渐打破。粥面甜品商业同业公会设址于永汉南路。

纸张、文具、乐器、照相器材、洋服、古董、古籍、新书业、服装业、钟表眼镜业等行业商铺集中于此。壁鱼堂、汲古堂等书店和曾宗周朱墨店、刘中山笔店，遐迩闻名。20世纪20年代，逐渐形成文化用品购销中心。20世纪二三十年代，广州照相店以规模较大者居多，收费颇高。永汉北路是其汇聚地之一。

老字号鳞次栉比，永汉路（汉民路）之热闹繁华、商业鼎盛执广州之牛耳。

繁华盛世被战乱打破。抗战时期，1938年6月4日上午，汉民路遭日机轰炸。1945年7月12日上午，盟国美机轰炸东川路、汉民南路及郊区猎德一带。

抗战胜利后，永汉路商业复兴。永汉北路汇聚了33个书刊发行机构，包括书店、书局、文化社、图书公司等。

本路现存古迹。最著名是“千年古道遗址”，此乃2002年6—7月间，在整饰商业步行街开挖路面工程中发掘出来的自唐代至民国时期共11层路面，后经清理分南北两段陈列，上盖玻璃，任游人参观。至于原建于本路上的拱北楼、六纛大王先锋庙、华光庙、孖土地庙以及明清时期的多座牌坊等古迹，在1919—1920年扩建马路时已全部灰飞烟灭。

建国后，50年代的永汉路承接传统，仍是广州商业中心。路没有现在宽阔，两旁的商铺仍多为低矮的平房，远没有现在的光鲜美丽。百货店、服装店、饭店、电影院，一家挨着一家。高档的、低档的，奢华的、实惠的，应有尽有。热闹，但不嘈杂。商铺门口没有大喇叭，也没有不停地拍手掌、大声吆喝来招揽生意的店员。店家一般在早上九点左右开门，晚上八九点就关得七七八八。路上没有了白天逛街的人流，机动车也不多。

1966年8月25日，全路改名北京路。

北京路至今仍为广州骑楼较为集中的路段，更是广州历史传统市中心所在地。2000年12月公布为越秀区第一批历史文化保护区（内部控制）。

1997年2月8日，北京路部分路段逢双休日实施准步行；3月，北京路步行街被中宣部定为“全国文明商业街示范点”。1998年5月1日—2001年11月，步行街逢节假日实施全步行。2001年12月1日起，北京路成为全日制步行街。

大南路以北之今北京路北段。

建国前夕，此路集中了书刊发行机构33个，为广州市最多书刊发行机构的路段。

**11.新河浦·新河浦涌·新河浦街·新河浦路**

新河浦位于今东山湖公园东面的珠江北岸。北至山河后街，南靠新河浦涌，东至达道路，西至恤孤院路南端。这里原是珠江在清末时淤积而成的一片泥滩地，称“浦”。由于它的形成使右波罗水道变狭，大沙头与筑横沙北水道间形成一条新的水道，称新河浦涌，附近一带也由此得名。

1918年扩建新河浦街为马路，1920年建成。在新河浦涌入东山湖段北岸，故名新河浦路。今东起美华北路，西至东山大街。长620米，宽5.5米。后在新河浦路东南段东侧由南往北辟建新河浦一、二、三、四、五横路，东西走向，因与新河浦路横交而得名。宽3.5～4.6米，长分别为95米，340米，200米，210米、163米。

1936年5月29日（农历五月初五），由东山地区的粤秀体育会举办的龙舟竞渡在新河浦河面进行，参加比赛的有鹿步司寺右乡等8个单位共70余艘龙舟。

花园洋房住宅区

20世纪二三十年代，华侨在新河浦一带投资开发花园洋房住宅区，至今留存有吸取欧美各类别墅形式、结合地方建筑特点而建的民居建筑群。是广州市现存规模较大的中西结合的低层院落式传统民居群和历史街区。2000年12月公布为越秀区第一批历史文化保护区。

这些楼房大体可分为两种类型：

一种是西洋式花园别墅，前后有庭院，主楼多为二三层，外墙用红砖清水墙或批荡，钢筋混凝土梁混合结构，外立面特别是门面多采用柱廊或券廊形式，配山花顶，形式不一。副楼多为平顶，红砖勾缝外墙，装饰稍逊。

另一种为线条简洁的洋楼，红砖清水墙外墙，装饰线简练；楼上筑阳台或前廊。室内宽敞明亮，地面铺水泥花阶砖，柚木门窗，主楼前设小庭院。

春园、简园、葵（逵）园和培正路的明园是这类建筑住宅具有代表性的作品。

**12.恤孤院路**

东山恤孤院路一带原是荒地，1918—1920年，归国华侨在此建住宅小区，渐成街道，马路遂配套建成。因在两广浸信会兴办的恤孤院旁，故名。南起新河浦路，北至庙前直街与烟墩路交界处。今长375米，宽6.9米。

中共第三次全国代表大会会址

位于恤孤院后街31号（今恤孤院路3号）。这里原是一幢两层砖木结构、人字瓦顶的普通房屋。坐西朝东，门临大街，对面是“逵园”。建筑呈正方形，面阔、进深各约20米，高约6米，每层各有两间房子，靠北的一间较大。会址在抗日战争时期被日机炸毁。2004年进行发掘，会址的基础基本保存。

1923年6月12—20日，中国共产党在这里召开第三次全国代表大会。会前，中共广东区委受中央委托，租用此处作为会址和部分会议代表的宿舍。会址的首层靠南面的一间为会议室，靠北面的一间为饭厅，楼上两间房子为部分代表宿舍。

出席大会的正式代表有30多名，包括陈独秀、李大钊、毛泽东、瞿秋白、蔡和森、谭平山、阮啸仙、刘尔崧等。代表全国党员420人。大会的中心议题是讨论国共合作。

大会通过了《关于国民运动及国民党问题决议案》，决定全体共产党员以个人名义加入国民党，以建立各民主阶级的统一战线。大会还发表了《中国共产党第三次全国大会宣言》，通过了劳动问题、妇女问题、农民问题、青年运动等决议案，修改了党章，选举了新的中央执行委员会，推选陈独秀为委员长，毛泽东为秘书，罗章龙任会计。执委会负责中央的日常工作。1979年12月，公布为广东省文物保护单位。

**13.维新路·维新北路·维新中路·维新南路（广州起义路）**

维新路今名广州起义路，辟建于1919年。路名取“维新变革”之意。北起清代旧巡抚署（今人民公园地），南至珠江江岸。长达525米，宽达27米（有资料称宽30米，误）。这是当时广州城区最宽阔的马路之一。

维新路为南北纵贯广州城的一条主干道。在广州现代城建史上，维新路的辟建是一件大事。它改变了广州城的面貌。1933年海珠桥建成后，北自越秀山中山纪念碑始，南下山脚，是中山纪念堂，经广州市政府（今存）、中央公园（今人民公园）、维新路，南下过海珠桥通往河南区，将广州城区划分为东西两部分，成为民国时期的广州城区中轴线，奠定了广州旧城格局。2000年12月公布为越秀区第一批历史文化保护区。

在民国时期出版的广州地图上，维新路之标示并不统一。

1925年《最新测绘广州市面马路区域全图》、1942年4月《广州市全图》、1943年6月《广州市最新马路交通图》全路均只标作维新路。

1932年4月27日广州市工务局制印《广州市马路路线图》、1937年《广州市最新马路全图》、1947年4月《再新大广州市马路图》、1948年1月《广州市街道详图》、1949年5月再版《新广州市街道详图》均标作维新北路、维新南路。以大德路东端作南北分界。

可知民国时期人们一般是将此路分北路与南路的。民国某些资料还记有维新中路，但无确指是哪一段，显然也不为官方承认。

民国时期，本路有多间鞋店。民国二十四年，广州有鞋店23家，位于高第街、惠爱中路（今中山五路）、维新路等处有8家，占33%。

1938年6月4日，维新南路遭日机轰炸。

日寇投降后，国民政府新编第一军于1945年9月上旬最先进入广州，辖下新编第三十八师师部就设在维新路市警察局内。

建国前本路是鲜花砌作店集中地。当时殡仪馆行新式奠仪，需用鲜花圈、花牌、花相架等，鲜花砌作店应运而生。1946年，广州有这类店29家，大多集中于维新路。

1948年，维新路改名中正路。建国后，1950年复名维新路。1966年改名广州起义路（因路旁为广州起义中诞生的广州苏维埃政府旧址）。

### 广州市公安局·广州起义总指挥部旧址·广州公社旧址·广州起义纪念馆

广州公社旧址位于维新路100号（现广州起义路广州市公安局院内）。清代时此地是抚标右营游击府署。20世纪20年代是国民政府广州市公安局。

1927年12月11日，中共广东省委在广州发动武装起义，攻克公安局。广东省革命军事委员会、广州起义总指挥部、工农红军总司令部、广州苏维埃政府（“广州公社”）均设在这里。

现在的大门楼面阔三间，进深一间，为起义后改建，横跨于人行道上。黄色外墙，正面明间顶部饰山花及波浪纹饰，两次间为券柱式。

大院总面积5992平方米，共有三幢砖木结构楼房。大门内正面楼房是革命军事委员会和广州苏维埃领导人张太雷、黄平、叶挺、叶剑英、周文雍等的办公室。北面一幢二层楼房是起义总指挥部办公楼，一楼为会议室，二楼为总指挥叶挺、副总指挥叶剑英、参谋长徐光英及聂荣臻等人的作战指挥室。南面一幢三层楼房，为警卫连连部和军械、物资仓库。

1961年3月，广州起义总指挥部旧址被国务院公布为全国重点文物保护单位。

当日苏维埃政府使用过的建筑于1987年、2005年由政府拨款进行维修，并按原貌复原，辟为广州起义纪念馆。

### 四邑华侨中学·广州私立四邑华侨中学（广东华侨中学）

四邑华侨中学亦称广州私立四邑华侨中学，是今广东华侨中学前身。

清代广东提刑按察使司是广东最高司法机构。俗称“臬司”，臬司衙门就在今广东华侨中学地。

1920年，四邑华侨中学建于市郊凤凰岗大桃源。日军侵占广州时期停办。

1946年，四邑（台山、新会、开平、恩平）华侨捐款在维新路台山会馆（一说台山书院。今广东华侨中学地）复办四邑华侨中学。1949年建国初期继续开办。

1951年，由人民政府接管，9月改名为广东华侨中学（一说广东省立华侨中学）。被列为省重点中学。招收华侨、港澳同胞及其眷属子女入学。

1965年8月，广东华侨中学迁址至市郊瘦狗岭，原址改为市教师进修学院。1968年8月，广东华侨中学停办。10月改称广州市第五十六中学。1973年10月停办。

1984年8月，在广州起义路原址复办并复广东华侨中学名。这是一所规模较大的完全中学。东、西校舍，位于广州起义路东西两边158号和215号。

**14.惠福路**

1919—1920年，扩筑惠福巷等街巷辟建马路，因有惠福巷而取名惠福路。东起永汉路（今北京路），西至丰宁路（今人民中路）。长1405米，宽12～21米。

民国时期，本路分惠福东路（永汉路至维新路段）、惠福中路（维新路至米市街段）、惠福西路（米市街至丰宁路段）三段。见1927年1月4日《广州市六脉渠图》、1932年4月27日广州市工务局制印《广州市马路路线图》、1937年《广州市最新马路全图》、1943年6月《广州市最新马路交通图》、1947年4月《再新大广州市马路图》、1949年5月再版《新广州市街道详图》等地图标示。唯有1925年《最新测绘广州市面马路区域全图》标作惠福东路、惠福西路（以维新路为东西分界）。

由此可知，今天的惠福西路，其实是包括了民国时期的惠福中路和惠福西路的。

惠福路自唐宋以来即为商业中心街道。

民国期间，惠福路有多间二厘馆、晏店等以下层劳苦大众为主要营业对象的下级饭店。据1935年《广州年鉴》记载，当年全市有下级饭店80户，于西濠口、惠福路、惠爱路、南堤等地即有展记、冠南、福馨、永南楼等40余家。

1937年9月22—27日，惠福路多次遭日机轰炸。造成重大财产损失和人员伤亡。

1945年8月抗战胜利后，洗染行业又旺盛起来。惠福路的华星机器洗染店是著名的一间。

今天的惠福西路，包括了民国时期的惠福中路和惠福西路。东起维新路（今广州起义路），西至丰宁路（今人民中路），长1125米。宽12米。

1919年扩筑辟建马路，20年代初建成。为主要商业马路。辟建马路前，由东往西，依次为早亨坊、大市街、安义巷（见1918年《广州市图》）。著名古迹“岭南第一楼”“五仙观”在本路。

沦陷时期，1944年1月，因电力不足，伪广州当局取缔电发业务，致使一些妇女恢复蓄发梳髻。“梳头婆”随之兴起，专事妇女梳头、盘髻、修眉、剃脸。设档多集中在惠福西路一带，本路成了梳头婆聚集地。

1966年曾改名向阳四路，1981年复名。

**15.德宣路·德宣东路·德宣中路·德宣西路（东风中路）**

1920年，由西往东拆德宣街、天平街、二牌楼、天官里扩建为马路，统称为德宣路，为横贯广州城北之东西向干道。长1488米，宽28米。

抗战初期，本路屡遭日机轰炸。

1937年9月22—27日，德宣路遭日机多次轰炸，损失惨重。

1938年4月17日中午，一队日军飞机向小北路及德宣东路口一带连续投下重约250磅炸弹多枚，塌屋数十间，多人死伤。5月29日上午，德宣区德宣西路思思中学被日军飞机炸毁。6月5日，德宣路芒果树街落弹1枚，附近民房倒塌多间。志锐中学校全间被毁；德宣路第15号至17

号，第2号至4号之一及福康园，第1号与第2号，亦倒塌。德宣东路与正南路口一带落重磅炸弹3投，正中昌发生果店，波及附近铺户，德宣东路美光影相店落弹2枚，被炸毁屋户计由第85号至95号一连6间，双门牌由第110号至114号三间，均半毁，第124号至138号亦被震塌过半，平民死伤多人。

1938年6月7日，日机夜袭广州市，德宣西等地均有落弹。6月15日，德宣区莲桂巷遭日机轰炸。

1967年德宣路更名东风路，1981年改名东风中路。

## 中山纪念堂

中山纪念堂是广州最大型纪念性建筑，坐落在越秀山南麓，位于今东风中路259号。这是一座具有浓郁民族风格的优秀建筑作品，中国近代建筑代表作之一，被称为划时代的传统新建筑典范之作。驰誉中外。

此地原是清代之抚标箭道，晚清时改为督练公所。民国初年，为督军衙署。广西军阀统治时期，是广东督军署。

1921年5月，孙中山就任非常大总统，总统府建于此。当年10月10日，孙中山在总统府庆祝国庆后赴北较场阅兵。尔后，军民结队游行，欢庆国庆。

1922年，发生“六一六事件”，粤军攻打总统府，总统府被毁。

1925年3月12日，孙中山在北京逝世。据当年《广州民国日报》报道，孙中山先生逝世后，粤人即“拟募集五十万元，建筑一规模宏大之孙中山纪念堂及图书馆，以纪念元勋”。

1925年3月23日，广州各团体开孙中山追悼会筹备会，廖仲恺报告中央党部决议三项，第三项是“在西瓜园建中山纪念堂及图书馆，募集建筑费50万元”。可知当时政府是计划在西瓜园建中山纪念堂的。“以伟大之建筑，作永久之纪念。”西瓜园在今人民中路东侧广州日报社一带地域，当时此处是大片空地。最初选的地点在今人民中路同乐路口南侧原电话局所在处。这是关于建筑中山纪念堂和中山图书馆的最初动议。

因西瓜园为旧商团总所，且与孙中山无历史上之关系，故地点不适宜。后经中央党部议决，以旧总统府为孙大元帅纪念堂地址（1925年4月25日《广州民国日报》载《孙先生纪念堂地点之决定》）。

今天一般资料称：民国十五年（1926）1月，中国国民党第二次全国代表大会追思孙中山功业，议决在原总统府地域兴建中山纪念堂。可见此说法是不对的。“无论是《广州民国日报》上的详细报道，还是在‘二大’的文件汇编原件里，都找不到‘二大’关于在广州建筑中山纪念堂的决议。”（《广州中山纪念堂钩沉》）

1926年2月20日，国民政府决议，拨款100万元建中山纪念堂。由上海馥记营造厂施工。

1929年1月15日由筹建委员会李济深等立石奠基（一说1927年1月15日奠基，疑误），当天建筑在越秀山顶的孙中山纪念碑亦立石奠基。而在此之前，中山纪念堂事实上已动工兴建。有资料称1928年4月26日正式动工兴建，而据卢洁峰《广州中山纪念堂钩沉》一书记载：“广州中山纪念堂是于1928年3月22日动工兴建的，即动工在前，奠基礼在后。”“至奠基礼前，已完成工程量的十分之三。”（《广州中山纪念堂钩沉》第50页）主体建筑于民国二十年

（1931）10月10日竣工（当时外门亭、附楼、华表、喷水池等尚未动工兴建）。是日晨建成开幕。下午开放任由民众参观。

中山纪念堂整体建筑包括门楼、纪念堂及东西附楼，坐北朝南，建筑面积1.2万平方米（含东西两座附楼、后台休息室及地下化妆室）。至于占地总面积，今天资料一般称共6万平方米，亦有载为占地面积6.37公顷。“中山纪念堂现在的范界比原来的‘6.36公顷’要小，南北长约253米，东西宽约229.2米，平面面积约为57 987.6平方米。”（《广州中山纪念堂钩沉》）

门楼为钢筋混凝土结构，面阔三间，宽20多米；进深一间，开3个拱券门，中门较高，两侧门稍低。正中为歇山顶，两侧为庑殿顶。铺蓝色琉璃瓦，檐下施水泥彩绘斗拱和额枋，嵌“中山纪念堂”横匾，没有落款，据考乃宋庆龄题书（见《广州中山纪念堂钩沉》第433页），外墙贴乳黄色面砖，墙裙作花岗石须弥座形式。庄重而不失绚丽。

纪念堂为八角形仿古宫殿式建筑，木桩基础，钢筋混凝土和钢梁架结构，高47米。屋顶是前后左右四个重檐歇山顶，顶盖为八角亭式，红柱黄墙衬着蓝色琉璃瓦，庄重瑰丽；堂内周围装饰民族风格的绘图案，分上下两层，共有4608个座位，有6条梯道供观众上下，为当时中国最大会堂建筑。堂顶为琉璃镶嵌的圆形大吊顶。东、西、南三面各有一组棱花格子大门，连接环形的走廊；从大厅到走廊有10个出入口，场内数千观众5分钟可疏散完毕。

纪念堂正面重檐下檐博脊中央，悬挂孙中山手书“天下为公”横匾，长约5米，宽约2.5米。为钢筋混凝土浇制，却取木匾的造型，涂木匾的色彩：深褐色的斗形边框内，蓝底金字。整块匾额作30度角倾斜状，人们一般都会以为是一块木匾。“文化大革命”期间，曾遭两次破坏，幸免于难。

整幢建筑雄伟肃穆，庄严堂皇，全然中国传统宫殿气派。

大堂内空间极大，不见一柱，而由隐蔽在墙壁的8根钢筋混凝土巨柱支撑起4个跨度约30米的大型钢桁架，承托起八角琉璃瓦顶。这是一项技术复杂、施工困难的巨大工程。整座建筑把力学和声学巧妙结合起来，成为中国近代跨度最大的会堂。被称为建筑艺术中的杰作，也是其为人交口赞誉的特色。

堂内四周装饰民族风格的彩绘图案，丹彩瑰丽，金碧辉煌。舞台后墙中间镶有孙中山的浮雕头像和《总理遗嘱》刻石。基座和石阶为白色花岗石，配以淡青色大理石墙裙，乳黄色贴面砖墙身以及紫红色水磨石圆柱，色调和谐，色彩鲜明。堂顶镶盖宝蓝色石湾琉璃瓦，四层瓦面飞檐出卷。

纪念堂前是孙中山像基座，两侧建有一对花岗石华表。像前广场开阔，乃3万平方米草坪。绿草如茵。周围栽有上百种名贵风景树木，其中有数十棵古菩提树和树龄在300年以上的古木棉树。显得庄严肃穆。其中在东北角那棵木棉树，树龄达350年，乃广州市今存木棉树中之最高龄者。

纪念堂东西两侧各有一座两层楼房，是其附属建筑，风格类同。为钢桁架结构，由李铿、冯宝龄设计。

1931年11月18日—12月5日，中国国民党第四次（粤）全国代表大会在中山纪念堂召开。17天的会议全在中山纪念堂里举行。这是中山纪念堂落成后的首次使用，亦由此开启了中山纪念堂作为党政大型集会会场的历史。此后岁月，任凭风云变幻、政权更迭，中山纪念堂的这一功能被一直延续下来。

1934年12月17日，中山文化委员会成立。此后，中山纪念堂、中山纪念碑、中山图书馆等均由该会接管。

民国时期，中山纪念堂仅限于召开纪念性大会，以及党政重要会议。从不用作文艺演出。现在堂内所称的舞台，原是礼坛，乃用于祭祀，并非用于文艺演出的。建国后，中山纪念堂成了一个多功能的集会和演出中心，各种纪念孙中山的活动都在此举行，又是省市重要集会和文艺演出的重要场所，其使用大大地超出了民国时期仅用于召开纪念性集会和重要党政会议的范围。

中山纪念堂前建有铜像基座，与堂体是同时落成的。石砌，占地117平方米，方柱体，四面镶嵌4块汉白玉石碑，上刻孙中山著《建国大纲》。

铜像基座建成后一直空着。第一次维修时曾提出“总理铜像一座高十八尺，约需款一十四万元”（见1936年12月23日广州中山纪念堂纪念碑建筑管理委员会向广东省财政厅呈报的《中山纪念堂全部工程完成及修理预算书》）。以后亦曾多次提到，事实上却是始终未能“铸安铜像”。铜像基座也就一直空着。

建国后，1956年，在基座上立起了一尊孙中山像，那是从石牌中山大学移来的，休积较小，让人感觉不合适。1958年塑成另一座，立于基座上，作者尹积昌、詹行宪、廖加复。1958年6月6日《广州日报》报道：中山纪念堂前的孙中山纪念像已经建成，像高5.5米[见广州档案局编《广州大事记》（1949年10月—1994年12月）。现在华南理工大学档案馆所藏档案资料的记录是像高5.3米，重8.7吨]。由于资金紧缺，当时是用钢筋混凝土来塑造的。为取得铜像的效果，在塑像表面涂了厚厚的一层铜粉（另一说是外喷紫铜）。此后数十年，人们多以为这是铜像。《五羊城脉》即称：“1958年，由雕塑家尹积昌等人创作的孙中山全身铜像塑成，矗立于纪念堂前。”

1987年7月9日《广州日报》报道：广州市雕塑家有4件作品被评为全国优秀城雕作品，获全国城雕优秀奖。其中一件就是这座广州中山纪念堂的孙中山像。

1998年中山纪念堂大修时，重塑了一尊真正的铜像，至今立于堂前基座上。原先那座外喷紫铜的偌大的空壳水泥像，经40年岁月，内里支撑的铁柱已经生锈朽烂，经维修，于1998年冬移至广州华南理工大学，另建基座，于1999年9月将此座孙中山像重新竖起，现仍立于华南理工大学校园内，距校门口约百米处，一号楼的前面，相当引人注目。

中山纪念堂是广州主要游览胜地。

1982年1月9日，《羊城晚报》评选出1982年度广州十大最佳旅游点，中山纪念堂入选。

1996年11月28日，“广州十大旅游美景”评选揭晓，中山纪念堂与黄花岗公园归入同一景，名“辛亥之光”。

2008年11月1日，中山纪念堂园区向公众免费开放，这是广州首个实行免费开放的市属大公园。在此之前很长时间（未确多少年），除了开会、演出，中山纪念堂是并不对内开放的。

2011年10月20日，在“大美珠三角 幸福新启航”论坛暨珠三角十大景观、特色景观颁奖盛典上，“共和旭日”（广州辛亥革命遗迹群：黄埔军校、中山纪念堂、大元帅府、黄花岗七十二烈士陵园）获“珠三角十大景观”称号，并位列第一。

1962年7月7日，广东省人委公布第一批省级重点文物保护单位。中山纪念堂（连同孙中山纪念碑）榜上有名。

1978年7月18日，广东省革委会重新审定公布广东省第一批省级重点文物保护单位，中山纪念堂（连同孙中山纪念碑）榜上有名。

1990年，国家建设部、国家文物局、中国建筑学会核定公布中山纪念堂为全国近代优秀建筑单位。

2001年6月，国务院公布中山纪念堂（连同中山纪念碑）为全国重点文物保护单位。

**16.越华路**

1920年扩建司后街（意为广东布政司——今省财政厅地——后边的街）为马路，因街内有越华书院，故名越华路。今东连仓边路，西接吉祥路，长577米，宽13米。

今越华路广东省民政厅地，清代时是两广总督署所在。民国时期，仍是广东最高官府所在，政治中心。省长公署、广东省政府、国民政府、西南政治委员会、伪省府、伪广州绥靖公署、广州行营、广州行辕、广州绥靖公署、华南军政长官公署等均设于此。

1927年12月7日，中共广东省委革命军事委员会在越华路一家剧院内召开工农兵代表会，确定12日晚起义。

抗战初期日机轰炸广州，“落弹较多的地方是天河飞机场、海珠桥南北桥脚一带和市中心区越华路各军政机关附近。但越华路总部、省政府、市政府、财政厅等重要机关，始终没有被敌机炸中”。1938年5月28日、29日，6月，越华路连遭日机轰炸。市民死伤惨重。7月12日，越华路落1弹，正中市立第六十七小学，除该校完全炸毁外，另毁民房15间。

1947年，国民政府驻广州的部队有第一清剿区司令部及保安第二十五团，就驻在越华路。

**17.仓边路**

明清时称仓边街。南接大塘街，北接小北直街。为东城区南北向主干道。1920年扩建为马路，称仓边路。20世纪30年代初才正式建成竣工。长534米，宽16米。

仓边路是司法机构集中地。清末宣统二年（1910），在仓边街建审判厅，是当年进行司法改革的产物。民国时期，审判厅、法院、看守所、监狱等均建于仓边路。今天现省高级法院、市中级法院均在仓边路（旧审判厅地一带），有其渊源。

1938年4月17日，仓边路遭日机轰炸。9月，再遭轰炸，曾经的繁华商业街区即成灾难地。

1966年改名登峰南路，1984年复名仓边路。

古应芬故居 · 古氏家祠

位于仓边路56号。坐东朝西，高3层，占地面积约300平方米，为红砖外墙的西式建筑，前面有花园。围墙设圆拱木门，仿罗马式倚柱支撑门上飘檐，檐上山花石雕，装饰精美。故居曾为古氏家祠。

古应芬（1873—1931），字勷勤，籍贯广东番禺（今属广州市）。1925年起任国民政府财政部长、文官长兼广东省财政厅厅长、国民党中央监察委员会委员等职。辛亥革命时是孙中

山的得力助手，民国时期曾和胡汉民一起反蒋。为了纪念古应芬，陈济棠创办了以其名字命名的高等学府勷勤大学。国民政府建此楼送给其后人居住。现为古家后人物业。

2005年9月，公布为广州市登记保护文物单位。

**18.大东路·东川路（中山三路）**

清代正东门（今越秀路与中山路相交处）以东大街称正东门大街，1921年辟建为马路，称大东路。1948年为纪念孙中山改名中山路。宽15米，长772米。今为中山三路。

在1937年《广州市最新马路全图》、1948年1月《广州市街道详图》和1949年5月再版《新广州市街道详图》上，大东路东段均标为东川路，再往东为百子路（今中山二路）。即今中山三路的东段在当时是称东川路的，其东段与今东川路相接。

本路今尚存建于1930年的“洋楼”，在中山三路2号，是菲律宾华侨陈海文私人产业。高4层，坐北朝南，砖混结构。面阔10米，进深18米，占地面积约为180平方米。以仿西洋的“洋楼”建筑风格为主，融合部分中国传统建筑手法。屋顶有天台及女儿墙，山花上有旗杆，顶部天台还有一个凉亭，为绿琉璃瓦四角攒尖顶，正面有“绮云亭”三字。正面入口处建有柱廊式门楼，一楼作门厅，二楼、三楼、四楼作阳台。现门前为马路，附近为广州起义烈士陵园及民居。

1938年6月15日大东路遭日机轰炸，16日再遭轰炸，大东路原省参议会旧址（旧广东咨议局）右边东龙路落弹1枚；省参议会旷地落弹3枚。

本路主要名胜，路北侧有清末建广东咨议局，路南侧有东校场。

广东省党部·省议会·国民党中央党部（广东革命历史博物馆）

在大东路原广东咨议局旧址，即今烈士陵园西部之广东革命历史博物馆。抗日战争之前，这里是风起云涌之地。不少深具影响的会议是在这里召开的。

1925年1月25日，广东各界反对日本侵略满洲，在省党部召开第二次委员会议，工农商学兵各团体均有代表出席。10月6日，经中共中央同意，毛泽东出任国民党中央宣传部代理部长（汪精卫兼部长，没有到职）。毛泽东与夫人杨开慧一起住在东山庙前西街38号二楼。办公地点则在大东路30号国民党中央党部内。12月，毛泽东兼任国民党中央农民运动委员会书记。10月15日，国民党广东省第一次全省代表大会在广东咨议局旧址召开。毛泽东为大会草拟了《中国国民党广东省第一次全省代表大会宣言》。

1926年1月1—19日，中国国民党第二次全国代表大会开幕，会场设在原广东咨议局，并在东校场行阅兵大典，20万军民高呼“打倒帝国主义”“打倒军阀”等口号。5月1日，第三次全国劳动大会与广东省第二次农民代表大会联合在国民党中央党部礼堂开幕。翌日，在中华全国总工会会址（今越秀南路惠州会馆址）举行廖仲恺先生纪念碑奠基典礼。5月5日，国民党二届二中全会在广东咨议局旧址召开。会上蒋介石提出了《整理党务案》。

1931年9月23日，国民党广州“非常会议”、省市党部，在国民党广东省党部大礼堂召集各界民众举行“抵抗日本侵占东三省大会”，与会者数千人。

《政治周报》为中国国民党中央宣传部机关刊物，毛泽东在广东咨议局旧址创办。民国十四年（1925）12月5日首刊，次年（1926）6月5日停刊，共出版了14期（不定期出版）。

毛泽东、沈雁冰、张秋人先后任主编或主持。16开本，每期约2000字。每期发行4万多份，是当时全国销售量较大的刊物。报社社址设在大东路30号国民党中央党部（今广东革命历史博物馆）。

### 公共运动场·东校场·广东公共体育场·广东全省公共运动场（广东省体育场）

在大东路南侧，今广州起义烈士陵园南面，广东省体育场地。

此地历史悠久。明清时期主要用于阅兵、操练、比武等，有时也举行大型体育活动。一般称东校场。清光绪二十七年（1901）定名广东省运动场。为今越秀地区最大的体育设施之一。

晚清与民国时期，多届广东省运动会在此地举办，见下表：

| 时间 | 届次 |
| --- | --- |
| 1906年 | 第一届 |
| 1909年 | 第三届 |
| 1917年2月 | 第六届 |
| 1919年2月 | 第七届 |
| 1933年5月 | 第十二届 |
| 1935年5月 | 第十三届 |
| 1937年5月 | 第十四届 |
| 1947年 | 第十五届 |

1909年后，东校场荒为刑场。民国初年，广州警察厅长陈景华将扰乱广州治安的“百二友”绑去东校场枪决。相传当年东校场天天杀人。全场分作四个杀人区域，一个是陆军司的，一个是海军司的，一个是广阳绥靖处的，一个是广州警察厅的。各区域都有几杆黑旗，押到囚犯，各就黑旗旁边枪决，以绥靖处和警察厅两个区域杀人最多。

1916年、1930年，当局两度将东校场建为公共运动场，未成。

1930年2月，广东省体育协进会主办了广州市首次群众性公开环市长途赛跑。以后每年都在2月份内举行一次。从第三届起改名为“环市长途赛跑”。至民国二十六年（1937）共举行了8次。长跑的起点或终点多设在广东公共体育场（东校场）。

1932年，陈济棠主粤时，广东省政府拨款20万元，把原来不规则的场地建成广东公共体育场。场内建有标准400米煤渣跑道田径场，内含大型足球场1个；有跳高沙池、跳远沙池、投掷区；西面建有钢筋三合土看台，可坐观众数千人；两端各有1个篮球场。建成了比较合乎标准的大型体育场。

体育场占地范围东到现在市化工局一带，西达局前街原电信大楼一带，北至大东路即今中山三路（有资料称北至现在广州起义烈士陵园门口，误）。南至较场马路（约今云海通津一线）。见1932年4月27日广州市工务局制印《广州市马路路线图》。

1934年《广州指南》称此地为“广东全省公共运动场”。文曰：

1934年4月，广州市体育运动委员会为了进一步发展群众性体育活动，把原定的第六届市辖学校运动会（前五届均在越秀山足球场举办）扩大为广州市第一届运动会，4月8—13日在东校场公共运动场举行，分“市民组”和“市校组”。参加单位除市校外还有省立、国立学校及群众体育团体，参赛运动员2880多人。比赛结果：市民组中山大学获男子团体冠军，省立女师获女子团体冠军，市校组市一中获男子团体冠军，勷勤师范获女子团体冠军。

1935年、1937年先后举办了第七届和第八届市辖学校运动会。

1935年，省体专在东校场东面建校舍和网球场。

日军入侵广州时，东校场遭到严重破坏。西看台被炸毁，随后被侵华日军占为仓库。抗战胜利后修建恢复，保留中间的田径足球场，南北各1个篮球场及1个网球场。

1947年，田径场东西边建长约100米的三级砖石看台，篮球场建五级木看台。至1949年，广东公共体育场只留下1个简易田径场、足球场和1个木结构的篮球场。

1947年至建国前夕，省立体专（在东校场运动场）设有两个网球场。

有资料称，1947年在东校场举办了第十五届广东省运动会，当时的东校场称中正体育场。但1948年1月《广州市街道详图》标示为“公共运动场（东校场）”，并非中正体育场。

1950年，此地定名为广东省人民体育场。修建成可容纳2万观众的田径、足球场和灯光篮球场。1959年因兴建广州起义烈士陵园广场，面积缩小一半，只留下田径、足球场。

民国时期的东校场，既是举行体育竞技的地方，更是经常举行大型集会的地方。大革命时期的1926年最为频繁。

1922年5月2日，广州各界在东校场举行北伐军第二军北伐誓师典礼，孙中山亲临授旗。预祝许崇智军出师北伐胜利大会亦同时举行。

1925年4月12日，广州各界隆重举行孙中山追悼大会，会场设于东校场，廖仲恺任大会主席，胡汉民主祭，会后游行。12月20日，广州民众共15万人在东校场举行反对北洋军阀段祺瑞示威大游行。中共广东区委和团广州地委发出《告广东民众书》。

1926年1月1—9日，广州各界举行庆祝元旦活动。国民革命军在东校场举行阅兵仪式。国民党第二次代表大会代表、香港同胞恳亲团等到东校场阅兵，市民30余万人到场参观。1月18日中午12时，广州工农兵学商各界在东校场集合，举行反对日本侵略中国示威大游行，由东校场经惠爱东路（今中山四路）、永汉路（今北京路）、天字码头、长堤、太平路（今人民南路）到丰宁路（今人民中路）西瓜园（今广州日报社一带）。1月19日，国民党中央党部、对外协会、中华全国总工会罢工委员会、学联会等团体召集工农商学各界在东校场举行反对日本出兵的示威活动。3月12日，各学校、省港工会、机关、军队在东校场纪念孙中山逝世一周年，人数达30万。会后游行，高呼“总理不死”“国民革命成功万岁”“世界革命成功”等口号。6月14日，广州各界246个团体共30万人在东校场举行大会，庆祝广东农工商学联合会成立。会后游行。6月23日，为纪念沙基惨案一周年，广州工人和省港罢工工人会合农兵商学各界群众30万人，在东校场举行反帝大会。7月9日，国民革命军在东校场誓师北伐，30万人参加典礼。8月22日，广州各界群众30余万人聚集东校场，举行预祝北伐成功大会。

1927年12月11日广州暴动。教导团分三路出击，中路进攻东校场、广九车站和公安局。

1936年6月13日，广州市各工厂、学校民众5万多人在东校场集合，举行抗日示威大游行。

**19.西濠二马路**

在太平路（今人民南路）南端东侧，东至仁济路。1921年建路，本无街巷，主要是拆民宅而辟建。因是西濠口第二条马路，故名。长125米，宽9米。为繁盛商业区。

中华戏院 · 中华影院 · 新文化电影院（西濠宽银幕立体电影院）

1932年，海外华侨在此路投资建造电影院，取名为中华戏院，又称中华影院。1961年改建为立体电影院，因地处西濠口，取名西濠宽银幕立体电影院。1966年改为新文化电影院，1973年复名西濠宽银幕立体电影院。是广州市第一间宽银幕立体电影院。

昆仑照相馆

昆仑照相馆创建于1949年5月25日，创始人陆奇峰。店设西濠二马路25号（现广州电影院售票房的位置），营业面积40平方米，经营业务仅有黑白人像摄影、冲晒放大，兼零售少量黑白胶卷。1958年，与“远东”“大金龙”两间摄影店合并，迁到人民南路19号扩大经营，营业场地面积250平方米。成为广州市摄影行业的名店。“文革”期间一度易名为“人民摄影店”。1972年复用原名。

**20.仁济路**

晚清光绪六年（1880），北美长老会在此地修建了一座基督教堂，名仁济堂，后来此地形成南北向街巷，因之名仁济大街、仁济通津，南达江岸。1921年，扩建仁济大街与仁济通津为马路，称仁济路。北接一德路，南接西堤，长400米，宽8米。今存。

本路南段俗称西濠口，向为闹市，路东侧有著名的博济医院南华医学堂（今孙逸仙纪念医院前身）。

据1948年《广州大观》记载，当时仁济路是食油业商业街，仁济西是南北药材业商业街。

博济医院 · 博济医学校 · 博济医学堂 · 博济医院南华医学校 · 南华医学堂 · 南华医学院（孙逸仙纪念医院）

在今仁济路与长堤大马路相交处之东北侧。今为孙逸仙纪念医院。地址沿江西路107号。

岭南大学医学院 · 岭南大学附属医院 · 孙逸仙博士医学院（孙逸仙纪念医院）

1936年7月，夏葛医学院归并岭南大学，迁址于长堤博济医院内，改名岭南大学医学院；又与南华医学堂合并为岭南大学附属医院，后定名为孙逸仙博士医学院。为今孙逸仙纪念医院前身。

抗日战争期间，中山大学医学院、广东光华医学院、岭南大学医学院均分别迁往云南、广东罗定、南雄、乐昌、曲江、连县和香港等地办学，抗战胜利后，始迁回广州。

另一说，岭南大学医学院在长堤，前身为博济医校与夏葛医校。1953年9月高等院校系调整时与中山大学医学院、私立光华医学院合并为华南医学院，后改名中山医学院。

**21.广九南路 · 铁路边（大沙头二马路东段、东华南路西段）**

民国时期的广九南路，在白云路南段广九铁路之东南侧，意为“广九铁路南侧之路”。沿江岸辟建，西至东濠口，与南堤大马路相连接；东至新河浦涌一条南流入大沙头涌的南北向

水道。此水道的东面，在民国时是一排东西向排列的四个大水塘，建国后这一带被辟建为今东山湖公园。

民国时期，广九南路隔大沙头涌（大沙头岛北侧河道）南与大沙头岛相望。

1928年《最新测绘广州市面马路区域全图》已绘出此路，但没有标名。当时大沙头岛西端已建有桥与本路相连。

1932年4月27日广州市工务局制印《广州市马路路线图》也绘出此路，亦没有标名。大沙头岛西端有桥与广九南路相连，标明是“木桥”，此木桥之东北侧用虚线绘出一桥，表示规划建造。

1937年《广州市最新马路全图》绘出此路，标名“广九南路”。大沙头西端有二桥与此路相连，此二桥绘得很窄，看来是木桥；而在此二桥之东北面，绘出一马路桥，桥上写“筑铁桥”三字，这看来不应是桥名，而应是“准备建筑铁桥”之意。而在以后的民国广州地图（如1948年1月《广州市街道详图》、1949年5月再版《新广州市街道详图》等）上都是如此标示。不知这桥到底建成了没有。

20世纪50年代初，大沙头涌的西段被人工填平成陆地，大沙头连陆，岛不复存在，上述的桥当然亦全湮没了。原为河涌边基堤的广九南路便成了陆上马路；当时广九铁路仍在，故此路又称“铁路边”。1981年，按大沙头路北侧道路之东西顺序改名大沙头二马路。

1984年，此段广九铁路停止使用后拆建为马路，因在东华东路之南，取名东华南路。今东华南路之西端段（今大沙头二马路与东华南路相交处以西段），实为原广九南路的西段扩建而成。也就是说，民国时期的广九南路，被扩建成今天的大沙头二马路东段与东华南路的西端段，而当年此路的四周环境已全然改变。

**22.百子路（中山二路）**

1925年，由大东路（今中山三路）向东拓建街巷百子路筑成马路，仍名百子路。1948年2月为纪念孙中山改名中山路。长960米，宽12～13.5米。今为中山二路。

1938年6月16日，百子路89、91两号遭日机轰炸，落弹2枚，连同圣希利达女子中学均被炸毁。

新公医院·广东公医学校·广东大学附属第一医院·中山大学附属第一医院（中山医科大学）

新公医院是广东公医专门学校（或称广东公医医学专门学校、私立广东公医医学专门学校）附设医院，清宣统二年（1910）由广州巨绅潘佩瑜（亦有写作潘佩如）等40余人募款始建，初址在长堤（一说西关十三甫）。1913年迁百子路现址（今中山二路58号）。1918年建成。

1921年，学校与医院合一，称广东公医学校。

1925年，广东公医学校并入广东大学，改名为广东大学附属第一医院。

1926年10月，广东大学改名中山大学，该院亦随之改名为中山大学附属第一医院。1934年《广州指南》载为“中山大学第一医院”。

1953年9月大专院校院系调整，中山大学医学院与岭南大学医学院、光华医学院合并为华南医学院，1956年改名广州医学院，1957年3月，改名中山医学院。医院部分称中山医学院第一附属医院。1958年改名中山医科大学附属第一医院（亦有资料写为中山大学医学院附属医院）。1985年6月，改名中山医科大学。

### 邝磐石医院·私立邝盘石医院（东山区人民医院）

广东最早的一间西医私人医院。创办人邝磐石，毕业于广东光华医学专门学校，1914—1916年，曾任广东光华医学院副院长及代院长。1917年，在前鉴东约（今东华东路）开设邝磐石医院，另在太平沙设分院1间。

1919年，邝磐石自行投资在东山梳头岗（又称木棉岗）东北麓兴建新院（东山口西侧百子路1号。东山人民医院所在），设有内、儿、妇、外、针灸等科，设病床20张，有医生3人。以后陆续扩建，至1934年已成为一间园林化的私人综合性医院。有病房69间，病床86张，配备X线诊断治疗机、外科手术器械和理疗、检验、消毒等设备，并附设护士学校。有工作人员59人，其中医务人员33人。1937年，全院建筑面积为3394平方米，病床增至72张，每年留医病人784人，年门诊人数近3万人次，成为当时具有一定规模的综合性私人医院。

日军侵占广州期间，邝磐石医院迁出，院址曾被日伪医院占用。

日本投降后，医院迁回，1946年恢复业务。1949年，全院开设病床30张，有医务人员14人。

1958年，邝磐石将医院献给国家，由东区人民政府接管，命名为东山人民医院，仍由邝磐石任院长。当年全院病床已恢复至80张。1963年改名东山区人民医院。

### 中山医学院校本部·中山医科大学·中山大学医学院·日军司令部·日军细菌试验遗址·华南防疫给水部（中山大学医学院）

中山医学院校本部位于中山二路今中山大学医学院内。始建于1916年冬，1918年竣工。整座建筑依山坡而建，坐北朝南。平面布局近似“工”字形，包括中楼与东西两翼，中楼与西楼均分前后两座。总面阔93.5米，总进深61.5米，建筑占地面积5750平方米。混合结构。除中楼后座高两层外，其余部分均高3层，花岗岩石砌筑基础层，红砖外墙。

中楼正立面突出，前后两座中间有院子相连。前座为三开间，正立面为柱廊式，水刷石米的爱奥尼式巨柱贯通第二、第三层，底层以砖砌方柱承托。顶部设山花，上镶“中山医科大学”6个金色大字，为邓小平题。后座面阔18米，进深9米，碌灰筒瓦，悬山顶，红砖外墙。

东西两翼建筑稍后于中楼，但与中楼连为一体。两翼建筑平顶，第三层上为露台，露台四周设绿色琉璃瓶式栏杆。西翼建筑前后座之间设一庭院，三层都设柱廊式回廊相连通。后座面阔较前座宽，为51米。

中楼正面的两侧、东西两翼建筑的外侧，以及西翼后座的西端共5处建有高3层的圆形角楼建筑，红砖外墙，上设绿琉璃瓦锥形塔尖。是整座建筑的一大特色。

中山大学医学院前身为私立广东公医医学专门学校，1909年春由潘佩如等创建。原址在广州西关十三甫，后迁至长堤潮音街口，再迁至东郊三拱桥门外的百子岗、蟾蜍岗（即现址）。1924年，学校改名为广东公立医科大学，同年，孙中山创办国立广东大学而改属该校医科，1926年广东大学改名国立中山大学后改属该校医学院。

1938年10月21日，日军侵占广州。驻广州地区的日军为第二十一军，司令部初设今中山二路中山医科大学校址，10月25日移执信中学。

1939年，日军在广州组建第四支细菌战部队，名波字第8604部队，大本营设在中山大学医学院图书馆旧楼及附近地方。详下文《日寇暴行》。

1952年，全国高等院校调整，中山大学医学院与岭南大学医学院、广东光华医学院合并，成立华南医学院。1957年改名中山医学院。1982年改名中山医科大学，现为中山大学医学院。

1999年7月，公布为广州市文物保护单位。

双清楼·八路军驻广州办事处（省邮电管理局）

1937年8月25日，中共中央军委发布命令，中国工农红军主力部队改编为国民革命军第八路军。

1938年1月，中共中央成立八路军驻广州办事处，设在德政北路7号2楼（今德政北路375号），这是一幢三层楼房，坐西向东，混合结构。二楼长10米，宽6米，面积约60平方米。一厅两房，由西到东并列分布，两房之间隔有一小天井，西面设有厨房和卫生间（1994年建地铁时拆毁）。

开始由张云逸领导办事处工作，3月由廖承志接任。4月，廖将办事处迁往百子路8号、10号，占地面积约200平方米。这是廖仲恺、何香凝早年住过的“双清楼”，一座两层砖木结构的西式洋房，坐北向南。与邝磐石医院（现东山人民医院）斜对。后在日军侵华期间被日机炸毁。

办事处是中共在广州地区的公开机关，受八路军驻武汉办事处和中共广东省委双重领导。除与国民党有关机关联系，办理八路军、新四军的军需和商谈有关事宜外，还与各界人士联系，开展抗日统一战线工作，扩大中共影响。经办事处交涉，广东当局释放了被关押的中共党员和其他人士300多名。该办事处还先后介绍工人、青年学生、侨胞、港澳同胞1000多人到延安学习或参加八路军、新四军，筹集巨额款项和大批物资支援八路军、新四军，同时，掩护中共地方党的活动。

1938年10月广州沦陷前夕，八路军广州办事处随中共广东省委迁到韶关，改为八路军驻韶关办事处。1940年下半年撤销。

建国后，省邮电管理局在原八路军驻广州办事处建造办公大楼和宿舍。“双清楼”遗址湮没。

**23.广卫路**

清代时为广州府署地。1920年，已在广州府署旧地辟建了广大路和广仁路，均为南北向。1925年，在广大路与广仁路之间辟建东西向马路，东连旧布政司（今省财厅地），故路名冠以“广”字，又西至卫边街（今吉祥路），故称广卫路（也可能因明代广东左卫、右卫设于此地而冠以“卫”字）。长315米，宽15米。

1938年5月29日，日机空袭，广卫路之南中小学部分校舍被炸毁。

抗战胜利后，第二方面军特务团团部驻在广卫路。汉奸招桂章（伪广州要港司令）、许廷杰（伪广东绥靖公署参谋长）、李辅群（伪四十五师师长）、郭卫民（伪广州警察局局长）被捕后即被扣押于此。

**24.公园路**

在清代广东巡抚署前空地辟建。据1918年《广州市图》标示，此路在当时已成形，东接七块石（街巷名），西接雨帽街。后辟建为马路，在1925年《最新测绘广州市面马路区域全图》已标出。可推断建于1925年或之前。

清代广东巡抚署在民国时建为第一公园（今人民公园），此路在第一公园前面（南面），故名。今东起吉祥路，西接连新路。长203米，宽15米。现已建为公园前广场，路不存。

第一公园·中央公园（人民公园）

今名人民公园。一般资料多称位于惠爱中路（今中山五路），亦有称位于吉祥路或连新路的。

这是广州最早建立的综合性公园。

园址从隋朝起一直为衙门官邸。元代为主管司法的广东道肃政廉访使署，明朝为都指挥司署，并曾为南明绍武政权王宫，清代先后为平南王府和广东巡抚署。

1920年10月底，粤军克复广州。当年，广州市政府把旧官署改建为供民众同乐的休息娱乐场所，并征拆了附近20多所民房，又将吉祥路的高围墙拆去，以扩大园地。公园周边用铁枝围起。让园外走过的游人亦可共享园中景色。

公园由1918年毕业于美国康乃尔大学的著名建筑师杨锡宗设计。仿西洋的中轴对称式布局造园。大门、围栏、喷泉等都是欧式。明显区别于广州古代园林。

1921年10月公园落成。10月12日举行隆重的开园典礼，有20万市民参加，极一时之盛。广州市首任市长孙科在公园开幕式上发表演说。因是广州市第一座城市公园，故命名为“第一公园”。

今人民公园北界府前路，当年第一公园比现在人民公园要大，北界后楼房下街，即今广州市政府地为公园的北部地。今有资料称，公园地域还包括今东风中路南面部分地段，即后楼房下街及以北至现在的东风中路都属公园范围。此说不确。

1918年《广州市图》清楚地标出后楼房下街南北两侧这片地域的多条街巷，南侧有花园角、新墙角、黑门楼、安居里、宪兵学堂等，北侧有天九巷、里仁巷、荣庆坊、新庆坊、军械总局。这些街巷、机构在1925年《最新测绘广州市面马路区域全图》仍清楚地标出，并没有因为修建第一公园而被拆除，可证这片地域不属公园范围。

公园建成后，维新派领袖康有为从意大利购回几件狮身人面白石雕像，陈列园中。原置于将军署前的那两座巨大汉白玉石狮像，乃清初靖南王时所雕凿，后亦被移置于园中（今尚在）。铸造于清前期的大佛寺古铜钟亦悬于园内。

1923年2月11日（农历正月初七），第一公园举行水仙花赛会。一连5日，非常热闹。以后园内多次举办秋菊展览、中秋灯会、迎春花会、盆景展览等。

1925年，因位于市中心，第一公园改名为中央公园。

1926年，在公园中部修建了音乐亭。园中竖有史坚如纪念碑，园前立有警察殉难碑。

在大革命时代，第一公园（中央公园）曾是很多重要活动举办的地方，群众集会的地方，这里曾经旗帜招展，喊声震天，还曾枪林弹雨，碧血横飞。

1922年12月24日，广州各团体和民众在第一公园举行反对帝国主义示威大会。

1923年5月1日，广东工会联合会以及所属数十个团体的群众、学生代表在第一公园举行庆祝五一节大会。陈独秀、蔡和森、张太雷以及苏俄人白拉克姆等发表演说。10月10日上午9时，国民党在第一公园举行恳亲大会。孙中山发表了要以国民党的政纲、政策来治国，实行三民主义；谋求中国自由、平等的演讲。10月22日，在第一公园举行“声讨曹锟贿买议员、潜窃大位、祸国殃民大会”。12月24日，广州各界为反对外国军舰侵入广州内河，组织各团体成立“国民外交后援会”，力争关税自主权。是日在第一公园举行反帝示威大会。

1924年1月24日列宁逝世。2月24日，在第一公园举行“中国国民党追悼列宁会”。孙中山主祭，邹鲁宣读孙中山的祭文。孙中山写了“国友人师”的祭幅。3月8日，广东各界妇女第一次在广州举行“庆祝三八国际劳动妇女节大会”，会场分别设在第一公园和西瓜园。这是中国纪念三八国际劳动妇女节的开端。

1924年8月24日，广州各界团体2万余人在第一公园举行“声讨陈廉伯私运军械，鼓动商团以图罢市，以危害市民安全，扰乱地方治安大会”。10月10日，广州30多个团体6000多人在第一公园举行庆祝“双十”节大会，谴责商团叛乱。10月15日，平定商团叛乱。11月10日，在第一公园召开“欢送大元帅（孙中山）北上建国提灯会”。途经之永汉路（今北京路）、惠爱路（今中山路）、长堤、太平路（人民南路）一带两旁人山人海，鞭炮齐鸣。12月20日，广州各界500多个团体共2万余人在第一公园召开“国民会议促成会”成立大会。大会发出通电，主张召开国民会议，以反对北京政府的“善后会议”。会后举行10万人大游行。

1925年7月1日，广州国民政府和广东省政府成立。国民政府委员在中央公园宣誓就职。同时举行庆祝活动。8月20日，廖仲恺被刺身亡。事后，在中央公园举行悼念廖仲恺活动。

1927年11月3日，省港罢工工人在中央公园前举行反对政府封闭罢工工人组织的示威游行，被军警用枪械冲散，多人被捕。11月23日，省港罢工委员会所属香港金属业总工会在中央公园召开群众大会。突然被军队包围，当场被捕25人。大会停开。

1927年12月11日爆发广州起义，埋伏在第一公园的义军敢死队经惠爱路向市公安局连续发起冲击，并占领公安局。是日中午，苏维埃政府准备在中央公园召开工农兵拥护广州苏维埃政府大会，后改期。中央公园是广州暴动时工人赤卫队的第一个战斗地。暴动失败后，这里又曾是杀人的刑场。

1933年，约占公园三分之一的北部地域被划出，用以修建市政合署楼（今广州市政府大楼）。公园基本成了今天的模样，即北界府前路，南界公园路，东界吉祥路，西界连新路，占地面积为44 800平方米。

园内古树参天。花丛绚丽，富有浓郁的地方特色。

1938年7月12日，中央公园后空地遭到日机轰炸。

1966年“文革”时期，改名为人民公园。至今。

1987年建成《烽火年代》《鲁迅》《冼星海》《猛士》《新娘》《椰林少女》等6座雕塑。塑像根据题材需要分别采用青铜、黄岗石、汉白玉、红砂岩石等材料制成。

从1978年开始，公园每年都举办菊展、迎春花会和中秋灯会。

1997年11月，拆去围墙栏杆，在广州诸公园中率先实行免费开放。

从2003年开始，国内第一个政论性电视节目——“羊城论坛”固定在人民公园每月举办一期，议题广泛。强化了其亲民、开放的特点。

**25.庙前直街·庙前直马路·庙前西街·庙前西路**

今庙前直街，东起恤孤院路，西至龟岗大马路北端、署前路南端。因路北原有东山庙而得名。长180米，宽6.1米。20世纪30年代，有位美国归侨甄氏在庙前直街开办甄占记，销售自制的西饼、糖果等食品，颇有名气。今天庙前直街是东山地区比较繁华的商业街之一。

今庙前西街，东起署前路南端西侧，西至均益路。因在原东山庙前（南）方的西侧而得名。长345米，宽6.5米。本街在民国初年开始出现商业店铺。

1921年，嘉南堂置业公司投资30万元毫银在东山庙前西街及龟岗五马路建筑房屋。

1926年，工务局修筑道路，自东堤经广九火车站向东，沿广九铁路之南侧，向东转向庙前西路，直修至东山公园南侧，即为庙前直街。路宽9米，铺约19厘米厚白石块，涂柏油。

由此可知，今庙前直街与庙前西街，名为街，实是马路，在1926年已经辟建。

1932年4月27日广州市工务局制印《广州市马路路线图》绘出此两街为马路形状，统一标名为“庙前街”。

1937年《广州市最新马路全图》绘出此两街，西起广九铁路，东至署前路，标作“庙前西路”；东起署前路，西至恤孤院路，标作“庙前直马路”。

新中国成立前夕，广州全市只有8处公共电话。其中两处一在东山庙前街稻香园，一在东山庙前直街东山汽车行。

私立培道女子中学·培道女中·培道学校·培道中学（广州市第七中学）

今广州市第七中学的前身是培道中学，位于东山庙前直街。培道中学的前身是私立培道女子中学（简称“培道女子中学”“培道女中”，亦有资料写成“私立培道女子初级中学校”），清光绪十四年（1888）12月，美国南方浸信会在五仙门创办培道学校（一说1883年创办），光绪三十三年（1907）迁至东山庙前直街。1918年改办中学，即培道女中。

抗日战争期间，培道女中曾迁港、澳、肇庆办学及开办联校。胜利后，迁回东山原址。港、澳两校则继办至今。

建国后，培道女中改名为广州市第二女子中学，1956年增收男生，成为完全中学而改为广州市第三十中学。1958年与已更名为广州市第七中学的培正中学合并， 1962年改名为广州市第七中学。

校园内主要建筑有四十周年纪念堂、科学馆以及1934年由学生集资兴建的接待亭等。建筑普遍为绿琉璃瓦歇山顶，红砖墙白色勾缝，屋架上承圆木檩。

**26.小北路·登峰路·下塘乡**

小北路乃1927年扩建小北直街而成，故名。

小北门（今小北路与越秀北路相交处即旧小北花圈所在处）外地段本是通往白云山的泥

路，故称登峰路。所在之乡名下塘乡，或称下塘村。建国后，20世纪50年代时扩建登峰路为马路，南接小北路，统称为小北路。1966年分别改称登峰北路、登峰中路。1981年复称小北路。北连环市中路，南接东风中路。长1023米，宽13～21米。

广州暴动前，中共曾在小北直街设武器转交站。暴动原定于1927年12月12日晚举行。因事泄，武器转交站被侦破；广州公安局于10日宣布对广州实行戒严。暴动只好提前在11日发动。

民国时期，小北一带多次发生水灾。

1938年4月17日、7月12日，小北路遭日机轰炸。塌屋数十间，平民死伤惨重。

名胜药师庵在小北路。

### 自然灾害

1915年7月乙卯水灾，小北门外，浮尸千余。1931年9月25日、1932年8月13日，广州地震。震中位置都在小北附近，分别为3.0级、3.5级。1932年7月29日，连降暴雨，山洪暴发，小北一带成泽国，屋塌人亡。1936年6月1日大雨如注，小北内街水深约1米。

### 北园酒家

北园酒家是一座具有岭南庭园建筑色彩的园林式酒家，位于小北路200号、202号，以经营粤菜驰名。始创于20世纪20年代末期，其创办人乃陈济棠主粤时期的广州市商会会长邹殿邦。邹的祖父曾在清朝为官，告退后在广州北郊，现广州市第十七中学北侧（属越秀山东麓地），即俗称旧北园的地方盖了一座别墅。这别墅以园林为主，空气清新，既是休养之所，又因坐落于出入城北之要道，是当时人们上白云山扫墓、游览的必经之路，很适宜开设食肆。于是，由邹殿邦出面，邀集一些官僚太太集资在该地开设了北园酒家。

北园酒家当时专做酒菜和宴会筵席，主要面向军政界要人及商人、文人雅士。今天此地车水马龙，高楼林立，是广州最旺的闹市区之一。80年前，这里却是广州的北郊，林木茂密，环境清幽，更有小溪从园前流过，故有“山前酒肆，水尾茶寮”之称。为了招徕顾客，北园在附近辟有菜园，种植时蔬，顾客光临，即摘即炒，蔬菜既鲜且嫩，碧绿宜人。菜肴色、香、味、形俱备，备受食客赞赏，形成独特的园林风味菜式。为军政要员和文人雅士宴聚的场所。

1938年10月广州沦陷，北园酒家停业。沦陷时期，原址被毁，渐成废墟。

抗战胜利后，原北园酒家的职工杨仁甫、陈兆棠、刘苏、黄珠庭等人合股，于1947年夏在现址重建开业。仍名北园酒家；结构简陋，以松皮竹篱盖搭而成，只有一个大厅，10多张散桌，八九个松皮厅，但因字号老、菜式美味可口且具园林特色，吸引了不少顾客。北园酒家门前的对联“北郭宜春酒，园林食客家”正是当日的写照。该店的“大鸡三味”逐渐扬名。国民政府军政要人香翰屏、余汉谋、孙科，工商大亨、文人雅士何非凡、楚岫云等也常前来光顾。

北园酒家还经营“到会酒席”（厨师上门替顾客烹调），亦受富贵人家青睐，曾到过蔡廷锴、蒋光鼐、徐景唐、宋子文、欧阳驹、陈策等军政要人的别墅、公馆做到会酒席。

20世纪40年代末期，国民政府军政要员、工商大贾纷纷南逃，云集广州，他们常慕名在北园饮宴，更扩大了北园的影响。

20世纪40年代末，北园的营业开始走下坡路。1956年实行公私合营。

1957年国家投资改建，由著名建筑工程师莫伯治设计，把北园扩建成当时广州第一家古色古香、富有岭南庭园特色的园林酒家。庭园采用深远曲折的综合式内院布局。园中碧池青石，金鲤嬉戏。令客人置身花影绿荫之中。朱光市长手书“北园”招牌。为广州四大名酒家之一。20世纪60年代初在市民中有一流行语：“食饭去北园，饮茶到泮溪。”陈毅、叶剑英、王震、廖承志以及越南胡志明等都曾为北园座上宾。

1982年，87岁高龄的艺术大师刘海粟到此宴饮，即席挥毫“其味无穷”相赠。后被嵌于外墙上。1984年，北园新建了宫殿式的“绮秀楼”，

1985年2月，北园酒家进一步扩建、改建，安装了中央空调，增设了不锈钢生产设施、用具。1986年全面装修。1990年底，北园酒家共有座位1300个，职工550人，是一间大型的国营酒家。

1993年，北园酒家被国内贸易部授予“中华老字号”称号。1998年经国内贸易局批准为“国家特级酒家”。2001年被评为“广州老字号”。

**27.马棚岗·马彭岗·孖彭冈·马棚岗路·执信路·执信南路**

马棚岗，岗丘地，在今中山二路中段北面。因清初平南王军队在此牧马建马圈而得名。亦有民国时期广州地图标作“马彭岗”或“孖彭冈”，显然是因谐音而误标。

1925年《最新测绘广州市面马路区域全图》未绘出岗上有路。1932年4月27日广州市工务局制印《广州市马路路线图》绘出岗上已建环形路，东分二口通执信路，西北转弯处与医科学院（今中山医科大学）相邻。南有路通百子路（今中山二路）。但路没有标名。以后1937年《广州市最新马路全图》、1943年6月《广州市最新马路交通图》、1949年5月再版《新广州市街道详图》均是绘出马路而没有标名。建国后，随着城区发展，这些马路发生了很大的改变，今天的马棚岗（路）是东接执信南路，西连中山二路。已不再是环岗建路。

马棚岗的东侧辟建了执信路。

执信路在1928年前是泥路，由百子桥（今中山二路）经马棚岗之东、大小竹丝岗脚及大眼岗之西，到东沙路（今先烈南路）止。1928年执信女子中学迁来此地后，建成马路，并因此而得名执信路。长900米，宽6.5米。建国后改名执信南路（见1976年12月《广州市街道名册》），今仍名执信南路。

私立执信中学·广东省立执信女子中学·执信女子中学·省立执信女中·朱执信墓（执信中学）

执信中学位于今执信南路，是孙中山为纪念民主革命家朱执信而亲自创办的学校。由孙中山及华侨捐款筹办。初名私立执信中学，1921年10月1日开学，校址在清泉路应元书院旧址（或称在菊坡精舍旧址。应元书院与菊坡精舍相邻，光绪三十四年合为广东存古学堂。故亦有称当年执信中学在广东存古学堂）。

1923年1月，由滇、桂军和部分粤军组成的西路讨贼军攻入广州城后，粤军第一师第四团曾进驻观音山、执信学校，后移驻大沙头。

1923年，应元书院校舍不足，廖仲恺指示市政厅在大眼岗、细竹丝岗、螺岗建新校址，1925年，执信中学从应元路迁到执信路现址。

第一次国内革命战争时期，执信中学师生代表参加过为沙基惨案而举行的反帝示威游行、省港大罢工慰问团以及广州暴动。

1928年8月，执信中学改名为“广东省立执信女子中学”（亦有只简写为“执信女子中学”，亦有称为“省立执信女中”）。

1937年—1945年，省立执信女中曾迁南海县、澳门、乐昌县、仁化县等地。

1938年10月21日，日军侵占广州。驻广州地区的日军为第二十一军，司令部初设今中山二路中山医科大学校址，10月25日移驻执信中学址。

抗战胜利后，1945年迁回现址。学校相继成立和发展了地下学联和新民主主义教育工作者协会。1949年建国初期继续开办。

1969年1月改名为广州市第五十五中学。

1978年定为广东省、广州市重点中学，并复名执信中学。

执信中学校园总占地面积6.4787万平方米，现存文物建筑主要有门楼、南座、北座、执信荷塘的三孔小桥、执信墓等。校舍建筑面积1.6545万平方米。其校园建筑反映了20世纪二三十年代的广州建筑风格。

门楼面阔三间，进深一间。绿琉璃瓦歇山顶，明间高于两次间，明间檐下出仿水泥斗拱。正面花岗岩石额上刻“执信中学”4个金字，落款“廖承志题”。背面石额上刻有 “崇德瀹智”四字，为执信中学校训。红砖砌筑，花岗岩石脚，三间各开一拱券门。

南座、北座均高两层，红砖外墙，底层为石砌半地下室。两座建筑外观相似，均仿中国古建筑形式，绿琉璃瓦，硬山顶，中部略高于两侧，两侧为绿琉璃瓦盝顶。同时又结合西式建筑风格，正面设18根红色巨柱贯通第一、第二层。其中南座门额上镶有1块以花岗岩石条为边框，白玉石为底的匾额，上书“厚德载物”四字，并有“仁慈博厚以育万物为女德之要义”等字句，年款为“民国二十年春月”。北座，石额上刻有“忠孝仁爱，信义和平”字样。楼梯左侧嵌有民国十五年（1926）的奠基石。现为校图书馆。

北座之后，是执信荷塘，一座红砖砌三孔拱桥把荷塘分为东西两部分。桥两侧设栏板、望柱。

1936年秋，原位于先烈东路驷马岗的朱执信墓因发现有白蚁，墓内遗骸被迁到执信中学重新安葬。驷马岗原墓现为衣冠冢。

执信中学内的朱执信墓园，为水泥砌筑的山手墓。高3米多，周长10余米，占地面积500多平方米。墓由平台、山手、石拜桌、墓冢、护岭组成。墓冢呈圆顶，正面镶嵌一块由孙中山题书的“朱执信先生墓”石碑，上款刻“民国十年”，该碑是由原墓迁来。

朱执信（1885—1920），名大符，生于广东番禺。中国近代著名民主革命家。1920年9月21日被刺于虎门。1963年3月，公布两处墓址为广州市文物保护单位。

执信中学是民国期间广州地区的著名中学，为培育人才做出过卓越贡献，

1999年7月，公布为广州市文物保护单位。

## 28.官禄路

20世纪20年代后期拆官禄巷（又名官路巷）扩建成马路，取名官禄路。1925年《最新测绘广州市面马路区域全图》仍标作官路巷，尚未建成马路。颇奇怪的是，在今存民国广州地图上，如1932年4月27日广州市工务局制印《广州市马路路线图》、1937年《广州市最新马路全图》、1949年5月再版《新广州市街道详图》等，均绘出此路，但都没有标名。

1965年取其谐音更名为观绿路。今东起海珠中路，西至人民中路。长294米，宽9米。

### 达保罗医院（广州市儿童医院）

今广州市儿童医院前身。1929年（一说1933年），曾任广东公医大学附属医院院长的美国医生达保罗在官禄路30号开设医院，名达保罗医院。另一说，美国医生达保罗于1928年创办私人医院，称达保罗医院，设在惠福路妇孺医院内。后在今址建新院。

沦陷时期，大部分公私立医院均停办或内迁。据伪广州市社会局1941年12月主编的《新广州概览》载，达保罗医院是当时仍开业的少数医院之一。当时太平洋战争尚未爆发，美日之间尚未宣战。

1951年7月，达保罗医院由广州市人民政府接管。改为广州市立医院小儿科，1953年1月，与广州方便医院儿科合并，改名广州市人民医院儿科住院部（一说改为广州市第一人民医院儿科部）。同年8月，改名广州市儿童医院。1956年，在相邻的人民中路318号建成面积共2875.62平方米的门诊大楼，并扩建住院病房。成为广东省首间综合性的小儿专科医院。故今天资料载广州市儿童医院，均称在人民中路，而不说在观绿路。

## 29.光孝路

岭南第一古刹光孝寺南对之街名光孝街。南至惠爱街（今中山六路）。1930年扩建为马路，称光孝路。长340米，宽9米。1966年更名红书北路，1983年复名。

### 光孝寺

光孝寺是广州和岭南地区年代最古、规模最大的寺院。在光孝路北端。

到了清末民初，广州五大丛林已无一保存完整者，所谓“五大丛林半劫灰”（1920年版《羊城竹枝词》）。据1918年《广州市图》标示，当时的光孝寺四周为街巷所包围，寺地范围只比现在的光孝寺稍大。

民国时代的光孝寺已非佛门清净地，寺内曾办过多种学校，驻扎过军队，1923年前后曾是聚赌处。有赌棍设大小杂赌二三十台之多，每日下午2时至晚上12时男女赌徒如蚁附膻。1937年9月22日曾遭日机轰炸。

不难想象，民国时期的光孝寺在动荡、战乱的环境中逐渐走向衰败，寺中园林虽没被毁，但寺庙园林所要营造的那种幽静深邃的宗教气氛却是几乎荡然无存了。

建国后，曾在光孝寺驻扎过的单位有：省木偶剧团、广东省博物馆筹备处、广州乐团、华南歌舞团、广东舞蹈学校、省文物总店等。

1961年3月，由国务院公布光孝寺为全国重点文物保护单位。

光孝寺的面积在“文革”时缩至最小，改革开放后才算收回部分“失地”。

1986年底，光孝寺移交僧人管理，1987年进行过大规模修建。2000年，在规划兴建的僧舍方丈室范围内发掘出跨越五代至宋代的多座古建筑基址。2001年，在山门前辟建了6000多平方米的绿化广场，有资料称为"光孝博爱广场"。2003—2004年，对主体建筑进行了重修。广东省佛教协会设于寺内。

今天光孝寺的面积约3200平方米。其范围之大仍居今天广州寺庙之首；而寺中建筑，仍可谓集岭南佛教建筑艺术之大成，非广州其他寺庙可及。

全寺坐北向南。山门朝南。中轴线上的殿堂胜迹，由南至北依次是：山门、天王殿、大雄宝殿、瘗发塔、诃子树、观音殿。中轴线以西的殿堂胜迹，主要有鼓楼、睡佛殿、西铁塔。中轴线以东，主要有洗钵泉、钟楼、客堂、祖堂、菩提树、禅堂、放生池、白莲池、东廊。过去东廊曾嵌满历代碑刻，为碑廊，现在廊仍在，碑没有了。

天王殿建于清代。坐北朝南。面阔五间，进深三间共十三架。砖木结构，歇山顶，碌灰筒瓦，绿琉璃瓦当、滴水剪边。石檐柱，木金柱，其中明间后金柱改为石柱。花岗岩石地面。左右分别连接东西回廊。回廊采用仿唐式石柱，坤甸木梁架，苏州青瓦。

瘗发塔建于唐仪凤元年（676），是为纪念惠能大师出家剃度而建，相传惠能削发受戒后头发便是埋藏于此之下。历代均有维修，1977年重点修葺加以维护。

睡佛殿为1991年重建。位于大雄宝殿西侧，坐北朝南。面阔三间，进深三间共十三架。歇山顶，碌灰筒瓦，绿琉璃瓦当、滴水剪边。方桁。外檐斗拱施单抄双下昂。殿内以红阶砖铺地，外墙有石脚，门前月台以花岗岩石铺地。

光孝寺是广州历史上的第一个寺庙园林，现在寺内的园林景色，主要集中在大雄宝殿对出的那大片草地上，可谓绿草如茵，鲜花点缀，四株巨榕如伞，盖下一地浓荫；大殿后面的诃子、菩提等古木婆娑，郁郁葱葱。此外，还有三株名木，一株是水翁，位于铁香炉东北角，树龄已逾百年。一株是细叶榕，位于寺东门内北面围墙边，树龄亦逾百年，还有一株大叶榕，位于寺东北角北面围墙边，树龄已逾130年。

没有游人时，全园显得开阔幽静；不过古代的那种园林景色是不可复见的了，因为今天的光孝寺不仅面积已大为缩小，更要命的是陷入了闹市之中。园外全建了高楼，环视寺园，视线受了阻隔，没有古时的那种真正的开阔之感了。至于清静，其实也是难以真正见到的，因为现在游人太多，喧哗嘈杂，来逛寺庙者大多并无那种虔敬的礼佛心境，而是视之几同公园娱乐场所；尤其每逢佛教节日如佛祖诞、观音出家成道日之类，又或农历初一、十五，人潮几乎都向光孝寺涌来。据统计达数万人次，最多时达十多万人次。寺内外均是人头拥拥，摩肩接踵，如趁墟赶集一般，已全然不像个供人静心修身的处所，把寺庙园林本要营造的那种超脱的神秘气氛几乎扫荡干净。

### 光孝堂

基督教堂。属中华基督教会广东协会。位于光孝路29号。完全由中国信徒出资自建、由旅美华侨基督徒组织的中华纲纪慎自理传道会主办修筑的教会建筑。

20世纪20年代初，牧师谭沃心从美国留学归来，被聘为广州协和神学院社会学教授，兼任传道会总干事。谭任职后即着手在光孝路购地筹建教堂。在美国华侨和香港等教会的大力支持下，教堂在民国十年（1921）12月动工，历时3年，1924年竣工落成。费银7万余元，于民国十三年10月落成，取名为“中华基督教会光孝堂”。

教堂东临马路，堂前设花圃。教堂主楼坐西朝东，高3层，南北两边各有一座5层高的塔形钟楼。

主楼面阔23米，进深35米，高26.7米。钢筋混凝土结构，占地面积为1470平方米。其风格融西方建筑艺术和岭南特色于一体。红砖墙，外立面采用意大利批荡。二楼正面设廊柱。三楼正中有一直径为6米的镶嵌着彩色玻璃的玫瑰窗，窗下镶匾额，刻有“光孝堂”三字。东西两侧各有一小阳台。楼顶设有1个十字架。

第一层正中为一大玻璃窗，两边为红色大板门，入内为走廊，南北面均有水磨石扶手楼梯通往二、三楼。

二楼为礼拜大堂，堂体宽敞。三楼构筑于大堂室内空间的后半部分，上设座位。二楼和三楼可容1200信徒聚会。

四楼为星导书楼，两侧有旋转楼梯通往塔形钟楼。塔形钟楼的塔顶为绿琉璃瓦四角攒尖顶。塔顶飘檐下施白色牛腿。教堂三楼后部楼顶有加建。一楼副堂现为学校课室。

光孝堂是广州基督教规模较大的礼拜堂之一，曾办过正光小学和幼儿园。20世纪60年代教堂大合并后所余九座教堂之一。称广州基督教光孝堂。“文革”期间关闭。1984年后，广东省和广州市基督教三自会及协会在此办公。1986年市政府批准恢复光孝堂为宗教活动场所。1988年，决定恢复光孝堂为开放堂。当时因年久失修，破烂不堪，遂于1989年由基督教协会成立修建小组。1991年2月开始大修，同年11月24日正式复堂，恢复宗教活动。2005年9月，公布为广州市登记保护文物单位。

**30.靖海路**

**城门靖海门（今一德路和靖海路相交处）外南北向街名靖海直街，南抵江岸。**

**1930年，扩建靖海直街为马路，称靖海路，北起一德路，南至长堤大马路。为骑楼式马路。路两旁以低层连体骑楼式楼房建筑为主。长179米，宽22米。**

**1921年（一说1922年），省河电船过海忠信有限公司承办轮船渡江业务，经营渡江轮渡——俗称“过海电船”，建简易木质码头8座。广州开始出现机动船轮渡码头。靖海路南端是码头区之一。**

韬美医院·中法韬美医院·中法医学校·广东中法医学专门学校·韬美医学校（广州医学院第一附属医院）

韬美医院原建在长堤龙珠水步东侧。建于清光绪二十九年（1903），由法国安南总督创办。民国时，韬美医院称中法韬美医院。后来龙珠水步南段亦建为医院地。

另一说，韬美医院建于晚清光绪十五年（1889），由法国驻广州使馆开办，又或称法国天主教会创办。院址设在靖海路东侧。民国时地址为长堤224号。即靖海路与长堤大马路相交处之东北侧。

民国七年（1918），韬美医院开办中法医学校。在今沿江西路。民国九年（1920）改称广东中法医学专门学校。民国十六年（1927）停办。

1938年6月5日，韬美医院遭日机轰炸，房屋毁塌。

抗战胜利后，韬美医院交由天主教会代办。教区派当家神父福寿康（法籍）兼管院务。建国前，天主教会在韬美医院内开办了韬美医学校，在校人数100人。

建国后，1951年3月，中法韬美医院改办为广州市工人医院。另一说，1951年3月，广州市政府在该院建立广州市工人医院。同年7月，韬美医院由广州市政府代管，并与广州市工人医院合并为广州市工人医院。1969年改名广州市第四人民医院。1974年归广州医学院管辖，名广州医学院附属医院。1983年改现名广州医学院第一附属医院。原院址在第一附属医院南部地。

**31.试验场西路·试验场东路·下农林路（农林下路）**

为今农林下路。北起环市东路，南至中山一、二路相接处。长1160米，宽14米。

秦汉时代，本路四周地区为墓葬区。至清代中期时，仍是墓葬区，清咸丰《广东省城图》。标作“Old Tomb”，意为“旧坟场”。晚清时，与东山滙北的猫儿岗、犀牛尾、鸥村（今区庄）等大片地域同为广州城东郊农田和荒丘。

晚清光绪三十四年（1908），劝业道陈望曾于此创建农事试验场。宣统元年（1909），在爱国华侨实业家张弼士赞助下，在此办起了广东第一个农林试验场，其大致范围是北抵今环市东路，南至今中山一路，东起农林东路，西到今农林下路一带。同年，在此地开办广东农林讲习所，为广州最早的职业学校。后改称农林专门学校。

1921年，农林试验场曾进行花生品种比较的实验。

1925年《最新测绘广州市面马路区域全图》在此地标明：“粤军总司令部 前农林试验场。”可知此前农林试验场已停办。而马路尚未辟建。

1930年动工辟建马路。

1932年4月27日广州市工务局制印《广州市马路路线图》绘出此路，但没有标名。

1937年《广州市最新马路全图》绘出此路，且有标名。北段，约今环市东路（当时没有环市路）至东风东路（当时的黄埔大道）段，标作“试验场西路”；中段，约今东风东路至农林上路四横路段，标作“试验场东路”；南段，约今农林上路四横路至百子路（今中山二路）段，标作“下农林路”。

建国后，试验场西路因其西侧名犀牛尾，故改称犀牛路；下农林路则改称农林下路。1985年全路统称农林下路。而今天的犀牛路并非当年的试验场西路。

**32.中华路（解放路）**

民国时期辟建之中华路，即今解放路，分北、中、南三段。1930年（一说1929年）动工建路。据1932年4月27日广州市工务局制印《广州市马路路线图》标示，当时整条马路尚在建造中，由北往南仍然标记为大北直街、四牌楼、小市街，并未标作中华路。也就是说，至1932年4月，马路尚未竣工。可能在1933年竣工。并非如一般资料所称，中华路辟建于1930年。

大北直街·中华北路（解放北路南段）

1930年扩建大北直街（由大北门南至归德门，为明清两代南北向主干道）为马路，称中华北路。1935年改铺沥青路面。为骑楼式马路，商业区。宽16米。北起原大北门（今解放北路与盘福路相交处），南至惠爱西街东端（今中山六路东端）。1951年8月1日改称解放北路（南段）至今。有著名古迹西汉南越王博物馆。

1937年9月22日，本路遭日机轰炸，死伤多人。为躲避轰炸，宪兵司令部三迁其址，最初迁现解放北路542号，再迁陈塘京华酒店，最后迁到小北田心村。今解放北路十字路口西边店铺数十间曾中弹屋塌，死伤近百人。（见冯湛泉《日机空袭广州目击记》）

1938年6月7日，中华北路又遭日机轰炸。损失惨重。10日晚，中华北路尾落弹6枚，毁民房五六间，死伤七八人。

### 四牌楼街·中华中路（解放中路）

1930年动工扩建四牌楼街（明清两代广州城南北主干道）为马路，称中华中路。北起惠爱大街（今中山路），南至原城门归德门（今大德路与解放路相交处）。长554米，宽16米。骑楼式马路。

民国时期，中华中路是鲜花批发中心和电子电器专业街。今天仍是如此，有其渊源。

二厘馆是广州早期的茶馆，为劳苦大众吃茶、歇脚、闲话之所。民国前期，中华中路有二厘馆多家，后渐为粉面馆兼并。粉面馆在20世纪30年代已形成行业。抗战胜利后，设于中华中路之新代月店门前经常摆着尿桶车几十部，那表示进城收集肥料的农民来光顾。欧成记面食店在中华中路4号，创建于民国二十九年（1940）。是有名的粉面馆（后来在1983年广州第二届名菜美点评比展览中，其上汤鲜虾云吞面被评为广州名牌小食）。

1938年8月8日，中华中路遭到日机轰炸。

1943年大旱灾，四乡流落广州者不计其数，中华中路一带饿死、病死者甚多。

1951年8月1日，中华中路改名解放中路。

### 小市街·中华南路（解放南路）

1930年动工扩建小市街为马路，称中华南路。北接中华中路，南至一德路。长405米，宽15米。骑楼式马路，为商业中心区。1951年8月1日改名解放南路。

今天一德路以南段的解放南路，原为三条南北向小街巷，在1918年《广州市图》与1925年《最新测绘广州市面马路区域全图》上，由东往西依次标作余庆坊、庙道通津（巷北端有龙王庙）、游龙坊（1932年4月27日广州市工务局制印《广州市马路路线图》则标作龙王庙街）。1937年《广州市最新马路全图》标此段马路为在建的"未成马路"。1942年4月《广州市全图》并没有绘出这段马路。1943年6月《广州市最新马路交通图》则已绘出这段马路，并标作"中华南路"（南段），即此段马路当建成于1943年。而余庆坊并无拆去，20世纪90年代尚存。21世纪初扩宽今解放南路南段，余庆坊才拆去建为马路路面。今为解放大桥北引桥段。

今天不少资料都说当年洋人阻挠了中华南路南段的辟建。说，当年中华南路原定由小市街直通出长堤，但长堤有基督教青年会及法国人办的韬美医院（今工人医院），这两个单位的洋人出面阻挠，结果这条路不能直通长堤，而是改由靖海路转出长堤。

这个说法显然有误。1918年《广州市图》标示得很清楚，当年被辟建为中华南路的小市街，南面正对着的是余庆坊、聚龙坊和庙道通津三条南北向街巷，建在江堤北侧的基督教青年会是在这三条街巷的东面，颇有一段距离；中华南路往南开，只会拆了这三条街巷，而不会伤及基督教青年会（后来事实亦是如此），至于中法韬美医院，是在西面，那就离得更远了，辟建中华南路根本与它无关。而且，中华南路开至江岸，不管对青年会还是对韬美医院都有益无害。故称洋人阻挠开辟中华南路南段，不合情理。

民国时期，中华南路与中华中路均是二厘馆集中地。

**33.府前路**

20世纪20年代属第一公园范围。1931年，在中央公园（原第一公园，今人民公园）北部地建广州市政府署（今市府大楼），同时修建本路。因在市府署前，故名。东连吉祥路，西接连新路。长203米，宽11米。绿树成荫，环境幽静。

市府合署楼

位于府前路，今广州市人民政府所在地。为陈济棠主粤时建造的一座仿中国古典建筑官署。广州近代民族固有形式代表性建筑之一。处于当年广州中轴线上，南为中央公园（今人民公园），北为中山纪念堂。

1929年10月—1930年10月，公开征集设计图样，最后以广州著名建筑设计师林克明的设计为优，并定为实施方案。

当时要求按6个局联合办公来设计，内设市长办公室、可容1500人的礼堂、会议室等。根据民族传统形式图样及合署的精神，采用合座式结构。大楼内6个局可分可合，各自有独立门户，内部有纵横通道，便于相互沟通。

为了协调中山纪念堂建筑的周围环境和风格，大楼在建筑形象艺术处理中采用宫殿式，屋顶铺制黄色琉璃瓦，内部装修天花图案采用中国式纹样。

大楼原定分三期建设：第一期工程为正面前座及两旁之前部，即今所见之建筑，1931年7月1日奠基，1934年10月竣工。

大楼外观三层，内分五层，坐北朝南，钢筋混凝土框架结构，建筑面积1.3万平方米。前座总面阔88米。中楼内分5层。黄琉璃瓦重檐歇山顶，高33.3米。门廊施红色圆形巨柱，侧翼巨柱形成柱廊。两端角楼5层，四角重檐攒尖顶。飞檐翘角。侧翼东西两楼5层，重檐十字脊顶。余为两坡顶，红圆柱廊，内分4层。

整座建筑基座以花岗岩砌成。

大楼前是花岗石砌的高台，分三级。正门前月台总阔约34米，深约8米。月台仿须弥座形式，饰莲瓣图案，三面设石阶。水洗石米带寻杖的栏杆，望柱头雕云纹松鹤，垂带栏杆的尽头设抱鼓石。大楼装饰雅致，雄伟端庄。古色古香，富有民族气派。

建成后，市政府所属财政、土地、工务、卫生四局先迁入办公。

后因政局动荡、资金不足等多方面原因，第二、第三期工程被搁置。

1934年《广州指南》载“广州市政府 地址广卫路”，显然是不对的。

1938年6月6日，市府合署楼遭日机轰炸，幸好没有中弹，只是震碎了一些玻璃。当时政府官员已不在楼里办公。10月21日下午广州沦陷，当晚市府大楼被日军占领。

抗战胜利后，市政府重回大楼办公。下设六局：工务、财政、教育、社会、地政、卫生，还有一个税捐处。（见1948年1月《广州市街道详图》标示）

1947年3月23日举行广州市第九届环市赛跑，1948年12月12日举行第十届，起终点均在广州市政府门前。

1949年4月，南京国民政府南迁广州后，总统府办公室设于市政府前座。

1949年10月14日解放军进入广州，本大楼改为广州市人民政府大楼。同年11月11日，解放军入城仪式在此举行，参加受检阅的部队有十五兵团，还有粤赣湘边纵队和广州各界群众20多万人。受检阅部队以军乐队及戴红花的战马为前导，从连新路进入府前路，接受检阅，然后经过吉祥路与在市内的群众会合后，再从惠爱路（今中山四路、中山五路）、永汉路（今北京路）至丰宁路（今人民中路），进行了声势浩大的游行。永汉路、西濠口还搭起了庆祝广州解放的牌楼。

月台是当时的检阅台。此后，大楼一直为广州市人民政府办公大楼。

1989年12月，公布为广州市文物保护单位。

### 34.大新路

原称山茶巷，为山货、茶叶集散地。明末时改称大新街。1931年拆建为马路，取名大新路。东至维新路（今广州起义路），西至太平路（今人民南路）。长达1106米，宽11米。民国时期是广州著名专业街。

大新路沿路有经营象牙雕刻、珠宝玉器、乐器、狮鼓、瓷相等传统行业商店。

路北面附近有一条名为“象牙街”的老街。清代中期，象牙街象牙业的规模越来越大，慢慢转移到附近的大新街上。清末民初，大新街已是著名的象牙街，民国时期，大新路的象牙业占全市该行业的100%、玉器业占全市该行业的60%。

大新路、濠畔街有二胡、秦琴作坊30多家。规模较大的有10家，店主多为四邑人。建国前后，今越秀区境内有销售乐器的商号6家，其中经营中式乐器者有位于大新路的长太、长和、海长春、长友、华侨5家和位于惠爱中路的长江乐器店。

清代起，大新街一带渐形成彩扎行业集中之地，尤以狮头扎作扬名。民国时名店有金声、先声、全声、德声等。建国初，大新路上有二三十家醒狮用品店。如今，仍有多家以狮子扎作为主业的工艺店，在规模上是广州最大的。

大新路还是民国时期饼饵业较为集中的地区之一，规模较大者有安泰、西华居、留香园、欢乐园等商号；经营面包西饼的有广来面包公司等。

抗战胜利后商业街复兴，据1948年《广州大观》记载，大新路玉器业、象牙业兴旺。80年代起，大新路东段成为鞋类专业街。这是新兴的，不是民国时的传统。

大新路南侧有著名古迹石室（圣心大教堂），原是清代两广总督衙门旧址。

#### 圣心书院·私立圣心中学·圣心中学·圣心学校（广州市第三中学）

圣心书院在大新路。晚清光绪三十年（1904），广州天主教会法籍传教士魏畅茂主教和俄美士等人创办。1914年改为圣心中学，又称私立圣心中学。前两任校长是巴邦彦、安若瑟，均为法国修士；至1921年，已建有校舍6座，学生约千人（亦有资料记载在校人数

500人）。

1925年，试行新学制，招收秋季初中三个班。

1927年春，国民政府教育部颁布不准外国教会在华办学的规定。1929年，圣心中学改由华人朱寿山担任校长，并增设高中部。

抗日战争广州沦陷期间，学校停办，校舍改为难民收容所。

抗战胜利后，1946年2月25日复课，方硕梅任校长。至1948年，初中有12个班，高中有7个班，教室24间，宿舍两座，学生人数932人。1948年1月《广州市街道详图》标作“圣心学校”。

1951年由广州市政府教育部门接办，与明德女子中学合并为广州市第三中学。至今。

旧骑楼建筑

今大新路407号、409号，为建于民国时期的骑楼建筑。坐南朝北，阔10米，深20米，占地200平方米。门前为马路，周边为商铺和民居。高四层半。钢筋混凝土结构，骑楼式建筑，楼顶有天台。东西侧面为红砖墙。正立面柱式外廊的装饰手法考究、细腻而有变化。第一层采用混合柱式券廊跨建在人行道上，高约6米，第二、第三、第四层各高约4米。第二、第四层为柱廊式阳台，第三层为混合柱式券廊阳台。阳台上方立面及骑楼底部均有雕饰精美的卷草、花浮雕。现天台上有加建的建筑。

**35.德政路**

今德政路分北、中、南三段。

今德政北路路南端，清代时，为番禺县衙门所在。衙门南面是一直南北向直街，名德政街。1930年，拆去衙门，德政街扩建为马路。沿用“德政”之名，称德政路。

据1932年4月27日广州市工务局制印《广州市马路路线图》标示，直到当时，今德政北路自北往南尚标作赐福里、吉来北巷、仰星街；今德政中路标作德政街，今德政南路标作洪圣庙前街。照该图之标示，当时这整条路都正在修建。后来才依路之方位而分北、中、南三段。

1937年《广州市最新马路全图》明确标出德政北路（北起法政路，南至惠爱东路即今中山四路）、德政中路（北起惠爱东路，南至万福东路）、德政南路（北起万福东路，南至东堤）。由此判断，整条德政路当建成于1932年之后，1937年之前。

德政北路

北起法政路，南至中山四路。长580米，宽12米。因居德政路之北段，故名。

1966年改名立新路，1981年复名。

德政中路

清代为德政街，因居德政路之中段，故名。北起中山四路，南至万福路，长675米，宽10米。

1947年5月18日，国民政府高等法院裁决没收汪精卫在德政中路自编门牌1—8号的房屋8间及其他财产。

德政南路

北起万福路，南至沿江中路。因是德政路的南段，故名。

本路靠近广九火车站、天字码头，水陆交通方便。抗战胜利后有，省内外的猪牛、三鸟、蛋品、木材、大米源源运进。此处的猪栏、牛栏、三鸟栏、蛋品栏、木材栏相继复市，成为颇具规模的商品集散地。

1938年5月30日，本路遭日机轰炸。

广州沦陷后，在深夜或凌晨开市买卖破旧杂物的聚集场所重新兴起，其中一处在德政南路。日军规定于晨5时后开市，俗称“天光墟”。抗日战争胜利后自然淘汰。

1966年改名立新南路，1981年复名。

民国时期德政路有如下庵堂、机构等：

| 名称 | 建立时间 | 地址 | 备注 |
|---|---|---|---|
| 八路军驻广州办事处 | 1938.1 | 德政北路7号2楼 | 三层楼房，坐西向东，混合结构1994年建地铁时拆毁。1938年4月，迁百子路10号“双清楼”。 |
| 福照庵 | 抗战前 | 德政中路 | “文革”后改为民居。 |
| 《抗战大学》社址 | 1937.11.1 | 初在广中路12号，后迁德政路381号4楼 | 综合性刊物。广州沦陷后，刊物迁香港续出3期后停刊。 |
| 广州市宝安同乡会 | 1934年前 | 德政路八四号 | 载民国二十三年（1934）《广州指南》。 |
| 东猪栏 | 1947 | 德政南路 | 聚集了三四十家兼营出口猪栏，时称“东猪栏”。省内各地恢复了生猪来市。 |
| 日军慰安所 | 日伪时期 | 德政南路73号 | 现广东省卫生厅幼儿园址。日军投降后，此地为广东省保警大队驻地。 |

**36.西湖路**

南汉西湖在明代逐渐淤塞填平。清代成西湖街。1932年，扩筑西湖街辟建成马路，名西湖路。东连永汉路（今北京路），西接维新路（今广州起义路），长461米，宽13米。

民国时期，西湖路与汉民北路、教育路同为新书业、文化用品业专业街。西湖路大马站、小马站、流水井一带，是广州市旧城区唯一尚存成群成片古书院的历史地段，2000年12月公布为越秀区第一批历史文化保护区。

1947年，西湖路建有市警球场。

本路与教育路相交处之东北侧有南汉古迹药洲遗址。

自1964年后，西湖路每年春节前设分区迎春花市，越秀区花市即设于教育路、西湖路。除“文革”时停办了几年外，一直延续至今。

广州市教育局

1921年成立。在西湖路。许崇清为首任局长。1949后，沿设广州市教育局。

**37.竹丝岗大马路、竹丝岗二马路、竹丝岗三马路**

竹丝岗亦写作竹丝冈。在今东风东路中段南侧，执信南路东侧、农林下路西侧。

1932年在此地开发房地产，同时环竹丝岗修建马路。

竹丝岗大马路，沿岗坡环岗而建，呈圆弧形。长460米，宽5米。

竹丝岗二马路，自执信南路中部伸出，呈圆弧形，在竹丝岗大马路东南北侧，北接今东风东路。因是竹丝岗修筑的第二条马路，故名。长776米，宽5米。

据1937年《广州市最新马路全图》，竹丝岗大马路、二马路均为首尾相接之圆形，今则为弧形，首尾不相接。

竹丝岗三马路，在竹丝岗二马路西段南面，西接执信南路，东接竹丝岗四马路。长80米，宽3.5米。因在竹丝岗上而得名。

竹丝岗四马路，在1937年《广州市最新马路全图》上亦已绘出，具体筑路时间不详。

竹丝岗建有如下学校，见下表：

| 名称 | 成立时间 | 地址 | 备注 |
|---|---|---|---|
| 私立珠海中学 | 1946年秋 | 竹丝岗二马路7号 | 陈济棠、黄麟书创办。1949年建国初期继续开办。 |
| 私立珠海大学 | 1947.8.16. | 竹丝岗二马路 | 私立综合性大学。建国前夕停办。 |

**38.广中路**

1932年拆晚清广州府中学堂（1913年称广府中学。1926年改为省立二中）建路。以“广（府）中（学）”作路名。路在正南路东侧，越华路北面。长173米，宽7米。

民国时期广中路建有如下学校等，见下表：

| 名称 | 成立时间 | 地址 | 备注 |
|---|---|---|---|
| 《抗战大学》社址 | 1937.11.1.创刊 | 社址初在广中路12号，后迁德政路381号4楼 | 抗日战争时期广州出版的战时综合性刊物。 |
| 广府中学 | 1913 | 广中路附近 | 由广州府中学堂更名。或称省立广州中学校。为越秀区境内最早的中学。 |
| 师范馆 | 1908 | 附设于广府中学堂 | 学生47人，一年毕业。这是唯一由广州知府办的师范教育。 |

**39.教育路**

1932年扩建观莲街而成。

观莲街内有清代学署，民国初年改为广州教育会（今南方剧院与药洲遗址地），故扩建为马路后便取名教育路。北起惠爱路（今中山五路），南接惠福东路。长487米，宽15米。

民国前期，观莲街有著名包办馆南阳堂。

1931年，广州市教育会和广州市体育会在九曜园（今教育路南方戏院附近）合建市教育会球场，备有简易的灯光设备。该场成为广州市最早的灯光篮球场。

民国时期，教育路与汉民北路、西湖路同为新书业和文化用品业专业街。

1938年6月4日，教育路遭日机轰炸，落1弹。

1966年改称教育南路，1981年复名教育路。

本路有著名古迹南汉药洲遗址，为广州最古园林遗址、省级重点保护文物。

**40.朝天路**

1932年扩筑朝天街为马路，称朝天路。北接惠爱路（今中山六路），南接米市路。长310米，宽10米。

1937年9月22日，日机轰炸广州，在朝天路市立五十七小学、二十七小学、十小学等校附近落下炸弹，其中一枚炸毁民房五间。

本路名胜有清同治三年（1864）所办之同文馆，是中国最早开办的外语学校之一，馆址在今朝天小学。

1966年本路曾称朝阳南路，1981年复名朝天路。

**41.海珠路**

北起百灵路，南至长堤大马路。因路南端斜对江中大礁石海珠石，故全路名海珠路，分北、中、南三段，辟建于1932年。

海珠北路

辟建马路前，由北往南称官塘街、窦富巷（俗称豆腐巷）。1932年扩建为马路，本路属海珠路北段，故称海珠北路。北起百灵街（今百灵路），南至惠爱路（今中山六路）口与海珠中路相接，长615米，宽10米。

1937年9月，日机炸毁了海珠北路部分民居。

民国时期本路有如下教堂、学校：

| 名称 | 成立时间 | 地址 | 备注 |
|---|---|---|---|
| 市立第廿七小学校 | | 官塘街 | 载1934年《广州指南》。 |
| 惠爱队堂 | 1932 | 海珠北路 | 基督教堂。属救世军。建国初撤点，并入西华队。原堂址归还业主。不复存在。 |

海珠中路

北起惠爱首约（今中山六路）上接海珠北路，南至大德路口与海珠南路相连，因是“海珠路”之中段，故名海珠中路。长890米，宽10米。

在辟建马路之前，北自惠爱首约，南至光塔街（今光塔路）的路段并非街巷，只有北段一小段为擢甲里之北段，南段一小段属白家巷，其余都是民宅（见1918年《广州市图》），即这段马路主要是拆民宅而辟建。光塔街以南段，是拆仙羊街和西濠街辟建。西濠街东侧之南濠洼地（露天渠道）亦同时筑路，自此成为马路暗渠。

始创于清道光八年（1828）的王老吉凉茶，民国三十五年（1946）曾在海珠中路开铺。

清代中叶，酒楼茶室业属颐怡堂，茶楼饼食业属协福堂，粉面茶点业属广志堂。入民国后，各堂口先后改为行业会馆性质的商业同业公会，分别设于一德西路、天成路贤乐里和海珠中路。

海珠中路与惠福西路相交处有名胜妙吉祥室（今满族同胞联合会所在）。

海珠南路

1932年辟建。北起大德路，上接海珠中路；南至长堤大马路。在辟建马路之前，自大德路至大新路段并非街巷，而是民宅。即此段海珠南路乃拆民宅而辟建。路西侧之安宁里亦在建路时拆去（见1918年《广州市图》）。大新路以南之海珠南路，乃自北往南扩建板箱巷、油栏直街（包括城门油栏门）而成。当年筑马路至长堤大马路，便是江岸。1921年在河北建渡江轮渡木质码头8个，其中一个便在此地。称油栏门码头。1937年，全市渡轮航线全由过江电船办事处统一经营，仍使用油栏门码头。当时海珠新堤已建好，原在海珠南路与长堤大马路相交处的油栏门码头随之南移到海珠新堤与现新堤三横路的相交处南面。

本路因是“海珠路”之南段，故名海珠南路。长780米，宽10米。

八百载腊味店创建于民国二十六年（1937），店址设在海珠南路。店名出自《三字经》：“周武王，始诛纣，八百载，最长久。”创办人谢柏期盼这店名能带来好运。生意兴旺发达，长做长有。原招牌“八百载”为金字，以黑漆为底，镶在木匾上，四周以10组“价真不二”的精细图案环绕。现在店面重新装修后，为红底黑字招牌。

开店之初，八百载创制出与众不同的香化鸭膶（鸭肝），并以此作为招牌货，广为宣传。以后，又制作出“风肠”。这两种腊味深受广大顾客喜爱。

20世纪40年代初，谢柏的胞弟谢昌，也在海珠南路开设腊味店，名“东昌”。“八百载”和“东昌”都办得有声有色。日后“东昌”渐渐扩大，又称东昌皇上皇。40年代中期，谢柏为了显示自己为兄唯大，字号更老，特意把自己的招牌货命名为“太上皇香化鸭膶（肝）肠”和“太上皇风肠”，同时还通过电台、报纸大做宣传，其中“八百载太上皇腊肠，有风味，有肉味，有香味，蒸熟不会缩，食过番寻味”等语广泛流传。

1948年初，谢柏与行家合股，在西关开设“晏行烧腊店”。

1956年全行业公私合营。以后商业网点大调整，八百载从海珠南路迁往东山龟岗大马路2号。“文革”初改名为“东湖烧腊店”。

改革开放后，“八百载”重新挂起金字招牌。1998年，该店的“八百载太上皇风肠”“豉味五花腊肉”获全国食品行业名牌产品称号，“八百载蜜制卤脚翼”获优秀产品称号。

**42.纸行路**

1932年扩建纸行街为马路，称纸行路。长488米，宽9米。

现在资料多称此路北段原名纸行街，南段原名木牌坊。在光绪三十三年（1907）《广东省城内外全图》确是这样标示，但在1918年《广州市图》与1925年《最新测绘广州市面马路区域全图》上，整条街巷均只标作纸行街，而没有标木牌坊。可见在辟建纸行路时，全街均称纸行街。

1967年纸行路改名红书中路，1981年复名纸行路。

私立知用中学（广州市知用中学）

私立知用中学为今广州市知用中学前身。1924年9月创办，创校时校址在纸行街（今纸行路）。一说校址原在文明路，后租用纸行街90号为校舍。1933年才迁至百灵路现址。

**43.诗书路**

1932年扩建诗书街为马路，称诗书路。北起惠福西路，南至大德路。长429米，宽8米。1967年改名红书中路，1981年11月复名诗书路。

民国时期本路有如下学校等：

| 名称 | 成立时间 | 地址 | 备注 |
|---|---|---|---|
| 中华圣经公会华南分会 | 1937 | 原在沙面复兴路。后迁诗书路 | 广州市基督教公会之一。以发行经书为主。 |
| 省立高级护士助产职业学校 | 抗战胜利后 | 诗书路 | 公立职业学校。1948年存。 |
| 省立高级护士助产学校 | 1947 | 诗书路 | |

**44.寺贝通津·寺背通津**

寺贝通津在今达道路西侧，呈弧形折向南至庙前直街。因在东山庙（俗名太监寺）背后，方言“贝”“背”同音，且曾为寺贝底村居民出入的主要通道，故名寺贝通津，亦有写成寺背通津。长628米，宽6.4米。

今存民国时期广州地图，1930年以前的图没有标出此路。1932年4月27日广州市工务局制印《广州市马路路线图》标绘此路只是画出红线，意为“未成马路”，没有标路名。所在之村标为“寺背底”。

1937年《广州市最新马路全图》绘出此路，并标明“寺背通津”。

由此可知，寺贝通津这条马路当动工兴建于1932年或稍前，建成于1937年前。

隅园

位于东山寺贝通津42号、44号。1930年由广州早期留英学生伍景英自行设计建造，1932年建成。坐南朝北，建筑物分东西两座，均为两层。西座为主，东座为副。砖混结构。门前为马路。

西座为红砖外墙，绿琉璃瓦硬山顶，施白色门窗外框。东座为平顶的二层小洋楼，外墙批荡。南立面开券形窗。

隅园前、后有花园，其建造采用了当时国内外优质的建筑材料，工艺一流。现今室内仍完整地保留了英国进口的铺地砖、壁炉和洗漱室洁具等。红砖围墙上东侧券形门边嵌有“隅园”石刻。当年室外的水池、水井及井用抽水设备等尚存。

隅园建筑中西合璧，典雅别致，具有明显的风水格局，是区别于春园、简园、葵园、明园的具有典型融合中西建筑的另一种东山特色民居。

伍景英，1905年留英。学成后归国，曾加入海军，参与制作军舰水雷抵抗侵华日军。建国后为人民海军南海舰队高级技术顾问。

1999年7月，公布隅园为广州市文物保护单位。

进园

位于寺贝通津19号，建于20世纪二三十年代。坐北朝南，园内前部为花园，后部为楼房。楼高两层，砖混结构，分前后楼，两楼间有一楼梯相连。

前楼面阔12米，进深12.5米；后楼面阔14米，进深7.5米。总建筑面积为560平方米。楼

顶有天台及绿釉瓶栏杆。一楼、二楼有柱廊式阳台。地面铺花阶砖。围墙大门右侧有石刻“进园”字样。

**45.百灵路**

1933年扩建百灵街（一名北城街），筑成马路，名百灵路。路面高于北面城外地面一米多。东起中华北路（今解放北路），西至海珠北路。长311米，宽10米。

1938年6月5日，此地遭日机轰炸。百灵街16号、展记18号公平米铺间落弹1枚，共毁掉铺户11间，当场炸死3名市民，重伤12人，轻伤5人。

私立知用中学（广州市知用中学）

私立知用中学在百灵路，今广州市知用中学前身。

1922年11月4日，广东高等师范学校毕业班学生余心一等12人组成“知用学社”，以后陆续有50余人参加。知用学社同人于1924年9月集资创办了知用中学。校名取“学师范以求知，办教育以致用”之意。以“勤学务实，求知致用”为校训，故名知用中学。

知用学社社友为当然校董，校董会公推唐富言为第一任校长。

教育家张瑞权为创办人之一，第二年继唐富言之后任校长，连任至1956年。前后共31年。

创校时校址在纸行街（今纸行路）。一说校址原在文明路，后租用纸行街90号为校舍。1928年1月曾遭当局查封。

1930年购买了百灵路稻谷仓兴建校舍。先后建成致用堂、图书馆、求知堂、科学楼。1934年已发展为33个班、学生1900余人的一所颇具规模的完全中学。

抗日战争爆发后，知用中学先后迁到南海县里水、顺德县大良、澳门、香港、越南西贡、粤北乳源县、湖南郴县等地继续办学，抗战胜利后迁回原址。

1956年改公办，改名广州市第二十八中学。1981年，与市第六十九中学（校址盘福路）合并，校名仍沿用市第二十八中学，校址仍在百灵路83号。1983年4月恢复知用中学校名。

**46.东皋大道**

东皋大道在大东门外。大东路（今中山三路）北侧。1934年辟路审定委员会开建。因明末清初时此地有著名私园东皋园（东皋别业）、东皋诗社而得名。

清代至民国前期，此地一带称东皋、东皋约。民国初年，除靠近大东门正街（今中山三路）的南端段已形成街巷外，以北段只是乡间泥路。泥路东西两边分别是四个大池塘。直到民国前期，街巷与泥路均未定名。

1934年辟建东皋大道。南北向，北至东皋三横路西端、大东街道办事处。南至今中山三路。长240米，宽5米。

此后，此地一带池塘渐被填平修筑楼房。也就是说，今东皋大道东西两边的街道基本上是民国中期后才形成的街巷。诸如智兴里、东皋大道三横巷、东皋大道二横巷、义兴园（街巷名）、皋园（街巷名）等，都是当年的池塘故址地。现东皋大道北高南低，尚有明显斜坡。可知是从岗丘地开出。

东皋大道一带是20世纪二三十年代华侨建置房产和军政官僚营建别墅和官邸的集中地域，2000年12月公布为越秀区第一批历史文化保护区。

**47.西村路·西村公路（流花路）**

今流花路长2300米，宽12～15米。通西村，原名西村路。因路旁有南汉时的流花桥，20世纪50年代建有流花湖公园，于1981年改名流花路。

西村公路辟建于何年，难以找到明确的文字记载。下面依据今存民国时期广州地图记述。

1925年《最新测绘广州市面马路区域全图》与1932年4月27日广州市工务局制印《广州市马路路线图》都没有绘出此路。

1937年《广州市最新马路全图》绘出此路，标名“西村路”。

由此可知，西村路当辟建于1933年之后，1937年之前。

在辟建马路之前，此地山岗连绵，称西村大韬山（又称大刀山）。1929年，陈济棠选定西村大韬山兴建广东陆军总医院新院（旧院在米市路南海学宫旧址）。1933年，正式动工兴建。依理，必定尽快辟建道路，以利运输材料等。据此推断，本路当始建于1933年，建成于1934年或稍后。

今天资料多称，流花路原名西村公路。但在今存民国时期广州地图上，如1942年4月《广州市全图》、1947年4月《再新大广州市马路图》、1948年1月《广州市街道详图》、1949年5月再版《新广州市街道详图》等，标名都是“西村路”而非“西村公路”。建路之时，路之四周基本为乡野地，并非城区。直到1949年10月前夕，仍是如此。

广东陆军总医院·第一集团军总医院·军医署海陆空联勤总医院·陆军坟场（广州军区广州总医院）

位于今流花路中段北侧，流花路111号。时任国民革命军第一集团军总司令的陈济棠创办，奠基于1933年，建成于1936年。原陆军总医院迁于此新院，称广东陆军总医院，又称第一集团军总医院。除士兵病室可容伤病员300人外，并附设有可容300张病床的民众医院1幢。同年7月，第一集团军总司令陈济棠下野，本院遂改名广州绥靖公署广东陆军总医院。抗日战争胜利后，改名国防部军医署海陆空联勤总医院。

民国时期，本院后面是陆军坟场，是供广州驻军使用的主要坟场。

兴建本院当年，这一带是市郊荒僻之地，称西村大韬山（大刀山）。本院建筑群是广州较好的近代建筑，对研究广州军事医院发展史有一定价值。

该建筑群由南向北依次为门楼、华侨楼、解放楼和胜利楼。

门前为马路，周边为医院建筑。总占地面积约3万平方米。

门楼坐北朝南，面阔三间约12米，进深一间约3米。明间绿琉璃瓦歇山顶，两次间歇山顶，高度低于明间瓦顶。两侧有石栏杆，门前大道宽阔。

华侨楼为钢筋混凝土结构，坐北朝南，面阔约70米，深约32米，占地约2240平方米。中楼突出，绿琉璃瓦重檐四角攒尖顶，各脊均设脊兽。内分5层，中楼第五层外墙有“天下为公”四字，第三、第四层间外墙有“华侨楼”三字。首层前设抱厦式正门，绿琉璃瓦歇山顶。中楼两侧的东西翼楼内分4层，为绿琉璃瓦歇山顶，红砖墙，外墙贴红色瓷砖，花岗岩石脚。大楼内铺水磨石地面。内部原貌已改。

解放楼和胜利楼为一曲尺形连体大楼，东西楼以约5米长的走廊连接。东西楼总占地面积约6200平方米。均为高二或三层混合结构建筑。东楼坐西向东，面阔约100米，进深40米。绿琉璃瓦歇山顶，博古纹饰屋脊，现外墙已改贴马赛克。东楼正面设3个带绿琉璃瓦歇山顶、水磨石柱的门楼。南北门楼檐下分别刻有“解放楼”及“胜利楼”。中间门楼檐下刻有“八一”军徽，门前设台阶。胜利楼一楼四面有爱奥尼柱式柱廊，柱头出涡卷。中部有红十字标记，支承二楼出挑的阳台。

西楼坐北朝南，面阔55米，深约40米，为绿琉璃瓦庑殿顶，正面设拱形大门。檐下有钢筋混凝土结构的仿木阑额、角梁、飞檐等。做法带有明显的中国古代建筑风格。外墙有石脚。现为医院办公用楼。

建国后，解放军接管本院，先后改为中南军区第二陆军总医院、中南军区总医院。1986年12月，定名广州军区广州总医院（亦有写作广州军区总医院），并添建了部分建筑。

2002年9月，本院旧建筑群公布为广州市登记保护文物单位。

**48.花塔路（六榕路）**

1937年扩建花塔街为马路，因路旁有著名古迹花塔寺（六榕寺）而名花塔路。北接百灵路，南接惠爱路（今中山六路）。长528米，宽12米。

今天资料多称，此路辟建为马路后称六榕路，其实不然。在民国时期广州地图上，此路均标作“花塔街”（如1937年《广州市最新马路全图》）或“花塔路”（如1948年1月《广州市街道详图》）。有的标作花塔街，在“街”字下面加个“路”字（如1949年5月再版《新广州市街道详图》）。标“六榕路”是建国后的事。

1924年，高第街、花塔街等地发生鼠疫。

1938年12月3日晚，国民党便衣队80多人潜入广州市区，在六榕寺一带与日军巷战3小时始退。同时，进入市内之游击队向原省府（今越华路广东省民政厅址）及教育厅等处投掷手榴弹。日军大为恐慌，是晚宣布戒严。

1967年六榕路改名朝阳北路，1981年复名六榕路。

六榕寺·花塔

六榕路最著名古迹是六榕寺、花塔。

清代后期，六榕寺走向衰落。清末民初，变成家庙，分为十房。铁禅和尚把持了寺政，六榕寺成了子孙制的静室（常住僧人是师徒相传，非该寺的法嗣，未经特许不得挂单入住）。抗日战争胜利后，六榕寺恢复为“十方丛林”（凡持有有效戒牒的僧人均可挂单入住），常住僧人有30余人（1952年有僧人16名，1990年有僧人20名）。

民国时期，六榕寺已非佛门清净地，而是融入了凡尘俗世之滚滚红尘中。

1946年8月13日，著名高僧虚云和尚抵广州，驻锡六榕寺，主持“超度抗日阵亡将士暨死难同胞水陆法会”，前往参与活动和参观的四众弟子及十方善信逾10万人。当时贫民甚多，在一连七天法会期间，六榕寺每日向民众施粥施饭。七天中皈依虚云和尚的男女信徒达数千人之众。

**49.广虎路·黄埔大道（东风东路）**

广虎路——广州至虎门之大道，辟建于20世纪30年代。大部分路段建在低台地上。1945年改名黄埔大道。1968年更名东风五路，取东风压倒西风之意；1985年改名东风东路。至今。长3750米，宽30米。

有资料称，今东风东路原为广虎路和造币左路，但造币左路今尚在，在东风东路西段之北侧。可证东风东路并非辟造币左路而建。

建国初期，广州地区共有省、市立中等师范学校三所，其中之一为省立广州女子师范学校，由登峰北迁往今东风东路。1956年停办，校址改办广州师范专科学校。

华英医院（广州市传染病院）

基督教会医疗机构。1947年1月，基督教华南教区中华圣公会（或称中华基督教圣公会华南教区）与华南万国医药救济会创办（亦有资料记为粤东浸信会开办）。位于先烈南路1号（今东风东路与先烈南路相交处）。1951年12月由广州市政府卫生局接管，改名广州市市立传染病院，集中收容传染病人隔离治疗。1955年名广州市传染病院。1968年12月改名广州市第八人民医院。1973年4月复名广州市传染病院。

私立金巴仑小学（东风东路小学）

1948年创办。位于东风东路756号。曾易名东山区第五小学、广东师范学院附小、黄埔大道小学、立红小学、东风五路小学。为今东风东路小学前身。省一级学校。

**50.圣心路（劳动路）**

在一德路北侧。因在石室圣心堂前，故名圣心路。

1918年《广州市图》、1925年《最新测绘广州市面马路区域全图》均未绘出此路。

1932年4月27日广州市工务局制印《广州市马路路线图》绘出此路，且标名“圣心路”。

可知圣心路约辟建于20世纪30年代初期。此地是商业区，交通便利，不少工会、公会设于此地。1934年《广州指南》列出下表。

| | |
|---|---|
| 广州市杉业同业公会 | 圣心路十一号二楼 |
| 广州市咸鱼业同业公会 | 石室前五七号二楼之后楼 |
| 广州市中药炮制配剂工会 | 石室前圣心路十号 |
| 广州市酒楼茶室工会 | 石室前东善街七九号 |
| 广州市京果海味什物货业同业公会 | 石室前五七号二楼后楼 |
| 广州市鞋料业同业公会 | 石室前五七号二楼 |
| 广州市牛皮鞋业同业公会 | 石室前五七号二楼 |
| 中药炮制配剂研究会 | 石室前圣心济十号 |
| 广州市杉业同业公会 | 圣心路十一号二楼 |
| 广州市中药炮制配剂工会 | 石室前圣心路十号 |
| 广州市咸鱼业同业公会 | 石室前五七号二楼之后楼 |
| 广州市京果海味什物货业同业公会 | 石室前五七号二楼后楼 |

（续表）

| 广州市鞋料业同业公会 | 石室前五七号二楼 |
|---|---|
| 广州市牛皮鞋业同业公会 | 石室前五七号二楼 |

此外，1926年10月，中华全国总工会和省港罢工委员会合设的教育宣传委员会在石室附近开办了工人宣传学校第四所。

1966年圣心路改名劳动路，含不靠救世主，全靠劳动人民自己之意。长58米，宽18米。

本路两旁至今尚存三层旧式骑楼民居，是圣心教堂的配套建筑、广州最早引入建成的民居。法国人建于19世纪90年代，用于招待来往于法国、广州的法国商人。现这些建筑依然是民居，经过大规模整饰，立面保留了法式风格。

**51.黄华路**

南起今东风东路，北至北较场路，长750米，宽6.5米。因明末附近建有黄华寺得名。

黄华路辟建于何年，找不到明确的文字记载。下面依据今存民国时期广州地图记述。

1918年《广州市图》清楚地绘出了此路，但没有标名。当年此路为黄华塘乡之南北向主道，当非今人心目中之马路。

1925年《最新测绘广州市面马路区域全图》没有绘出此路。

1928年10月《广州市图幅联合表之五》与1932年4月27日广州市工务局制印《广州市马路路线图》均绘出此路，但没有标名。

1937年《广州市最新马路全图》绘出此路，标明“黄华路”。

依上述资料推断，黄华路之辟建成马路（非乡间小道），当在20世纪30年代前期。建成的确切年份难下断语。

本路著名文物是广东造币厂，原称广东钱局，位于黄华路南段东侧今中共广东省委党校内。厂房几已全毁，仅存一银库楼和小凉亭。1993年8月公布为广州市文物保护单位。1927年12月11日广州暴动。义军主力教导团分三路出击。东路之二营主力攻打造币厂，即此地。

广东省第一监狱（广州市公安局看守所）

位于黄华路，为民国时期广东省第一监狱的一部分。民国时期建筑。当年的正大门还在，铁门为当年遗物（皆为铆钉铆接），窗户原为木框四扇，现仅存一扇，监狱内的楼梯还保留原状。院内有一株百年古榕，周边高墙为后期加建。该监狱现为广州市公安局看守所。

血泪洒黄华碑

位于黄华路黄华塘（黄华中约外街21号对面）。刻于1946年7月。碑高1.71米，宽0.76米，以花岗岩石镌刻。碑的正中隶书“血泪洒黄华”5个大字，两旁为小字，楷书，记述黄华塘遭日寇飞机轰炸的惨况。

1938年5月30日日机空袭广州，黄华塘乡中弹。6月10日再遭轰炸，落弹9枚，1枚适中黄华村福音堂，全堂毁塌，民房亦毁20余间。两次遭炸乡民死伤达百余人。抗日战争胜利后，乡民于1946年组织“追悼殉敌会”，举行追悼死难者大会，并由“追悼殉敌会”在乡中被炸处刻石立碑，以志此血海深仇。

1993年8月，公布为广州市文物保护单位。

**52.太平沙**

太平沙既是沙洲名，也是马路名，东西向，西起永汉路（今北京路），西连回龙上街。长235米，宽7米。1918年《广州市图》标作“太平沙街”，是一条较为宽阔的街道。1925年《最新测绘广州市面马路区域全图》标作“太平沙”，仍为街道。

1932年4月27日广州市工务局制印《广州市马路路线图》与1937年《广州市最新马路全图》均把此街标成“未成马路”。

1943年6月《广州市最新马路交通图》、1948年1月《广州市街道详图》、1949年5月再版《新广州市街道详图》明确绘出这条马路，标作“太平沙”。

由上地图资料可知，太平沙马路建成于20世纪30年代后期，当在广州沦陷之前即1938年10月之前。

1938年6月4日，太平沙回龙桥一带遭日机轰炸。

天星影画院·天星戏院（广州市群众艺术馆）

在太平沙。1931年由群益公司创建，是个简陋剧场。1932年8月开业。1945年，由放映电影改为上演戏剧。成为粤剧演出场所。

建国初，1949年10月17日，环球乐剧团在天星戏院公演了《夜出虎狼关》等剧目。

1951年由广州市公安局接管天星戏院，以私营方式继续经营。1952年划归广州市文化局管理。1966年曾改名卫东剧场。后被废置，又改作仓库。

1980年起改作广州市群众艺术馆。占地面积1000平方米，建筑面积1800平方米。设有剧场（可容纳观众1010人）、排练活动室、桌球室等。另一说，市群众艺术馆于1956年7月在天星戏院成立。

**53.北较场·较场路·较场北路（北较场路）**

在今黄华路以北地。清代时，此地为广州城北演武场。名北较场。

入民国后，各地军队云集广州，这里搭有一座座大葵棚，成为驻军营房。

1921年10月10日，孙中山在总统府庆祝国庆后赴北较场阅兵。尔后，军民结队游行。

1927年12月11日广州暴动，起义主力是国民革命军第四军军官教导团和广州工农赤卫队。当时教导团驻在北较场四标营盘。11日凌晨3时就从此地分3路出击，一路奔沙河，一路攻东校场、广九车站和公安局，一路攻省长公署和观音山。后失败。

民国时在此地辟建马路，称较场路。1941年改名较场北路，即因此地曾为北较场之地而得名。

以上是文字资料记载。若考查民国时期广州地图，却有不同。

1925年《最新测绘广州市面马路区域全图》未绘出此路。

1932年4月27日广州市工务局制印《广州市马路路线图》、1947年7月《广州市图·广州市图幅联合表之六》、1948年1月《广州市街道详图》均绘出此路，但都没有标名。

1937年《广州市最新马路全图》、1943年6月《广州市最新马路交通图》、1947年4月《再新大广州市马路图》、1949年5月再版《新广州市街道详图》均绘出此路，与其南接之黄

华路一同标作“黄华路”，即为黄华路之西段。

由上述地图资料可知，较场路约辟建于20世纪30年代初期，而路名却为世人忽视，至少是为制地图者忽视。

1966年，此路改称北较场路。长570米，宽6米，西起小北路，往东北呈弧形通环市东路。此地如今建了许多高楼大厦。昔日较场面貌，几不可寻。

**54.应元路·清泉街·纪念堂路**

应元路是在越秀山南麓辟建出来的东西向马路。今东起小北路，西至解放北路。因清代时此地建有应元宫而得名。

应元路辟建于何时，在有关广州路名资料中没有明确记载。兹以相关文献和民国时期广州地图为依据，记述本路之辟建。

据1918年《广州市图》标示，今应元路（小北路至解放北路）是拓宽以下街巷辟建而成的（由东往西为序）：仁寿街、三眼井下街、十八洞、十九洞（拆民宅而建）、高社、明德里（一段），应元书院、菊坡书院、龙王庙南临之路（图上没有标名。应称莲塘北约，见光绪三十三年《广东省城内外全图》。莲塘北约亦为地域名，指那一片地域）、大树园、清泉巷（又称清泉街）。

约成图于20世纪20年代末期的《最新测绘广州市面马路区域全图》把上述之路用红色标为“市政公所规定开辟第二期马路”，即有规划建造而未建。

1927年1月4日《广州市六脉渠图》、1932年4月27日广州市工务局制印《广州市马路路线图》只标出部分街巷名（如十八洞、清泉街），仍未建马路。

事实上，中山纪念堂北侧的今应元路（当时称中山纪念堂北路）段当时已经辟建了。“1931年7月23日，经一番招投标后，广州市工务局与永兴隆号签订了《承建中山纪念堂北路工程合约》。该工程于同年12月31日竣工并通过验收。”（卢洁峰《广州中山纪念堂钩沉》）

1934年广州市政府编《广州指南·中山纪念堂纪念碑》明确记载有应元路：“建总理纪念碑，以资景仰。是处交通便利，西有盘福路，东有德宣东路，中有吉祥路，北有应元路、镇海路，以达粤秀山麓。”由此可证当时中山纪念堂北侧的纪念堂北路亦称应元路，并已辟建。但在此后出版的多幅广州地图却严重滞后，没有标出，如1937年《广州市最新马路全图》、1942年4月《广州市全图》、1943年6月《广州市最新马路交通图》都没有标出。直到1947年4月《再新大广州市马路图》才标出纪念堂路（即纪念堂北路，今中山纪念堂北侧的应元路段）。1947年7月《广州市图·广州市图幅联合表之六》标出清泉街已成马路及纪念堂路，还标出今越秀山体育场东门南侧之马路，并标上“应元路”名。这可能是民国广州地图上第一次出现“应元路”路名。而路的东面仍为街巷，并未建马路。

1947年8月广州市工务局绘《广州市马路图》标出今越秀山体育场东门南侧之应元路东面直达小北路的街巷为“计划路线”，即计划辟建马路。

1948年1月《广州市街道详图》与1949年5月再版《新广州市街道详图》亦标出越秀山体育场南侧之应元路段，而其东面的街巷连“计划路线”四个字也没有标出，只是标出街巷名。当年时局动荡，这段马路的辟建大概连计划都被取消了。

综上记述，今应元路最初被辟建成马路的，是中山纪念堂北侧的纪念堂路，因在中山纪念堂后侧（北侧），故又名纪念堂北路。建成于1931年底。直到建国前夕，这段马路一直与南北向段的镇海路相接，由此可直上今广州美术馆所在的狗头山。

再后辟建为马路的是今天应元路的西段，当时名清泉街（清泉巷），这大概是在20世纪30年代末期至40年代初期。尽管已建成马路，但后来出版的地图仍标称清泉街，而非清泉路。直到1982年扩建后才与东段的应元路合称应元路。

再看建国后的广州地图。1994年7月第一次改版的《广州街巷图册》标出今越秀山体育场东门以东至小北路的应元路段已辟建，而此前的广州地图，如1957年6月版《广州市交通图》、1972年10月第一版《广州市区交通图》、1975年第一版《广州市交通图》，直至1988年《广州市区街道详图》，都没有标示出今越秀山体育场东门以东的应元路段，即尚未辟建。

简括述之，今应元路在民国时期只辟建了西半段（今解放北路至越秀山体育场东门南侧段），东半段（今越秀山体育场东门南侧至小北路段）是直到20世纪90年代前期才辟建的。1989年6月香港大道文化有限公司出版《广州市地名志》的记载亦可证："应元路……东起越秀山体育场东门，西至解放北路。……长750米，宽12米。"而1994年9月中国大百科全书出版社《广州百科全书》竟然没有"应元路"条目。今以1994年7月第一次改版的《广州街巷图册》丈量，东起小北路，西至解放北路的整条应元路长度约为1100米。

应元路一带为越秀山南麓地，历代建名胜不少，有三君祠、南粤三君祠、南粤王庙、龙王庙、学海堂、文澜阁、三元宫、粤王井、应元宫、檀度庵、永庆庵、关帝庙、张桓侯庙、应元书院、菊坡精舍、广东存古学堂、清泉精舍、一山祠等，除三元宫、粤王井至今幸存外，其余均已毁圮不存。

1934年《广州指南》记载应元路有如下学校、寺观，见下表：

| 名称 | 地址 |
|---|---|
| 三元宫 | 九龙街五十二号 |
| 市立美术学校 | 粤秀山三元宫 |
| 檀度庵 | 清泉街十六号 |

1938年5月30日，三元宫遭日机轰炸。6月15日，莲塘路、双槐洞等处遭日机轰炸。

抗日战争前城区、城东地区辟建马路表

①南北向马路

| 路名 | 辟建年份 | 今名·备注 |
|---|---|---|
| 东沙路·东沙马路 | 1906—1907 | 先烈路·先烈南路、先烈中路 |
| 培正路 | 1907 | |
| 白云路 | 1912—1925 | |
| 龟岗大马路 | 1915 | |
| 东山路 | 1915 | 龟岗大马路、东山大街 |
| 署前路 | 1916 | |
| 文德路 | 1918 | |
| 文德北路 | 1918 | 文德路 |
| 文德中路 | 1918 | 文德路 |

（续表）

| | | |
|---|---|---|
| 文德南路 | 1918 | |
| 启明大马路 | 1918 | |
| 合群中路 | 1918 | |
| 合群西路 | 1918 | |
| 盘福北路 | 1918 | 盘福路 |
| 恤孤院路 | 1918—1920 | |
| 越秀中路 | 1918 | |
| 越秀南路 | 1918 | |
| 越秀北路 | 1919 | |
| 长庚路 | 1919 | 人民北路（南段） |
| 丰宁路 | 1919 | 人民中路 |
| 太平路 | 1919 | 人民南路 |
| 太平南路 | 1919 | 人民南路 |
| 太平北路 | 1919 | 人民南路 |
| 永汉路·汉民路 | 1919 | 北京路 |
| 永汉北路·汉民北路 | 1919 | 北京路（北段） |
| 永汉南路·汉民南路 | 1919 | 北京路（南段） |
| 维新路 | 1919 | 广州起义路 |
| 维新北路 | 1919 | 广州起义路 |
| 维新中路 | 1919 | 广州起义路 |
| 维新南路 | 1919 | 广州起义路 |
| 广大路 | 1920 | |
| 广仁路 | 1920 | |
| 仓边路 | 1920 | |
| 正南路 | 1920 | |
| 莲塘路 | 1920 | 吉祥路（北段） |
| 吉祥路 | 1920 | 吉祥路（南段） |
| 吉祥北路 | 1920 | 吉祥路（北段） |
| 连新路 | 1920 | 连新路（南段） |
| 仁济路 | 1921 | |
| 均益路 | 1924 | |
| 广九南路 | 1925 | 大沙头二马路 |
| 东川路·东川马路 | 1925 | 东川路 |
| 达道路 | 1925—1930 | |
| 东沙角路 | 1927 | |
| 小北路 | 1927 | 小北路（南段） |
| 登峰路 | 1927 | 小北路（北段） |
| 执信路·执信南路 | 1928 | 执信南路 |
| 东园路 | 20世纪20年代后期 | |
| 操场前路 | 20世纪20年代后期或末期 | 操场前 |

（续表）

| 农林上路 | 1930 | |
|---|---|---|
| 靖海路 | 1930 | |
| 光孝路 | 1930 | |
| 同乐路 | 1930 | |
| 惠吉东路 | 1930 | |
| 试验场西路·试验场东路·下农林路 | 1930—1932 | 农林下路 |
| 中华路 | 1930—1933 | 解放路 |
| 中华北路 | 1930—1933 | 解放北路（南段） |
| 中华中路 | 1930—1933 | 解放中路 |
| 中华南路 | 1930—1933 | 解放南路 |
| 广德北路 | 1930—1933 | |
| 天成路 | 1931 | |
| 教育路 | 1932 | |
| 回龙路 | 1932 | |
| 朝天路 | 1932 | |
| 新堤一横路 | 1932 | |
| 新堤二横路 | 1932 | |
| 新堤三横路 | 1932 | |
| 米市路 | 1932 | |
| 将军东路 | 1932 | |
| 将军西路 | 1932 | |
| 海珠路 | 1932 | |
| 海珠北路 | 1932 | |
| 海珠中路 | 1932 | |
| 海珠南路 | 1932 | |
| 纸行路 | 1932 | |
| 诗书路 | 1932 | |
| 挹翠横路 | 1932 | 挹翠路 |
| 五仙直路 | 1932—1936 | 不存。 |
| 永兴通津 | 1932—1936 | 不存。 |
| 德政路 | 1932—1937 | |
| 德政北路 | 1932—1937 | |
| 德政中路 | 1932—1937 | |
| 德政南路 | 1932—1937 | |
| 惠吉西路 | 1933 | |
| 湛塘路 | 1933 | |
| 东平路·东平马路 | 1933—1936 | 东平大马路 |
| 百子铺路 | 1933—1936 | 百子横路 |
| 金兴西路 | 1933—1936 | |

（续表）

| | | |
|---|---|---|
| 东皋大道 | 1934 | |
| 原道路 | 1935—1937 | |
| 花塔路 | 1937 | 六榕路 |
| 福音路 | 1937 | 福今路 |
| 登瀛路 | 1938年前 | |
| 镇海路 | 20世纪30年代初期 | 南段现称应元路。北段已不存。 |
| 东川二马路 | 20世纪30年代初期 | |
| 圣心路 | 20世纪30年代初期 | 劳动路 |
| 黄华路 | 20世纪30年代前期 | |
| 广花公路 | 20世纪30年代前期 | |
| 新民路 | 20世纪30年代 | |

②东西向马路

| 路名 | 辟建年份 | 今名·备注 |
|---|---|---|
| 烟墩路 | 1907 | |
| 龟岗一、二、三、四、五马路 | 1915 | |
| 盘福路 | 1918 | 今市一人民医院内之东西向主道。 |
| 镇海路·镇东路 | 1918 | 镇海路 |
| 启明一、二、三、四马路 | 1918 | |
| 合群一、二、三路 | 1918 | |
| 广九大马路·广九三马路·广九四马路·广九五马路 | 1918 | |
| 广舞台二马路 | 1918 | |
| 八旗大马路 | 1918 | 沿江中路 |
| 南堤大马路 | 1918 | 沿江中路 |
| 东堤大马路 | 1918 | 沿江中路 |
| 八旗二马路 | 1918 | |
| 惠爱路 | 1918—1919 | 中山四、五、六路 |
| 惠爱东路 | 1918 | 中山四路（中、东段） |
| 惠爱中路 | 1919 | 中山五路及中山四路（西段） |
| 惠爱西路 | 1919 | 中山六路 |
| 东铁桥二、三、四、五马路 | 1918—1922 | |
| 珠光路 | 1918—1920 | |
| 新河浦路 | 1918—1920 | |
| 泰康路 | 1919 | |
| 万福路·万福东路·万福西路 | 1919 | 万福路 |
| 惠福路 | 1919 | |
| 惠福东路 | 1919 | |
| 惠福西路 | 1919 | |

（续表）

| | | |
|---|---|---|
| 文德东路 | 1919 | |
| 长堤大马路 | 1920 | |
| 大南路 | 1920 | |
| 一德路·一德西路·一德中路·一德东路 | 1920 | 一德路 |
| 培正一横路、二横路、新横路 | 1920 | |
| 美华东路 | 1920 | |
| 美华中路 | 1920 | |
| 美华北路 | 1920 | |
| 德宣路 | 1920 | 东风中路 |
| 德宣东路 | 1920 | 东风中路 |
| 德宣中路 | 1920 | 东风中路 |
| 德宣西路 | 1920 | 东风中路 |
| 越华路 | 1920 | |
| 大德路 | 1921 | |
| 大东路 | 1921 | 中山三路 |
| 西濠二马路 | 1921 | |
| 仁济西路 | 1921 | |
| 文明路 | 1922 | |
| 百子路 | 1925 | 中山二路 |
| 中山公路 | 1925 | 中山一路（西段） |
| 广卫路 | 1925 | |
| 公园路 | 1925 | |
| 净慧路 | 1925—1928 | |
| 三育路 | 1926 | |
| 庙前直马路 | 1926 | 庙前直街 |
| 庙前西路 | 1926 | 庙前西街 |
| 东园横路 | 1927 | |
| 豪贤路 | 1928 | |
| 马棚岗（路） | 1928 | |
| 法政路 | 1929 | |
| 东华东路 | 1929 | |
| 南堤二马路 | 20世纪20年代前期 | |
| 禺山路 | 20世纪20年代前期 | |
| 官禄路 | 20世纪20年代后期 | 观绿路 |
| 维新横路 | 20世纪20年代末期 | |
| 广成路·松岗西·松岗东 | 20世纪20年代 | |
| 德安路 | 20世纪20年代 | |
| 广舞台三马路 | 20世纪20年代末或30年代初 | |

（续表）

| | | |
|---|---|---|
| 寺右新马路 | 1930 | |
| 禺东一、二、三路 | 1930 | |
| 禺西一、二路 | 1930 | |
| 广德路 | 1930—1933 | |
| 瑞南路 | 1930—1933 | |
| 纪念堂路 | 1931 | 今中山纪念堂北侧的应元路段 |
| 泰来路 | 1931 | |
| 新堤大马路 | 1931—1935 | 沿江西路（中、东段） |
| 府前路 | 1931 | |
| 大新路 | 1931 | |
| 东华西路 | 1932 | |
| 西湖路 | 1932 | |
| 竹丝岗大马路 | 1932 | 沿岗坡环岗而建，呈圆弧形。 |
| 竹丝岗二马路 | 1932 | 沿岗坡环岗而建，呈圆弧形。 |
| 竹丝岗三马路 | 1932 | 沿岗坡环岗而建，呈圆弧形。 |
| 广中路 | 1932 | |
| 东堤二、三、四、五马路 | 1932年之前 | |
| 寺贝通津 | 1932—1936 | |
| 百灵路 | 1933 | |
| 光塔路 | 1933 | |
| 西村路·西村公路 | 1933—1934 | 流花路 |
| 石牌公路 | 1934 | |
| 迎宾路 | 1935 | |
| 光孚路 | 1935 | |
| 德坭路·德泥路 | 1937年前 | 东风西路 |
| 文德西路 | 1937—1938 | |
| 较场马路 | 1938 | 云海通津 |
| 造币厂左马路 | 20世纪30年代初 | |
| 广虎路 | 20世纪30年代 | 东风东路 |
| 太平沙 | 20世纪30年代后期 | |
| 清泉街 | 20世纪30年代末期—40年代初期 | 应元路（西段） |
| 较场路·较场北路 | 1941 | 北较场路 |

自晚清至1918年，广州城区仅有珠江堤岸是马路形式。东起东濠口东铁桥，西至粤海关。后世视作马路，当年走的却不是汽车，而是马车和人力车。据说当年约有100多辆人力车，所走路线，便是从东濠口至仁济大街口，全程分四段，每段收费一分二厘银。

1918年开始大规模拆城开路，同时将部分主街干道也陆续扩建为马路。到1936年，今天广州中心城区（原越秀区）的主要马路已基本辟建，并形成了道路网。除了修葺扩建整饰外，至今基本无大变动。建国后辟建的马路，基本上在城北与城东地域。

抗战前全市道路系统纵横交错，呈棋盘形。沦陷时期及抗战胜利后，道路建设几乎停顿，乏善可陈。

## （二）城西地区·西关

民国前期广州拆城墙前夕的西关地域状况如上述。使西关地域面貌大变并向现代城区迈进的是辟建马路，并在马路沿线建起了大批二三层高的商住楼宇。随着马路开筑，昔日基围基本消失，原貌再难复睹。

1919年广州西城墙被拆去，西关地域与原城区连成一体，已无城内城外之别，并正式划归广州市区范围，随后开始陆续辟建马路，发展成与城中心区繁盛齐名的老城区。

在民国以前，西关地域已建有马路，最早建的马路在英法租界沙面。沙面北街最宽14.2米，沙面南街最宽18. 3米，中林荫道（沙面大街）更宽达30.5米，显然不是横街窄巷，而是现代马路。由此开始了广州近代城市道路的建设。

清末，除沙面外，西关地域已扩建为路的是西堤（民国地图亦标作西堤马路或西堤大马路），而西关地域大规模开辟马路，是在拆城墙以后。马路基本上是南北走向或东西走向，主要是扩建街巷而成，因而很多老街巷随着马路的开辟而消失，濠涌亦愈加淤窄淤短。

在工务局成立前，广州修筑的道路全是砂石路和泥路，道路建设也未有总体规划，只是拆除城墙在墙基上修筑，或在旧城区内扩展，其时汽车不多，马路规划大多较窄，不少马路仅宽10米左右。路线也不定，路宽也是随意修改。工务局成立后，开始修筑混凝土路以及沥青路（主要是在砂石路面上涂扫沥青），路面加宽，如太平路、丰宁路、维新路已达30米。太平路是广州用三合土首筑的马路。

下面依先后为序记述西关地域马路的辟建。

### 1.西堤·西堤大马路

今沿江西路西段（人民南路以西段），辟建于清末。长482米，宽18.8～20米。是除沙面外西关地域第一条辟建的马路。

民国时期，西堤一带是商业旺地。与东面的长堤、西濠二马路、北面的太平南路等一起构成兴旺的西濠口商业区。为广州三大商业区之一。据1934年广州市政府编《广州指南》载。有多家银行、酒店、旅馆、酒楼、影院等汇聚于西堤此地。

粤海关大楼

粤海关大楼今在沿江西路29号。粤海关是我国最早设立的海关；创立于清康熙二十四年（1685），负责征税、缉私、管理对外贸易等事务，是我国关税收入最多的海关之一，与江海关、津海关合称全国三大海关。1913年拆掉原有粤海关二层办公楼，由英国工程师戴卫德·迪克仿欧洲古典形式设计，由华昌工程公司承建。1914年3月28日举行奠基典礼，粤海关总督宋寿徵、广东民政长李开侁、粤海关税务司梅乐和等人安放基石，1916年秋落成。1925年把照片送“美国建筑技术赛会”展出。

粤海关大楼坐北向南，占地面积4421平方米，通高31.85米，采用钢筋混凝土框架结构，东、南立面用花岗岩石构筑，西、北立面用红砖砌明口砖墙。高四层，首层作台基处理，以条石构筑，给人以稳重的感觉。正中设台阶30余级通往设在第二层的大门，大门两侧以高大的双柱及倚柱承托山花。其余也以巨型双柱通贯二三层；柱式是以罗马复合柱头的变化形式，简练多样。四层则以罗马塔司干柱式环绕回廊。室内高大宽敞，地面以山樟木铺砌，平缓的拱形门窗以柚木装饰。室内配置壁炉。各层走廊宽阔，地面铺砌花阶砖，墙裙镶砌英国彩釉瓷片。原有电梯已拆去。1950年1月31日，粤海关改称广州海关，原门顶山花的“粤海关”三字亦随之改为“广州海关”四字。

除外形令人观赏外，此楼留给广州人的记忆可能是那悠长的钟声——楼顶有穹隆顶方身的钟楼，高达13米，设置了四面时钟，内有5个大小不一的吊钟，为英国1915年制造，可谓老古董了，迄今却仍能以音乐报时。过去广州人多称此楼为“大钟楼”。记得五六十年代时，城中较为安静，夜半清晨，时闻钟声悠悠传来。今已不闻。

### 广州大清邮政局·广州府邮政总局·广东邮务管理局·广东邮务管理局大楼·邮政总局（广州市邮政局）

在西堤马路荣阳大街南端西侧，今沿江西路43号。南临珠江江岸。1904年两广总督岑春煊建，为广州大清邮政局（一说是1897年建成的大清邮政局）。初办时，清廷委托海关税务司赫德兼邮政司，设局长一人，中国人担任，实权落于“总办”法国人铁士兰手中。清末庚戌（1910）《南海续志》载：“邮政总局，在城西沙基海旁，光绪三十年（1904）设。”

宣统三年（1911）五月，大清邮传部接管邮政，与海关分离，称广州府邮政总局。民国改大清邮政为中华邮政。广州府邮政总局改广东邮务管理局。

广州大清邮政局原系平房，后遭火毁。民国二年（1913），广东国税厅筹备处将该地拨给粤海关扩建邮政新局，由英国工程师丹备设计，1916年在此建成广东邮务管理局大楼，这是广州近代西方新古典主义风格的代表性建筑。楼坐北向南，面积1740平方米。由南、北主副楼组成。首层以下为巨石墙墩。上为通贯2、3层的爱奥尼式柱廊，楼内装修考究。不过1918年《广州市图》仍标记作“邮政总局”。

1938年西堤火灾，广东邮务管理局大楼严重损毁，1939年翻修。1950年为广州市邮政局，或称广州市邮政局办公大楼。

### 西堤城外大新公司·西堤大新公司（南方大厦百货商店）

南方大厦百货商店位于沿江西路49号。前身是城外大新公司（1934年广州市政府编《广州指南》载其名称是西堤大新公司，地址是西堤二八号），由澳洲华侨蔡昌、蔡兴兄弟等于1918年投资创建，除经营环球百货外，还兼营酒店、游乐场、理发、照相、餐室、浴室等，成为当时广州规模最大的集娱乐、饮食、百货零售于一身的综合性企业。本大楼更是自民国至1979年间，西关地域唯一高于10层的建筑。

民国初年，西关开始有粤剧全女班出现，打破以往由男演员垄断的局面，但只局限在各大公司的天台剧场活动，不能下乡演出。

20世纪20—30年代，全女班在西堤大新公司、十八甫真光公司天台游艺场（或称天台粤剧场）演出，常演出名伶薛觉先的首本戏《白金龙》《毒玫瑰》《璇宫艳史》《双娥弄蝶》《三伯爵》等，颇具薛派艺术特色，艺术水平较高，是当时的一流班社。吸引了不少观众欣赏。

天台游艺场只有大公司的天台上才有。娱乐节目有演粤剧、电影、幻术等，亦有表演京剧歌舞的。日场自十二时至四时，夜场自八时至十二时。其座位有对号位及普通位二种，票价二角至四五角不等。西堤大新公司天台游艺场在当时是相当有名的。

1938年，广州沦陷前夕，大新公司遭三天三夜烧劫。至1952年，才由市政府组织重建，1954年竣工，命名为“南方大厦”。其中一至四层经营百货，又名西堤百货商店。主要经营日用百货、食品等1万多个品种。“文化大革命”期间一度改名为“人民百货商店”。1973年7月才正式定名为“南方大厦百货商店”。

**2.带河路（康王路）**

1921年，辟建带河路，北起龙津中路，南至长寿路。主要由原围基带河基扩建而成，故名。长575米，宽10米。

带河路之北段（今龙津路至猪仔墟段）原为街巷，名芦排南。21世纪初，带河路北段扩建为今康王中路的所在段。因康王路是南北向取直，而依芦排南拓建之带河路段有一个西南向之弯曲，故其南段之带河路至今尚在，但已不与康王路相连，即已不是行车的马路。

带河路之中段，即原猪仔墟至荷溪涌边街段，原为基围带河基（方志中亦写作带河街，民国前期称带河大街）。扩建为马路前，带河大街北段西侧有三条小巷，南北向一条，东西向两条，扩建为马路后，三条小巷亦拆去不存。21世纪初，扩建为今康王中路所在段。

带河路之南段（带河涌边街以南段），原为基堤带河基之南段，拆去前称晚景大街（因街之东侧原是明代著名私家园林晚景园故地，清代时为晚景园村）。21世纪初扩建康王中路南段，此段带河路部分成了人行道，部分用于建筑大楼。

带河路之南端，原为新胜街（南北向）的一小段。21世纪初扩建康王路，此段带河路在康王路之西侧，被废置，后建了大楼。

1934年广州市政府编《广州指南》载，有三家商业团体设于本路。

玉器工艺聚集处

民国时期，玉器工艺聚集在带河路、长寿路一带。

**3.德星路**

1924年，扩建原长寿直街南段和德星里为德星路，沿用“德星”之名作路名。北至长寿东路，南至上下九路交会处与扬巷路相接。长865米，宽7.8米。

冠华衣车行（广州华南缝纫机工业公司）

广州华南缝纫机工业公司的前身冠华衣车行，1931年在德星路开业，先是经营修理翻新美国进口“胜家牌”缝纫机业务，1937年研制了第一台“华南牌”缝纫机。

**4.沙基路·六二三路**

1925年，扩建沙基大街（在沙面沙基涌北岸和东岸）为马路，名沙基路。长1330米，最宽25米，最窄24.4米。1925年6月23日发生沙基惨案，事后为纪念在惨案中牺牲的烈士而改名

六二三路。至今。

据1934年广州市政府编《广州指南》载，本路西街口是码头，停泊广州市来往佛山、礼村的渡船。

本路临江，水陆交通便利，故有多家出租汽车公司聚于此地。

沙基惨案·烈士纪念碑·沙基惨案烈士纪念碑

1925年6月23日，在广州之省港罢工工人、广州工人、四郊农民、黄埔军校学生及各界群众共10万人举行示威游行，抗议帝国主义制造五卅惨案。中共广东区委主要领导人陈延年、周恩来均参加游行。游行队伍行至沙面租界对岸沙基时，沙面的英、法军警突向游行队伍开枪射击，61人死难，170多人重伤，轻伤者无数。史称“沙基惨案”。6月28日，广州特别市党部执行委员陈其瑗提请市政府把惨案发生地命名为“六月二三路”，市政府接受了提议。将“沙基”改名“六月二三路”（后改六二三路）。

1926年6月21日，在六二三路沙面西桥东侧建立的烈士纪念碑揭幕，碑上镌刻“毋忘此日”四字。

6月23日，广州各界举行纪念沙基惨案一周年活动。

7月3日，四艘英舰对沙面租界实施戒严。5日，国民政府外交部长陈友仁提出抗议。是月，广州农工商学界群众10多万人举行示威大会，声援国民政府代表向英方提出解决沙基惨案及省港罢工诸条件。

9月24日，驻六二三路之罢工纠察队撤销，准许工人自由复工。

1950年6月30日，广州市政府将纪念碑迁建于六二三路沙面东桥头南侧。1967年因兴建人民桥，碑再稍东移。新建之碑碑身为下大上小的方锥形，高6米，底边3.7米。碑座高1.4米，长4米，宽3米。比民国所建之碑高大得多。碑正面镌刻“一九二五年六月二十三日沙基反对帝国主义斗争中牺牲的烈士们永垂不朽”。1963年3月公布为广州市文物保护单位。现已不存。

**5.第十甫路**

西关第十甫是著名老商业街。1926年，扩建第十甫为第十甫路。长460米，宽8米。沿路有陶陶居酒家、莲香楼、天山参茸药材店、十甫副食品商店、平安大戏院等名店。

西餐厅集中地

民国三十四年至三十八年（1945—1949），因商业性舞场的崛起及西方式的酒会、宴会、茶会兴起，西餐厅几乎遍布西关，尤以第十甫、宝华路一带居多。

饼饵业·趣香饼家

第十甫的“趣香”“显记”“中国”“四美斋”“趣园”较为有名。较著名的品种有“趣香月饼”“显记”的“榄仁猪油糕”“蛋奶光酥饼”“四喜月饼”等。新中国成立后，第十甫的几家饼家合并为“趣香饼家”。

趣香饼家位于第十甫路97号，始建于1938年。生产蛋糕、礼饼、蚝油面筋、扎蹄、酥炸核桃，南枣核桃糖、牛肉干等。40年代后期，已是驰名省港澳的饼家之一。1956年改公私合营后，与“显记”“中国”“四美斋”“适宜”合并。1961年成为生产高价糕点（不凭证、非牌价）的重点厂家之一。

### 摄影业·琳琅照相馆·琳琅美容彩影公司

摄影术诞生于1839年。清光绪七年（1881），詹天佑从美国留学返回广州时就带回了摄影器材。但摄影术没有在广州普及，直至民国初期，才逐渐进入社会。西关的第十甫、十八甫开设了三几家照相馆，都开设在二楼。

抗战胜利后的几年间（1946—1948）摄影业比较兴旺。从第十甫至上九路和十八甫有15家之多，计有“华星”“雪鸿”“荔丰”“南华”“三红”“白燕”“美施”“白光”“美光”“潘联锐”“琳琅”“黑白”“璇光”“真善美”“金轮”等。其特点也是多设在二楼，只有5家在店首层营业。其中琳琅照相馆位于第十甫路41号。开业于1947年，规模不大，却是西关有名的摄影店之一。1956年实行公私合营，1957年调整商业网点，与邻近几间摄影店合并，扩大了营业面积。“文化大革命”期间曾改名“红旗”摄影店、“雄锋”摄影店。1985年与珠江电影制片厂劳动服务公司联营，称为“琳琅美容彩影公司”。

### 百步必有小食

1937年，十八甫一带的商户毁于大火，西关的商业逐渐向下九路和第十甫转移。特别是抗战胜利后的20世纪40年代中后期，第十甫商业尤盛。

第十甫以食肆居多，有“百步必有小食”之说。粥、粉、面、甜品、点心、冷饮、粽子、油器等店铺星罗棋布，较著名的有：莲香楼的莲蓉食品，南信的双皮奶，欧成记的鲜虾云吞面，老坑公桑枝粥，广茂香花生，皇上皇和沧州腊味，欧华记艇仔粥，南泰肠粉白粥，紫阳观南北酱菜等，故有“风味在西关”的俗谚。

### 连香糕酥馆·连香大茶楼·莲香楼

位于第十甫路67号，是广州市茶楼饼饵行业现存最老的字号之一。生产制作莲蓉食品十分独到，被誉为“莲蓉第一家”。

莲香楼创建于清光绪十五年（1889），早期是西关专营糕点美食的连香糕酥馆。当时西关一带饮食业兴旺。相传某天，老制饼师陈清俭想到用莲子来制作饼点馅料，随后制出色泽金黄、幼滑清香的莲蓉馅。

清光绪三十四年（1908），广州“茶楼王”谭新义收购了连香糕酥馆，改名为“连香大茶楼”，门面精工雕琢，体现了以“莲”为主题。楼中窗格上刻有廿四孝，警世良言及朱柏庐治家格言，大门两旁题联：“莲味清香镇日评茶天不暑；香风遥递谁家炊饼月方圆。”环境幽雅，古色古香。

当时广州大户人家婚庆嫁娶都离不开礼饼，连香楼于是组织挑担队，担饼人用耀眼的两头红中间绿的扁担，挑着大红饼盒食箱，在热闹的道路招摇过市，制造出浓浓的喜庆气氛，很快，连香楼的结婚礼饼风行省城，连香楼的莲蓉月饼亦有口皆碑，每逢中秋佳节，人们以馈赠莲香月饼为名贵。

清末宣统二年（1910），一位名叫陈如岳的翰林学士，品尝了莲蓉食品后，提议给莲香楼的“连”字加上草头，众人一致赞同，他遂手书“莲香楼”三字。现在高悬于楼前的金漆牌

匾上的“莲香楼”三个大字，即其手迹。

1918—1928年间，莲香楼先后在香港和九龙地区最繁盛的地段皇后大道中、旺角开办了两家分店。从20世纪50年代开始，莲香食品特别是莲香月饼出口至东南亚。1956年2月改由公私合营，“文化大革命”期间曾改名为“东升楼”，1972年恢复原店名。后被政府评为“中华老字号”。

### 霜华书院·陶陶居

位于第十甫路20号，清光绪六年（1880）创办。在一百多年前，原是一大户人家的书院，名“霜华书院”。清光绪六年（1880），书院换上“葡萄居”的招牌，专营苏州风味的酒菜，兼营茶市，生意渐有起色。后来，这位老板去世，葡萄居改由一位姓陈的老板经营，陈老板将招牌改为“陶陶居”，既风雅别致又与原招牌字音相近，有利于招徕旧客。

1891年，该店转为黄静波掌管，当时康有为返回广东讲学，闲时也常到陶陶居品茗。黄老板请求他书写招牌，康有为写下了“陶陶居”三个大字。这黑漆金字招牌挂起后，生意果然兴隆，加上黄老板经营有术，使陶陶居声名远播。

20世纪30年代中期，有一富绅到陶陶居找到该店的老板，要求为其制造一款市场上独一无二的新品种月饼，并言愿出重酬。老板答应后，召集多名月饼制作名师，几经精心研究，终以烧鸡、烤鸭、火腿、叉烧、花肉、干虾仁、香菇、咸蛋黄、五仁料等20多种原料，制成一个直径20多厘米的塔形咸饼，用糖粉在饼面上塑造“嫦娥奔月”故事中的人物。该饼以酸枝木镂雕底座的玻璃盒包装，定名“陶陶居上月”。中秋节前陈列饰柜中，说明此饼为某某先生订制。陶陶居售出此饼时附送含有鲍、参、翅、肚等名贵菜肴的“团圆宴”一席，并提供酒家顶楼的“可观亭”给其宴客，让买家赏月助兴。订饼者于中秋之夜宴请高朋，赏月行乐，共尝此饼，赞其皮薄松化，饼馅甘香，可茶可酒，极表满意。

陶陶居老板受到启发，以后每年都仅制一个这样的“陶陶居上月”，高价出售，同样附送高档酒席一席。由于每年只供应一个，富豪巨贾争相以购得“陶陶居上月”为荣。

后来陶陶居大量出品普及型的“居上月”，让广大市民亦能买得起。有人为此撰联：“莫负此良宵醉尝陶陶居上月，欣逢斯盛世高吟字字锦中花。”

为扩大宣传，陶陶居在中秋过后，雇人穿街过巷叫唤，回收陶陶居月饼盒，让人产生许多人家都买陶陶居月饼的感觉。这些宣传手法加上月饼质量上乘，每年中秋陶陶居的月饼都雄踞月饼市场，被冠以“月饼泰斗”之美誉，名扬海内外。

建国后，1956年2月实行公私合营。“文化大革命”期间曾改名为“东风楼”，古雅陈设被当成“四旧”砸掉，“月饼王”不能生产，点心菜肴特色失去。于是成了普通饭店。中共十一届三中全会后才恢复原店号。1983年重新装修。与港商合作经营陶陶居酒家，1986年恢复为国营企业。

### 欧成记面食店

西关有不少面食点档享有盛名。欧成记面食店是其中之一。

欧成记位于第十甫路127号，始创于1940年，原址在中华中路（现解放中路），主要经营礼品面等面制品。1946年在第十甫路36号开设支店。1950年又在现址增设面食部，专营上汤鲜虾云吞面、伊面和水饺等品种。其特色名牌品种有上汤鲜虾云吞面、上汤鲜虾水饺面、金牌猪手面、京都炸酱面、柱侯坑腩面、蚝油全蛋捞面等。被誉为“面食专家”。“上汤鲜虾云吞面”在1956年、1983年广州市名菜美点评比中两度获得名牌食品的称号。“玻璃云吞银丝面”多次被评为“广州名牌小食”。

大良南信（南信牛奶甜品店）

南信牛奶甜品店位于第十甫路47号，始创于1934年，原名“大良南信”。1940年，店主把顺德大良的家乡美食“双皮奶”移来西关开业。原址在大同路，后在第十甫路（现址）和香港设有分店。其特色名牌品种有“甜品双皮奶”“凤凰奶糊”“出壳绿豆沙”“香滑芝麻糊”“麻蓉汤丸”“冰糖炖木瓜”“冰花炖鸡蛋”“桑寄生蛋茶”“咖啡红茶”“姜撞原奶”等。其中甜品“双皮奶”“凤凰奶糊”在1956年和1983年的广州名菜美点展览中，两度被评为广州市“名牌小食”。“文化大革命”期间改名“红卫甜品店”，迁往海珠区，至1972年11月才迁回第十甫路。

紫阳观副食品商店

位于第十甫路。1941年3月在十八甫北50号设摊经营。1949年6月迁往第十甫路。经营品种有绍兴酒、高粱酒、南北酱菜、浙绍酱料。尤以浙绍酱料齐全、品种多而著称。有“城内致美斋、城外紫阳观”的美誉。1956年改为公私合营、“文化大革命”期间曾改称“沪光”。1981年恢复原店号，经营品种增至700多个。除南北酱菜外，还有中西式罐头、饮料、山珍海味、名贵滋补品等。

**6.上九甫路·上九路、下九甫路·下九路**

1926年9月，动工扩建上九甫、下九甫新马路，即今上九路、下九路。民国广州城图亦有标作上九甫路、下九甫路的。两马路全长约747米，宽18～24米，耗资26.4万元，包括地下工程、购置地皮及商店搬迁赔偿等费用。1927年5月31日，市政当局正式开放上九路、下九路。

另一说，是1918年扩上九甫建成上九甫路，扩下九甫建成下九甫路。疑误。查约成图于1928年的《最新测绘广州市面马路区域全图》，上下九甫均未标成马路。

又一说，上九路、下九路修建于1929年。亦疑误。因为1928年《广州市图幅联合表之五》已标出“第九甫马路”。

以上二路东西走向，彼此相连，为西关繁华商业区。后在路上跨越人行道兴建骑楼，成为骑楼式马路。这是广州道路建设中的特色。

“骑楼”是在楼房前跨人行道而建，建筑物之间相互连接形成自由步行的长廊，可谓西方古典建筑中的券廊等形式与广州传统形式的结合，体现了中外文化的交融。骑楼建筑，可让行人避风雨，防日晒，特别适合岭南亚热带气候。骑楼下的商店也得以荫蔽，便于敞开门面，陈列商品以广招顾客。20世纪20年代至为兴盛，可称风靡全城，成为广州街景的主格调。在上下九路、第十甫路、中山路、人民南路、西濠口等商业集中地带，骑楼建筑的气魄最大。

民国时期，金银首饰加工业聚集在上、下九甫（现上、下九路）。

上九路又是照相馆集中地。详上文《第十甫路·摄影业》。

鞋帽业在西关是历史悠久的行业。20世纪40年代，西关鞋帽行业店铺有50多家，其中下九路就有22家，且较有名气。如“鹤鸣”以专营高级男女皮鞋而闻名省、港、澳；“美施”以经营妇女绣花鞋而著称；“吴志记”经营小圆头礼绒鞋深受广大市民欢迎。还有“容安斋”、“廖瑞记”“瑞麟”“冠华”“达华”等著名老鞋店及 “李高记”等专营鞋料的店铺，形成了西关兴旺的鞋帽业。

1934年广州市政府编《广州指南》载，本路有三家广州市私立预备学校、五家大酒楼、更是报刊社址集中地。

信孚成记（信孚服装店）

信孚服装店位于下九路73号。原名为“信孚成记”，清光绪六年（1880）在沙基一带（今六二三路）设立，专为沙面外国领事馆官员及附近粤海关高级官员、洋行高级职员制作西服。

1942年迁现址。为当时广州四大洋服店之一。“文化大革命”期间改名为“东方”服装店。1982年才改称现名。

盛记布店·纶章丝绸店（纶章纺织品商店）

纶章纺织品商店位于下九路46号，前身是“盛记”布店，建于光绪二十八年（1902），以经营纯棉布为主，后经营丝绸，遂改称“纶章丝绸店”。建国前夕专售香港服装，是当时广州市有名的服装店。

1956年改为公私合营，与其他几间的丝绸店、纱绸店、棉布店合并，是当时广州市纺织品供应的重点店。“文化大革命”期间曾改名为“红星棉布店”，1976年才恢复“纶章”店号。1980年，改名为“广州市纶章纺织品商店”、增设床上用品，中、高档服装经营。

张怡记·张显记（文辉文化用品商店）

文辉文化用品商店位于上九路141号。创业于1940年，原名“张怡记”。民国三十五年（1946）后改名“张显记”，当时的业务范围只是收购旧报纸、旧杂志和工厂的边角碎料加工纸袋、纸角和包底纸之类出售，营业面积仅22平方米。

1956年公私合营及1958年商业大调网时分别合并了部分小店，改称“上九文化综合店”，营业面积为81平方米。“文化大革命”期间曾改名“东升”，1976年才名为“文辉”。

文华洋服店（广州服装店）

广州服装店位于下九路40号。原名为“文华”洋服店，1941年9月开业，以经营高档呢绒西服著称，是广州市有名的高级洋服店。“文化大革命”期间更名为“广州服装店”，专为境外人士、出国人员、涉外工作人员订做西服。

鹤鸣鞋帽商店

位于下九路39号，1948年开业，原是上海鹤鸣鞋帽商店的第八分店，主要经营上海出口的时髦男女皮鞋，是当时广州较著名的鞋帽商店。建国后，除经营男女高级皮鞋，还经营婴儿鞋、男女童鞋、布鞋、胶鞋、塑料凉鞋、运动鞋等品种。

**7.十八甫路**

1928年（一说1927或1931年），拆街巷扩建成十八甫路。东起扬巷路，西至十八甫北。长375米，宽13米。此路东段（自今杨巷路南端至桂堂新街南端段）原为十七甫；西段（今桂堂新街南端以西段）原为十八甫。

清末民初，上九甫、下九甫和第十甫已经有许多商人经商了，但最繁华的不是该处，而是靠近十三行、怀远驿的十八甫一带。

1937年，十八甫大火，该地一带的商户被焚毁，西关的商业逐渐向下九路和第十甫转移。特别是抗战胜利后的20世纪40年代中后期，为逃离战火而疏散到内地的商人纷纷回上下九路复业。

抗日战争前，本路是繁华商业区。据1934年广州市政府编《广州指南》载，本路有两家著名的冰室、三家照相馆、四家有名的粥品店、五家茶室茶楼、九家大酒楼。

**8.龙津中路、龙津东路**

1929年，拆街巷扩建龙津中路（一说1930年兴建）、龙津东路（一说1931年建成）。

今龙津中路东至带河路，西至华贵路。路长556米，宽18.4米。此路东段（约自今康王路至今荷溪首约段）原名上龙津，因有龙津桥而得名。龙津桥位于今龙津中路与荷溪首约相交处，龙津中路建成后，桥成为路面，从此不存。龙津路则因龙津桥而得名。

今龙津中路中段（约自今石桥头至高士里段）原名龙津首约。

在龙津首约之西，龙津三约之东乃龙津二约，扩建为龙津中路该段。

今龙津中路西段（今高士里至今三圣三巷段）原为龙津三约。

今龙津中路西段（自三圣三巷至今荔湾路段）及龙津西路东段（约自今荔湾路至百岁里段）原为三圣大街（因坊间小庙三圣社而得名）。直到清末，龙津首约、龙津二约、龙津三约、三圣大街（即今荷溪首约以西的龙津中路和龙津西路）以北只有几条小巷，再往北即为菜园、池塘，尚未开发。这些街巷，在清代后期才逐渐形成。

今龙津东路东至人民中路，西至带河路。长630米，宽18.4米。因位于龙津桥之东，故名。此路东段（约大围正街至洞神坊段）原为锦云里（又称紫云里）；直至民国前期，今天自西濠至人民路段的龙津东路东端段尚未辟建。

今龙津东路中段（约洞神坊至今紫来里之西侧段）原为青紫坊。

今龙津东路西段（约自紫来里东侧至今康王路段）原为芦排巷。

荣华楼

位于龙津东路708～712号，广州市现存少数的百岁老茶楼之一，创业于光绪二年（1876），创业者是谁现已无法考究。原是一间砖木楼房，门前挂一对联："雀舌未经三月雨；龙牙先占一枝春。"

1936年，荣华茶楼门面前幢被改建为两层钢筋混凝土结构的楼房，竣工后复业恰好是开业60周年。改建后的荣华茶楼门面古色古香，设有饼柜，一边经营本店生产的饼饵、糕点，一

边销售赞美公司的饼干。厅堂楼层高，光线充足，楼下后座有一通天天井，空气通爽。

二楼前厅骑楼向马路处，全部满洲窗装置，窗前有一小骑楼（小露台），栏栅上栽有各种各样的盆花。前厅两边和后楼大厅，全部卡位设置，中间摆设云石台面的方台，比盛行的玻璃台面更为高雅。壁挂名人字画，以供茶客边品茗谈心，边欣赏古董字画。

当时荣华茶楼只做早、午茶市，抗战胜利后才增开夜茶市。除供应传统包点外，还有星期美点、中秋月饼等饼饵生产。

茶楼不单是消费场所，还是各行各业供销买卖洽谈、请师傅、配机件及互通信息地方。当年多有医生、针织花纱商人及房地产经纪等在此品茗。荣华楼是针织业厂家碰头的地方。

1956年2月改由公私合营。“文化大革命”期间，曾改名“向阳茶楼”。

装修改建过好几次，原有古色古香格调已荡然无存。

1978年恢复了传统月饼生产，创新推出“荣华富贵月”，颇受欢迎。

1993年荣华茶楼再投资装修，从原有两层扩建至四层。1994年1月23日重新开业，更名为荣华酒楼。

荣华楼的“麻香酥”“泮塘荷叶饭”“马蹄糕”等，都是驰名西关地区的名小食。

1997年12月，在杭州举行的首届全国中华名小吃认定会上，“荣华麻香酥”被认定为“中华名小吃”。

文塔·云津苑

位于广州市西关龙津西路逢源涌畔，是一座六角形金字尖顶瓦木建筑的古塔。塔高13.03米，底座为石脚。塔身为东莞大青砖所砌，直径5米。二楼腰浅处有小檐，全塔檐口均设素色瓦当和须瓦。顶尖的陶葫芦高达2米。塔身窗花装饰朴实小巧，用白缮土制成，素白高雅。古塔首层门头和二楼窗顶各嵌有“南轴”和“云津阁”字样的石刻。

文塔建筑年代未见文字记载，据推测属明代中期至清代建筑。其整体风格与广州琶洲古塔相似，也与香港新界古建筑聚星楼相似。

文塔之内原供有魁星即文曲星，手执一笔。民间传说谁若被此笔一点，便高中秀才、举人、进士等功名。文塔就是这枝笔的象征。

旧日曾在文塔附近发现刻有“古之花坞”的石匾一块，还有半副刻着“祀崇花坞乐平康”字样的石联，可见文塔所处之地理位置正是南汉刘王花坞故地。这两件石刻现下落不明。

“文化大革命”期间，文塔及其附近被用作生产工场。

1985—1988年，区政府投资将文塔按原样加以修复，在塔西临马路处建一座占地700平方米的仿古楼阁，在塔的东面改建一座有绿瓦篷、蚀花景窗装饰的两层园林庭院。因文塔上原有“云津阁”之石刻，1988年6月，此景定名为“云津苑”。

**9.华贵路**

1929年，拆街巷扩建华贵路，1931年建成。长660米，宽12.5米。南连宝华路，北至龙津西、中两路交接处。北端原有华贵桥，跨西关上支涌。今尚存桥形，桥下之涌已覆盖。

今华贵路北端段（厚福北街尾天字至龙津西路段）原为九如坊。

今华贵路北段（约今厚德直街北至厚福北街尾天字段）原为华贵大街，马路即以此街之

“华贵”命名。

今华贵路中段（约今厚德直街以南至今观音庙前段）原为观澜大街。因北为华贵大街，马路建成后统称华贵路。

观澜大街南端，今华贵路与何家祠道之相交处是观音桥，因桥北有观音庙而得名。今何家祠道实为清代上西关涌之故道。观音桥西北、东南向，跨于上西关涌上。此段上西关涌又称荷溪，故此桥又称荷溪桥。

今华贵路南段（约今观音庙前以南段）原为存善大街。

当铺

位于华贵路26号。建于清末民初。当铺坐东朝西，深三进。头进建筑高3层，西式建筑风格，水刷石米外墙，楼顶砌女儿墙，第二层檐下有蛋舌纹饰，首层前墙上有回纹饰，凹肚门，设有趟栊和板门；二进为两坡硬山顶，青砖砌筑，前墙与头进建筑紧靠一起，碌灰筒瓦；三进是青砖砌筑的仓库，高3层，平面呈方形，内设木楼梯，四周墙壁开有宽10厘米、高30厘米的石框窗口。当铺外立面保存较好，内部间隔有所改变。建国前一直是当铺。现为民居。

1993年8月，公布为广州市文物保护单位。

**10.桨栏路**

20世纪20年代，辟建桨栏路。东西走向，东至光复南路，西至扬巷路，长乐路交会处，与十八甫路相接。长302米，宽12.5米。

明代时，此地南临江岸，为专售船上用品的街道，名桨栏街。明代末期时又称为十六甫。清代时称桨栏街。道光时，其西段又称“鬼驿”（见道光二年《广东省城图》），因是“鬼驿市”而得名。当年桨栏街西段这一带，大概是摆卖洋货的市集，故称“鬼驿市”，所在街巷，便称“鬼驿”，当是俗称。在清代后期至民国时期的广州地图上，已无此称。20世纪20年代扩建为今桨栏路。

1934年广州市政府编《广州指南》载，多家银号设在本路。

李众胜堂药行分行（广州众胜药厂）

李众胜堂药行开业于清光绪二十二年（1896）。原设在佛山祖庙大街。宣统二年（1910）在广州桨栏路设分行。其保济丸行销我国华南地区及东南亚。

1956年，以李众胜堂药厂为基点厂，9家私营制药业组成了“公私合营李众胜联合制药厂”。其产品品种有复方感冒灵、骨仙片、障眼明片、鹤蟾片、前列通片、五灵止痛散等60多个品种，产品远销国内40多个省市地区。1965年易名为广州中药三厂，1989年再度改名为“广州众胜药厂”。

**11.珠玑路**

拆街巷扩建，修成于20世纪20年代末，并定名（一说路名定于1933年）。北起第十甫，南至六二三路，长458米，宽13米。

今珠玑路之北段（自今第十甫路至珠巷新段）原名珠巷。珠玑路之得名，以前曾讹传与

南雄珠玑巷有关，其实是取原珠巷的"珠"字，再加"玑"字作路名。

今珠玑路中间一段（自今珠新巷至和平西路段）本非街巷，而是大片民宅，修路时取直南接三板桥、三角市（今珠玑路南段，今三板桥至梯云东路段），而拆掉这大片民宅来筑路。路的取向即今天的样子。

今珠玑路一段（今梯云东路至今塘鱼栏东横街段）原名陈塘西；再往南，本是沙基涌北支水道上一座小桥（民国地图没标名，桥名不详）；桥南至沙基大街（今六二三路），是属新填地的小街巷，民国前期尚未定名。珠玑路后来修至今六二三路，小桥与这小街巷即被拆去，修筑成珠玑路马路路面。

陈塘西西侧是大巷口（巷名），亦拆去，成为珠玑路路面。

在今第十甫路中段南侧，安居里西侧，有巷名英巷。建筑今珠玑路被拆去，成为今珠玑路北端段的东侧路面。

警察医院（广州市中医医院）

1946年，在珠玑路建立警察医院。今广州市中医医院前身。

**12.西华路**

1930年12月，拆街巷辟建西华路，1932年建成通车（一说1933年扩建为马路）。东起人民北路，西至广三铁路边。长1600米，宽16米。

其东段（约自第一津口西至今金花直街段）原为宜民市，再往东一段（自今镇龙二坊至光复北路段）称东巷。直到20世纪80年代改革开放时，附近菜地仍多。

中段（约自今金花直街至新桥直街段）原为联桂坊。

西段（今新桥直街至吉瑞坊段）原为万善里。再往西一段（约吉瑞坊至彩虹桥段），清代末期此地一带为蔬菜市场，称菜墟。再往西是彩虹桥。彩虹桥既是桥名（桥今存），也是街巷名。街名约定于清代前期。清末时此街南北两侧有零星民居，其余皆为菜田、河涌地。民国时扩建为今西华路之西段（约彩虹桥至白马涌边段）。

光明汽灯厂（广州灯具厂）

1945年，光明汽灯厂（现广州灯具厂）在西华路开业，仿制德商谦信洋行的汽灯。

**13.大同路**

1931年，拆街巷扩建成大同路，北起第十甫，南至六二三路。原名观音大巷、乐燕社、同德街，从原街名中各取"大"和"同"字作路名。长470米，宽12米。

今大同路北段（今第十甫路至桥东西段）原为观音大巷。

今大同路一段（桥东西至和平路段）原为桥东西约。

在今桥东西（巷名）与大同路相交处北侧原有志喜桥，为清代西关八桥之一。扩建今大同路，本桥成了马路路面，从此不存。

今大同路一段（自今桥东西至梯云东路段）原为乐燕社。今大同路南段（今梯云东路至六二三路段）原为同德大街。

1934年广州市政府编《广州指南》载，有四家运货汽车商号设于本路。见下表。

| 店名 | 地址 |
| --- | --- |
| 捷安运货汽车 | 大同路二十号 |
| 安行运货汽车公司 | 大同路十二号 |
| 高风运货汽车店 | 大同路十四号 |
| 成记安运货汽车店 | 大同路二十二号 |

**14.拱日路·抗日路（和平路）**

1931年，拆街巷扩建成拱日路、抗日路，今和平路。

今和平路东起今人民南路，西接丛桂路，分别与南北向的大同路、珠玑路、清平路等相交，分和平东、中、西路三段，全长1308米，宽13米，为西关主要商业区。

和平西路西至丛桂路，东至十八甫南、北相交处，与和平中路相接。路长604米，宽13米。由东向西原名荣华西街（今荣华西街至十八甫南路段）、毓秀坊（今集贤坊至珠玑路段）、十三甫南约（今珠玑路至联桂坊段）和十二甫东约一部分（今联桂坊至大同路段）。扩建这些街巷为马路，取名拱日路；20世纪30年代后期日寇侵华，更名为抗日路。抗战胜利后改为和平西路。

和平中路西接和平西路，东接和平东路，路长383米，宽15米。由东至西原名朝圣门（今长乐路至丰厚里段）、拱日门（今丰厚里至今康王南路段）、旧豆栏（今康王南路至柳桥古道段）和荣华东街（今柳桥古道至十八甫南路段）。因原有拱日门（街名）而沿用“拱日”作路名，又因此段居中故名拱日中路；20世纪30年代后期日寇侵华，改名为抗日中路。抗战胜利后更为和平中路，含欢庆胜利赢得和平之意。

和平东路西至长乐路与和平中路相接，东接今人民南路，路长321米，宽12米。由东向西原名普济桥（巷名，今打石街至人民南路段）、宁远坊（今故衣街至打石街段）、登龙街（今故衣街至盐仓街段。盐仓街今已不存，原在今同安街东侧）、兴隆东约（今长乐路至盐仓街段）和兴隆西约（今长乐路至兴隆北路段），扩建这些为路，取名拱日路。20世纪30年代后期日寇侵华，改名为抗日路，抗战胜利后更为和平东路。

要说明的是，在1948年1月初版的《广州市街道详图》上，这整条和平路是标作“抗日东路”和“抗日西路”的。

据1934年广州市政府编《广州指南》载，有多家银号设于本路，见下表：

| 银号名称 | 地址 |
| --- | --- |
| 大安 | 拱日东路七八号 |
| 瑞安 | 拱日东路七五号 |
| 厚荣 | 拱日东路四二号 |
| 大成 | 拱日东路六六号 |
| 德祥 | 拱日东路四五号 |
| 永太隆 | 拱日东路八七号 |
| 裕街 | 拱日东路五七号 |
| 德泰 | 拱日路七〇号 |

（续表）

| 全昌 | 拱日东路九三号 |
|---|---|
| 业昌 | 拱日东路八二号 |
| 国源 | 拱日中路二〇号 |

长春洞中药厂·潘高寿药厂

潘高寿药厂位于和平西路157号。前身为长春洞中药厂。

清光绪十六年（1890），广东开平人氏潘百世、潘应世兄弟在广州高第街开设药铺，店号“长春洞”。鉴于药铺经营各种蜡丸，为宣传其制作的蜡丸有“药到回春”“延年益寿”的药效，潘氏兄弟在店铺前挂起“长春洞潘高寿蜡丸”的招牌，以招徕顾客。因攀字与潘字的官话（亦称作国语）谐音，故此既寓意“长春洞里攀高寿”，又点出了店属谁家，同时又祝愿潘家经营的长春洞药铺长盛不衰。潘高寿牌子由此面世。

长春洞是前店后场式的药铺，前店卖药，后场制丸。蜡丸不仅行销广东各地，还远销秘鲁、暹罗、新加坡等国。潘氏兄弟于20年代初先后去世。药铺由潘百世之子潘逸流、潘应世之子潘楚持共同经营。没多久潘逸流、潘楚持又相继离去，药铺由潘百世的四子潘郁生出任司理。潘郁生接手经营不久，辛亥“三二九”广州起义爆发，长春洞药铺毁于战火。潘氏改在西关十三行路豆栏上街设店，重新营业。

辛亥革命后，西医西药逐渐为人们所接受，这对于传统中成药是一大冲击，长春洞潘高寿蜡丸营业额因此一落千丈。潘郁生意识到再独沽一味蜡丸业难以持久经营。潘郁生看到南方气候炎热多雨，且多乍暖乍寒天气，人们易患伤风咳嗽，当时市面销售的枇杷露多是独味单方，治咳疗效不显著，于是他将具有润肺镇咳作用的川贝母和有祛痰作用的桔梗与枇杷叶一起熬炼。为便服用，在药液中加上香料和糖浆，将汤剂改为糖浆剂。为使该剂耐久存放，又吸取了西药制剂方法，加进了苯甲酸等作防腐剂。新药制成后，定名为“潘高寿川贝枇杷露”。

潘郁生为扩大宣传，以父亲潘百世像和自己的画像为商标，并特意在自己的像旁注明潘四叔创制（潘郁生又名潘四叔），印成精致的包装盒，使人容易辨认。

潘高寿川贝枇杷露声名鹊起，几年间成了家喻户晓的治咳药，并行销省港澳以及台湾等地。

随着潘高寿川贝枇杷露走俏，1929年，潘郁生正式树起潘高寿药行招牌，专营枇杷露。长春洞仍然以经营蜡丸业为主。

香港诚济堂在香港各大报纸上卖川贝枇杷露广告，潘郁生一向以创制川贝枇杷露自居，见此十分气愤，于是以“一二三四五六七，忠孝仁爱礼义廉”为题，在报章上撰文嘲笑诚济堂“忘八”（王八）“无耻”，其川贝露是冒牌货。诚济堂为此到法院告潘郁生，因为诚济堂的川贝枇杷露在香港政府中有注册，故此法院判潘郁生以影射他人冒牌而败诉。潘郁生又在川贝枇杷露的包装盒上印上“劝人莫冒潘高寿，留些善果子孙收”以泄愤。

日本侵华，广州沦陷，长春洞药铺被洗劫一空。潘郁生父子分别逃到香港、韶关等地，继续经营川贝枇杷露。

抗战胜利后，因族人无力集资复业，于是由潘郁生独资经营，以潘高寿药行取代长春洞，并淘汰祖业经营的蜡丸，专营川贝枇杷露，又在杉木栏路开新店铺以扩大生产。

1948—1949年间，潘高寿药行发展到鼎盛时期，当时川贝枇杷露行销很广，不但遍及省港澳，还远销台湾及新加坡一带。为了扩大经营，潘郁生除在香港设厂外，还在台湾、澳门设点经营。

1956年公私合营，潘高寿药行与生产止咳枇杷露、止痛散、济众水的大同成药社和生产“白萝仙”止咳水及“丹杜莲”皮肤水的中华药社3家合并，组成“公私合营潘高寿联合制药厂”。产品以合并前原有的各种止咳糖浆为主，将川贝枇杷露作为主体产品，保持了原“潘高寿”的传统特色。其他外用药则调出划归其他归口厂生产。

1959年10月23日深夜，潘高寿药厂旁的一家木屐工场失火，火势很快漫延到潘高寿药厂，一夜之间将厂房毁为平地。火灾后，物色地点重建工厂，后来在大同路同安里找到一块空地，用竹竿撑起几块油布，生产起农药“DDT”。1960年底，潘高寿药厂才恢复传统产品“川贝枇杷露”的生产。

1961年，川贝枇杷露荣获市“一等名牌产品”称号。潘高寿的产品再度名扬市场，畅销各地。

1965年4月，将位于和平西路的星群药厂的中药提炼车间并入潘高寿。

“文化大革命”期间，取消了原厂名，改为“广州中药七厂”，且一度命名为“中药七连”。直到1981年才恢复广州潘高寿药厂厂名。

**15.长寿西路、长寿东路**

1931年，拆街巷扩建成长寿西路、长寿东路。

长寿西路东至德星路口，西至宝华路。长238米，宽13米。因在长寿直街之西而得名。由东至西原分别是福星街（今长寿街至新胜街段。新胜街为今康王中路西侧路面）、永兴大街（原新胜街即带河路南端至今永兴横街段）、永华坊（今永兴横街至耀华东街段）、宝华正街北约（今耀华东街至文昌路段）、宝仁坊（今文昌北路至耀华东栅段）、耀华中约（今耀华东栅以西至中间段）和汝南街（今原耀华中约至今宝华路段）。在宝仁坊东侧原有宝仁一巷、宝仁二巷，亦被扩建为长寿西路一段。

长寿东路东至今人民中路与光复中路相交处。西至德星路口，与长寿西路相接。长407米，宽12.5米。因在长寿直街之东，故名。由东向西原是七甫水脚、大巷、华光庙前街和长寿新街。

本路是印刷业作坊、各大报社和出版社的集中地。

玉器一条街

长寿路售卖玉器始于19世纪60年代。长寿寺两边墟廊，已有摊档摆卖玉器。20世纪初清光绪年间，官府拍卖长寿寺寺产时，广州的玉器行家便集资购买了两块寺产地，先后建成了两间玉器商场，时称玉器圩。一间名为“崇德号”，档位80多个，经营零售玉器、钻石、宝石；第二间取名“祥胜号”，也设有数十个档位，以批发玉镯、戒指、珍珠项链等饰物为主。此后，

玉器圩日渐兴旺，成为我国南方最大的珠宝玉器商场，也带动了玉器圩附近的带河基（带河路）、长寿里（长寿西路）以至多宝路一带出现许多玉器作坊，以加工装饰用的玉器杏心、戒指、玉镯和佛像等小型碎件，成为玉器加工业的聚集地。

玉器圩在抗日战争期间冷落萧条，抗战胜利后，亦大不如前。

**16.蓬莱路**

1931年，拆街巷扩建成蓬莱路。北接恩宁路，南至黄沙大道。长342米，宽12.5米。原名蓬莱新街（今恩宁路至蓬莱西村大街段），故名。蓬莱西村大街以南段的蓬莱路，原非街巷，而是拆去民宅辟建的。今有资料称：蓬莱路原名蓬莱西路和蓬莱新街。不确。此外，在原蓬莱新街南段的东南侧，有一巷名福宁里，1931年与其西北侧的蓬莱新街一起被扩建为今蓬莱路所在段。

市一中

1945年抗战胜利后，市一中从内地迁回蓬莱路现址复课。

**17.宝华路**

1931年，拆街巷扩建成宝华路。北接华贵路，南至恩宁路。长770米，宽11米。

今宝华路北段（存善东街至耀华坊段）原名宝源街。今宝华路一段（今耀华南至宝华正中约南侧段）原名宝华市，宝华路因此得名。今宝华路一段（今宝华正中约南侧至十六甫西四巷段）原名十五甫。再往南至今恩宁路的宝华路段是民国中期后才辟建的。

宝华路又名存善路，又或称原名宝华中路。

1938年4月10日，日机1批7架次，投弹2枚击中宝华路。

顺记冰室

在宝华路。开业于20世纪30 年代。这是西关地区最早开设的冰室。今存。

抗战胜利后，才有多间冰室开设。如沙面的“乐乐冰室”、多宝路的“广州冰室”、六二三路的“蓝鸟冰室”、光复北路的“大四喜”等10多家。仍以顺记冰室最为著名，其独创的椰子雪糕是西关有名的美食之一。

**18.恩宁路**

1931年，拆街巷扩建成恩宁路。东起宝华路，西北至多宝路与龙津西路相接。路长1115米，宽18米。由东至西原名十一甫（东接第十甫，向西至今十二甫西街与恩宁路相交处，西侧为大观河）、恩宁东约（今钟巷至恩宁涌边段。此段恩宁路东侧即大观河，修建恩宁路，始建桥于大观河上，以连通东面的第十一甫。今此地恩宁涌边南侧为一高坡，即为当年建于大观河上之公路桥所在）、恩宁中约（今钟巷）、恩宁街（今永庆大街至钟巷段）和恩宁市（今永庆大街至逢庆涌边段），并沿用“恩宁”作路名。恩宁市北接多宝桥，扩建成今恩宁路西段，多宝桥仍尚。后成为马路路面，为今恩宁路与龙津西路相交处，现在这里仍有一个明显隆起的拐弯，即多宝桥故址所在。桥南北向跨于荔湾涌上。在恩宁市北段北侧，有一短巷名福禄里，扩建恩宁路西段时拆去，巷址成了所在段恩宁路的东侧路面。

培正小学西关分校·私立西关培正学校（西关培正小学）

培正小学西关分校在恩宁路。开办于民国二十年（1931）。广州沦陷期间一度迁至澳门，抗战胜利后在原址复课，改称私立西关培正学校，附设幼稚园。1955年改为恩宁路第一小学，1968年改称反帝小学，1984年12月复名为西关培正小学。

八和会馆·八和会馆协进会·广东八和粤剧职业工会

抗战期间，八和会馆被日机炸毁。1946年，粤剧界人士谋求恢复八和会馆，先是租得十三甫的一间房子作址。不久，由美国三藩市、新加坡等地艺人捐献一万多美元及本地艺人义演筹款，在今恩宁路建成新会址，正式恢复会务。

1948年6月，八和会馆协进会改组为广东八和粤剧职业工会，有会员3000余人，成为全省性的大工团之一。

1951年6月，广东八和粤剧职业工会移交给广州市总工会管辖，不久停止活动。1956年会址由市文化工会接收。

金声戏院·金星影画院

1933年，归国华侨朱荫廷等组织全兴合资置业会，召集股东投资兴建金声戏院，兼营电影事业。位于恩宁路。建筑富丽堂皇，有座位1500多个，是当时广州屈指可数的大影院之一，为广州第一间冷气调温影院。该院资本毫银29万余元，共有股东187名（其中台山籍153名），股份2928股，每股毫银100元。

1934年广州市政府编《广州指南》载其名称是“金星影画院”，地址是十一甫马路。

抗日战争期间营业中断，放映设备散失；抗日战争胜利后继续营业。今存。

**19.文昌路、文昌北路、文昌南路**

1932年，拆街巷扩建成文昌路——文昌北路、文昌南路。

文昌北路北接龙津中路，南至长寿西路，与文昌南路相接。因在文昌庙旁而取名“文昌”，且处于北段，故名。路长688米，宽12.2米。

今文昌北路由北往南，原分别为鸿福大街、徐家对巷、五福中约、五福南、青龙头巷（文昌北路从巷中穿过，巷拆去不存）、青龙街、通津西街、福寿街（今何家祠道至耀华东街段）、宝仁坊（今耀华东街至长寿西路段）。

文昌南路北接文昌北路，南至第十甫与下九路交界处。因在文昌庙旁而取名“文昌”，且处于南段，故名。路长524米，宽12米。

今文昌南路北段（今敦义里至长寿西路段）原为宝华上街。

今文昌南路中段（今华珠一巷至敦义里段）原为宝华下街；往南，原为龙珠里（今观音直至蟠桃里段）；再往南，原为曾巷直街北端的一小段。

在今文昌南路南端北侧，有一条文昌巷，其南端巷口东侧有一座文昌庙。文昌巷南端段扩建为今文昌南路之南端段，整条文昌路亦因此文昌庙而得名。

今文昌南路之南段（约今蟠桃里至下九路段），在1932年辟建时，没有沿着曾巷直街向南拓建，而是斜向了东南方向，南接于文昌巷南端，即下九路之西端。故此段马路除其北端为原

曾巷直街之北端，其南端一小段为原文昌巷之南端，中间一小段为居仁里之北端外，其余路段基本上是拆去民宅来辟建的。

西南酒家·广州酒家

西南酒家位于文昌南路2号，地处下九路、第十甫路、十八甫路交界处。原址为文昌庙（洪圣庙），1935年，光复南路英记茶庄店主陈星海看中了这个地点，便在这里开设了一间酒家，因店址面向西南而取名西南酒家（另一说，1928年开业）。

西南酒家讲究园林装饰，由多名名厨主持，如“南国厨王”钟权，其“西南文昌鸡”名噪一时，被誉为“广州第一食家”。 此外还有红棉嘉积鸭、茅台鸡、蟹肉灌汤饺、沙湾原奶挞、椰皇擘酥角等，均属广州市传统名菜美点。

1938年10月被焚毁。

1940年冬，陈星海、关乐民、廖弼等人集股重建复业。取“食在广州” 之意，更名为广州酒家。聘得梁瑞主厨；此后又有曾在巴拿马国际烹饪比赛大会上获金牌的“世界厨王”梁贤挂帅。

1950年2月，广州酒家歇业，后由蔡伟汉出资复业。

1956年2月公私合营后成为国营企业。

**20.龙津西路**

1933年，拆街巷扩建成龙津西路。东与荔湾路、华贵路相交，西至多宝路。长1257米，宽17米。因在龙津石桥之西，故名。

龙津西路东段（约自今荔湾路至百岁里段）原名三圣大街。今东西向段龙津西路的西段（约自今百岁里到逢源路段），原名恩洲（街巷名）；龙津西路与逢源路相交处往北拐弯的一小段原名仁威四约。今梁家祠道对出的龙津西路原名芹香里。今龙津西路南段（今逢源西三巷至今多宝路）原名逢源正西街。今逢源西三巷以北段的龙津西路，是在建国后才辟建的。

今龙津西路一段（自逢源西街北端西侧，西至上西关涌水道）原名逢源三巷。今龙津西路南段（今多宝街以南至恩宁路段）原名多宝南约。在多宝南约南端，即为多宝桥，即今恩宁路与龙津西路相接处。

今天整条龙津路，因龙津桥而得名。东起人民中路，向西至泮塘路，再转南至多宝路，全长2560米，宽10～17米，分龙津东、中、西路三段。龙津中路1930年建，龙津东路1931年建，龙津西路1933年建。

泮溪酒家

泮溪酒家位于龙津西路212号，是全国最大的园林酒家，坐落在西关泮塘。此地一带，在1000多年前是南汉王御花园“昌华苑”所在。清代，此地兴建亭台楼阁、私家林苑。

泮溪酒家于1947年由粤人李文伦、李声铿父子创办。因地处泮塘，且附近有五条小溪，其中一条叫“泮溪”，酒家因此命名。当时的泮溪，是用竹木松皮搭盖于荷塘之上的大棚寮，面积只有200平方米左右。座位约200个。小酒家虽然简陋，但充满乡野风情，田园气息，令人感觉逍遥浪漫，加之李氏父子悉心经营，以地道的风味食品为号召，如泮塘马蹄糕、郊菜鲜虾肠粉、八珍茭笋皇、郊外大鱼头等，特色鲜明，口碑甚佳，引得不少食客专程前来品尝，渐渐地，泮溪更成为知识界、文化界人士相约聊天，饮食聚会之地。小小的乡野酒家，生意兴隆，声誉广为传播，至20世纪50年代初，泮溪已颇具知名度。

1956年，泮溪酒家成为公私合营企业。1958年转为国营。泮溪被改建为大型园林酒家。搜集古代园林建筑中有代表性的木雕檐楣、满洲花窗、楠木屏风等艺术珍品，用于扩建工程。这些古色古香艺术珍品，在“文化大革命”“破四旧”中险遭劫难，幸得泮溪职工用夹板将它们封盖起来，在夹板上涂上红漆，写上标语口号，使红卫兵望而却步。

60年代，泮溪酒家已有了闻名遐迩的八大名菜、八大名点。它们分别是：金牌烧乳猪、八宝冬瓜盅、像生大拼盘、泮溪茭笋皇、脆皮炸蟹钳、牡丹鲜虾仁、园林香液鸡、瓦罉焗水鱼；绿茵白兔饺、像生雪梨果、鹌鹑千层酥、蜂巢蛋黄角、生炸灌汤包、晶莹明虾脯、泮塘马蹄糕，清香苹叶角。

“文化大革命”时，泮溪曾一度更名为“友谊饭店”。过了六年，1972年秋，尼泊尔首相比斯塔访华，明确提出要到泮溪去。泮溪酒家因而得以摘下“友谊饭店”的招牌，恢复原名。

现在的泮溪占地面积1.2万多平方米，餐位2000多个。

### 21.荔湾东约马路·荔湾北路（荔湾路）

1934年，辟建了荔湾东约马路（今荔湾路）。当年建成时，北至西华路（现北至东风西路），南至龙津西、中山七路相交处，与华贵路相接。因在荔溪首约之东，故名。除龙津西路东端北侧原有三圣一巷、三圣横巷被拆去建为此路路面外，此路全段基本上是在乡村地辟建出来的。

今资料多称，荔湾路于1950年扩建成路，此说不确，因为民国地图，如1937年《广州市最新马路全图》、1948年《广州市街道详图》均明确标出此路。

此路在1966年曾称荔湾北路，1981年改名荔湾路，20世纪80年代扩建。现长1070米，宽22米。

李裕兴针织厂

李裕兴针织厂是广州市针织行业历史最长的企业，现位于荔湾北路78号。建于1919年，原址在长寿路永华坊。

### 22.聚龙东路、恩龙大街、陈家祠马路、荔湾南约马路（中山七路、中山八路）

20世纪30年代前期，辟建上列四路。四路东西走向，东接西门直街，西至民国时期的粤汉铁路。后扩建为今中山七路、中山八路。

据1948年《广州市街道详图》标示，聚龙东路为今中山七路之光复北路至康王路段；恩龙大街为今中山七路之康王路至陈家祠前段；陈家祠马路之东段为中山七路自陈家祠至今荔湾路段；陈家祠马路之西段连同荔湾南约马路为今中山八路。

中山八路的真正建成是在建国后。50年代，广州市政部门先是铺好了烂马路（今中山七路陈家祠前以东段）路面。1960年，辟建高基至三圣社的中山七路段和中山八路，连通新建的珠江大桥，成为广州市西出口主要干线马路。

荣发铜厂（广州铜材厂）

广州铜材厂位于中山八路41号，前身是私营荣发铜厂。建于1940年。

1956年，把全市20多间分散的有色金属加工企业合并，改组成公私合营荣发、中兴有色金属轧延厂，1958年荣发、中兴两厂合并为广州轧延厂，1980年改为广州铜材厂。主要生产铜片、铝牌片、电解铜。

南洋兄弟烟草有限公司广州制造厂（广州卷烟二厂）

广州卷烟二厂位于中山七路333号。前身为南洋兄弟烟草有限公司广州制造厂，创始人为旅日华侨简照南。1949年5月开业。产品有“双喜”“银行”“七星”“百雀”“白金龙”等卷烟。1966年易名为广州卷烟二厂。改革开放后，引进了国外先进设备、技术和管理规程。是全国卷烟工业的重点企业之一。

**23.清平路**

今清平路北与第十甫路相接，南至六二三路，长439米，宽7米，自北至南依次与十三甫、和平西、梯云东等路相交。辟建于民国时期。至于何年，今存资料一般没有明确的记载。

今清平路北段（今河傍街以北段）原为河旁街。今河傍路实是大观河（下西关涌水道）故址。今河傍街至河傍路之清平路段原为聚源里，其南段之清平路（自今河傍路至今十八甫西路段）实为大观河故道。

抗日战争前西关地区辟建马路表

综上记述，在民国之前，西关地域修建了马路的，最早是沙面，随后是西堤。自民国建立后至抗日战争前，西关地域共辟建了约70条马路。依先后为序，表列如下：

| 路名 | 辟建时间 | 路长（米） | 路宽（米） |
|---|---|---|---|
| 沙面大街 | 清代后期 | 874 | 30.5 |
| 沙面北街 | 清代后期 | 1052 | 最宽14.2，最窄8 |
| 沙面南街 | 清代后期 | 1206 | 最宽18.3，最窄8 |
| 沙面二街 | 清代后期 | 277 | 14.2 |
| 沙面四街 | 清代后期 | 235 | 15 |
| 西堤马路 | 清末 | 482 | 18.8～20 |
| 西堤二马路 | 1920 | 414 | 19.8 |
| 带河路 | 1921 | 575 | 10 |
| 德星路 | 1924 | 865 | 7.8 |
| 新基路 | 1924 | 170 | 15 |
| 靖远路 | 1924 | 47 | 8 |
| 同文路 | 1924 | 75 | 12.5 |
| 沙基路（六二三路） | 1925 | 1330 | 最宽25，最窄24.4 |
| 兴隆北路 | 1925 | 114 | 5 |
| 十三行路 | 1925 | 315 | 12 |
| 十八甫西路 | 1926 | 80 | 13.4 |

（续表）

| | | | |
|---|---|---|---|
| 西村公路 | 1926 | 2300 | 12 ~ 15 |
| 光复路（光复南路） | 1926 | 401 | 12.3 |
| 第十甫路 | 1926 | 460 | 18 |
| 上九路、下九路 | 1926 | 747 | 18 ~ 24 |
| 十八甫北路 | 1927 | 170 | 19 |
| 十八甫南路 | 1927 | 310 | 19 |
| 杉木栏路 | 1927 | 397 | 8 |
| 十八甫路 | 1928 | 375 | 13 |
| 龙津中路 | 1929 | 556 | 18.4 |
| 龙津东路 | 1929 | 630 | 18.4 |
| 华贵路 | 1929 | 660 | 12.5 |
| 西湾路 | 1929 | 1800 | 12 |
| 西增路 | 1929 | 1020 | 8 |
| 桨栏路 | 20世纪20年代 | 302 | 12.5 |
| 长乐路 | 20世纪20年代 | 152 | 12 |
| 新基路 | 20世纪20年代 | 170 | 15 |
| 大观桥路 | 20世纪20年代末 | 154 | 10 |
| 珠玑路 | 20世纪20年代末 | 458 | 13 |
| 西华路 | 1930 | 1600 | 16 |
| 水厂路 | 1930 | 550 | 5 |
| 丛桂路 | 1931 | 735 | 13 |
| 大同路 | 1931 | 470 | 12 |
| 梯云东路 | 1931 | | 12 |
| 梯云中路 | 1931 | | |
| 梯云西路 | 1931 | | |
| 拱日路 | 1931 | 1308 | 13 |
| 长寿西路 | 1931 | 238 | 13 |
| 长寿东路 | 1931 | 407 | 12.5 |
| 光复北路 | 1931 | 835 | 12 |
| 光复中路 | 1931 | 595 | 13 |
| 蓬莱路 | 1931 | 342 | 12.5 |
| 宝华路 | 1931 | 770 | 11 |
| 多宝路 | 1931 | 1390 | 18 |
| 恩宁路 | 1931 | 1115 | 18 |
| 文昌北路 | 1932 | 688 | 12.2 |
| 文昌南路 | 1932 | 524 | 12 |
| 杨巷路 | 1932 | 320 | 12.1 |
| 宝源路 | 1932 | 542 | 12 |
| 逢源路 | 1932 | 660 | 17 |
| 龙津西路 | 1933 | 1257 | 17 |

（续表）

| | | | |
|---|---|---|---|
| 荔湾东约马路 | 1934 | | |
| 冯家祠直街（黄沙后道） | 1937年前 | 577.5 | 20 |
| 同兴路 | 20世纪30年代初期 | | |
| 德兴路 | 20世纪30年代初期 | 150 | 22 |
| 镇安路 | 20世纪30年代初期 | 240 | 11.9 |
| 联兴路 | 20世纪30年代初期 | | |
| 十七甫路 | 20世纪30年代初期 | | |
| 西门直街 | 20世纪30年代初期 | | |
| 聚龙东路 | 20世纪30年代前期 | | |
| 恩龙大街 | 20世纪30年代前期 | | |
| 陈家祠马路 | 20世纪30年代前期 | | |
| 荔湾南约马路 | 20世纪30年代前期 | | |
| 时敏路 | 20世纪30年代 | | |
| 清平路 | 20世纪30年代 | 439 | 7 |

与1948年一月初版《广州市街道详图》所载西关马路作一对比，可知到抗日战争前，西关地域的主要马路基本上都已辟建，并形成了道路网。当时车少，马路建得较为狭窄。到20世纪80年代改革开放后，车辆人流激增，造成严重的交通拥堵，后来便有了开辟康王路等新马路及拓宽原马路之举。

## （三）河南地区

河南地区辟建马路较河北城区为迟。最先辟建的马路是南华路、同福路，时在1926年，当时河北地区早已拆掉城墙，建成了多条马路。以后河南地域陆续辟建马路，但直到建国前夕，主要道路亦只有南华路、同福路、洪德路、小港路、纺织路、同庆路、福场路和凤安桥至南石头等几条马路、公路。路面窄小，部分是泥路。

今天纵贯横穿河南地区的工业大道、新港路、前进路、滨江路、江南大道等干道、次干道、支路所构成的三级路网，都是建国后才先后建成的。

以下大致依时间先后为序，记述民国时期河南地区辟建的道路。

**1.南华路（南华东路、南华中路、南华西路）**

1926年拆龙溪西约、中约（旧商店区）、福麟街、紫来街、冼涌、跃龙东街等扩建成南华路。东西向，平行于珠江江岸。东起海珠桥下草芳围西端，西至洪德路（大基头），因地处河南，并祈繁华发达之意，故名南华路。旧用石灰岩块、沙填底，沥青面，分东、中、西3段，即为南华东路、南华中路、南华西路，全长2300米，宽11米。为商业街道，骑楼式马路。广州市开建较早的马路之一，当年河南地区主要交通要道。

随着西医、西药和西法接生传入河南，在南华路、同福路、洪德路一带开始陆续开办了一些公办、私办和教会办的医院。到建国前夕，南华路已有部分私人开业的西医内科诊所。

新中国成立前，广州河南地区有广生堂、永和堂等中药材店66间，主要分布在南华路、洪德路、同福路、小港路一带。

### 广东省立第一职业学校·广东省立高级工业职业学校（广州轻工业学校）

广东省立第一职业学校创办于1933年。原校址在南华东路海珠桥畔（一说原校址在三元里），后改称广东省立高级工业职业学校。1949年迁小北。

1952年，合并广州、兴宁、湛江、天佑等4所高级工业学校，名为广东省广州高级工业技术学校。1953年改为轻工业部广州化学工业学校。

1958年秋改称广州轻工业学校，迁现址新港西路152号。中山大学对面。

### 南华饭店、正心茶楼、临江面店、利群面店（存）

以上四店，都是建国前创办于南华路，1990年仍在营业的国营饮食商业网点。

| 店名 | 地址 | 经营范围 | 开业时间 |
|---|---|---|---|
| 南华饭店 | 南华东路523号 | 茶点、酒菜 | 建国前 |
| 正心茶楼 | 南华东路579—587号 | 茶点、酒菜 | 建国前 |
| 临江面店 | 南华东路126号 | 云吞面食 | 建国前 |
| 利群面店 | 南华中路402号 | 云吞面食 | 建国前 |

### 海幢寺

海幢寺坐落在南华中路和同福中路之间，与海幢公园连成一体，占地约1.5公顷。1934年广州市政府编《广州指南》载本寺地址是同福大街。

海幢寺以寺貌庄严，殿宇雄伟，高僧辈出而闻名。

海幢寺始建于明末清初。南汉时（917—971）该处有千秋寺，后废为民居，明代成为郭氏花园。明末，光牟、池月两位僧人向园主郭龙岳募缘得地建佛堂，依佛经“海幢比丘潜心修习《般若波罗蜜多心经》成佛”之意，将佛堂取名为海幢寺。

清代初叶，海幢寺曾以精通搏击之术而广收门徒，有“广东少林”的美誉。

清光绪二十九年（1903），广州河南地区设4个巡警分局：其中河南巡警一分局设在海幢寺。由此可知，当时的海幢寺已非佛门清净地，早已融入滚滚红尘。

清末民初，广州人下中国象棋活动开始盛行，当时广州棋人聚集的场所多在河南的海幢寺及附近的伍家花园。

至建国前夕，海幢寺的许多殿房因开马路而被拆毁，只保留大雄宝殿、天王殿、舍利塔殿等部分建筑。

1966年“文化大革命”期间，四大天王殿被拆除，寺内所有佛像被砸烂，文物也大多流失损毁。80年代末，大雄宝殿成为音乐茶座和舞厅。1992年，市佛教协会收回被占用的殿堂。1993年1月，成立海幢寺重修委员会，同年3月7日，海幢寺举行洒净仪式，恢复正常的宗教活动，由市佛教协会副会长新成法师任方丈，同时负责海幢寺的重修复建工作。

### 广州第五染织厂

在南华中路。建于1929年，是由若干布厂合并而成，1956年为二联染织厂，1966年后改名广州第五染织厂。

三如茶楼·三如酒家（三如大酒楼）

三如大酒楼原名三如酒家、三如茶楼，坐落在南华中路425号。

三如茶楼开业于清光绪年间，那时广州的茶楼业十分兴旺，佛山七堡乡人在广州创办了惠如、三如、太如、多如、东如、南如、瑞如、福如、天如等9家以“如”字命名的茶楼，广州人惯用谐音称之为“九条鱼”，三如茶楼便是其中一家。另一说法是，广州九间“如”字号茶楼并非佛山七堡乡多个乡人开办，而是全部由陈惠如（陈也是佛山七堡乡人之一）一人创办的。

民国初期，三如茶楼雄踞广州河南堑口，是珠江南岸茶楼业翘楚。三如茶楼的建筑和内部装饰跟其他“如”字号茶楼风格差不多。“三如”楼仅3层，却高达10多米，底层有5米之高；大堂既高且深，使人视觉有宏大宽敞之感；四面采用高达2米多的风车窗，空气对流通畅，自然风足，适应广州夏季炎热的气候。内部装饰设计十分讲究，间隔多采用满洲窗，新颖五彩玻璃上饰以人物山水图案；四周摆设古玩字画；格头的横楣花檐，选用漆金通花木雕，其间龙凤飞舞，梅兰竹菊，相映成趣。

整个布局清雅瑰丽，既能保持室内空气的通爽，又有层次感，环境舒适雅致，古色古香。

抗日战争时期，三如茶楼被日军占用，改做豆腐作坊，由一名叫石傅的日本人经营。

抗日战争胜利后，三如茶楼重新装修复业，并易名为三如酒家。继续以高中低档并举为特点，经营精美点心和传统粤茶。当时最受人们喜爱的品种是各种包类和鲜虾饺。

建国后，三如茶楼曾改为河南区商业局办公用房。1959年9月，三如酒家重新复业。先后取名洪湖、三如饭店，1985年改名三如大酒楼。直到80年代初，三如酒家仍保持着海珠区最大的饮食店之一的地位。

**2.同福路（同福东路、同福中路、同福西路）**

1926年建成马路2013米，因在同福大街旁而得名（或说因在同福街区内拆建，故名）。现分东、中、西3段，东起江南大道北，西至洲头咀大街。全长2750米，宽18米（一说宽11米）。为商业性街道，骑楼式马路。

同福路是河南地区东西向干道之一。中、东段沿河南低台地兴建。20世纪60年代曾更名向群路，1981年复名。沿路商业发达。古迹有十三行洋房、伍家花园遗址、海幢寺、潘家祠、海福寺等。

随着西医、西药和西法接生传人河南，在同福路、南华路、洪德路一带开始陆续开办了一些公办、私办和教会办的医院。到建国前夕，同福路已有部分私人开业的西医内科诊所。

颍川巷

同福中路南侧内街。清咸丰年间（1851—1861）建巷。南宋时期，北人大规模南迁。广州河南地区也有大批移民落脚聚居，此地是当年河南省颍川郡陈氏族人的聚居地，故以其郡名“颍川”作街名。长约52米，宽4米。

广州市立第二十七小学（同福中路第一小学）

广州市立第二十七小学创办于建国前的1949年。在同福中路伍家祠道45号。建国后为同福中路第一小学，现占地面积4746平方米。60年代初被列为广州市7所重点小学之一。1978年恢复办重点学校后，又被列为第一批重点小学。

南武小学

1905年创办。在同福中路136号。

广州红十字会附属医院

光绪三十年（1904），中国红十字会广州分会（或称广州红十字会）在同福中路创建附属医院（今市红十字会医院），在今同福中路中段南侧。是较早的规模较大的设有西医内科的综合性医院，由德国人柯道主持。1945年后由黄德光、余国华任正副院长，至1947年有医务人员39人。设有病床140张，其病床设置与当时广州市内医院相比规模是比较大的。

新中国成立前，河南地区只有广州红十字会附属医院开展西医外科治疗。

1951年6月由政府接管。更名广州市红十字会医院。1969年改为广州市第五人民医院，1979年复今名。是省内规模最大的红十字会医院。

另一记载是：1916年，广州红十字组织迁至河南同福路，改名为中国红十字会广东河南分会。不久，又设立了附属医院，有病床20多张。

**3.洪德路**

1928年拆洪德大街扩建成洪德路。因民间传说“洪圣布德”而得名。骑楼式马路。河南西部主要商业街。长640米，宽16~30米。北通滨江西路，南至凤安桥，连接工业大道北端。其间与同福西路、厚德路相交。清末此地附近为高级住宅区，故成为河南商业中心。

随着西医、西药和西法接生传人河南，在洪德路、同福路、南华路一带开始陆续开办了一些公办、私办和教会办的医院。到建国前夕，洪德路已有部分私人开业的西医内科诊所。

凤安桥

在今洪德路南端，南北向跨于海珠涌上。桥南为工业大道。建于清代中后期，具体年份不详。清代方志称之为“溪峡第四桥”。因桥直通凤凰岗地区。故名凤安桥。至民国前期，桥南岸尚为大片江滩地，有小巷南通凤安街与凤宁社。

1955年前，凤安桥是木结构行车桥。1955年改建成钢筋混凝土结构。1978年加宽。桥长25米，宽32米，高5.5米，今仍为河南凤凰岗地区交通重要通道。

**4.小港路**

民国时期的小港路很长，北起南华东路，南至中山大学前，因途经小港埠而得名。

小港路辟建于何时，在今广州路名资料中似乎找不到记载。查阅民国广州地图，1932年《广州市马路路线图》没有标出小港路，1937年《广州市最新马路全图》则已清楚标出，而且是全路建筑完成。由此推断，本路当辟建于1932—1937年。

1960年建云桂路（今前进路）时，将原小港路切断分为小港路、前进路、新港路。现小港路长480米，宽8米，沥青路面。

今天前进路，在海珠区中部。西接江南大道中北段，东南接新港西路西端。大部分沿河南

低台地兴建。原是小港路的一段，20世纪50年代末扩建时改名云桂路。1967年改名前进路。路长1500米，宽14米。

广州自卫团激战日军

1938年10月21日，广州被日军占领，汤化平率广州自卫团与日军在小港路激战。

**5.同庆路**

同庆路北接滨江西路、解放大桥南桥脚，南与同福中路与同福东路交会处相接。路约辟建于民国中后期。1943年6月《广州市最新马路交通图》与1947年4月《再新大广州市马路图》都清楚标示出同庆路。路之北端段一带是明清两代花农载花过对岸入城的渡口，称官渡头。曾建花洲古渡景点。

**6.福场路**

北接南华中路，南接同福中路。正南面正对同福中路南侧的广州市红十字会医院。1932年《广州市马路路线图》仍未标出此马路，而是标出在建马路，仍标出原街巷名：打锡巷。1943年《广州市最新马路交通图》标出此路，写作“福祥路”。这显然是因同音字而笔误（广州话“祥”“场”同音）。因为此地原名福场园，而非福祥园。在福场园辟建的马路自然称福场路。

福场园历史悠久。原是个很大的私家园林，相传东至今福场路以东，西至溪峡街。海幢寺是其故地，园主是明末清初广州大商家郭龙岳。此园后渐荒废，渐建民居。民国中后期，在此辟建马路，名福场路。又建福场东一（二、三、四、五）巷。依上民国时期地图推断，此路当辟建于1932年至抗日战争前。

**7.纺织路**

住今滨江中路南侧，东起东沙街，西止草芳围。原为江边荒地，20世纪30年代建路（一说1928年前后建路），因路旁有广东纺织厂而得名。长680米，宽12米。

广东士敏土厂 · 孙中山大元帅府

清光绪三十二年（1906。一说光绪三十三年）六月，两广总督岑春煊在河南芳草围建广东士敏土厂（士敏土即水泥。此地又称河南石冲口），占地170多亩。生产立窑水泥。这是全国最早开办的第三间水泥厂。但工艺落后，广东省需要的水泥绝大部分仍依靠进口。

广东士敏土厂现存花岗石门额上刻有“广东士敏土厂”“光绪丁未冬月”字样。

1917年9月10日—1918年5月21日，孙中山在广东士敏土厂设大元帅府，组织军政府并就任中华民国政府大元帅职。1923年2月陈炯明被逐后，孙中山于3月1日又在此重建陆海军大元帅大本营（另一记载是，1923年4月3日，孙中山大元帅府从大东门外迁回原河南士敏土厂旧址）。直至1924年11月13日应邀离粤进京。孙中山的许多重大决策，如反对南北军阀的护法斗争、平定广州商团叛乱、改组国民党、促成第一次国共合作等都是在大元帅府内做出的。

1920年10月7—8日，海军总长汤廷光为临时广东督军兼省长。在原河南士敏土厂就职。

1925年孙中山逝世后，大元帅府旧址先后改作国父纪念馆和中山文化教育馆西南分馆。还做过军营、看守所。

大元帅府是具有欧式风格的建筑，旧址大院内是前、后两幢西洋式三层楼房，混合结构，金字架灰脊瓦面（现已改为平顶晒台），坐南朝北，花岗岩屋基，四壁水泥批荡，柱壁线条分明，门窗开阔，呈罗马式拱形。并饰有光环，四面有走廊相通，布局工整和谐，前楼长38米，宽17米，占地646平方米；后楼长26米、宽23米，占地598平方米。此外有一座两层小楼，是孙中山夫妇居室。

1925年7月6日（一说7月3日），国民政府军事委员会在广州成立，为中华民国国民政府最高军事机关。设在广州河南士敏土厂，

现建筑外貌基本保留原状。

1983年8月13日，公布为市级文物保护单位。

1989年6月29日，公布为省级文物保护单位。

1996年11月20日，国务院公布为全国重点文物保护单位。

私立仲恺农工学校·省立仲恺农业学校（仲恺农业技术学院）

广东省仲恺农业技术学院在纺织路东端东沙街24号（此地一带名石涌口、石冲口）。为纪念廖仲恺而建。1925年8月30日，廖仲恺遇刺死难，中国国民党第二届中央执行委员会第二次常务会决议设立仲恺农工学校，1926年2月，仲恺农工学校开始筹办。1927年3月开学，校舍初具规模，定名私立仲恺农工学校（一说何香凝于1927年1月创办了仲恺农工学校），廖仲恺夫人何香凝任第一届校长。校内建有仲恺农工同学会。

1939年，仲恺农业职业学校迁中山县南屏乡。1940年9月改名为省立仲恺农业学校，50年代先后改为仲恺农业技术学校和仲恺农业学校，1985年改名广东省仲恺农业技术学院。主要担负全省农业技术人员的培训教育。

校园内先后建有廖仲恺纪念碑、廖仲恺何香凝纪念馆、廖仲恺铜像、何香凝汉白玉像。

**8.凤乐路（革新路）**

凤乐路南北走向。约辟建于抗战胜利后的民国后期。

1943年《广州市最新马路交通图》未标出此路。1947《再新大广州市马路图》标出此路，名凤乐路，为今工业大道的北段。1948年1月《广州市街道详图》、1949年5月再版《新广州市街道详图》都是这样标示。这与现当代资料所称凤乐路即今革新路并不一致，因为今天革新路与工业大道相交处以北的工业大道北段，正是民国广州地图所标示的凤乐路。1952年，依这段凤乐路向南辟建工业大道，有可能是顺势将这段凤乐路易名工业大道。

1966年凤乐路改名革新路。长1555米，宽15.8米。

**9.南石路**

自凤安桥至南石头。1930年10月6日始动工辟建。今南石路南北走向，北至南泰路西端，邻近珠江南支海道。因接南石头村，1981年命名为南石路。

## （四）芳村地区

民国时期，芳村地区道路建设远远落后于城区，只有两条马路。一条是明心路，一条是广佛公路的起始段。

**1.明心路**

明心路是扩建明心里修筑的。时在1927年，当年建成路。其得名源于本路有明心书院，即盲人院，路名取其目虽瞎而心里明白之意。长600米，宽10米。

明心路东北尽头抵珠江江岸，西南接今芳村大道。芳村大道是建国后才辟建的，民国时期只是一条小泥路。民国时期广州地图（如1948年《广州市街道详图》、1949年5月再版《新广州市街道详图》等）并没有标出这条小路，甚至连明心路也没有标出来。以此来推断，这条所谓马路，是不能走汽车的，大概真的是只能走马车的路。

**2.广南公路·广佛公路起始段**

广佛公路为广州至佛山公路，全长21公里，芳村路段在芳村区西北部，东起今珠江大桥西桥脚，西至广佛公路黄竹岐大厦，长800米，原路面宽10米。

1934年广州市政府编《广州指南》称此路为“广南公路”。这样记述：“广南公路。广南路线，由石围塘起，在南塘北边横过广三铁路，经五眼桥亭滘三眼桥横江桥头江夏以达大沥共长二十一华里，再由大沥接驳禅炭公路以下佛山，共长十三华里。由大沥至佛山段路基早已筑成，大沥至石围塘段。亦于1932年十一月间兴工建筑。”

1949年1月，广佛公路通车，芳村地区自此才有汽车由广佛公路的滘口通至石围塘。这是芳村地区第一条行走汽车的马路。

民国时期，芳村地区除以上两路外，还有部分是石路。如明万历四十四年（1616），南海人李待问出资发动民众将省城古道（广州—佛山）中的山村至盐步段改建成麻石大路。清光绪年间，马来西亚华侨黄景棠投资从新隆沙至下市涌边用麻石砌成1公里长的芳村大堤（今长堤街）。除此外，基本上就是泥泞小路。桥梁除了少数石桥，其他的基本上是小木桥。

## （五）开路风波

广州当年拆城筑路，同时在城中拆街巷及各类建筑物开路，并非一帆风顺，曾闹出过不少风波。

1918年10月22日，广州市政公所宣告成立，首项规划就是拆城筑路，这首先需要财政支持，当时财政厅厅长杨永泰于是兼任市政公所总办；遇到抵制甚至反抗要能镇得住，于是省警察厅厅长魏邦平兼任帮办。在总办、帮办之下设立一位负实责之坐办。杨永泰委任自己就读两广大学堂时的老师、时任财政厅官产处主任的曹汝英为坐办，主持市政公所事务。

曹汝英（1870—1924），字粲三，番禺人。1910年清政府设立海军部，曹任军学司司长，兼充海军司令部参谋官（即参谋长），领海军中将衔。后又曾任广东高等学堂教习。当年他出任坐办，成为主持拆城筑路，修建城内主干道工程的负责人。

**1.变卖“旗产”·武力弹压**

拆城筑路，需要经费，当年主要靠变卖“旗产”筹措。所谓“旗产”，即旗下人的公产，分四种：衙署，衙署所属的马圈、马房、空地，群房（衙署附属房屋），旗街房屋。

前三种分期开投变卖，价高者得。最高价的是西瓜园的一段（即今广州日报社地）。被指定拍卖的房屋，住客在限期内迁出；若不迁出，由消防队拿着挠钩套索前往督拆。时值1919年春节，有人在西瓜园附近贴出春联：“今朝有酒今朝醉，明日拆城明日迁。”反映出当年人们对拆城筑路的心态。

第四种旗街房屋，是旗人在公地上自费建筑的，即地皮属公家，上盖属私有，每年纳回地租若干即永远使用。市政公所对这类旗屋定下“捐免”办法，即房屋所有人一次过缴年租50倍或月租100倍，便发给“地照”归其管业使用。此项所得不少，也拨作拆城筑路经费。

市政公所下设总稽核，由商绅陈恭受兼充。另设总务科、工程科、经界科和总测绘等职能部门。

当时广州城墙不少已经坍塌，甚至只存城基。拆除城墙，就在城基上修筑马路，曹汝英先做了测量和规划的工作。首先将西门一带残存城基拆除，并在墙基上筑路。

同时在城中开路。当时城中街巷狭窄、弯曲迂回。要修筑马路，必要拓宽路面，自然就要拆除沿路官邸、衙署、商店、民居，因而遭到不少利益相关的官商和市民反对。当时兼任市政公所帮办的省警察厅长魏邦平对拆城筑路大力支持，规定建路沿线住户在限期内一律迁出，否则由警察持挠钩套索督拆；敢有违抗者，即以武力弹压，由此使拆城筑路工程得以进行。

**2.文德路的辟建**

当年闹出最大风波的是文德路的辟建。

辟建文德路始于1918年，这是广州城最早辟建的马路之一。

相传，按原修路规划，文德路要比现在往东面挪一些。但当时任潮梅镇守使的刘志陆（1890—1941。1927年晋加陆军上将衔）写信给魏邦平，要求保留府学东街东侧的“刘家祠”。魏做出让步，修改路线，将路往西挪一点。这样，府学东街西侧的原广府学宫的部分建筑便要拆除。

这遭到了省城绅士们（地方上有势力有名望者，多为地主或退职官僚）的激烈反对。他们反对损毁广府学宫（奉祀孔子，故又称孔庙）的建筑来筑路。孔教会会长林泽丰甚至扬言要将杨永泰、魏邦平二人铸成铁像，跪于学宫门前示众。

事实上，市政公所要征用的仅是学宫东边边缘一条宽20米、长320米的狭长地带，在这地带上的文昌宫、仰高祠、名宦祠需要拆除，学宫的主体建筑如大成殿、明伦堂、崇圣殿等均保存。

1919年1月，清末进士、粤绅易学清邀请在城绅士及学界代表齐集明伦堂商讨对策，要求市政公所收回成命。市政公所未予理会。易学清于是联同粤绅致电北京的广东会馆，说市政公所要拆毁广府学宫，要求旅京的粤籍人士出面阻止。旅京粤人闻讯，由梁士诒领衔，以旅京广东人士名义致电广东地方政府，关切其事。

梁士诒曾是袁世凯当政时的内阁部长、总统府秘书长，时任北洋政府安福国会参议院院长，参与联名的也是当过大官的人物。接着，连北京政府总理钱能训也致电广东军政府，要求查明处理。旅沪粤籍绅商及旅居上海名人、曾任沪海道尹的杨晟也致电广东当局表示反对拆毁学宫，称这关系世道人心，伦纪风化。可谓立论严苛。

广州市政公所向各方婉转解释。桂系元老岑春煊及广东军政府分别致函北京国务院及各绅，说明并非“拆毁学宫”，只是拆去文昌宫一小部分而已。

内务部也公布了处理方案，认为文昌宫只是广府学宫的一部分，既要拆去修马路，可勿反对，只是今后宫墙不得再行拆动。

时在1919年2月中旬，市政公所得以松了一口气；2月下旬，开始派员实测施工地点，绘制规划工程图，并附以“规划说明”，送请粤绅参照。“规划说明”主要介绍了选择府学东街开筑马路的理由：

①位置适中，受影响居民较少。只须征拆府学东街北端的铺屋三数间而已。这是便民。

②所经之路线只是文昌宫、仰高祠、名宦祠及教忠学堂之操场、宿舍，距离大成殿、明伦堂、孝弟祠等建筑尚远，根本没有伤及学宫主体。这是适中。

③拆去学宫东边，马路即可进入铺筑，免去拆征民房之烦，是为省时。

④广府学宫是公地，免去拆迁费用，是为省费。

市政公所在规划中还做出保证：

①广府学宫东边沿马路之宫墙，依照原有风格重建，涂以红色。宫墙如旧，庙貌依然。

②重修仰高祠、名宦祠及教忠学堂宿舍。如此则不独“对于孔庙毫未摧残，即各祠宇亦未湮没，实于尊崇圣教，整饰市政两无妨碍”。

粤绅们还是不同意，坚持府学东街只可向东扩展而不应向西扩展，即只能拆街东面的民房而不能拆广府学宫的建筑。并且举出德国人在山东修建胶济铁路时，路线拟经孔林，因公众反对而作罢。外国人尚且不敢有损圣地，身为中国人岂可如此，甚至提出拆毁学宫是严重大事，不应由少数人决定，而要由全国公议取决。

市政公所的答复是街东有许多全省合族宗祠，加以民房众多，拆迁难度大，引起震动亦大，而且费用不菲，无法实行。

粤绅又提出改在府学西街扩筑马路，市政公所予以反驳：它与永汉路相距太近，既无疏导功能，于理亦不宜如此。

又有人建议改采番禺直街（今德政中路）路线。市政公所回复那将拆毁民居更多，且路线要迂回向西，亦不可行。

市政公所原来还委婉解释，后渐强硬起来，说文昌庙所祀的文昌帝君，不是孔门苗裔，亦非儒家圣哲，本不应挤进学宫范围之内。言外之意，这种不属儒家正宗的不明来历神庙，拆之何妨！还有，学宫的东斋和西斋及其附近之地，现在早已成了菜园，或做了旅店、书栈，或为律师公寓。门墙一带分别租给了木材厂作为储存木料之所，搞得圣地面目全非，俨然热闹街市。凡可借圣庙以生利的事，管事者无不任意为之。而“现拟一面开马路，一面整饰宫墙，删除污蔓，饬令群处之旅店、货栈、木场一律迁移，使孔庙庄严之地复其严肃整齐之风，此则昌明圣道所应有事也”。即今乘开筑马路之机清除污浊，正是恢复了学宫尊严，弘扬孔教，为什么还要反对？

说得有理有据，粤绅一时难以反驳。此前，作为市政公所顶头上司的广东督军莫荣新和省长翟汪基本是保持中立，现在也劝说粤绅让步。旅京广东会馆梁士诒等人也转变态度，表示可以拆除文昌宫等，甚至移建一些宫内建筑物，以支持市政建设。因为文昌宫不应附在学宫之内，即使不建马路，也应拆去。

广东当局将市政公所呈报的复查情况及方案复函告知北京广东会馆后，市政公所也不待北京方面反应，于1919年3月14日，派出警察游击队（约相当于现在的特警）百余人到学宫督拆文昌宫。扰攘数月之风波至此结束。文德路得以顺利辟建。

路往南延伸，拆去城墙，再拆去城墙南面的文德里三巷，做了路面，再往南便是玉带河（今称玉带濠），那时这条水道上还没有建桥，于是筑路建桥，跨过河往南，全是民宅，一路拆民宅往南开去，便开到了清代时供奉皇帝万岁牌的生祠万寿宫（今文德路与清水濠相交处一带）前。

万寿宫当时做了广州孔教会。会长林泽丰力阻拆宫修路，扬言“如拆万寿宫，誓以老命相拼”。出身行伍的魏邦平不吃这一套，闻讯后带上警察前往督拆。林泽丰一见这般光景，吓得惊恐远避，孔教会被迫迁址。万寿宫被拆去，一部分成了马路路面。

文德路的修筑，起了示范作用。以后筑路工作阻力大为减少。市政公所在约两年四个月的任期内修筑了十多条马路。

**3.维新路的拐弯**

维新路（今广州起义路）辟建于1919年。北起清代旧巡抚署（今人民公园地），南至珠江江岸。它是拆了很多民宅、街巷、古建筑而建成的。

在1918年《广州市图》及其后问世的广州城地图上可以清楚地看到：

旧巡抚署以南至今中山五路是一大片空地。空地南部建有照壁，为巡抚署的附属建筑，也就是一堵墙，在古代建筑中，建于大门外，对着大门起屏蔽的作用。在照壁南面形成的小巷，称照壁巷。建于清代。民国前期存，分南北向和东西向四段。

辟建维新路，照壁被夷平，照壁巷被拆去，建成马路路面，约为今中山五路与广州起义路相交处南侧路面。

照壁巷以南至南朝街段，原并非街巷。维新路从南朝街穿过，将南朝街分成了东西两段。

南朝街南侧，有街巷名恩荣里，分两段。东西向段在南北向段的南端西侧。辟建维新路时，南北向段被拆去，扩建为马路路面（今南朝街至恩荣里的广州起义路段）。

路继续南延，亦非拆街巷，而是拆民宅而辟建。至现在的大有仓（街巷名），该处有旧衙门中协署（故址约在今广州起义路与西湖路相交处），于是拆去，成了维新路路面。

路继续南伸，至清代广东提刑按察使衙门旧址（当时在旧址东边设了司法司署，在司法司署东侧设了民政司署），在其前面（南面）的街巷称臬台前，又称按察司前街。维新路拆了旧按察使衙门西部地辟建成马路路面，同时从臬司前街穿过，街被截成东西两段。西段存，西接纪纲街。东段则在建国后成了今广东华侨中学地。

在旧按察使衙门前面建有照壁，照壁南面形成一条街巷，名照壁巷。亦被拆去，辟建为维新路的一段（今广州起义路与臬司前相交处以南的一段）。

路继续向南辟建，正对着千顷书院。若照原规划，就是拆书院开路。

当时在北京任北洋政府要职的梁士诒和在教育部任要职的梁启超，均致信孙科、当时粤军司令莫荣新和主持开马路的市政公所主要负责人杨永泰，请求保存千顷书院；又相传当时任琼崖镇守使的黄志桓亦致函市政公所帮办、广东省警察厅长魏邦平，要魏在开辟维新路时保留“千顷书院”。

市政公所接纳提议，修改了规划，维新路因而没有取直，而是在开到千顷书院北面时，拐了一个呈弧形的弯，在书院的西侧辟路，西南斜向马鞍街，同时拆掉了千顷书院西侧的好几条街巷（这些街巷可能新建，在1918年《广州市图》上尚未标名，便成了维新路所在路面），再南下接拐了个角的南北向段原城墙（拆去后城基即为维新路路面，即今大南路与大德路之间的广州起义路段），千顷书院因而得以保存（千顷书院故址于1926年建为千顷中学）。原马鞍街的中段被拆去，当年其东侧有一条小巷，名月泉巷（故址在今广州起义路与惠福路相交处），同时被拆去，成为维新路路面。

原北段称马鞍北街，其南端拐向东南，连接维新路；原南段称马鞍南街，南接孚通街。原孚通街以南段扩建为维新路一段。

今天广州起义路在此处拐了个弯，没有取直，隐藏了这一段掌故。

拆了城墙以城基筑成了维新路，继续南延，拆去了淘沙巷北端段建成马路路面，淘沙巷南段亦拆去不存。

同时，原城墙南面的天桥巷与巷中段跨于玉带濠上的桥梁天桥（今起义路与玉带濠暗渠相交处），亦一同拆去，建成马路路面（约今高第街至大德路之广州起义路段）。在高第街南侧的旗杆巷亦拆去建成路面。再往南，基本上与素波巷平行南下开路，并非街巷，乃拆房屋辟建而成。

清代时的粤海关部，在民国前期被改为劝业道署（故址约在今海珠广场北端广州解放纪念像至维新横路之间之广州起义路段），被拆去建为马路。同时，部前西约的东端段与部前东约的西端段亦被拆去辟建成马路路面。

拆去城墙（今一德路一线），路继续南延，是街巷沙基通津。当年拆去沙基通津，连同其南侧已渐干涸的太平沙洲西侧水道，一起扩建为维新南路的南段（今广州起义路的南段）。1933年建成海珠桥，此段维新路之南段成为南桥桥引。不过在1949年5月绘制的《新广州市街道详图》上，桥引的东侧仍标出有水道。

当年在太平沙洲西侧水道的西岸，即在今广州起义路南段（海珠桥北引桥）西面。形成街巷名果栏通津，北侧尚为宽阔的空地，南则达于珠江江岸。江岸处为鲜果行码头。

维新路辟建，果栏通津亦拆去。空地渐建民宅，约在今海珠广场西广场的东部地。

**4.覆盖西濠**

太平路，不少资料亦写作太平南路（今人民南路），其南段不是修筑城基建，而是建于西濠之上。当时西濠是明渠，露天的，可以行舟。既然要修马路，自然要改为暗渠。这遭到西关士绅们的反对，称渠宽数丈，遇暴雨或在洪水期仍排泄不及，造成西关水浸；如改为狭小的暗渠，西关就更会随时受淹浸了。因而反对将明改暗，纠众喧闹。修路工程被迫停止。后来，市政公所派遣曹汝英，请到时任广东省长的杨永泰出面，连劝带压，并规划沿渠引出数条暗渠直通珠江，加大排水量，风潮才渐平息下来。工程得以顺利开展。

**5.石室的产业**

当年开路还曾遭到过洋人的反对。

石室（圣心教堂）是法国人建造的天主教堂，有不少产业背靠着新城的南城墙（今一德路一线）。1920年，在石室南面拆城墙，城墙拆去后，背靠城墙的物业自然会被割去一部分。教堂神父于是出面阻挠，称与政府订有合约明确“教堂范围”，不让拆城。工程一时被迫停顿。后由市政公所特许圣心教堂在割余地段多建楼房（不限高度），才算达成协议，工程得以继续。

其后，拆除市内各城门墙基，平整筑路，逐次贯通。

广州市政公所从1918年10月设立，到1921年2月改为市政厅，两年四个月，大致上完成了拆城筑路的第一期工程（唯新城南城墙今文明路一段于1922年才拆），拆去城墙，就城基修成花沙面马路，城内亦辟建了好几条主干道马路。这么大规模的市政工程的经费，全部是变卖“旗产”所得，省府并无拨款，这在当时确是不容易。一直主持这项工程的曹汝英，负责测绘和规划路线，并督促实施筑路计划，以其丰富的测绘算学知识和数度出洋考察欧美各国的先进管理经验，使这项宏大的广州市政工程获得前所未有的成就，广州显露出现代都市的雏形。

## 三、规划建设，改良修缮

### （一）现代都市的规划与建设

1918年，广州开始拆城墙筑马路，当时对辟建马路并没有总体的规划。即在1921年工务局成立之前，广州城市道路建设未曾有过总体规划。拆除城墙在墙基上修筑马路，这相对固定；但在旧城区内扩展街巷辟建马路，并无在事前确定马路路线，而且路宽还随意修改。

1921年2月15日广州市政厅成立，市政公所改为市政厅，标志着广州正式建市。早年留学英美，曾任香山县政府建设局长的程天固（1889—1974）出任广州市工务局局长。

工务局是主管城市建设的职能部门，由原市政公所工程科扩充而成，主责城市规划、交通设计、兴修道路等工作。工务局的设立，实现了近代广州最初的建筑施工管理，市政工程开始有计划地建设。市行政委员会议决分期开辟道路的计划。

程天固对建设新城市有研究，曾将美国三藩市的宪章翻译出来登在报上，让中国人认识新式市政规划。

他首任广州市工务局局长，主要工作是开辟城内各支线马路并着手开辟西关各马路。城内支线费用由当时筹办的电车公司所缴纳专利款100万元拨充。西关辟路费用则由沿路铺户业主摊派。

民国时期市政工程施工是实行公开招标、投标的（最早招标工程是1915年5月5日开投的大沙头西端第一段道路）。招标工程开投前，工务局先制订招标工程章程，发出开投布告，投标单位报送呈承筑章程，中标单位签订合约，施工期间由工务局派员监理，进行竣工验收。

因拆城开路，当时广州城中到处堆着土坡泥山，瓦砾砂石，道路阻塞。晴天尘土飞扬，雨天泥浆四溢，人们怨声载道。

程天固首先要清理余泥瓦砾，他召集拆城的承建商商议，签订合同，限期将余泥全部清理。腾出的地面，待城建人员对新马路规划划定之后，将路基两旁的土地变卖，或由承担拆城的商人承领，作为今后清余泥的收入。商人们了解地价，乐意遵命，自然都想方设法去干，不出数月，全城余泥清理干净，砖石用来修马路。全城环境大变，宽敞明亮起来，空气也清新多了，抱怨声随之逐渐平息下来。

拆城筑路工作顺利进行，交通逐渐繁忙，不断有车辆肇事，由此出现了交警。

民国年间，广州附近各乡盗匪出没频繁。未拆城前，尚有城门城墙的阻隔；拆城筑路后，盗匪愈加猖獗。警察厅利用拆城筑路所剩余的方形边角地，建筑小屋，小屋上筑小望楼以监视盗匪，内置办公桌、电话、记事簿、考勤簿及文具。小屋外面涂红色以便市民辨认，俗称“红屋”，成了最早的“治安亭”。

在制订市政建设计划时，程天固发现不能直接借鉴美国的经验。若按美国顾问莫非提出的办法，那就得先把许多历史用地都夷为平地。广州是历史悠久的老城，公私建筑并非政府想拆就能拆的。况且应该保留有历史价值的文物建筑，不能什么都拆。

拆屋建路，无可避免会受到阻力，有时无法协调，市政当局就只能求通，不能强求直。今天广州市不少马路又短又弯，是当年的“遗痕”。

为了合理规划和建筑，程天固仿效西方国家做法，于民国十一年（1922）成立了广州市审美委员会，负责审定涉及市容美感的公共建筑设计。这被视为广州市最初的城市建筑物设计机构。

1922年爆发“六一六事件”，程天固去职赴香港。1923年1月，正式辞去工务局长职。这时候，拆城墙以城基辟建马路的工作已经完成。拆除了旧城墙约6.5英里。市内平濠筑路，拆除房屋3000栋，建起了16英里长的水泥、柏油马路，主要街道拓宽（包括人行道）了2.4～4.6米。古老的广州城呈现出现代城市的雏形。

1926年，计划全市道路尽铺沥青，并实施第一批10条街道铺筑沥青路。

1928年，广州公布《确定本市马路第一期路线》，确定路线共22条；《确定全市马路第二期路线》，又确定路线20条。

1928年，广州制订养路设施计划，如将马路划分区域，分派工程队驻区负责修理；用碎白石铺筑砂石路面，用沥青铺盖交通繁忙的砂石路，用沥青混合土加铺严重破烂的三合土路面，等等。两年后，又提出改良养路方法，拟对全市马路改用沥青铺盖路面。1934年后，改良了一些道路的路面结构，如龙津路、光复路、中华北路等路加铺了沥青，西村路则改铺了混凝土路面等。

1928年之前，城市规划与市政建设、建筑工程、房地产等先后由市政公所、工务局统管。1928年12月，广州市城市设计委员会成立，掌管全市规划设计事务，对城市规划和建设，逐步加强管理；具体拟订城市改造的全面计划，划分全市功能分区，拟定市内外重要交通路线，规划河道改良、码头设置、建筑工程、园林绿化、重要建筑物图式等，是广州有史以来第一个专门负责城市规划工作的机构。

1929年，广州市政府公布的《广州政府施政计划书》，提出修筑河南北堤岸的计划，其中河北填筑海珠新堤，东起天字码头，西至西濠口，拟将原位于江中的海珠岛划入珠江北岸，使弧形岸线变成直线；河南新堤由内港至士敏土厂一带。

1934年《广州指南》记载：

1929年8月间，市行政会议议决确定市区马路为61线，共长241 700余英尺，又确定郊外马路东南西北区为25线，共长559 500英尺，各分三期兴筑。

自此之后，市内外各马路依次规划，陆续兴筑。先筑成第一期之三十二条马路，次筑成第二期之二十条马路。第三期之马路有部分因地处繁盛地段而提前兴筑。到1933年有部分在辟建中。郊外马路亦已摘要规划开筑。

1930年2月，程天固再次出任广州工务局局长，兼广州市城市设计委员会主席。他认定，建设城市要有个交通网的概念。广州市大小街巷不下千条，纵横交错，宽狭不一。在哪儿辟建马路，长度、宽度多少，都应该有事前的规划，不能“辄随意所至，路线可以临时更改，开筑可以先后倒置，弄至路线参差，断续曲折、市民惶惑，罔所适从”。程天固于是制订规划。当年，工务局编订了《广州工务实施计划》（程天固编著。亦有写作《工务之实施计划》《广州工务之实施计划》《广州市工务之实施计划》等），首次制订道路建设规划，比1929年的《广州政府施政计划书》更全面而详尽，分道路建设与分区计划、内港建设、公共建筑物之建筑、园林及公共娱乐设备四大类。

在道路建设与分区计划中，《广州工务实施计划》基本确定了广州市道路系统架构；内街整理作为道路建设的组成部分，制订了辟宽内街的原则和计划，调高路面标高，以利排水、交通。

《广州工务实施计划》主要内容包括：

1．确定广州市区范围与界线

分三种区域：警区（66.20平方里）、权宜区域（170.37平方里）、拟定区域（537.03平方里）。民国二十三年（1934）《广州指南》称：“广州市原有区域，只以警界为限，后因人口日增，拓之为权宜区域，后更拓之为拟定区域。”

2．城市功能分区

旧市区（即警区）为混合区，保留行政中心。原有工厂迁出，逐步将旧城区改造为纯粹的商业区。

警区之外为新区，其东北部多山（指白云山），宜作林场、游乐及别墅建设。

城区西部的羊牯沙、增埗一带规划成工业区及平民住宅区。东面已辟作住宅区的马棚岗、竹丝岗等以东的地段规划为市区发展保留地段。西南面的石围塘、花地等地为工业区，并就近兴建工人住宅区。

3．发展河南计划

规划河南为港口，商业住宅和新的行政区，并建有百尺宽的大桥连接河北和河南。

4．道桥建设与内河堤岸建设

规划市区郊区共建马路96条，其中市区61条，郊区35条。长约56万尺。路面宽为15米以内。郊区公路如小北至姑嫂坟、云泉仙馆至沙河庄、蟹山至鱼珠、三元里至斌华桥、广番花公路、银牛尾公路等。路宽虽仅为6、7、9、18米不等，但已构筑了城乡交通，活跃了经济。道路建设既考虑了市区商业发展的需要，又兼顾了市郊和工业区交通以及出入本市通道，道路布局大体呈棋盘形。

计划建设省河铁桥三座。同时将河南洲头咀一带开辟为广州内港，建立码头货仓。修筑河南、河北沿江堤岸，在河北填筑海珠新堤，使弧形堤岸变成直线，将海珠岛划入珠江北岸。

组织实施时，改造了一批木桥、石桥为混凝土桥，改良了市内部分路面，计有166.53万平方米。沿江堤岸北侧的修筑也较快落实，开始修建。

1931年6月，程天固任广州市市长，仍兼工务局长。

上任市长后不久，即提出《繁荣广州经济计划》（又称《中心建设计划》），推行“三化二发”政纲，即电力化、水利化、交通化和发展黄埔港口和发展琼崖（海南）资源。还致力改良警政，革新税制。

同年10月，广州市设计委员会成立，主管城市规划设计。

程天固起草了《广州市城市设计概要草案》，这是广州建市以来第一部正规的由政府组织编制的城市规划设计文件，是中国最早的城市规划章程。在这之前，没有正式编制城市总体规划。

1932年3月，程天固辞去广州市长职，改任广东省建设厅厅长。6月，卸职寓居香港。程天固两任工务局长、一任市长，为广州现代市政建设的开拓者之一。成就显著，功不可没。

刘纪文（1890—1957）继程天固出任广州市市长（1932年3月—1936年8月），亦为广州市政建设开拓者之一。主持广州市政建设工作，制订全市道路系统和交通规划，修筑广州港堤码头，兴建工业企业，对发展广州市内交通、航运和繁荣工商业成效显著。他任市长期间编成的《广州市经界图》为目前广州现存的一份最大最详细的地域经界图。

1932年8月，广州市政府公布《广州市城市设计概要草案》，后来又颁布了续本（可惜未能全面实施）。其《序言》明确指出：

本市兴办市政，由来已久，惟尚未及将市区以内之市政设施做一统筹之计划，往往只切中一时的需要，而造成局部之发达。循至近日，本市人口日渐增加，交通愈形拥挤。又因道路线未及全部确定之故，以至市内发达繁荣之部，偏重一隅。是以地价日益增大，生活愈见艰苦。今为急谋挽救之计，极宜将全市区域以内做成一整个之计划，度可将一切道路、路线确定齐全、分区计划，按步实施。夫如是而后市区之全部土地，可以平均发展，将来可更负交通之发达速度，将市区人口之分配范围扩大，则以后市民之生计将增加舒适不少矣。”

《草案》主要内容如下：

1. 确定广州市城市规划设计的范围。仍以1923年工务局所划定的，分警区、权宜区域、拟定区域三种。

2. 将全市地域划分为工业、住宅、商业、混合四个区域。

工业区分布在临江一带，如西村，石围塘东南部等地。原有的商业区在旧城区内。

新建商业区主要分布于黄沙铁路以东、河南西北部、东山以东等地。

住宅区分为两种，一是风景优美的住宅区，主要分布于河南中、北部一带，以及东山迤东地区、白云山至飞鹅岭的东南麓等处。工人住宅区主要分布于与工业区毗邻的地方。旧城区为混合区。

3. 规划建立的市区道路。

分两种，一为直达干线，二为环形干线，围绕旧城开辟环市马路。所建道路宽度依不同区域而定。

4. 计划建设两座铁桥，以接通粤汉、广三铁路。

将现有黄沙火车站建成货站，新火车站设于西村省立一中（今广雅中学）东南，民用飞机场拟定河南琶洲塔迤东或西北角牛角围以北地区。

5. 新建水厂、电厂，都位于市区西北部。

6. 规划黄埔为外港，白鹅潭为内港。

对码头停泊进行治理，规定石围塘至下芳村一带的码头停泊开往上海、厦门的轮船。黄沙一带停泊港澳开来的轮船。沙面至大沙头一带不宜多泊船，以防阻碍交通，影响风景。

此外，还有人口增值规划、公园地点规划、市郊公路规划、排水渠规划及公用事业地点选择等内容。

1933年，市设计委员会根据市区发展拓大的状况绘制了《广州市道路系统图》（亦有写作《广州市区道路系统图》。误），经市行政会议确定，于当年11月向全市公布。

该《系统图》增加的线路与原定的96线计划调整一致，协调各线道路连接及与环形干线的联结，并补充续辟58线（市区26线，市郊32线），以平衡市区的发展；并大面积铺沥青路面（达32.5万平方米）。

该《系统图》初步确定广州旧市区道路为大小方格网状，即城市道路系统形式为棋盘式。规划河南刘王殿附近为新市区中心，其南北干道为子午线，东西干线用以联结粤汉铁路与黄埔路的交通。环形干线用以联络市区各纵横干道及河北、河南、芳村、大坦沙一带。外绕环线的网络系统，成为广州市道路网络的雏形。

1934年《广州指南》称：“二十年十一月，并公布市区道路系统图。此后全市道路之建设，便有准绳，而市民建筑房屋，亦可免重行拆让之苦，盖长远彻底之计划也。”又称：“近市政府以马路工作进行贵有整个计划，乃由设计委员会计划全市市区道路系统及公共住宅园林工业各区分区办法，历数月之调查，计绘成《道路系统图》公布周知，以后不再变更。”书中附有《广州市道路系统图》与《广州市续辟马路路线图》。

1934年（一说成立于1933年），广州市政府成立“辟路审定委员会”，重新审定核准辟路规划，以后继续辟建了花塔路（六榕路）、东皋大道、石牌公路、迎宾路、原道路、光孚路等马路。这期间还改良了一些道路的路面结构，如龙津路、光复中、中华北路、东华路、南华路等加铺了沥青，越秀北路、广大路、中山公路等改铺了砂石路面，西村路（今流花路）则改铺了混凝土路面。同年，成立地籍图册编订处，编制广州市地籍图。

1937年5月，广州土地局改名广州地政局，同年6月，广州市设计委员会改组为广州市政府设计委员会。

民国时期，市工务局先后制订了《暂行缩宽街道规则》《人行路取缔规则》《清理濠涌章程》等管理规章。

## （二）道路建筑、改良、修缮与绿化

在1921年设立工务局专管市政建设之前，广州城修筑的道路全是泥路或红石（红砂岩）砖碎花砂路，雨天泥泞难行，晴天风起尘扬。而且开辟马路多是根据一时之需，并无规划，杂乱无章。

1919年以前，所辟建道路宽度多为80尺，最宽者15.25米，总长度为1.2万米。

工务局设立后，改良马路路面结构，将泥路改为花砂路面。修筑混凝土路，从初期手工操作发展到半机械化生产。于1921年用三合土首筑太平路（今人民南路），用白石维修惠爱路（今中山路）、吉祥路等。在砂石路面上涂扫沥青为沥青路。又加宽路面，在白云路上兴建带试验性的有分隔带的复式道路。

在许多商业街区如上下九路、太平路、惠爱路、中华路等路两旁，兴建跨越于人行道之上的“骑楼”，成为广州道路建设中的特色。

1923年，工务局进行筑路材料实地实验。

第一方案为石灰、黄泥各一成，粗沙两成，白碎石六成，用水和透，筑4寸厚路面。一周后，路干至八成，用碾磙压实，湿水淋透，再碾，过7天后通车。

第二方案用料一样，不用水和，用干料匀，铺路程序也一样，但再碾后5天通车。

第三方案较复杂，筛出石碎铺路底，再铺2寸厚的白石。碾磙压实后，用匀和的泥、沙各一份铺路面，再碾实，随即通车。

第四方案，用筛出的石碎铺路底，再铺旧泥，上铺白石碎二寸，用碾磙压实，再用匀和的泥和沙铺路面，再碾实然后通车。

经过试验，第一、第二方案优良，但费时；第三方案工易料简，但泥沙不能黏结石碎，通车不久即自行松散；第四方案工料简便，节省时间，成绩优良。

通过以上实验，广州筑路采用了第四方案。

1925年以后，用沥青铺路。

1926年，计划全市道路尽铺沥青，并实施第一批10条马路铺筑沥青路。

1928年，制订养路设施计划，将马路划分区域，分派工程队驻区负责修理；用碎白石铺筑砂石路面，用沥青铺盖交通繁忙的砂石路，用沥青混合土加铺严重破烂的三合土路面。

两年后，又提出改良养路方法，拟对全市马路改用沥青铺盖路面。

1931年，住宅区道路相继建设和发展，并改造了路面结构，大面积铺盖沥青，已铺沥青路面达32.5万平方米。当时有养路工人250余名，从事道路的小修小补工程。

1935年，建凤凰岗至南石头（今工业大道）、西湾路等马路。同时，龙津路、光复路、中华北路、东华路、南华路等路铺设沥青。

工务局设立后，还对部分道路进行了绿化。

民国以前，官署衙门前的道路旁，一般栽有路树。

1922年在维新路（今广州起义路）两旁种植行道树，主要品种为石栗，还有红花楹、大叶榕、细叶榕。

1931年，广州市政府拨款3万元，种植郊外行道树，其中鱼珠公路种水松，六二三路、小北路、仓边路等的红花楹改种榕树和石栗。

1932年，在越华路、广仁路、广大路、教育路、法政路、越秀路、六二三路、多宝路、应元路、吉祥路、惠福路、百子路（今中山二路）、长堤路等处种植行道树。是年，市政府通过工务局《路树保护规划》，立例加强道树保护。至1934年，全市行道树有万余株，品种有石栗、大叶榕、细叶榕、有加利（大叶桉）、银桦、楹、紫荆、黄槐、金合欢、梧桐、相思、秋枫、红豆、木棉、阴香等。

由于台风袭击和人为破坏，至1949年建国前夕时，仅存5200余株。

民国前，官署衙门、书院的庭院有些绿化，有少数乔木，置石及点缀的落地花坛。民国期间，单位绿化仍很少，仅作为装点，绿化得比较好的有中山大学、广雅书院、岭南大学、中山图书馆等。所谓园林酒家、茶楼，多是在“天井”种些树木，垒点石山，窗台、几案摆花。

清末民初，广州城区已出现路灯。1929年，随着新辟马路的增加，旧式路灯逐渐被新式路灯所替代。首先在西关上九路、下九路改装了新式路灯，增加了瓦数。每盏为150瓦，十字路口处为300瓦。路灯相距约30.5米。1937年，市府又从欧美购置新式路灯。1938年10月广州沦陷前，市内有路灯12 000多盏。至1945年9月抗战胜利后，仅剩约4900盏，且大多残缺不全。

1938年10月，日军侵占广州，此后道路建设、道路维护均停顿，只是在日军需要使用时，才在指定的路段进行修补。沦陷时期，广州市的道路受损坏状况极为严重。1945年8月抗战胜利。过了一年多，据1946年11月统计，当时已修补的道路面积约32.3万平方米，而尚须修补的却达67万平方米。工务局经费短缺，由市商会组织市民集资协助政府修路。据民国三十七年（1948）3月26日《市民协助政府修路委员会报告书》称：“市政府拨付修路补助费50亿元，征收马路费5.63亿元，支出各种第一期工程费50.64亿元。另第二期工程费预算64.83亿元，其中政府负担26.26亿元，民众负担38.57亿元。”内战连年，时局动荡，广州经济凋敝，道路建设难以为继，无法进行。

### （三）街巷整治

清代以前，广州城中街巷，除主干道外，其余的都很狭窄。一般只有两三米（据1989年9月《广州市越秀区地名录》记载，当时区内街巷平均宽度为4.5米）。

清末民初时，广州只有从西濠至东堤江岸为砌石条马路，其余基本上是石泥混铺路面的内街窄巷。

横街窄巷没有街灯，由于治安不好，街口都筑起街闸，入夜就关闸断路，不准通行。天明才开。街闸处悬点油灯，入夜后星星点点，巡逻警察也难行，治安混乱。

民国初年，前清举人、当过报社主笔的陈景华当上首任警察厅长，以铁腕治乱；他认为大街小巷都筑街闸，是警察的耻辱，下令拆除，让电灯公司装上街灯，才开了新局。

在1918年市政公所成立之前，没有市政专管机构，广州城区的街巷狭小弯曲，沿江或地势较低的街道雨季常遭水淹，街道两旁屋铺形如错齿，参差不齐，交通不便。小贩到处摆卖，卫生甚差。

1918年市政公所成立后，在拆城墙筑马路的同时，进行扩宽街道的路网建设。

1930年，工务局编订了《广州工务实施计划》，计划整治市区内街，主要是拓宽和提高内街标高，使之便于交通、消防以及防止水淹。为此制订了“辟阔内街原则”，予以实施。

上述规划安排在1929—1933年陆续进行。

市民毕竟没见过世面。当时广州城内街巷曲折迂回，路径狭窄不直，小街还没有排水沟，一遇雨天就四处积水，非整不可。但居民住惯祖宗留下的传统格局，对建新城也意见多多。增加税饷、提倡卫生、改良交通工具等，虽是新式城市的建设，总有一批人反对，新旧的矛盾演化得甚至很激烈。

从1932—1935年，广州市整理了1356条内街街线，根据消防、交通的需要，因地制宜地加以规划和建设。今越秀区内街，大都是沿袭而来，古已有之，且多有典故可考可查。

建国后，随着城市发展，小区改造，一些原有的街巷随之而改变或消失。

# 第六章 濠渠·水道·桥梁

广州地势低洼，古代是水城，属河网地带，大濠小涌甚多，纵横交错。大多是自北向南流。

这些濠涌的功能主要有二：一是宣泄市区的雨水污水。雨水、污水通过内街渠沟流入六脉渠或干渠，再分别流向沿城墙外的护城濠或河涌排出珠江。二为运输航道。民国前，陆路交通不便，城内货物运输，多靠水道，当时涌面尚宽，船艇运输出入较方便。

民国时期，广州陆续开辟马路，陆上交通渐趋快捷。由于久不清疏和居民侵占，濠涌则日渐浅窄，水流不畅，其航运作用逐渐减弱以至消失。如遇暴雨兼涨潮，濠涌宣泄不及，常致淹浸。

在拆城辟建马路之前，城内污水靠濠涌宣泄，流出城外。1919年开始拆城筑马路，已有修建下水道干渠之举，马路附近一带的污水，可沿渠流入珠江。而内街巷道多为明渠，亦有砖砌暗渠或瓦垌渠。

1932年10月，筹款18.2万元（当时货币单位），雇用工人1000人，分50队，每队20人，清浚全市濠涌及脉渠街渠，次年6月完工。

古代广州城区排水系统主要是六脉渠，民国时加以改造，城中整个排水系统的主干转为马路渠。

# 一、城区、城东地区

## （一）修治六脉渠，改建马路渠

入民国后，时局动荡，战乱频仍，十多年没有整治六脉渠。每逢大水，渠道排水不畅，上溢地面；又或海潮倒迫，污水上街。很多地方民宅遭淹浸，惹来蚊蝇成群。市民怨声载道。

20世纪20年代，政府想清理六脉渠时，发现几乎所有渠道（不管明渠暗渠）上面都已被木屋民居骑占，东一栋，西一幢，高低不一，杂乱无章，竟至无法搞清楚原六脉渠的走向。后来工务局费了很大功夫才逐渐弄明白，并于1927年1月绘成《广州市六脉渠图》。

1921年，广州市行政委员会拨专款作修渠费用。1922年1—3月，修整脉渠5658米。

1925年4月，为专责管理六脉渠，在财政局内设立清理六脉渠股，后于次年7月撤销。

1930年2月，程天固再次出任广州工务局局长，将脉渠修缮、扩大、整理，使全市各区小支流的水都能注入六脉渠，打算以四年为期做到宣泄无碍。1932年3月，程天固辞职。剩下一半没有完成。

1932年7月29日，广州市遭受了一场大暴雨的袭击，六脉渠由于淤塞多时，无法宣泄，城内水深盈尺，特别是东门、北门一带，一片汪洋。

灾后，对六脉渠的疏浚治理，又被提出，对已堵塞的渠道，即行修通；建筑物骑占渠道的，酌情拆除；渠身过于狭窄或弯曲的，改直展宽；高低不接的，予以接顺。还规定：每年冬季，对脉渠、东濠、西濠和玉带濠进行清浚一次。

1934年《广州指南》记载：

夫高城深地，古称天险。广州向有濠渠。渠有六，贯串城内，可通舟楫，名六脉渠。渠通于濠，濠达江海，城中可无水患，实会垣之水利也。乃屡浚屡湮，久而久之，效用渐失。近市政府已饬令工务局修渠，以防水患。

1935年、1936年、1938年分别分段进行清理。仍然是屡清屡淤。

从1933年—1949年10月前，结合城市开辟马路，广州政府将六脉渠改建为马路渠，计有：

光孝路、诗书路、纸行路之右三脉渠；擢甲里、窦富巷、西濠街（海珠北路）之右二脉渠；豪贤路脉渠，法政路脉渠等。均改为混凝土马路干渠，将原流入脉渠的各街渠直接驳入大渠。马路渠成为整个排水系统的主干。

此时的六脉渠全长10213米，已改建为暗渠的有2743米。

广州现代马路建设是拆城墙后大规模开展的，初期的马路渠是红石（红砂岩）暗沟，利用拆出的城基红石和城墙砖砌成。渠道均为矩形，渠壁用城墙砖砌结，上盖红石。

初期渠道系统无规划，渠内宽窄不一，高低不平，不合流水坡度，又不设置检查井，只在数百英尺间设一细小留沙井，亦无支渠接入两旁铺户来水，致使马路遇雨即浸。

1931年7月编制的《广州市城市设计概要草案》对此这样记述："民八（1919年）时，当局鉴于市政改良之需要，市内交通，亟谋改善，故有拆城基开筑马路之举。是时限于经济，路底大渠，仅用城基砖制，无进人井之设备，路面入水口，距离约每千尺一个，其效用遂等于零；亦无横渠，接两旁铺户水量，致有所谓马路水浸者。"

1926年进行改良，增设进人井，以便工人进入渠道清疏；扩大留沙井，使留沙量加大以容纳雨后积泥。这些改良先在惠福路、吉祥路施行。但由于马路渠多高于未改良的内街石板明渠，故遇雨内街仍难排泄水流。

1931年后，制订了较科学的排水改造计划，如采用雨污水合流制系统规划，用水泥混凝土圆管取代红石暗沟，利用原有脉渠、濠涌敷设大渠以作主干渠等。

随后建造了海珠路、诗书路直出西濠的大渠；豪贤路、法政路直出东濠的暗沟；白云路接出筑横沙的大渠；清平路直出沙基涌的蛋形大渠；以替代原脉渠的主干渠。

建国前广州市各种马路渠总长度为89.1公里。

建国后，1951年，改造和增建了3000多米的马路渠，重点是中山七路干渠的建设。至1952年，新增马路渠18.7公里。

从1952年起，逐步对六脉渠进行改造。有些以新建马路干渠替代，有些结合内街下水道进行改造。至1959年底，改造全部完成。古老的六脉渠彻底消失，终成历史陈迹。

### （二）改良内街渠

古代广州城的排水系统依自然地势形成，雨水、污水由街道小沟流入六脉渠，然后排出玉带濠、西濠、东濠，再南流入珠江。

城中街巷狭窄、弯曲迂回。

渗井与石板明渠是民国以前内街的原始排水设施。

石板明渠多是居民筹款自建。乃于街面挖一土沟，两边砌以砖石，上盖石板而成。修建无规划，无设计，高低阔窄不一，无一定的水流坡度，亦无合理的出水口，常因渠水无法排泄而至水淹。

有些连石板也没有，只有不规则的土明沟，雨水、污水沿沟而流，日蒸曝晒，臭气弥漫。

若连这类简陋的街渠也没有，屋内的污水排泄就只好自设渗井，即在屋内天井挖一土坑，下垫砂石，上面用镂空的石板盖着，污水从孔眼流入渗井，慢慢渗到土层中去。时间长了，地下土层含水饱和，房屋底层潮湿，蚊虫滋生。如遇天雨，土层无法受纳来水，渗井里的污水还会溢上地面，弄得满屋污臭。

旧广州有一种手艺人，沿街叫唤“通坑渠、清渗井”的，就是专为居民清理这种特有的排水设施的。

民国时期，在1918年工务局成立前，省城警察厅曾主持过清濠筑渠工作。

1921年卫生局制订承办清理广州市内街沟渠章程，招商承办，以三年为期。先清大渠后清干渠，循序渐进。嗣后每年清理两次，渠泥于两天内运走。

1926年，清渠工作归工务局管理。此后，工务局着手从四牌楼（解放中路）、小市街（解放南路）开始向街坊店户征费清渠。翌年，市政府发布清渠及内街筑渠办法。

1930年，开始对内街渠进行改良。当时工务局的改良计划，先从地势较低的西关地区着手，次则在各区分期分段进行，规定一律以新式混凝土圆形渠管取代原来的街渠，并抬高渠身以接入马路渠。

各民居之污水排泄，先在户内以铁栅留沙井阻隔泥沙垃圾后，经街渠排入马路渠。

改良渠按计划安排分3年进行，每年9段，共27段。

实施后最早完成的是第一至第五段，均在西关地区。第六段，即永汉路（今北京路）以东，文德路以西，文明路以南，万福路以北的街区，全长2290米；还有第十段是一德路以北，大新路以南，太平路（今人民南路）以东，海珠路以西地域，全长2984米。另外，梅花村、福音村等住宅区也建筑了下水道系统。

此后抗日战争爆发，广州沦陷，内街渠改良工程停止。

建国后，1958年发动全市人民将破烂、积水、高低阔窄不一的内街石板明渠改建为暗渠。同时兴建了以蓄洪为主要功能的市内四大人工湖。

### （三）东濠·越秀桥

东濠又名东涌、东濠涌。为古代广州城城东护城濠。民国时拆去城墙，护城功能不存。

东濠全长7000米。水源浩大，为市区各濠之冠。是重要的排洪泄洪渠道——至今仍是广州市内的主要排水渠道；又是交通航道，直到20世纪八九十年代，下游濠宽还有7～20米，仍具运输价值。今沿濠保留有糙米栏、猪栏等街名，为当年集市之“留痕”。

清代时，东濠上建有多座桥梁，自北往南依次为：小北门桥、女老人院西桥、正东门桥、小东门桥、竹横沙桥、东濠桥。

民国时期，小北门桥建为登峰路（今小北路）路面。正东门桥为今中山三路路面。小东门桥改为水泥桥。今存。东濠桥（东堤桥）在1929年改建为铁桥，称东铁桥。1956年再予改造，改善了东堤与大沙头之间的交通；今为沿江中路东端段，桥为路面，桥形不存。

女老人院西桥在1937年《广州市最新马路全图》上已没有标出，竹横沙桥尚存，在1949年5月再版《新广州市街道详图》上亦已不存。

东濠宽窄不一。上游丘陵起伏，宽仅1～6米；中下游河床淤浅，最宽有20余米。中下游船只杉排罗列，阻碍水流，泄水不畅，使上游壅水，小北一带易遭水灾。“水患叠见，而东濠则尤甚焉。”

1932年7月，广州遭受百年未见之暴雨袭击。酿成特大水患。

翌年秋，又遭水患。

国民政府筹款疏浚整治东濠。工程从1933年10月开始，1934年秋冬之际竣工。

1935年秋再举工事，辟阔濠身，浚深濠床，从竺横沙到双眼桥，长约3000米。采用分级跌流的方式来平缓湍流，使白云山蒲涧水经东濠涌直泻珠江。修筑堤岸，建人行路以利往来，潼关闸口（今法政路与越秀北路相交处）增设活闸，以压倒流。沿濠有桥五座：竺横沙桥、小东门桥、东华路桥、大东门桥、越秀桥，“桥孔皆隘，宣泄维艰”，于是“夷而新之”，即重新修建。整个工程，“凿沟以泄河源，筑坝而涵湖，利用山洪以资灌溉”。工竣，当年十一月立《整理东濠下游碑记》碑以纪其事。碑宽60厘米，高124厘米，立于越秀桥边上（未确越秀桥始建于何时。1934年广州市政府编《广州指南》没有提到越秀桥。若据《整理东濠下游碑记》载，则今存之越秀桥建于1935年）。

今桥存，碑亦存（2002年7月公布为广州市文物保护单位）；而越秀桥以南的其他四桥已不存旧貌。

1936—1938年，建水泥砖石护濠岸。

建国后，1958年，在上游建麓湖水库以拦蓄白云山东麓洪水，在下塘至小北段砌筑石堤。下游处修建东山湖，通过新河浦涌与东涌相连，起蓄洪作用。除遇较高潮水外，东濠水患基本消除。

### （四）桥梁

民国前，广州建筑的跨河（涌）桥，均为石桥或木桥。至1921年市政厅成立后，修缮旧木桥，改建、新建钢筋混凝土桥梁或架设铁桥。

1925年修建的木桥有：川龙口木桥、东濠口木桥、造币厂前木桥等。

1932年后陆续改木桥为钢筋混凝土桥，并新建桥梁，如钱路头桥、沙河桥、越秀桥等，另在中山公路上建有12座桥。最大的成就是1933年建成了连通河南河北的海珠桥。

1949年以后，改造东濠口铁桥，改善了东堤与大沙头之间的交通。将川龙桥、北秀桥等交通干线上残破的或临时性的木便桥改建为钢筋混凝土桥。

## 二、城西地区·西关

古代西关地域水道纵横，清代时主要有四条河涌：上西关涌、下西关涌、柳波涌和驷马涌（即洗马涌，河口段现称澳口涌）。西关平原地势向西倾斜，故天然水道基本上是向西流和向西南流出增埗河和珠江西航道（亦称小北江）的，只柳波涌在清代后期向东南流。此外，还有护城濠西濠。其间还有些人工开涌相互沟通，以利排水的涌沟。濠涌上建有不少桥梁，以利交通。

### （一）西濠口

西濠水汇入珠江之出口处，在今人民南路南段。因西濠于此流入珠江而得名。

历史上的西濠口并非固定，而是随江岸的南移而南移。清代初期（1647）的濠口，在今人民南路与仁济西路、十三行路相交处。清末民初，南移至今人民南路与沿江西路相交处南侧。此地一向为广州主要商业旺地，以经营百货、饮食、旅业、文化用品为主。民国时期，是广州三大商业中心之一之西濠口商业区，汇聚有银行、酒店、酒楼、各类商号等（详下文《长堤—太平南路商业中心》）。广州市前往杏坛的渡船亦停泊在西濠口。

### （二）西关涌

西关涌形成于明代中后期。上源众多，主干为上西关涌和下西关涌。

上西关涌又有南北数源，北源出今中山七路陈家祠附近，向西南经龙津桥（今龙津中

路），与源出长寿路的南源相会，再经泮塘、荔湾涌入珠江。

下西关涌的北源出于下九路华林寺附近，与流经十八甫的大观河相会后，西北流至今多宝路与上西关涌合流，由荔湾涌出珠江；另一支由柳波涌南入珠江白鹅潭。

上下西关涌源流不长，均约二三公里。

西关地势低洼，涨潮时，污泥等常随珠江水倒灌入西关的濠渠，致濠渠堵塞；再加沿涌居民建房侵占，清代时西关涌逐渐淤塞。

荷溪属上西关涌，原可行小舟。流于人口稠密地区，因居民不断增加，人口繁生，近源头部分的居民把沟渠填建成小巷（窄不及二米），巷心略低作渠排水，荷溪成了街渠，无复荷香溪水，不可行舟了。

荷溪上游分两支，一支东至高基驿巷，另一支向西北连天后庙，都是基围内桓涌，皆于清同治十一年（1872）后淤平。考察清代与民国地图，清道光十五年（1835），水道东至高基东；民国七年（1918）淤至带河路西；1954年，淤至泰兴街。120年间淤了近400米。

荷溪南支由汇馨街东通长寿寺西侧之大池。此大池辟建于清康熙前期，与珠江相通（今长寿路以西一带，当年犹为乡野之地。寺西水道，乃上西关涌的源头之一。见咸丰《广东省城图》、光绪三十三年1907年《广东省城内外全图》），池水随潮汐而升降。至1928年，荷溪南支水道淤至永兴大街大石桥；1954年，淤至汇馨街南口。约300年，淤短了约300米。

现荷溪涌已消失，仅余地名。

龙津涌是上西关涌北源，分南北两支。北支源自陈家祠附近，向西南流；南支源自原康王直街（今已辟建为康王路），向西南流经龙津桥（今龙津中路与荷溪首约相交处。明代建），沿今龙津西路一线之南侧西流，约至今恩洲南横街与北支相汇，两支汇合后仍沿今龙津西路西段之南侧向西南流。此水道今为暗渠，渠面为街道，仍可见。

现龙津涌已全部铺盖成渠箱。

下西关涌在清代也是迅速淤短。

清代时，在此地兴建住宅区，建时把整条支涌淤平开街，如多宝大街（今多宝路）、宝华市至宝华路的至宝涌，清同治十一年（1872）开街，用为街渠，全涌消失。下西关涌上支涌本由汇源桥东伸至华林寺西彩园（桑园），清咸丰二年（1852）源头还有个大水塘，可应珠江潮汐，至1928年淤至宝华大街，淤平了200米。璇源桥〔桥址在今十六甫东街与旋源桥（街巷名）相交处西侧〕已和街面相当。

大观河为曹基堤后洼地人工开新河。大观河于明成化八年（1472）开始挖建，从十四甫之东浒太平桥起，接下西关涌，到昌华街，达柳波涌而出珠江，自东向西流，基本上与珠江平行。

在晚明万历年间，大观河还可行船至青云桥，即今青云里、淘沙凼、万钟里一线。明万历二十九年（1601），西濠恢复旧道，直接南流入珠江，大观河失去西濠与玉带濠的水源，开始淤塞。进入清代后，由于广州西面流入广州之西南涌、佛山涌相继淤浅，入大观河船只大减，大观河逐渐淤短，入清后不过数十年，已淤至桂兰里（今瑞兴里）。大观桥原有三拱，因河道淤窄，二拱被占塞，中一拱为一丈六尺（见清道光《南海县志·建置》）。

今青云里、淘沙凼、万钟里等街道原为河道，至清嘉庆十五年（1810），已淤成陆地，后便被辟建为街道。当年大观河东尽头已淤到十四铺码头，约今瑞兴里原土地庙处。

清嘉庆十五年，曾燠任广东布政使，大力疏浚濠涌。并将沿濠各桥概行升高，以通舟楫。工程完成后，洋行众商自愿送出公产房屋，设立修濠公所，为专责维修、疏浚排水渠道的机构，另择数房屋创建了文澜书院。还有房屋未用的，就以之招租取息，用作修濠会文的经费。后又设三十六街修濠公所，向当地店铺征费清疏濠渠。尽管如此，仍未能阻遏濠涌的淤浅。

除了珠江涨潮时污泥等随江水倒灌入濠渠的原因外，致使濠涌淤塞的另一大原因是人们在濠涌上搭建房屋，侵占濠渠，数尺甚至数丈不等。

据清同治壬申年（1871）《南海县志》附图标示，当年瑞兴里已淤浅成陆，原十四甫码头（本是下西关涌南源大观河的航运终点）遂废。大观河的东端已西移到南北向段的缸瓦里（今光雅里）南面。光绪八年（1882），文澜书院清濠公所立碑发布有关疏浚、维护西关濠渠的禁示文告，称濠涌上“现在占筑搭盖一百二十余家”，告诫当地居民“嗣后水濠界内不得占筑搭盖，致碍水道，如有故违，即行毁拆”，对违反者，“定指名禀官究治，决不姑宽”。此碑现仍立在荔湾区恩宁路逢庆首约。当年西关地区的清濠公所通过向当地店铺征费清疏濠渠，但河道继续淤浅。据光绪三十三年（1907）《广东省城内外全图》标示，光绪后期，大观河已淤至现在的光雅新街（现在的光雅新街当时称光雅里，民国前期称天光巷）。20世纪30年代，牛乳桥以东的原大观河河道基本上已湮没，南北向段建成了清平路。至建国初期，牛乳桥以西河道（即清平路西）尚存，计140多年淤短了550米以上。

1957—1958年，将大观河全河改为渠箱，加建防潮闸，以防水淹。

西关上支涌，由汇源桥东伸入华林寺一支，在同治二年（1863）间到桑园（今彩园），到民国九年（1920）淤平了200米，止于宝华大街西侧（璇源街已成沟渠形态）。清末，西关大面积建房，有整条河涌被填平了的，如在至宝街东伸到宝华市一段河涌，在同治年间还在，到1920年全淤没了。

至1990年，西关涌仅在逢源路以西露出地面，经荔湾湖公园流出珠江。

清代下西关涌建有桥梁多座，其中最著名的是西关八桥。

### （三）澳口涌·驷马涌

澳口涌，又名驷马涌、洗马涌、流花水（溪）等。古代为进入广州重要水道之一。彩虹桥附近为广州西侧的重要水陆码头。发源于兰湖洼地（今流花湖为兰湖遗址的一部分），汇越秀山及象岗丘陵区等山水。兰湖在清代淤干后，驷马涌上游直连兰圃流花溪。经流花桥（旧广州体育馆侧）、彩虹桥（今西华路）曲折成曲流弯曲水道向西南流，至澳口流入珠江（流溪河的东汊道），长六七公里。该涌中流弯曲如蛇行，显示出平原小河的特色。

澳口涌因涌口的澳口村而得名。澳口村本在增埗河边，现距涌口超过250米，表明增埗河至少缩窄250米。

洗马涌在彩虹桥下游有支涌南通陈家祠入上西关涌，为承永安围和西乐围内排水渠水量的人工开挖小涌，使两围水南入上西关涌。现已被覆盖。

20世纪30年代以来，澳口涌成为市区西部排洪和排污的主要河涌。1990年在涌口建截污防

潮闸和污水泵站，污水经管道送往大坦沙污水处理厂处理。今已无航运能力，

## （四）濠渠的淤塞与修治

民国时期西关地域排水，“上西关北部，泄于彩虹桥涌，以出澳口，南部泄于三丫涌；下西关则泄于柳波涌及向珠江路线大渠”（1931年7月《广州市城市设计概要草案》）。

具体来说，主要分以下四个区域（见《广州市城市设计概要草案·各总渠之排泄范围》）：

1. 西濠。西濠接纳的排水区域：东至仙羊路（今海珠中路），北起金字湾（今广州市第一人民医院北部地），西达西关之长寿大街一带、蕉园、芦荻东，南至西堤，面积约500英亩。此地域之水汇流入西濠，再南流入珠江；另一段，则由金字湾起向北流，至树法桥，入彩虹桥涌，接大北及高山冈一带之水，直出澳口。

2. 荔枝湾三丫涌。排泄区域：北至泮塘，南至多宝路，东至带河路，西至粤汉铁路，面积经350英亩。所接纳之排泄区域约为上西关涌流域。

3. 柳波涌区域。北至多宝路，南至黄沙，东至宝华直珠巷，面积约260英亩。所接纳之排泄区域约为下西关涌流域。

4. 牛乳桥涌区域。东至长乐东路，西至珠苍路，北至华林寺，南至沙基，面积约100英亩。所接纳之排泄区域约为下西关涌流域以东，杨巷路、长乐路以西的区域。

据1931年7月《广州市城市设计概要草案》的记载，当时全广州市“渠道纵横错杂，计街渠百余万英尺，脉渠约四万英尺，濠涌约五万六千英尺，大半淤塞，污水停积，臭秽熏蒸、蚊虫遍地，不特交通卫生，两有妨碍，且易发生厉疫”。这说的是全市的状况，也是西关地域的状况。

1931年后，政府制定了较科学的排水改造计划，如采用雨污水合流制系统规划，用水泥混凝土圆管取代原来的红石暗沟，利用原有脉渠、濠涌敷设大渠以做主干渠等。在西关地域，随后建造了清平路直出沙基涌的蛋形大渠，替代原脉渠的主干渠，敷设了第十甫、上下九、杨巷、德星、十八甫、多宝、宝源、逢源、龙津、华贵、宝华、大同、梯云、抗日路（今和平路）等马路渠。这些新建的马路渠，大多采用一路三渠的形式，即在马路中央敷设大渠，两边人行道上设旁渠，并用沉沙井接纳住户污水及路面雨水。但这些排水系统规划、设计不尽合理，马路渠上下游内径为18～24英寸（1英寸=0.0254米），而马路渠下游出水的濠涌又大多淤积严重，且马路渠又多高于内街渠，以致内街渠水排泄困难，大雨即涝。

实施后最早完成的路段有：

西关地域的十八甫北、杨巷、下九甫、十八甫之间的内街区以及太平南（今人民南）以西，杨巷以东，抗日东路（今和平东路）以北，上九甫路以南的内街区，即为第一、二段。

1932—1936年先后完成了福德里菜栏直以东，十七甫以南，长乐街、新基西街以西，六二三路以北的第三、四段，长4347米；德星路以东，长寿路以南，第七、八甫以西，上九甫以北的第五段，长3082米。



民国以前，货物运输，多靠水道，当时涌面尚宽，船艇运输出入较方便。

民国时期，由于久不清疏和居民侵占，西关濠涌继续淤浅变窄，水流不畅，不利行舟；如遇暴雨兼涨潮，宣泄不及，常致淹浸；随着马路陆续开辟，陆上交通愈加快捷，濠涌的航运作用逐渐减弱以至消失。

西关涌是西关地区排水干渠，又曾是主要的水运航道，分上、下西关涌，两涌又分上下两支干流。在地图上看，犹如一对蟹钳张开，穿过西关的横街窄巷，

上、下西关涌相汇于今荔湾湖公园西南角一带。抗日战争前，涌水循柳波涌向东南流，经黄沙南，在沙面岛西北角处流入珠江。当年的柳波涌，是西关地域的排水干渠，也是水上交通要道。抗日战争前期，黄沙遭日机轰炸，被炸成废墟，柳波涌被填塞，涌水改由荔湾涌西出珠江，其入江口，称泮塘涌口。当年西堤黄沙一带地区被毁损的情状，1941年1月23日《中山日报》有如下记述："昔日车如流水马如军的繁华长堤岸，今已被人焚烧成了一片颓圮了！今日广州地图上的廓影是这样的：黄沙区早已炸的不成样子了，西堤二马路一直到十三行一带成了一片荒芜的焦土；太平南路差不多都挂了太阳胶药旗，西关从金声戏院以西拆毁了一千五百间房子，作为海军根据地……敌人对付沦陷的民众是'死亡'与'鞭打'，市区的人没有一天不是胆战心寒的生活着。"

黄沙堤岸原有柳波涌桥遗迹，1991年珠江隧道施工时始将其拆除。

大观河在民国时期继续淤塞。至1949年，淤到了今清平路。今清平路北段，部分就是在大观河水道故址上修建。不过，今有资料称大观河在民国后已淤平，那也不符合事实。1949年5月再版《新广州市街道详图》仍清楚地标出清平路以西的大观河水道。

此外，有一些中小濠涌，或被废弃物堵塞而成陆，或开辟马路而成了路面，如沙基涌东段北侧本有一条水道，在1918年《最新测绘广州市面马路区域全图》上清楚地标出（但没有标名），其西段还建有一桥，名新宁桥，南北向跨于水道上，连通官埠与沙基中东约。在1932年4月27日广州市工务局制印的《广州市马路路线图》上，此水道已标明是陆地，但尚可见原水道的形状。后来辟建为街巷，自东往西分别称沙基东约，皮栏桥街。

民国时期，西关涌水渐变黑发臭，据称成了全国四大臭水沟之一。多宝桥（今恩宁路与龙津西路相接处）以西的荔湾涌流经地（近人说荔湾涌，多指由多宝桥脚起至西郊游泳场西连珠江的河道），清代时是风景颇佳的园林区，民国时，也要涨潮才有人来游玩观赏了。

原城西护城濠西濠，自拆去西城墙后，就失去了护城濠的功能。1920年建成太平路，其南段（今和平东路以南至西濠口段）便是修建在此段西濠之上，当年此段西濠涌被改建为石拱桥箱式暗渠。

当年太平路即今人民南路。今资料多称当年建成太平南路，此说不对，在所有民国地图上，此路只标作太平路，与之相连的北面的路名丰宁路，因而它不可能称太平南路。1966年改称人民南路，是因为与之相连的北面的路称人民中路。

## 三、河南地区

河南地区由珠江水系广州河段前后航道环绕。

前航道位于辖区北面，从白鹅潭往东至黄埔。

后航道位于辖区南面，由白鹅潭经洛溪大桥、官洲沙至黄埔（大濠洲）处与前航道汇合，然后折向东南与东江干流相汇，再注入狮子洋出海。

区内水系具有珠江三角洲的河网特色，汊道众多，主要由西北部的海珠涌水系，东北部的黄埔涌水系、南部的赤沙滘—石溪涌水系3个水网系统组成。

## （一）前航道、后航道

前航道又称东河道，横穿广州市区中部，由白鹅潭经海珠桥至大蚝沙的广州河段。全长28公里，平均河宽432米，平均水深4.83米，是广州市城区最大河道。河道中原有不少沙洲，后渐并岸湮没，现仍尚沙面、二沙头等。河道西端较狭（约140米），向东扩大，呈喇叭状，这是由于市区河道不断淤狭的结果。

后航道又称南河道、中后航道，由白鹅潭经洛溪大桥至大蚝沙。包括南河水道、沥滘水道、官洲水道等3条水道，全长32公里，河道上有沙洲，如丫髻沙、官洲等。平均河宽525米，平均水深5.08米，是入广州内港的主要水道。

## （二）海珠涌·马涌

海珠涌又称马涌，位于河南地区西北部，是海珠区贯通东西的一条内涌，由小港涌、鸭墩涌、马涌、三丫涌等组成，当地居民习惯称马涌，1986年改名为海珠涌。东起鸭墩水，西至凤凰岗口，直通前航道和后航道。迂回曲折，横贯河南地区腹地，全长5.83公里，涌宽10～30米，可通行10吨船舶，并作灌溉和排泄污水之用。本涌受潮汐动力和潮流控制，会潮点在汇津桥附近（汇津桥是瑶溪二十四景之一），离西口约1.85公里，利用涨潮时水位高进行运输，货物多以建材为主。

明嘉靖年间（1545）以来，小港涌与马涌两岸遍植梅花，以风光旖旎见称，每年端午节，均在涌内举行龙舟竞渡。跨越海珠涌有汇津桥、利济桥及在今晓港公园内的云桂桥等古建筑。

### 1. 云桂桥·小港桥·尚书桥

在今河南新港西路晓港公园内，是明朝何维柏于嘉靖年间始建。清宣统三年（1911），河南士绅集资重建。俗称小港桥，又称尚书桥。

何维柏（1510—1587），官至礼部尚书、巡按御史。嘉靖二十四年（1545），他因上疏弹劾权奸严嵩，被冤入狱，后削职为民，回广州隐居云桂村。后来他办天山书院授徒讲学，为方便学生、行人往来，出资把书院前小木桥改建为石桥。因他教出的学生不少中了举人、进士，乡人特在桥头兴建一座“云桂发祥”牌坊，以纪念其功绩，从此石桥定名为云桂桥。

云桂桥是广州市区现存最古、保护最完好的石桥，用花岗岩石板砌成，造型精巧。桥长34.86米，宽3.4米，两端共38级石阶。桥面两边有石砌护栏，栏中有8个石柱。桥分3孔，两个桥墩立于海珠涌中，底部呈船形，以利泄流。

1993年8月9日，广州市政府公布云桂桥为广州市文物保护单位。

广东天地会激战云桂桥

清咸丰四年（1854）七月，广东天地会首领林光隆响应太平天国，在广州河南率众举事，驻扎在小港桥附近。

清咸丰四年（1854）十二月三日至十四日，林光隆联合番禺新造、钟村等地的天地会众进攻广州河南清军，在小港桥一带激战，林光隆被火炮击中阵亡。义军败退至河南大塘、新村、赤岗、南石头一带，最后全部撤回番禺新造。

**2. 待月桥·利济桥**

海珠涌的东段，旧称瑶溪。清代及民国初年，瑶溪以二十四景闻名，成为旅游胜地。利济桥建于其东段，距今江南大道中马路桥约100米。

清初时为木桥，名待月桥。后改石桥，名为利济。桥由花岗石砌成，宽约2.4米，长22.6米，两端为石阶。桥面两侧的石护栏于抗日战争时期损毁，90年代初修复原状。水中两桥墩，底部呈船形。

**3. 汇津桥·马涌桥**

马涌桥本称汇津桥，因横跨马涌（海珠涌）而又称马涌桥，建于清同治年间。由花岗石砌成，结构样式似云桂桥。宽3米余，长27.6米，两端共30级石阶。桥面两侧有石护栏，栏中有8个石柱，柱顶呈鼓形，雕有云纹。桥体有石碑，不大为人注意。

民国四年（1915）乙卯水灾，南洋烟草公司曾派人在河南马涌桥一带沿途散赈。

碑刻

马涌桥（汇津桥）石碑立于桥南岸台阶东侧，共有两块。一块镶嵌在桥脚内，是清宣统二年（1910）所立，上书“续重修汇津石桥路碑”，碑文内容字迹已模糊不清，结尾可见“宣统二年岁次庚戌孟夏吉旦”字样。

立于旁边的另一块石碑约三分之一埋于土中，是清光绪二十九年（1903）所立。上书“禁止官涌碑记”，铭文是官府告诫河涌两旁的木杉店要保持河道畅通，不准用坚木在河床河堤打桩，不准将杂物抛弃于河涌内，“杉栈随到随起”，不准停留过久，寿柩（棺材）、木材不准紧靠河岸堆放等，否则“责罚不贷”。结尾书“光绪二十九年六月立”。

## （三）黄埔涌

黄埔涌位于河南地区东北部，西口为磨碟沙涌口，东口为石基河口，分别直通前航道和新洲海。全长7.7公里，河宽30米。是一条潮汐汊河，起着灌溉，排涝和运输的作用。负责排灌琶洲围8700亩果园耕地，建有水闸8座，可通20吨船舶。

## （四）赤沙滘—石溪涌水系

全长近30公里，由长短不一、宽窄不等的弯弯曲曲潮汐水道组成，作为新滘镇围田区水利排灌和运输系统，滘口设有水闸。共有水闸17座，排灌受益农田面积2.55万亩。建国后开挖运河，改造和整治了60多公里河涌，裁弯取直，以利交通。基堤遍植荔枝，每年端午节期间，在河上举办龙舟赛。

## 四、芳村地区

清代时，芳村地区水道纵横，细小支流难以细数，只能记述主要河涌：花地河、塞坝涌、秀水涌、大冲口涌、沙涌、赤岗涌、东塱涌等。

河涌的变迁规律，是随着经济发展，人口增多，越渐缩窄。建国后，人口剧增，河涌两岸楼房越建越多，侵占原河道，使之越缩越窄，致成水沟，部分河涌终至被覆盖成暗渠而不存。

### （一）花地河·山村河·大通滘·大细海·东滘河

花地河又名山村河，因流经花地，又在山村之东侧，故名。又曾称大通滘、大细海、东滘河。珠江支流，芳村地域最大河流。北起珠江北航道，自北向南流经花地、山村、葵蓬、茶滘、东滘、步教、南围、裕安围、南教等地。南起珠江佛山水道。至南海平洲镇三山地段出口，汇入珠江南航道（或称佛山水道），纵贯芳村中部地区。

早在宋代，在花地河出口处有大通港。清李调元《南越笔记》载：大通港东可通惠州、虎门；出海可达潮州、福建等地；西可抵雷州、廉州、琼州；北可达南雄、庾岭、韶州等地。

宋代时花地河称大通滘，清朝地图上已标作花地河，亦有仍标作大通滘的，并作为整个芳村地区的代称。1991年经地名部门正式命名为花地河。

清代至民国期间，花地河靠山村一侧的杉栏一带，是从广宁、怀集、四会等县运来的簕竹、撑篙竹、茅竹等山货的集散地，竹店成行，有“竹庄”之称，其中规模较大的店铺有裕和、祥栈等。

因港湾淤浅（现花地河只能通航100吨以下船只），清代及以后贸易港逐步东移至大冲口一带。

1939年冬，广游二支队小分队在东滘河面击沉日军橡皮艇1艘，艇上的十多名日军全部被打死。

20世纪90年代时，花地河全长8100米，宽60～100米，清代时比现在为短，河道则要宽得多。

花地河常年水位较稳定，水量充足，可通航百吨以下轮船。农历端午节龙舟竞渡在此河段举行。主要支流有“大细海”、“秀水涌”和“增教涌”等。附近农田靠此河灌溉。在花地河出口东岸有著名古迹大通寺。

### （二）塞坝涌·塞坝河·三通海

塞坝涌又名塞坝河，地图上一般标作塞坝涌。珠江支流。北起珠江北航道，西至秀水涌。流经塞坝口、五眼桥、南海教表、东秀村等地，西南与秀水涌连接。

20世纪90年代初期全长约1500米，宽8～15米（亦有资料记为宽16米），是当地农业灌溉和水上运输的主要河涌，可行驶载重40吨以下的机动木船。清代时比现在为短，河道则要宽得多。该涌曾称“三通海”，即既通珠江，又可通南海盐步、官窑。因主要河段地处塞坝口，地名部门于1991年正式命名为塞坝涌。

### （三）秀水涌·秀水河·厚水河·五眼桥涌·钵底水·贝底水·背底水

秀水涌又名秀水河、厚水河，是花地河的支流。西北起自滘表、郭村，流经秀水、南塘、葵蓬等地，东至花地河，汇入“大细海”。因涌上建有五眼桥，故又曾称五眼桥涌。

20世纪90年代初期，秀水涌全长1900米，宽6～18米，是当地农业灌溉和水上运输的主要河涌，可行驶载重30吨以下的机动木船。清代时比现在为短，河道则要宽得多，明证是五个桥孔（五眼）现在只剩下了三个，而且左右两个亦已成半淤积状态。1991年地名部门正式命名为秀水涌。

秀水涌还有别名。相传旧名叫钵底水。由于其地势是四周高而中间低，状似钵头，西水稍大就会水浸，故名钵底水。后来有人觉得这三个字叫起来有些麻烦，便将“钵底”两音切为一个音“摆”，叫它“摆水”，这就顺口多了。但总是有点不雅，因而人们在文字上就写作“贝底水”或“背底水”。明末，改名“厚水”。后来读书人又给它改了一个漂亮得多的名字，叫“秀水”，取山清水秀之意。

明万历后期，李待问在秀水上建了五眼桥。桥成，李待问曾书上联“水秀连通桥眼五”求对，后有人倒读以对之“五眼桥通连秀水”。五眼桥名当由此得。而摆水、钵底水、厚水、秀水这些旧名字，仍为附近的老人所沿用。

五眼桥·李公桥·通福桥

五眼桥坐落在石围塘街秀水涌上，历史上省佛大道第一桥。

明万历四十四年（1616），南海县（今佛山市南海区）人、户部尚书李待问修建。清康熙三十年（1691）《南海县志·建置志·桥梁》载：“李公桥在厚水（秀水）村，邑人户部尚书李待问建。”李待问是万历甲辰（1604）进士，“为人忠孝、廉恪、敏毅、乐捐……修通济桥……修省城古道”（清康熙《南海县志》），当时人们为了纪念他，亦称之为李公桥。

五眼桥至今已有近四百年历史，是芳村地区最古老的石桥。桥长42.8米（一说46米），宽2.8米（一说2.1米），为五孔拱桥，中间一孔最宽，其余四孔稍窄且对称。桥两头有台阶，每级宽度为55～60厘米，但每级高度仅15厘米。坡度小，桥栏低，仅15厘米，宽为33厘米，便于轿马上落及大型物件的通过。

五眼桥造型美观，宽孔薄壳，桥身桥面为红砂岩，桥栏及桥孔边缘则是白色花岗岩镶嵌，色彩调和。桥孔之间贴近水面部分，用花岗岩建成船形石台，以减少水的冲力。

五眼桥曾在清嘉庆年间重修。《南海县志》载：“五眼桥即通福桥，前志已录，嘉庆间重修，费金巨万，桥为省佛通衢，西水渡头，十八乡船往来均泊此，在大通堡。”现通福桥之名仍刻在桥上。由此来看，通福桥方是此桥的正名。不过现在人们一般只知五眼桥，这跟过去五眼桥是广三铁路第一站（现已撤销）有莫大关系，当年人们乘火车去佛山、西南，必经五眼

桥，必报站，等于给它卖广告。

五眼桥至今还保存完好，只是由于长期车马人行，加上300多年的风风雨雨，留下凹凸不平的痕迹，随着城建发展，五眼桥早已失去省佛通衢的作用，但仍为当地的重要交通要当津。五眼桥名亦为交通、行政部门使用的地名。

由于秀水涌的河泥淤积，五眼桥早已被完全堵塞了左右两眼，“眼”的前面还建起了房子；只剩下中间的三眼，若不挖淤泥疏河道，以后也难免被堵起来。所谓五眼桥，早已名不副实了。

1993年，五眼桥被列为广州市文物保护单位。

### （四）大冲口涌·涌口涌

大冲口涌又名涌口涌。珠江支流。东通珠江，向西流经招村、东漖村，汇入花地河，20世纪90年代初期长约2100米，宽约5～18米，可通行载重8～12吨的机动木船。现在主要用于农田排灌，也是排涝泄洪的主要河涌。因处大冲口得名。清代时比现在为短，河道则要宽得多。

鸦片战争后，轮船招商局在大冲口建招商局海运码头，日本和英国商人亦先后建有日清和渣甸等码头。

民国十三年，除境内有大量横水渡外，芳村地区与外界联系的横水渡主要有伏波庙等8条。

伏波庙在河南洲嘴通津西段江岸。庙建于清代，清代后期已毁圮不存。在此处江岸建步头，故名伏波庙水步。民国中期随着江岸继续西移，水步不存。

民国三十一年，芳村地区仍有5条与外界联系的横水渡，其中一条仍是大冲口一伏波庙。

1991年，地名部门正式命名为大冲口涌。21世纪初尚存东段。

### （五）沙涌

珠江小支流。东通珠江，西沿今浣花路至坑口西坑村，流经茶滘汇入花地河。20世纪90年代初期长约2100米，宽约5～15米。清代时比现在为短，河道则要宽得多。该涌现在主要用于农业灌溉。20世纪90年代初期仍可行驶载重5吨左右的机动木船，现涌已缩窄，仅能走小艇。1991年，地名部门正式命名为沙涌，因处地而得名。

### （六）东塱涌

珠江支流，东通珠江北航道、东塱水闸，西至西塱村，汇入花地河的南段。流经蔗基、新爵、湛涌、花围等地。20世纪90年代初期全长3500米，宽10～18米，主要用于农业灌溉和农业运输。因处地得名。清代时比现在为短，河道则要宽得多。1991年经地名部门正式命名东塱涌。

### （七）芳村赤岗涌·赤岗涌



芳村赤岗涌简称赤岗涌。珠江支流。在今广州花卉博览园西侧，东南起珠江南航道，西北连通南海平洲水道，流经海南、海中、龙溪村。20世纪90年代初期全长4500米，宽15~20米，主要用于农业灌溉。清代时比现在为短，河道则要宽得多。1991年经地名部门正式命名为芳村赤岗涌。

### （八）大黄滘·大王滘

大黄滘又称大王滘，在东塱与南滘之间。从珠江边的东塱海心洲龟岗起至南滘流入珠江支流三山河，是一条人工河，全长约4公里。相传是唐代后期黄巢农民军所开凿。

唐乾符五年（878），黄巢率军分水陆两路进军广州，到达广州外围。当年东塱以南一带芦苇丛生，河涌纵横。黄巢趁夜幕降临之际，利用原有河涌，扩大挖深成为一条人工河，天亮之前把一部分兵船，通过人工河绕到唐军背后，前后夹攻，打垮唐军水师，直抵广州城下。因为这条河是黄巢大王所开，后人就叫它大黄滘。民间曾流传“天兵天将助黄巢，一夜挖通大黄滘”的神话。

关于“大王滘”还有一说，说的是明代农民军首领黄萧养兵败，单人匹马逃到这条小河边，最后骑着白鹅而去，乡民为了怀念他，将小河称为“大王滘”。这当然亦属神话。

清代时，大王滘是今芳村地区东南部的一条主要南北向水道，比现在要宽得多。现为东沙经济区，原河涌已基本上填为陆地。只存北段一小段，即东塱涌的北段。在今天出版的芳村地图上，亦无大黄滘名。

#### 1. 黄巢墩（东沙经济区）

地域名。在大黄滘西岸，即靠南滘一侧，占地10余亩，传说黄巢攻占广州城后，此地荒洲是当年杀人刑场之一。故千多年来，黄巢墩一直被视为不祥之地，无人敢在此开垦种植，这里除了有几棵散乱的小树、丛生的小草和几个不规则的水凼外，就成了蛇虫鼠蚁出没之处。水凼中的鱼虾，任其自生自灭。当地还有一个特殊风俗，每年端午节，龙船经过大王滘这段水域时，都要偃旗息鼓，静悄悄地划过。直到1958年，黄巢墩才得到开发。成了南滘乡花果场的一部分。现为东沙经济区，原河涌大黄滘已基本填为陆地。黄巢墩地名亦不存。

#### 2. 大黄滘炮台·车歪炮台

大黄滘炮台又称大黄滘口炮台、龟岗炮台、大黄滘龟岗炮台、大王炮台、车歪炮台、绥定台（遗址存）、东塱炮台、永固炮台、大黄腰沙炮台等。

大黄滘炮台是清代广州城护城炮台，位于芳村区东塱大黄滘口珠江河面的龟岗岛上，故又称龟岗炮台、大黄滘龟岗炮台、大黄滘口炮台。在光绪后期《广东沿海图》上又标作绥定台。在《广东图说》中又称大王炮台，疑是“大黄”的误写。《清季野史》记作车密炮台，密字可能是歪字的误写。炮台西距江岸数十米。

龟岗岛距白鹅潭水路约10里。岛的面积不大，水道南通香山（今中山），东南通黄埔，为商船、军舰从珠江航道进入广州的必经之地。炮台位置险要，不仅扼守珠江主航道，还紧扼由三山河横贯珠港的大黄滘。《防海纪略》称：“广东省河广阔，惟东路二十里之猎德二沙尾，西南十五里之大黄滘，河面稍狭可以扼守。”甚至称为“猎德大黄滘两咽喉”。因河道狭窄，

水道上有暗礁，大船至此都要车歪（转舵）驶入主航道，船体侧露于炮台前，故俗称此岛为车歪岛，岛上炮台俗称车歪炮台（现多用此名）。

炮台建于嘉庆二十二年（1817）十二月，由两广总督阮元会同巡抚陈若霖奏准添建。安装大炮22门。炮池向东南，炮台建筑坚固，为灰沙三合土结构。现存炮台基础厚约3米，炮位通道墙厚2.1米，垛口高1.1～1.2米，厚0.9米。据传为加强坚韧度，采用糯米浆、黄糖浆拌灰沙逐层夯实，其坚固度不亚于现代的混凝土。药局（弹药库）建在龟岗北一岩石后，高约5米，直径约8米，墙厚达1.5米。

第一次鸦片战争爆发后不久，林则徐被撤职，琦善到广东后，尽撤珠江两岸炮台。道光二十一年二月二十一日（1841年3月13日），英军攻陷大黄滘炮台、湖州炮台和沙涌炮台，扰掠河南南石头、芳村东塱等地。

1841年3月21日，英兵船陆续退出内河，交回内河各炮台。

1841年6月6日，英军退出大黄滘。

清道光二十三年（1843），在主炮台附近增建两座辅助炮台，一是南石头炮台（在大黄滘对面河南南石头村河边山岗上），安炮17门。一是车歪炮台后东塱山岗上之东塱炮台，清代光绪后期《广东沿海图》标作永固炮台，安炮9门，组成高低交叉火力。清道光三十年（1850）又在车歪炮台南约50米的石台上增建大黄腰沙炮台，位置较低，贴近珠江水面，水退时与车歪炮台所在的龟岗岛相连，安炮位15个。大黄腰沙炮台跟南石头炮台、东塱炮台、大黄滘炮台形成犄角之势。整个炮台群体工程浩大，构成较为完整的火力系统。同治巡抚郭嵩焘在奏疏中称之为“一水襟带，左右控制”。

咸丰六年（1856）10月23日，英国海军上将西马糜各厘率领英国军舰越过虎门，攻占猎德、车歪炮台，正式发动第二次鸦片战争。车歪炮台被英舰炮火摧毁。次年初，英法军舰进犯珠江，遭到顽强抵抗，只得退守车歪炮台，并将其修复，据之作为贮备物资的基地与进出广州的据点。

咸丰十一年（1861），英法联军退出广州。车歪炮台重新修复。

光绪六年（1880），为加强炮台火力，购置了一批洋炮，车歪炮台安装了一尊西洋大炮，现在还可以看到安装洋炮底座的痕迹。光绪八年（1882），大黄滘炮台重筑竣工。

民国十一年（1922）6月16日凌晨2时，粤军叛变，4000余人围攻总统府。总统孙中山脱险后在长堤天字码头登上楚豫舰，驶往珠江白鹅潭。次日，孙中山在白鹅潭由楚豫舰转到永丰舰（后改名为中山舰）。

7月9日，孙中山率永丰、楚豫、豫章等舰冲过鱼珠炮台，撤到新造河面。

7月10日，孙中山率舰重返白鹅潭。约7时，先行的3艘军舰航行到三山河面时，与叛军据守的车歪炮台、东塱炮台及南石头野炮阵地发生海战。孙中山下令：永丰舰任先锋，豫章、楚豫二舰压阵，主攻贴近珠江主航道的车歪炮台。霎时，炮弹呼啸，火光冲天。当舰队逼近车歪炮台时，车歪炮台、东塱炮台、南石头野炮阵地的守军纷纷发炮还击。孙中山乘坐的永丰舰是其主攻目标。永丰舰左舷中弹起火。

经过4小时的炮战，上午11时，孙中山的舰队开进白鹅潭。

据说现在炮台的岩石隙中和炮台的台滩上，犹遗留当年没有爆炸的炮弹头。

百多年来，车歪炮台历尽沧桑。大黄沙腰、南石头、东塱炮台均已不存。唯车歪炮台除东南一角经多年潮水冲击面倾裂外，其指挥所、暗堡、炮垛、药局（弹药库）一座至今基本保存完好，尚存约40米护墙遗址，是广州市保存得比较完整的一座古炮台。1993年8月广州市政府公布为文物保护单位。

## （九）客运轮渡

1921年，珠江河面开始有机动轮船行驶。

1921年，开通白鹤洞至沙面航线。1926年，白鹤洞轮渡公司租用培英中学码头参与该航线营运。1938年，该航线在日军占领广州后停航。

1930年，大成公司使用电船开办芳村—黄沙航线。1937年2月停航。

1946—1949年，白鹤洞至沙面、石围塘至沙面、芳村至黄沙3条航线相继恢复或开通，主要由安达公司经营。

1952年，广州市市轮管理处接管所有航线。

## （十）码头

芳村地区三面临江，岸线长31公里。区域内有7条较大的河涌：花地河、塞坝涌、秀水涌、大冲口涌、沙涌、赤岗涌和东塱涌，都具有一定的通航能力。在民国以前，陆路交通不畅，多靠水道运载。

早在宋代，在花地河出口处即有大通港。后因港湾淤浅，清代及以后贸易港逐步东移至大冲口一带。现在花地河只能通航100吨以下船只。

鸦片战争后，轮船招商局在大冲口建招商局海运码头，日本和英国商人亦先后建有日清和渣甸等码头。

### 1. 石围塘客轮码头

位于石围塘火车站旁。原码头在现码头西侧，建于1949年，开行石围塘至沙面航线。建国后，1949年12月开辟石围塘码头—黄沙航线。

### 2. 白鹤洞客轮码头

1946—1949年，白鹤洞至沙面航线恢复开通，主要由安达公司经营。

### 3. 广中客轮码头

1927年以前，培英中学码头在石廓（今广中码头址）建成。

1946年开辟广中码头至西堤航线。

### 4.招商码头（三码头）

位于广州港务局芳村港务公司作业区内。原名招商码头，光绪十六年（1890）由轮船招商局修建，码头为丁字形建筑，长128米，可靠泊千吨级船舶2艘。1970年和1986年曾先后改建。今称三码头。

### 5. 渣甸码头（五码头）

位于广州港务局芳村港务公司作业区内。民国二年（1913），英国怡和洋行公司修建渣甸码头，为驳岸式码头，长72.45米，可靠泊2000吨级以下船舶。广东省粮食局从1954年借用该码头至今。今称五码头。

**6. 日清码头（四码头）**

位于广州港务局芳村港务公司作业区内。日清码头建于民国十六年（1927），长61米，为驳岸式码头，可靠泊千吨级船舶2艘。1973—1977年曾改建。今称四码头。

## （十一）水上居民

芳村三面环水，水上交通四通八达。部分居民以艇为家。据统计，清代至民国时期，以捕鱼、养鱼为业者约占农户总数的五分之一。

水上居民多从事水上运输、捕捞鱼虾和做小食等生意，有名的“艇仔粥”就是水上居民的特色小吃。

1935年仅花地一带，就有船舶户4386人。其中：

| 运货船艇 | 1594人 | 小贩艇 | 152人 |
|---|---|---|---|
| 住户艇 | 425人 | 乡渡艇 | 87人 |
| 营业艇 | 79人 | 渡客艇 | 1377人 |
| 渔业艇 | 95人 | 小艇 | 431人 |
| 娼妓艇 | 42人 | 其他 | 104人 |

历代水上居民过着飘游的动荡生活，习称“疍家”。

1960年成立了花地口办事处，主管水上居民。

1961—1971年，在芳村二沙地（今陆居路）、芳村大道中、中市全福里和上市新风里等地建房36幢，安排水上居民1027户，4602人。至1986年，2000多户水上居民全部上岸定居安家，其户籍关系也从花地口（水上）派出所移交花地街（岸上）派出所，与岸上居民无异。至此，“水上居民”成为历史称谓。

# 第七章 市政公用事业

## 一、自来水

广州筹办自来水厂，始自清光绪二十一年（1895），当时是官商集股筹办。

清光绪三十一年（1905），在今西村兴建增涉水厂，后在长寿大街建西关水塔，并于光绪三十四年（1908）正式供水。供水能力1350 立方米/小时，主要供应西关、禺山（今越秀区内）一带较繁盛的商业区和富裕居民住宅区。当时以增涉水厂为起点，敷设了输水总管及3 条支管。其中一条供应西关逢源路、宝源路、长寿路、光复路、十三行、太平南地区；另一条从西华路、第一津（龙津东）入大新路（今越秀区内），沿途另装设旁支小口径水管。

1914年，官股招商承购，遂完全变成商办，改为“商办自来水股份有限公司”。

1921年有1.6万用户，用水人口10.6万人，日供水量3万吨。

1929年1月，广州市公用局成立“广州市自来水管理委员会”（不少资料写作“广州特别市自来水管理委员会”。考当时广州并非特别市。故误），接管自来水公司。7月，增立审核委员会，同时购料委员会亦稍扩充。

自来水管理委员会接管自来水公司之后，规划整理水源，改善旧水厂，增建新水厂。新旧水厂均设在增步。

东山亦建自来水厂，于1928年7月建成。

1929年，在杨箕村北石牌龙潭建造了东山水塔。这是广州第

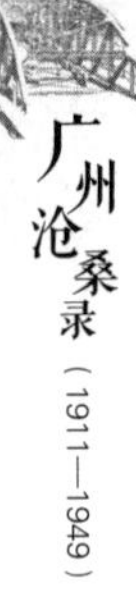


二座水塔。沦陷期间被日军拆毁。

此前，1915年，在今中山二路中山医科大学一带的台地上曾建加压水塔，是为东山供水之始。在此之前，东山居民主要靠挖井取水。近珠江边的居民则饮用珠江水。

1931年，建越秀山水塔，这是广州最大的水塔。

1932年，增埗水厂扩建第二套给水系统，接通原敷设的水管，均衡各地段供水量。

用户安装水管，由自来水公司专办。到1932年，准许雇佣经在公用局特许之工匠办理。前者按人纳费，规定以水龙头一只，人数以六人为限，多加一人，即加费二毫。1931年10月，限令住户安装水表以防滥耗水源，用水表者每一千加仑缴费七毫五仙。

市政府在公共地方设有公共水龙头，任由市民汲食，免收水费。在今越秀地区的设置地点如下：上西关西山庙前及司马庙前、东关前鉴街、紫来街、筑横沙、小北天香街、四牌楼云台里。

1935年，“广州市自来水管理委员会”改名为“自来水管理处”。此后进行了一些供水设施建设，扩建了西村水厂。

抗战期间，水厂设备被毁，供水能力严重下降。

沙面的用水原由1916年建的沙面水厂提供。沙面水厂原位于今沙面北街。水源来自珠江白鹅潭。属用户集资自给水性质。每日供水量900～1300立方米。仅供沙面英、法租界用水。1941年12月，交由日伪广州自来水厂管理处管理。该厂于1955 年停产，设备被拆除。供水改由自西村水厂的其他输水干管提供。

民国时期，河南地区没有自来水。

1949年，广州有自来水厂2间，日供水能力14万立方米。自来水公司年售水量为1270万吨，自来水管道长323千米，供水面积18.7平方千米，市区用水普及率37.7%，每人每天用水量按市区人口计为23公升，按用水人口计为83公升。

### （一）西关水塔

位于西关长寿大街内，是广州始创自来水兴建增涉水厂附设工程之一。建于光绪三十三年（1907），造价9.5万两白银，塔身高6.71 米，内径12.2 米，距地面约42.1米，可容量约782 立方米。由增埗水厂以3 条管输水上下塔。1976年西关水塔被拆除。

### （二）沙面水塔

民国前期建。位于沙面肇和路沙面水厂内。塔底高30.5米，塔身高6.1 米，容积为227立方米。由于人口增加，水厂出水供不应求，1955年沙面水厂停产。1976 年拆除水塔。

### （三）东山水塔

位于东山梅花村，与东山水厂同时兴建，塔顶距地面45.14米，塔身高8.85米，内径6.71米，容积364立方米。1944年盟军飞机轰炸东山水厂，日军将东山水塔拆除运走。

### （四）越秀山水塔

广州城区早期修建的自来水水塔有两个，一是西关水塔，在长寿路，建于1908年；一是东山水塔。在东山杨箕村，建于1928年。两座水塔均为官商合办。体积小，离地不高，供水市中心，路线长，水压下降，时断时续。

1929年1月，广州特别市政府接收了民办广州自来水股份有限公司，成立广州特别市政府自来水管理委员会之后，即议建水塔。

1930年7月，择定市区距地面50米高（高出水平约70.15米）的越秀山象岗原放午时炮之炮台为水塔基址（当年是放午时炮的。梁源《广州搭棚业》记载当年棚工作息时间："一闻观音山报时午炮响，马上收工到茶楼饮茶兼午饭。"），即位于今越秀山中山纪念碑西坡的小山岗上。7月19日，广州市政府决定停放午时炮，将该炮移开，建筑水塔。

塔基工程由宏益公司承造，市自来水管理委员会江河工程师指挥。现水塔南面石刻记录1931年3月1日由市长林云陔奠基。1931年7月23日水塔建成，正式启用。其容积为24万加仑。

这是广州最大的水塔。

越秀山水塔与增埗水厂第二套给水设备同时建造，1932年增埗水厂扩建第二套给水系统，水厂以直径750毫米、长4100米的钢管输水上越秀山水塔。另装直径600毫米水管经中华路（现解放北路）、高第街接通原敷设的直径500毫米水管，互相调节各地段供水量。

越秀山水塔因造于山上，无须加建高架承托。水塔为钢制球形（取圆形以避风）。塔身高14.6米、内径12.2米，容积1100立方米。离塔基3.4米处竖一高约11米的梯状标尺，显示塔内水位的高低。

塔顶部有一直径0.94米的圆形井口，井内有铜制浮球控制水位，在井口内建一铁梯直通塔底，以备塔内检修。

塔顶圆井口上建有2.5米高的八角圆顶尖顶小屋遮盖，屋有四个弧形小窗，各高1.1米、宽0.61米，南面一扇可作门开启。

塔外悬挂弧型铁梯，凭梯可登上塔顶小屋。梯还可绕塔转动，塔身的翻新油漆即借助此梯。

水塔塔身绿色油漆，造型优美壮观，成了越秀山上一景点。

自来水源自西村增埗水厂，塔下延伸30英寸水管13 700米和24英寸水管3000米，水管均从国外购入，由和兴公司安装。水塔安装工程由裕生公司负责。启用后，由于水塔储量大、地势高，市区内10层楼亦可供水。

民国时期，广州市没有严格的水源防护和水质管理规定，只由市卫生局和自来水公司化验室抽检自来水浊度、PH值及大肠菌和细菌数。1948年8月26日《国民日报》报道："市卫生局七月份第一周抽检本市食水结果公布，计观音山泵房、西关水塔、百子路泵房、东华路泵房、中华北路、沙面等处，自来水每毫升含有细菌数最多为400，最少为100，并有大肠菌出现。"

1949年10月14日下午，解放军即将进入广州市区之前，当时已受命于中共地下党的广州市警察局保警总队第三大队李铮然特别派出保警严密保护越秀山水塔，使之免遭破坏。当时设军事哨两个，一个放在中山纪念堂后背，一个放在五层楼脚，派出人员巡逻，维持治安。（程长清、廖献周、张凤岩、凌璆、凌环中《广州市警察局部分人员起义回忆》）

水塔建成后，市区不断扩大，人口不断增加，特别是建国后市区扩展十多倍，老式的水塔供水系统已不适应。最早建的西关水塔、东山水塔已先后“退役”拆毁。20世纪70年代后，越秀山水塔仅供越秀山高地楼宇用水。至1990年底，越秀山水塔仅向越秀山南至九龙街老红军宿舍、东至美术馆、北至人防大楼共0.3平方公里范围供水。后建成越秀山水库（广州全市共有调节水库8个，此为其中之一），越秀山水塔遂于1999年停止使用，成了保留观赏性的文物。但修筑了围墙，游人其实是不可靠近的。现围墙内树林葱茏，基本上把水塔遮住了，游人无法观赏。

1999年7月，公布越秀山水塔为广州市文物保护单位。

## 二、电力·电灯

广州是中国电力发展最早的城市之一。

清光绪十四年（1888），广州有了电灯。发电机安装在总督衙门，开始了以电灯取代油灯的时代。

清光绪十七年（1891），西关部分街道和店铺首次用上了电灯。

清光绪二十七年（1901），广州电灯发电厂投产（功率为546千瓦），厂址设长堤五仙门（故俗称五仙门发电厂。现沿江路海珠广场西侧）。1919年改为商办，1932年7月8日收归广州市政府管理。

据1934年《广州指南》记载：发电厂设在长堤，分日夜两线。以前用户要安装电灯，要由该公司安装；后来公用局规定，由领有执照之电器店办理。

每度电收费二毫五分，公用局核算后，认为略贵。1929年二月六日，提经市行政会议决，减为每度电费二毫。另附加教育费二仙。随后设立整理广州市电力公司委员会，认为从事整理、添置机炉等，确需钱财，于是又议决每度电收费二毫外，另收附股一毫。由1932年起，以两年为期。

此后，市民用电每度纳费三毫（附加教育费加一在外未计）。

1932年，决定公用事业应由政府经营。于是将电力事业收归市营，成立广州市电力管理委员会，由当年七月一日起，将电费附股一毫取消（即每度电收费二毫），以减轻民众负担。其电动机用户电费关系工商业，仍照章程分别递减。

在河南购地建筑分电厂。至1935年，官办广州发电厂已颇具规模。

1928年，广州有路灯6700盏，其中40瓦的白炽灯773盏（分布在大街上）；25瓦白炽灯147盏（在狭小的街道）；多头路灯121盏；炭挂灯3盏；内街路灯5657盏。因瓦数小，灯光微弱。在街巷行走，昏暗摇曳，像是蜡烛照明。

1929年，随着新辟马路的增加，旧式路灯逐渐被新式路灯所替代。首先在西关上下九路改装新式路灯，主要是改进安装的方法和增加瓦数。每盏为150瓦。十字路口处为300瓦。路灯相距30.5米左右。

1937年，西村发电厂建成投产。但供电范围只限于市区，荔湾地区的部分边缘地区仍没有电力供应。

1937年，市政府又从欧美购置新式路灯。

1938年10月广州沦陷前，市内已有路灯12 000多盏。至1945年9月抗战胜利时，仅剩下4900盏，且大多残缺不全。

从1929—1949年10月，广州市共有三座变电站（所）投入运行。1929年投入运行的五仙门升压变电站，设在五仙门发电厂内；1937年投入运行的西关变电站，位于西华路，供应荔湾地区用电，1976年撤销。1949年6月投运的城北变电站，位于盘福路。

民国时期，河南地区工厂和居民的用电，是由五仙门电厂和河南电厂供应的。低压的供电范围东起石涌口，西至大基头，南至龙导尾，北至南华路。区内没有变电站和高压线路。

建国前，全市的用电管理由广州市政府电力管理处负责。

## 三、电话·电报·邮政

邮政、电信事业是现代信息交流的重要手段。广州近代邮政、电信事业是晚清光绪年间起步并迅速发展的。

### （一）电话

广州电话事业，始于清光绪二十九年（1903）。当年在广州、北京、天津等地先后设置电话局，即为我国国家经营电话之始。

1921年，广州与佛山接线通话。

1928年7月14日，广州电话所在丰宁路（今人民中路）西瓜园（今广州日报址）奠基兴建。

1928年三月，广州市政府与美商中国电气公司拟订合约，安装全市自动电话4000号（另有资料称为4300部，疑误），所有工程材料，全由该公司负责装妥，计美金64.6万元。历时一年半竣工。1929年9月，正式使用新式自动电话并开始通话。1934年广州市政府编《广州指南》记载："广州市设置电话，为时已久，唯自动电话，于民国十八年八月二十五日，始告完成。"自动电话管理委员会亦因应成立。同时将旧电话所裁撤，增置自动电话委员会。会内委员三人，下分总务，工程，会计三课。

广州市商业繁荣。自动电话机使用便利，颇受欢迎，求大于供。1931年，广州自动电话即将装满，广州政府遂与美商中国电气公司续约，加装3000号设备，连工包料，计美金37.1万元。

总机房在西瓜园，总局在南朝街，西分所在西关珠巷，南分所在河南海幢寺内，花埭分所在花埭，东山分所在百子路与农林路交界处（今中山二路1号）。办公地址原在南朝街，后迁于西瓜园会址。

使用不到一年又告装满。1932年再次续约增加3000号设备，分三期装置，每期1000号，每千号为11.3万美元。

初时，电话种类有有线、无线之分；有线电话又有局部、长途之别。广州电话皆属于有线电话与局部电话，至20世纪30年代，局部、长途，兼而有之。

1932年，广州自动电话管理委员会在广州市设置了4处公用电话，每次收铜元10枚，此为广州最早出现在街头的公用电话，其中白云路广九车站前和大东路两处公用电话均在原东山区内。

日军占领广州期间，东山分所遭破坏停止使用。抗战胜利后修复，恢复正常通话。

民国期间，西关宝华路、第十甫、上下九甫、十三行一带的钱庄、商号，很多都装上了电话。芳村地区只有政府、公安和消防等几个部门拥有几部直通广州市的电话。

至1949年10月前夕，广州已能跟全国主要城市与周围地区进行长途电话联系。当时东山分所（七局）自动电话总容量为6000门，均为美国7AI型旋转制。

### （二）电报

晚清时期，贯穿苏、浙、闽、粤四省的电报线已成功架设。广州已接通至香港电报线路，并设立了有线电报局和无线电报局。

清光绪九年（1883），广州电报局成立，局址设在西关。开办的电报主要为方便军政通信、商务服务。

清光绪二十九年（1903），中国电报总局在广州设立广东电话局。翌年，建电话西局于西关十三甫16号。以后，人工电话、自动电话、无线电长途电话等陆续开通。

20世纪20年代时，电报局设于今广州医学院第一附属医院之新住院大楼。今靖海路东侧有内街名电报前，原名电报局前街，即因在电报局之前而得名。

民国时期，广州电信局设在今较场西路。1950年10月，把广州市自动电话管理处、广东省长途电话管理所并入，称广州市电信局。

20世纪30年代，广州市电信局曾在河南海幢公园内设置机构并装有通信电缆，但实际装机容量很少，建国初也只有民用电话。

芳村地区在1986年之前，尚无电报营业和投送点，挂发电报要到市内老城区，发到芳村区的电报，要由东校场营送一室派员上门投送，加急电报则用电话通知用户后再投送，电话通知不到的，只有等送报员投送。

### （三）邮政·邮局

清道光十四年（1834），英国邮政总局在广州沙面英国驻中国商务监督驻所开办“英国邮局”。这是外国人在中国领土设立的第一间邮局。

光绪二十八年（1902），法国也沙面设立一等邮局一间，并在西关第七甫、十八甫、沙面东桥等地设立邮政支局。日本、德国也于光绪三十年（1904）在沙面各设二等邮局一间。

清光绪三十二年（1906），在河南溪峡街内设立了一所二等邮局。1930年，该邮局在洪德六巷、南华中路各设支局1所。1935年，全部改设为邮政局2所，还设有邮政代办所2所、邮票代售处15个，在一些单位和街上设信筒（箱）。

德国邮局在1917年第一次世界大战失败后自行关闭。其余三国的邮局在1922年底全部关闭。

清光绪元年（1875）左右，广州已形成民信业。这些民信局除传递书信、包裹、派报、汇兑、代运货物外，还兼营海外华侨信札业务，又名批信局或侨批局。如西关地区的侨批业户在1956年后才消失。

中国邮政机构在广州的建立，始于清光绪二十三年（1897），由粤海关兼办，名为“大清邮政广州总局”，设在粤海关大楼首层（今西堤广州海关大楼地下）。

晚清光绪三十年（1904），广州设立邮局，从事信件、包裹投递业务。

1910年8月5日，两广及海南邮政统归广州邮政司管辖。当时广州邮界有局、所941处，另有代办处563所。

1916年，广东邮务管理局在靖远路建成大楼并开业。1919年，在沙面开设邮政支局。1930年，在宝华路设宝华路邮局。1947年10月，在沙面西桥上设沙面邮亭，在西华路口第一津口设邮亭，为居民办理邮政业务。

据1934年《广州指南》记载，当年邮局及其地址如下表：

| 局名 | 所在地 |
|---|---|
| 番禺一支 | 广大路 |
| 番禺二支 | 光复中路 |
| 番禺三支 | 拱日路 |
| 番禺四支 | 沙面 |
| 番禺五支 | 梯云西路 |
| 番禺六支 | 白云路 |
| 番禺七支 | 大新路 |
| 番禺八支 | 永汉南路 |
| 番禺九支 | 东山 |
| 番禺十支 | 宝华路 |
| 番禺十一支 | 惠爱西路 |
| 番禺十二支 | 大东路 |
| 番禺十三支 | 长堤大马路（近五仙门） |
| 番禺十四支 | 花埭南金大街 |
| 河南二等局 | 河南溪峡 |
| 河南一支 | 河南洪德六巷 |
| 河南二支 | 河南南华东路 |

当年城区路边还立有供投递邮件的邮亭，俗称“信柱”，“皆树立马路之傍，以便行人入信于内”。全市合共有80条信柱，地址如下：

禺山市场

大市街口

七约大新公司

西门口

寺前路口
番禺县前
惠爱西路十一号支局
第七甫
盐运司前
仓边街口
龙津桥
宝庆市
仙湖街口
七约源丰盛
彩虹桥
多宝大街尾
十一甫
沙基中
清水濠口
泰康路
前鉴东
天平街
油栏门内
长堤油栏街口
十八甫东兴
盘福街口
将军前
拱北楼
官约局
火柴厂
冼涌中
金花庙侧
白鹤洞女青年会
海傍街五支局
广埠口
永汉桥顶
长堤财政局
线路头
归德门口
一德路
长堤仁济街口

华体寺前
大北南街口
惠福西路南豪街口
广府学宫
长堤
西瓜园
广前街
南市广茂兰
梯云桥
万福中
高第街口
永汉路八支局
大东路
桨栏街
长堤大东前
西堤二马路
长寿新街
吉祥路
丰宁路
小东门口
大沙头六支局
河南
凤安桥脚
南楼脚
同德大街口
小南门口
雄新路
广九站
太平门口
十三行联兴街口
长堤太安栈前
西堤验货厂
下九甫
越华路
公安局前
东鬼基
东山牧鹅塘

寺前街

南华路

下芳村英圣经会

1947年，广州市仿照欧美邮政办法，将本市区划为26个投递区。每区编定号数，方便投寄。除了有固定邮局与邮亭外，还有汽车行动邮局，实行流动作业。

## 四、堤岸·码头·轮渡

历代广州城南江岸乃随岁月逐渐淤出，向南推移，未设堤防洪。

1910年，江堤修筑竣工，从今广州海关（旧粤海关）到东濠口，全长3600多米，包括今西堤、长堤、南堤、东堤，均沿江岸修筑。

1914年11月，广东治河事宜处提出“改良广州进口水道计划”，疏浚珠江航道。

1918年市政公所成立之后，着手拆城开路，修筑珠江堤岸，改善交通。

其中长堤呈弓背形（今长堤大马路），1930年9月开始施工，填平江滩地，将原位于江中的海珠岛划入珠江北岸，使弧形岸变成直线。1935年底竣工。称“海珠新堤”，即新堤大马路。广州城南临之江岸从此成为修直的马路。这是民国时期修筑江堤的最大工程。

20世纪30年代，广州兴建西堤、河南等客货码头。

1930年11月，在河南珠江后航道至白鹅潭南岸一洲头嘴一带，动工修筑“内港”。至1933年，完成第一段填筑工程，成为广州的货运码头。抗日战争期间，被日军占领作军用仓库。建国后仍列为军事用地。

### （一）横水渡·过海电船·码头·轮船公司

宽阔的珠江，将广州市区分为河北、河南、芳村三块，彼此交通往来，自古以来主要靠木船划渡。此之所谓“横水渡”。

1911年，西关地区有对江横水渡航线20多条。1921年广州始有渡江客轮。但来往珠江两岸仍有横水渡31条航线，其中来往河南芳村与西关地域的横水渡航线有6条：石公祠过紫来街、沙基米埠过上芳村、爱育街过爱育新街、黄沙过山村、糙米栏过鬼基、黄沙过花地。

1921年（一说是1922年），省河电船过海忠信有限公司承办轮船渡江业务，经营渡江轮渡——俗称“过海电船”，建简易木质码头8座。广州开始出现机动船轮渡码头。河北码头设在西濠口、油栏门（现海珠南路）、官纸局（现西堤邮局附近）、靖海门（现靖海路）。河南码头设在元墣庙（现大基头）、寺前街（现海珠幼儿园东侧）、同安街（现堑口）、同庆街。

1922年开办沙面至白鹤洞航线，该线曾在1927年停航，后又恢复；1938年因日机轰炸又停顿，至1947年又再恢复。

1923年曾开设靖海门、沙基往泮塘荔枝湾航线，但同年6月就停航。

1935年，开设了黄沙至芳村花地航线，至1938年停航。

1930年，大成公司承办黄沙、芳村等处过海电船，建码头3座。

1933年2月，海珠桥建成，河南与河北之间的交通较前大为便利。

依1934年《广州指南》记载，当年过海电船的行驶航线如下：

| 公司名称 | 承办船数 | 搭客船费 | 过海行驶航线 |
|---|---|---|---|
| 广顺 | 十五艘 | 头等五仙<br>二等三仙 | 1.由五仙门过盐仓<br>2.由靖海门过堑口<br>3.由油栏门过河南戏院<br>4.由西濠口过金花庙<br>5.由西堤验货厂过大基头 |
| 大成 | 四艘 | 同上 | 1.由黄沙过花地<br>2.由黄沙过上芳村 |

《广州指南》记载，轮船往来甚多，湾泊码头，多在长堤一带。

当年广州轮船公司名称地址与船厂见下表：

**航务商号一览表**

| 名称 | 地址 |
|---|---|
| 大成 | 西濠口二十号 |
| 大来轮船公司 | 沙基口六号 |
| 三宏船务公司 | 黄沙街及盐亭街 |
| 天成船务公司 | 西堤海关右街 |
| 大兴代理船务 | 西堤五八号 |
| 大阪商船公司 | 沙面三一号 |
| 太古轮船公司 | 沙面英界 |
| 天兴 | 八旗路二四街 |
| 日清汽船公司 | 沙面二七号 |
| 生栈 | 永汉北路三六号 |
| 同记船务公司 | 一德路 |
| 同兴 | 清平桥十七号 |
| 永航公司 | 靖海路西巷十四号 |
| 利源公司 | 洲咀大街五四号 |
| 和利轮船公司 | 厂前街 |
| 明德行 | 西濠口二马路三号 |
| 东利 | 西堤二马路二三号 |
| 怡和公司 | 潮音四巷五号 |
| 省港澳轮船公司 | 西堤 |
| 信安公司 | 宝恕大街七号 |
| 海平公司 | 德和南三六号 |
| 日本邮船公司 | 沙面二九号 |
| 安吉 | 源昌西二号 |
| 同益公司 | 西堤四百号 |
| 永和公司 | 源昌东十九号 |
| 西兴公司 | 沙基路三八号 |
| 利成发记 | 南堤二马路四号 |

（续表）

| 和安 | 崇安街十五号 |
|---|---|
| 明兴 | 洲咀大街一号 |
| 怡和轮船公司 | 沙面英界 |
| 法国邮船公司 | 沙面 |
| 香港南华轮船有限公司 | 沙面 |
| 美国邮船公司 | 沙基口八号二楼 |
| 海兴公司 | 仁济街一号 |
| 泰安公司 | 联兴路十号 |
| 益记 | 菜棚东横街五号 |
| 港粤拖轮公司 | 沙面英界二八号 |
| 祥兴 | 太平坊一四号 |
| 国泰船务公司 | 扬巷七二号 |
| 华丰代理船务行 | 联兴马路四九号 |
| 源兴轮船公司 | 靖远路 |
| 新新 | 洲咀大街四四号 |
| 粤利船务公司 | 显镇坊 |
| 业德公司 | 洲咀大街一号 |
| 维昌 | 岐兴直街九号 |
| 轮船招商局 | 沙基路二〇二号 |
| 广大公司 | 潮音街一九号 |
| 甡生轮船公司 | 洲头咀 |
| 航安和记 | 东沙角五四号 |
| 佑安 | 海天四望一二一号 |
| 梁广记 | 轮船公司冼涌西 |
| 顺安同记轮船公司 | 太平坊 |
| 区合兴 | 永胜上沙七号 |
| 源安公司 | 南堤二马路一二号 |
| 新华船务公司 | 沙基路七二号 |
| 粤海公司 | 源昌东五号 |
| 荣发 | 洲咀大街六二号 |
| 福安公司 | 仁济街一号 |
| 广信行 | 德兴街三六号 |
| 兴中行 | 西堤一四号 |
| 济安轮船公司 | 洲头咀 |
| 镇东船务公司 | 靖海路一〇号 |
| 兴业船务公司 | 河南鳌洲外街 |
| 济和 | 海天四望七七号 |
| 礼和公司 | 泰康路一四六号 |

**运输商号一览表**

| 名　称 | 地　址 |
| --- | --- |
| 公泰 | 沙地 |
| 天裕祥 | 连桂街一二号 |
| 生记利 | 德兴南一二号 |
| 永顺 | 仁济街七号 |
| 永安 | 黄沙沙地街 |
| 合安 | 黄沙沙地街 |
| 同记 | 德兴横街八号 |
| 西昌 | 西炮台九九号 |
| 公益长 | 扬仁里八号 |
| 仁和长 | 黄沙车站 |
| 民信 | 黄沙车站 |
| 永丰泰 | 黄沙站二二号 |
| 合发 | 黄沙沙地街二二号 |
| 合记祥 | 德兴街一九号 |
| 同运泰 | 黄沙沙地街 |
| 亦运公司 | 东堤三马路 |
| 利通 | 德兴街一六号 |
| 利记 | 荣阳街二四号 |
| 均安 | 黄沙沙地街 |
| 和兴成 | 联兴横街三号 |
| 明发公司 | 黄沙直街一八号 |
| 浰江 | 黄沙沙地街四二号 |
| 厚泰 | 黄沙沙地街 |
| 泰安 | 三圣宫前一号 |
| 智安成记 | 西荣巷 |
| 隆记 | 德兴南横街二一号 |
| 源安 | 黄沙沙地街四二号 |
| 义和合 | 黄沙车站 |
| 聚安 | 黄沙车站 |
| 利泰 | 黄沙沙地街 |
| 利记 | 德兴街二号 |
| 昌泰 | 黄沙沙地街 |
| 金源 | 新基正三八号 |
| 协生 | 海旁街 |
| 恒记 | 黄沙沙地街四四号 |
| 惠昌行 | 一德路二三七镜 |
| 悦来公司 | 木桥二马路十号 |
| 粤泰 | 黄沙沙地街 |
| 顺安 | 倡善大街三四号 |

（续表）

| | |
|---|---|
| 源发公司 | 永曜坊五八号 |
| 巨记公司 | 清平和安里 |
| 聚和 | 述善堂前一二号 |
| 广泰来 | 黄沙沙地街一号 |
| 鸿钧泰 | 黄沙沙地街 |
| 鸿记 | 新基横街二五号 |
| 联商运通公司 | 远宁坊四号 |

**轮船什货商号一览表**

| 名称 | 地址 |
|---|---|
| 大安 | 永汉南二四号 |
| 生源 | 南岸大街三一号 |
| 永栈 | 福仁东八横 |
| 永隆 | 海天四望七号 |
| 合安隆记 | 皮栏桥一四号 |
| 兆昌隆 | 永汉南三九号 |
| 均兴昌记 | 厂后街三五号 |
| 和隆成记 | 鳌洲外街四九号 |
| 协昌盛 | 八旗路二〇号 |
| 天安 | 洲咀大街二号 |
| 平安 | 洲咀大街五二号 |
| 永安隆 | 南堤二马路一〇号 |
| 合成公司 | 海天四望一六号 |
| 兆隆 | 洲咀大街六二号 |
| 有安祥 | 太平东一九号 |
| 和兴昌 | 鳌洲正街二七号 |
| 和益 | 洲咀大街五八号 |
| 协安 | 洲咀大街一六号 |
| 东盛 | 长胜里三号 |
| 牲生 | 洲咀大街四四号 |
| 祥信 | 海天四望三一号 |
| 裕兴隆 | 南堤二马路四号 |
| 义发 | 南堤一〇〇号 |
| 广昌隆 | 洲咀大街三六号 |
| 广东 | 海天四望一〇一号 |
| 联合兴 | 南堤二马路二一号 |
| 昌兴和记 | 洲咀大街四八号 |
| 浩隆 | 海天四望五五号 |
| 惠安隆利记 | 洲咀大街四六号 |

（续表）

| 源兴 | 靖远路三八号 |
|---|---|
| 嘉利隆 | 海天四望九七号 |
| 广兴仁 | 鳌洲外街一一号 |
| 德祥隆 | 太平沙 |

**船厂一览表**

| 名称 | 地址 |
|---|---|
| 生昌 | 花地三约二六号 |
| 永利 | 海傍街二号 |
| 合利 | 凤安街九四号 |
| 永记和 | 海傍街一〇号 |
| 永德祥生记 | 太平坊一八号 |
| 何成利 | 花地三约一一九号 |
| 长盛 | 豆腐涌四二号 |
| 忠合 | 下芳村 |
| 茂兴 | 川龙口一二号 |
| 泰兴隆 | 洲咀通津三号 |
| 佑合 | 花地西约九十号 |
| 顺和 | 花地西约一二一号 |
| 顺利活记 | 凤安街八八号 |
| 树记 | 草芳园三四号 |
| 广发祥 | 草芳园四八号 |
| 德隆 | 花地西三约四二号 |
| 长盛栈 | 豆腐涌二九号 |
| 厚信隆 | 花地三约四五号 |
| 泰安隆 | 厂前街二号 |
| 佑兴 | 水胜路三〇号 |
| 祥合 | 海傍街一号 |
| 顺合 | 豆腐涌四七号 |
| 新合 | 花地西约一一〇号 |
| 广南造船厂 | 昌兴街 |
| 广兴隆 | 太平坊一三号 |
| 兴德利 | 草芳园一〇号 |

1934年，市公用局省河南北过海电航办事处接管渡江轮渡业务，建码头6座。1937年，全市渡轮航线全由过江电船办事处统一经营。码头有：油栏门、河南戏院、西濠口、金花庙、补抽厂、大基头、黄沙、芳村、花地，共9座。

1938年4月，安达公司承办渡江电船。建有大钟楼、大基头、芳村码头共3座。据广州市政府调查，当时共有横水渡码头10座，均为私人业主所有，共停泊横水渡414艘。

1938年后，日军侵占广州，直至1948年底，整整10年间，珠江两岸的水上交通，完全由横水渡渡江，没有一艘机动客轮载客渡江。

1949年4—5月，才分别开通了大钟楼至大基头、黄沙至芳村两条航线。

据统计，1949年，有过江轮渡17艘。

民国时期，河南地区有不少渡轮码头，如同庆街、同安街、寺前街、玄坛庙、河南戏院、金花庙、大基头等地的渡江码头。建国后有的已淹没，有的经改建、重建仍在使用。

河南地区的过江轮渡，最早在1921年就已由市政厅招商承办，投得承办权的先后有省河电船忠信股份有限公司、普渡公司、广顺公司，经营五仙门至同庆街、靖海门至同安街、油栏门至寺前街、西濠口至玄坛庙4条航线。1934年8月，轮渡转为官办，航线缩减为油栏门至河南戏院、西濠口至金花庙、补抽厂至大基头3条。

建国后，1949年12月12日，广州市人民政府码头轮渡管理处成立，对全市码头、轮渡实行统一管理，并对沿江北岸41座客货码头进行统一编号。当时客运只有大钟楼码头和大基头码头。码头只设竹木浮排、活动的木质桥板和引桥，没有候船室。

从1952年8月起，对接收的私营码头进行改造，20世纪60年代初起又将原有码头进行改造或扩建成钢混结构。

### （二）省城与各县往来渡船

20世纪30年代，凡是江水可到的县份，大多有渡船来往广州城。这些渡船，或以其他轮船拖行，称“拖渡”；或自有动力航行，称“单行”。客货兼载。客位大都分为餐楼、公舱、大舱三等，渡费由数角至数元不等。路远者兼售饭菜，价钱比市面略贵。湾泊广州的码头多在长堤、沙基一带。受潮汐及其他因素影响，有时开船时间会变更。

依1934年《广州指南》记载：当年广州去往之县份及渡船停泊的码头如下表：

| 去往乡名 | 湾泊地点 |
|---|---|
| 清远 | 西堤播宝码头 |
| 稍潭 | 西堤宝安码头 |
| 肇省 | 西堤潮音街口 |
| 龙江 | 西堤富益码头 |
| 吉利 | 西堤富益码头 |
| 高明 | 西堤李务本堂码头 |
| 鹤山 | 西堤富益码头 |
| 大良 | 西堤李务本堂码头 |
| 江门 | 西堤联合码头 |
| 江门 | 西堤李务本堂码头 |
| 江门 | 西堤李务本堂码头 |
| 中山 | 西堤李务本堂码头 |
| 中山 | 西堤永和码头 |
| 九江 | 西堤联合码头 |
| 小榄 | 西堤联合码头 |

（续表）

| 石龙 | 华德公司码头 |
|---|---|
| 石龙 | 青年会对面 |
| 市桥 | 西堤潮昔街口 |
| 新塘 | 五仙门码头 |
| 太平 | 韬美医院对面 |
| 官山 | 米埠河面 |
| 乐从 | 米埠河面 |
| 佛山 | 沙基西街口 |
| 南省 | 米埠河面 |
| 南省 | 米埠河面 |
| 南省 | 米埠河面 |
| 四会 | 西堤播宝码头 |

注：以上各轮渡船俱双日回乡。

| 去往乡名 | 湾泊地点 |
|---|---|
| 稍潭 | 南堤宝安码头 |
| 龙江 | 西堤富益码头 |
| 高明 | 西堤李务本堂码头 |
| 鹤山 | 西堤富益码头 |
| 肇省 | 西堤潮音街口 |
| 江门 | 西堤永和码头 |
| 江门 | 西堤播宝码头 |
| 中山 | 西堤永和码头 |
| 中山 | 西堤播宝码头 |
| 九江 | 西堤联合码头 |
| 江门 | 大铁码头 |
| 江门 | 西堤李务本堂码头 |
| 大良 | 西堤李务本堂码头 |
| 太平 | 五仙门码头 |
| 小榄 | 西堤联合码头 |
| 石龙 | 青年会对面 |
| 石龙 | 华德公司码头 |
| 市桥 | 西堤潮音街口 |
| 市桥 | 潮音街口 |
| 新塘 | 五仙门码头 |
| 官山 | 西堤富益码头 |
| 乐从 | 米埠河面 |
| 南省 | 米埠河面 |
| 清远 | 西堤播宝码头 |
| 清远 | 西堤播宝码头 |

（续表）

| | |
|---|---|
| 四会 | 西堤播宝码头 |
| 四会 | 西堤播宝码头 |

注：以上各轮渡船俱单日回乡。

| 去往乡名 | 湾泊地点 |
|---|---|
| 三江 | 大铁码头 |
| 官山 | 西堤联合码头 |
| 三江 | 西堤潮音街口 |
| 白坭 | 米埠河面 |
| 杏坛 | 西濠口 |
| 石楼 | 东堤河面 |
| 容奇 | 西堤李务本堂码头 |
| 小布 | 西堤富益码头 |
| 石基 | 西堤富益码头 |
| 昌华市 | 五仙门对面 |
| 昌华市 | 五仙门对面 |
| 西樵 | 西堤播宝码头 |
| 沙边 | 韬美医院对面 |
| 陈村 | 西堤永和码头 |
| 礼村 | 沙基西街口 |
| 新造 | 青年会对面 |
| 雅瑶 | 西堤永和码头 |
| 雅瑶 | 西堤富益码头 |
| 石湾 | 西堤石公祠街 |
| 石湾 | 西堤潮音街口 |
| 容奇 | 米埠河面 |
| 大良 | 米埠河面 |
| 官山 | 竹桥前河面 |
| 西樵 | 竹桥前河面 |
| 都省 | 西堤联合码头 |
| 都省 | 西堤李务本堂码头 |
| 都省 | 西堤李务本堂码头 |
| 都省 | 西堤李务本堂码头 |
| 长沙 | 西堤李务本堂码头 |
| 长沙 | 友爱码头 |
| 水口 | 大铁码头 |
| 都省 | 联合码头 |
| 长沙 | 西堤李务本堂码头 |
| 新昌 | 西堤潮音街口 |
| 新昌 | 西堤潮音街口 |

（续表）

| 水口 | 西堤联合码头 |
|---|---|
| 公益 | 西堤联合码头 |
| 公益 | 西堤联合码头 |
| 长沙 | 西堤富益码头 |
| 长沙 | 西堤播宝码头 |
| 惠州 | 青年会对面 |
| 惠州 | 靖海路口 |
| 惠州 | 五仙门对面 |
| 惠州 | 青年会对面 |
| 惠州 | 大东对面 |
| 惠州 | 靖海路口 |

## 五、交通

民国时期开马路。马路的辟建带来交通的便利与交通工具的进步。

清代，今越秀区境内的陆路运输主要靠人力肩挑、马匹、牛车。马车在陆地长途运输中起了重要作用。城内代步的交通工具一般是轿子。有钱人和当官的出门乘轿和马车，农民运粮用牛车，平民出入多步行。

1886年开始，出现了人力拉车、推车。1910年，开始出现东洋式手拉车（又称黄包车），实行按段收费。亦有资料称，早在1890年长堤一带就已开始有东洋式手拉车。

时代进入民国。1912年，市区出现了第一辆载客马车，此后的两三年间发展至40辆，并装运农产品进城。

大约在1915—1916年，出现了出租小汽车，行驶沙河至大东门和财政厅，由于随街接客，俗称野鸡车。

1918年设立市政公所。开始大规模拆城筑路，手拉车逐渐增多。在公共汽车尚未普及之时，成为主要交通工具之一。逐渐发展到搬运行李、物件，送病人看病等。提供出租，日车租金1～2元。

富贵之家专用私家手拉车，装饰讲究，配有响铃，俗称“叮当车”。

### （一）客运电车

1918年，广州市政公所设立广州电车公司。行车范围以广卫路省长公所做中心，向外伸展10千米。专利期20年，专利代价100万元，向各界招商承办行驶电车。

1919年，美国华侨伍学熀、伍籍磐（曾任广东军政府民政部副部长）向市政公所承办广州电车公司，筹集华侨股份180万港元。公司总办事处设于香港。广州办事处设于今白云路广九车站（旧东站）。伍任经理，主持一切业务。与工程师朱汝梅到美国考察后，决定首期工程先开火车站至太平南（今人民南路）一线，中经越秀南路转万福路、泰康路至一德西路。在电车

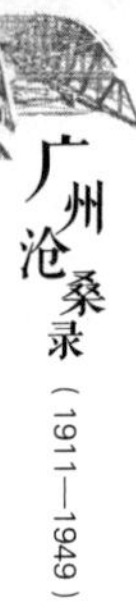



未通前先行公共汽车。随后兴工铺设铁轨。1921年，广州市政厅以公用事业应由政府经营为理由，勒令公司停办。

有关这件广州最早出现的有轨电车铺轨事，后人记载不一。

一种记载是：

民国八年（1919），伍学晃、伍籍磐的电车公司以100万元向国民政府取得有轨电车敷设行驶权。民国十六年（1927）9月16日动工敷设路轨，路轨从白云路广九车站铺到一德路、康泰路。但电车路两旁破烂不堪，公司不予修理，又违章架设电线，试图强行依期（1931年1月16日）通车。市政府严令该公司3个月内架设好电线方可行驶，公司拒不执行，只好终止通车。直到建国初期，仍可看到广九马路有旧电车路轨。

还有一种记载是：

民国十七年至十八年（1928—1929），广东电车有限公司（侨资）铺设了从大沙头沿越秀南路、万福路、泰康路、一德路至太平南路普济桥的有轨电车路轨。但未通车（在1932年4月27日广州市工务局制印《广州市马路路线图》上并没有标出这条路轨）。所铺路轨于民国三十四年（1945）初被日伪挖掘殆尽。

此外还有记载：

民国十年（1921）1月4日，广州首次铺设了太平门至财厅前和大西门至永汉南路（现北京南路）两条电车专线路轨。

### （二）公共汽车

广州最初的公共汽车事业由政府招商承办。

1920年，广州开始有动力车运载，客、货汽车营运均为私商经营。车辆靠进口，且为数不多，交通运输仍以人力、畜力为主。同年，东山地区始有客运汽车行驶。

1921年，广州市政公所试办市内公共汽车营运，有汽车4辆，每车有座位14个，共设六站，每站收铜板8枚。

1922年，加拿大华侨筹集华侨资金，成立“加拿大长途汽车公司”。行驶市内主要路段。由于有利可图，许多人，特别是华侨纷纷投资承办公共交通事业。

1923年，西关地区始有“长途搭客汽车”（实际是市内公共汽车）线路，全程是沙基东桥至东山，由加拿大汽车公司经营，当年全市开辟了四条客运汽车线路：

沙河—大东门；

东山—西濠口（设东山、大东门、财厅前、西濠口4站）；

东山—沙基东桥（设东山、东堤、靖海路口、沙基东桥4站）；

司后街—天字码头。

公共汽车出现后，市内禁止马车通行。

1928年，将客运汽车线路改为红、黄、绿三色线路和新辟线路。

红色线路：普济桥经泰康路至广九站。

黄色线路：黄沙经长堤、永汉路、惠爱路至东山公园。

绿色线路：普济桥经丰宁路、惠爱路西至大新公司前。

新辟线路：禺山市至十一甫口。

由于市内未有环市线路，市民出行不便，1929年市政府将市营汽车的14座车辆，分上下行两组，行驶环市路线。

1929年，马路和线路日增，将三色线路和新辟路线改为号码线路，如黄色线路（财厅前至东山公园）改为第1路线。

在创办市营公共汽车的同时，一些商营汽车运输公司也开始办理长途旅客营运业务。

1929年5月25日，由粤东公司承办的长途汽车是日起开行，由靖海门经长堤、西濠口、十三行、十八甫、第十甫、十五甫至观音桥止。

1931年，市政府公用局成立“市营公司”，但不到一年便因亏损而倒闭。

当年所谓的“长途汽车”，其实是行驶于市区内的。1934年《广州指南》载：“现查本市长途汽车共有九十六辆，其行驶路线，各有规定。”并附《广州市各长途汽车行驶路线表》如下：

| 公司名称 | 承办车数 | 搭客车费 | 行车经过路线 |
|---|---|---|---|
| 华海 | 七辆 | 每位一角 | 由靖海路口起，经长堤先施公司前、西濠口、十三行、显镇坊口、扬巷口、富善西街、十八甫北约、洪圣庙前、十一甫口、十五甫存善路，直至华贵大街止。 |
| 广州 | 八辆 | 每位一角 | 由财政厅起，经永汉路、惠福东路、米市街口、丰宁路、三多里口、长寿里口、洪圣庙前，直至十一甫口止。 |
| 通行 | 十辆 | 每位一角 | 第一、二、三、四、五号路线（详见说明）。 |
| 通行德记 | 十二辆 | 每位一角 | 第一、二、三、四、五号路线。 |
| 侨商 | 十二辆 | 每位一角 | 第一、二、三、四、五号路线。 |
| 模范 | 六辆 | 每位一角 | 第一、二、三、四、五号路线。 |
| 白篷 | 五辆 | 每位一角 | 由仓边路口起，经榨粉街口、中大后门、省党部、圣三一学校、执信学校、黄花岗、新军忠烈祠、武帝庙、廖仲恺坟场，直至沙河止。 |
| 交通 | 十辆 | 每位一角 | 由小北路起，经仓边路、惠爱路、维新路、大德路、普济桥、十三行、长乐路、十七甫、十八甫，直至大观桥止。 |
| 中华 | 十辆 | 每位一角 | 由财政厅前起，经惠爱路、西门口、丰宁路、大巷、长寿路、宝华市、多宝路，直至荔枝湾止。 |
| 发达 | 六辆 | 每位一角 | 由大东门起，经惠爱路、永汉路、惠福东路、米市路、丰宁路、三多里口、长寿里口、洪圣庙前，直至十一甫口止。 |
| 利南 | 十辆 | 每位一角 | 由仓边路口起，经惠爱路、永汉路、泰康路、一德路、太平南路、西堤大新公司前、沙基东桥、六二三路，直至黄沙芳村步头止。 |

说明：

第一号路线：

由财厅前起，经城隍庙前、榨粉街口、中大后门、省党部、中大医科门前。

第二号路线：

由财厅前起，经大南路口、泰康路、一德路、靖海路、长堤先施公司前，直至西濠口止。

第三号线：

由城隍庙前起，沿文德路、文明路、大南路、维新路、大新路，至拱日路尾，从桂路口交点止。

第四号路线：

由广九车站起，经小东门、万福桥、永汉南路、泰康路、一德路、西濠口、沙基东桥、六二三路，直至黄沙止。

第五号路线：

由东山紫来街起，沿华东路、文明路、大南路，至维新路、大新路口交点止。

1934年，市公用局将全市调整为14条线路，总长度97.9公里。另一记载是，1936年，市内公共汽车线路增至14条，共有公共汽车100多辆。当年，公用局将公共汽车公司由分散经营改为统一经营。

日本侵华广州沦陷后，社会动荡，民生困苦，乘客很少，车主亏损，全市公共汽车几乎瘫痪。

1948年1—6月，市区公共汽车改由6家公司承办行车权，每家公司行驶2条线路，线路从15条调整为12条：

1路线：梅花村至三圣社。

2路线：东山公园至多宝路。

3路线：东山大街至龙津西。

4路线：大沙头至西村。

5路线：凤安桥至多宝路。

6路线：小北至逢源路。

7路线：环市线：广九站起止。

8路线：沙河至小港路。

9路线：流化桥至黄沙。

10路线：大沙头至黄沙。

11路线：中山纪念堂至黄沙。

12路线：小北至黄沙。

还有4条郊区线：中央公园前至石榴岗；中华北路尾至佛岭；文德路至沙河；先烈路至东圃。全市共有16条线路，线路长度163.4公里。

据统计，1949年，市内公共汽车有211辆，市区行驶线路16条，总长度147.25千米。年客运量199万人次。

### （三）运输行商·汽车租赁业

1920年，归国华侨开办祥兴运输商行，此为广州地区最早的公路运输企业。此后，随着广州地区公路建设发展，广州形成民营公路运输业。1921年，广东省政府颁布《各属民办普通车路暂行章程》。广州据此开办了自行修筑、养护公路，并同时经营客货运输业务的民营行车公司。除此之外，还有一类不自筑公路，但与政府路政部门（广东省建设厅）签订合约，租赁路权，取得公路承租权后开办客货运输业务的行车公司。

1924年，广州货运（客货兼营）行车公司有33个，见下表：

| 公司名称 | 车辆数 | 地址 |
|---|---|---|
| 香港制面公司 | 2 | 一德路 |
| 香港公司 | 6 | 西堤 |
| 永安公司 | 3 | 永汉南路 |
| 共和公司 | 4 | 西堤97号 |
| 加拿大公司 | 17 | 丰宁路 |
| 大同公司 | 4 | 靖海路 |
| 广州运货公司 | 5 | 兴华坊 |
| 玲东公司 | 1 | 大东路 |
| 长安公司 | 3 | 大德西路 |
| 东亚酒店 | 1 | 西堤 |
| 东山公司 | 4 | 东山嘉南堂 |
| 鹰鹰公司 | 3 | 西堤二马路 |
| 永盛公司 | 3 | 太平路 |
| 中华运货公司 | 3 | 省议会前 |
| 行安公司 | 3 | 东堤 |
| 灵通公司 | 7 | 西堤 |
| 粤光公司 | 1 | 东川路 |
| 南通公司 | 2 | 大南路 |
| 五洲公司 | 2 | 广大路 |
| 南方公司 | 3 | 东堤二马路 |
| 万国公司 | 6 | 东堤 |
| 粤东公司 | 2 | 万福路 |
| 天星公司 | 2 | 南堤 |
| 雄飞公司 | 3 | 永汉北路 |
| 飞定公司 | 3 | 东堤四马路 |
| 民强公司 | 3 | 东堤 |
| 电飞公司 | 1 | 一德路 |
| 张林公司 | 1 | 西濠口 |
| 周行公司 | 3 | 文明路 |
| 永东公司 | 2 | 泰康路 |
| 永东公司 | 2 | 泰康路 |
| 普礼公司 | 5 | 太平路 |
| 超乘公司 | 4 | 永汉北路 |

发展到20世纪30年代，据1934年《广州指南》记载，当时广州市有营业性质的汽车公司，做汽车租赁生意。大车一般每小时租金三元六角，小车三元二角，亦有按路程议价的。此种汽车公司，散布于各处，甚至有将汽车停放于停车站以备客人雇用的，因而不用开店就可经营。

据统计，当时广州市普通汽车，自用者647辆，营业者656辆，合计1303辆。运货汽车自用者48辆，营业者140辆，合计188辆。

当年汽车商号的汽车租赁地点见下表：

| 店 名 | 地 址 |
|---|---|
| 富星汽车公司 | 太平南路二十三号 |
| 富星支店 | 沙基八号 |
| 富星光记支店 | 东山庙前街六十一号 |
| 广东汽车公司 | 丰宁路 |
| 风行汽车公司 | 沙基西桥二百三十二号 |
| 中国汽车公司 | 靖海路十二号 |
| 中国汽车支店 | 长堤海珠前三百一十四号 |
| 太平汽车公司 | 太平南二十三号 |
| 艺生汽车公司 | 惠福西二百七十七号 |
| 民国汽车公司 | 长堤海珠前三百零四号 |
| 明星汽车店 | 宝华市九十八号 |
| 万国汽车公司 | 丰宁路九十一号 |
| 宝星汽车店 | 永汉南五十号 |
| 快快哉汽车公司 | 沙基西桥二百四十六号 |
| 飞星汽车店 | 龙津东二百四十五号 |
| 惠爱汽车店 | 惠爱西路七十二号 |
| 白星汽车公司 | 下九甫西一百二十三号 |
| 芝加哥汽车公司 | 惠福西二百九十一号 |
| 一统汽车公司 | 文明路二百零四号 |
| 太平汽车行 | 沙基西桥二百三十四号 |
| 成记汽车店 | 越秀南二十四号 |
| 业鸿汽车公司 | 西湖路十七号 |
| 敏捷汽车公司 | 南堤二马路二十九号 |
| 觉飞汽车店 | 六二三路二百六十号 |
| 宝华汽车店 | 宝华路五十五之二 |
| 陆飞汽车公司 | 永汉南一百九十六号 |
| 飞轮车店 | 八旗大马路八十四号 |
| 飞龙汽车公司 | 宝华市九十一号 |
| 康乐汽车行 | 六二三路二百五十号 |
| 金陵汽车公司 | 东山庙前直街十三号 |
| 北平汽车公司 | 六二三路二百七十号 |
| 威利斯汽车公司 | 文明路二百五十五号 |
| 珠江汽车公司 | 维新中路一百一十四号 |
| 美洲汽车公司 | 第十一甫一百四十四号 |
| 美华汽车公司 | 十一甫一百八十一号 |
| 雅的汽车公司 | 东山庙前街 |
| 和乐汽车店 | 小北路一百三十一号 |
| 东升汽车店 | 东山庙前街五号 |
| 心记汽车公司 | 靖海路二十一号 |
| 粤行汽车公司 | 维新南一百一十九号 |
| 西华汽车公司 | 维新北十七号 |

（续表）

| | |
|---|---|
| 西就汽车公司 | 六二三路二号 |
| 大安汽车公司 | 十八甫西三号 |
| 大华汽车公司 | 长寿西路一百九十四号 |
| 大陆汽车公司 | 太平路一十七号 |
| 永汉汽车公司 | 六二三路二百五十八号 |
| 美丽汽车公司 | 十八甫北二十五号 |
| 合发汽车公司 | 东山庙前街 |
| 南京汽车公司 | 永汉南路一百二十八号 |
| 和平汽车公司 | 东山庙前街 |
| 联和汽车公司 | 大德路二百四十号之一 |
| 粤富汽车商店 | 仓边路三号 |
| 粤西汽车公司 | 大南路四号 |
| 西桥汽车公司 | 沙基二百四十号 |
| 天地人汽车公司 | 长堤 |
| 大同汽车公司 | 惠爱西路四十七号 |
| 大星汽车公司 | 宝华路一百七十三号 |
| 容记汽车公司 | 东山暑前街二十三号 |
| 八达汽车公司 | 文德路二百零八号 |
| 华星汽车公司 | 越华路一百号 |
| 华成汽车公司 | 东山暑前街 |
| 良友汽车公司 | 十五甫宝华市一百一十二号 |
| 东桥汽车公司 | 六二三路十号 |
| 安乐汽车公司 | 多宝路一百〇一号 |
| 新陆行汽车公司 | 六二三路二百四十四号 |
| 惠衡汽车公司 | 中华北路四十九号 |
| 美华汽车公司 | 德宣东路四号 |
| 东信汽车店 | 大东路五十号 |
| 百代汽车公司 | 万福路三百七十一号 |
| 环球汽车公司 | 文德路 |
| 超平汽车公司 | 南堤二马路 |
| 华鹰汽车公司 | 东山暑前街 |
| 华中汽车公司 | 维新路十六号 |
| 新天星汽车公司 | 南堤二马路 |
| 西堤汽车公司 | 六二三路四号之一 |
| 南唐汽车公司 | 六二三路二百四十八号 |
| 威尼斯汽车公司 | 文昌路七号 |
| 乐行汽车公司 | 越华路一百三十七号 |
| 友信汽车店 | 惠爱东路八十五号 |
| 大中华汽车店 | 东华东路三百九十五号之二 |
| 大利汽车店 | 东堤五十六号 |

此外，还有运货汽车商号出租汽车供人运输货物，“此种运货汽车，其租赁租值，以路程远近计算者有之，按租赁时间久暂计算者有之”。

当年广州运货汽车商号地点见下表：

| 店名 | 地址 |
| --- | --- |
| 广龙汽货公司 | 大东路五十四号 |
| 利华运货汽车行 | 大德路二百二十五号 |
| 捷安运货汽车 | 大同路二十号 |
| 岭南运货汽车 | 越秀北三号 |
| 万里行汽货车公司 | 万福路二百一十号 |
| 英利货车公司 | 维新路一百一十九号 |
| 永生运货店 | 东堤东沙角六十八号 |
| 利华运货汽车 | 越秀南路四十八号 |
| 利商运货汽车 | 太平北路 |
| 京元运货汽车公司 | 西堤七十六号之一 |
| 曾兄弟运货汽车公司 | 丰宁路九十三号 |
| 飞飞商店 | 六二三路六十二号 |
| 安行运货汽车公司 | 大同路十二号 |
| 合兴运货汽车公司 | 东堤东沙角四十三号 |
| 东兴运货汽车公司 | 越秀中路一百八十二号 |
| 西兴汽货车公司 | 西华路二百五十五号 |
| 百利行运货汽车店 | 泰康路五十号 |
| 高风运货汽车店 | 大同路十四号 |
| 永行运货汽车店 | 六二三路五百一十八号 |
| 合记汽车店 | 万福路一百六十二号 |
| 金山汽货车店 | 越秀南一百二十号 |
| 利行汽货车店 | 越秀南二十五号 |
| 永发汽货车店 | 越秀南一十五号 |
| 永汉汽货车店 | 东沙角四十五号 |
| 联发运货汽车公司 | 大东路线路头七十四號 |
| 华南运货汽车店 | 西华路五百七十二号 |
| 大康运货汽车店 | 六二三路六十八号 |
| 成记安运货汽车店 | 大同路二十二号 |
| 道行运货汽车店 | 东沙角四十九号 |
| 裕安西安汽货车店 | 万福路一百九十九号 |
| 耀昌汽货车店 | 越秀南九十八号 |
| 成记汽货车店 | 越秀南二十四号 |
| 恒安汽货车店 | 越秀南二十一号 |

此外，市面上仍然走着人力车及轮舆挑夫。1934年《广州指南》载有其各站价目。

1936年，汽车运输公司已成为一种新兴的专门行业，当时维新路（今广州起义路）是广州市运输商行集中地区之一。

到1938年，广州已有行车公司49家，共有汽车281辆。其中经营长途客运的有合群、利群、义和、广花公路、沙太公路等16家行车公司，共有客车177辆；其余33家行车公司，大部分专营货物运输，少部分客货兼营。

抗日战争爆发后，广州各行车公司纷纷停业，外迁或倒闭。

日军侵占广州后，汽车运输业衰歇。

1940年日本商人在广州开办福大行车公司。该公司几乎垄断广州沦陷区的公路行车业务，经营石围塘—佛山、佛山—九江、江门—会城、江门—北街和广州—新塘、广州—西村、广州—河南等线。福大公司于1943年9月结束，将所有车辆设备折价移交伪广东省建设厅接管。抗战胜利后，由国民政府公路部门接收。

1945年8月抗战胜利后，大板车、猪笼车、黄包车流行于今越秀区内外。并出现了人力脚踏三轮车。人力手拉车渐式微以至消失。

1946年，广州民营行车公司相继复业。当年货运行车公司、运输行已增至92家，并成立广州市汽车运货商业同业公会，址设越秀南22号之二楼。到1949年，广州民营运输行（行车公司）已增至168家。其中客运合群行车公司运输规模较大，拥有大小客车37辆，经营广花公路客运。总站设在广州流花桥，沿线设17个站。总站设有停车场、车库、修理车间、材料室、候车室、员工宿舍、膳厅等。

据统计，1949年，广州市区有人力三轮车6782辆。

### （四）铁路

近代对外交通的发展，扩大了广州的经济腹地，也加强了同全国及海外的经济联系。广州商贸与工业亦随之日趋活跃。港口、车站、机场的修建对城市布局产生了一定影响，如车站附近形成新的繁华区，铁路线两旁成为贫民区与棚户区。

民国时期广州铁路有三条，石围塘至三水的广三铁路，广州至武汉的粤汉铁路（1937年才全线通车）、广州经深圳到香港九龙的广九铁路。广九铁路车站在白云路，直至1937年七七事变后，广九铁路才与粤汉铁路接轨。接轨后，广九铁路北接京广铁路，西连广茂铁路。

据1934年《广州指南》记载，当时铁道部直辖广九铁道管理局在大沙头，广东粤汉铁路公司在黄沙，广三铁路局在石围塘。

### （五）长途运输公路

民国时期，广州与周围地区的公路建设较为发达。到1935年底，陆续建成了以广州为中心，纵横省内东、西、南、北的17条公路干线，326条支线，修筑公路达4000多公里。可惜由于缺少桥梁，交通工具落后，公路的作用受到限制。

# 六、公园·绿化

1912年，孙中山倡导植树造林，带头在黄花岗七十二烈士墓园手植马尾松4株（今仍存活1株）。后来又把清明节定为植树节。可惜政局迭变，争战频仍，植树造林没有取得什么成效。

民国初期，广州城仅有小北和海珠桥头三个花坛。

1918年，广州设立市政公所，随后大规模拆城开路，仿效欧洲国家市政，着手辟建公园。

在古代广州今越秀地区（广州城及其北郊、东郊一带），没有现代意义的公园——种植花草树木供人们游赏休息的风景区。广州府诞生的第一座公园，在今黄埔长洲街黄埔造船厂现厂部办公楼至牛膀山一带，名黄埔公园。建于清光绪十九年（一说清宣统二年），门口挂“黄埔公园”的牌匾（已毁），是供官员休息娱乐的地方，并非开放给一般民众。实为官府园林性质，仍非现代意义的公园。

今越秀地区诞生的第一座公园，是孙中山在1918年倡议辟建的，名“第一公园”（今人民公园前身）。此后，又建成永汉公园（原儿童公园）、观音山公园（今越秀公园一部分）、黄花岗公园（今黄花岗七十二烈士陵园一部分）等公园。

民国期间，广州市园林绿化规划未见文字记载。

1930年9月，《广州市政公报》刊载了梁汉所撰《田园论》一文，介绍欧美城市田园化和广州田园化的设想。

1933年11月28日，广州市政府成立“园林委员会”。同年12月，广州市政会议通过“规划新建公园12处”（仅第一公园有史料可查），但未见规划与实施记录。1936年7月陈济棠下野，翌年抗日战争爆发，规划付诸东流。

1934年《广州指南》称：

本市公园，除中央公园外，继续完成者尚多：有利用天然形势造成者，如越秀公园、海珠公园、荔湾公园等是也；有由寺庙衙宇改建者，如河南公园、永汉公园、东山公园、净慧公园是也。各园结构不同，风景各异，或则峻岭危楼，或则浓阴挹翠，颇具美感，足供游憩。

当时广州有如下公园：

| 园名 | 华井面积 | 园址 |
|---|---|---|
| 中央公园 | 五五七一、九〇 | 惠爱中路 |
| 粤秀公园 | 九四四九、七〇 | 粤秀山麓 |
| 东山公园 | 一六六、九〇 | 东山车站前 |
| 仲凯公园 | 一五〇四、一五 | 中山公路 |
| 河南公园 | 二〇三一、六〇 | 河南海幢寺 |
| 白云公园 | 一〇〇八七三、八 | 白云山麓 |
| 海珠公园 | 二六〇、二八 | 珠江海珠 |
| 净慧公园 | 二九五〇、二三 | 中华北路即英领署旧址 |
| 永汉公园 | 二〇四九、七三 | 惠爱路法领署旧址 |
| 中山公园 | 一五六七四三、〇六 | 石牌 |

民国期间，广州市居民区绿化始于东山区梅花村，那是达官贵人住宅区。1931年，陈济棠在此建造官邸，马路两旁多种梅花，梅花村因而得名。至于市区中稠密的居民区，几无绿化可言。单位绿化也不多，搞得比较好的有中山大学、广雅书院、岭南大学、中山图书馆等处。

园林酒家、茶楼，多是在天井种树，垒点石山，窗台几案摆花。其中文园、南园、西园等颇有特色。园林建筑工艺主要有木刻、色玻璃、石雕和灰塑。

1935年12月，广州市政府选定红棉花为广州市花。事后也没有进行什么宣传活动。

自抗日战争开始至建国前夕，广州城市园林绿化破坏多于建设。尤其在沦陷时期，毁损严重。至1949年建国前夕，今越秀地区有中央公园（今人民公园）、永汉公园（原儿童公园）、越秀公园、黄花岗公园等四座较完整的公园。以及设施简陋的净慧、东山等小公园，面积共32.6公顷。有行道树5200余株，十余个品种。城市绿化覆盖率约为1.56%，人均公共绿地面积约0.296平方米（一说0.34平方米）。

生活居住区除沙面租界和东山地区的达官、新贵住宅及西关的富绅宅院有花草树木和园林建筑外，其余是社坛、神庙等的风水树。

历代羊城八景基本湮没。

# 第八章　建筑·居宅

民国时期，广州地区出现了各类建筑，可谓异彩纷呈，如银行、商行、酒店、领事馆、洋房别墅、民居宅园、茶楼酒家等。此外，还修建了一大批包括烈士陵园、纪念堂、纪念碑在内的纪念建筑和教堂、学校、医院、体育馆等宗教、文化建筑。

建筑采用的结构形式有砖木结构、混合结构、钢结构、框架结构等。

大型建筑的建筑材料与结构以钢筋混凝土框架结构为主。

装饰工艺已有水刷石、水磨石、瓷片、马赛克等较高级的形式。石膏花饰已大量发展。石料墙面的加工和雕凿技术精巧，墙面精致美观。施工均为人力操作。

受西方建筑影响，在立面外观上，邮局、银行、海关、领事馆以及茶楼酒家、沿街店铺等较多采用了西方文艺复兴以来的建筑形式。如仿古典柱式、塔形钟楼、连续券柱廊、券式窗洞、檐部山花等。今沙面、长堤一带尚有留存。

民宅平房和砖木结构楼房的屋面大多数采用传统土瓦屋面，大型公共建筑和学校建筑多采用琉璃瓦屋面，如中山纪念堂、市府合署大楼、培正中学、执信女中等。

民国时期，作为中西文化交汇点的广州城，随着西方建筑形式的入传，传统建筑形式的复兴以及中西建筑形式的融合，出现了不少可作为广州标志的大型建筑，其形式大致包括：

**1. 西方古典建筑形式**

这类建筑基本上模仿西方古典建筑形式。建于广州城区的代表作有圣心大教堂（石室）、海珠大桥以及东皋大道、昌华街等地的侨房。

**2. 中国传统宫殿式建筑形式**

民国时期，20世纪二三十年代，民族意识加强。随着一批出国留学建筑师的学成归来，广州出现了“中国固有形式”建筑活动，建成了一批具有浓郁民族风格的优秀建筑作品。其代表作建筑有中山纪念堂、原文德路省立中山图书馆、市府合署大楼（现广州市府）等。这类建筑依照功能采用新的平面布局，采取钢结构、钢筋混凝土结构或砖石承重的混合结构，而外观则保留了传统宫殿形式。

**3. 西方现代主义建筑形式**

外观线条流畅、简洁，内部强调空间的实用性和采光，爱群大厦是其中的代表作。

以上建筑形式基本上是中西合璧的。以中国，特别是岭南传统为本体，吸收西方建筑材料、结构、布局、工艺、装饰等特点而形成。民国时期遍布广州市的茶楼，外观便呈现出中西折中融合的多样性，或偏重传统特色，或模仿西方古典风格。如莲香楼采用华丽的科林斯柱廊装饰，与室内中国传统装修异曲同工；惠如楼外立面采用四柱三拱券形式，外置凸出的半圆阳台，有西方巴洛克建筑风韵。

花园式住宅、商业骑楼街等亦都体现出中西建筑风格的交融。

高层建筑如新亚酒店、大同酒家、新华大酒店、大新公司（南方大厦前身）、爱群大酒店等多集中在西濠口一带市中心商业区。

## 一、著名建筑

民国时期广州著名建筑主要有：

1. 孙中山大元帅府。原广东士敏土厂。在河南芳草围，建于1906年。

2. 嘉南堂（南华第一楼、新亚大酒店、新华大酒店）。位于太平路（今人民南路）。

3. 东亚酒店（东亚大酒店）。在长堤大马路320号。1914年兴建，次年开业。

4. 粤海关大楼。在西堤，今沿江西路。1916年建成。

5. 广东邮务管理局大楼。原广州大清邮政局。1916年建成。

6. 西堤大新公司。南方大厦百货商店前身。1918年创建。

7. 广东省财政厅大楼。在北京路376号。1919年建成。

8. 中央银行大楼。在沿江中路193号。今为中国人民银行广州分行行址。

9. 中山纪念堂。在东风中路。中国近代建筑代表作之一。驰誉中外。

10. 孙中山纪念碑。位于中山纪念堂北面的越秀山顶。1929年建成。

11. 广州市立中山图书馆（广东省中山图书馆、孙中山文献馆）。在文德北路81号。1933年10月15日建成。

12. 仲元图书馆（广州美术馆）。在越秀山镇海路。1932年建成。

13. 永安堂。在沿江西路149号，1932年建成。

14. 广东陆军总医院（广州军区广州总医院）。位于今流花路中段北侧。建成于1933年。

15. 市府合署楼。位于府前路，今广州市人民政府所在地。1934年10月建成。

16. 爱群大酒店（爱群大厦）。位于沿江西路113号。1937年4月落成。

17. 圣心大教堂（石室）。位于今一德路旧部前北侧。建于1863—1888年。

18. 广东咨议局。位于广州起义烈士陵园西部，今广东革命历史博物馆馆址。建于1910年。

## 二、兴建骑楼街

20世纪二三十年代广州城出现的一道亮丽风景是一眼看不到边的骑楼街。

骑楼是临街商业楼房的一种建筑形式。

二层以上部分跨建于人行道上，故名骑楼——骑在人行道上的楼房。基本上都不是单独一间，而是相互连接，在马路旁边形成一条长长的柱廊。一边是马路，一边是相连的商铺，支撑二层以上楼房的柱子就建在紧靠马路边的人行道上，从而严格区分人行与车流，加强交通安全。这种建筑形式，称骑楼街、骑楼商业街，或称骑楼马路。

骑楼建筑可充分利用土地，这显而易见。同样重要的是它适应广州日晒时间长，炎热多雨的亚热带气候，既可为路人遮阳挡雨隔热，又可防止阳光直射店铺，利于商店敞开门面，陈列商品以招徕顾客。不管风雨烈日，行人都可逛街。

广州骑楼街体现了中西文化的交融。这是清末广州民间敞开式商店与南欧地中海城市建筑式样的成功结合，成为广州在全国独具风格的建筑形式。

19世纪末20世纪初，晚清时期，广州城中一德社（今一德路）、圣心大教堂（石室）对出的圣心路（今劳动路）两旁已出现骑楼建筑。广州城大规模兴建商业骑楼街则在20世纪二三十年代。

### （一）大行其道

1912年，广东军政府时期，广州颁布了《广东省城警察厅现行取缔建筑章程及施行细则》，首次提出“骑楼”一词，规定：“凡堤岸及各马路建造铺屋，均应在自置私地内留宽八英尺建造有脚骑楼，以利交通。”

政府鼓励部分地方设置骑楼。试图将骑楼推广到主要商业街屋。但由于时局动荡，并无真正施行。

1918年，广州设立了市政公所。随后大规模拆城筑路，广州城主干道陆续辟建，同时拓宽商业街。现代城市必然要开辟专供机动车行驶的道路，同时要开辟专门的人行道。骑楼建筑应运而生，逐渐兴起。

政府起了推动的作用，制定了发展骑楼的计划和与之相关的细则，对多宽的马路建造多深多高的骑楼均有规定。

1921年，广州市政府公布《广州市促进马路两旁空地骑楼地建筑规程》，进一步规范建筑马路时必须留有空地建筑骑楼。

1923年，公布《广州市市政章程例规》，制定了《广州市催迫业户建筑骑楼办法》《本市新辟各马路承领骑楼地征费办法》。

这些规章有力地促进了骑楼街的建设。使之大行其道，风靡全城，成为马路建设的一个成功样式、广州街市建筑的代表性景观。其遮阳挡雨的功用，让人们感受到新辟城区之便利。

十多年间，广州建成了将近40公里长的骑楼街。

20世纪20年代末30年代初，是广州骑楼发展的鼎盛时期，各式骑楼商铺达两万余间，平均每50个广州人就有1间商铺。

这时期所建之骑楼街，多是业主亲自督建的私人物业，建材精美、装饰考究。建于当时的六二三路骑楼，改革开放时期曾计划15天内拆除，由于坚固异常，结果用了两个月。

骑楼街有个大缺点也是显而易见的，那就是一长列的支撑楼房的柱子立在马路边，整个地段基本上无法进行植树绿化。

30年代，受到西方“园林式”城市概念影响，政府觉得广州城内因为遍布骑楼街而不能种树，于是提议建双行线新马路，中间设隔离绿化带，并且率先在广九车站至川龙桥间（今白云路）试行。

大概到了30年代中期，政府开始推行栽种行道树，继而具体规定一些路段只能修植行道树，不能再建骑楼。这些马路包括白云路、盘福路、长庚路（今人民北路南段）、文德路、广卫路、广仁路、吉祥路、德宣西路（今东风西路）等。广州的骑楼建设自此渐趋缓慢以至基本停止。

## （二）骑楼街的分布及其形态

民国时期，广州商业骑楼街分布范围大致北至今东风路，西至龙津西，南至海珠区同福路、东至东华东路，分布面积约15平方公里。

主要集中在老城区，以原越秀区最多，又相对集中在中山路以南，越秀路以西区域。区内惠爱路（中山路）、海珠南路、大新路、一德路、泰康路、丰宁路、太平路（人民南路）、中华路（解放路）、永汉路（北京路）、维新路（广州起义路，一段）、长堤大马路、靖海路等，都是著名骑楼街。太平路（人民南路）、永汉路（北京路）和上下九路是广州骑楼街的代表。

原东山区不是商业区，较少骑楼街。

在第十甫路、上下九路、中山路、人民南路、西濠口等商业集中地带，骑楼街的气魄最大。

广州骑楼不少出自建筑大家的手笔，建筑风格融会中西。

凡是有骑楼马路延伸的街道及其周围地段，均属民国前期城区的范围。如中山四、五、六路，为民国前期拆城后改建的骑楼马路，如东华路，接小东门路段及其两侧的骑楼街区。如大北门内之解放路与小北门内的小北路等。

广州骑楼街并非一个模式，而是呈现出不同的形态。

### 1. 连续骑楼街与断续性骑楼街

广州老城区内骑楼街基本上是连续的典型骑楼街，延伸很长一段路，无间断，形成长长的柱廊，如海珠南路、太平路（人民南路）、万福路、一德路、永汉路（北京路）等。这些连续骑楼街的立面装饰一般都比较精致，反映了广州历史上商业繁华，商家奢富的经济状况。

骑楼街的景观构成要素主要在于连续不断的敞廊，以及建筑风格与高度上的一致性，蜿蜒的天际线是骑楼街延续性、韵律性的景观特征之一。立面外观的虚实对比与空间层次感，亦丰富了沿街景观。广州老城区内的典型骑楼街正是这种景观的集中表现。

老城区边缘骑楼街．骑楼建筑单元多断开，形成断续性骑楼街，其分布比较散泛，主要在老城区外缘地段，如人民路北段、中山三路、西华路等。建筑质量稍差，其骑楼立面装饰亦趋于凌乱简陋。20世纪30年代中后期，在当时的城市近郊——基本上即断续骑楼街分布地区——开始提倡种植行道树，并禁止续建骑楼，导致这种状况。

**2. 双边骑楼街与单边骑楼街**

典型骑楼街沿街两侧均建有骑楼，为双边骑楼街；这多位于城市中心，历史上商贸繁荣，如一德路、海珠南路、永汉路（北京路）等。

亦有骑楼街只在一侧建有骑楼，另一侧并无对应的骑楼建筑，此为单边骑楼街。如辟建于1931年的大新路，其东段道路北侧是连续骑楼街，南侧是茂密的细叶榕。据推测、其树龄与骑楼同龄，即此路段建成之初就是单边骑楼街。广州单边骑楼街不多，据统计只占骑楼街之6.59%。

顺便一提，骑楼街的道路宽度（D）与骑楼建筑高度（H）之间是存在一定的比例关系的。广州典型骑楼街D / H在0.7 ~ 2之间。

骑楼无疑是广州最富代表性的建筑形式，广州的骑楼地图就是20世纪二三十年代广州城建的集中表现。骑楼这个名词诞生在广州。广州至今仍拥有国内外规模最大的骑楼群，这是民国时代的遗留。

除广州外，岭南其他地区的城镇，如佛山、韶关、南宁、梧州、北海等亦普遍存在骑楼建筑。而岭北地区极少见。就这点来说，骑楼可谓广州及岭南地区特有的，有别于内地的建筑文化。

## （三）骑楼外部造型与饰面风格

骑楼建筑是岭南传统文化与西方建筑形式的融合，其外部立面，檐部、山花、柱廊等建筑细部是其主要特征之一，体现了骑楼商业街的景观特征。早期多采用西方古典式拱廊，后逐渐代以简洁的现代梁柱结构。

广州骑楼建筑形式多样，其外部造型中，可见到古希腊、古罗马形式，也可见到富有曲线动态的巴洛克式；既有文艺复兴时期的风格，也有中西合璧的折中主义形式。

骑楼饰面风格存在明显的空间递变特征。城西之龙津东路、恩宁路、上下九路等荔湾老街的骑楼饰面以仿巴洛克风格为主；往东太平路（人民南路），乃仿巴洛克、仿哥特与仿希腊风格杂然纷呈；再往东，泰康路、北京路，骑楼饰面风格基本上以仿哥特式为主。这是因为城东与城西骑楼街的建设年代不同，建筑装饰流行风格与社会偏好随时代一直在变化。其中最典型、最有气派的是西濠一带的新亚大酒店、爱群大酒店及太平路（今人民南路）的骑楼建筑。

## （四）现存骑楼街

民国时期，永汉路（北京路）商业之鼎盛居广州之冠，是著名骑楼街。20世纪五六十年代时建新房，路西边的骑楼被拆掉大部分。现存较完整的是省财政厅前两边的骑楼群。约有十余栋骑楼，多为三层建筑，左右对称。年长日久，不少已成危楼。1999年和2002年曾两次加固、批荡和维修，现存的骑楼保护得较好。北京路骑楼现在主要作为商业用途，仍住居民的大概不到十分之一。

今北京路科技书店前身是商务印书馆广州分馆，建于20世纪初。是较有特色和代表性的仿哥特式骑楼建筑，垂直线条和拉长的拱形窗表现了明显的哥特装饰风格。楼内设计气派，每一层的楼梯都是左右对称分立，接地处作散开裙摆状，予人富丽堂皇、典雅舒适之感，极具西洋古典美。

北京路联合书店是中华书局旧址，乃留学美国的我国著名建筑师范文照的作品。

20世纪60年代后，广州新建的商业街区已少有采用骑楼建筑形式。80年代初，骑楼建设基本停止。1987年，建成人民南高架桥，桥两旁是著名骑楼街，当时被保留了下来。成片拆除原生骑楼乃始于1994年荔湾区的房地产开发项目。在1995—1999年间，广州进行大规模的城市基础设施建设和改造，广州骑楼街近30%被拆除。如著名骑楼街中山四路、中山五路、解放南路（1996年拆除）、六二三路（1999年拆除）等路段的大量骑楼迅速消亡。

截至1999年，广州尚存骑楼街有59个路段。总长39 450米。已拆及规划将拆的骑楼街有10950米，占27.76%。尚存留而未拆的骑楼街有28 500米，占72.24%。

又十多年后至2013年，当时广州尚存骑楼街已不足40条。集中分布在越秀、荔湾、海珠三个老城区。其中越秀区最多，包括海珠南路、人民路、长堤、一德路、北京路、大南路、万福路、泰康路、靖海路、大新路、文明路、德政路、文德路、东华东路、起义路、中山六路、豪贤路、越华路等。

北京路、上下九路骑楼街仍然闻名海内外，但这是极少数，不具普遍性。当下广州骑楼街一大特点是与批发市场共存，因为骑楼这种建筑形式最为适合批发市场展示和仓储结合的商业形式。典型的如广州市最早的骑楼街一德路以及泰康路。2003—2004年，政府对一德路干果海味专业街进行保护性的修复，再显其兼具商业和居住功能的建筑风格。

# 三、民居宅园

## （一）骑楼建筑

上文记述的骑楼建筑就是一种民宅。

广州商贸繁华，地少人多，充分利用土地是民居建设必领考虑的重要因素。骑楼建筑楼下走道，楼上住人，显而易见，是一种可以充分利用土地的建筑形式。

骑楼街有特色，景观有魅力，但常年居住其中却非一种享受。



实质上，骑楼是联成一长列的竹筒楼（竹筒屋），山墙无窗，仅靠前后窗采光通风。这对于进深10米甚至20米的室内空间来说，明显不足。造成骑楼后部居所阴暗、潮湿。而厨、厕通常只能安置在最后部，更显狭小阴湿。防火、卫生条件多达不到现代住宅要求。

骑楼净高一般3～4米，多数面积被搭上阁楼，用作床铺，起居空间狭小。室内交通主要靠0.6米左右的巷道、梯间来解决，相当挤迫。

此外，骑楼临马路，受城市噪声干扰较大。繁华路段尤甚。

### （二）竹筒屋

竹筒屋是多进窄狭巷式房屋，为砖木结构楼层式建筑。鸦片战争后兴起于广州城区，亦即产生于19世纪下半叶。为广州近代住宅形式之一。

竹筒屋狭长的平面形式可以充分利用街区间的土地，拉长街道间的距离，宏观上减少街道占地面积，保证每户所承担的街道建设费用降至最低。

广州夏季时间长，全年气温高，竹筒屋这种建筑形式可以遮蔽强烈的直射阳光、创造阴凉的室内居住环境。竹筒屋纵向排列数个小天井。既避免了阳光直射，又可通过天井间的联系而形成良好的通风系统。这些都是与当地气候相适应的。

民国后，随着西方建筑技术的传入，竹筒屋采用了混凝土梁和西洋建筑的局部装饰，出现了上设阳台的二三层平顶楼房。楼层和门楣上使用混凝土过梁，屋顶改为平顶，并设小阳台。时称“洋楼”。在传统建筑的基础上抹上了西方建筑文化的色彩，并采用了西洋建筑的局部装饰，既有别于中国传统民居，又不同于洋式住宅，是中西结合的产物，是民国时期广州颇具特色的民居建筑。

竹筒屋多建于城中商业街道和人口密集区。

20世纪30年代较出名的竹筒屋街区有霞飞坊、盐运西、将军东、将军西等街段，最为集中和典型。

至20世纪80年代，广州仅在西关还保留部分竹筒屋。

### （三）西关大屋

西关大屋是西关一带富有岭南特色的传统民居，俗称“古老大屋”。此种建筑以西关一带居多，亦最闻名，故名。清末西关为广州繁华商业中心区，豪门富商在此营建大型住宅，入民国后仍继续建造。

这些住宅砖木结构，青砖石脚，高大明亮，厅园结合，装饰精美。

基本布局是三间两廊，左右对称，中间为主要厅堂。中轴线由前而后，依次为门廊、门厅（门官厅）、轿厅（茶厅）、正厅（大厅或神厅）、头房（长辈房）、二厅（饭厅）、二房（尾房）。每厅为一进。一间大屋为二、三进。个别大屋为三进深，为深客大院式的大屋。厅与厅间以天井相隔，天井上加小屋盖，靠高侧窗（水窗）或天窗通风采光。正间两旁主要有书房、偏厅、卧室和楼梯间等。最后为厨房。

门厅右边一般设有庭院，栽种花木，布置山石鱼池以供游憩观赏。庭院后部为书房。

西关大屋面积一般约400平方米，大屋两侧各有一条青云巷（取“平步青云”意），又称

"冷巷""火巷""水巷"等，有通风、防火、排水、采光、晒晾、交通、栽花木等多种功用。门面装修与竹筒屋相同。外为矮脚双扇门，中为趟栊，内为大门，均由高级硬木制成。

室内装修讲究，陈设家具、灯具、条幅、对联、书籍、古董、字画、瓶花、盆栽、笼鸟、镜台及各种艺术品。酸枝、坤甸等红木家具，木雕花饰，槛窗、满洲窗装嵌有书画图案的彩色玻璃，具有浓郁的岭南韵味。

今存小画舫斋是典型的西关大屋式建筑。

今宝华路、逢源街、多宝路等居民住宅区的西关大屋和竹筒屋是广州典型的传统建筑。

## （四）侨风建筑·洋房别墅

主要建于城东郊原东山区，详上文《东山城区的形成和发展》。

## （五）平民宫·平民宿舍·职工宿舍

20世纪二三十年代，广州中心城区一带，商业繁荣，人烟稠密，屋宇栉比；加上外来人口日益增多，地狭人稠，地价随之高涨，住房供不应求，以致屋租昂贵，一个小单间月租十多银元。当时一个普通工人（如酒楼茶居的职工）的月工资约10银元，可见如此月租对一般平民来说难以负担。劳苦大众只能凑份子"群租"，十几个人挤在一个单间里的景象比比皆是。1931年颁布的《二十年度之广州市政实施大纲》写道："其地方之暗湿，空气之积浊，比比皆是。妇孺居处之健康，几摧残殆尽矣。"

当年陈济棠主粤，政局较为稳定，经济发展。当时的广州市长是林云陔，为调剂城中人口密度，广州市政府乃于1930年间，向郊外开辟松冈住宅区及东沙住宅区，让市民迁出郊外居住。从前寂寞荒郊地，建起了成片楼宇，相对城区，园庭美化，空气清新。

政府最初曾规划在工厂集聚的西村一带建设成片平民住宅，辅之以小学、派出所、消防所等配套设施，预算需近十万银元，奈何一直拿不出这笔巨款，最后不了了之。

这事没做成，政府转以打算将市区闲置建筑改造成平民住所。

1929年，陈济棠截获了桂系军阀的一艘走私船，罚款6万银元，他把这笔钱全给了广州市政府，同时还将原广东省军事厅旧址划拨出来，用于建设平民宫，即廉价宿舍。该址位于大南路与高第街之间，是城中旺地，出入方便。

1930年一月动工兴建平民宫，1931年8月落成。共花了7万多银元。占地约1600平方米，分为前后两座，前座四层，后座三层。当时正值国民党第四次全国代表大会在广州召开，于是这平民宫就暂被用来做了各位代表的临时招待所。

1931年12月15日，平民宫正式开幕。设正主任一人，掌理宫内一切事务，另设副主任一人做助理。

宫内共设有宿舍八间：内分第一至第八宿舍，共有床位268张。其中以第三、第四两宿舍，定为甲种，合共有床位76张，每半月征收租金2元。以第一、第二两宿舍定为乙种，合共有床位120张，每半月征收租金1元。又以第五、第六、第七、第八四宿舍定为丙种，合共有床位72张，每日征收租金2毫。水电不收费。

宿舍内，皆备有小铁床、伞帐、白珠被、棉花枕头等。各卧具皆有。每月涤洗一次，以防不洁。在两床之间，置一书桌，以备书写，亦用于放置轻便物品。另于宿舍外，特设一储藏室，以备住客储藏贵重物件，以免遗失。另派事务员一人，管理各宿舍之洁净安宁。另两宿舍设管事一人，专理住客迁出迁入及代理储蓄等事项。又每宿舍设什役一名，以为洁净宿舍、冲茶泡水，及住客购买物品之用。

平民宫之下，附设第一平民宿舍于三眼井，第二平民宿舍于东校场，宿费极廉，主要为利便该处平民而开设。

平民宫属地方公共事业之一，故宫内亦设有公共之场所，在1933年已置设备如下：公共图书室、公共阅报室、公共膳室、公共浴室、平民结婚礼堂、贸易部、乒乓球室。

1931年1月15日，在宫内举办平民学校，招收已届学龄之失学贫童，分日夜两班，特聘两教员，分校授课。

1934年底—1935年，平民宫增设了贸易部，特意设立了小贩贷款处。

平民宫每月开支约为900银元，由市政府核准划拨。

当时《市政公报》称，平民宫建成后，“一般平民咸称利便，纷纷前来投住”。可见颇受欢迎，但床位只有268张，犹如杯水车薪，根本无法解决众多市民居住难的问题。

1932年，当时的广州市市长刘纪文在《平民宫记》中写道：“万间广厦，古叹其难，虽市府加设平民宿舍，从事补苴，而芸芸市民尚多无以为家之叹。众生无穷，愿益无尽，是以所望于邦人君子……”

“芸芸市民尚多无以为家之叹”，即很多人还是没有房子住。

1934年，陈济棠提倡并发起筹集巨款，由市府设计建造劳工住宅，已建成并陆续投入使用的有八旗会馆第一号、八旗会馆第二号、河南又居里第一号、又居里第二号、海珠桥南边桥脚和海珠桥北边桥脚等六处劳工住所。海珠桥南斜坡下为第一劳工安集所，北斜坡下为第二劳工安集所，分别设有士敏土上下床位220个和312个，限于男性劳工可入所留宿，每晚每人收暂宿费铜仙二枚，日间不得在所内留宿。

1946年，原有大南路平民宫、河南同福路劳工宿舍、德政路劳工宿舍等址均被占用。隶属市社会局管辖的劳工平民住所仅存6处，床位只有408个。难以解决较多劳工的住宿问题。

1948年，市社会局训令，对劳工平民宿舍租金采取累进征集的办法，第三个月调整一次，第一次征收（国币每天计）床位1000元，单房2000元，双房4000元；第二次征收2倍加租；第三次征收10倍加租；并对居住6个月以上者按月抽签迁出。

# 第九章 文化

## 一、教育

民国时期，教育比前代大为普及。幼儿教育、小学教育、中学教育、师范教育、高等教育及平民教育都同步发展。

清代的广州城，由南海、番禺两县分管，教育亦分由两县“儒学署”管辖。

晚清光绪二十七年（1901）八月，清政府颁布《兴学诏书》，鼓励兴办学堂。翌年，谕令停办书院，严饬各省、府、直隶州限期成立中学堂，各县限期成立高等小学堂。

光绪二十九年（1903），清政府颁布《奏定学堂章程》，称“癸卯学制”，推行“中学为体，西学为用”的教育方针，并对教育宗旨、学堂系统、课程设置、学堂管理等做了比较具体的规定。制定了中国近代正式学制。

广州各书院先后停办，改设学堂。如禺山书院改办官立番禺高等小学堂，粤秀书院改为方言学堂，在番禺学宫设立番禺公立中学堂，在惠爱东路设立两广高等工业学堂，在大石街太清宫创建了广东省官立女子师范及其附属小学。

当年的学堂是废止科举制度后向学校转变的一种过渡形式的教育机构，其学制、师资、教育大纲均未完备。官办学校经费由政府划拨，私立学校经费由办校人自筹。也有官办民助、民办官助或者发动官绅、官商捐资办学的，还有以学产收入专作教育经费的。

光绪三十一年（1905）废科举后，教育行政机构易名为学务公所。次年（1906）八月，两县又遵章改为劝学所，设总董（亦称学董）1人。

宣统三年（1911），劝学所改为教育行政辅助机构，总董改称劝学员长。

清末民初，分级分类的教育体制逐渐形成。

民国元年（1912），劝学所改为督学局。6月，广州督学局成立，专管市区内的小学和私塾（当时广州私塾约有300所，比较集中在西关）。数月后，又撤督学局，小学及私塾由番禺、南海两县第三科管理。

1916年复称劝学所。1920年恢复督学局。

1921年广州设市，督学局改组为市教育局，为市政厅属下机构，负责管理学校。局内分学校教育课、社会教育课、慈善事业课。随后再设督学处。

在1921年之前，教育经费的管理无具体规定。自1921年始，由广州市经费保管委员会将经费分发给公立中小学及受市补助的私立学校。教会学校仍由教会或教友负担。

1924年，广州市市立国民学校任免暂行规程中规定国民学校设校长、正教员、专科教员、助教等。是年，广州市教育局调查市内共有男私塾636所，女私塾129所，学生3万多人，与公私立小学人数差不多。

1926年7月在广州召开中央教育大会，决议“大量发展小学，取缔私塾”。至1937年，广州有私塾74所。

1935年，规定国民教育经费以地方自筹为原则，中央给予适当补助。

1931—1936年，时为陈济棠主粤时期，社会较为安定，政府重视教育，增加教育经费，改善办学条件。广州市教育局增设总务课、广州市义务教育设计委员会、广州市民众教育委员会等机构。广州教育呈现出兴旺景象。大学有18所（公立10所），中学73所（一说62所，其中公立13所），小学206所（一说186所。其中公立104所），各类私塾765所。共有中小学生4万多人，私塾学童3万多人。创办了省立勷勤大学、省立医学院等。

据1934年出版的广州市政府编《广州指南》记载：“广州学校，有公立、私立之分，公立学校，又有国立、省立、市立之别。”公立学校学费比私立学校低，亦有免缴学费者。当时以下学校建有学生宿舍：国立中山大学、私立国民大学、省立女子师范、私立知用中学、明远中学、大中中学、南武小学、国立广东法学院、南京中学、千顷中学、宏英中学、图强助产学校、四邑中学、新会县立乡村师范、实践中学等校。不过，宿舍少，学生多，供不应求，以下学校则备有全体学生宿舍：省立工专学校、省立第一中学、执信中小学、私立岭南大学、培正中学、培英中学、培道女子中学、协和中学、美华中学、神道学校、圣心中学、广州青年会中学。

在校外，则有所谓“学界宿舍”。1934年《广州指南》这样记述：

学界宿舍，名曰学旅，设于学校附近，内容与寻常逆旅异，只备木床、椅桌、茶壶、茶杯等，其余一切寝具，均须自备。膳宿费每日约六角，每月约十六元至二十元。

并表列当时广州学旅如下（备注栏为笔者所加）：

| 名称 | 地址 | 备注·地址今名 |
|---|---|---|
| 一东 | 大塘街六九号 | 中山四路南侧之大塘街 |
| 大同 | 惠爱路三二号 | 中山路 |

（续表）

| 大信 | 司后街一七号 | 越华路 |
| --- | --- | --- |
| 大安 | 豪贤街 | 豪贤路 |
| 公兴 | 百岁坊一〇号 | 今大塘街以东之百岁坊 |
| 文缘 | 登云里二号 | 今仓边路以西之登云里 |
| 自然 | 清水濠三四号 | 清水濠 |
| 多士 | 永汉北乐善里五号 | 今北京路以东之乐善里 |
| 青连发记 | 豪贤街七八号 | 豪贤路 |
| 泰安 | 豪贤街八七号 | 豪贤路 |
| 高升 | 豪贤街三四号 | 豪贤路 |
| 报东金记 | 天官里一五五号 | 天官里 |
| 萃英 | 天官里一四六号 | 东风中路 |
| 深柳 | 新贵坊四号 | |
| 华安 | 旧仓巷凌霄里口 | |
| 新新 | 东岳首约二三号 | 今越华路东段 |
| 豪贤学府 | 豪贤街五六号 | 豪贤路 |
| 天平 | 天平街一四号 | 天成路 |
| 名亭永记 | 惠爱路二〇〇号 | 中山路 |
| 同兴 | 登云里一〇号 | 今仓边路以西之登云里 |
| 均安 | 华宁里八号 | 华宁里 |
| 长安 | 天官里八八号 | 东风中路 |
| 泰生 | 华宁里二八号 | 华宁里 |
| 宁乐 | 天官里一五四号 | 东风中路 |
| 桂香 | 桂香街一五号 | 桂香街 |
| 彬彬友记 | 正南街四号 | 正南路 |
| 华宁 | 华宁里三五号 | 华宁里 |
| 粤安 | 朝观街永兴里二号 | 今教育路以西之朝观街 |
| 汇源 | 雅荷塘一一号 | 雅荷塘 |
| 漱山雄记 | 大塘街六六号 | 大塘街 |
| 汉兴胜记 | 西湖街八一号 | 西湖路 |
| 乐园 | 豪贤街一六号 | 豪贤路 |
| 兴华 | 司后街一六号 | 越华路 |
| 灵峰 | 文德南路一二号 | 文德南路 |
| 希贤 | 豪贤街 | 豪贤路 |
| 适余 | 惠爱路二九号 | 中山路 |
| 广安 | 府学西街 | 府学西街 |
| 卢山公寓 | 榨粉街仁和里一一号 | 仁和里 |
| 广大 | 广大路 | 广大路 |

1936年7月，陈济棠下野。8月，裁教育局，并入社会局。

抗战期间，大量学校内迁，教育日绌，市社会局改为非常时期服务团。汪伪政权建有省立广东大学1所，学生300余人；公私立中等学校19所，小学100所，入学人数只有学龄儿童总数的13%。1942年汪伪教育厅公布：广州有私塾68所，塾师70人，其中男60人，女10人；学生2722人，其中男2054人，女668人。

抗战胜利后，疏散各地的学校相继迁回。教育局恢复。教育经费由市财政局统筹。

至1949年10月，全市共有大学10所，中学86所（其中公立8所，私立78所）；中心小学37所，国民小学68所，私立小学148所。广州学龄儿童入学率69%，市区人口文盲率60%（一说65%）。

鸦片战争后，外国教会在广州开办各种学校。至民国初，教会学校、学堂、幼稚园不下60所。校长由外国人担任。1926年全国掀起收回教育主权运动，才陆续改由中国人担任。

至1949年10月，广州有教会办的大学1所、中学12所、小学38所、职业学校3所。20世纪50年代初全为政府接管。

### （一）幼儿教育

1902年，清廷颁布中国近代第一个学制，其内容为规定各级各类学堂的性质、培养目标，将幼儿教育列入初等教育系统。幼儿教育学校被称为蒙学堂（后改称蒙养院。民国后改称幼稚园）。蒙学堂的保姆是选择乳媪加以训练充任，女子师范学堂则培训幼儿教师，要求蒙养院教师有“贞静、顺良、慈淑、端俭”的美德。

1907年，南强两等小学堂在西关宝华市内开设附属幼稚园，园址在城西逢源南约3号。是广州最早的一所幼稚园。

1908年，在广东官立女子初级师范学堂附设蒙养院，保育三至七岁幼儿。园址在小北大石街太清宫。是为最早建立在越秀地区的幼儿园。

1909年，美国南部浸信会国外传道会传教士开办东山幼稚园，园址在东山浸信会教堂，有幼儿38人，大多是传教士子女及孤儿院、盲人收容所的小孩，免费入学。同年培灵浸信会传教士时乐士夫人创办培灵幼稚园（今东山烟墩路幼儿园前身。建国后由区政府接管，改为公立幼儿园）。

1911年，碧卢夫人创办私立慈爱幼稚园，校址设在西关逢源正街长老会礼堂。幼稚园开设谈话、行仪、读方、数方、手技、乐歌、游戏等课程，对幼儿进行初步的道德行为训练和文化教育。

清代，蒙养院教师由育婴堂、敬节堂的乳媪（保姆）担任。民国时期幼儿园教师多为师范毕业生。

1912年，教育部规定女子师范学校、师范学校、国民学校均可附设蒙养园（其中女子师范必须附设）。

1922年，蒙养园改称幼稚园。是年，在今越秀区公立幼稚园有2所，一所附设于广州市保姆讲习所内，教师2人，幼儿50人；另一所附设于省立女子师范学校内，教师2人，幼儿65人（一说成立于1923年，2个班，幼稚生42人）。

1927年，有市立师范附设幼稚园及市立保姆学校附设幼稚园两所，幼稚生108人。



1929年，市立师范学校和市立小学附设幼稚园有7所10班，幼稚生394人；私立小学附设幼稚园3所4班，幼稚生114人。

1931年，广州市教育局做出推广幼稚教育的决定。是年，市立小学附设幼稚园发展至10所14班，幼稚生607人；私立学校附设幼稚园6所8班，幼稚生402人。

1932年，国民政府教育部颁布《幼稚园设置办法》规定："幼稚园附设于国民学校、中心学校或小学，并得单独设置。"当年附设在市立中、小学内的幼稚园增至16所29班，幼稚生有1169人；附设在私立中、小学内的有10所21班，幼稚生640人。

1933年，国民政府公布教育法令提出："国民学校及中心国民学校均得附设幼稚园。"并在《广州教育施政近况》中提出："幼稚教育为小学之基础，养正圣功，至关重要，力求扩充，并加以改善。"当年（1933）9月，市立第一幼稚园创建，是将市立第三中学附设幼稚园（两个班）的旧校舍由市库拨款改建而成，有4个班，幼稚生202人。这是广州市第一所独立设置的公立幼儿园。园长马汉瑶。园址在惠爱西路。今中山六路幼儿园前身。

是年，附设在市立小学的幼稚园有20所，33个班，幼稚生1449人；附设在私立小学的幼稚园有16所（多数为教会办的小学）；单独设置的私立幼稚园有天真、东山灵光、广大路灵光、女青年会共4所，均由基督教会主办，在园幼稚生共760人。公私立幼稚园共37所，在园幼稚生2419人。

1935年，东山地区的市立十八小学、四十五小学、二十二小学、六十三小学、六十六小学等共附设了9个幼稚班。

1938年，美国基督教会创办提多幼稚园，园址设在万福路184号基督教救主堂副楼下。

民国时期，西关幼儿教育有所发展。1921—1934年，西关陆续有市二小、市四十九小、市六十四小、市三十七小等4所市立小学以及明达、明智、强邦等3所私立小学附设幼稚园，平均每园有幼儿30～70人。此外，中华基督教会创办的青年会幼稚园以及中华循道会开设的淑正幼稚园也分别有学生120人和80人。抗日战争期间，各园陆续停办。

河南地区的幼儿教育，1921年区内有私立洁芳女子师范附属幼稚园、私立始平高等小学附属幼稚园和私立岭南学校附属幼稚园等3所，幼儿共71人，教员6人。至1949年则仅有私立独立幼稚园1所，小学附设幼稚班4所，幼儿320人，教职工13人。

芳村地区在建国前夕，只有中华基督教会平民堂所办幼稚园1所，入园幼儿16人。

抗日战争时期，广州市立附设幼稚园只有4所5个班，幼稚生259人。

1945年抗日战争胜利后，市内汪伪小学一律解散。11月，利用原有校舍先行恢复市立小学42所，幼稚园1所6个班，幼稚生365人。市立小学3校各附设4班，幼稚生564人。私立幼稚园9所20班，幼稚生708人。

1946年，市立小学附设幼稚园7所19班，幼稚生1103人。私立小学附设幼稚园16所39个班，幼稚生1527人。

1947年，市立幼稚园增至9班，小学7校附设12班，共21班，幼稚生1203人。私立幼稚园仍为1所，私立小学附设幼稚班有14所41班，幼稚生1572人。

1948年，东山地区公立幼稚园附设在二小学、十八小学、二十二小学、四十五小学、六十三小学、六十四小学、六十六小学、七十小学。私立幼稚园有4间：培灵、提多、惠爱、光东。

1949年10月以后，幼稚园改称幼儿园和托儿所，仍保持公立、私立两种体制。

民国时期幼儿园一览表

| 名称 | 地址 | 创办时间 | 备注 |
|---|---|---|---|
| 蒙养园 | 小北大石街太清宫 | 1908年 | 广东官立女子初级师范学堂附设。为最早建立在今越秀地域的幼儿园。 |
| 培灵幼稚园 | 东山烟墩路 | 1909年 | 培灵浸信会传教士时乐士夫人创办。今烟墩路幼儿园前身。 |
| 东山幼稚园 | 东山浸信会教堂 | 1909年 | 美国南部浸信会国外传道会传教士开办。 |
| 私立协和女子师范学校附属幼稚园 | 西村彭城东路 | 1916年 | 荔湾区西村幼儿园前身。 |
| 洁芳幼稚园 | 河南 | 1921年 | 河南学前幼儿教育以洁芳幼稚园为最早。 |
| 幼稚园 | 附设于广州市保姆讲习所内 | 1922年 | 公立。教师2人，幼儿50人。 |
| 幼稚园 | 附设于大石街太清宫省立女子师范学校内 | 1922年 | 公立。教师2人，幼儿65人。 |
| 幼稚园 | 附设于市立师范 | 1927年 | |
| 幼稚园 | 附设于市立保姆学校 | 1927年 | |
| 市立第一幼稚园 | 惠爱西路 | 1933年 | 广州市第一所独立设置的公立幼儿园。今中山六路幼儿园前身。 |
| 灵光幼稚园 | 广大路 | | 基督教会主办。单独设置的私立幼稚园。一说在东山。 |
| 幼稚园 | 基督教女青年会 | | 基督教会主办。单独设置的私立幼稚园。 |
| 提多幼稚园 | 万福路184号基督教救主堂副楼下 | 1938年 | 美国基督教会创办。 |
| 惠爱幼稚园 | 东山 | | 1948年存。 |
| 光东幼稚园 | 东山 | | 1948年存。 |

## （二）小学教育

晚清光绪二十四年（1898），时敏小学堂（附设在时敏学堂）开办，广州始有小学，

光绪二十九年（1903），《奏定学堂章程》（即《癸卯学制》）颁行，小学分初、高两等，对其学制、招生年龄、教育宗旨、在学年限均有明确规定。其中规定初等小学堂的课程有修身、读经讲经、国文、算术、历史、地理、格致、体操8门为必修科，图画、手工、乐歌为随意科。高等小学堂的教授科目为：修身、读经讲经、国文、算术、中国历史、地理、格致、图画、体操9门为必修科，农业、商业为随意科。

在此期间，小学陆续开办。

清光绪三十年（1904），在清水濠四川会馆内开设求是小学；同年五月禺山书院改办为番禺官立高等小学堂；九月在旧贡院开设两广速成师范科馆附属高等小学堂，

光绪三十二年（1906），学部通知各省督抚“外人设学无庸立案”。此后，外国人在广州开办教会小学日益增多；

光绪三十三年（1907），颁布《女子小学堂章程》，政府正式确定女子有受教育的合法

权利。

清朝晚期，初级私塾采用《三字经》《千字文》《幼学诗》等为教材。1904年以后，渐有一些学堂使用官设编书局编纂的学部审定教科书，也有的自选教材。

1909—1911年改订初等小学科目有读经、讲经、国文、算术、体操、图画、手工、乐歌，高等小学堂设修身、读经、讲经、国文、算术、中国历史、地理、图画、体操、手工、农业、商业、乐歌、英文等课程。

1911年，广州有小学校、小学堂60所（分布状况：老城区17所，新城区3所，东南关区5所，西关区18所，河南区16所，城西区1所。今越秀地区约为当时的老城区、新城区及东南关区，即共有38所）。学生共2480人。其中官办小学堂17所，学生803人；公立（共立）6所，学生553人；私立37所，学生1224人。

清末，初等小学堂限定7岁入学，10岁亦可。肄业5年毕业，如愿入高等小学堂，不用考试，直升。高等小学堂以初等小学堂毕业后升入肄业，或虽未经初等小学堂毕业，而年龄在15岁以下，经测试合格者，亦可入学。肄业4年毕业。

民国时期，小学学制经历了三次变革。

首先实施的是民国元年（1912）壬子学制。

是年，教育部颁布普通教育暂行办法14条，规定将小学堂改为小学校，初小男女可同校。广州奉行教育部法令，开设小学校。有省立、县立、公立和私立4种。

小学分高、初两等，教科书须经教育部审定。初等小学（后称国民学校）四年为义务教育。小学授课时间以分钟计算，小学各年级每周授课时间在1260～1440分钟之间。普通教育课程也做了修改：废止读经一科，女生增加裁缝科。高小格致分为博物、理化两科；手工为必修科；唱歌、外语及农业、商业为随意科。

教育部《小学校法》规定：6～14周岁都可入初等小学校，肄业4年毕业。高等小学入学儿童以初等小学校毕业及有相当于初等小学毕业程度的为合格，修业3年毕业。

1915年，教育部公布《高等小学令》规定，高等小学的入学儿童，以曾经在国民学校毕业的为合格。民国五年，《国民学校令》规定，6～13周岁为学龄期，可享受义务教育。事实上，据1931年广州市市立小学招生统计，当年入学儿童仅占学龄儿童43.39%。

第二次是1922年壬戌学制，即“新学制”，规定初等教育共6年，分为初级小学四年（为义务教育）、高级小学二年，称“四二分段制”。制订了小学课程暂行标准。此为我国学校有课程标准之始。规定教材采用白话文。从此，小学不再以文言文做教材。改国文为国语，改修身为公民科，并增设社会、自然、园艺等科。

1923年，广州的小学贯彻执行“新学制”。

第三次是戊辰（1928），规定小学6岁入学，12岁毕业，称为现行学制。

1933年，广州市小学儿童入学年龄为6周岁，有情况特殊的可延至9周岁。小学各年级遇有缺额，在每学期开学后3个月内，随时收受插班生。

民国时期，公立学校对教师一般都采用聘任制，由校长聘用，报请主管教育行政机关核准，于学校开学前将聘书送达受聘教师。私立学校则由学校自行决定。

清末民初，私塾与小学同时存在，为城乡初等教育的一种主要形式。官立和私立小学的数

量不多，许多儿童仍到私塾就读。不少儿童失学。

1914年，广东教育科下令改革私塾，规定采用部定教科书，增设国文、算术、历史、地理等课程。1926年，下令改私塾为小学。

1918年10月，广州市内公立、私立小学归市教育局管辖。计有省立、县立、公立小学校32所，私立（包括教会办）小学校40余所。这70多所小学，不足容纳学龄儿童的一半。

1920年，广州市督学局调查结果，全市失学儿童达31 000余人。

1921年，原越秀区境内有市立高等小学10所，市立国民学校24所；私立高等小学14所，国民学校25所。当年市内共有学龄儿童57 328人，在学只26 251人。入学率45.8%

市立小学校舍多由坊间之寺庙、祠堂、尼庵、道观等改建而成（占半数以上），场地狭窄，设施简陋。容纳学生有限。

一般公立学校经费不充裕、学校设备受到限制，只有少数私立学校如培正小学，校舍场地较大，设备较为完善。

1926年，广州有高小10所，女子高小6所，国民学校（初小）44所。因学龄儿童众多，不足容纳，乃增设市立小学6所。

1927年，广州教育局将市立高小及国民学校一律改编新制，统称小学校，计有市立小学校62所，加上市立师范附小、市贫民子女学校、市立水上小学校，共65所，有学生24669人，其中男生8488人，女生6181人，教职员692人，另有私塾549间。

同年，对市内650所私塾进行审核，分别存汰，淘汰了办理不良的212所。

1928年，广州学龄儿童为53 384人，已入学42 146人，入学率为78.95%。

1932年，学龄儿童119 881人，已入学为63 497人，入学率52.97%。

1932年，选择具有小学雏形的铸贤、尚德、伟鹏等8塾改为代用小学。1933年，选代用小学办得较完善的尚德、伟鹏为市立小学。至民国二十六年（1937），广州私塾仅有74所。

陈济棠主粤时期（1928—1936），广州政局较为稳定，经济发展，广州教育兴盛。市内公立、私立小学逐渐增加。

据930年统计，有市立小学88所，学生38 018人，已立案的私立小学30所，学生6142人。全年教育经费1 194 691元，在全国各都市中高居首位。

1933年统计，广州天主教设立小学有4所，在校学生600余人；基督教设立小学有17所，在校学生2035人。

1934年，成立“广州义务教育设计委员会”，推行义务教育，在原市立小学内增加班额，每3班增加1班，得以容纳失学儿童16530人，占失学儿童46.39%。但远未达普及义务教育之目的。据当年统计，全市失学儿童66 002人，占学龄儿童58%。

1934年出版的广州市政府编《广州指南》，载录了当时广州的公立小学94所、私立小学86所，表列如下：

| 校名 | 校址 |
|---|---|
| 国立中山大学附属小学 | 文明路 |
| 市立广东女子师范附属小学 | 大石街 |
| 市立师范附属小学 | 西湖路 |

（续表）

| 市立第一小学校 | 万福路 |
|---|---|
| 市立第二小学校 | 西关十二甫 |
| 市立第三小学校 | 大市路五仙观 |
| 市立第四小学校 | 麻行街东头 |
| 市立第五小学校 | 盘福路 |
| 市立第六小学校 | 光孝街 |
| 市立第七小学校 | 花塔街六榕寺 |
| 市立第八小学校 | 大北直街周家巷 |
| 市立第九小学校 | 西濠街七株榕 |
| 市立第十小学校 | 西营巷 |
| 市立第十一小学校 | 东堤大马路大中汽车公司楼上 |
| 市立第十二小学校 | 百灵街 |
| 市立第十三小学校 | 惠爱西路玄妙观 |
| 市立第十四小学校 | 麻行街西 |
| 市立第十五小学校 | 桂香街对面文昌庙 |
| 市立第十六小学校 | 石基里 |
| 市立第十七小学校 | 天平路宜安里五号 |
| 市立第十八小学校 | 东关仁秀新街 |
| 市立第十九小学校 | 白云路广九车站对面 |
| 市立第二十小学校 | 高华里 |
| 市立第廿一小学校 | 越华路 |
| 市立第廿二小学校 | 东关糙米栏 |
| 市立第廿三小学校 | 西门外高冈医灵庙 |
| 市立第廿四小学校 | 教育路 |
| 市立第廿五小学校 | 河南莲塘大街 |
| 市立第廿六小学校 | 河南福安街一号 |
| 市立第廿七小学校 | 官塘街 |
| 市立笛廿八小学校 | 小北直街 |
| 市立第廿九小学校 | 天官里尾 |
| 市立第三十小学校 | 小北十八洞 |
| 市立第卅一小学校 | 河南蒙圣里老君庙 |
| 市立第卅二小学校 | 河南花地欲善堂 |
| 市立第卅三小学校 | 西关观澜新街尾 |
| 市立第卅四小学校 | 油栏直街新桥市孔家祠 |
| 市立第卅五小学校 | 河南龙尾导张王庙 |
| 市立第卅六小学校 | 西关十六甫西二巷 |
| 市立第卅七小学校 | 河南上芳村八公祠 |
| 市立第卅八小学校 | 大北门外双井街 |
| 市立第三十九小学校 | 河南洪德七巷 |
| 市立第四十小学校 | 西关多宝路 |

（续表）

| 市立第四十一小学校 | 清水濠 |
| --- | --- |
| 市立第四十二小学校 | 高第坊 |
| 市立第四十三小学校 | 河南瑶头乡双洲书院 |
| 市立第四十四小学校 | 城南祖庙 |
| 市立第四十五小学校 | 惠爱东路 |
| 市立第四十六小学校 | 府学西街乡贤祠 |
| 市立第四十七小学校 | 大德路 |
| 市立第四十八小学校 | 洞神坊 |
| 市立第四十九小学校 | 西关至宝大街 |
| 市立第五十小学校 | 宝华路 |
| 市立第五十一小学校 | 西门外田心 |
| 市立第五十二小学校 | 东关三巩门 |
| 市立第五十三小学校 | 朝天街 |
| 市立第五十四小学校 | 西关清平街 |
| 市立第五十五小学校 | 大新路古庙 |
| 市立第五十六小学校 | 河南宝岗庙前 |
| 市立第五十七小学校 | 光孝街书同巷 |
| 市立第五十八小学校 | 濠畔街 |
| 市立第五十九小学校 | 河南洪德二巷 |
| 市立第六十小学校 | 蓬莱新街三十二号 |
| 市立第六十一小学校 | 观莲街旧慧佛寺 |
| 市立第六十二小学校 | 下芳村天后庙 |
| 市立第六十三小学校 | 东皋大道 |
| 市立第六十四小学校 | 黄沙郑家祠 |
| 市立第六十五小学校 | 河南溪峡 |
| 市立第六十六小学校 | 东山署前街三十七号 |
| 市立第六十七小学校 | 越华路省府前 |
| 市立第六十八小学校 | 沙河 |
| 市立第六十九小学校 | 小北下塘乡 |
| 市立第七十小学校 | 东山河埔 |
| 市立第七十一小学校 | 西关丛桂新街 |
| 市立第七十二小学校 | 河南鳌洲正街中约 |
| 市立第七十三小学校 | 西关逢源正街尾 |
| 市立第七十四小学校 | 珠光里南约 |
| 市立第七十五小学校 | 太平沙 |
| 市立第七十六小学校 | 一德路云南会馆 |
| 市立第七十七小学校 | 龙津东一八六号 |
| 市立第七十八小学校 | 南关增沙 |
| 市立第七十九小学校 | 西关逢源北约 |
| 市立第八十小学校 | 河南凤凰岗小桃源 |

（续表）

| 市立第八十一小学校 | 光复北路 |
|---|---|
| 市立第八十二小学校 | 河南小港是岸寺 |
| 市立第八十三小学校 | 杨仁南 |
| 市立第八十四小学校 | 河南保安社安荣里 |
| 市立第八十五小学校 | 惠爱西路最乐善堂 |
| 市立第八十六小学校 | 河南堑口 |
| 市立第八十七小学校 | 东山模范村 |
| 市立第八十八小学校 | 正在筹备 |
| 市立第八十九小学校 | 河南南华东路尾 |
| 市立第九十小学校 | 西关华贵路观贤坊 |
| 市立贫民子女学校 | 雨帽街邓家祠 |

以上公立。

| 校名 | 地址 |
|---|---|
| 礼陶女子小学校 | 河南龙溪首约十六号 |
| 徽柔女子小学校 | 石将军（维新路石将军街四号） |
| 正心学校 | 芳村 |
| 岭峤小学校 | 雅荷塘番禺县署后花园 |
| 鹏程小学校 | 前鉴街七十三号（亦有记为七十一号） |
| 进德小学校 | 学宫街七十二号渭滨书院 |
| 大同小学校 | 河南蒙圣里观音庙 |
| 明达小学校 | 西关观澜大街 |
| 坤德小学校 | 河南鹤鸣六巷十二号 |

以上市库补助。

| **私立培正女子小学** | **东山庙前街** |
|---|---|
| 私立岭南大学附属小学 | 河南康乐 |
| 私立培正初级小学 | 东山庙前街 |
| 私立真光小学 | 长堤仁济街 |
| 私立知行小学校 | 广大路一巷 |
| 私立培正分校 | 西关永庆一巷廿八号 |
| 私立培英学校第一分校 | 西关多宝路 |
| 粹存 | 十二甫东约四号 |
| 博约 | 河南岐兴里中北约第二号 |
| 群秀 | 阿南蒙圣建安里第八号 |
| 迪智 | 越秀南镇龙坊 |
| 东关 | 东关安怀社六十号 |
| 振南 | 仰忠街 |
| 新德 | 河南洪德七巷 |

（续表）

| | |
|---|---|
| 大同 | 河南蒙圣观音庙公所 |
| 颂平 | 诗家里第十号 |
| 南秀 | 河南歧兴中南约 |
| 求全 | 河南龙尾导陈家直街陈家祠 |
| 陶 | 花地福源街二号 |
| 修德 | 东关堑边街 |
| 明智 | 西堤豆栏中约二号 |
| 实用 | 河甫德邻里第五号 |
| 博爱 | 河南十二区三分署仁和里四号 |
| 明智 | 西堤豆栏中约二号 |
| 养正 | 第一区 |
| 振武 | 东关海傍东街 |
| 越秀 | 大石街四号 |
| 实用 | 逢源中约六十五号 |
| 礼陶 | 河南不忧庙直街七十五号 |
| 先志 | 东关泛二十六号 |
| 知艰 | 东关筑溪北约 |
| 日新 | 卖麻街东约五十六号至十八号二楼全座 |
| 元运 | 元运街洪圣庙前街尾新编门牌二号 |
| 鹏程 | 前鉴街七十一号 |
| 洁持 | 河南宝贤大街四号 |
| 广州 | 河南十一区正段内龙庆里二十六号 |
| 海幅 | 河南龙船冈二巷五十九号 |
| 合强 | 河南盐仓侧跃龙南约麦一街 |
| 公益 | 河南宝冈直三圣祠之区家祠 |
| 正善 | 西关华贵横街 |
| 扶轮 | 西关历荣里新编八号 |
| 坤仪 | 南关回龙下街一十二号 |
| 济育 | 河南洪德路洪德六巷一六号 |
| 仁威 | 泮塘仁威庙 |
| 礼泉 | 东关兴仁里十五号 |
| 八和 | 黄沙海傍街广东区界八和剧员总工会 |
| 明达 | 西关观澜大街 |
| 明远 | 惠福西路仙邻巷 |
| 育智 | 七区正署四庙地方团保局 |
| 群雅 | 长寿大街吉星里十六号 |
| 思思 | 河南 |
| 坤德 | 河南鹤鸣六巷十二号 |
| 陶志 | 河南保安社大街 |
| 唤民 | 海傍东街又小东门镇龙下街八十五号 |

（续表）

| | |
|---|---|
| 宏智 | 西关恩华大街一号 |
| 自娱 | 榨粉街三十八号 |
| 双十 | 逢源正街五十四号 |
| 循本 | 十六甫东二巷第十二号 |
| 真德 | 西关旧园大街二十八号 |
| 务本 | 西关宝义一巷六号 |
| 培英 | 仁济街中华基督教广东协会内 |
| 基英 | 河南岐兴中约 |
| 剑雄 | 龙津东路二百零八号至二百一十号二楼 |
| 道济 | 西关宝源大街九号 |
| 逢源 | 逢源西五十八号 |
| 粤路 | 粤汉路广韶段管理局 |
| 广机第十分会会馆平民小学校 | 增埗自来水厂内 |
| 树德 | 河南洪德五巷第八号 |
| 志新 | 东山分局山河村朗溪祠 |
| 守礼 | 医灵庙侧 |
| 洁廉 | 河南岐兴中约十三号 |
| 道根 | 宝华正中约 |
| 觉觉 | 逢源大街二十七号 |
| 明志 | 逢源中约五十八号 |
| 懿群 | 第十甫中华循道会内 |
| 普育 | 西关西来初地十八街联安社 |
| 立达 | 小北路史巷三号 |

以上私立。

1935年，设立短期小学3所。至1936年，有市立小学95所，农村小学、劳工小学各2所，共99所，学生44 997人，教员1286人；私立小学87所，学生10 428人；私塾221所，学生8455人。合计各类小学共307所，1494班，学生63 880人。

另有统计：陈济棠主粤时期广州有小学206所（公立104所）。各类私塾765所。共有中小学生4万多人，私塾学童3万多人。

1937年8月底，广州市遭日机轰炸，市政府宣布初中以下全部停课。9月，开办街坊小学500个班，招收未离市区的学龄儿童。教员则抽选一部分组织战时服务团，其余停薪留资。1938年10月21日，广州沦陷，街坊小学亦结束。

日军侵占广州期间，学校数和学生锐减。

1940年上半年开始，汪伪政府在原市立小学旧址选择一些旺盛的地方，开办市立小学13所。

1941年，原越秀区境内有30所公立小学、8所备案私立小学；并仍有一定数量的私塾存在，以《三字经》《千字文》为教材，在客观上抵制了日伪的奴化教育。原东山区内有市立

小学24所、私立小学5所，私塾8间、私立中学2间、私立幼儿园6间，其中8间市立小学附设幼稚班。

抗战胜利后，1945年10月，广州市教育局首先恢复市立小学64所，饬令汪伪时期的私立小学全部解散。由于复员回市的学生剧增，乃就原市立小学内增加班额，采用全日二部制。

1947年统计广州教会小学，基督教设立的有11所（大光、怀洁、明觉、正光、光东、进德、培正西关分校、提多、兴华、淑正、明新教习所），学生2406人；回教办的有清真1所，学生308人；中华播道会1所，学生65人；两广浸信会办的有培正、培道2所，学生1398人；天主教办的有明德1所，学生117人。

1948年8月，小学分为中心国民小学（简称中心小学，即完全小学，包括初小四年，高小两年）和国民小学（只办初小）两种。计有私立小学148所，中心小学37所，国民小学70所，后两者共107所，分布于全市33个学区。

其中西关地区内有市立中心小学（完全小学）8所，国民小学17所，私立小学80余所（其中教会学校4所）。小学教育虽较晚清时期有所发展，但因许多贫苦市民无力送子女入学，义务教育始终无法普及，其时今辖区内小学生只有1.1万余人，仅占学龄儿童总数的65%。

在今越秀地区的，计有东山区4所，前鉴区2所，东堤区6所，大东区5所，小北区9所，德宣区6所，汉民区8所，惠福区7所，靖海区4所，西山区3所，太平区1所。约共55所。另有市师范学校附小。学生共71 276人（其中公立30 796人）。至1949年上半年，随着人口的变化，学生数下降，共有小学257所，学生60290人，其中公立33 309人，私立26 981人。

另有统计，1949年，广州市有小学450多所，其中公立101所，私立、教会办340余所。

除1934年《广州指南》所载小学外，清末及民国时期建于广州中心城区的小学还有（教会小学见下文。本表不录）：

| 校名 | 校址 | 开办年份 | 备注 |
|---|---|---|---|
| 私立培正小学 | 恤孤院路50号 | 1891 | 前身为清光绪十七年（1891）创办的培道女子中学小学部。1903年改属培正国民学校。1928年改为私立培正中学附属初级小学。建国前夕为私立培正小学。1953年改为公办。 |
| 求是小学 | 清水濠四川会馆内 | 1904 | |
| 番禺官立高等小学堂 | 中山四路 | 1904年5月. | 禺山书院改办。 |
| 两广速成师范科馆附属高等小学堂 | 文明路旧贡院 | 1904年9月 | |
| 清水濠第一小学 | 德政中路清水濠46号 | 1904 | |
| 珠光初等小学堂 | 南关珠光里 | 1906 | |
| 广才两等小学堂 | 东山 | 1911 | |
| 尊孔半夜学堂 | 东山 | 1911 | |
| 达时两等小学堂 | 东山 | 1911 | |
| 启明两等小学堂 | 东山 | 1911 | |
| 培英初等小学堂 | 东山 | 1911 | |

（续表）

| 东关学堂 | 东川路47号 | 晚清 | 今东川路第一小学前身。 |
|---|---|---|---|
| 寺贝通津小学 | 寺贝通津11号 | 1920 | 今育才小学前身。 |
| 私立新民学社 | 二沙头 | 1924 | 1932年改为番禺二区三十二小学。 |
| 工人子女学校·贫民子女学校·第一劳工小学 | 雨帽街邓氏家祠 | 1927 | 后改为贫民子女学校，即《广州指南》所载市立贫民子女学校。学生的衣履书籍由政府发给。1933年，改为第一劳工小学。 |
| 水上小学 | 大沙头广九车站右边 | 1927 | 按照小学课程教授船民子女。其实船民子女很少入学，多为富户子弟占住了学位。 |
| 东山小学 | 署前路署前横5号 | 1930 | 今署前路小学前身。 |
| 第二劳工小学 | 学宫街 | 1934 | |
| 珠光路小学 | 珠光路40号 | 抗战前 | |
| 秉政小学 | 文德北路170号 | 抗战前 | |
| 越秀南路小学 | 越秀南路200号中国国民党平民教育运动委员会旧址 | 1945 | |
| 永安横小学 | 东华西路永安横24号 | 1946 | |
| 豪贤路小学 | 豪贤路32号 | 1947 | |
| 光东小学 | 光东前街7号 | 1948 | |
| 私立金巴巷小学 | 东风东路756号 | 1948 | 曾易名东山区第五小学、广东师范学院附小、黄埔大道小学、立红小学、东风五路小学。今东风东路小学前身。 |
| 中山三路小学 | 中山三路58号 | 1949 | |
| 芳草街小学 | 芳草街东宁巷2号 | 1949 | |
| 东皋大道小学 | 中山三路东皋大道礼兴街6号 | 建国前 | |
| 迪智小学 | 越秀南路永曜北70号 | 建国前 | 今永曜北小学前身。1925年平民教育委员会增设3个工人教场，其中东教场设在迪智小学。 |
| 启智学校 | 文德南海傍街福安里6号 | 建国前 | 弱智儿童学校。 |
| 清水濠第二小学 | 德政中路清水濠146号 | 建国前 | |

民国时期，芳村城镇地区有4所公办小学。其中市三十七小学（曾称七十二小学）、三十二小学颇具规模，每校都有9个班，于抗战胜利后先后迁离芳村和花地。

1949年10月，芳村仅剩2所公办小学。一所是市四十一小学（曾改为六十二小），有8个班，现称庙前小学。另一所是市四十二小学（曾改为九十七小），有6个班，现称大策直街小学。民办小学则主要分布在农村，有东滘、作人、钟秀、黎基等23所小学，有学生1850余人。当时是私立小学。由校董会聘任校长和教师，其经费靠祖尝庙产和社学拨租，也收学生少许学费。

河南地区，在1949年10月全区有小学49所，多数是规模较小、设施简陋的私立小学或学塾，公立小学只有9所，全区在学儿童仅6181人。

## （三）中学教育

晚清时期，废科举，兴学堂。广州随之创建中学堂，由南海、番禺两县分管，学堂“监督”由两县分别任免；府立中学堂由广州府管辖。

广州第一所私立中学堂是时敏学堂，光绪二十四年（1898）三月设立，校址在西关多宝大街（今多宝路西段）。光绪三十一年（1905）改为时敏中学堂。

广州第一所公办中学堂是教忠中学堂，光绪二十八年（1902）八月开办，设在广府学宫（今市一工人文化宫地）。

鸦片战争后，外国教会在广州设立的学校，按其程度相当于普通中学者有培英书院、岭南学校和中德学堂。

清光绪二十九年（1903），《奏定学堂章程》颁行，其中《中学堂章程》正式确定了中学学制。

清末期，中学堂招收高等小学堂毕业生，修业5年（15～19岁）。课程为修身、读经讲经、中国文学、外国语、历史、地理、算术、理化、图画、法制、理财、体操等共11门。每周教学时数36课时。强调“中学为体、西学为用”，以“造就通才”，特别重视“读经讲经”和“外国语”两科。中学一至五年级每周“读经讲经”9节，“外国语”一至三年级每周8节，四、五年级每周6节。

毕业考试仿照科举形式，并按等级给予科举出身资格。

据统计，清宣统二年（1910），广州府中学堂、八旗中学堂、旅粤中学堂、南海中学堂、番禺公立中学堂及两广优级师范附中等共有中学生836人。

入民国后，学堂始改称学校。中学堂改称中学校。监督改称校长。

民国初年，中学课程设置为：修身（后改名公民）、国文、外国语、历史、地理、数学、博物、理化、图画、手工、乐歌、体操12门，女子学校加授家事、园艺、缝纫。每周教学时数为33～35课时。以道德、实利、尚武为教育宗旨。取消“读经讲经”，将其中部分经典转入国文，每周国文课时增至5～7节。三、四年级每周的外国语课时增至8节。

教学方法一般为“教员口讲、学生笔记”。后来受1919年五四新文化运动及杜威教育学说的影响，教学方法逐步趋向于“启发式的自动主义”。但一般学校还是使用讲演式的注入方法。

入民国后，中学（或相当于中学的学校）有明显增加。

19世纪末20世纪初，外国教会在东山创办教会学校，计有培正书院、培道女子中学、培贤神道女校、培坤女子中学、圣三一中学、圣希利达女子中学等。1919年，这些教会学校先后改办中学的有培道、培坤、培正、圣三一、三育、中德等中学。

至1920年，基督教教会学校设有中学班级的除了培英书院、岭南、中德学堂外，还有美国基督教会办的真光、培道、路德、三育及浸信会传道学校，英国传教会办的圣希里达、圣三一及育才书舍，法国天主教会办的圣心、圣神及方济学校等11所。上述学校开设大学、中学、小学、蒙学共107班，学生2797人。

1921年统计，当时中学的学生数一般在100人左右，规模最大的广府中学有425名学生。

1922年，教育部公布新学制：中学从5年延长到6年，分初、高两级。初中不分科，设选修课；高中分普通班、农、工商、师范、家事等科。

1928年以后，中学完全采用三三制（初中三年、高中三年）。初级中学分甲、乙两组，甲组做就业准备，乙组做升学准备。高级中学亦分甲、乙两组，甲组侧重理科，乙组侧重文科。

陈济棠主政广州时期（1928—1936），公立中学有所发展。有中学73所，其中公立13所（《广州百科全书》第417页）。

1929年8月，省教育厅制订《广东省捐资兴学褒奖规章》，鼓励私人办学，私立中学迅速发展。是年，广州市每万人中有中学生19.68人，在全国各省市中排名第七。

从1932年开始，省、市实行中学毕业生联合考试，严格核定学生的成绩。当时广州市的完全中学有30%开设师范科或商科。设师范科的中学有省一中、省二中、省女中、南海、知用、执信、协和、教忠等学校；设商科的中学有市一中、培正、圣心、长城及青年会中学等学校。

1933年，有公、私立中学62所，学生22 088人，与1913年相比，学校增长了5倍，学生增长了20倍。

民国时期，广州市的普通中学公立的占少数，私立的占大多数。1934年，广州市有国立高级中学2所；初、高中合设的中学有省立、市立各2所，县立1所，私立33所；初级中学有国立的1所，省立、市立各1所，私立31所。共计公立中学10所。私立中学64所，私立中学占总数的86.5%。

1934年出版的广州市政府编《广州指南》载录当时广州有公立中学7所，私立中学46所，共53所，表列如下（备注栏为笔者所加）：

| 校名 | 校址 | 备注 |
|---|---|---|
| 国立中山大学附设高级中学 | 文明路 | 在文明路旧贡院。创办于1926年。今广东省实验中学前身。 |
| 国立中山大学附设初级中学 | 法政路 | |
| 省立第一中学校 | 西村 | |
| 省立第一女子中学校 | 天马巷 | |
| 市立第一中学校 | 莲塘路 | |
| 市立第二中学校 | 西关连庆沙地 | |
| 市立第三中学校 | 惠爱西路 | |
| 私立岭南大学附设中学校 | 河南康乐 | |
| 私立国民大学附设中学校 | 惠福西路 | |
| 私立广州大学附设中学校 | 文德路 | 创办于1928年。建国后改名市立第二十五中学。 |
| 私立执信女子中学校 | 东沙马路 | 初名私立执信中学，创办于1921年。校址在应元书院。1923年迁至执信路现址。1928年8月改名“广东省立执信女子中学”（简称执信女子中学）。1978年复名执信中学。 |
| 私立教忠中学校 | 文德路 | 原称教忠中学堂。创办于1902年。民国十二年（1923）8月改名教忠中学。 |
| 番禺私立禺山中学校 | 惠爱东路 | |

（续表）

| | | |
|---|---|---|
| 私立宏英中学校 | 河南珠海波光街 | |
| 私立东山初极中学校 | 东山庙前街 | |
| 私立复旦中学校 | 纸行街 | |
| 私立远东初极中学校 | 广卫路 | |
| 私立岭峤女千初极中学校 | 榨粉街雅荷塘 | |
| 私立中华初极中学校 | 永汉路仓前街 | |
| 私立广东初级中学校 | 光孝街 | |
| 私立庚戌初级中学校 | 东沙路 | |
| 私立四邑旅省初级中学校 | 河南凤凰岗 | |
| 私立思思初极中学校 | 河南福安街 | |
| 私立圆周初级中学校 | 惠爱东秉政街 | |
| 私立圣心中学校 | 大新街 | |
| 私立培正中学西关分校 | 西关十五甫兴贤坊 | |
| 私立大中中学校 | 仰忠街 | |
| 私立长城中学校 | 西濠街 | |
| 私立兴华初极中学校 | 素波巷 | |
| 私立美华中学校 | 广州市外增步美华岗 | |
| 私立维新中学校 | 维新路贤藏街 | |
| 私立岭南大学校附设中学校 | 广州市河南康乐 | |
| 私立岭南大学附中西关分校 | 广州市西关宝源大街 | |
| 私立南武中学校 | 广州河南海幢寺 | |
| 私立洁芳女子中学校 | 广州河南龙溪首约 | |
| 私立坤维女子中学校 | 广州市多宝大街 | |
| 私立中德中学校 | 广州市外上芳村 | |
| 私立培英中学校 | 广州市外花地 | |
| 私立培正中学校 | 东山 | 又称培正中学。在东山培正路。创办于1889年。 |
| 私立青年会中学校 | 长堤青年会内 | |
| 私立千顷中学校 | 维新路 | |
| 私立知用中学校 | 惠爱西路仓前街 | |
| 私立明远中学校 | 广州市长堤八邑会馆 | |
| 私立和平女子初级中学校 | 黄沙海旁街 | |
| 私立明德女子初极中学校 | 一德路石室前 | |
| 私立培道女子初级中学校 | 东山 | 又称培道女子中学。创办于1888年。在东山庙前直街。现为市七中。 |
| 私立真光女子中学校 | 广州白鹤洞南蛇冈 | |
| 私立广才中学校 | 禺山路 | |
| 私立南京中学校 | 桂香街 | |
| 私立光复纪念初极中学校 | 南堤二马路 | |
| 私立建国中举校 | 德宣路粤秀街 | |
| 私立弘道中学校 | 纸行街 | |
| 私立广东中学校 | 大北直街 | |

1938年10月广州沦陷前夕，学校纷纷迁往内地（韶关、罗定及广西等地），教会学校则多迁往香港或澳门，其余未能外迁的中学，不管公立私立，基本关闭。

抗日战争期间，外迁的中学共有44所。1941年底香港沦陷，一些中学再迁粤北。1945年初坪石沦陷，韶关失守，有的中学又辗转于连县等偏僻山区，继续上课。

广州沦陷后，汪伪政府在广州市区利用原有的一些公私立中学的校名或校址，设立中学。1941年7月共有省、市公立中学5所，私立6所，中学生2262人，教职员322人。1942年初在莲塘路（今吉祥路北段省人民政府址）新建鸣崧学校。1944年7月在河南南武中学原址设立德昭中学。

抗战胜利，1945年8月，汪伪政府在广州办的中学概由广东省教育厅接收。抗战时期外迁的44间中学，于1945年和1946年陆续迁回。停办的如市一中、坤维女中也先后复办；几年间，又新办了四邑华侨中学、长风中学等40所私立中学。

其中越秀区复办的公立中学有市第二中学，私立的中学有28所。

1947年在校学生数已恢复到战前水平。

1948年，初级中学的课程设置为：公民、童子军、国（语）文、外国语、数学、历史、地理、博物、卫生、物理、化学、劳作、体育、音乐、图画。每周教学时数为34课时。高级中学课程设置为：公民、国（语）文、外国语、数学、历史、地理、物理、化学、劳作、体育、音乐、图画。每周教学时数为29～30课时。

1949年，全市有中学100多所，其中公立10余所，较著名的有：省立第一中学、省立第二中学、省立第一女子中学、市立第一中学、市立第二中学、南海中学、执信中学、庚戌中学、仲元中学、黄埔中学。私立中学80余所，较著名的有：时敏中学、教忠中学、坤维中学、南武中学、知用中学等为著名。教会办10多所，以培正中学、培英中学、真光中学、培道中学为著名。

中学多集中在市中心，

另一统计：1949年10月，广州有公立中学8所、私立中学72所（其中教会办的12所，同乡会会馆办的19所，私人设立的41所。私立中学占中学总数比例高达90%，这在全国各省市中实属罕见）。在校学生23 303人，教职员2029人。

**晚清至民国时期广州市普通中学一览表**

| 校名 | 创办年份 | 校址 | 备注 |
|---|---|---|---|
| 私立真光女子中学 | 1872年 | 白鹤洞 | 美国长老会那夏礼牧师创办。1916年增办中学。 |
| 私立真中女子中学 | 1872年 | 仁济路 | 美国长老会创办。1938年设立真中女中。 |
| 私立培英中学 | 1879年 | 白鹤洞 | 美国长老会那夏礼牧师创办。1890年成立中学部。 |
| 省立第一中学（广雅中学） | 1888年 | 西村 | 1912年改为中学。省立。 |
| 私立岭南大学附中（前身格致书院） | 1888年 | 河南康乐村 | 美国基督教长老会创办。 |
| 私立培道女子中学 | 1888年 | 东山庙前直街 | 美国南方浸信会创办。1918年改办中学。 |
| 私立培正中学 | 1889年 | 东山培正路 | 冯景谦、余德亮等人创办。1916年增办中学。1949年建国初期继续开办。 |

（续表）

| | | | |
|---|---|---|---|
| 私立教忠中学 | 1902年6月 | 文德路 | 丁仁长、吴道镕等创办。1949年建国初期继续开办。 |
| 教忠中学堂 | 1902 | 文德路广府学宫 | 广州第一所公办中学堂。为翰林院侍读丁仁长、编修吴道镕等倡建。光绪二十八年八月开办，招生百余人。光绪三十二年改为初级师范学堂。 |
| 广州府中学堂 | 1902 | 初以广府义学为校舍（今人民公园内）光绪三十年二月迁越华书院（广中路） | 广州知府龚心湛于光绪二十八年筹办，翌年三月招生80名开学。 |
| 八旗中学堂 | 1902 | 朝天路同文馆旧址 | 招收满族子弟的学堂。辛亥革命后停办。 |
| 私立圣心中学 | 1904年 | 大新路 | 法国天主教会、巍畅茂主教创办。1914年改为中学。 |
| 私立坤维女子中学 | 1904年 | 多宝路 | 马励芸创办。1921年改为中学。 |
| 私立南武中学 | 1905年 | 海幢寺 | 南武公学会创办。1912年改为中学。 |
| 随宦学堂 | 1905 | 大石街积厚坊（在今省人民政府内） | 两广学务处将群益私塾改组而成。专收随宦子弟。 |
| 私立八桂中学（番禺公立中学） | 1906年10月 | 惠爱路番禺学官 | 吴道鎔等人创办。一说初名番禺公立中学。1907年10月开学。1915年改名私立八桂中学。1949年建国初期继续开办。 |
| 初级师范简易科 | 1906 | 西湖路 | 以西湖书院改建。1907年改为中学堂。 |
| 南海中学堂 | 1907年1月. | 西湖路 | 初以西湖书院为校舍。 |
| 南海县立中学 | 1907年2月 | 芦荻巷 | 南海县人士创办。 |
| 国立中山大学附中 | 前身为两广优级师范附中，1909年 | 文明路旧贡院 | 国立。1949年建国初期继续开办。 |
| 两广优级师范附属中学堂 | 1909年6月 | 文明路旧贡院地 | 附设于优级师范学堂内。后随着大学易名改为高等师范附中。 |
| 私立中德中学 | 1909年 | 芳村 | 德国。 |
| 旅粤中学堂 | 1910.年1月 | 大石街积厚坊（在今省人民政府内） | 随宦学堂更名。辛亥革命后停办。 |
| 私立协和女子中学 | 1911年 | 西村 | 毕惠馨（美国）创办。1935年改为中学。 |
| 圣三一中学 | 1912 | 先烈南路 | 屈定伯创办。抗日期间停办。 |
| 省立第一中学校 | 1912 | 原广东高等学堂旧址西段（现省实验学校内） | 广东高等学堂附中改为省立第一中学校。 |
| 广府中学 | 1913 | 广中路附近 | 广州府中学堂更名。或称省立广州中学校。为越秀区境内最早的中学。 |
| 私立八桂中学 | 1915（一说1916） | 惠爱东路番禺学宫 | 番禺公立中学堂更名。 |
| 广东高级师范附中 | 1921 | 文明路 | |

（续表）

| 省立执信女中 | 1921年10月 | 先烈路 | 廖仲恺等人创办。1949年建国初期继续开办。 |
|---|---|---|---|
| 私立兴华中学 | 1922年 | 高第街素波巷 | 基督教广州兴华浸信自立会创办。1949年建国初期继续开办。 |
| 私立美华中学 | 1923年 | 西村美华岗 | 伍赖信（美）、翁挺生创办。 |
| 私立知用中学 | 1924年9月 | 百灵路 | 知用学社创办。1949年建国初期继续开办。 |
| 私立金陵中学（南京中学） | 1925年 | 惠爱路桂香街 | 李佩鸣创办。1949年建国初期继续开办。 |
| 私立国民大学附中 | 1925年 | 惠福西路 | 陈其瑗创办。1949年建国初期继续开办。 |
| 私立长城中学 | 1925年 | 十五甫正街 | 圣心书院区树德等师生创办。 |
| 私立中德中学 | 1925 | 文德路，后迁二沙头 | 麦灵生创办。抗战胜利后由澳门迁文德路后迁二沙头。 |
| 私立岭峤中学 | 1926年 | 惠爱东路雅荷塘 | 私立。1949年建国初期继续开办。 |
| 私立岭峤中学 | 1926 | 惠爱东路 | |
| 私立千顷中学 | 1926年 | 维新路 | 黄氏家族创办。1949年建国初期继续开办。 |
| 市立第一中学 | 1928年秋 | 原在一德路石室附近。1929年迁至越秀山麓广东存古学堂旧址续办 | 市立。抗战胜利后在黄沙大道45号复办。1949年建国初期继续开办。 |
| 私立广州大学附中 | 1928年 | 文明路 | 陈炳权创办。1949年建国初期继续开办。 |
| 私立培英西关分校 | 1928年6月 | 多宝路 | 中华基督教会创办。 |
| 省立第一女子中学校·省立第一女中 | 1928年秋 | 天马巷 | 广东省政府收用市内广东女子体育学校创办。 |
| 私立大中中学 | 1929年 | 登峰路蟹岗道 | 温展鹏等创办。1949年建国初期继续开办。 |
| 私立复旦中学 | 1929年 | 宝源中约 | 李登辉、李跃龙创办。 |
| 省立庚戌中学 | 1930 | 东沙路 | 抗日期间迁罗定县，改名西江中学。 |
| 市立第二中学 | 1930年秋 | 蓬莱路连庆新街 | 市立。 |
| 私立广中中学（广东中学） | 1930年秋 | 大北门南越大道 | 刘年佑创办。1949年建国初期继续开办。 |
| 私立思想中学 | 1931年 | 吉祥路 | 钟荣光创办。1949年建国初期继续开办。 |
| 私立明德女子中学 | 1931年夏天 | 大新路玉子巷 | 天主教会、陈荣轩创办。1949年建国初期继续开办。 |
| 私立禺山中学 | 1932年6月 | 惠爱东路 | 番禺人士徐信符等创办。1949年建国初期继续开办。 |
| 私立广州法学院附中（广法中学） | 1932年 | 文德路69号 | 私立。1949年建国初期继续开办。后并入华南联合大学附中。 |
| 私立越山中学 | 1932年 | 德宣西路兴隆东街 | 留美学生胡峻甫等创办。1949年建国初期继续开办。 |
| 省立勷勤大学附属中学（文理学院附中） | 1933年7月 | 永汉路粤秀街粤秀书院内 | 省立。市立师范学校改称勷勤大学附属中学，仍设师范班。1922—1936年共有各类师范毕业生955人（不含中学毕业生）。1949年建国初期继续开办。 |

（续表）

| 私立岭光中学 | 1933 | 文德路五常坊 | 关敦和创办。1938年停办。 |
|---|---|---|---|
| 私立青华中学 | 1933 | 庙前街 | 陈乐生创办。1938年停办。 |
| 私立立达中学 | 1933年 | 河南洪德七巷 | 私立。 |
| 私立华夏中学 | 1933年 | 东山猫儿岗 | 陈济棠创办。1949年建国初期继续开办。 |
| 私立培桂中学 | 1934年 | 东山百子路 | 广西会馆创办。或称李宗仁等创办。广州沦陷后迁广西。抗战胜利后复办，建国后改名市第十六中学。 |
| 省立仲元中学 | 1934 | 文德路 | 梁镜尧创办。1939年迁韶关。1946年迁番禺市桥。 |
| 私立华夏中学 | 1937 | 东山猫儿岗 | 戴诗成创办。 |
| 私立开越中学 | 1937 | 惠爱东路陆氏宗祠 | 陈召培、陆幼刚创办。 |
| 私立文化中学 | 1937年 | 同福西路 | 罗翼群等人创办。 |
| 省立黄埔中正中学 | 1937年春 | 黄埔长洲岛 | 黄埔军校校友创办。 |
| 私立力行中学 | 1940年 | 大南路仙湖街 | 李汉魂创办。1949年建国初期继续开办。 |
| 私立植祯中学 | 1940年 | 越秀南路惠州会馆 | 黄植楠创办。初在南雄，1946年迁广州。1949年建国初期继续开办。 |
| 鸣崧学校 | 1942年1月 | 莲塘路（今吉祥路北段省人民政府址） | 汪精卫授意为已死的曾仲鸣、沈崧而设立。 |
| 私立万善中学 | 1946年 | 丰宁路188号 | 李启荣创办。1949年建国初期继续开办。 |
| 私立华南中学 | 1946 | 文德路 | 郭兆华创办。建国后改名市二十五中学。 |
| 私立开越中学 | 1946年 | 惠爱东路陆氏宗祠 | 陆幼刚创办。1949年建国初期继续开办。 |
| 私立新粤中学 | 1946 | 文德路 | |
| 私立德明中学 | 1946 | 梅花村36号 | 陈济棠、李扬敬创办。 |
| 私立侨光中学 | | 东皋大道 | 黄培栋创办。 |
| 私立珠海中学 | 1946 | 竹丝岗二马路7号 | 陈济棠、黄麟书创办。 |
| 私立广南中学 | 1946 | 万福路高州会馆 | 高州同乡会创办。 |
| 私立培中中学 | 1946年 | 逢源路 | 赵恩赐等人创办。 |
| 私立导正中学 | 1946年 | 西村南京路 | 黄冠章、江瑞云创办。 |
| 私立华南中学 | 1946年 | 文德路 | 郭兆华创办。1949年建国初期继续开办。 |
| 私立长风中学 | 1946年2月 | 借维新路（今起义路）千顷书院为校址 | 西南联大校友创办。1947年春迁下渡村（现市第六中学校址）。 |
| 私立长风中学 | 1946年2月 | 河南下渡村 | 西南联大校友创办。 |
| 私立德明中学 | 1946年7月 | 梅花村36号 | 陈济棠、李扬敬创办。1949年建国初期继续开办。 |
| 私立广南中学 | 1946年9月 | 万福路高州会馆 | 高州同乡会创办。1949年建国初期继续开办。 |
| 私立开明中学 | 1946年9月 | 德宣路74号 | 陈宗南、黄家强等人创办。1949年建国初期继续开办。 |
| 私立四邑华侨中学·四邑华侨中学 | 1946年春 | 维新路 | 四邑人士马湘等人创办。1949年建国初期继续开办。今广东华侨中学前身。 |

（续表）

| | | | |
|---|---|---|---|
| 私立珠海中学 | 1946年秋 | 竹丝岗二马路7号 | 陈济棠、黄麟书创办。1949年建国初期继续开办。 |
| 私立新粤中学 | 1946年秋 | 文德路 | 新粤社创办。1949年建国初期继续开办。 |
| 私立聚贤中学 | 1947年秋 | 恩龙路陈家祠 | 陈氏联谊会创办。 |
| 私立霭文中学 | 1947年8月 | 中华路喜云里12号 | 胡根天创办。1949年建国初期继续开办。 |
| 私立莞旅中学 | 1947年8月 | 龙津西路逢源北街 | 蒋光鼐等人创办。 |
| 私立名渊中学 | 1946年8月 | 龙津西路 | 罗翼群创办。 |
| 私立坚如中学 | 1946年9月 | 荔湾东路125号 | 孙科、史敏济创办。 |
| 私立继枚中学 | 1946年9月 | 禺山路 | 黄轶球创办。1949年建国初期继续开办。 |
| 私立大同中学 | 1947 | 文德路 | |
| 私立公正中学 | 1947 | 文德南路20号 | 黄慰怀创办。 |
| 私立瀛海中学 | 1947年9月 | 长堤潮州八邑会馆 | 潮州会馆创办。1949年建国初期继续开办。 |
| 私立公正中学 | 1947年9月 | 文德南路20号 | 黄慰怀创办。1949年建国初期继续开办。 |
| 私立嘉应中学 | 1948年 | 小北朱紫寮嘉应山庄 | 嘉应会馆创办。1949年建国初期继续开办。 |
| 私立崇焕中学 | 1948年 | 维新路袁督师祠 | 袁煦圻创办。1949年建国初期继续开办。 |
| 私立继昌中学 | 1948年春 | 永汉南路水母湾 | 番禺旅美华侨创办。1949年建国初期继续开办。 |
| 私立高阳中学 | 1948年春 | 广大路一巷高阳书院 | 许氏族人创办。1949年建国初期继续开办。 |
| 私立江南中学 | 1948年秋 | 河南凤凰岗新民十巷 | 李宪周创办。 |
| 私立高密中学 | 1948年秋 | 雨帽街高密书院旧址 | 邓龙光创办。1949年建国初期继续开办。 |
| 私立民治中学 | 1948年8月 | 河南龙导尾鹤鸣五巷 | 许崇清、张良修创办。 |
| 私立众贤中学 | 1948年9月 | 盘福北路简家祠 | 简氏族人创办。1949年建国初期继续开办。 |
| 私立崇德中学 | 1948年9月 | 文德路170号廖家祠 | 廖氏族人创办。1949年建国初期继续开办。 |
| 私立苏声中学 | 1948年9月 | 德坭路 | 江苏同乡会创办。1949年建国初期继续开办。 |
| 私立培美中学 | 1949年春 | 惠爱西将军东10号 | 邹正夫创办。1949年建国初期继续开办。 |
| 私立建设中学 | 1949年春 | 榨粉街、荔湾东路 | 1949年建国初期继续开办。 |
| 私立文化大学附中 | 1949年春 | 小北天香街22号 | 1949年建国初期继续开办。 |
| 私立经纬中学 | 1949年8月 | 逢源北街64号 | 朱子范创办。 |
| 私立南菁中学 | 1949年9月 | 朝天路60号 | 南海同乡会创办。1949年建国初期继续开办。 |

建国后，中学归广州市政府管理。

## （四）师范教育

清末时期随着学堂兴办，由于师资缺乏，师范教育遂兴起。

广州最早的师范学校大概是两广总督署创办于光绪三十一年（1905）三月的两广初级师范

传习所，不过当年7月就停办了。翌年，由广州最早的私立中学教忠学堂改办为教忠师范学堂（有论者认为这是广州最早的师范学校）。此后，陆续办起广东官立女子师范、羊城培正师范传习所、广东女子初级师范学堂、真光女子师范科等。

清末的奏定学堂章程规定，师范教育自成体系，每州县必设一所初级师范学堂。广州成为全省开展师范教育的中心，属官办的师范学堂（馆、所）有11所，私立的有6所。

当时学制并不统一。修业期限有的短至3～10个月（如两广速成师范馆兼管理员练习所、两广初级师范传习所等），有的1～2年（如两广初级师范简易科馆、广府中学堂附设师范馆等），有的3年（如官立广东女子师范学堂），有的长达5年（如两广优级师范学堂）。

1912—1922年，师范学制基本沿袭清制。此后修业多为2～4年。民国二十七年（1938）7月，教育部颁布《师范学院规程》，本科修业5年，后改为4年在校，1年分发至中等学校实习。

民国初期，师范教育由省教育司管理。

1915—1923年，在广州设立了7个省立师范讲习所，凡“榜列次劣及半改良各塾师必须报名入所”，晚上上课，期限1年。第一所设于九曜坊，第二所设于三府前，第三所设于西关田心街，第四所设于西关清平约，第五所设于海幢寺南武学校，第六所设于花埭（地），第七所设于三巩门。

民国时期，广州有27所中学（中专）先后办过各种类型的师范科（班），多所高等院校先后设置了具有师范性质的教育学系，如广东文理学院、私立岭南大学、广东国民大学、广州大学等。汪伪时代的伪广东大学也设有教育学系。

据1932年统计，广州公、私立师范学校有6所。教师184名。

1932年12月，国民政府教育部颁布《师范学校法》，规定师范学校由省、市、县独立设置，私人或团体不得设置。

此前师范学校多为私立，此后遂多改为公立，部分改为中学，如1922年由美国基督教长老会开办的私立协和女子师范学校便改为私立协和女中。

1950年前后，广州地区共有省、市立中等师范学校三所：省立勷勤师范学校（改名省立第一师范学校）、省立广州女子师范学校（1956年停办，校址改办广州师范专科学校）、市立师范学校（在西华路太保直街，1951年改名粤秀师范学校）。

**清末、民国时期广州师范学校一览表**

| 校名 | 校址 | 设立年月 | 备注 |
|---|---|---|---|
| 两广优级师范学堂 | 永汉路粤秀街粤秀书院 | 1905年3月 | 总督署创办。201人于当年7月毕业后停办。 |
| 两广初级师范传习所 | 文明路旧贡院 | 1906 | 在两广速成师范馆和管理员练习所的基础上开办。1912年改名国立广东高等师范学校。 |
| 初级师范简易科 | 西湖街 | 1906 | 西湖书院改办。 |
| 私立教忠师范学堂·私立教忠师范学校·教忠师范学堂 | 文德路广府学宫孝悌祠 | 1906 | 由私立中学教忠学堂改办。1923年改办中学，增设高中师范科。 |
| 羊城培正师范传习所 | 榨粉街 | 1906 | 培正学堂改办。 |

（续表）

| | | | |
|---|---|---|---|
| 南海初级师范简易科馆 | 西湖路 | 1906.2. | 南海县创办。年底毕业，迁校西关改办中学。 |
| 半夜师范讲习所 | 分东西南北区开办 | 1906.3—6. | 共528人毕业。 |
| 官立广东女子师范学堂·广东官立女子师范·广东女子初级师范学堂 | 大石街太清宫 | 1907.2. | 开办时学生45人。1912年改名为广东省立女子师范学校。广州沦陷时期，日军在校内驻有细菌战部队。 |
| 师范馆 | 附设于广府中学堂 | 1908 | 学生47人，一年毕业。这是唯一由广州知府办的师范教育。 |
| 两广优级师范·广东高等师范学校 | 文明路旧贡院 | 1908.4. | 1912年改名为广东高等师范学校（简称高师）。 |
| 师范班 | 真光书院 | 1909 | |
| 番禺县立师范学校 | 惠爱路 | 1909 | |
| 高师附属单级小学教员养成所 | 文明路旧贡院 | 1910.7. | 学生120人。 |
| 商业教员讲习所 | 附设方言学校内 | 1910.9. | 学生97人。 |
| 农业教员讲习所 | 广东高等学校内 | 1911.1 | 学生58人。 |
| 高师附设初级师范学校 | 文明路旧贡院 | 1911.3 | 学生123人。 |
| 广东高师附属师范学校 | 小南门 | 1911.3. | |
| 广东省立女子师范学校·省立女子师范学校·省立女子师范·广东省立第一女子师范学校·省立第一女子师范学校（简称“女师”） | 大石街太清宫 | 1912 | 广东官立女子师范学堂改名广东省立女子师范学校，后又曾改名省立广州女师等。1931年出版过铅印本《女师要览》。后停办。 |
| 番禺旅市师范学校 | 惠爱东路（今中山四路）禺山书院址 | 1912 | 番禺官立初级师范学堂改为番禺旅市师范学校。1928年秋，改办初中，兼办过师范科，1932年度迁回番禺南山乡。 |
| 国立广东高等师范学校 | 文明路旧贡院址 | 1912 | 1912年两广优级师范学堂改名国立广东高等师范学校。1924年并入广东大学。 |
| 公益女子师范学校 | 西关多宝大街 | 1912 | 路德小学堂摆脱教会影响，改为公益女子师范学校。 |
| 高师附属图工教员养成所 | 文明路旧贡院 | 1912.4 | 学生120人。 |
| 广东省立第二女子师范学校 | 五仙门旧关部前 | 1912.4. | 学生101人。1913年停办。 |
| 私立协和女子师范学校 | 西村 | 1916 | 慈爱幼稚园改为私立协和女子师范学校。1922年迁入西村美华岗新校址。 |
| 市立保姆学校 | 惠爱路 | 1920 | 初办时仅有学生50名，二年制，翌年改办市立实验中学。 |
| 市立师范学校 | 永汉路粤秀街粤秀书院内 | 1921 | 培养小学师资。学生130人。1949年改名广州粤秀师范学校。 |

（续表）

| | | | |
|---|---|---|---|
| 市立世界语师范讲习所·广州市立世界语师范讲习所 | 永汉路粤秀街市立师范学校内 | 1926.5. | 学制6个月，晚上上课。入学者多属市校教员。至1932年度止，共257人毕业。 |
| 市立国语讲习所 | 永汉路粤秀街市立师范学校内 | 1926.7. | 学制6个月，晚上上课。入学者多属市校教员。至1932年度止，共954人毕业。 |
| 番禺县立农村小学教员养成所·番禺县立乡村师范学校 | 中山四路番禺学宫 | 1927.3. | 1928年9月改称番禺县立乡村师范学校。1933年夏迁校龙归之南村。1928—1933年毕业生198名。 |
| 省立勷勤大学师范学院 | 永汉路粤秀书院街一带 | 1933.9.20.正式开学 | 以市立师范学校为基础开设。另有资料记载为市立师范学校于1933年7月改称勷勤大学附属中学，仍设师范班。 |
| 中山大学师范学院 | 文明路旧贡院原广东省立女子师范学校旧址 | 1938 | 筹备就绪之时，日军侵占广州，遂随中山大学迁至云南。抗战胜利后迁回广州。 |
| 广州市立师范学校 | 惠福西路女子中学址 | 1941 | 汪伪政府以女子中学改称。 |
| 市立师范学校 | 西华路太保直街原市立五十一小学旧址（今市四中）为校址 | 沦陷期间 | 伪政权开办。抗日战争胜利后由市教育局接收。 |
| 国立第二侨民师范学校 | 乐昌县武平乡 | 1942年8月 | 1946年1月迁至广州西村美华中学旧址，后再迁今西湾路30中。1949年5月被省教育厅宣布解散。 |

## （五）民众教育·平民教育·成人教育·职业学校

晚清时期，社会提倡民众教育，出现免费的半日学堂，学生不拘人数、职业和年龄。

1903年，清政府颁布职业教育章程。提倡补习教育。

1906年，广东省学务处饬令各府县办半日学堂与义学，招收劳工文盲入学，教授识字、珠算、简易簿记、信札等课程。

1907年8月，两广方言学堂增设英文、算学、国文夜学专修科，翌年增设法文夜学专修科，入读夜学者是成年人，此为广州成人高等教育之始。

1909年兴办广东农林讲习所（后改称农林专门学校），为广州最早的职业学校。

民国时期，民众教育（又称平民教育、成人教育、社会教育）有所发展。这种教育基本上属社会救济性质，不收学费。一些公立中小学开办平民夜校或开设民众补习班。

补习学校（班），多为私人举办，也有少数为社会团体开办。文化补习学校（班）的教学内容主要是根据正规的中小学课程进行单科或多科选修。职业补习学校的培训内容主要是职业技能的训练。平民学校（民众学校）的教学内容主要是识字和一般常识，有的亦教简单的算术。属于初等教育层次。

民国初年，东山区内已创办了平民学校。

1916年，设于小北大石街太清宫的省立女子师范学校首创免费贫民小学和贫民夜校，时称平民义学。

据国民政府教育部的《行政纪要》记载，从1912—1916年，广东省有公众补习学校1所，3个班，学生90人；半日学堂53所，每所3个班，每班40人；简易识字学校54所，每所3个班，每班40人，其中大部分在广州。

1917年，出现私立补习学校。

自1920—1923年，广东省教育行政委员会推行平民教育，更多中小学校办起了平民夜校。

1921年广州市教育局下设社会教育课，管理民众夜校。是年，陈独秀任广东行政委员会主任，成立平民识字委员会，在10所中小学附设平民学校（原越秀区境内占7所），有学生3200多人。又设“平民义学部”（设识字、珠算、信札诸科，学制1年），附设在20多所中小学内，招收学生1300多人。

1921年7月，广州市教育局开办了一所市民大学，提出凡广州市成人市民只要有志向学，并经该大学认为有相当学历的都可入学。采用讲座形式授课。学员800人；校长孙科，教务长许崇清。可惜没有固定校址，只办了一期。

1922年11月，《壬戌学制》规定实业学校改称职业学校。

1923年，东山地区开办了9所夏令市民补习学校，均设在市立小学内。此后，国民党市党部与广州市教育局联合组织“广州市平民识字运动委员会”，办理平民识字学校10所，招收失学市民1450人。

1924—1927年，以国民党中央或中央各部名义开办的平民学校有：农民运动讲习所、妇女运动讲习所、国民党政治讲习所、党立宣传员养成所、商民运动讲习所、童子军领袖养成所等；国民党广东省党部和广州市党部开办的有：宣传讲习所、青年训育所、妇女运动讲习所等；此外还有省港罢工委员会、省农民协会、广东妇女解放协会等团体主办的各种训练所或训练班，以及各种工人夜校、农民夜校、妇女夜校等。教师约有200人，主要由广东省高等师范学校、广州市师范学校及广东省女子师范学校的学生担任，多为义务职。

这些讲习所、学校和训练班，对提高民众总体素质、培养各类人才起到了积极作用。

1924年2月，“国民党中央平民教育委员会”与“广州市平民教育委员会”成立，主办平民教育。后者内分识字运动部和义学部。识字运动部成立时有平民识字学校32所，命名为“平民教育某某教场”，第一期33班，学生3000多人；义学部有平民义学15所，学生1300人。

1925年11月，平民教育委员会（会址在白云路原关帝庙内）增设3个工人教场，西教场在三府前，中教场在水母湾，东教场在迪智小学（今东山区永曜北小学）内。学员多为失业青年、工人、学徒、店员等，借用小学为课堂，每日授课1小时，每期4个月。

**晚清至20世纪二三十年代建于广州中心城区的平民教育机构一览表**

| 名称 | 地址 | 创办时间 | 备注 |
|---|---|---|---|
| 广东农林讲习所 | 农林路一带 | 1909年 | 为广州最早的职业学校。后改称农林专门学校。 |
| 商业学堂 | 长堤 | 1909年 | 广州基督教青年会创办。广州开办专业学校系统培养商业人才之始。 |
| 青年会商业学校 | 长堤基督教青年会后座 | 1916年 | 教会办。1920年改为青年会英文专科学校，约在1926年改为私立青年会中学。广州市第二十中学前身。 |
| 贫民小学、贫民夜校 | 大石街 | 1917年 | 广东省女子师范学校创办。学员为失学青少年、工人、学徒、店员和家庭妇女。 |
| 市民大学 | 无固定校址 | 1921年 | 广州市教育局开办。只办了一期。 |
| 市立美术学校 | 在第一公园内成立，并于4月开课。 | 1922年 | 1927年迁往三元宫。 |
| 市立第一职业学校 | 教育路 | 1922年 | 抗战胜利后在原址复办。 |
| 广州市立第一甲种商业职业学校 | 濠畔中约 | 1922年 | 广州最早的公立商业中等专业学校，招收本科、预科各1班，学制本科3年，预科1年。 |
| 农民运动讲习所 | 惠爱街、越秀南路、东皋大道 | 1924年7月—1926年9月. | 以国民党中央或中央各部名义开办的平民学校。共办了6届，有毕业生797人。 |
| 工人教场西教场 | 三府前 | 1925年11月 | 国民党中央平民教育委员会实施部开办。 |
| 工人教场中教场 | 水母湾 | 1925年11月 | 国民党中央平民教育委员会实施部开办。 |
| 工人教场东教场 | 迪智小学 | 1925年11月 | 国民党中央平民教育委员会实施部开办。 |
| 国民党政治讲习班 | 广东咨议局旧址 | 1926年2月 | 国民党中央党部办。 |
| 工人补习学校第一所 | 东山中山大学医科 | 1926年8月 | 国民党工人宣传运动委员会举办。 |
| 工人补习学校第二所 | 培正中学 | 1926年8月 | 国民党工人宣传运动委员会举办。 |
| 工人补习学校第四所 | 纸行街远东学院 | 1926年8月 | 国民党工人宣传运动委员会举办。 |
| 工人补习学校第五所 | 四牌楼起云里 | 1926年8月 | 国民党工人宣传运动委员会举办。 |
| 工人补习学校第六所 | 仓边街 | 1926年8月 | 国民党工人宣传运动委员会举办。 |
| 工人补习学校第八所 | 南关甲商 | 1926年8月 | 国民党工人宣传运动委员会举办。 |
| 工人补习学校第九所 | 大市街五仙观第三小学 | 1926年8月 | 国民党工人宣传运动委员会举办。 |
| 工人补习学校第十所 | 司后街第八高中 | 1926年8月 | 国民党工人宣传运动委员会举办。 |
| 妇女运动讲习所 | 国民党中央党部（今广东革命历史博物馆） | 1926年9月15日开办 | 以国民党中央妇女部名义创办的干部学校。 |
| 工人宣传学校第一所 | 城隍庙前 | 1926年10月 | 中华全国总工会和省港罢工委员会合设的教育宣传委员会开办。 |
| 工人宣传学校第三所 | 大南路 | 1926年10月 | 中华全国总工会和省港罢工委员会合设的教育宣传委员会开办。 |
| 工人宣传学校第四所 | 石室附近 | 1926年10月 | 中华全国总工会和省港罢工委员会合设的教育宣传委员会开办。 |

（续表）

| 工人宣传学校第五所 | 东堤四马路 | 1926年10月 | 中华全国总工会和省港罢工委员会合设的教育宣传委员会开办。 |
|---|---|---|---|
| 市立第二职业学校 | 西门高冈 | 1928年 | 创办于1932年的市立第三职业学校于1936年并入第二职业学校。 |
| 广州市立商业学校 | 接官亭街天后庙 | 1937年秋 | 职业补习学校改校名为广州市立商业学校。 |
| 市立女子缝刺学习所 | 西湖路 | 1922年 | 属初级职校性质，次年增设商科一班。 |
| 广州市立第一职业学校 | 西湖路 | 1932年 | 市立女子缝刺学习所更名广州市立第一职业学校。 |

1927年国共分裂后，国共合作期间的讲习所和学校大多消失。平民教育委员会与平民教场俱解散，平民教育趋于沉寂。

陈济棠主粤期间（1929—1936），恢复办理平民识字学校20所并增加课程和课时，改名为“平民夜校”，从每年举办1期改为2期，增加班额，分高级班和初级班两种，每期从4个月延长为5个月毕业。1929年，平民夜校有69所，先后共办了6期。教师多由市教育局选派。

1929年2月，广州市教育局设立簿记、统计、文书、家政、工艺等5所市立职业补习学校，附设于各市立中等学校内，共办了3期。同时颁布《私立职业补习学校规程》。当年私立职业补习学校有41所，教员共232人，学生6417人。

1930年1月，市教育局遵照省教育厅要求“在各原有工人子弟学校增设工人夜读班”，时停时办。自1930年始，平民学校改称民众学校。

据1934年《广州指南》记载，1930年，广州民众学校有70所，教职员250人，学生4358人，毕业生2887人，经费19 440元，农民识字学校有7所，学生432人，教职员27人，经费1672元。

另据统计，自1929—1934年，民众学校共招生2.6万多人，毕业学生1.3万多人。

1932年1月，广州市教育局颁布《广州市私立预备学校和职业补习学校规程》。预备学校是指在正规中小学课程内进行单科或多科选修的学校，其性质与普通文化补习学校相同。当年，广州有私立职业补习学校7所，19个班，教职员68人，学生668人；私立预备学校45所，96个班，教职员242人，学生3182人。当年，教育局于暑期后续办民众学校共60个班，分两期办理，以救济市内失学儿童。

1933年，越秀区境内有市立民众学校、私立预备学校、职业实习学校等共40所，还有全市唯一的贫民子女学校。

以下是1934年出版的广州市政府编《广州指南》载录当年广州的平民学校、职业学校、私立预备学校、私立职业补习学校名称、地址。

**1.平民学校与职业学校一览表**

| 校名 | 校址 |
|---|---|
| 市立美术学校 | 粤秀山三元宫 |
| 市立第一职业学校 | 教育路 |
| 市立第二职业学校 | 西门高冈 |
| 广州市女子职业学校（市府补助） | 四牌楼起云里 |

（续表）

| | |
|---|---|
| 私立统计学校 | 文德路 |
| 私立中学女子职业学校 | 盘福西路西华二巷 |
| 私立广东女子职业学校 | 中华路 |
| 私立岭南大学商科学院附设商科职业学校 | 越华路 |
| 私立新闻职业学校 | 南堤 |

## 2.私立预备学校一览表

| 校名 | 校址 |
|---|---|
| 远东中英数甲种预备学校 | 广卫路十九号 |
| 叶永鉴乙种英文预备学校 | 光塔街五十七号 |
| 五洲英文乙种预备学校 | 下九甫西路十七号三搂 |
| 珠江中英数甲种预备学校 | 永汉北路李家巷 |
| 青华中英数甲种预备学校 | 旧仓巷梯云里 |
| 华大英数甲种预备学校 | 太平北路二百六十号 |
| 百粤英数自然甲种预备学校 | 司后街 |
| 圆机中英数甲种预备学校 | 惠爱东路一百七十五号 |
| 价卢中英数甲种预备学校 | 越华路五十二号金鉴书院 |
| 粤雅国文乙种预备学校 | 越华路社仁坊四十三号 |
| 又明国文乙种预备学校 | 河南龙庆中十八号 |
| 清一国文乙种预备学校 | 晏公街闽漳会馆内 |
| 阿尔弼英文乙种预备学校 | 东横街 |
| 文华英文乙种预备学校 | 广卫路二十四号之五 |
| 广州中英数甲种预备学校 | 十一甫马路十一号三四楼 |
| 贵扶国文乙种预备学校 | 河南同福新街二十二号二楼 |
| 陶颖国文乙种预备学校 | 扬仁南七号茶行会馆 |
| 文思英文乙种预备学校 | 西关逢源正街八十五号 |
| 圆周英数理甲种预备学校 | 秉政街七号 |
| 布律顿英数甲种预备学校 | 仓边街福榕里九号 |
| 孖士打中英数甲种预备学校 | 惠爱东路二百一十号二三楼 |
| 金城英数甲种预备学校 | 十八甫西路九号三楼 |
| 正甫英数甲种预备学校 | 旧仓巷 |
| 培智中英数甲种预备学校 | 西关十六甫东二巷一号 |
| 廉伯中英数甲种预备学校 | 小马站第二十廿四廿八号 |
| 普通英文乙种预备学校 | 下九甫九区一分署段内 |
| 普志中英数甲种预备学校 | 十二甫西约八十号 |
| 华国中英数甲种预备学校 | 惠福东路一百六十八号 |
| 文德中英数甲种预备学校 | 文德路（清水濠对面） |
| 循循国文乙种预备学校 | 梳篦街五十一号 |
| 大成中英数甲种预备学校 | 十六甫西一巷五号 |
| 实善国文乙种预备学校 | 西禅分局和安直街第二十二号 |
| 砚香国文乙种预备学校 | 河南龙庆中约第十八号 |

（续表）

| | |
|---|---|
| 宝时英文乙种预备学校 | 西关逢源正街四十九号 |
| 博文英文乙种预备学校 | 本市西关宝华卡十七号 |
| 文修英文乙种预备学校 | 西关十五甫正街第三号 |
| 金桥甲种预备学校 | 文德路 |
| 新华中英数甲种预备学校 | 河南溪峡街伍家祠道 |
| 慕藜中英数甲种预备学校 | 河南歧兴直街第五号 |
| 南方中文乙种预备学校 | 西关扬仁中十九号 |
| 粹真国文乙种预备学校 | 下九甫马路徽州会馆 |
| 会通国文乙种预备学校 | 河南跃龙上街第八号二楼 |
| 粤秀中英数甲种预备学校 | 昌兴街七号 |
| 建中国文乙种预备学校 | 第十甫马路四十四二搂 |
| 贞伯国文乙种预备学校 | 西关光雅里三十八号之一 |
| 铎声甲种预备学校 | 恩宁西横街十六号 |
| 致知甲种预备学校 | 惠爱中路谈家巷自编斗牌第二之一 |
| 忠信商业预备学校 | 西荣横巷铁业公会内 |
| 志达国文乙种预备学校 | 西关丛桂新街三十九号 |
| 南中中英数理化预备学校 | 财厅前 |
| 后觉国文乙种预备学校 | 广大路八号二楼 |
| 务德中荚数甲种预备学校 | 河南歧兴中尾跃龙里十七号 |
| 东南中英数甲种预备学校 | 广大路三十三号 |
| 拱宸国文乙种预备学校 | 东横街十四号后座 |
| 镇海中英数甲种预备学校 | 广卫路 |
| 建国中英数甲种预备学校 | 德宣中路粤秀街 |
| 宗汉国文乙种预备学校 | 河南克家井国民党广州市第十二区第三区分部内 |
| 达中中英数甲种预备学校 | 仙湖街第九十号 |
| 文范中英数甲种预备学校 | 西关大同路贤圣里九号 |
| 新中中英数甲种预备学校 | 越秀路 |
| 策行英文预备学校 | 龙津东路第六号 |
| 南国预备学校 | 惠福东路大佛寺侧 |

### 3.私立职业补习学校一览表

| 校名 | 校址 |
|---|---|
| 风人新社职业补习学校 | 西湖路 |
| 建设会计补习学校 | 濠畔中约 |
| 广东救护调剂补习学校 | 广大路六十号 |
| 华夏救护调剂补习学校 | 中华中路二百六十一号 |
| 广州工程补习学校 | 广卫路门牌十一号 |
| 南大电影制片传习所 | 永汉南路一百一十九号 |
| 广东女权运动大同盟妇女职工学校 | 河南环珠直街十八间二十一号 |

据统计，1938年，广州全市有职业学校36所，其中公立6所，私立30所。

1938年10月广州被日军侵占。只有省立广州高级工业学校和仲恺农校迁移后方续办，虽数迁校址，仍艰苦坚持。沦陷时期（1938年10月—1945年8月），政局动荡，市内各种民众学校、补习学校基本停办。社会失学儿童太多，平民学校一部分改为学童学校。

汪精卫南京伪政权成立后，广州开办民众学校30所，学生约1000人。1941年，东山地区设有市立民众学校7所。此外，设有省立第一职业学校，并有私立女子美术、中中会计、华南计政等3校。

抗战胜利后，私立职业学校纷纷设立，比战前大为增加，但极少有公费补助。属商科的职校有私立立信、实用、严正、服务4所高级会计学校以及私立广州大学计政班、志用会计职校、志用高级商业学校、中原商业职校等20多所。

省立广州高工、仲恺农校迁回广州，市立第一职业学校在原址复办。广州市教育局恢复私立补习学校，有初、中级补习学校10所，国语讲习所2所，妇女习艺所2所，另有广东省教育厅主管的高级职业补习学校32所。

1946年复办市立民众学校15所及市立实验民众学校2所，共43个班，学生2600人。

从1946年下学期开始，增办各区联保民众学校37所，60个班，学生3419人；由市民众教育协进会（当时广州市教育界民间团体）开办民众识字学校（班）249班，学生9103人。计自1946年春—1948年间，广州的民众学校共办了3612班，学生2.5万人（属扫盲性质的民众识字学校未计算在内）。选择大中学校清贫学生用工赈形式充任教师。

1947年，新办省立高级护士助产学校，新办复办私立职业学校共35所。

1948年，越秀区内公立职业学校有：省立高级护士助产职业学校（位于诗书路）和市立第一职业学校（位于西湖路）2所；私立职业学校有29所，种类有会计、无线电、裁剪、补习等。东山地区有私立职业学校11所。

## （六）普通高等教育

1901年，清政府颁布“兴学诏书”。翌年，广雅书院改建成两广大学堂，是为广州最早官立高等学堂。

清末官办高等学堂都设在旧书院或巡抚署旧址，面积广阔，颇具规模。建筑古色古香，课堂、宿舍、办公用房一应俱备，大都藏书丰富，理化器械设备基本够用。

清末广州地区高等学堂共有10所，其中官立6所、教会办和私人办各2所。1907年学生人数为1979人，1908年为2147人，1909年为2023人，居全国前列。

1921年，广州高等学校有9所，其中国立1所、公立（省立）4所、私立4所。

1922年，教育部公布新学制，高等教育学制定为4～6年。

1924年，广州地区有大专高校12所。

根据《大学组织法》，从1924年起，大学分为国立、省立、市立、私立4种。将大学分科改为学院。

从1926—1936年，广州高等学校共有12所，其中国立2所、省立3所、私立7所。

1938年10月广州沦陷，沦陷前广州高校奉命向内地搬迁。几所私立大学则均迁香港。此时高等学校余7所，在校学生4839人，教职员1040人。

沦陷期间，汪伪政权于1940年5月成立伪广东大学，抗战胜利时停办。

1941年12月太平洋战争爆发，香港随后沦陷。在港高校（岭南、国民、广州大学）纷纷内迁粤北山区，光华医学院停办。

1944年秋，日军大举进攻粤北。当时在粤北的各大学（中山大学、文理学院、勷勤商学院，岭南、国民、广州等）又迁徙到粤西、粤东的偏僻山区。

1945年8月抗战胜利后，外迁学校纷纷迁回广州复校。民国三十四年（1945）底，在增埗新建了广东省立海事专科学校。广州高校共计9所，其中国立1所：中山大学；省立3所：文理学院、法商学院、艺术专科学校；私立5所：岭南大学、国民大学、广州大学、中华文化学院、南方商业专科学校。在校学生3982人，教职员1462人。

1948年，广州有高校11所，教师共1169人，其中中山大学543人，广州大学173人，岭南大学140人，法商学院58人，文理学院74人，光华医学院17人，体育专科学校8人，工业专科学校29人，艺术专科学校25人，海事专科学校31人，南方商业专科学校71人。

民国期间，广州高等教育文法类院校多、理工类少，有的名为理工学院，实际仅一二专业。对农、医类相对重视。

晚清、民国时期广州普通高等院校一览表

（医药、体育、师范等专科院校见相关章节，本表不录。）

| 学校名称 | 地址 | 成立年份 | 备注 |
|---|---|---|---|
| 两广方言学堂 | 粤秀街粤秀书院旧址 | 1902年 | 两广游学预备科馆和广州译学馆合并兴办。1907年8月增设英文、算学、国文夜学专修科。1908年增设法文夜学专修科，夜学专修科入学的是成年人，是成人高等教育之始。 |
| 广东公立法科大学 | 小北天官里 | 1906年成立，1923年改今名 | 公立专科性大学。1924年并入广东大学。 |
| 广东法政学堂 | 小北天官里 | 1906年5月 | 广东课吏馆改建而成。 |
| 两广高等工业学堂 | 旧抚巡署（今人民公园） | 1907年 | 1911年停办。 |
| 广东存古学堂 | 越秀山南麓 | 1908年 | 在应元书院、菊坡精舍旧址创办。1911年停办。 |
| 广东公立法政专门学校 | 小北天官里 | 1912年 | 1912年广东法政学堂改名广东公立法政专门学校。 |
| 私立广州法政专门学校 | 文德路 | 1913年 | |
| 广东工艺局附设工艺学校 | 西村增埗（今省冷冻厂址） | 1917年 | 1920年8月，改称广东省立第一甲种学校。1923年，改为省立工业专门学校。 |
| 私立广州法学院 | 文德路 | 1929年8月1日. | 私立广州法政专门学校改名。 |
| 广东农业专门学校 | 东山石马岗 | 1917年 | 公立（省立）。1924年并入广东大学。 |
| 广州铁路专科学校 | 时敏路（今多宝路）时敏学堂旧址 | 1918年 | 粤汉铁路局设立。只办了4期。 |

（续表）

| | | | |
|---|---|---|---|
| 广东公立法科大学 | 小北天官里 | 1923年 | 广东公立法政专门学校改为广东公立法科大学。 |
| 广东大学 | 文明路 | 1924年 | 公立综合性大学。1926年7月改名国立中山大学。 |
| 广东法官学校·广东公立法官学校 | 光孝路 | 1924年 | 孙中山创办。 |
| 私立广东国民大学 | 先后在时敏学堂旧址和惠福西路 | 1925年 | 私立综合性大学。建国后并入华南联合大学。 |
| 国立中山大学 | 文明路 | 1926年 | 公立综合性大学。1926年7月广东大学改名中山大学。迁至石牌，1952年迁往河南康乐园原岭南大学址。 |
| 私立广州大学 | 东横街、文德路 | 1927年1月 | 私立综合性大学。建国后并入华南联合大学。 |
| 仲恺农工学校 | 河南纺织路东沙街 | 1927年 | 1984年改称仲恺农业技术学院。高等农业院校 |
| 国立广东法科学院 | 光孝路 | 1929年 | 广东公立法官学校改名。1937年8月并入中山大学法学院。 |
| 广东省立勷勤大学 | 先后在西村增埗、永汉北路、粤秀路、光孝路 | 1932年 | 公立综合性大学。广东省政府为纪念国民党元老古应芬而创办。 |
| 教育学院·广东省立教育学院·广东省文理学院·广东省立文理学院 | 永汉路粤秀书院街一带 | 1935年3月 | 勷勤大学师范学院于1935年改称教育学院，或称广东省立教育学院。1939年9月改名广东省立文理学院。 |
| 广东省艺术专科学校 | 韶关。后迁广州 | 1938年 | 省立。建国后改组为华南文学艺术学院。 |
| 广东省立教育学院 | | 1940年 | 勷勤大学教育学院于1940年9月独立为广东省立教育学院，先迁广西梧州，再迁藤县、融县，又迁广东乳源。 |
| 广东大学 | | 1940年5月 | 汪伪政权开办。抗战胜利时停办。 |
| 私立文化大学·私立中华文法学院 | 先烈路黄花岗 | 1942年 | 私立综合性大学。后改名私立中华文法学院。1949年后并入华南联合大学。 |
| 广东省立海事专科学校 | 西村增埗原广东省立工业专门学校旧址 | 1945年 | 1949年后停办。 |
| 广东省立法商学院 | 借西华路南海中学为院址 | 1946年 | 前身是广东省立勷勤大学的商学院。1946年改为广东省立法商学院。1947年迁回河南石榴岗原勷勤大学旧址。 |
| 市立艺术专科学校 | 镇海楼 | 1947年 | 1949年后改组为华南文学艺术学院。 |
| 私立珠海大学 | 东山竹丝岗 | 1947年 | 私立综合性大学。建国前夕停办。 |

## 二、图书馆·书局



历史上，广州素有书院藏书、官府藏书、书局藏书、寺观藏书和私人藏书的传统。

1912年，设于文德路的广东省立图书馆，又称广雅书局广东图书馆成立开馆，这是广州首家正式采用图书馆名称并由官府主办的公共图书馆。

规模和影响较大的公共图书馆还有仲元图书馆（越秀山今广州美术馆址）、市立中山图书馆（文德路今孙中山文献馆）。

据1934年《广州指南》记载，当时还有市立第一通俗图书馆（在石基里）、市立第二通俗图书馆（在十八甫马路）、市立第三通俗图书馆（在河南北帝庙右崇圣宫内）。

与公共图书馆相伴出现且有一定规模的学校图书馆有国立中山大学、省立文理学院、私立岭南大学、私立广州大学、广东国民大学及省一中（现广雅中学）、广州培正中学、中山大学附中和知用中学等学校的图书馆。这类图书馆一般仅限于该校员生阅览，不对外开放。其余的一般院校只有图书室。

首家机关团体附设图书馆是1921年成立的广东教育会图书馆，在文德路广雅书局旧址。

民国时期的书局，既是刊印书籍的机构，同时又是出售图书的书店。1934年《广州指南》载录当时广州主要书局均集中在永汉北路（今北京路北段）一带，表列如下：

| 名称 | 地址 | 备注 |
| --- | --- | --- |
| 共和书局 | 永汉北路一四八号 | |
| 林记书庄 | 永汉北路圣贤里一六号 | |
| 会文堂 | 永汉北路李家巷六号 | |
| 锦章书局 | 永汉北路圣贤里一八号 | |
| 世界书局 | 永汉北路一〇六号 | 原北京路外文书店址 |
| 商务印书馆 | 永汉北路一八三号 | 建于20世纪30年代。今北京路科技书店址 |
| 广益书局 | 永汉北路一二六号 | |
| 中华书局 | 永汉北路 | 今北京路联合书店址 |

## 三、博物馆·博物院·美术馆

广州是全国较早建立博物馆的城市之一。广州地区最早的博物馆为1923年美国人开办的岭南大学博物馆，但不对外开放，对广大民众没有什么意义。

1928年10月24日，广州市政府第107次市政会议，通过设立广州市立博物院提案，院址定为重修后的越秀山镇海楼。

1929年广州市市立博物院在镇海楼开馆。这是民国时期广州市唯一向公众开放的博物馆，属地方历史综合类型博物馆，是当时中国30余所博物馆之一。建筑面积约1200平方米。不过当时能够收集到的文物很少，后来也一直不能形成比较有系统和规模的文物收藏。

1931年，广州市立博物院院长管理委员会常务委员谢英伯举办广州黄花考古学院，院址亦设在镇海楼。这是广州出现民间考古发掘机构之始。

1932年2月15日，“广州市第一次展览会”在越秀山镇海楼开幕。内容分古物馆、革命纪念物馆、工商馆、美术馆、民俗馆、武备馆、农业馆、市政馆、模型馆和教育馆。展期1个月。

抗日战争期间，馆内原有文物大量散失。

1942年3月1日，汪精卫伪政权利用原广州市立博物院留存的部分文物在番禺学宫（现中山四路农讲所旧址）设立“广州市立图书博物馆”，抗战胜利后，1946年3月1日，镇海楼修葺完毕，“广州市立图书博物馆”易名为“广州市立博物馆”，并从番禺学宫迁回镇海楼。馆长胡肇椿。

1948年2月10日，铜壶滴漏重新修复，安放在博物馆展出。

建国初期，易名广州人民博物馆，1954年定名广州博物馆至今。

今天的广州美术馆是1957年成立并对外开放的，馆址是1930年落成的仲元图书馆，位于越秀山镇海路。20世纪30年代，据1934年《广州指南·美术馆》记载，当时的美术馆主要在广州老城区，表列如下：

| 名称 | 地址 |
|---|---|
| 五大洲（美术馆） | 一德西路四七〇号 |
| 幻真美术工场（美术馆） | 维新南路一三四号 |
| 风人新社（美术馆） | 西湖街 |
| 六吉斋（美术馆） | 高第路二四一号 |
| 奇观阁（美术馆） | 濠畔街九九号 |
| 琳琅（美术馆） | 太平南路一七六号 |

这些所谓美术馆显然是坊间民办的，跟广州美术馆（仲元图书馆）根本没法比。放在今天大概不会被称为美术馆。

## 四、报刊·通讯社

### （一）报纸

广州是中国最早创立近代报纸事业的地区之一。

晚清时，广州先后创办的日报达40多家，为中国报业较为活跃和发达的地区。

民国时期，20世纪30年代，广州市内报馆有20余家。日报、晚报、英文报等均备。“消息尚属灵通。”（民国二十三年《广州指南》）

报社大部分集中在西关第七甫、第八甫（光复中路），打铜街（光复南路）、十八甫，见下表：

**（1）第七甫报馆一览表**

（地址栏中以汉字表示号数的，采自1934年广州市政府编《广州指南》）

| 名称 | 地址 | 创办年份 |
|---|---|---|
| 博闻报 | 第七甫 | 1896年 |
| 安雅书局世说编<br>安雅报 | 第七甫 | 1900年冬。创办人梁伯尹，主笔朱鹤、谭汝俭、詹菊隐。以鼓吹新学闻于社会。后改名为《安雅报》 |
| 广州总商会报 | 十七甫 | 1906年 |

（续表）

| | | |
|---|---|---|
| 七十二行商报 | 第七甫100号<br>光复中路七十四号 | 1906年 |
| 南越报 | 第七甫 | 1909年 |
| 光华报 | 第七甫54号 | 1911年 |
| 震旦日报 | 第七甫77号 | 1911年 |
| 大公报 | 第七甫 | 1912年 |
| 觉魂日报 | 第七甫 | 1912年 |
| 广南报 | 第七甫 | 1912年 |
| 珠江日刊 | 第七甫100号 | 1912年 |
| 国报 | 第七甫 | 1913年 |
| 新报 | 第七甫30号 | 1914年 |
| 国华报 | 第七甫 | 1915年由华国报改 |
| 快报 | 第七甫 | 1917年 |
| 新民国报 | 第七甫89号 | 1918年 |
| 爱国星期报 | 第七甫89号 | 1919年 |
| 中华新报 | 第七甫58号 | 1920年 |
| 广东群报 | 第七甫100号 | 1920年 |
| 广州晨报 | 第七甫58号 | 1920年 |
| 新国华报 | 第七甫91号 | 1921年 |
| 国华早报 | 第七甫79号 | 1922年 |
| 司法日刊 | 第七甫28号 | 1922年 |
| 天游报 | 第七甫63号 | 1923年 |
| 中外商报 | 第七甫 | 1923年 |
| 民义报 | 第七甫 | 1923年 |
| 星报 | 第七甫 | 1923年 |
| 和平报 | 第七甫79号 | 1923年 |
| 时事日报 | 第七甫79号 | 1923年 |
| 广州民国日报 | 第七甫100号 | 1923年6月 |
| 越华报 | 第七甫58号<br>光复中路一一四号 | 1926年 |
| 大中国报 | 第七甫31号 | 1926年 |
| 广州市政日报（1928年起曾一度改名《广州日日新闻》） | 第七甫53号 | 1927年 |
| 红旗日报（仅出1期） | 第七甫100号 | 1927年 |
| 大中报 | 第七甫33号 | 1929年 |
| 岭海日报 | 第七甫63号 | 1929年 |
| 大华晚报 | 第七甫 | 1929年 |
| 华声报 | 第七甫 | 1931年 |
| 大华早报 | 第七甫 | 1936年 |
| 中山日报 | 第七甫 | 1937年1月1日。由国民党中央宣传部改组《广州民国日报》后开办 |

## （2）第八甫报馆一览表

（地址栏中以汉字表示号数的，采自1934年广州市政府编《广州指南》）

| 报刊名称 | 报社地址 | 创刊时间 |
|---|---|---|
| 人权报 | 第八甫 | 1911年 |
| 可报 | 第八甫8号 | 1911年 |
| 华国报 | 第八甫6号 | 1912年 |
| 华严报 | 第八甫27号 | 1912年 |
| 广州共和报 | 第八甫27号 | 1912年 |
| 讨袁日报 | 第八甫 | 1913年 |
| 声东报 | 第八甫19号 | 1915年 |
| 大同报 | 第八甫 | 1919年 |
| 真共和报 | 第八甫 | 1919年 |
| 国华时报 | 第八甫 | 1919年 |
| 粤商公报 | 第八甫5号 | 1921年 |
| 真国华报 | 第八甫 | 1923年 |
| 华侨日报 | 第八甫9号 | 1923年 |
| 新中华报 | 第八甫 | 1923年 |
| 广州农工商报 | 第八甫 | 1923年 |
| 广州光报 | 第八甫63号 | 1923年 |
| 大报 | 第八甫35号 | 1924年 |
| 公评报 | 第八甫53号<br>光复中路四十七号 | 1925年 |
| 国民新闻 | 第八甫5号<br>光复中路六十三号 | 1925年 |
| 广州市商会报 | 第八甫36号 | 1925年 |
| 新民日报 | 第八甫（发行） | 1925年 |
| 大中华报 | 第八甫16号 | 1929年 |
| 广州午报 | 第八甫71号 | 1929年 |

## （3）晚清民国时期十八甫报馆一览表

| 报刊名称 | 报社地址 | 创刊时间 |
|---|---|---|
| 岭学报 | 十八甫 | 1898年 |
| 岭海报 | 十八甫 | 1898年3月 |
| 时敏报 | 十八甫 | 1903年 |
| 游艺报 | 十八甫 | 1905年 |
| 天趣报 | 十八甫 | 1905年 |
| 时事画报 | 十八甫69号 | 1905年 |
| 时谐画报 | 十八甫 | 1907年 |
| 二十世纪军国民报 | 十八甫（后迁西荣巷） | 1907年 |
| 时敏新报 | 十八甫55号 | 1909年 |

（续表）

| 中原报 | 十八甫 | 1911年 |
|---|---|---|
| 广东日日新报 | 十八甫55号 | 1912年 |
| 广东英文新报 | 十八甫南路1号 | 1931年 |

**（4）打铜街（光复南路）报馆一览表**

| 报刊名称 | 报社地址 | 创刊时间 | 创办人 |
|---|---|---|---|
| 民生报 | 打铜街（今光复南路）59号 | 1912年 | |
| 商权报 | 打铜街135号 | 1912年 | |
| 现象报 | 打铜街<br>光复中路五十三号 | 1914年 | 郭唯灭 |
| 广东日报 | 打铜街 | 1916年 | |
| 南方报 | 打铜街状元桥脚 | 1917年 | |
| 天职报 | 打铜街状元桥脚 | 1918年 | |
| 民主报 | 打铜街 | 1918年<br>一说1916年冬 | 陈耿夫。为老同盟会员 |
| 民仇报 | 太平街98号 | 1918年 | |

英文日报有两家，一家《广东英文新报》在西关十八甫南路一号，一家《英文日报》在今越秀区西湖街四十三号。

当年订一种报纸，每月大约一元。若是零购，每份四仙至八仙不等。

当年的茶楼、茶室门前基本上都有报摊摆卖报纸。跟今天不同，报纸未必要买，可以租阅。不少茶客租一份上楼饮茶，茗毕交回给报摊，租费二仙。

抗战胜利后，1946年3月，《华商报》在广州北京路财厅前设办事处。6月，国共和谈破裂，被广州当局查封。翌年6月1日凌晨，查封《每日论坛报》。

1949年10月前夕，广州有报社24家，报纸27种，大都为官办、半官办或官商合办，主要有《中央日报》（国民党中央机关报）、《大光报》、《越华报》等。一般为综合性日报，对开8版，少数对开4版。多数第1版是广告版，其他为新闻、经济行情、体育、教育版及副刊等。期发量在5000～6000份之间，多者8000份左右。大部分报社只有平台印报机，几家有转轮印报机。

建国后，1949年10月19日，广州市军事管制委员会开始接管原国民党官方或半官方报纸。

## （二）杂志

进入民国后，广州出版有多种杂志，不少杂志社设于中心城区，著名的有：

①《广东群报》。1920年10月创办。

②《向导》。中共中央机关刊物。1923年4月由上海迁至广州昌兴街28号。6月又迁回上海。

③《工人之路》。1925年5月成立的中华全国总工会的机关刊物。

④《政治周报》。1925年12月毛泽东创办。

⑤《犁头旬报》。第一次国共合作时期广东省农民协会机关刊物。

⑥《人民周刊》。中共广东区委机关刊物。1926年2月7日出版，

⑦《农民运动》。第一次国共合作时期国民党中央执行委员会农民部的机关刊物。

⑧《少年先锋》。第一次国共合作时期共产主义青年团广东区委的机关刊物。

⑨《农民问题丛刊》。广州第六届农民运动讲习所的丛书。毛泽东任主编，1926年9月出版。丛刊原计划出52种，实际出版了《孙中山先生对农民之训词》等26种。

以上杂志，基本上创办于国共合作时期。1927年两党分裂后，基本停刊。

1937年有不定期刊《抗战大学》，宣传抗日民族统一战线的主张。广州沦陷后迁香港续出3期后停刊。

20世纪30年代抗战前，杂志出版日益增多，1934年《广州指南》称其“或则宣传党义，或则研究政治学术，宗旨不同，持论各异”。并列出当年广州出版的杂志共52种，见下表：

| 名　称 | 地　址 |
|---|---|
| 电光周报 | 维新南路一三〇号 |
| 新民日报 | 新沙上街二十九号 |
| 公园周报 | 惠福东路龙藏街六十六号 |
| 儿童周报 | 维新北路十五号 |
| 娥眉半月刊 | 蓬莱新街四十三号 |
| 半角漫画 | 光复中路二二八号 |
| 广州杂志 | 光复中路二二八号 |
| 中华实业周刊 | 十八甫南约一号 |
| 金络素杂志 | 光复中路六十三号 |
| 两叶杂志 | 大新路超然印务局 |
| 抗日旬刊 | 盐运西五巷二号 |
| 白幔杂志 | 大新路和宁里廿九号 |
| 一鸣五日刊 | 光复中路六十四号 |
| 活跃旬刊 | 文德路六和新街十一号 |
| 十日旬刊 | 永汉北路神州国光社 |
| 读书杂志 | 永汉北路神州国光社 |
| 君山周刊 | 惠爱东路五十五号 |
| 台山海晏杂志 | 广卫路广福巷六号 |
| 南风旬刊 | 广卫路十三号 |
| 解行精舍特刊 | 花塔街六榕寺佛教解行学社 |
| 华侨实业月刊 | 永汉北路二五九号 |
| 无线电学月刊 | 泰康路顺益新街一号 |
| 楼冈月刊 | 大塘街担杆巷至德书院 |
| 中国海外商业刊 | 杉木拦路一〇七号 |
| 广州明珠 | 长堤明珠戏院 |
| X光镜 | 文德路二十七号 |

（续表）

| | |
|---|---|
| 无忧五日刊 | 上九东路白糖桥富安坊 |
| 务本月刊 | 宝义一巷务本小学校 |
| 侨镜月刊 | 南堤三十六号 |
| 绿天半月刊 | 大东路东兴新巷一号 |
| 玫瑰杂志 | 长寿东路二十六号 |
| 浮萍杂志 | 长寿东路二十六号 |
| 民治旬刊 | 南关青云新街二号 |
| 好嘢三日刊 | 西堤荣阳街九号 |
| 伶影杂志 | 长堤连珠街十八号 |
| 时菜五日刊 | 连珠街八号 |
| 进化周刊 | 河南爱和里九号 |
| 电影杂志 | 一德路公兴报社 |
| 东方文艺 | 财厅前现代书局 |
| 动力半月刊 | 丰宁路一五三号 |
| 甘草周报 | 长寿路二号 |
| 黄魂月刊 | 连珠路十八号 |
| 研究日本 | 高第街高西里一号 |
| 广州周旋旬刊 | 惠爱中路黄黎巷八号 |
| 戏经月刊 | 龙津东路十五号 |
| 新文艺评论 | 永汉北路大东书局 |
| 广州青年周刊 | 长堤青年会 |
| 一三杂志 | 泰康路十四号 |
| 豆腐花周刊 | 西荣巷三十九号 |
| 新声杂志 | 光复中路一八一号 |
| 培正校刊 | 东山培正学校 |
| 翁联月刊 | 高第新街十八号 |

## （三）通讯社

此外，还有“采访传递新闻消息”的通讯社。1934年《广州指南》列出当年广州的通讯社如下：

| 名　称 | 地　址 |
|---|---|
| 南风通讯社 | 广卫路十三号 |
| 广州时事通讯社 | 禺山路学源里十三号 |
| 博爱通讯社 | 维新北路三号 |
| 公余通讯社 | 光复中路二号 |
| 东潮通讯社 | 惠吉西路三号 |
| 中兴通讯社 | 中华中路回龙里三十二号 |
| 努力通讯社 | 广大二巷十二号 |

（续表）

| 东亚通讯社 | 永汉中路南胜东里七号 |
| --- | --- |
| 大公通讯社 | 维新南路一四八号 |

# 五、体育

广州是中国较早发展近代体育的地区。

广州出现近代意义上的体育运动，可追溯到清咸丰九年（1859）。当时在沙面租界的英国人和法国人先后建有游泳池、网球场、足球场、桌球室等体育设施。广州人受其影响，开始从事这些项目的体育活动。

晚清时，教会学校在课余开展球类、田径、游泳、体操等体育活动，对近代体育在广州的传播起了推动作用。

光绪二十九年（1903）后，广州中小学校开设体育课，设置跑步、踢球、跳高、跳远、单杠、木马等体育项目。体育运动的发展途径是由武备学堂、教会学校、基督教青年会和社会团体传入普通学校，然后进入社会的。

民国成立后，广州地区的体育活动广为展开。

1927年10月和1933年分别成立的广东省体育协进会和广州市体育委员会，广州市自此有了官方体育机构，领导和组织全市的体育活动。从20世纪初至抗日战争前（尤其是二三十年代）是广州历史上体育运动的活跃时期，这时期不仅涌现了广州精武体育会、广州粤秀体育会、两广国术馆、广州国民体育会、广州市警察体育会、广州市民体育会、广东太极联谊会、塔光国术社、广东省体育协进会等民间或半官方的体育社团；而且，兴起了现代意义上的体育竞赛活动。如举办了14届广东省运动会。抗日战争胜利后又举办了第十五届。1926—1937年共举办了8届市辖学校运动会。从1930—1938年，每年举行一次群众性长跑比赛活动。还举办过足球、篮球、排球、垒球、网球、游泳、田径、武术等单项竞赛。已建成的体育场馆有省运动场（今省人民体育场）等。

抗战胜利后，一些烂地经群众清理作足球活动场地，有些酒店设有乒乓球室、桌球室（旧称“波楼”）、健身室、旱溜冰场等。

1946年11月，广州市教育局成立广州市国民体育委员会，其性质与抗战前的市体育委员会相同。

建国前夕，除学校的运动场外，广州的公用体育场地多因残旧失修或其他原因而被改作别用。能供使用的主要有一些中学的球场和长堤青年会的室内篮球场和小游泳池。

## （一）体育学校

民国时期建于今越秀地区的体育学校主要有：私立广东女子体育学校（在天马巷）、私立广东体育专门学校（原在西关陈家祠，后更名华南体育学校，校舍迁大沙头）、广东省立体育专科学校（在东校场）。

## （二）竞赛活动·运动会

民国时期在广州举行的重大体育赛事主要是广东省运动会。

### 1. 广东省运动会

广州现代意义上的体育竞赛活动，最早是1906年1月10—11日在东校场举办的广东省运动会——时称“广东大运动会”。由广州市教育界人士钟荣光等人发起，广东省学务处主持，参加运动会竞赛的有17所学校的数百名学生。参加运动会的学堂均备有军乐、旗帜，整队入场，参加者达1.1万多人，比赛项目50余个，仅设男子项目，岭南学堂获团体总分第一名。这是全国最早的运动会。

清末时期，在广州只有几家报章零碎地刊载体育新闻。1906年9月15日创刊的《七十二行商报》（社址在西关第七甫）报道了广东省大运动会（后称广东省第一次运动会）的情况。由此来看，今天不少资料称广东省第一次运动会举办于1904年，疑误。

自1906—1937年，广东省运动会共举办了14届。全在广州举办。参加者主要是广州市内学校。

1907年，广东省各界自治委员会主办尚武运动会（第二届省运动会）、1910年举办庚戌运动会（第四届省运动会），会场均设在东园。

在1909年举行的第三届广东省运动会上（会场设东校场），南武中学夺得团体冠军。当时的教育部长黄炎培有“北有南开，南有南武”之赞语。

1912年10月，在九曜坊举办第五届广东省运动会。1917年2月，在东校场举办第六届。1919年2月，在东校场举办第七届。跳远破远东运动会纪录。

1921年9月，第八届广东省运动会在北较场举办，孙中山大总统为名誉会长，汪精卫、金曾澄分别任正、副会长。比赛结果，岭南大学获总分第一名，香港南华会队获足球冠军，培道女子学校获女子低网排球赛冠军。

自第八届起，市郊县学校和香港学校、社团来穗参赛。

1925年3月，第九届广东省运会在文明路广东大学举行。1926年5月，第十届在文明路中山大学（原广东大学）举行。1928年11月，第十一届在文明路中山大学举行。1933年5月，第十二届在东校场举行。本届运动会破50米低栏、80米低栏、200米短跑、三级跳远、掷垒球、掷标枪、掷铁饼全国纪录。

第十一届和第十二届分“省运”和“县联赛”进行比赛。

1935年5月，第十三届广东省运会在东校场举行。破女子200米接力全国纪录。1937年5月，第十四届在东校场举行。破50米短跑全国纪录。

抗战期间，广东省运动会停止举办。抗战胜利后，1947年恢复并举办了第十五届。地点在东校场（当时称中正体育场）。

按广东体育界的约定俗成，晚清时期和民国时期的广东省运动会均统一依照1～15的序列编排。

广州市市民普遍爱好体育运动，凡较有代表性的体育比赛项目举行，无不聚满观众，相当热闹。

**2. 市辖学校运动会·广州市运动会**

1926年4月，在观音山（今越秀山）足球场举办了第一届广州市辖学校运动会。有10多所学校、1000名学生参赛。项目有田径、排球、足球、篮球、垒球、千人操、童军操等。当时体操比赛项目只有双杠、低单杠、木马和横梯等单个动作，没有完善的比赛规则。是为广州体操比赛的开端。

同年12月，举办了第二届市辖学校运动会，参赛者是广州市内的中小学生。1927年11月举办第三届。1931年5月举办第四届，运动员达3000余人。1933年1月，举办第五届。

以上五届市辖学校运动会均在观音山运动场。

1934年4月，广州市体育运动委员会为了进一步发展群众性体育活动，把原定的第六届市辖学校运动会扩大为广州市第一届运动会，在东校场公共运动场举行，分“市民组”和“市校组”比赛。参加单位除市校外还有省立、国立学校及群众体育团体，参赛运动员2880多人。比赛结果：市民组中山大学获男子团体冠军，省立女师获女子团体冠军，市校组市一中获男子团体冠军，勷勤师范获女子团体冠军。

1935年、1937年先后举办了第七届和第八届市辖学校运动会。（亦有资料将上述所有市辖学校运动会均称为广州市运动会。疑误。）

**3. 广东省水上运动会**

1928—1936年，在广州共举办过9届广东省水上运动会。游泳是主要项目，参加者基本上是广州市的体育社团及大中学校学生，香港的南华、中华、华人体育会及麦芽团亦派队参赛。

## （三）体育社团

20世纪二三十年代是广州历史上体育运动的活跃时期，这时期相继成立了一些民间或半官方的体育社团，主要有广州市教育会，见下表：

**民国时期广州市民间体育社团一览表**

| 名称 | 地址 | 成立时间 | 会长（发起人） | 开展项目·备注 |
|---|---|---|---|---|
| 广东军事体育会 | | 1912年 | 何侠　黄庆鸿 | 军事体育。 |
| 广东尚武体育会 | | 1915年 | 李明德　何剑吴 | |
| 广东体育会 | | 1915年 | | |
| 南华体育会 | | 1915年 | | |
| 广州排球联会 | | 1915年 | 廖道传　李明德　何剑吴 | 排球。 |
| 广东精武体育会·广州市精武体育会 | 初设桨栏路宁波会馆，后迁太平南路嘉南堂西楼。再迁丰宁路中华医学会内 | 1919年4月9日 | | 武术、其他体育项目。本会促进了二三十年代广州的群众性体育运动的开展。1938年日军侵占广州时停止活动。 |

（续表）

| | | | | |
|---|---|---|---|---|
| 广州东山水上体育会 | | 1921年 | | 水上体育项目 |
| 广东全省体育协进会 | 西湖路广州市教育会内 | 1927年10月22日. | | 民间体育组织负责领导全省、全市体育竞赛的机构。 |
| 广州市民体育会 | 中央公园内 | 1928年10月 | | 网球为主。1938年底广州沦陷，即告解体 |
| 强华体育会 | | 1929年 | | 足球、篮球、乒乓球 |
| 广州粤秀体育会 | 新河浦 | 1929年3月 | | 游泳、网球、排球、篮球。抗日战争爆发后解体，1946年复会，1950年初解散。 |
| 广州国术社 | | 1929年 | | |
| 两广国术馆 | 设在大沙头第二制弹厂（今中华戏服厂）内 | 1928年8月 | | 半官方体育社团。1929年5月陈济棠主持粤政，下令解散。 |
| 广州国民体育会 | 大佛寺前 | 1930年5月 | 黄啸侠 | 武术、象棋、足球。民众体育社团。1938年广州沦陷后解体，1946年2月复会。1949年10月后自动解散。 |
| 广州警察同乐会·广州市警察体育会 | 初设丰宁路，后迁南朝街 | 1932年2月 | | 足球。广州警察界官办体育团体。 |
| 广州南华体育会 | | 1930年 | | |
| 粤汉铁路体育会 | | 1931年 | | 足球。 |
| 广州市体育协会·广州市体育委员会 | 设在西湖路广州市教育局内 | 1933年3月 | 广州市教育会筹设。同年6月，改组为广州市体育委员会 | |
| 广东省体育委员会 | 东校场 | 1933年1月 | 由广东全省体育协进会而成。并迁至东校场。为官方体育领导机构 | |
| 华南篮球研究班 | | 1933年 | 朱察生 | 篮球。 |
| 市府职员公余同乐会 | | 1935年 | 广州市政府开办以开展机关体育活动，举办过乒乓球、网球、游泳等比赛，还组织了女子网球队 | |
| 广州网球会 | | 1945年 | | 网球。 |
| 塔光国术社 | 怀圣寺内 | 1946年2月 | 回族民众体育组织 | |
| 励进会 | | 1947年 | | |
| 广东太极联谊会 | 惠福西路温良里毕公巷 | 1947年3月 | 1949年10月解散 | |

（续表）

| 广州市中学体育教师联谊会 | | 1948年 | 黄鉴衡　刘继明　李景贤<br>教师联谊会 | |
|---|---|---|---|---|
| 南强国术体育会 | 大德路华德里一号 | | | |
| 广州市武术学会 | 惠爱路广东省立图书馆 | | | |
| 广州越秀体育会 | 东山万华书局 | | | |
| 广州市民体育会 | 中央公园 | | | |
| 广州市教育会 | 西湖路 | | | |

以上社团各自有其所联系的群众基础，对推动广州市体育运动，发挥了一定的作用。

## （四）体育场馆

19世纪末，外国领事馆在沙面租界设有网球场和室内游泳池，这是广州近代体育最早的场地设施，但只供外国人使用。后来学校普遍设体育课，运动场地逐渐增多。基督教青年会设置了一些规格不等的运动场地。

清末，五仙门一带是市民踢毽子的聚合地。

民国时期在今越秀地区建成的体育场馆主要是省运动场（今省人民体育场），还有北较场（今黄华路以北地）、广州市公共运动场（今越秀山足球场）、广州基督教青年会（长堤）。此外，还有游泳场、田径运动场。

### 1. 游泳场

清光绪十三年（1887），沙面租界修建了一个25码×15码的室内游泳池，设有跳板、滑梯、水上吊环等。这是广州最早出现的游泳池，专供外国人使用，泳池保存至今。

1914年东山水上体育会的游泳场和大沙头游泳场先后建成。两游泳场均办训练班，组织游泳竞赛。同年，广州基督教青年会在长堤会址内建了一座水泥砖结构的20码×10码的蓄水游泳池，备有跳板设施，此外还有健身房、篮球场等。该场主要是向教会学校学生和教友开放。

1916年，岭南学校游泳池建成。

1921年，广东精武会（一说广州精武会）在东山新河浦涌边临江（今军区游泳场地段江面）建有水上游艺场（一说水上游艺会，或称水上游艺会会场），其宗旨是“尚武图强，体育振国”。后改为东山水上体育会，有一部分为水泥建筑，江边设有木看台。二三十年代，水上游艺场非常热闹。

1928年，国立中山大学在东山水上游艺场附近建有一座游泳棚。培正中学在河边建了一个游泳场。粤秀体育会在大沙头（水上体育会泳池西面）建成粤秀游泳场，该场为木质建筑结构，备有跳台。建有看台。以上泳池现已不复存在。

1934年《广州指南·水上运动》记载广州最先创设游泳池的是广州青年会，但面积不广，容纳的人不多。近年在东山设水上游艺会，入场游泳者征收券价二角，学生团体减半，官员免费。场内更衣室、休息室、阅书室、管理衣物处等一应俱全。并列出当时建于今越秀地区的游泳场有：东山越秀游泳场、广州水上体育会，均在东山；女青年会游泳场，在丰宁路；男青年会游泳池，在长堤。

有部分学校如岭南大学、培正、培英、广雅、真光等中学也建有泳池。

1936年，广州南华体育会在大沙头东岸修建了一个游泳场。

日军占领广州后，曾在广州市法政路汪伪官邸内（现中共广州市委大院）、德宣路旧省府北端（现东风中路省府大院内）、中山大学附中原广东高等学堂旧址西段（现省实验学校内）、中央公园（现人民公园旁）、八旗二马路中央银行内建有泳池。这些泳池专供日军使用，市民不能进去。抗战胜利后，在培正、警校、国民政府广州行辕、中央公园建有泳池。

**2. 田径运动场**

广州最早的运动场是由教会学校（学堂）及清朝学堂的操场发展而来的。1903年，东山培道女子学堂辟有运动场。19世纪末20世纪初，真光、培英、培道、广雅、培正、南武、教忠、广东陆师学堂、广东水师学堂等学校均先后设置规格不等的操场。随着体操、田径、球类等近代体育项目的输入，不少学校在20世纪初就辟有田径运动场。

1928年国立中山大学（在文明路旧贡院址）已有煤渣跑道的运动场，一圈只有320米。培正等校随后也建有煤渣跑道（均不足400米）的运动场。

1932年，东校场公共体育场建成比较合乎标准的大型体育场。

广州还有一些不规则的操场，如北较场（现小北）、东园广场、西瓜园商团操场（现广州日报社附近）等，这些场所一般为空旷之地，是平时群众活动聚集的地方，如北较场及东园广场曾举办过省运会。

**3. 足球场**

广州最初的足球场，是依操场大小，两端各竖立球门便成，不甚讲求规格。

足球场最先在培英、南武、培正、广雅、高师等学校建成。

20年代末30年代初，观音山空地（今越秀山体育场）已有较平整的泥地足球场。之后，东校场、大佛寺、将军前（现惠吉东街一带）、东园等地相继建有简易的足球场。不少有条件的学校也陆续建有中小型简易足球场。

1932年东校场公共体育场建有大型标准的足球场1个。

1936年，广东私立体育专门学校在大沙头修建足球场。

1947年，西湖路建有市警球场。

**4. 篮球场、排球场**

广州的篮球场、排球场最先在培正、培英、格致、真光等学堂（书院）出现，随后南武、广东高等师范等校也相继修建。

1914年，广州基督教青年会的健身房内设置了有灯光设备的篮球场。

20世纪20年代，广州市内的大学和一些中学均设篮球场、排球场。随后，净慧公园（今解放北路广东迎宾馆后部）建成全市第一个有灯光和看台的露天篮球场。

1931年，广州市教育会和广州市体育会在九曜园（今教育路南方戏院附近）合建市教育会球场，备有简易的灯光设备。该场成为广州市最早的灯光篮球场。

1933年，惠福东路大佛寺西院的国民体育会篮球场也增设了灯光设备。

1936年，当时的广东省教育厅（今广东迎宾馆南边）的篮球场和排球场也有灯光设备，并有可容纳千人的木座看台。

以上的灯光球场，后来均改作别用。

**5. 网球场**

19世纪末，沙面租界建成了网球场。这是广州最早出现的网球场。后来续有增加。

20世纪初，一些教会学校和外国人兴办、管理的医院、企业陆续建有网球场，如粤海关、邮政局、博济医院（今中山医科大学孙逸仙纪念医院）等，但只供外国海员、侨民及官员、教师等使用。

20世纪20年代，广州基督教青年会在长堤会址内辟有泥地网球场。

1927年，中央公园（今人民公园）内的广州市民体育会建有网球场4个，并建有竹棚看台，可坐观众500多人；惠福东路大佛寺旁有泥地网球场两个；培英、培正、培道、美华、协和、真光、岭南等教会学校也建有网球场。

20世纪30年代，粤秀体育会在东山新河浦建网球场两个，东山网球体育会（从属于市民体育会）在东山水体会游泳场对面的小岛上建有4个网球场。广州被日军占领期间，网球场多数荒废。中央公园的市民体育会网球场、东山网球体育会等球场湮灭，沙面网球场受到严重损坏。抗战胜利后，市内网球场多在学校内。

1947年—1949年10月前夕，省立体专（在东校场运动场）设有两个网球场。

**6. 羽毛球场**

广州最早的室外简易羽毛球场在沙面东桥口、法国东方银行门前的空地上，为外籍人员使用。时在19世纪末。

20世纪初，东皋大道、达道路的别墅和东校场联勤总部礼堂内都设有羽毛球场。一些教会学校、体育会的网球场内也划出临时羽毛球场，广州基督教青年会内的篮球场也兼作羽毛球场。

## （五）学校体育

广州学校开展体育活动，开设体育课程，自清代后期始；至清末民初，已相当普遍。

清同治十一年（1872），外国传教士在沙基（今六二三路）创办真光书院（后改真光中学），这是广州最早开展近代体育活动的学校。那时虽未设体育课，但每天课余时多开展球类、田径、游泳、体操等活动。

清光绪五年（1879），广州培英学堂设立后，聘外籍教师开展体操、杠架等现代体育运动。

光绪十二年（1886）、十三年，两广总督张之洞在广州创办陆师学堂、水师学堂，聘请德、日教官，除军事训练外，还开设体育课程，有徒手体操、单杠、双杠、木马、浪桥、跳高、跳远等项目。这是广州最早开设近代体操课的学校。

光绪十四年（1888），张之洞创办的广雅书院除开设兵操课外，也开展近代体育活动。

光绪十五年至光绪十九年，培正书院、时敏学堂、述善学堂、启明学堂、南强公学等先后开设体操课。

清光绪十七年（1891），康有为在长兴里办学，提出德、智、体三育并重，提倡民族尚武精神，开设“兵式体操”“游戏”等现代体育科目，“每间一日有体操”。

光绪二十四年（1898），逊业等小学堂亦开设体操课程。

光绪二十五年（1899），广东武备学堂聘请德人、日本人教授德、日式的木马、单杠等。

光绪二十八年（1902），清廷颁布《钦定小学堂章程》，规定体操为必修课，市内中、小学堂纷纷开设体操课程，但以兵式操为主。

光绪二十九年（1903）实行“新教育”后，公立学堂开设体操课。东山培道女子学堂设有体育运动场，培正中学建有近400米煤渣跑道的运动场。

清末，东山地区的教会学校和私立学校的体育运动得到较好的开展，如培道女子学堂的排球及韵律操，培正中学的田径和排球、篮球，教忠中学的排球等均颇有名气。

清宣统元年（1909）10月，广东省教育总会两广优级师范学堂在文明路旧贡院成立，聘请日本人做教练，开设体育课程。

同年11月，陆军讲武堂在东山大东门外开设，在堂内外设有单杠、木马、平台、爬杆、哑铃、浪桥、木枪等各种体育设施。同年，广州基督教青年会在长堤成立，积极开展各项近代体育活动，吸引不少青年学生到会参加。该会还协助学校开展体育运动，对广州学校体育起了颇大的推动作用。

清末宣统三年（1911），公立学堂开设普通体操、兵式体操课；跑步、球类、跳高、跳远等近代体育项目虽有开展，但不受重视。

民国初期，小学开设体育课并进行童子军训练。

广州小学校，不少是由寺、庙、祠堂等作校舍，缺少活动场地。据1921年统计，越秀区34所公立小学中没有体育场地的占一半以上；即使有活动场，体育设施和体育器材都较少。近代体育开展得比较好的是教会学校和一些私立学校。多请外籍教员传授近代体育。由于没有统一教材，各校体育各有侧重。南武学堂、岭南书院、中山大学，培正中学、培英中学、教忠中学、省立女师、市立一中等校，都各有优胜的传统体育运动项目。

培英中学排球尤其突出。该校学生刘权达等20多人，后来先后入选中国排球队，参加多届远东运动会；

培正中学的田径、排球、篮球运动颇有成绩。1924年，培正中学代表华南区参加全国第三届运动会，获篮球冠军、排球亚军，刘焕新获100米自由泳、400米自由泳和200米仰泳3项冠军。

岭南大学项目开展较多，不少学生后来成为优秀运动员，其数目在全国学校中名列前茅，先后参加过多届远东运动会比赛。

由于广州的学校运动员参加远东运动会屡创佳绩，推动了大学、中学的体育发展，校际田径、球类赛经常进行，与港、澳学校的比赛也从教会学校发展到公立学校。同时，推动了小学的体育运动，很多小学开展田径、球类的课余活动。

1922年，国民政府颁布“壬戌学制”，次年教育部颁布“新学制标准”，将体操课改为体育课。并规定为各校的共同必修课。随后学校规定了体育课课时。但各级学校仍没有统一体育教材，体育课教师多为退伍军人担任，教学要求多由校方及体育教师决定。

1926年起，广东高师体育专修科、广东体育学校、广东省立体育专科学校、省立文理学院和中山大学的体育系相继开设体操课程，培育了一批体育教师，推动了广州体操运动的进一步开展。

民国十七年（1928），教育部规定中等以上学校每周体育课不得少于3次。次年教育部公布了“国民体育法”，规定高中或相当高中的学校必修体育课，与军事教育（军训）并重，没有这两项成绩不得毕业。1931年，又规定大学生须体育及格方能毕业。

1933年、1936年，教育部先后公布了《中小学体育教学纲目》和《大学体育教材纲要》。以后，又公布一系列体育教育条文，使学校体育更为发展。当时广州近代体育精英俱在学校。

1928年，市立师范学校开设体育专修科，学制两年，为中小学培养专科教师。同年，中山大学成立体育委员会，除负责学校的体育工作开展外，还出版《体育季刊》，规定每年10月10日为“中大体育日”，培养了马元巨、黄英杰、赵秉衡等一批男女优秀运动员，先后参加过多届远东运动会。

1932年与1937年，广东省教育厅分别在培正中学与省立女子中学举办全省暑期体育教师训练班，提高中小学体育教师的业务水平。

民国时期，市立师范、省立女师、市立美术学校、省立女中等校在历届省、市运动会中取得优异成绩，培育了不少体育人才。田径项目中，省体专、执信中学、培正中学均是当时比赛的优胜者，并多次破全国纪录。

日军侵占广州后，学校体育处于低潮。

1940年，广东省立文理学院开设体育科，办了3年，毕业生约30人。

抗战胜利后，战前迁往内地的学校陆续回广州复课，学校体育有所恢复。

1946年，国立中山大学师范学院设立体育系，开设“体育概论”“体育原理”“体育教学法”“裁判法”“民众体育”等课程。培养了一批体育事业人才。

1947年，第十五届广东省运动会在广州举行，参赛运动员大多是大、中学校学生，成绩较好的是岭南、中山大学及培正、培英、真光等中学。大专学校的体育运动成绩不如抗战以前。

民国时期的职业技术学校，多是设备简陋，体育教学质量不高，体育运动水平较低。

### （六）群众体育活动

民国时期，职工和居民群众的体育活动，基本上是自发性和自由性相组合。活动场地不多，又没有固定组织及有关比赛制度，活动较为零散。常见的民间性体育活动，主要有踢毽子、赛龙舟、武术、舞狮子、举石担、长跑、游泳等。

有些行业工会组织了武术、醒狮队伍，在节日或厂店喜庆日子表演助兴。30年代有粤汉铁路体育会，是铁路工人开展足球运动的组织。40年代后期，有人力车工人下午收工后，在西湖路和维新路四邑华侨中学等地，进行排球比赛。

**1. 武术**

民国时期，习武之风颇盛。军队内设武术教官，各种民间武术馆、社相继建立。

1921年，政府以大总统名义向武术家林世荣颁发银质奖章，客观上对民间练武之风起到了一种鼓励的作用。

1929年3月，在东山地区第二制弹厂旧址成立了两广国术馆，馆长万籁声，聘请北方武术家傅振嵩、顾汝章及南方武术家林耀桂、林荫堂等任教官。该馆很快发展到20个班500余学员，虽在两个月后因政坛变动被解散，但已播下北拳南传的种子，使罗汉门、八卦掌、太极拳、查拳、螳螂拳等拳种在广州落地生根。

6月，广州国术社成立。

以后广州武术组织渐多，武馆先后有近50家。

日本侵略军占领广州后，不少武师移居境外，武坛沉寂。抗战胜利后，武坛复兴。

创立珠江国术社的夏汉雄回穗复社，重新登记社员时，报到者近千人。

1949年10月前，原越秀区境内有如下武馆：

关国威国术馆（在丰宁路，今人民中路）、陈斗国术馆（在大新路）、区汉泉的西山国术社（在西华路）、关少泉武馆（在德宣东路，今东风中路）、李尧山武馆（在光孝路）、谭文彪武馆（即谭氏健身院。健身为主兼授武术，在惠福西路）。

还有不少武林名师如黄啸侠、傅振嵩、邓锦涛、林荫棠等曾在惠福东路大佛寺、长堤基督教青年会等地开班授徒，传授武术。

建国前夕，广州武馆约有二三百家，均以团体会员加入广州国术协会。建国前设于广州中心城区的主要武术团体一览表：

| 名称 | 创办时间 | 地址 | 负责人 |
|---|---|---|---|
| 广东精武体育会·广州精武体育会 | 1919年4月至广州沦陷 | 初在桨栏路。后迁太平路。再迁丰宁路 | |
| 珠江国术社（粤胜体育会夏汉雄体育会） | 1924—1945年<br>抗战胜利后复社 | 后设分馆在惠爱中路壬癸坊 | 夏汉雄 |
| 两广国术馆 | 1929年3—5月 | 东校场附近 | 万籁声（馆长） |
| 广州国术社 | | 惠福东国民体育会内 | 顾汝章（社长） |
| 广东太极拳联谊社 | 1947年春 | 惠福西路毕公巷 | 傅振嵩 |
| 回民塔光国术社 | 1946年 | 光塔寺 | 马惠泉 |
| 傅氏健身学院 | | 文德路 | 傅永辉 |
| 马氏业余健身院 | 1946—1949年 | 海珠中路 | 马仰之 |

**2. 健身院**

广州市健身运动的传统是将武术、气功、举重等融合在一起来锻炼，达到健身防身的目的。

1914年，位于长堤的广州基督教青年会设健身房，吸引了一些青年参加锻炼。

20世纪初，健身用的铁铸杠铃等器材逐渐引入广州。

20世纪三四十年代，一些学校设有健身房，如广东省立女子中学、中山大学、岭南大学、国民大学、文理学院、省体专、培正中学、教忠中学等。

抗战胜利后，傅振嵩之子傅永辉创立傅氏健身院，学员亦众。1948年，广东举重运动知名人士谭文彪开办谭氏健身院。

此外，在西华路、大新路、太平桥、光复北路、西濠二马路、泰康路、清平路等地也有私人开设的健身房、健身馆。

**3. 长跑**

1930年2月，广东省体育协进会主办了广州市首次群众性公开环市长途赛跑。以后每年都在2月份内举行一次。从第三届起改名为“环市长途赛跑”。至1937年共举行了8次。凡年龄16岁以上者不限性别、职业、国籍均可报名。参加者有大中小学在校学生、市民、官员。推动体育运动的机构，既有官方组织，也有群众团体。

第七届和第八届只限男子参加。

长跑的起点或终点多设在广东公共体育场（东校场）。

日军侵占广州后，一年一度的环市跑停止。

曾连获三次环市赛跑冠军的赵辉（市师和中山大学的毕业生），在广州沦陷时，随疏散难童组织疏散至广宁县，遭敌机轰炸，赵辉奋不顾身抢救难童，不幸牺牲。

抗战胜利后，广州市恢复一年一度的长跑活动。第一次由三民主义青年团广州分团于1946年3月10日举行，以东山公园前为起点，至长庚路方便医院（今市一人民医院）前为终点，全程约6500米，参加者百余人。同年6月16日，广州市中小学校学联会举办了环市赛跑。

1947年3月23日举行广州市第九届环市赛跑，路程约7400米，起终点均在广州市政府门前，比赛人数：男163人，女6人。比赛结果，男组冠军刘祺，成绩25分57秒，女组冠军梁细昉（中山大学），成绩38分29秒。

1948年12月12日举行广州市第十届环市赛跑，参加者只有50人，起终点均在市政府门前，全程1.25万米，比赛结果：男组冠军曾宪伟（花县石角四保校），成绩48分，女组只有中山大学体育系梁细昉一人参加，成绩65分。

**4. 渡江·长游·扒龙船**

1930年6月21日，东山水上体育会举办了横渡珠江比赛。此后，共举办6次渡江长程游泳活动，其中5次由南华体育会举办。

1935年（第4次）和1936年（第5次）渡江是由中山大学的康乐码头游至东山大沙头游泳场。

划龙舟活动，广州人称“扒龙船”，是民间传统活动。清末民初每年端午节期间，广州市郊各乡及附近农村，都先后派龙舟到广州参加竞赛或表演。

建国前广州的龙舟竞渡多在东山水上体育会或西郊荔枝湾举行。

1936年5月29日（农历五月初五），由东山地区的粤秀体育会举办的龙舟竞渡在新河浦河面进行，参加比赛的有鹿步司寺右乡等8个单位共70余艘龙舟。

## 六、宗教

广州的宗教，主要有佛教、道教、天主教、基督教、伊斯兰教。此外，民国时期，还曾出现过琐罗亚斯德教（又称祆教、拜火教、波斯教）与真空教（又称空道教），信徒不多，前者流传时间不长，便自行消失。后者亦无甚影响，不述。

佛教、道教、伊斯兰教在广州历史悠久，留下了丰富的历史文化艺术遗产。民国以前，此三教基本上以寺庵、宫观、清真寺为单位各自独立开展活动，没有统一的教会组织，在民国期间才先后有了比较松散的宗教社团，如"广东省佛教总会""中国回教促进会粤支部"等，以维护本教权益。经济来源以历代统治者或信徒的布施（捐献）和宗教活动收入为主。

天主教和基督教分别在晚明与清后期传入广州，在传播中，兴办了不少社会公益事业，尤以兴办学校、开设医院居多，客观上传播了西方文化科学知识，对广州的社会文明和发展起了一定的促进作用。

据统计，1935年，广州全市共有寺观教堂124间，其中佛教寺庵48间，道教官观4间，伊斯兰教清真寺5间，天主教堂11间、基督教堂56间。1937年，基督教堂仍为56间。1949年建国前夕，广州全市共有寺观教堂132间，其中佛教寺庵55间，道教官观3间，伊斯兰教清真寺4间，天主教堂8间，基督教堂62间。大部分在广州中心城区。

民国前期，广州市管理宗教事务的机构由教育局负责，1929年广州市社会局成立后，宗教事务归社会局管理。有关宗教的重大问题和建立宗教社团等事项，则由国民党广州市党部审批处理。

### （一）佛教

1912年，临时大总统孙中山宣布废除封建时代的僧官制度，批准佛教界人士成立中国佛教总会。同年，广东省佛教总会在广州成立。

广州民间奉行多神崇拜。清代，城中坊间寺庵庙宇颇多，除少部分历史悠久的著名寺庙外，其中多是街坊建来供平时求神祈福之用。民国前广州到底有多少寺庵，在今存历史文献中没有找到明确的统计数字。

入民国后，1912年5月20日，临时广东省议会决议，除孔庙外，文昌庙、关帝庙、贤良祠等与民国无关的庙宇一律废止。不少坊间庙宇自此后开始逐渐减少。不过民国前期时局动荡，政府无暇顾及此等无关宏旨之事，对此并没有采取强制措施，故到20世纪20年代之前，坊间仍存在不少寺庵庙宇，这在1918年《广州市图》上有清楚的标示。

20世纪20年代前几年，广州市政厅为筹集北伐军饷和市政建设经费，成立广东官产清理处，将城中寺观庵堂庙宇（包括大佛寺、华林寺、西禅寺、浮丘寺、无着庵等名寺）及其产业，一律充公，投变拍卖。各寺庵僧尼大都想方设法筹款赎回寺庵产业的全部或部分，一些有悠久历史的著名寺观得以保存。无力赎回的寺庵房地便被人买下改建为商店或民房，也有部分被用来做了小学学校。一般的坊间庵堂庙宇大都因此而陆续消失了。如浮丘寺、西禅寺等便从此湮没。

据1931年广州市人口调查报告，当年全市有僧尼502人，佛教男女居士共13 000余人。

据统计，1932年，光孝寺只有2名僧人，六榕寺只有1名僧人，大佛寺可能最多了，有35名僧人。可以想见当年寺庙远不及今天的风光热闹。

1934年《广州指南》记载当时广州有尼庵34所，见下表：

| 名称 | 地址 |
|---|---|
| 长胜庵 | 蓬莱东街 |
| 永清庵 | 曾头巷五号 |
| 福胜庵 | 糖房直街九号 |
| 广庆庵 | 中和社 |
| 紫云庵 | 惠福区回龙里 |
| 静修庵 | 下九中路六十七号 |
| 聚福庵 | 珠巷四十九号 |
| 宝觉庵 | 中和社 |
| 西莲庵 | 十二甫四十五号 |
| 智胜庵 | 天香街十四号 |
| 药师庵 | 小北路一七二号 |
| 无着庵 | 丽水坊四十八号 |
| 福宁庵 | 锦荣里一号 |
| 万应庵 | 文明路一九三号 |
| 定慧庵 | 清水濠五十七号 |
| 静法庵 | 大塘街担杆巷十三号 |
| 莲花庵 | 仰忠街二十号 |
| 檀度庵 | 清泉街十六号 |
| 祇隐庵 | 河南南市宁隐街二号 |
| 宁慧庵 | 清和新街十三号 |
| 福胜庵 | 豪贤街七号 |
| 福寿庵 | 上贤里二号 |
| 永胜庵 | 都府街三十四号 |
| 福成庵 | 小北路一八二号 |
| 善庆庵 | 正南路九号 |
| 宝树庵 | 大塘街五十九号 |
| 乔木庵 | 文明路二一九一号 |
| 福照庵 | 定海中十号 |
| 静善庵 | 仰忠街十六号 |
| 如来庵 | 大北直一三八号 |
| 超真庵 | 应元宫道第二号 |
| 福善庵 | 河南西市大街十四号 |
| 竹丝庵 | 河南溪峡直街 |
| 祇慧庵 | 河南龙溪首约廿八号 |

以上尼庵，建国后渐湮没，唯无着庵幸存至今。

此外，民国时期，广州城中心区还有志德净院、昭真庵、慈云觉、福庆庵、菩提林、紫霞庵、竺峰寺、太平莲舍等寺院庵堂，还有一间专做经忏的小庙以及两间斋堂，到1952年仍在，后亦不存。

另据统计，1935年，广州有11寺39庵堂，大部分是清代时创建。

历经战乱，尤其是日寇侵占广州期间，僧尼生活困难，不少寺庵残破，有的湮没。

日本侵占广州期间，在市区内建有供日军朝拜的佛寺6间：妙心寺（五仙观内）、大慈寺（起义路）、西本愿寺（正南路）、东本愿寺（大德路）、妙法寺（盘福路）、身廷山别院。日本投降，这些寺随之消失。

抗战胜利后，广州市新建了几间尼庵。

据统计，1950年前后，广州有8寺38庵（另一统计是共有佛教寺庵55间）。

民国时期，僧尼多为生活窘迫，就业无门，或是婚姻不幸、疾病等原因而走入佛门者，其宗教活动主要是自我修持和应众作佛事，法事活动主要是每月初一、十五和佛教节日，信徒焚香礼拜和做功德等活动。

直到1949年10月，广州尚有一些靠专做超度亡灵法事谋生的散居僧人，他们多有妻室，就在自己的住宅或所租小屋挂起招牌，此类所谓的寺约有9间。此后，陆续被关闭。

民国时期的僧尼较少研究佛学和讲经说法。研究佛理和弘扬佛法的多是佛教居士。民国前期，较为活跃，社团相继成立，如广州佛教阅经社、楞严佛学社、佛化救世会、广州佛学会、佛教解行学社等。主要由文人、居士组成，以研究和弘扬佛教义理为宗旨。后来又建有三教共进会、僧道联合会、居士协会等。据1934年《广州指南》载，当年佛教团体广东佛教会设在花塔街五五号（六榕寺），楞严佛学会设在丽水坊四三号，广州佛学会设在宝源北十六号。1935年成立广州佛教居士林，“林友数千人”。

民国时期，广州没有新建有影响的寺庙。

### （二）道教

道教是中国本土宗教，其影响力却不及外来的佛教。到了民国时期的20世纪20年代，更是明显地走向衰微。宫观破落，道士四散。元妙观、应元宫逐渐湮没。著名的五仙观也在1923年被拍卖给了中山同乡会，观内道士被遣散。

广州道士历来人数不多。民国前，全市道教信徒没有准确的统计数字。1932年调查统计，全市道教徒约460人。

民国时期道士主要的谋生手段，除求签、卜卦、算命等在寺庙、民间颇为盛行的活动外，还有的就是遇人家喜庆节日或丧葬时，应请前往做祈福禳灾或打斋超度等法事。

当年比较有名的是带有商业性质的“正一道馆”（亦叫喃呒馆），遍布广州城，专营打斋，念倒头经，替死人开路，做旬，兼营纸扎迷信品。利用自己的或租来的小房屋作馆址，承接法事生意，到事主家里去做。

据1938年统计，广州有正一道馆（包括祈福道馆）近百间，正一道士百余人。由于其行为

明显带有导人迷信，有碍邻里安宁和社会秩序的负面作用，1937年1月，广州市警察局曾下令关闭正一道馆，但其活动并未绝迹。建国后，政府规定不准搞占卜算命、符水治病等活动，佛道教法事活动不得在非宗教场所进行。正一道由此失去了存在的基础，道士们遂纷纷转业，至1956年。广州市正一道馆被全部关闭。

民国时期，广州坊间曾出现过颇多神庙，所供奉之各路神灵可谓五花八门，未必有什么掌故来历；其中有些祀奉道教的神像，庙中并无道士、道徒，只由一庙祝管理香火，有的甚至固定的管理人员也没有，如部分北帝庙、关帝庙、华光庙、天后宫等。

广州道教界奉行“唯善是宝、唯善是亲”，民国期间，道教信徒开办有慈善性质的善社和斋堂。善社社员多为中产阶层，既修道又行善，如修桥整路，向贫困人施医施药施粥之类。

据1938年统计，全市约有斋堂200所（其中有部分是佛教徒办的），加入斋堂的多是持独身主义的女佣和无子嗣的寡妇，每个斋堂均订有生养死葬的办法，故斋堂除自我修行外还成为当时一部分低层妇女自救和互济的组织。

道教祀神和做法事的场所称宫观。历史上，广州著名宫观不多，主要有三元宫、纯阳观、五仙观、元妙观、应元宫等。

### （三）天主教

天主教在明晚万历时入传广州。在清代鸦片战争前被严禁。鸦片战争后，一败再败的清廷被迫打开国门，允许外国传教士在中国传教。道光二十五年（1845），天主教法国巴黎外方传教会进入广州传教。

天主教自传入广州后一直受罗马教廷和外国传教会（即“修会”）控制，组织统一，机构严密。1914年，天主教广州代牧区成立。1946年，升为总主教区，下辖7个教区。

民国时期，天主教广州教区的经济主要依靠外国修会和罗马教廷的拨款。教会经济来源还有：教区所办的中小学学费收支盈余，银行存款利息以及美国玛利诺会、爱尔兰耶稣会等资助的弥撒金，及教徒临终前把金银、房屋、田地等作为死后的弥撒金献给教会。

据不完全统计，自道光二十八年（1848）巴黎外方传教会接管广州教区到1949年10月前夕，广州教区神父（协助主教管理教堂和教务等事宜）约有232人，其中外籍传教士172人（含主教7人），中国籍神父60人。

据统计，1931年，广州天主教中国籍神职人员37人，修女68人，教徒（按天主教礼仪受洗礼者）14487人。1946年，广州市有法国、英国、美国、加拿大籍修女45人，中国籍修女70人，教徒6510人。

1949年10月前夕，广州有天主教堂8间。神父、修女约60人。教徒约4000人。

天主教徒主要居住在石室教堂附近的一德路旧部前、旧部后、育仁坊、隆仁坊、德星里、白米巷、安仁里、玉子巷、卖麻街一带。还有部分教徒聚居在淘金路原淘金坑天主教堂附近、河南宝岗天主堂附近和中山四路原天主堂附近。

天主教有大小节日（占礼）多个，以十二月二十五日的耶稣圣诞节为最隆重。

以下记述民国时期广州天主教修会组织、天主教创办之公益慈善事业、医疗机构与教堂。

**1. 修会组织**

1949年10月前夕，天主教派驻广州的修会组织，主要有下面几个。

法国巴黎外方传教会 · 巴黎外方传教会

该会传教士于清康熙年间进入广州传教，当时广州天主教隶属澳门教区管辖。

1848年，天主教粤桂监牧区（管辖范围两广地区）建立，经罗马教廷批准由巴黎外方传教会管辖，该会会士明稽章任宗座监牧。以后，广州天主教一直由该会管辖。教区历任主教均由罗马教廷任命该会会士担任，其他驻广州的外国修会传教士都得在该会管理下开展传教等活动。

据不完全统计，自1848—1951年，该会在广州先后建有教堂12座，来穗的传教士达112人，其中明稽章等7位会士先后任主教职务。

1923年祝圣为广州教区第五任主教的魏畅茂（1872—1952）。在任期间，魏畅茂修缮了石室教堂和完善了石室周围的建筑，先后办了圣心中学、明德女子中学及附小、日新小学等学校。广州沦陷时期，办了多项福利事业，如长期施粥赈济饥民；代管广州城西方便医院，施医赠药方便群众，扩充院务，使医院设备日趋完善，并创办附属护士学校；代管普济三院，设法解决孤寡残病老人的生活困难等。为表彰魏畅茂对公益事业的贡献，1947年广州市政府赠给他一条金钥匙和刻有“慈善为怀”的白云石牌一块，并授予他广州市荣誉市民的称号。

爱尔兰耶稣会

1913年，该会爱尔兰籍传教士邓乃理来穗传教，并在广州设立组织。会址设在越秀北225号。

日本侵占广州期间，该会曾一度撤离，日本投降后又重来穗。

该会会士大部分担任教师职务，分别在岭南大学、广州大学、文化大学、圣心中学、明德女子中学等学校任教，并负责所在学校的传教活动。

美国玛利诺会

该会在1946年前后来广州传教，会址设在今海珠区同福西路250号，负责人是美籍玛利诺会会士宋化民。

抗日战争时期，该会曾协助美国救济总署在广州发放救济物资，另有潘南、韩斯等会士曾在岭南大学任教职及传教。

加拿大满地荷无原罪女修会

该会在清末期宣统元年（1909）派遣修女进入广州，会址设大新路白米巷。通过兴办教育、慈善事业开展传教，并先后在会内办有圣神小学（附设沙面德助撒英文班）、圣灵孤儿院、淘金坑圣婴婴院等院校3间。该会修女担任孤儿院、圣婴院、学校负责人、学监及教师职务，同时进行传教活动。

加拿大天神会

该会修女于抗日战争前来穗活动，会址设在河南宝岗宝玉新街，并在该处创办了伯多禄医院，医护人员均由该会修女担任。通过为群众医病进行传教。

抗日战争期间曾派出几位修女去城西方便医院担任护士工作，同时发展一批医护人员和病员入教。

法国安老会·贫穷姑娘会

法国安老会又名贫穷姑娘会，于1913年派遣修女前来广州通过兴办慈善事业进行传教。会址先设在大新路白米巷，1926年迁往东山梅花村，并在该处兴办一间安老院，收养了数十名贫穷的老教徒，由该会修女负责院务工作及传教。

在广州的各个修会组织，是各国总修会派来的分支机构，均接受法国巴黎外方传教会领导，但经济独立，自筹供给。来穗后，他们只是协助天主教广州教区工作，通过办学及办慈善事业进行传教，各修会均于撤离广州。此外，还有一些修会也曾派遣个别会士及修女来穗参加医疗、传教工作，但时间不长。

天主教广州教区建国前曾一度建立过咨议会，由主教和部分神父组成，不定期召开会议，研究教务及教区的重大问题。

教区下属机构有公教进行会，为联络教友群众的组织，又分设男、女公教青年会。主要任务是组织青年教友协助教会传教。

男公教青年会由青年神父担任会长，会址设在一德路石室教堂前西侧，女公教青年会会长由教友陈秉卿担任，会址设在石室教堂东侧。

此外，还有中华圣母无原罪女修会。

**2. 公益、慈善、文教事业**

民国时期，天主教广州教区除发展教务外，还开办学校、孤儿院、安老院、医院等公益慈善事业。

学校

**民国时期广州天主教会办学一览表**

| 校名 | 在校人数 | 校址 |
|---|---|---|
| 韬美医学校 | 100 | 靖海路五仙门（今广州医学院附属第一医院） |
| 工艺学校 | 50 | 先烈路青龙里 |
| 尚德学校 | 100 | 西华路马王通津 |
| 维德女学校 | 120 | 惠福西甜水巷第四约 |
| 日新小学 | 400 | 一德路旧部前 |
| 乾巴小学 | 50 | 中山四路高坡 |
| 适焉小学 | 60 | 西华路马王通津 |
| 赤慈幼儿园 | 60 | 中山四路旧仓巷 |

（续表）

| 乐慈孤儿院 | 50 | 先烈路青龙里 |
|---|---|---|
| 淘金坑孤儿院 | 30 | 淘金路淘金坑 |
| 新河浦平民学校 | 50 | 东山新河浦路山河东 |
| 圣神小学 | 240 | 大新路白米巷。1951年改为大新路第一小学 |
| 圣灵孤儿院 | 300 | 大新路白米巷 |
| 崇正里民众识字班 | 30 | 海珠区宝岗宝玉新街崇正里 |
| 圣心中学·私立圣心中学 | 500 | 大新路。1904年创办。前身是圣心书院。1914年改为中学 |
| 明德女子中学 | 300 | 一德路旧部前。建国后，与圣一心中学合并为市第三中学 |
| 明德女子中学附小 | 240 | 一德路旧部前 |

其中较有影响的有圣心中学、明德女子中学、日新小学和圣神小学。

代管医院

1938年广州沦陷前夕，广州市政府委托天主教主教魏畅茂代管城西方便医院（现市一人民医院前身）院务，任名誉院长。魏主教委任天主教耶稣会士爱尔兰神父肯尼迪医生负责医务，聘请了几位上海震旦大学医科毕业的天主教徒分担内、外、五官各科主管，加拿大天神会派了6位修女做护理工作，并创办了一间护士学校。

抗战胜利后，中法韬美医院（今广州医学院附属第一医院前身）交由天主教会代办。教区派当家神父福寿康（法籍）兼管院务。

孤儿院、安老院、残废人院

**民国时期广州天主教会办孤儿院、安老院、残废人院一览表**

| 名称 | 地址 | 创立时间 | 备注 |
|---|---|---|---|
| 圣灵孤儿院 | 大新路圣神小学（现大新路小学）内 | 宣统元年（1909） | 加拿大满地荷无原罪女修会创办。1951年停办。 |
| 圣婴婴院 | 初期与圣灵孤儿院同一院址。1933年在淘金坑47号另建新院 | 宣统元年（1909） | 加拿大满地荷无原罪女修会创办。1951年由中国人民救济总会广州分会接管。 |
| 安老院 | 初在白米巷口附近。1926年迁往东山梅花村13号 | 1913 | 天主教法国安老会会士创办。1950年迁往香港。 |
| 男老人院、女老人院、残废人院普济三院 | 大东门旧钱局附近 | | 合称普济三院。原为市办的慈善事业，包括男、女老人院及残废人院。1919年及广州沦陷后院务交广州天主教区主教魏畅茂代理。抗战胜利后，由市政府接管。 |
| 天主教美国全国福利委员会广东分会 | 沙面同仁路22号 | 1946年8月 | 郑济民、高方济神父为正副主任（均为美国人）。该会主要任务是把总会及其他救济机构交来的物资转运给两广各地的教会慈善团体。 |

（续表）

| | | | |
|---|---|---|---|
| 天主教圣山 | 东北郊淘金坑（即现白云宾馆以北，铁路以南的地区） | 同治二年（1863） | 初由一法国天主教徒购地献给教会作为坟场。后来形成淘金坑教徒村。 |

修道院·神学院

修道院又称神学院。为天主教培训神父的学院。民国时期，天主教会在今越秀地区开办的修道院主要有两间，一是圣方济各小修院，创于晚清光绪二十一年（1895），设在石室圣心教堂大院内。1952年停办。一是中华圣母无原罪女修会，创办于光绪二十八年（1902），地址在一德路隆仁坊12号。“文革”期间解散。

天主教圣山

“圣山”是天主教坟场的别称。建于清同治二年（1863）。初由一法国天主教徒购地献给教会作为坟场，面积约4万平方米，60亩左右，地点位于广州市东北郊的淘金坑（现白云宾馆以北，铁路以南的地区）。天主教的中外神职人员、修女、教徒死后均安葬于此。教会于“圣山”附近建有教堂一间，即主佑天主堂，又称淘金坑天主堂，每年11月2日在此举行隆重的宗教仪式“追思已亡节”。

教堂附近建有一些平房，免费提供教徒居住，开垦耕地40多亩，供教徒耕作兼管理坟场。后来附近各县的天主教徒迁居该处，人数逐渐增加，形成了淘金坑教徒村。

“文化大革命”期间，“圣山”遭到破坏，土地大部分被一些单位占用或征用作建设工厂和宿舍。1990年市人民政府落实宗教政策，由占用单位赔偿人民币116万元给教会，并由市规划局在龙眼洞鱼沙坦乡另拨土地2160平方米，建天主教骨灰楼一幢和圣堂一间。

1949年10月后，教会所办公益和教育事业由政府有关部门接管。1953年，广州军管会取缔圣母军（属天主教），东区圣母军支团向公安机关登记并办理退团手续。

**3. 教堂**

民国时期，今越秀地区最著名的天主教堂是圣心大教堂（石室）。至今如是。

**民国时期广州城区天主教堂一览表**

| 名称 | 地址 | 创办时间 | 备注 |
|---|---|---|---|
| 教徒聚会所 宝岗天主堂 | 同福中路宝玉直街崇正里4号 | 清道光二十五年（1845） | 1845建教徒聚会所。1938年改建为宝岗天主堂。 |
| 露德圣母堂 | 沙面大街14号 | 清光绪十六年（1890） | 1948年有男女信徒各30人。今存。 |
| 西山天主教堂·西山圣母堂 | 西华路马王通津32号 | 光绪三十二年（1906） | 巴黎外方传教会将侨房改建。1954年尚存 |
| 青龙里天主堂 | 先烈路青龙里 | | 1948年已不存。 |
| 第四约天主堂 | 惠福路甜水巷 | | 1938年已不存。 |
| 永安坊天主堂 | 永安坊 | | 1938年已不存。 |
| 耶稣圣心堂 | 一德路旧部前56号 | | 今存。 |
| 主佑天主堂 | 淘金路淘金坑47号 | | 开放至1954年。 |

（续表）

| | | | |
|---|---|---|---|
| | 西华路马王通津32号 | | |
| 圣阿纳堂 | 中山四路忠佑大街同善里6～8号 | | 1954年存。 |
| 花地玛圣母堂 | 东山新河浦山河东5号之一 | | 开放至1954年。 |
| 圣依纳爵天主堂 | 越秀北横8号 | 1935年后建 | 1954年存。 |
| 高坡天主堂 | 旧仓巷 | | 1935年已不存。 |
| 蓬莱东天主堂 | 蓬莱东约 | | |
| 天神母后会姑娘堂 | 昌华横街 | | |

随着时代变迁，有的教堂已作他用，有的已湮没，不复存在。至1990年，今越秀地区只剩下一座天主教堂，那就是一德路旧部前圣心堂（石室）。原东山区内则只剩一间建筑面积为475.56平方米的天主教房产。

## （四）基督教

在世界上，基督教一词是指主要包括天主教、正教、新教（又称耶稣教）等三大派别的总称。在中国，基督教通常指新教。本书所称基督教即指新教。

清嘉庆十二年（1807）英国伦敦传道会派传教士马礼逊（1782—1834）来穗，得一美商的同意，在其十三行的货仓内开始传教，是为基督教第一个进入中国的外国传道会（基督教的海外传教组织。简称“差会”）和外国传教士。广州成为基督教在中国大陆的最早登陆地，成为近代基督教（新教）入华的开端。在穗期间，马礼逊除翻译《新旧约全书》外，还在沙基的谷埠（今六二三路）开设了第一间布道所，其后历有变迁。

道光十年（1830），美国公理会派遣传教士裨治文到广州，先后在西关地区建立蓬莱新街堂及裨治文堂（后改为“西村堂”），作为该会传教布道的地方。

1834年，美国基督教差会派传教士伯驾来广州传教，开设眼科医局（后改博济医院），并1938年组织了中国最早的在华医药传道会。发起医药传道。

鸦片战争后，英国、美国、德国、加拿大、瑞士等国差会纷纷进入广州。

清道光二十四年（1844），美国传教士罗孝全在东石角（今八旗二马路附近）建广州首座基督教教堂，称粤东浸信会堂。清咸丰十年（1860）后，东山地区逐渐发展成为美南浸信会的基地。

道光二十五年（1845），南美浸信会牧师罗孝全、叔末士在华人杨庆的帮助下将联兴街的一间鸭栏铺改建成讲堂，同时开设施诊所，借以传教，道光二十六年（1846）十三行大火时被毁，叔末士将旧堂修复后改称1号浸信教会，道光二十九年（1849）仅余教徒3人，并入粤东浸信会而结束。

道光二十八年（1848），合信医生受伦敦传道会所派到广州进行医药传教，设惠爱医局于沙基金利埠（今六二三路），其时还有首位华人牧师梁发驻馆传道。随后几年，合信编写了13本宗教小册子，成为当时广州的主要传教士之一。

同治元年至四年（1862—1865），循道会设教堂于西关第十甫，是为十甫堂。英政府无偿

提供租界土地建筑的沙面基督教堂及牧师住宅相继完工，专门向外国教徒开放。

清同治六年（1867），德国信义会派传教士来华传教，随后又派人在下芳村购地，于清光绪八年（1882）在信义路建成德国教堂。

光绪六年（1880），伦敦会在西关第八甫设立福音堂，聘请梁柱臣、区凤墀（孙中山好友）主理礼拜仪式，平日负责布道活动。光绪十二年（1886）以后，该会在宝盛沙地修建会所及传教士宿舍，面积达5000平方米，会内还办有通志学校和广州协和神学院。20世纪20年代初通志学校并入岭南大学附属中学，广州协和神学院迁至白鹤洞，另建新院，成为广东基督教最高神学学府。

清光绪十一年（1885），美国北长老会传教士那夏礼，在花地培英书院内，创办了“长老会花埭安会”，此后20余年间发展基督教徒300多人。

清光绪十五年（1889），美国基督教同寅会进入广州河南地区传教，在岐兴里创建基督教同寅会礼拜堂，兴办了不少学校和医院。1934年礼拜堂迁往洪德五巷。改称洪德堂，1981年称为基督教河南堂。

基督教河南堂位于洪德路洪德五巷23号，占地面积约800平方米，其中主堂两层面积450平方米，庭园面积350平方米。主堂二楼是礼拜堂，有座位400多个。

至清末，广州共有外国差会15个，其中美国10个，英国3个，德国2个。1949年10月前夕，在广州的外国差会增至20个，其中美国的差会13个。

进入20世纪后，珠江三角洲及沿海一些通商口岸，几乎每个镇都有基督教堂。广州东山一带渐次开发，教堂兴建尤多。

入民国后，西关一带教会组织发展迅速。

广州基督徒以工人、农民、工商业者、退休人员和家庭妇女居多，文化层次较高的医务界和教育界的信徒占有较大的比例。如教友钟荣光曾任岭南大学校长，梁毅文是著名的妇科专家。

基督教的主要节日有圣诞节、受难节、复活节。主要宗教生活有主日崇拜或守安寐日，内容是唱诗、祈祷、读经、证道、祝福等项目。聚会均在礼拜堂及正式聚会点举行。

民国时期，广州基督教会主要通过办学校、医院和慈善事业的形式来扩大基督教的影响。宣教活动活跃。

1920年12月，广州基督教联合会在丰宁路西瓜园（今人民中路《广州日报》社附近）举行“广州布道大运动”。

1928年7月，广州基督教青年会（简称青年会）组织了全市性布道大会，并于1933—1937年间，每年的复活节在东山神道学校、东山大波地（今福今路）、东校场等地举行有五六千人参加的基督教复活节纪念大会。

1938年10月广州沦陷后，教会的教务活动大大减少，一些教堂被日军占作仓库。国际救济委员会广东分会委托留穗的英美传教士和一些中国教牧人员开设难民营和施粥站。

1941年12月太平洋战争爆发后，市内英美传教士全部撤回本国，至此各教会的宗教活动陷于停顿或半停顿状态。



1945年抗战胜利后，各教会团体及传教士陆续回到广州，进行了短暂的重建工作，恢复教会宗教活动，先后举办了多次的大型布道会。广州基督教联会及青年会联合市内各教堂开办难民收容所、施粥站及其他战后紧急救济工作，其后又办理过水灾救济工作。

1949年10月前夕，一些外国差会开始部分撤离外籍传教士。教会组织大多迁到香港。

1950年，西方传教士相继离境。当年西关地区内仍有基督教堂所12处，分别是：中华基督教会万善堂、逢源堂、锡安堂、西村堂、中华循道会十甫堂、中华圣公会基督堂、两广浸信联会平宁堂、慈爱堂、远东宣教会大同堂、救世军西华堂、沙面基督教徒聚会处及华南水上教会启明福音船。

1951年，广州市基督教抗美援朝三自革新运动委员会（简称三自会）成立，成为统一的基督教管理机构。广州教会从此割断了与外国教会的一切关系，结束了外国差会在广州的历史。

1960年，广州全市基督教教堂大联合，西关地区的十甫堂、仁济堂、慈爱浸信会、大同堂合并为十甫堂，锡安堂、七株榕堂、万善堂、西华堂、大德堂、广州基督徒聚会处合并成锡安堂。

1964年，逢源堂并入十甫堂，区内只余十甫、锡安两处基督教堂。“文化大革命”期间，锡安堂被封，十甫堂被占用，直至1980年、1983年才分别恢复聚会。1991年全区有基督教徒2100人。

**1. 差会组织**

民国时期广州市的基督教会组织有差会组织、公会组织、堂会组织三大类。

西方各国基督教会为向美洲、亚洲、非洲发展，各教派大多派遣传教士向国外宣教，并成立海外传道会（部）组织，这些组织的驻华机构，称为“差会”。在鸦片战争前，进入广州的差会只有两个：英国伦敦传道会和美国公理会。

第一次鸦片战争后，西方各国纷纷派出差会进入广州，设立教堂、医院和学校等，建立和扩大其势力和影响。

1946年广州市基督教差会简表

| 名称 | 国别 | 传入时间 | 广州创办人 |
| --- | --- | --- | --- |
| 伦敦传道会 | 英 | 1807 | 马礼逊 |
| 美部会（公理会） | 美 | 1808 | 裨治文 |
| 美南浸信会 | 美 | 1844 | 罗孝全 |
| 北美长老会 | 美 | 1844 | 哈巴 |
| 英国循道差会 | 英 | 1851 | 俾士 |
| 信义会（巴陵会） | 德 | 1858 | 何必力 |
| 礼贤会（巴勉会） | 德 | 1872 | 戴惠林 |
| 播道会（美瑞丹会） | 美 | 1887 | 宽夸伦 |
| 同寅会 | 美 | 1889 | 巴色古 |
| 安息日会 | 美 | 1902 | 安德纯 |
| 圣公会 | 英 | 1903 | 莫寿增（华人） |
| 神召会 | 美 | 1906 | 祈理平 |
| 金巴仑长老会 | 美 | 1908 | 甘成国（华人） |
| 海面传道会 | 美、加 | 1909 | 费洛伦斯、德鲁 |

（续表）

| | | | |
|---|---|---|---|
| 圣洁会—远东宣教会 | 美 | 1912 | 文玉堂 |
| 崇真会（巴色会） | 瑞士 | 1924 | 李渥新 |
| 基督教会 | 美 | 1929 | 柯道心、班传馨 |
| 万国救世军 | 加 | 1936 | 白保罗 |
| 华南圣书会 | 英、美 | 1933 | 郭喜文（首任总干事） |
| 约老会 | 美 | 1946 | 宋彼得（华人） |

在众多差会中，传入时间较早，影响较大的有英国的伦敦传道会、美国的北美长老会和美南浸信会、德国的信义会。

伦敦传道会

该会在清嘉庆十二年（1807）派马礼逊到广州秘密传教，成为最早进入中国的外国传道会。

道光二十七年（1847），合信医生从上海抵广州，翌年6月在金利埠开设惠爱医院，其时有梁发、卢挺善、周励堂等华人传道人员协助传道。广州的伦敦会所设在西关宝盛沙地，时称“伦敦行”。该会在广州创办的教堂有丛桂新街堂和芦荻巷堂，后迁址改为惠爱堂和万善堂。

北美长老会

1844年，该会派第一任传教士哈巴牧师来广州，不久去澳门办书馆，道光二十七年，哈巴与花莲治将书馆迁到广州故衣街，翌年成立广州中会，哈巴任会长。道光二十九年租屋宣道，不久闭会。

1860年复入广州，1862年建立一支会（逢源堂前身），1872年建立二支会（仁济堂前身），1881年建立三支会（中华堂前身）、四支会（双门底福音堂），1891年建立五支会（芳村堂前身）、养济支会及黄沙堂。

在广州创办的社会事业有柔济女医院（柔济医院前身）、端拿护士学校、夏葛女医学校、疯人病院（市精神病院前身）、明心书院（专收失明儿童）、真光书院（真光女子中学前身）、培英学校（培英中学前身）、格致书院（岭南大学前身）等，并从美部会伯驾医生手中接办了博济医院。本会所办教堂、医院、学校及其他慈善事业颇多，影响较大。

1914年成立两广总会，翌年成立全国总会。1919年在广东的北美长老会加入中华基督教会广东协会。1928年将各项事业移交给广东协会接办。

1949年撤至香港。

**2. 公会组织**

19世纪末至20世纪20年代，中国基督教的自立运动和本色化运动，促使外国差会将教会的管理逐步移交给中国籍教牧人员，外国传教士退居顾问或任副职，一些教会组织纷纷易名为“中华某某会”或“中国某某会”。

这类名义上由中国人主办，亦有外国传教士参与，有一定区域和一定宗派的教会领导机构，称为“公会”。公会代表一个宗派，并管辖若干个教堂，是该宗派在本地区的领导机构。

民国时期，广州基督教共有19个公会，公会之间互不统属，经济各自独立。它上接外国差会，下系堂会。财力厚薄，差异很大。

1949年10月后，各公会大都加入了三自会。1960年教堂大联合后，教堂与公会组织正式脱离关系。

**1949年今越秀地区基督教公会一览表**

| 名称 | 创立年代 | 地址 | 属下教堂数 | 教徒数 | 附设事业·经济状况 |
|---|---|---|---|---|---|
| 两广浸信会（两广浸信联会） | 1885 | 东山庙前直街12号 | 10 | 约3200人 | 学校10间，医院1间，福利会3间。 |
| 基督复临安息日会广州区会 | 1902 | 文德南98号 | 2 | 约200人 | 疗养院1间，三育研究社1间。 |
| 中国神召会华南区议会 | 1906 | 中山三路 | 4 | 约400人 | 圣经学院和小学各1间，出版《神召》月刊。 |
| 基督教华南金巴仑长老会总会 | 1908 | 初在农林上路，后迁广大路60号 | 3 | 220人 | 学校2间，孤儿院1间。 |
| 中华圣公会华南教区 | 1912 | 万福路184号 | 2 | 600人 | 小学和医院各1间。 |
| 中华基督教会广东协会 | 1919 | 会址初在长堤。1936年迁入仁济路2号自建的广协楼 | 15 | 3000多人 | 学校24间，神学院1间，医院4间，福利会2间。 |
| 中华基督教循道公会华南教区 | 1925 | 原在沙面，后迁高第街88号 | 3 | 930多人 | 有洋房7幢、铺2间、教堂3间、学校2间、医院1间。一向接受英国循道公会津贴。 |
| 广州基督教会 | 1929 | 先烈南原道路 | 1 | 75 | 小学、圣经学校、慈幼院各1间，原道印刷厂1间。 |
| 中华圣经公会华南分会 | 1937 | 原在沙面复兴路。后迁诗书路 | | | 以发行经书为主。 |
| 基督教华南约老会总会 | 1946 | 维新路（今起义路） | 1 | 45人 | – |
| 中国基督教礼贤会总会 | 1930 | 初在丛桂路，1948年迁往大德路133号 | 1 | 157人 | 小学1间。 |
| 中华基督教崇真会总会 | 1933 | 越华路 | 1 | 214人 | – |

以上公会，事业规模较大、影响面较广的有中华基督教会广东协会、两广浸信联会、中华圣公会华南教区、中华基督教循道公会华南教区。

中华基督教会广东协会

1919年成立，初名中华基督教会广东大议会，1926年改称现名（简称广东协会）。由美国长老会、同寅会、公理会、英国伦敦会、新西兰长老会、加拿大长老会等6个外国差会和华人自办的广东长老传道会、华人公理会、美以美会等组合而成。

该会致力于促进教会合一，提倡中华本色教会。实行自传、自养、自治。设执行委员会为最高权力机构。设总务部、理财部、慈善部等办事机构分别接管各合作差会举办的各项事业，如培英中学、江村普惠医院及护校、德基女子初级中学、崇基女子圣经师范学校、属下教堂等，教徒有3000余人。1951年加入市三自会。

### 两广浸信联会

本会是跨省市的浸信教派联合组织，地域上包括广州、粤东、粤北、粤中和广西的梧州、桂林等地区，由浸信教派的西差会和华人主办的自立教会组成，

成立于1885年，时称广东浸信者总会，后数易其名。1932年定为两广浸信联会，会址设在广州东山庙前直街（今广州协和神学院地）。广州的惠爱、东山、东石等10间浸信会堂均加入联会。

1920年，两广浸信会在东山庙前直街建造面积为280平方米的两层楼房，作为两广浸信会联合事务所。是为华人自建的规模较大的教会事务所。

广州浸信会堂教牧人员为加强联系，协力筹办公益事业，于1928年10月成立了广州浸信会联会。

两广浸信联会下设机构有传道部、福利部、教育部、神学部、少年团部、执行部。社会事业有恤孤院、安老院、培正和培道中小学、幼儿园、医院、《真光》杂志，并开办两所神学院校。

抗日战争期间，浸信会的大部分事业疏散至香港、肇庆等地，并参加支援中国的抗日战争。抗战胜利后，逐步将教会事业移交给中国牧师或信徒主持。

至1949年，两广浸信联会下设有12个区联会，各地共有教会和基址145所。据1951年统计，全市教徒有2200人，同年成立两广浸信联会三自工作促进委员会，加入市基督教三自会。

### 中华圣公会华南教区

中华圣公会属英国安立甘会高教派。

1903年英国圣公会香港教区主教（英籍）派华人牧师莫寿增到广州主理广肇教务。1904年在河南岐兴南约租屋一间作事务所，据以巡视市内及各县教务。两年后得差会资助迁往东横街租较大的屋，住宅之外还附设提多学校，当时学校只有一名教员和十余名学生，未有宣教师和教徒。越两年，教徒发展后迁往南关福安里扩大租屋，学校与教堂交相并用。

1912年，在今万福路184号购地建救主堂。

此前，英国圣公会已在广州沙面设立供外国信徒宗教活动的第一间教堂——基督堂，该堂属香港教区管理，由英籍牧师主持。抗战胜利后，该堂移交中华圣公会华南教区管理。

圣公会会所设在救主堂东边副堂，办事处在楼下。

教区所辖教堂除广州两间教堂外，其余的分布在增城、高要、江门、花县、梧州、北海、廉州等地。

### 中华基督教循道公会华南教区

中华基督教循道公会，原系英国卫斯理宗的循道公会。

1851年该会传教士俾士经香港入广州，在十三行以商行职员身份进行隐蔽的传教，为循道会在岭南传教之始。

俾士初在西堤粤海关附近，租屋流动传道，散发福音书。

1853年，循道会牧师俾士在增沙创设一福音堂，并创设循道会广州教区。

1858年《天津条约》签订后，避居澳门的俾士等传教士再度入粤设堂传教，并在广州增沙创设圣道书院，培养华籍牧师。

1861年迁南关增沙（今回龙路）购屋建礼拜堂，并设华南教区办事处，再后迁沙面今复兴路46号。1862年起，建十甫堂和高第堂。

1910年，广州教区易名为华南教区，下辖广州、佛山、北江、台开、新中、梧州、香港等7个联区。1919年，该会在广东有布道区30个，正式教堂29座，办有小学35所，中学2所，医院2所。

20世纪20年代，英国循道公会华南教区改名为中华基督教循道公会华南教区委员会。至1937年，会友达800余人。

抗日战争期间，循道会华南教区遭受了较大损失，后来一直没有得到恢复。

1949年10月后，会址设在广州高第街185号高第堂内。在广州有三间教堂：增沙堂、高第堂、十甫堂。

**3. 堂区、堂会组织**

这是基督教教会的基层教务、行政管理组织。一般由一所教堂组成，较大的堂区在一所总堂之下还设有数所分堂。

**4. 社团**

广州基督教联会·广州基督教协进会

广州基督教联会原名广州基督教协进会。

1913年初，广东基督教全省会议于仁济礼拜堂召开，议定设立总机关为联络教会的办事处。同年3月，全国基督教于上海开会，决议各教会设地方联合会，此为广州基督教联会之缘起。是年5月10日，由广州各教会派出代表在青年会召开代表团首次会议，选出正式职员5人，任期一年。6月14日召开代表团第二次会议，决定成立广州基督教协进会并订定典章八条。

广州基督教协进会的宗旨为“联合广州基督教会，以谋广东全省基督教之进行”。

本会成立后特别注意联合全国教徒力争信教自由。当梁启超等力争孔教为国教时，本会则致力于争取宪法定明信教自由，不立国教。

该会没有固定的会址，工作人员多是兼职，建国后自行解散。

广州基督教女青年会

基督教徒青年知识妇女发起组织、以社会服务为主要工作的基督教团体。

1912年创立。1920年统计，有会员475人。中国干事6人，外国干事4人。志愿工作者12人。

1922年，会址迁至丰宁路三八号（今人民中路322号），占地面积5000多平方米。

该会是中华基督教女青年会全国协会的一个地方组织。以“尔识真理，真理释尔”为会训；本着基督精神，服务社会，造福人群。其主要活动多属非宗教性的，面向社会，为妇女界举办各种有益活动，参加者多为非教徒。领导机构设立董事会，由会员代表大会选举产生。具体工作由总干事负责，设总务部主理7个分部：会员部、寄宿部、教育部、会务行政部、社会服务部、学生部和联络部。每年向社会征求会员。

举办的事业主要有出版《广州女青年》月刊，开办平民学校、妇女夜校、游泳场、幼儿园等。

1949年后，加入广州市妇女联合会和青年联合会为团体会员。现址在市区江南大道中穗花二巷。

### 广州基督教青年会

基督教人士组成的社会服务团体。直属中华基督教青年会全国协会。

晚1904年成立，一说1909年成立。

原址在长堤浸信会马礼逊纪念堂，时有建筑面积6079平方米，内有大会堂（可作电影场）、室内篮球场、游泳池和学校（当时称新青年职业学校，建国后由广州市二十中学租用）。

该会以圣经“非以役人，乃役于人”为会训，以发扬基督精神、团结各界青年、培养健全人格、服务社会、造福人群为宗旨。

活动内容和范围主要面向社会，为男女青年和成人开展文化、娱乐、体育和职业培训等活动，参加者多为非教徒。从创办到建国前，一向受美国“北美基督教青年协会”的经济津贴和派遣代表参与会务决策，经济来源的另一部分是向会员征收数量不等的会费和举办事业的收益。领导机构设董事会，由基本会员大会选举产生，日常会务由总干事负责。办事机构设总务部、学生少年宗教事业部、娱乐健康教育部、文教会友部和电影部等。出版中英文版《广州青年》周刊，办有3间学校及各种类型的会、社（组），热心赈灾救济等慈善活动。在群众尤其是上层知识分子中有较广泛影响。

1920年统计，有会员2071人。中国干事20人，外国干事4人。志愿工作者300人。参加宗教集会者29928人。该年度入教人数131人。

广州市基督教青年会为吸引青年接受教义，大力开展近代体育运动，客观上促进了广州体育运动的发展。

1914年，位于长堤的基督教青年会新会址落成，属体育部分的设施有：健身房、游泳池、露天操场、童子部乒乓球室、桌球室。二楼沿边建有椭圆形竞走场，可作看台用。

1914年，在健身房内设置了有灯光设备的篮球场。是广州最早的室内灯光球场。同年设健身房，可能是广州最早的健身院。20年代，辟有泥地网球场。据1934年《广州指南·水上运动》记载，广州最先创设游泳池的便是广州基督教青年会。全用钢筋混凝土结构，铺白瓷砖，还设有跳台、跳板。

抗战期间，基督教青年会组织随军服务团，为前线士兵服务；组织疏散救济，先后收容赈济难民五万余人；战后进行施粥救济等，社会影响较大。

建国后，作为团体会员加入广州市青年联合会。

1966—1984年停止活动。1985年12月复会。1992年会址因城市建设被征用，由征用单位在天河龙口西补偿建筑面积6300平方米作为新会址。

**5. 公益、慈善、文教事业**

民国时期，广州市基督教会举办的公益和教育事业项目颇多，为全市各教之冠，促进了社会的文明进步和科技文化的发展。影响广泛。

最早创办的慈善机构是北美长老会的明心书院（瞽目学校）。到1949年，全市各基督教会共创办慈善院所8间。

重视文化教育，至建国前，先后创办中小学校、书院、专业学校约50间，幼儿园一批。教会学校均设《圣经》必修课，举办经常性的宗教聚会。较著名的院校有格致书院、真光中学、培英中学、培正中学，广东女医学校（又名夏葛医学院）等，造就了一批文教、卫生、科技人才。

抗战期间。基督教会曾举办过临时性的难民收容所、施粥站和进行过募捐寒衣等活动。

1949年后，这些慈善机构有的停办，有的由民政、教育部门接办。宗教色彩消失。

小学

1949年10月前，广州有基督教会小学共33间，其中在今越秀地区的有19间，见下表：

**民国时期今越秀地区基督教会小学一览表**

| 校名 | 校址 | 创办时间 | 隶属机构 | 备注 |
| --- | --- | --- | --- | --- |
| 淑正小学 | 侨光路回龙里 | 1867 | 增沙堂 | |
| 建德小学 | 中山四路 | 1869 | 八约浸信会 | 停办 |
| 真光小学 | 仁济路 | 1882 | 仁济堂 | |
| 培正小学 | 培正路 | 1889 | 两广浸信会 | |
| 惠爱小学 | 中山四路 | 1900 | 惠爱堂 | 停办 |
| 提多小学 | 万福路 | 1906 | 救主堂 | 停办 |
| 兴华小学 | 高第街素波巷 | 1906 | 兴华浸信会 | |
| 福华小学 | 东川路 | 1919 | 东川堂 | 停办 |
| 光东小学 | 东山光东前街 | 1921 | 光东堂 | |
| 正光小学 | 光孝路 | 1925 | 光孝堂 | |
| 明觉小学 | 海珠中路七株榕 | 1933 | 七株榕堂 | |
| 锡安小学 | 人民中路 | 1945 | 锡安堂 | 停办 |
| 金巴仑小学 | 东山福今路 | 1946 | 金巴仑长老会 | |
| 礼贤小学 | 大德路 | 1948 | 大德堂 | |
| 培道小学 | 中山四路 | | 两广浸信会 | |
| 怀洁小学 | 海珠中路 | | 信义会海珠堂 | |
| 文明小学 | 文明路 | | 文明堂 | |
| 道青小学 | 东山寺贝通津 | | | |
| 进德小学 | 小北洪桥 | | 洪桥浸信会 | |

表中除注明停办者外，建国后均由政府教育部门接办，与他校合并另起名。

中学

**民国时期今越秀地区基督教会中学一览表**

| 校名 | 创办时间 | 校址 | 备注 |
|---|---|---|---|
| 私立真中女子中学 | 1872 | 仁济路 | 美国长老会创办。1938年设立真中女中。1949年建国初期继续开办。 |
| 真光中学·私立真光女子中学 | 1872 | 仁济街 | 初名真光书院。美国基督教长老会那夏理女士创办。清光绪四年（1878）自沙基金利埠迁仁济街。1917年迁白鹤洞。改称私立真光女子中学。建国后教育局接管。 |
| 培道女子中学·私立培道女子中学 | 1883 | 东山庙前直街 | 隶属两广浸信会。一说为美国南方浸信会创办。1918年改办中学。建国后改为广州市第七中学。 |
| 培正中学 | 1889 | 培正路 | 隶属两广浸信会。建国后改为57中及培正中学。 |
| 三育中学 | 1903 | 东山三育路 | 隶属安息日会。建国后停办。 |
| 圣三一中学 | 1909 | 先烈南路 | 隶属中华圣公会。抗日期间停办。 |
| 青年会中学校·新青年职业学校 | 1910 | 长堤广州基督教青年会内 | 隶属基督教青年会。建国后改为广州市第二十中学。 |
| 兴华中学 | 1932 | 高第街 | 兴华浸信会创办。建国后教育局接管。1953年10月改为广州市第十中学。 |

神学院

1949年10月前，广州基督教神学院校共9间，其中3间在今越秀地区，见下表：

**民国时期今越秀地区基督教会神学院校一览表**

| 校名 | 校址 | 创办年代 | 所属教会团体 |
|---|---|---|---|
| 两广浸信会神道学校 | 东山寺贝通津 | 1870 | 两广浸信联会 |
| 培贤女子神学院 | 东山寺贝通津 | 1908 | 两广浸信联会 |
| 原道圣经学院 | 先烈路 | 1930 | 基督会 |

医院

教会医院是广州最早的西医院，它对近代西方医术传入广州起到媒介作用。

**民国时期今越秀地区基督教会医疗机构一览表**

| 名称 | 地址 | 存在时间 | 创办者 | 建国后状况 |
|---|---|---|---|---|
| 眼科医局·博济医院 | 仁济路 | 1835—1951 | 美部会伯驾 | 建国初由政府卫生部门接办。今中山医科大学附属第二医院前身。 |
| 两广浸信会医院 | 东山庙前西街 | 1912—1951 | 浸信会友张新基 | 海军医院接办。 |
| 广东卫生疗养院 | 东山三育路 | 1915—1951 | 安息日会 | 部队接收。 |
| 惠爱平民医局 | 惠爱堂内 | 1930—1951 | 惠爱堂 | 停办。 |
| 救主堂赠医所 | 救主堂内 | 1928—1938 | 救主堂 | 停办。 |
| 华英医院 | 先烈南路 | 1945—1951 | 圣公会 | 市卫生局接办。 |

由基督教徒创办并有一定影响的西医院有：邝磐石医院、王德馨医院、陈衍芬和郑豪的光华医院、谢爱琼的妇孺医院、陈伯赐的福宁医院、王德光医院和徐甘澍的保生医院等。

孤儿院、安老院、残废人院

**民国时期广州基督教会在今越秀地区开办孤儿院、安老院、残废人院一览表**

| 名称 | 地址 | 存在时间 | 创办者 | 备注 |
|---|---|---|---|---|
| 两广浸信会孤儿院 | 初在东山。1926年迁址沙河 | 1906—1951 | 两广浸信会 | 建国后市民政局接办 |
| 两广浸信会安老院 | 东山 | 1922—1951 | 东山浸信会 | 建国后停办 |
| 浸信会慕光瞽目院 | 东山寺贝通津 | 1909—1951 | 威灵（美） | 建国后停办 |
| 基督教颐老院 | 先烈路 | 1922—1953 | 广东长老传道会 | 建国后市民政局接办 |
| 金巴仑孤儿院 | 福今路 | 1946—1949 | 金巴仑长老会甘耀敬 | 建国后东山区教育局接办 |

基督教公墓

随着教会事业的发展和需求，基督教会先后办有多处坟场，到建国初，坟地分布计有：黄花岗附近有二望岗、三望岗、茶树岗、马蹄岗，分属于循道、伦敦、长老、信义、礼贤、圣公等六会；司马岗有浸信会坟场；永福村有美以美会坟场；沙河顶有崇真、安息日会坟场；河南燕子岗有播道会和远东宣教会坟场；石溪有水上福音船坟场，以及南石头西人坟场和白鹤洞坟场等。

1956年，因建设需要，一些坟地被陆续征用。市政府统一安置琪鸡岗、宝鸭岗、大窝岭等三处作为广州基督教公墓用地，墓园立有广州基督教公墓牌匾作标志，并雇有员工管理。

**6. 教堂**

鸦片战争后，《南京条约》等一系列不平等条约明确了外国传教士在广州设立教堂、医院和学校的权利。广州城中陆续出现基督教堂。最早出现的地域是西关十三行与南关一带，以后逐渐拓展。清末民初时，东山一带教堂建设尤速。

1916年，广州市有基督教堂34间。

1934年《广州指南》有《基督教堂一览表》，列出广州市当年有基督教堂52间（有资料称，1937年广州基督教教堂有34间，疑误），见下表：

| 名称 | 地址 |
|---|---|
| 恩光福音船 | 如意坊河面 |
| 美以美耶稣会 | 基立村西街 |
| 福音堂 | 大东路 |
| 中华基督会 | 西约直街 |
| 基督教礼拜堂 | 西约直街 |
| 同寅堂 | 洲咀大横街 |
| 基督教礼拜堂 | 光孝街 |
| 中华循道会 | 第十甫 |
| 东石浸信会 | 白云路 |
| 乐慈会 | 法政路 |
| 福音堂 | 平宁大街 |
| 福音堂 | 龙津东 |

（续表）

| 晨光福音船 | 花地口河面 |
|---|---|
| 福音堂 | 兴仁里 |
| 金巴仑长老会 | 广大路 |
| 中华基督教贤会堂 | 丛桂新街 |
| 福音堂 | 洪德路 |
| 传道会 | 歧兴中约 |
| 福音堂 | 十三甫小半约 |
| 礼拜堂 | 东川路 |
| 磐石 浸信教会 | 洪桥 |
| 中华圣公会 | 万福路 |
| 基督堂 | 洞神坊 |
| 万善堂 | 芦荻西街 |
| 中华基督会 | 光复中路 |
| 中华基督会 | 瓦窑街 |
| 中华基督会 | 仁济街 |
| 中华循道会 | 增沙 |
| 兴华浸信会 | 水母湾 |
| 灵修院 | 东横街 |
| 中华基督会 | 友伦里 |
| 福音堂 | 大塘街 |
| 浸信会 | 惠爱东 |
| 伦敦会 | 宝盛沙地 |
| 福音堂 | 大德路 |
| 基督会 | 中华中路 |
| 礼拜堂 | 牛奶厂 |
| 两广浸信会 | 庙前直街 |
| 两广浸信会 | 庙前西街 |
| 美以美会 | 西堤二马路 |
| 福音堂 | 高第街 |
| 救世堂 | 永汉路 |
| 使徒信心教会 | 同庆坊 |
| 德国教堂 | 下涌口 |
| 基督会 | 惠爱东 |
| 福音堂 | 梯云里 |
| 基督堂 | 逢源正街 |
| 真理会 | 中华中路 |
| 福音堂 | 仙羊街 |
| 福音堂 | 南华中路 |
| 金巴仑长老会 | 将军直街 |
| 礼拜堂 | 南海局前 |

1937年，广州全市基督教堂增至56间，翌年，增至58间。

1938年10月日军侵占广州后，教会发展陷入低潮。教堂建设基本停顿。

1945年抗战胜利后，各教会进行了短暂的重建工作。

1949年广州基督教教堂有62间，分属19个不同教派。其中七成以上教堂位于人口稠密区，见下表（创建年份栏标示的是该建筑的始建年份。如迁址重建者，以后来重建年份计）：

| 教堂名称 | 所属公会 | 地址 | 创建年份 | 备注 |
|---|---|---|---|---|
| 东山浸信会堂 | 两广浸信联会 | 东山寺贝通津 | 1908 | 1966年教堂合并后所余九座教堂之一。称广州基督教东山堂。原貌保留。 |
| 东石浸信会堂 | 两广浸信联会 | 白云路 | 1919 | 20世纪60年代教堂大联合时撤点，被联合进广州基督教东山堂。原教堂租给东山区教育局办小学。是现存早期教堂遗址。 |
| 兴华浸信会堂 | 两广浸信联会 | 高第街水母湾 | 1904 | 1956年拆原址，迁惠福东395号建新堂。教堂大联合时撤点，被联合进广州基督教救主堂。原教堂租给大南街作幼儿园。80年代改建为教会住宅楼。 |
| 慈爱浸信会堂 | 两广浸信联会 | 和平西路 | 1903 | 教会大联合时撤点，租给二天堂药房，1982年一部分与外文书店改建成宿舍。 |
| 八约浸信会堂 | 两广浸信联会 | 中山四路 | 1869 | 教会大联合时撤点，被联合进广州基督教惠爱堂。原教堂部分改作宿舍，另部分出租，建筑基本维持原貌。 |
| 沙河浸信会堂 | 两广浸信联会 | 沙河大街 | 1908 | 教会大联合时撤点，租给沙河大饭店。1982年因扩建马路拆去一部分，1989年恢复宗教活动。 |
| 蛮口浸信会堂 | 两广浸信联会 | 河南蛮口南州街 | 1926 | 教会大联合时撤点，部分租作小学校舍，其余作宿舍，建筑原貌基本保留。 |
| 洪桥浸信会堂 | 两广浸信联会 | 小北洪桥街 | 1922 | 教会大联合时撤点，被联合进广州基督教惠爱堂。原教堂租给小学使用。1992年退回教会。 |
| 赖神浸信会堂 | 两广浸信联会 | 东山庙前西街 | 1934 | 教会大联合时撤点，被联合进广州基督教东山堂。原教堂租给庙前西街小学，1982年改建作宿舍，由市三自会和协会管理。 |
| 平宁浸信会堂 | 两广浸信联会 | 西门口平宁街 | 1937 | 教会大联合前已撤点，房屋现由市三自会和协会管理。 |
| 仁济堂 | 中华基督教会广东协会 | 仁济路 | 1880 | 不存在。教会大联合时撤点，1962年并入十甫堂。1966年转并光孝堂。原教堂租给中山医学院，“文革”期间被征用，产权已不属教会。 |
| 惠爱堂 | 中华基督教会广东协会 | 中山四路 | 1930 | 1966年教堂合并后所余九座教堂之一。称广州基督教惠爱堂。80年代由市两会支持举办仁爱社会服务中心，内设幼儿园、松柏俱乐部，是现存较早的教堂遗址。 |
| 光孝堂 | 中华基督教会广东协会 | 光孝路 | 1924 | 1966年教堂合并后所余九座教堂之一。称广州基督教光孝堂。1991年恢复宗教活动。 |
| 锡安堂 | 中华基督教会广东协会 | 人民中路 | 1936 | 1966年教堂合并后所余九座教堂之一。称广州基督教锡安堂。1980年恢复宗教活动。 |
| 中华堂 | 中华基督教会广东协会 | 解放中路 | 1870 | 教会大联合时撤点，并入广州基督教光孝堂。原教堂部分租给解放中路幼儿园。牧师大楼留作教会宿舍。 |

（续表）

| | | | | |
|---|---|---|---|---|
| 七株榕堂 | 中华基督教会广东协会 | 海珠中路七株榕街 | 1933 | “文革”前被并入广州基督教锡安堂。原教堂做了教会自办工厂厂房，1981年被征用改建，给教会房屋补偿。 |
| 万善堂 | 中华基督教会广东协会 | 光复北路芦荻西巷 | 1924 | 教会大联合时撤点，堂址租给芦荻西小学和住户，堂貌尚保存。 |
| 逢源堂 | 中华基督教会广东协会 | 逢源正街 | 1912 | 教会大联合时撤点，牧师楼留作自用，堂址租给回满族工厂。 |
| 光东堂 | 中华基督教会广东协会 | 东山光东前街 | 1918 | 不存在。教会大联合时撤点，并入广州基督教东山堂。原堂址与外单位合作改建成楼房。 |
| 赞主堂 | 中华基督教会广东协会 | 东沙角 | 1949 | 60年代教堂大联合前停止宗教活动。被并入广州基督教惠爱堂。 |
| 西村堂 | 中华基督教会广东协会 | 西增路 | 1930 | 教堂大联合时撤点，租给饮料厂，今堂址尚保留。 |
| 黄沙堂 | 中华基督教会广东协会 | 黄沙西约直街 | 1914 | 建国后并入锡安堂，堂址出租，现归省两会管理。 |
| 蓬莱堂 | 中华基督教会广东协会 | 蓬莱大街 | 1902 | 建国初停止宗教活动，并入光孝堂，堂址归赖信小学使用。 |
| 芳村堂 | 中华基督教会广东协会 | 芳村平民大街 | 1923 | 1986年复堂。1993年因建过江隧道出口被征用，迁下芳村建新堂址。 |
| 白鹤洞堂 | 中华基督教会广东协会 | 白鹤洞山顶 | 1937 | 教堂大联合时撤点，租给八中使用，今堂貌尚存。 |
| 洪德堂 | 中华基督教会广东协会 | 洪德路洪德五巷 | 1934 | 1981年恢复开放后，改名为广州基督教河南堂。 |
| 基立堂 | 中华基督教会广东协会 | 河南基立村 | 1923 | 教堂大联合时撤点，租给基立西街幼儿园至今，堂址保留尚好。 |
| 增沙堂 | 循道会 | 侨光路回龙里 | 1861 | 不存在。60年代初停止宗教活动，租给银行改建一部分，“文革”期间由房管部门改建。 |
| 十甫堂 | 循道会 | 十甫路 | 1862 | 1983年12月恢复宗教活动。 |
| 高第堂 | 循道会 | 高第街 | 1862 | 教堂大联合时撤点，被联合进广州基督教东山堂。原教堂租给大南街幼儿园。堂貌尚存。 |
| 大德堂 | 礼贤会 | 大德路 | 1948 | 教堂大联合时撤点，被联合进广州基督教锡安堂。原教堂租给越秀区教工幼儿园。 |
| 越华堂 | 崇真会 | 越华路 | 1933 | 教堂大联合时撤点，被联合进广州基督教东山堂。原教堂部分租给用户，堂貌尚存。 |
| 文明堂 | 神召会 | 文明路 | 1933 | 教堂大联合时撤点，被联合进广州基督教救主堂。原教堂后被街道征用改建。 |
| 耶稣堂 | 神召会 | 中山三路 | 1933 | 教堂大联合时撤点，被联合进广州基督教惠爱堂。原教堂租给东山区小学使用，1986年转租给羊城商场。原貌尚存。 |
| 怡乐村堂 | 神召会 | 河南怡乐路攀桂路 | 1946 | 教堂大联合时撤点，出租给用户。后因危房转卖给用户。 |

（续表）

| | | | | |
|---|---|---|---|---|
| 大北堂 | 神召会 | 解放北路 | 1947 | 1951年本堂迁往西湖路大马站，故又称大马站福音堂。教堂大联合时撤点。被联合进广州基督教救主堂。原教堂不存。 |
| 凤安堂 | 真耶稣教会 | 河南新民大街 | 1928 | 教堂大联合时撤点，堂址是租用民房，撤点时归还业主。 |
| 维新堂 | 约老会 | 起义路 | 1946 | 教堂大联合时撤点，被联合进广州基督教救主堂。原教堂租给解放中幼儿园及住户，堂貌尚保留。 |
| 芳村堂 | 信义会 | 下芳村 | 1898 | 教堂大联合时撤点，出租给土产公司作仓库，现为施乐华冰箱厂厂房，原貌尚存。 |
| 海珠堂 | 信义会 | 海珠中路仙羊街 | 1927 | 教堂大联合时撤点，被联合进广州基督教光孝堂。原教堂出租给电筒厂，1991年改建，原貌失去。 |
| 沙河堂 | 信义会 | 沙河墟地街 | 1904 | “文化大革命”时停止活动，租与街道办厂，堂貌已改变。 |
| 蟠龙堂 | 信义会 | 同福中路蟠龙里 | 1934 | 教堂大联合时撤点，出租给幼儿园，保留原貌。 |
| 南关堂 | 安息会 | 文德南路 | 1903 | 60年代教堂大联合时撤点，被联合进广州基督教救主堂。原教堂一部分作教牧人员宿舍，楼下出租，堂貌尚存。 |
| 东山堂 | 安息日会 | 东山三育路 | 1915 | 建国初已停止宗教活动，堂址为军区使用。 |
| 东川堂 | 皤道会 | 东川路 | 1919 | 不存在。60年代教堂大联合时撤点，被联合进广州基督教东山堂。1987年与外单位合建大楼，有两层归教会使用。 |
| 小港堂 | 播道会 | 小港路 | 1889 | “文化大革命”时被雄文印刷厂占用，1993年3月主堂退还，副堂及其牧师楼仍未退还。 |
| 瑶头堂 | 播道会 | 瑶头 | 1918 | 60年代教堂撤点，堂址租给刀具厂，牧师楼租与卫生院作宿舍。 |
| 广大堂 | 金巴苟长老会 | 广大路 | 1922 | 不存在。教堂大联合时撤点。被联合进广州基督教惠爱堂。原教堂在“文革”时分别被疫检所、广大市场征用，留给教会两个单元作宿舍。 |
| 东堂 | 金巴仑长老会 | 芳村东 | 1946 | 建国初停止宗教活动，1958年将该堂拆卸，建筑材料运往大矛山农场建宿舍。 |
| 龙导尾堂 | 金巴仑长老会 | 河南龙导尾 | 1908 | 教堂大联合时撤点，租与文化站至今，教堂保留原貌。 |
| 大同堂 | 远东宣教会 | 大同路 | 1930 | 建国后迁至文昌北路同义坊，教堂大联合时撤点，做同工宿舍。 |
| 宝岗堂 | 远东宣教会 | 同福中路 | 1912 | 教堂大联合时撤点，租与市红十字会医院使用，原貌保留。 |
| 南华堂 | 远东宣教会 | 南华中路 | 1930 | 建国初撤点，租与洗涤机厂使用至今。 |
| 救主堂 | 圣公会 | 万福路 | 1912 | 1966年教堂合并后所余九座教堂之一。称广州基督教惠爱堂。“文革”期间关闭。1985年4月恢复宗教活动。 |

（续表）

| | | | | |
|---|---|---|---|---|
| 基督堂 | 圣公会 | 沙面 | 1864 | 建国初停办，为有关部门使用，20世纪80年代由省基督教两会收回，1991年恢复宗教活动。 |
| 原道堂 | 基督会 | 先烈东路原道路 | 1935 | 不存在。60年代教堂大联合时撤点，被联合进广州基督教东山堂。80年代与外单位合建宿舍。 |
| 惠爱队堂 | 救世军 | 海珠北路 | 1932 | 不存在。建国初撤点，并入西华队。原堂址归还业主。 |
| 河南队堂 | 救世军 | 同福西路 | 1932 | 建国后不久撤点，并入西华队，队址归还业主。 |
| 西华队堂 | 救世军 | 西华路 | 1949 | 不存在。教堂大联合时撤点，被联合进广州基督教锡安堂。堂址原为民居，后退还业主。 |
| 沙面福音船 | 水上教会 | 沙面白鹅潭 | 1910 | 60年代中期联合到上芳村堂，船卖掉。 |
| 东堤福音船 | 水上教会 | 大沙头 | 1910 | 不存在。60年代教堂大联合时撤点，被联合进广州基督教芳村堂。船卖掉。 |
| 基督徒聚会处 | | 原在沙面，后迁大德路 | 1937 | 不存在。原租民房，教堂大联合时撤点，退租。被联合进广州基督教锡安堂。 |

较大的教堂有东山堂、救主堂、光孝堂等。

50年代，循道会增沙堂、安息日会东山堂、金巴仑长老会东堂等9间教堂先后停办。

“文化大革命”之前，全市教堂经过了三次合并：第一次在1960年，由53间教堂合并为22间（另一记载是：由51间联合为14间。疑误）。第二次在1961年，再合并为12间；第三次在“文革”爆发前夕的1966年初，再合并为9间。合并后腾空的教堂大多以低租支援街道办幼儿园等福利事业。

“文化大革命”期间，市内基督教礼拜堂全部关闭。堂内设施遭到破坏。

改革开放后，1979年9月，东山堂率先恢复宗教活动。至1990年底，市区内恢复开放的教堂有东山堂、救主堂、光孝堂、锡安堂、十甫堂、河南堂、芳村堂、沙河堂等8间。统一由市基督教“两会”管理，名称均用“广州基督教某某堂”。

## （五）伊斯兰教

伊斯兰教自唐代入传广州。

清代后期，广州各清真寺先后出现刊印中阿文宗教典籍，开办经堂教育，兴办慈善公益等事业。清末，大东门等地有不少穆斯林（伊斯兰教徒的通称）居住。

民国初年，成立了第一个伊斯兰教社团组织——中国回教俱进会粤支部；在东校场西侧的东贤里建有东郊寺（东郊清真寺），作为伊斯兰教徒举行宗教仪式、传授宗教知识的场所，规模甚小。

各清真寺一般都开设经堂，吸收穆斯林儿童，授以阿文、经典、教义知识，多有兼设文化课。怀圣寺与南胜寺所办经堂规模较大，持续时间较长。



怀圣寺的经堂，清道光元年（1821）已存在，民国初年改为回教俱进会附设小学，1929年，改名清真小学。广州沦陷期间，该校被汪伪政府接管，改称市立第五小学。抗战胜利后，恢复清真小学。1952年，清真小学改为公立广州市回民小学。

1927年，濠畔寺办起了一间回文大学，主要是学习阿拉伯文，学生不多。1928年起，先后创办了《天方学理》等伊斯兰教期刊四种。南胜、濠畔、东营各寺，先后办起了慎终会等公益组织；部分青年穆斯林创立了广东回教体育会和广州回教青年会等组织。广州沦陷期间，经堂教育陷于停顿。除先贤古墓外，伊斯兰教墓地多被日军破坏，东郊清真寺被拆平。清真小学被日伪政府接管，穆斯林逃难四方，成立了“广东回教自治会”。

抗日战争胜利后，建立了中国回教协会广州支会，光塔寺、南胜寺、濠畔寺、东营寺的宗教活动恢复正常，出现了安老所、慈幼院两个慈善公益组织。怀圣寺建立了文化部，出版了宗教书刊。

广州穆斯林人口总数，建国前约2000人，即全市回族人口总数。阿訇（伊斯兰教教职业者的通称）在民国时期有20余人，建国初期有9人。

穆斯林的宗教活动集中在怀圣寺（光塔寺）举行。

各清真寺分别按时举行每日五时礼拜，每周周五聚礼，每年开斋节和古尔邦节两次会礼，以及其他宗教节日纪念活动。

建国前夕，广州中心城区有伊斯兰教教堂4座：怀圣寺、东营寺、南胜寺、濠畔寺，此外，还有清真先贤古墓与穆斯林坟场（桂花岗一带）。

**中华人民共和国成立前伊斯兰教清真寺、团体、学校一览表**

| 名称 | 地址 | 成立时间 | 备注 |
| --- | --- | --- | --- |
| 怀圣寺・光塔寺 | 光塔路 | 唐前期 | 今存。 |
| 濠畔寺 | 濠畔街 | 明 | 今存。 |
| 小东营清真寺・东营寺 | 越华路小东营5号 | 明 | 今存。 |
| 南胜寺 | 南胜时 | 清初 | 不存。 |
| 东郊清真寺・东郊寺 | 东校场西侧东贤里 | 民国初年 | 伊斯兰教徒举行宗教仪式、传授宗教知识的场所，规模甚小。广州沦陷期间被日军拆毁不存。 |
| 中国回教俱进会粤支部 | 怀圣寺 | 民国初年 | 第一个伊斯兰教社团组织。广州沦陷后无形解散。 |
| 回文大学 | 濠畔寺 | 1927 | 1936年迁到南胜寺上课，至抗日战争爆发前结束。 |
| 广东回教自治会 | 怀圣寺 | 1940 | 会内并无办公人员和经费。 |
| 中国回教协会广州支会 | 南胜寺 | 1946 | 在主办安老所、慈幼院等方面做出了一定成绩。 |
| 回教俱进会附设小学 | 怀圣寺内 | 民国初年 | 怀圣寺经堂改为回教俱进会附设小学。 |
| 清真小学 | 怀圣寺内 | 1929 | 回教俱进会附设小学改名清真小学，又称广州私立清真小学。 |

（续表）

| | | | |
|---|---|---|---|
| 市立第五小学·清真小学 | 怀圣寺内。1957年迁解放中路现址 | 抗战时期 | 清真小学被汪伪政府接管，改称市立第五小学。抗战胜利后，复名清真小学。建国后1952年改为公立广州市回民小学。1959年3月改名回民小学。 |

此外，还建有慎终会、安老所、慈幼院等慈善公益组织。青年穆斯林曾创立广东回教体育会、广州回教青年会。

# 第十章　医疗慈善事业

广州是中国最早传入外国医药的城市。

清代鸦片战争后，外国传教士纷纷来到广州，起初设医赠药，后来开办医疗机构，促进了广州近代医学的发展。

1907年，广州西医界人士梁培基、陈衍芬、郑豪等人创办光华医社、医校和医院，开创了由中国人自办、中国人任教、用中文讲课的西医教育和西医医院的历史，改变了中国西医医疗和教育事业被外国教会垄断的局面。

1909年，广州士绅潘佩如、钟宰荃等40多人又发起创办了广东公医医学专门学校及公医医院。从此，光华医校、医院，广东公医医校、医院与外国教会医校、医院在广州三足鼎立，直至1949年，广东公医学校发展为中山大学医学院，光华发展为光华医学院，博济与夏葛医校发展为岭南大学医学院。

1912年，广东省警察厅创办警察医院，是为全省首间公立医院。其后，公立医院逐步建立，在医校毕业的西医生也纷纷设立私人医院。一批批赴英、美、德、日等国留学西医的人员，先后回国，从事西医诊疗业务。公立、私立医院逐渐增加。临床科除内、外、妇、儿科外、传染病、皮肤性病和口腔科等也逐步发展。

1921年3月，广州市卫生局成立，设在惠福路大佛寺。这是中国地方政府最早建立的市级独立卫生行政机构，建体制、立法规，对全国产生了积极影响。

市卫生局将全市划分为6个卫生区，具体管理辖内卫生工作。

1935年，将卫生区改为卫生事务所。在原政务基础上增设赠医施药，廉价接生，工作人员增至10至11人，另特约3名助产士。

日军侵占广州时期，伪广州市卫生局于1940年5月10日成立。地址在文德东路。1941年，在海珠中路设立民医疗所和防疫团，在长堤潮音街设有防疫派出所，在丰宁路（今人民中路）原警察医院内兼设传染病院，专司疫病防治工作。而天花、鼠疫、霍乱等恶性传染病仍流行肆虐。

1945年5月，卫生局随同伪市政府同时撤销，广州市卫生工作直接由伪广东省卫生处负责。

抗日战争胜利后，1945年9月，广州市卫生局重新成立，地址在府前路市政府大楼。

广州是民国时期中国各大城市中较早开展卫生防疫工作的。

广州市卫生局于1921年3月成立后，旋即拟订各种卫生管理条例或章程，在防疫课职责中有公共卫生、食品卫生等内容。1928年10月30日，广州市卫生局公布了《广州传染病防预条例施行细则》7条。1930年，公布了《条例实施细则报告》。1932年，设广州传染病院，有医生、护士共10人。1948年，市卫生局设有防疫队负责天花、霍乱、痢疾的预防注射。

此外，政府亦做过不少卫生宣传教育工作。1922年，黄炎培在其所著《一岁之广州》一书中记载：

查阅广州市政公报，凡文告规章之类以属卫生为最多。盖以卫生行政，中国尚未讲求，广州市特聘专门人才主持此项行政，本科学的方法，锐意进行，辅以当局坚强之意志，与行政之卓越之权能，足于卫生行政史上放一异采……

1921年、1922年、1927年广州均举办过卫生展览会。1927年底，制作了卫生教育幻灯片多种，分送各影剧院播放。1933年1月，市卫生局会同社会局等筹办儿童卫生展览。1936年2月，市卫生局在省立民众教育馆举办卫生展览，同时发行《卫生展览特刊》《育儿须知》《卫生概况》等刊物。观众达10多万人。

可惜，基本没有医疗保健制度。再加政局不稳，市政设施简陋，环境卫生恶劣，横街小巷沟渠淤塞、污水溢流，横贯市内数里长的明渠玉带濠淤积，四害（老鼠、苍蝇、蚊子、蟑螂）成群；民众又多贫穷愚昧，缺乏卫生常识，有病烧香，不去求医；不讲卫生，挂符避邪。霍乱、鼠疫、天花、伤寒、白喉、麻疹、肺结核等传染病时有流行（详下文《灾害》），严重危害民众健康。民国时期，没有全面开展过妇幼卫生保健工作，尽管新法接生逐步推广，新生儿破伤风及产妇产褥热的发病率和病死率都夺去了众多生命。

情况最糟糕的是抗战沦陷时期，其次是内战后期，街头时见暴尸、童尸，还有弃婴。广州市卫生局设有拾路尸的掩埋队，地址在德坭路今东风东路市结核病防治所。

据统计，1946年，掩埋队全年掩埋路尸9117具；1947年，掩埋路尸2889具。1948年，在街边检拾的童尸1396具，占该年路尸总数的76.78%。1949年婴儿死亡率高达103.7‰。

据广州市卫生统计资料，1948年，广州市人口死亡率为7.9‰，1949年高达15.3‰（凭医院不完全的死亡报告）。

民国时期的广州市面药铺，不管中药店还是西药店，全是个体经营，资金有限，规模不大，但店号很多，起到便民作用。

1929年，原东山区内经营药材、丸散的店档达84家。民国时期，东华西路、中山三路、越秀南路、龟岗等地段开办有牙科、妇产科、内科、正骨科等个体中西医。

1946年，经审查发给营业执照的广州中药商、成药商、西药商有833家。

有不少公益社团赠医赠药，福泽社会。

## 一、医院·医护人员

民国时期，广州执医业者主要是众多的个体开业的中医。据1922年黄炎培著《一岁之广州》记载，当时广州注册西医师228人（英籍1人，美籍9人），中医生1300余人。

1924年，经广州市卫生局注册发证的中医、西医、助产、护士、药剂、牙科等共1280余人。

在1929年《广州市政府统计年鉴》所载《广州市留医院病院调查表》中，全市共有公立、私立医院57间（未包括博济医院）。其中：

公立医院10间，共设床位1064张（综合病床331张、精神病人病床645张、传染病人病床50张、麻风病床34张、产床4张），医生43人，护士90人。

外国人或教会办的医院4间，共有病床332张，医生46人，护士59人。

军医医院2间，一称陆军总医院，病床500张、医生28人、护士19人；一称总指挥部后方医院，病床800张，医护人员数未详。

集体或团体办的医院10间，病床共1362张，医生58人，护士54人。

其余31间均为私人医院，每院有病床10张左右，最少的仅2～3张；最多的邝磐石医院有42张。

综上统计，当年全市医院床位约4501张（内、外科病床有2351张，产科病床121张，精神病病床645张，麻风病病床34张，传染病病床50张，军医院病床1300张），广州西医医疗事业颇为兴盛。

1934年《广州指南》记载了当年广州全市的医院，见下表：

| 名称 | 地址 | 备注 |
|---|---|---|
| 中山大学第一医院 | 百子路 | 国立 |
| 中山大学第二医院 | 长堤 | 国立 |
| 中法韬美医院 | 长堤 | 法国人办 |
| 方便医院 | 第一津外高岗 | 私立 |
| 市立医院 | 盘福路 | 私立 |
| 伍汉持纪念医院 | 仓边路四四号 | 私立 |
| 光华医院 | 泰康路 | 私立 |
| 两广浸信会医院 | 东山木棉冈 | 私立 |
| 保生医院 | 长寿西路 | 私立 |
| 柔济女医院 | 逢源中约尾 | 私立 |
| 陆军总医院 | 学宫街 | 军医院。直接总指挥部 |
| 妇孺医院 | 惠福西路 | 私立 |
| 妇孺分院 | 十六甫 | 私立 |

（续表）

| 国民党贫民生产医院 | 永汉北路 | 留产兼门诊。党立 |
| --- | --- | --- |
| 达保罗医院 | 官禄路 | 私立 |
| 广东博爱会医院 | 南堤二马路 | 日本人办 |
| 邝磐石医院 | 东山百子路一号 | 私立 |
| 福宁医院 | 丰宁路 | 私立 |
| 博济医院 | 长堤仁济街 | 私立 |
| 王德光医院 | 光孝街 | 私立 |
| 市立东郊神经病院 | 东沙马路 | 专科医院 |
| 市立传染病院 | 北郊象冈 | 专科医院 |
| 市立第二神经病院 | 芳村 | 专科医院 |
| 市立第一神经病院 | 东川马路 | 专科医院 |

1938年10月日军侵占广州后，大部分公私立医院均停办或向内地迁移。

据汪伪广州市社会局编《新广州概览》记载，1940年全市有医院13间（另有日本医生办的私人医院9间），西医115人、中医503人、牙医96人、助产士139人。又据伪广州市社会局1941年12月主编的《新广州概览》载，当时广州仅有博济、柔济、中法韬美、两广、广东卫生疗养院等5间外国教会医院和红十字会医院、方便医院以及达保罗、福宁、妇孺、保生等私立医院仍继续开业；公立医院仅有伪市卫生局在太平南路（今人民南路）设立的传染病院。

日本博爱会医院分别在光孝路、丰宁路（今人民中路）增设第一、第二分院，并于1942年霸占了博济医院院址。博济医院被迫迁至文德路博爱会医院旧址。广东中医院则被日本人霸占为广东叶医院。

此外，原市立精神病院则委托广州石室天主教会代管，继续收治精神病人。

中山大学医学院被日本侵略军波字第8604部队所占据，作为进行细菌实验的细菌战活动的大本营。

抗战胜利后，1946年，广州市卫生局公布，市属医院10间（不包括省属，教会及私人医院、诊所），有西医87人，助产士42人。

1947年，广州市卫生局对社会医务人员进行了一次全面登记审查，经审查核准发给开业执照的中医、西医、助产、护士、药剂、牙科、兽医（当时兽医由卫生部门管理）共3013人。其中西医644人、中医1239人、助产士642人、护士125人、牙医师13人、牙科生253人、药剂师26人、药剂生71人。卫生人员与市民之比约1‰。可见当时中西医并行于世，而中医仍占主要地位。

1949年建国前夕，广州全市有公私立医院共37所。其中公立医院10所（中央医院、中山大学附属医院、市立医院、市立精神病院、市立肺痨防治院、市立公安医院、方便医院、红十字会医院、陆军医院、同寅卫生中心），教会医院6所（柔济、博济、韬美、两广、华英、伯多禄）及光华、邝磐石、黎铎、周活民、达保罗、粤东等21间私立医院，

医院共有病床3641张，卫生技术人员2371人（医务人员1375人）。此外还有不少私人开业的诊所、产所。

## 民国时期广州市医院一览表

### （1）公立医院

| 名称 | 地址 | 成立时间 | 备注 |
|---|---|---|---|
| 广东医院（省立） | 九曜坊旧提学司署 | 1917年 | 1921年划归广州市政厅，改为广州市市立医院。 |
| 广州市市立医院 | 九曜坊旧提学司署。1931年迁盘福路金字湾 | 1921年 | 建国后与方便医院合并，改为市第一人民医院。 |
| 市立东郊麻风院 | 东沙马路（今先烈路） | 1921年 | 由原东郊麻风收容所改名。 |
| 市立传染病院 | 小北象岗两王庙旧址 | 1921年11月 | |
| 市立神经病院 | 东川路 | 1926年 | 原名复性医院。1927年改名市立第一神经病院。 |
| 市立第二神经病院 | 芳村 | 1926年 | 原名惠爱医院，1926年由市卫生局接办。1935年与市立第一神经病院合并，改名市立精神病疗养院。 |
| 市立育婴院 | | 1929年前 | 见于1929年《广州市政府统计年鉴》，地址及成立日期均未详，院长伍智梅。 |
| 市立公安医院 | 珠玑路 | 1946年 | 原址在丰宁路西瓜园。建国后改为广州市第三人民医院。 |
| 广州中央医院·中央医院 | 惠福西路 | 1946年 | 公立。广东省人民医院前身。现广东省人民医院门诊部地。 |
| 市立肺痨防治院 | 盘福路7号 | 1948年 | 广州市卫生局设立。院长李仕政。 |
| 中国红十字会广州分会附属医院 | 同福中路 | 1904年 | 原名中国红十字会番禺分会福民医院。建国后改名广州市红十字会医院。 |
| 警察医院 | 南堤（今沿江中路） | 1912年 | 广东省警察厅创办，1917年改为省立广东医院。为广东省首间公立医院。 |
| 市立公安医院 | 原址在丰宁路西瓜园。后迁珠玑路 | 1946年 | 建国后改为广州市第三人民医院。 |
| 贫民生产医院 | 永汉北路（今北京路） | 1924年 | 由何香凝发起创办并任院长，收容贫苦产妇。 |

### （2）教会医院

| 名称 | 地址 | 成立时间 | 备注 |
|---|---|---|---|
| 博济医院 | 长堤、仁济路 | 1835年 | 教会医院。建国后改为中山医学院第二附属医院。今孙逸仙纪念医院。 |
| 柔济医院 | 逢源中约 | 1899年 | 由美国长老会委派女医生富马利创办。建国后改为市第二人民医院。 |
| 惠爱医院 | 芳村 | 1898年 | 由博济医院院长嘉约翰创办，专门收容精神病人。1926年由市卫生局接办，改名市立第二神经病院。 |

（续表）

| | | | |
|---|---|---|---|
| 宏济医院·两广浸信会医院 | 原在南关东石角二马路。后迁东山 | 1901年 | 教会医院。原名宏济医院，迁东山后改名两广浸信会。建国后由市卫生局接办后，移交海军改为海军医院。 |
| 中法韬美医院 | 长堤224号。今沿江路、靖海路东侧 | 1903年 | 法国天主教会创办。建国后改为广州市工人医院。今广州医学院第一附属医院前身。 |
| 两广浸信会医院 | 东山庙前西街 | | 粤东浸信会开办。 |
| 广东卫生疗养院 | 东山三育路12号 | 1930年 | 粤东浸信会开办。建国后合并至广州市河南产院。 |
| 救主堂赠医所 | 万福路 | | 粤东浸信会开办。 |
| 华英医院 | 先烈南路1号 | 1947年 | 粤东浸信会开办。由基督教华南教区中华圣公会与华南万国医药救济会合办，建国后由市卫生局接办，1951年易名广州市传染病医院。 |
| 博爱会医院 | 原在南堤二马路。后迁文德路。1942年12月迁仁济路原博济医院 | 1916年 | 由日本博爱会创办，1945年停办。 |
| 伯多禄医院 | 同福中路宝岗宝玉新巷2号 | 1946年 | 由加拿大天主教修女戈是玲创办，建国后由市卫生局接办，改为河南区产院。 |

（3）教学医院

| 名称 | 地址 | 成立时间 | 备注 |
|---|---|---|---|
| 广东光华医院 | 五仙门关部前（今泰康路） | 1909年 | 广东光华医社创办。是广东光华医学专门学校附属医院。建国后合并到华南医学院第一附属医院。今中山医科大学第一附属医院前身。 |
| 光华分院 | 大东门外造币厂路和尚岗 | 1925年 | 广东光华医社创办。广东光华医学专门学校附属医院。 |
| 广东公医院 | 长堤天海楼 | 1909年 | 广东公医医学专门学校创办。 |
| 新公医院 | 百子路（今中山二路） | 1918年 | 广东公医医学专门学校创办。中山医科大学附属第一医院前身。 |
| 国立中山大学第一医院 | 百子路（今中山二路） | 1926年 | 原新公医院。由中山大学接办公医学校后改名。 |
| 国立中山大学第二医院 | 长堤 | 1926年 | 原广东公医院。由中山大学接办公医学校后改名。 |
| 广东公医医科专门学校附设公医院 | 中山二路 | 1913年迁现址 | 中山医科大学附属第一医院前身。 |
| 广东中医院 | 大德路 | 1933年 | 由广东中医药专门学校创办，为该校附属医院。建国后改为广东省中医实验医院，即今广东省中医院前身。 |
| 光汉中医院 | 文德南路厂后街 | | 由广东光汉中医专门学校创办，为该校附属医院，1938年停办。 |
| 汉兴中医院 | 龙津路 | 1947年 | 由广州私立汉兴高级中医职业学校创办，为该校附属医院，1953年停办。 |

（4）善堂（院、社）

| 名称 | 地址 | 成立时间 | 备注 |
|---|---|---|---|
| 广州方便医院 | 城西高岗（今人民北路） | 1899年 | 原名城西方便医院，由广州绅商及港澳商人、各界同胞集资和募捐创办。建国后改为广州市第一人民医院。 |
| 爱育善堂 | 十七甫 | 1871年 | 由钟觐平、陈次壬等创办，赠医赠药，施种牛痘。 |
| 润身社 | 大东门外线香街 | 1880年 | 由崔心如、董昆明等发起创办，赠医赠药。 |
| 广济医院 | 迎祥街（今一德中路） | 1895年 | 由吴昌元等倡建，赠医（包括留医）、赠药。 |
| 崇正善堂 | 十一甫 | 1896年 | 由朱其英、陈启源等倡建，赠医、赠药。 |
| 惠行善院 | 晏公街 | 1899年 | 由朱沛文、冯彭龄等倡建，赠医赠药 |
| 志德婴孩医院 | 第一津 | 1921年 | 由陈廉伯等创办，主要收容弃婴及贫病婴孩。建国后与方便医院合并。 |
| 广东仁爱医院 | 应元路三元宫内 | 1935年 | 由陈济棠创办的广东仁爱善堂建立，1936年改为市立医院第一分院。 |

（5）军医院

| 名称 | 地址 | 成立时间 | 备注 |
|---|---|---|---|
| 陆军总医院 | 学宫街 | 1929年前 | 见1929年《广州市政府统计年鉴》，成立日期未详，院长温泰华。 |
| 总指挥部后方医院 | 文明路 | 1929年前 | 见1929年《广州市政府统计年鉴》，成立日期未详，院长朱兆槐。 |
| 指挥部后方医院·总指挥部后方医院 | 文明路旧贡院（原广东省博物馆） | 1929年前 | 见1929年《广州市政府统计年鉴》，成立日期未详，院长朱兆槐。 |
| 第一集团军总医院 | 原在南海学宫。后迁西村大韬山（今流花路） | 1936年 | 前身是陆军总医院，又称陆军医院。建国后改为广州军区总医院。 |

（6）私立医院

| 名称 | 地址 | 成立时间 | 备注 |
|---|---|---|---|
| 邝磐石医院·私立邝磐石医院 | 东山梳头岗（今中山二路东山口西侧） | 1917（一说1919） | 邝磐石医师创办。建国后改为东山区人民医院。 |
| 珠江颐养院（私立）·珠江颐养园留医院 | 二沙岛（二沙头）西部 | 1922年 | 梁培基医师创办。1938年停办。 |
| 大同医院（私立） | 初在维新路177号，后迁丰宁路（今人民中路）西瓜园 | 1929年前 | 谭大同医师创办，见1929年《广州市政府统计年鉴》，成立日期未详。 |

（续表）

| | | | |
|---|---|---|---|
| 妇孺医院·妇孺产科医院（私立） | 今人民中路。初址惠福西路24号，分院在十六甫 | 1908年 | 谢爱琼医师创办。建国后改为广州市产院。今广州市妇婴医院前身。 |
| 黎铎医院（私立） | 初在一德路。1934年迁荔湾东路（今荔湾路） | 1924年 | 黎铎医师创办。建国后改为广州市商业员工医院。今荔湾区第一人民医院前身。 |
| 达保罗医院（私立） | 创办时在官禄路（今观绿路）30号。今人民中路 | 1929年 | 美国医师达保罗创办。建国后改为广州市儿童医院。即今广州市儿童医院前身。 |
| 仁济医院（私立） | 高第街新巷 | 1929年前 | 见1929年《广州市政府统计年鉴》。成立日期未详。院长蔡惠芬。 |
| 仁济留医院 | 河南龙尾导 | 1929年前 | 见1929年《广州市政府统计年鉴》，成立日期未详，院长潘贻戡。 |
| 保生医院 | 长寿西路 | 1929年前 | 见1929年《广州市政府统计年鉴》，成立日期未详，院长王德馨。 |
| 保生分院（私立） | 芳草街30号 | 1929年前 | 见1929年《广州市政府统计年鉴》，成立日期未详，院长徐甘树。 |
| 互助医院（私立） | 府学西街 | 1929年前 | 见1929年《广州市政府统计年鉴》。成立日期未详。院长梁焕仪。 |
| 公济医院 | 河南鳌洲正街 | 1929年前 | 见1929年《广州市政府统计年鉴》，成立日期未详，院长李富庄。 |
| 生生医舍 | 河南栖栅南街 | 1929年前 | 见1929年《广州市政府统计年鉴》，成立日期未详，院长梁憬然。 |
| 太平医院（私立） | 太平沙 | 1929年前 | 见1929年《广州市政府统计年鉴》。成立日期未详。院长余世武。 |
| 平民医院（私立） | 惠爱东路34号（今中山四路） | 1929年前 | 见1929年《广州市政府统计年鉴》。成立日期未详。院长罗道生。 |
| 仲圣医院（私立） | 龙藏街 | 1929年前 | 见1929年《广州市政府统计年鉴》。成立日期未详。院长伍狱。 |
| 同寅留产医院 | 河南洲头咀 | 1929年前 | 见1929年《广州市政府统计年鉴》，成立日期未详，院长碧基能。 |
| 何旭初医院（私立） | 太平南路（今人民南路） | 1929年前 | 见1929年《广州市政府统计年鉴》。成立日期未详。院长何旭初。 |
| 李彦医院（私立） | 广大路17号 | 1929年前 | 见1929年《广州市政府统计年鉴》。成立日期未详。院长李彦。 |
| 东堤医院（私立） | 东沙角40号 | 1929年前 | 见1929年《广州市政府统计年鉴》，成立日期未详，院长张慕德。 |
| 青春医院（私立） | 广大路40号 | 1929年前 | 见1929年《广州市政府统计年鉴》，成立日期未详，院长黄孟。 |
| 保生医院一分院 | 第三甫高第街 | 1929年前 | 见1929年《广州市政府统计年鉴》，成立日期未详，院长林德全。 |
| 针射医院（私立） | 大南路3号 | 1929年前 | 见1929年《广州市政府统计年鉴》，成立日期未详，院长蔡庭桂。 |

（续表）

| 陈伯赐医院（私立） | 惠福中路 | 1929年前 | 见1929年《广州市政府统计年鉴》，成立日期未详，院长陈伯赐。 |
|---|---|---|---|
| 冯小璞医院 | 河南后乐新街10号 | 1929年前 | 见1929年《广州市政府统计年鉴》，成立日期未详，院长冯小璞。 |
| 张楷医院（私立） | 惠福中路8号 | 1929年前 | 见1929年《广州市政府统计年鉴》，成立日期未详，院长张楷。 |
| 梁少波医院（私立） | 小北丹桂里8号 | 1929年前 | 见1929年《广州市政府统计年鉴》，成立日期未详，院长梁少波。 |
| 康民留产所 | 河南溪峡大街 | 1929年前 | 见1929年《广州市政府统计年鉴》，成立日期未详，院长何伟卿。 |
| 康民留产所 | 河南溪峡大街 | 1929年前 | 见1929年《广州市政府统计年鉴》，成立日期未详，院长何伟卿。 |
| 广东广护医院（私立） | 广卫路 | 1929年前 | 见1929年《广州市政府统计年鉴》，成立日期未详，院长冯世英。 |
| 广东眼科医院（私立） | 大南路1号 | 1929年前 | 见1929年《广州市政府统计年鉴》，成立日期未详，院长李振强。 |
| 广华救伤队留医院（私立） | 惠爱东路（今中山四路） | 1929年前 | 见1929年《广州市政府统计年鉴》，成立日期未详，院长陈国魂。 |
| 广慈医院 | 河南同福西路 | 1929年前 | 见1929年《广州市政府统计年鉴》，成立日期未详，院长陆如磋。 |
| 赞育医社 河南歧兴振德直街 | | | 见1929年《广州市政府统计年鉴》，成立日期未详，社长黄鸾笙。 |
| 图强产科医院（私立） | 中山四路旧仓巷39号 | 1904 | 院长伍伯良。建国前夕尚存。 |
| 图强分院（私立） | 大东门外荣华南9号 | 1929年前 | 见1929年《广州市政府统计年鉴》，成立日期未详，院长伍伯良。 |
| 膺伯医院（私立） | 昌兴街38号 | 1929年前 | 见1929年《广州市政府统计年鉴》，成立日期未详，院长李膺伯。 |
| 泽民医院（私立） | 靖海路 | 1929年前 | 见1929年《广州市政府统计年鉴》，成立日期未详，院长侯泽民。 |
| 纪劬劳医院（私立） | 盘福北路102号 | 1933 | 周贯明医师创办。 |
| 德光医院（私立） | 光孝路 | | 王德光创办并任院长。成立日期未详。 |
| 福宁医院（私立） | 惠福西路与人民中路交界处 | 1934 | 院长陈伟民。 |
| 周活民医院（私立） | 丰宁路204号（今人民中路） | 1946 | 周活民医师创办。建国后改为西区人民医院。今市妇幼保健院前身。 |
| 粤东医院（私立） | 广大路二巷6号 | 1935 | 见1950年《广州市公私立医院概况统计》。 |
| 联合胸科医院（私立） | 长庚路34号之一（今人民北路） | 1949 | 李仕政等创办。 |
| 永康产科医院（私立） | 纸行路81号 | 1947 | 永康助产学校创办。 |

（续表）

| | | | |
|---|---|---|---|
| 同寅卫生中心 | 河南同福西路137号 | 1946 | 见1950年《广州市公私立医院概况统计》。 |
| 博爱医院（私立） | 太平沙3号 | 1949 | 见1950年《广州市公私立医院概况统计》。 |
| 碧澄医院（私立） | 太平北路（今人民南路） | 1947 | 院长姚碧澄。 |
| 光华医社 | | 1907 | 梁培基、陈衍芬、郑豪等创办。 |
| 伍汉持医院（私立） | 仓边路35号 | 1918 | 院长伍伯良（1929—1934年在任）。 |
| 广东卫生疗养院 | 东山三育路12号 | 1930 | 民国时期两间广州疗养院之一。 |
| 广东华佗针灸治疗所 | 中山三路荣华南街48号 | 1934 | |
| 华英医院 | 先烈南路1号 | 1947 | 今广州市传染病院前身。 |
| 联合胸科医院（私立） | 长庚路（今人民北路） | 1949 | 李仕政、伍德元开设。专门收治结核病人。 |
| 爱育善堂赠医分诊所 | 小东门育秀坊 | | |
| 中医联合诊所 | 东华西三角市附近 | | |
| 霍芝庭赠诊所 | 东华西三角市附近 | | |
| 西医联合诊所 | 东校场元运街口 | | |

1950年12月，在广州市政府卫生局登记核发开业临时登记证的，有西医诊所537间、中医诊所819间、牙医诊所171间、镶牙所76间、产所378间。

## 二、医校

西方近代医学传入广州后，渐有传教医生在广州收华人学医。1866年，博济医院附设南华医学堂，招收中国青年入学。1905年，随军医学堂在北较场开办。1906年，伍汉持创办图强助产学校。1907年，谢爱琼创办妇孺助产学校。

1909年，由中国人自办了广东光华医学堂和广东公医学堂。至1911年止，除南华医学堂因故停办外，全市共有医学堂（校）4间，助产学校2间。

民国成立后，民国二年（1913）1月，政府制定了医学教育的学制和课程标准，医学教育逐步走上正轨。中等医药学校续有发展。不少医院附设护士学校。

1949年，全市有中山大学医学院、岭南大学医学院和私立广东光华医学院等3间医学院，各大医院附设的护士学校11间，私立的粤东医事学校1间，图强、妇孺、国民、永康助产学校共4间。

另一统计，至1949年，全市共有公私立护士、助产学校15间，共培养毕业生5727人。其中图强助产学校共培养毕业生57届约3500人。

**清末、民国时期广州中心城区医学院校一览表**

| 名称 | 建立时间 | 地址 | 备注 |
|---|---|---|---|
| 博济医校·博济医学校·南华医学堂 | 1866 | 附设于长堤博济医院 | 博济医院附设。中华医药传教会创办。 |

（续表）

| | | | |
|---|---|---|---|
| 广东女医学校·广东女子医学堂 | 1899 | 地址初在西关逢源中约。1937年迁长堤博济医院内 | 美国长老会女传教医生富马利创办。光绪三十一年改名夏葛女医学校。或称夏葛女子医学校。1920年改名夏葛医学院。 |
| 随军医学堂 | 1905 | 北较场 | 或说1904年成立，原名广东军医学堂。 |
| 私立光华医学院 | 1905年成立广东光华医学堂，后改名私立光华医学院 | 泰康路五仙门 | 私立专科性大学。建国后并入华南医学院（今中山医科大学）。 |
| 图强医学堂 | 1906 | 东关线香街（今中山三路荣华南） | 伍汉持创办。后改名图强助产学校。 |
| 图强助产学校 | 1906 | 仓边路旧仓巷51号 | 伍汉持夫人李佩珍创办。培养妇产科人员。1952年由省卫生厅接管，改名广东省第一助产学校，1953年8月并入广东省卫生学校。即今广东医药学院前身。 |
| 广东光华医社·广东光华医学堂·光华女医学堂 | 1907 | 五仙门 | 私立。1907年广州医界人士陈子光、梁培基等人在广州五仙门关部前创办广东光华医社。1908年在医社基础上成立广东光华医学堂。宣统元年又增设光华女医学堂，翌年男女校合并。广州沦陷前迁香港。1941年12月太平洋战争爆发，不久香港沦陷。光华医学院停办。 |
| 产科讲习所 | 1907 | 惠福西路 | 谢爱琼在其创办的妇孺医院设立。后改名妇孺产科学校。为广东省最早设立的产科学校。1930年改名妇孺助产学校。 |
| 妇孺助产学校 | 1907 | 惠福西路 | 谢爱琼创办。1952年8月并入广州市私立卫生学校。 |
| 广东光华医学堂·光华医学专门学校·私立广东光华医学专门学校·广东光华医学院 | 1908 | 原在五仙门关部前（泰康路），后迁先烈路和尚岗（今陵园西路北段） | 私立。梁培基等创办。为中国第一间由中国人自办，中国人任教，用中文讲课的西医学校。1928年改称私立广东光华医科大学，1929年改称私立广东光华医学院。 |
| 广东公医学堂·私立广东公医医学堂 | 1909 | 初在西关十三甫。1910年迁长堤天海楼（今长堤潮音街附近）右邻 | 潘佩如、钟宰荃等创办。1915年改名广东公医医学专门学校（或称私立广东公医医学专门学校）。1925年并入广东大学。 |
| 广东公立医药专科学校·广东公立医药专门学校 | 1904年成立，原名广东军医学堂，1913年改名 | 北较场。后迁法政路 | 公立（省立）。1921年停办。 |

（续表）

| | | | |
|---|---|---|---|
| 岭南大学医学院附设高级护士学校 | 1914 | 仁济路 | |
| 广东公立医科专门学校 | 1915 | | 1915年广东公立医学堂改为广东公立医科专门学校。 |
| 中法医学校 | 1918 | 沿江西路 | 中法韬美医院开办。1920年改称广东中法医学专门学校。1927年停办。 |
| 光华医院附设高级护士学校 | 1921 | 泰康路 | 1951年4月并入广东省卫生技术学校（即广东省卫生学校前身）。 |
| 两广医院附设高级护士学校 | 1924 | 东堤 | 1952年8月并入广州私立卫生学校。 |
| 私立广东中医药专门学校 | 1924 | 麻行街 | 后改名广东中医药专科学校。建国后并入广州中医学院。 |
| 私立广东公医医科大学 | 1924 | | 1924年私立广东公医医科学校改名私立广东公医医科大学。 |
| 国民助产学校 | 1926 | 初在龙津路易家祠，后迁惠爱东路（今中山四路） | 1952年8月并入广州私立卫生学校。 |
| 中山大学附属医院附设高级护士学校 | 1926 | 中山二路58号 | 今中山医科大学附属卫生学校前身。 |
| 广东卫生疗养院附设护士学校 | 1931 | 东堤（今沿江东路） | |
| 广东省中医专门学校 | 1932 | | 后改为广东省国医学院。 |
| 广东省立中医专科学校 | 1932 | 大德路 | 公立专科性大学。后改名广东省立国医学院。 |
| 广州方便医院附设高级护士助产职业学校·广州方便医院附设高级护士学校 | 1939 | 盘福路1号 | 1953年5月，改名广州市第一护士学校。今人民北路604号广州市卫生学校前身。 |
| 粤东医士学校 | | 广大路 | 1952年8月并入广州私立卫生学校。 |
| 永康助产士学校·永康助产学校 | 1945 | 纸行路81号 | 1952年8月并入广州市私立卫生学校。 |
| 省立高级护士助产职业学校 | 1947 | 诗书路 | 公立职业学校。 |
| 广州中央医院附设高级护士学校 | 1947 | 惠福西路 | 1951年4月由广东省卫生厅接管，改名广东省卫生技术学校（广东省卫生学校前身）。 |
| 广州市市立医院附设高级护士学校 | 1949 | 盘福路 | 今广州市卫生学校前身。 |
| 中山大学医学院 | | 百子路（中山二路） | |
| 岭南大学医学院 | | 长堤 | |
| 粤东医事学校 | | 广大路 | 1952年8月并入广州私立卫生学校。 |

## 三、中医

现代医学在清代后期入传广州之前，广州人防病治病历来靠传统中医。

医药向平民推广，大致始于宋代设立官办的惠济军民药局（简称惠民药局）。元、明、清沿用宋制。清代惠民药局附设养生所（相当于住院部），此乃留医机构之始。

清代，逐步形成具有广东地方特色的中医医学，后被称为“岭南医学”。

在1827年以前，广州医疗机构除设于小北大石街的官办惠民药局外，均为私人开设的中医医馆。

1871年，爱育善堂首设中医赠医施药业务，以后创设的慈善社团，均继承这一良好传统。即除医馆外，人们亦可到善堂看病。

在清中叶以前，广州的医学教育以祖传、师传方式为主，学习方法一般是“一读二背三临症”。也有些文人通过自学行医，世称“儒医”。以上三种方式，往往互相交叉，即有祖传或自学成医后，再拜师深造者；有祖辈原是师传或自学出身，以后历代相传而成“世医”者。民国期间，广州的中医教育仍以传统的传授方式为主。

民国初年，国民政府对中医持否定态度，加以限制。并不将中医教育纳入教育系统。

1913年1月，北洋政府教育部公布大学规程，未将中医药学科列入。教育总长汪伯塘不准广东（广州）中医药界和广州九大善堂筹办中医药学堂立案。

1923年9月，《内政部管理中医暂行规则》规定“中医不得擅行使用科学医之器械药品或注射法”（科学医即西医，暗指中医是不科学的）。

1929年2月，民国政府中央卫生委员会通过《废止旧医以扫除医事卫生之障碍案》。同年5月，民国政府教育部发出《布告》，将中医学校一律改名为传习所。

1930年2月，教育部、卫生部又报经行政院转报国民政府批准，将研究中医处所之组织，改称为“学社”。当时的广州市卫生局据此强令广东中医药专门学校改名。幸经全市中医药界抗争及因社会舆论反对，始获保留学校名称。

1930年，广州市社会局训令各善堂禁聘中医，禁施中药。

1931年9月，广州市卫生局制订《修正取缔中医生章程》，限令1928年以前注册的中医重新登记，民国十七年以后开业者予以取缔；并规定中医开业，只许称为中医生，不得称医师或其他名称，并不得以针灸治病。

当时广州市中医界奋起与当局抗争。一方面建立自己的组织，除原有的“广州医学卫生社”外，并于1930年将一年前由钟宰旋、罗伯尧等创办的“中医公余别墅”改组为“广东中医公会”；1936年又改称“广州中医公会”，以加强广州中医界的团结。同时与香港中药业团体联系，争取社会舆论支持。另一方面则积极开展中医教育，延续中医学术，培养中医新生力量。争得合法地位，使中西医并存于广州。

1928年4月，广州市卫生局举行中医考试，应试者为曾学习中医而尚未取得开业执照者，考试合格后发给中医生开业执照。至1935年2月止，先后举行中医考试6次，按摩术、针灸术考试各1次，经考试合格者共1634人（其中按摩16人，针灸49人）。

1935年，按中医管理考试条例录取中医324名。由广州市卫生局分配到广东中医院、光汉中医院、志德婴院、方便医院、广济医院、仁爱善堂、爱育善堂、河南慈善赠医社、西关赠医社、第二赠医施药处等19个医疗单位实习3—6个月，才被确认为正式中医师。

至1938年，广州共有中医学校5间（广东中医药专门学校、广东光汉中医专门学校、广州汉兴国医学校、广东保元中医、华夏中医学校）。是年10月，广州被日军侵占后，广东中医药专门学校、保元中医学校和汉兴国医学校分别迁往香港、澳门继续开办，其余两校均停办。

1945年抗日战争胜利后，广东中医药专门学校、广东光汉中医专门学校、汉兴国医学校先后在广州复办。广东中医药专门学校改名广东中医药专科学校；汉兴国医学校改名广州私立汉兴高级中医职业学校。光汉中医专门学校于民国三十六年（1947）5月被广东省教育厅勒令停办。

1947年，经市卫生局核准开业的医事人员共3010人，其中中医1239人，占41.16%，西医644人，占21.39%。可见广大市民特别是下层民众，有病仍是多依靠中医药治疗。

自1924—1949年，广州市各中医学校共培养毕业生约1500人，分别在广东、广西和港澳、东南亚等地行医。

西方近代医学传入广州后，广州的一些中医渐萌发了中西医汇通的思想，学习和吸收西洋医学知识，特别是人体生理解剖知识。1912年，广州医学求益社《课艺留稿五序》提出“先以中医学说为根底，其前人或有舛误者，则时时参用西说，以互证而旁通”。

1899年创办的城西方便医院（今广州市第一人民医院前身），是全省首间较具规模的中医医院，1926年又成为当时广东省唯一的中西医兼备医院。

**民国时期广州中心城区中医医院医校一览表**

| 名称 | 建立时间 | 地址 | 备注 |
|---|---|---|---|
| 广东中医教员养成所 | 1917年 | 小东门清水濠 | 首任校长陈月樵。1922年停办。 |
| 广东中医药专门学校 | 1924年9月 | 海珠中路麻行街 | 亦有称广东中医药专科学校。首任校长卢乃潼。1955年结束。 |
| 伯坛中医学校 | 1924年 | 惠福东路书坊街 | 陈伯坛开办并为首任校长。1930年迁香港。 |
| 广东光汉中医专门学校 | 1924年 | 文德南路厂后街8号 | 私立专科性大学。由广州医学卫生社在广州九大善堂支持下创办。首任校长伍铨萃。1947年停办。 |
| 仲圣医院 | 1930年 | 西湖路龙藏街 | 私人开办。有中医内外科病床15张，不久停办。 |
| 广东中医院 | 1933年 | 大德路 | 由广东中医药专门学校创办，为该校附属医院。今广东省中医院前身。 |
| 光汉中医院 | 1933年 | 文德南路厂后街 | 由广东光汉中医专门学校创办，为该校附属医院，1938年停办。 |
| 广州汉兴国医学校（广州汉兴高级中医职业学校、广州私立汉兴高级中医职业学校、广州汉兴高级职业学校） | 1934年 | 越华路新丰街 | 首任校长方德华。1947年改名广州汉兴高级中医职业学校（或称广州私立汉兴高级中医职业学校、广州汉兴高级职业学校），1950年9月归入广东中医药专科学校。 |
| 广东保元中医学校 | 1935年 | 越华路华宁里48号 | 首任校长梁翰芬。1938年停办。 |

（续表）

| | | | |
|---|---|---|---|
| 华南国医学校（华南国医学院） | 1935年 | 一德路广济医院内 | 广州名中医黄焯南等发起创办。黄焯南为首任校长。1937年停办。 |
| 华夏中医学校 | 1935年 | 大新路 | 首任校长江松石。1938年停办。 |
| 广州佛教志德慈善中医院 | 1946年 | | 梁定慧创办。 |
| 复兴中医学校 | 1947年 | 大南路太邱书院 | 首任校长黎云卿。1949年停办。 |

## 四、医药卫生团体

中国最早的医药团体在清代出现于广州。广州医学传道会（或称广州医学传教会）建立于1836年（一说1838年）。美国传教医生郭雷枢倡议创立。为中国境内最早的医药团体。试图通过医药手段辅助传教。会长郭雷枢，副会长伯驾、裨路文。

1904年，广州医师马达臣、伍汉持、朱伯良等倡议组织粤东赤十字社。为广州历史最悠久的群众性卫生团体。初设河南龙溪南首约。民国后迁增沙街市红十字会总医院内。为今广州市红十字会前身。

中国最早建立的中医学术团体广东医学求益社亦诞生在广州。

1906年，广东医学求益社成立，翌年改名为广州医学求益社1909年3月9日批准立案。。其宗旨是“振兴世界医学，保存中医国粹”。1931年改名为广州医学卫生社，后改名为中医公余别墅、广东中医公会，最后改名为广州中医公会。地址在纸行街福地巷。另有资料记载是：1918年，钟宰旋、罗伯尧等创办广州中医公余别墅。1920年改组为广东中医公会。1935年改名为广州中医公会。抗战胜利后改名为广州市中医师公会。是今广州市中医学会前身。

民国时期，广州先后有广州医学卫生社、广州市牙科医学会、广州万国红十字会等医药卫生社团。

1949年10月前夕，尚存医药卫生社团有中华医学会广州分会、中华护士学会广州分会、广州市中医师公会、广州市医师公会、广州市牙医公会、广州市助产士公会、广州市药剂师公会、广州市医院联合会等8个。这些团体对发展广州医疗卫生事业均起了一定的作用。

**清末民国时期广州主要医药卫生团体一览表**

| 名称 | 建立时间 | 地址 | 备注 |
|---|---|---|---|
| 中华医药传教会·广州医学传道会 | 1838年（一说1836年） | | 为中国境内最早的医药团体。 |
| 粤东赤十字社 | 1904年 | 初设河南龙溪南首约。民国后迁增沙街市红十字会总医院内 | 今广州市红十字会前身。 |
| 广东医学求益社·广州医学求益社 | 1906年6月 | | 中国最早建立的中医学术团体。 |
| 广州医学卫生社 | 1912年 | 南关后街十一号 | 广州市中医界社团。 |
| 广州市牙科公会·广州市牙医公会 | 1913年 | 一德路二三四号四楼 | |

（续表）

| | | | |
|---|---|---|---|
| 中华医学会广州分会 | 1915年 | 人民中路 | 1950年整顿改造。 |
| 中医公余别墅·广州中医公余别墅 | 1918年（一说1929年） | | 后称广东中医公会、广州中医公会、广州市中医师公会，现称广州市中医学会。 |
| 广东中医公会·广州市广东中医公会 | 1920年（一说1930年） | 纸行街福地巷五三号 | 由中医公余别墅改组而成。 |
| 广州市医师公会 | 1925年 | | |
| 广州中医公会 | 1935年（一说1936年） | | 广东中医公会改称广州中医公会，以加强广州中医界的团结。 |
| 中国防痨协会广州分会 | 20世纪30年代 | | |
| 广州万国红十字会 | 1937年 | | 由黄雯等粤、港人士共同发起组建。建国后，广州市接收外国教会医疗机构时一并接收。 |
| 广州市中医师公会 | 1945年 | | 广州中医公会在抗战胜利后改名为广州市中医师公会。 |
| 广州市牙科医学会 | | | |
| 广州市助产士公会 | 1945年 | | |
| 广州药师公会·广州市药剂师公会 | 1945年 | | 1962年6月改名为中国药学会广东分会。 |
| 广州市法医学会 | 1945年 | | |
| 中华护士学会广州分会 | | | |
| 广州市医院联合会 | | | |
| 广东省中医师公会 | 1947年5月 | | |
| 广州市产科医师公会 | | 广大路二五号救护医院 | |
| 中药炮制配剂研究会 | | 石室前圣心济十号 | |
| 养生健康社 | | | |
| 素食拒荤会 | | | |

## 五、慈善事业

清代时，广州办有恤嫠公局、养济院、育婴堂、漏泽园、麻风所等慈善机构，较著名的有“普济三院”，即普济院、普济堂、瞽目院，主要收容无依靠的老残贫民，兼收一些流浪乞讨人员。在灾年，收容逃荒灾民，多是临时搭棚施赈，冬季收容春暖遣送。

这些慈善机构远未能满足城市社会救济的需求。

清代后期，以商人行会及绅商为主导的善堂纷纷兴办，以赠药施医、救灾善后、救助贫困残疾、抚养弃婴、施粥施衣、设义仓平粜谷米、夏季施茶，举办义学等善举为其主要行善方式。至清末宣统年间，据不完全统计，广州先后曾建有善堂、善院、善社四五十所。其中规模最大、最具影响的是清末至民国时期的社会福利团体“九大善堂”。不过在不同时期，九大善堂所指不尽相同。

太和石湖与龙归南村两地村民历有水利纷争，民初其斗尤烈，死者千数。九大善堂出面调停，并于1920年12月立石于今广从路百足桥东南200米之分水塘处纪其事，为“九善堂碑”，今犹在。碑之落款为“爱育善堂、广济医院、广仁善堂、惠行医院、崇正善堂、明善堂、方便医院、述善堂、润身善社公志”（述善堂亦称述善善堂，明善堂亦称明善善堂，润身善社亦称润身社）。后人一般所称九大善堂，即此。皆创办于晚清。

民国以后，新建有10多所善堂、善院。

广州部分善堂置有义地，为去世的贫民和路尸施棺施坟。1909年，大沙头河面船艇火灾，方便医院收捡焚溺尸骸400多具，葬于横枝岗、狮子岭义地。清末，广仁善堂捐出二望岗义地安葬黄花岗起义烈士遗骸（今黄花岗公园）。

广州善堂采取董事制或委员会制管理，多有巨商赞助、任善董。大多数都置有房产、地产，将收益和募集的款项，用于慈善事业。

1926年，市政府设市慈善事业委员会，由市长兼主席；同年设市善团总会，为全市善堂的“高级机关”。

除民办、官办的慈善机构外，佛教居士林等团体也先后办理过赠医施药等业务，但影响不大。影响较大的还有外国教会建立的一些慈善团体，著名的如美国教会建立的博济医院与柔济医院；两广浸信会建立的两广浸信会医院，都兼给贫民赠医施药，为广州主要慈善团体。1939年冬，日军侵占广州初期，曾设有国际救济会等。抗战胜利后，美国基督教美华儿童福利会和两广浸信会等团体办有一批收养孤老残幼的机构。

1930年，市社会局分别制订《善团施医施药施赠接生规定》《广州市善团施衣施粥规则》《广州市善团施棺施冢规则》《广州市善团设立义学规则》，对善团举办的施医施药赠接生、施衣施粥、施棺施坟、义学等业务分别进行管理。其中规定善堂如必要可聘请医师，赠医施药，酌收挂号费。少数善堂设留医部，一般的设门诊，聘医师1～4名，多为中医，有内科、外科，个别有妇科，也有赠送膏丹丸散等。规定义学不得收取学费、杂费。

1930年5月，广州米价暴涨，市社会局与省民政厅等，组成全省平粜委员会，派员购米回市，向贫民廉价出售，至早谷上市。

1930年6月21日，广东省政府发出代电，通知各地利用原有慈善机构设立救济院，尽量收容老弱残废、鳏寡孤独、伤病妇孺无所归宿者。

广州在清代所设之“普济三院”经多次改组后称救济院，收容对象以本市年老无依、残疾无自救能力的贫民和一些无处栖身的失业归侨等无所安置者为主，对流浪乞丐的收容面有所扩大。1933年1月，曾在1天内强制收容300多人。同时，有关单位、团体合设临时机构，收容和遣送流浪乞丐、灾民、难民。

1934年，当时主持粤政的陈济棠倡建了仁爱善堂，为全省的“慈善总机关”。指定其管辖全省慈善团体。其时老人、儿童、婴儿、残疾人诸种福利单位俱备。

1934年、1935年、1936年冬季，市社会局、警察局等组成冬赈委员会，设5个避寒所（后设3所），每所可容200人，供无家贫民、乞丐夜宿。至次年3月结束。

1938年间，当时日机常来轰炸广州，非常时期难民救济委员会广东省分会在广州河南设了5个难民收容所，收容战区和沿海各省流入的难民，除有家归家、介绍职业等之外，至5月中旬留所近1800人。

1939年，广州已沦陷，国际友人和教会组织的国际救济会，天主教、基督教的中华圣公会、救世军等划分地段设难民营并在街头施粥施衣被，后因1941年12月太平洋战争爆发，捐款日少而结束。

1940年6月，教会联合组织颐华救济团，制发施米票，每票5两，日发3000张，历时20多天。

1940年5月—1943年11月，伪省赈务分会设施粥处21个，贫民凭票领粥，每票1勺，日均施粥三四百担。

1941年3月至1942年6月，伪省赈务分会举办平粜大米，每次3～5天，限额内每元购米5～6斤。

1942年9月，非常时期难民救济委员会广东省分会接管了文德路的难童收容所，后迁去白鹤洞。

1942年冬季，伪省赈务分会按警察分局辖地设赠诊处32所，每所聘中医1名，只赠医不施药。随后合并为12所，日均就诊约70人。

日军侵占广州期间，义学基本停办。除方便医院等少数善堂外，大部分慈善团体业务基本停顿。至1940年后，才有爱育等部分善堂逐步恢复。

1944年5月，广州有难童2500多人。对适龄的施以小学教育，年龄较大的送石牌农场劳动。

抗战胜利后，难民甚多，市社会局等组成的冬令救济委员会设收容队5队，收容露宿贫民送救济院或贫民宿舍。1946年和1947年冬，先后设6个避寒所和10个临时收容所，分别收容2500人和1899人。

善救总署广东分署成立广州市紧急救济委员会，于1945年9月—1946年2月设施粥站18个、平价膳堂5所等，救济共127万多人次。1946年2月，市社会局设赠诊所8所，办了6个月，赠诊共535人。

1946年5月，善后救济省分署成立广州区工作队，接管和新设难民暂宿处11个，至8月上旬收容1.5万多人。10月因人满而停止收容，分别作遣送等处理。

同年，省社会处、市社会局等组成市赤贫民众救济委员会，于5月6日设收容所3个，至7月收容7000多人，所内伙食极差，有1个大队500人每餐生油只有100克。

1945年12月，国民政府市社会局对尚存的13所慈善团体进行整理，部分慈善团体恢复业务。1947年统计，方便、惠行、崇正、四庙等善堂赠医43万多宗。

抗战胜利后，增办、复办不少收养难童、孤儿的福利院、孤儿院，其中接受外资津贴的居多。其时广州办有各类福利院所，为全国较多的城市之一。1948年政府会同善团组织冬赈办事处，临时收容孤儿、老人1.3万多人。

1949年10月前夕，爱育、崇正、四庙善堂、惠行善院等仍在举办赈济活动，继续赠医施药。

1949年10月后，慈善救济团体逐步裁并，原办的慈善义举，由市人民政府举办的救灾救济工作的社会福利事业所代替

广仁、述善、明德三善堂在民国时期已先后停办。其他善堂分别于1954、1955年并入公益社团联合会，堂址改为诊所、卫生院。著名的方便医院即为今广州市第一人民医院前身。

**清代民国时期广州慈善机构一览表**

| 名称 | 地址 | 成立时间 | 备注 |
| --- | --- | --- | --- |
| 育婴堂 | 初在第十甫钟氏废园。后在紫来里建新堂 | 1697年 | 清康熙五十七年（1718）停办。雍正九年（1731）复办。乾隆四年（1739）在大东门外紫来里建新堂。道光初年扩建。 |
| 普济院 | 钱路头 | 1722年 | 民国建立后改名女老人院。1924年收养老妇600余名，每月发放口粮，日间仍出外行乞。 |
| 普济堂 | 东校场东（今东川路） | 1724年 | 民国建立后改名男老人院。1924年收养781名。 |
| 瞽目院 | 中山三路北横街 | 1747年 | 民国成立后由警察厅管理。1919年委托天主教魏畅茂主教代理。1925年底收有盲人587名。1928年，瞽目院及盲人学院改组为贫民教养院。 |
| 眼科医局 | 初在新豆栏。后迁仁济路 | 1835年 | 美国教会建立。博济医院前身。 |
| 爱育善堂 | 十七甫 | 1871年 | 由钟觐平、陈次壬等创办，赠医赠药，施种牛痘。 |
| 润身社·润身善社 | 大东门外线香街（30年代时为大东路荣华南四六号） | 1880年 | 又称润身社善堂。为广州最早的善社。九大善堂之一。由崔心如、董昆明等发起创办，赠医赠药。1946年后，复办和新办义学一间。建国后由教育部门接管。 |
| 两广广仁善堂·广仁善堂 | 新城靖海门外吉昌街（一德中路） | 1890年 | 九大善堂之一。 |
| 广济医院 | 新城油栏门外迎祥街东约（今一德中路） | 1895年 | 九大善堂之一。由吴昌元等倡建，赠医（包括留医）、赠药。设病房30多间，遇灾害时疫发生，还协同其他机构进行救灾治疫。载1933年《广州指南》。 |
| 崇正善堂 | 十一甫 | 1896年 | 由朱其英、陈启源等倡建，赠医、赠药。 |
| 广州市宏慈善院 | 第三甫高第坊四四号 | | |
| 广济善堂 | 一德中路 | | 慈善团体办的医疗机构。 |
| 广州市方便医院·广州方便医院·城西方便医院 | 双井街廿三号大北八约乡内。城西高岗（今人民北路） | 1899年 | 原称方便所。为广州最早的善院。慈善团体办的医疗机构。建国后改为广州市第一人民医院。 |
| 惠行善院 | 天成路晏公街 | 1899年 | 慈善团体办的医疗机构。由朱沛文、冯彭龄等倡建，赠医赠药。首设疮疡科，免费为搬运工等劳苦大众治疗伤、疮等杂症。1944年9月，发起施饭两个月，每天施赈由400多人增至1000多人。1947年施米612.5公斤，施棉衣1700件。现越秀区中医杂病医院前身。 |
| 柔济医院 | 大新路135号 | 1899年 | 美国教会建立开办。收养贫苦无依孤女。1951年4月由市救济分会接办，后随调整机构而撤销建制。 |

（续表）

| | | | |
|---|---|---|---|
| 恤孤院·孤儿院·培幼院 | 恤孤院路 | 1907年 | 基督教两广浸信会在东山购地创办。1919年改名孤儿院，后改称培幼院。1932年迁往沙河永福村3号。1951年7月，市救济分会接办。8月，与广州儿童福利园合并改称市救济分会第四儿童教养院。院址在原培幼院。1955年6月调并撤销。 |
| 圣灵孤儿院 | 大新路 | 1909年 | 加拿大天主教无原罪女修会创办。 |
| 圣婴婴院·加拿大天主教无原罪女修会圣婴婴院 | 大新路 | 1909年 | 加拿大天主教无原罪女修会创办。1933年迁至淘金坑黄华堂新庄慈母岗。1951年3月，和美华儿童福利会育婴院合并改为市救济分会育婴院，院址在原圣婴婴院，继续收养弃婴和家庭无力抚养的婴儿。 |
| 慕光女瞽目院 | 东山寺贝通津 | 1909年 | 两广浸信会创办。经费大多在国内募集。收养盲女最多时70余人，多为家在东山的教友。1929年1月由东山的两广浸信会接办。1951年9月改称第二盲人教养院。 |
| 留养院·市立贫民教养院·惠老院·健济院·市救济院 | 东校场、钱路头、北横街等处 | 1912年6月 | 清末，南海、番禺两县在广州城内各设有栖留所一间，收养老残人员。1912年6月，两所合并为留养院。1926年6月由市教育局接办，改为市立贫民教养院。1928年11月与老人院、瞽目院、盲人学院合并，仍名市立贫民教养院。由市社会局管理，下设老人、少壮、盲哑兼残疾等股，地址分别在东校场（今东校场）、钱路头、北横街等处。建院时收养1465人，次年增至2800人。1931年11月，贫民教养院又划分为惠老院、健济院。1933年10月合并为市救济院。 |
| 天主教安老院 | 初在卖麻街白米巷口附近。1926年迁到东山梅花村 | 1913年 | 法国安老会创办，收养天主教老教徒。1951年3月，市救济分会接办，改组为市救济分会老人院，院址在东山梅花村，后迁芳村明心里。7月又接收两广浸信会安老院并入。1952年8月改称老人教养院。 |
| 两广浸信会医院 | | 1919年 | 两广浸信会建立。 |
| 志德婴孩医院 | 第一津 | 1921年 | 陈廉伯等创办，主要收容弃婴及贫病婴孩。赠医施药。建国后与方便医院合并。 |
| 贫民生产院 | | 1924年 | 收容贫苦产妇。何香凝发起创办并任院长。 |
| 福瞽工读学校·盲人学院 | 中山三路北横街瞽目院内 | 1924年5月 | 孙科倡办，以瞽目院部分院舍为校址，原属私立，1927年改为盲人学院，由市教育局委派院长并每月拨款维持。1928年，瞽目院及盲人学院改组为贫民教养院。<br>1931年贫民教养院分为贫教院、惠老院、健济院。健济院院址在北横街，收养哑、残人员800余名。<br>民国二十二年，三院又复合为市救济院。 |
| 两广浸信会安老院 | 原在东山山河村。1932年迁沙河永福村 | 1926年9月 | 由广州东山浸信会创办，收养年老无依会友。1928由两广浸信会接办。日军侵占广州时被毁，抗战胜利后重建。 |
| 广州市贫民教养院·贫民教养院 | 中山三路北横街 | 1928年11月 | 男老人院、女老人院、瞽目院合并称为广州市贫民教养院。亦有资料称由瞽目院及盲人学院改组而成。 |
| 广州市立育婴院 | | 1929年4月 | 1931年结束。 |

（续表）

| | | | |
|---|---|---|---|
| 健济院 | 北横街 | 1931年11月 | 由贫民教养院分出。收养哑、残人员800余名。 |
| 惠老院 | 设于原男、女老人院内。今东川路 | 1931年11月 | 贫民教养院分为惠老院、健济院。收养老人最多时1700多名。 |
| 第一赠医施药所 | 长堤 | 1932年 | 市社会局设置。每月拨经费940元，聘医生、看护各两名，贫病市民免费就诊年均2万多人。 |
| 市救济院 | | 1933年10月 | 由贫教院、惠老院、健济院复合为市救济院。建国后，由市民政局接管，改名为市人民政府救济院。 |
| 仁爱善堂 | | 1935年 | 由陈济棠创办并指定其管辖全省慈善团体。设赠医所3所、药局两所、留医所1所，日常赠医千余人。1936年冬，施赈棉衣1700多件、军毡1100多条。 |
| 广东仁爱医院 | 应元路三元宫内 | 1935年 | 由广东仁爱善堂建立，1936年改为市立医院第一分院。 |
| 广东老人残废院 | 钱路头清代普济院旧址 | 民国时期 | 收养残废老人几百名。日间常结队出外乞讨，夜归院歇宿。 |
| 志德婴院 | | 1936年 | 严礼初创办。1946年梁定慧改办为“广州佛教志德慈善中医院”。 |
| 第一集团军总医院 | 西村大韬山 | 1936年 | 建国后改为广州军区总医院。 |
| 中华防痨会·中国防痨协会广州分会 | 惠爱东路七九号 | 抗战前 | 载1933年《广州指南·慈善团体》。 |
| 广州市乐同善院 | 百灵街五三号 | 抗战前 | 载1933年《广州指南·慈善团体》。 |
| 中国国民党红十字会 | 财厅前二三六号 | 抗战前 | 载1933年《广州指南·慈善团体》。 |
| 广州市最乐善院 | 惠福中路八〇号 | 抗战前 | 载1933年《广州指南·慈善团体》。 |
| 广州市慈善救善会 | 长堤 | 抗战前 | 载1933年《广州指南·慈善团体》。 |
| 广州市庸常善社·庸常善社 | 增沙三十号 | 抗战前 | 载1933年《广州指南·慈善团体》。 |
| 广州市崇本善堂·崇本善堂 | 泰康路水母湾十四号 | 抗战前 | 慈善团体办的医疗机构。载1933年《广州指南·慈善团体》。 |
| 广东出狱人保护会 | 榨粉街庆隆坊 | 抗战前 | 载1933年《广州指南·慈善团体》。 |
| 难民救济委员会广东省分会 | | 1938年 | 在广州河南设5个难民收容所，收容战区和沿海各省流入的难民，除有家归家、介绍职业等之外，至5月中旬留所近1800人。 |
| 国际救济会 | | 1939年 | 国际友人和教会组织。抗战前期设难民营并在街头施粥、施衣被。 |
| 中华圣公会 | 万福路 | | 天主教办。抗战前期设难民营并在街头施粥、施衣被。 |
| 救世军 | | | 基督教办。抗战前期设难民营并在街头施粥、施衣被。 |

（续表）

| | | | |
|---|---|---|---|
| 广东省妇女工作委员会婴儿保育院 | 天香街 | 1940年10月 | |
| 颐华救济团 | | 1940年6月 | 制发施米票，每票5两，日发3000张，历时20多天。 |
| 中华洪道广州分社 | | | 1941—1943年间，设有赠医所，每年上午8时半—11时半赠医施药。 |
| 善团施粥会 | | 1943年 | 4—6月，教会组织善团施粥会，每天施粥50大桶。 |
| 广东省新生活运动委员会妇女工作委员会育婴院 | | 1945年 | |
| 市赤贫民众救济委员会 | | 1946年5月 | 省社会处、市社会局等组建。设收容所3个，5—7月收容7000多人。 |
| 侨光孤儿院·美华儿童福利会侨光孤儿院 | 吉祥路。凤凰岗 | 1946年 | 1946年3月，广东国际救济会四邑分会难童院从台山迁来广州吉祥路广东省侨务处后座，4月1日由美华儿童福利会接办，称侨光孤儿院。7月迁往凤凰岗，有孤儿约200人，大部分是四邑籍。另附设古巴侨童院，收古巴儿童20余人。1951年3月，市救济分会接收并改为第二儿童教养院。1955年6月结束，儿童转调其他院。 |
| 广州儿童福利促进委员会 | | 1946年 | |
| 施饭救济联合会 | | 1946年4月 | 各界组织。在长堤设施饭站，每晚施赈2000多人。 |
| 原道慈幼院 | 黄花岗侧 | 1947年2月 | 由基督教会筹办。经费由教会资助。1949年11月结束，院舍后由市救济分会接收。 |
| 美华儿童福利会广州育婴院 | 方便医院分诊所。 | 1948年12月 | 1947年9月，神召会租用双井街方便医院分诊所，专收弃婴，经费由美华儿童福利会提供。1948年12月，美华儿童福利会接办，称美华儿童福利会广州育婴院，后迁至芳村明心里瞽目习艺所内。1951年3月，由市救济分会接管。1951年3月，与圣婴婴院合并改为市救济分会育婴院，院址在原圣婴婴院，继续收养弃婴和家庭无力抚养的婴儿。 |
| 广州市孤儿院 | 六榕路 | 民国时期 | 建国前已撤销。 |
| 广州市河南福祥乡消防所 | 河南福祥西一巷一号 | | |
| 广州市河南慈善赠医社 | 河南福祥西一巷二号 | | |
| 赞育医社 | 河南振德 | | |
| 广州市四庙善堂 | 蟠龙路二十一号 | | |
| 广州市爱群善院 | 万善里二号 | | |
| 西关赠医所 | 洪寿街三十号 | | |
| 广州市广仁善院 | 晚景大街 | | |
| 广州市普善善堂 | 西关观澜观贤坊口 | | |

（续表）

| | | | |
|---|---|---|---|
| 下九甫联合救火会 | 下九甫马路 | | |
| 广州市崇正善堂 | 十一甫马路 | | |
| 广州市述善堂 | 黄沙述善前街二号 | | |
| 广州市救火会黄沙分会 | 黄沙述将军直街六号 | | |
| 黄沙南约自卫救火会 | 黄沙南约新填沙地 | | |
| 广州爱育善堂 | 十八甫 | | |

# 第十一章　商业

清道光二十四年（1844）五口通商以前，广州长期是中国唯一外贸口岸。全国商帮南下，带动广州商业繁荣。五口通商后，全国外贸重点北移，广州经济地位下降为华南经济中心。凭借自身地理、经济、社会优势，且社会较为安定，市场相应发展。华侨回国投资，引进了近代资本主义工商业。

19世纪末，广州城内商号已是成行成市。零售商店分布城区内外。

光绪二十六年（1900），朝廷推行“新政”，实施通商惠工、奖励实业、保护侨商等措施，促进了经济发展。传统手工产品逐渐衰落。新兴商品陆续兴起，经营新兴商品的店铺开始涌现。

光绪二十九年（1903），清政府制订《公司律》。其时多种形式的商场，如批发市场、中介服务市场、零售市场等在广州已经形成。

晚清广州商业号称有七十二行。在资本形式上，有独资经营和合伙经营两种。城区人口增加，带动了零售业发展。各种店铺应时设立，鳞次栉比。其中经营与民生最为贴近的日用工业品的有洋杂货行、靴鞋行、顾绣行、绒线行、玉器行、花纱行、土布行、南海布行、匹头行、上海绸布帮行、纱绸行、绸绫绣布行、铜铁行、电器行、颜料行等近30个行业，约占总行业数的40%。这些都是现代日用工业品行业的前身。

据统计，清宣统元年（1909），广州有店铺27 524家。都是私营商户。

清末民初时，物资陆地运输较困难，故多走水路。物资经营商铺多分布在玉带濠、东濠两岸以及东堤、今德政中路、文明路、大沙头、筑横沙等临珠江处。

清末宣统三年（1911），广三铁路建成。佛山的工商业大量向广州转移。著名的如“南洋兄弟烟草公司”分厂在广州兴建。民国八年（1919），香裕甫将生产阴丹士林蓝布而享誉省港的“泰盛”号布坊从佛山迁至广州。在同一时期，以经营酱园著称的“茂隆”到广州设立支店。成药业“冯了性”“马百良”“李众胜”等也先后转移到广州。使广州商业愈加兴旺。

1912年，广东全省工厂数和使用动力数均居全国各省首位，广州市场上国产轻工业品陆续增多。此后出现了油墨、西乐、自来水笔、照相器材、打字机等新兴的自然行业或专业商店。其销售对象除市内机团学校、印刷业、照相馆和市民学生外，还远销湖南、汉口、广西等地区。

清末民初时的店铺，规模较小，一般只悬挂幌子作标志。大店除挂字号牌匾外，门口还悬挂条匾，注明经营品种和业务特色。为满足城区市场需要，一批前店后场商户和酒菜馆应运而生。

1918年广州开始大规模拆城墙建马路。一直为城外近郊的东山龟岗、庙前直街一带开始有商业店铺建立。

民国前期，百货零售商业多开设在人流稠密的商业区街道，如十八甫、惠爱街、高第街等地段。十八甫一带商店的销售对象以西关富豪仕女为主，其次是四乡水客，永汉路（今北京路）、惠爱路（今中山路）百货店以军政教育界学生为主，高第街百货店主顾则以家庭妇女居多。

许多百货商店夜市旺过日市。

20世纪20年代初，城内百货商店有600余家。1929年增加到767户。另有统计，1923年后，原越秀区境（当时为警察第一至第七区及第九区的大部分）有大小商店11 744户（多为前店后居的小铺），占当时全市商户的66%。

1925年7月，中华民国国民政府在广州成立。随后，以中小商人为对象组织省、市、县三级商民协会，成立“解决工商纠纷仲裁委员会”以解决劳资纠纷。1930年8月，组织了华洋杂货商业同业公会。

陈济棠主粤时期（1929—1936），政府鼓励兴办实业，各项建设兴盛，商业网点大量兴建，零售经营分工进一步细化，达70多个自然行业。广州市场有了长足发展。

这时期是广州日用工业品商业发展史上一个转折性的历史阶段。出现了由杂到专、由土转洋、华洋结合的进程。民族工业产品的增加，公共事业的发展，市区的拓展、商住楼宇的开发，文教事业的推广，服装变革以及消费习惯的嬗变，都促进了现代日用工业品商业各自然行业的发育和成长，许多著名的老字号和行业中的始创商店都是在这一时期先后建立起来的。1935年，全市有华洋杂货店117间。1936年，市场相当兴旺。

百货行业的经营方式，除资本雄厚（有采取股份制者）的大百货公司外，一些中型店有采用摊位制者，即在同一店内，由若干独立经营的摊位（或柜位）组成，摊位既有独资经营，亦有合伙经营，铺租由各摊位分担；另一种为小本经营的夫妻店。

当年城区街招林立。从竖招、横招、全招和墙招，到可摘挂和携带、常用于流动性经营的招幌等一应俱全。清末广州小店铺一般只是挂幌子以作标志，大商铺则除挂字号牌匾外，门口还悬挂条匾，注明经营品种和业务特色。民国时期，随着广州商业街路面拓宽，街招的制作更趋讲究，样式更宏大，店号招牌也制作得更加精美，多为镶框木牌，以油漆书写。直至20世纪50年代，广州个别店号还保留古式招幌。

民国时期的广州，是一个商业城市，工弱商强。工业企业规模小，设备残旧，零星分散在旧城区内。全市仅有西村工业区及南石头工业区。据统计，1936年，工业从业人数11523人，商业从业人数31970人，商业为工业的277%；全市商业购销总值6.5亿元，超过工业总产值1倍。1948年工业从业人数15294人，商业从业人数52811人，商业为工业的345%。都可谓明证。商业长期兴旺并曾畸形发展，盛极一时，可谓近代广州经济的突出特点。

民国时期畅销的百货商品主要有：

洛士利线衫、富贵鸳鸯牌线衫、象唛（牌）线袜、飞鹏花袜、鹿仔毛巾、皇后毛巾、金鱼唛漂白毛巾、福桃车线、耙唛车线、大富贵毛线、蜂巢毛线、印花毡、华盛顿便鞋、正泰篮球鞋胶雨鞋、兄弟胶鞋、双钱力士鞋、密丝佛陀口红、巴黎之夜香水、吔喱发蜡、三花发蜡、散发妹头水、夏士莲雪花膏、广生行雪花膏、花露水、生发油、固灵玉牙膏、高路杰牙膏、黑人牙膏、先施牙膏、胡瑞峰牙粉、佳美香皂、茄士咩香皂、棕榄香皂、力士香皂、绍昌枧、双刀肥皂、梁新记牙刷、梁苏记布伞、怡拿时钟、双鸡唛针、金钱电池、柏林电筒、巧明火柴、企公牛奶、三星白兰地等。

据统计，1930年，广州市有店铺35 946家。商业零售形成70多个行业。到1933年，各类商业公司、店铺数量，表列如下：

| 类别 | 数量（家） | 类别 | 数量（家） |
|---|---|---|---|
| 百货公司 | 7 | 综合五金店 | 3 |
| 钟表店 | 100 | 竹木器店 | 500多 |
| 眼镜店 | 37 | 粮店 | 910 |
| 鞋帽店 | 600多 | 煤炭店 | 107 |
| 绸缎店 | 263 | 猪肉店 | 255 |
| 土洋匹头店 | 198 | 牛肉店 | 48 |
| 土布店 | 188 | 羊肉店 | 12 |
| 棉纱花纱店 | 29 | 家禽店 | 212 |
| 棉花棉胎店 | 102 | 腊味店 | 177 |
| 丝业店 | 41 | 瓜菜店 | 151 |
| 西服店 | 113 | 鲜咸鱼店 | 211 |
| 军服店 | 48 | 糕饼店 | 319 |
| 成衣店 | 218 | 烟卷店 | 343 |
| 戏服店 | 4 | 酒庄 | 124 |
| 新衣店 | 97 | 罐头店 | 39 |
| 故衣店 | 165 | 食品杂货店 | 529 |
| 车衣店 | 256 | 京果海味店 | 163 |
| 土洋杂货店 | 543 | 水果店 | 400多 |
| 电器店 | 241 | 茶叶店 | 124 |
| 文具店 | 107 | 木屐店 | 138 |
| 笔墨店 | 106 | 饮食店 | 910 |
| 文化体育照相用品店 | 70多 | 酒店 | 28 |
| 铜铁器具店 | 427 | 旅店 | 373 |
| 白铁店 | 119 | 照相店 | 72 |

（续表）

| 锡器店 | 38 | 理发店 | 377 |
|---|---|---|---|
| 铅锌店 | 6 | 洗染店 | 92 |
| 洋铁店 | 2 | 洗衣店 | 126 |
| 参茸、熟药、丸散、西土药、生草药店 | 1600多 | | |

另据统计，1936年广州市商户有31970户，营业额6.5亿元。国内贸易总值144595915海关两，占全国的6.08%，居全国的前5位。

抗日战争初期，各省客货云集广州，百货业曾出现短暂繁荣。有统计称，当年广州全市有商店2万多家，小商贩10万人以上。

## 一、会馆·商会·同业公会

古代民间商业组织是行会。行会发展到明清两代，渐演变成地方性的行帮，由同乡、同行组成，设有“公所”和“会馆”。如清代时的濠畔街即设有山陕会馆、金陵会馆、浙绍会馆等，势力相当雄厚。

光绪二十三年（1897），广州府设农工商局。先后拟订了《商人通例》《公司律》《商会简明章程》《奖励华商公司章程》等一系列单项工商法规，开创依章实施工商行政管理和监督之先河。

宣统元年（1909），设立劝业公所，公所下设商务科，掌管商业、赛会、保险及商会各事项。“凡属农工路矿，应兴应革之事务，当悉心体察，随时报（商）部，以祛壅蔽，而挽利权。”

民国时期，商业企业自主经营，自负盈亏，自我约束，自我发展。政府仍然没有设立商业行政管理机构，对商业不实施直接管理，而以立法规范企业行为，登记发照，如1914年公布《商会法》等。通过商会和同业公会实施行业协调和监督，重要商品实施统制或专营。各行业逐渐成立商业同业公会（会馆、商务公所隶属之），由广州市社会局管理。即社会局通过商会对商业实施间接管理。今越秀区境内有各行业商业同业公会四五十个，多设于一德路、大新路、泰康路。

仅一年，新建或改组的同业公会达九十余个。

**行业机构一览表**

| 名称 | 地址 | 创立时间 | 备注 |
|---|---|---|---|
| 公和堂 | 卖麻街 | 清咸丰年间 | 钟表行会。 |
| 广东省总商会 | 广州 | 1904年 | 农工商部提倡设立的商人团体。参与了1905年抵制美货、1906年收回粤汉路权、1908年抵制日货、1909年反对葡萄牙扩大澳门侵占地和反对日本侵占东沙岛以及1911年保路等运动。 |
| 广州证券、粮食、花纱布、皮毛交易所开业 | | 1912年10月 | |

（续表）

| | | | |
|---|---|---|---|
| 洋货匹头业会馆锦联堂 | | 1918年 | 洋货匹头业会馆锦联堂后改名为土洋匹头业会馆。 |
| 摄影同业公会（广州摄影公会） | | 1919年 | 广州摄影公会以小业主和资方代理人为主，旨在加强同业联系，交流技术。 |
| 摄影工会 | | 1921年 | 广州摄影公会改名为摄影工会。摄影工会为工人争取福利待遇，为失业者介绍职业，并创办了《摄影杂志》、夜学部、讲演部，向摄影业工人讲授摄影技术。1927年，广州摄影工会参加广州起义活动。后被当局取缔。 |
| 交易所 | | 1921年 | 陈廉伯在广州主持开办，内有棉花棉纱交易。 |
| 旅业同业社 | | 1921年 | 以“结合团体研究商业”为工作方向。 |
| 理发业职业工会 | 中华路毕公巷9号 | 1921年2月10日 | 后迁魁巷20号。 |
| 广州旅业工会 | | 1921年8月 | 以“联络感情，改善生活”为宗旨。当时旅业工人有1600人，入会人数1350人。1938年，旅业工会会员人数发展至2400人。 |
| 广州洗衣工会 | 仙羊街祥龙里 | 1921年12月 | 1927年1月有会员712人，1930年解散。 |
| 先施职工俱乐部 | | 1925年11月 | 东亚大酒店在内的先施公司粤行成立。415名职工全部入会。 |
| 凉果酱料行业公会 | | 1926年 | 1926年行业工商业户达200户。抗战胜利后1946年仅存70户。 |
| 夏巴行 | 丰宁路 | 1928年 | 专营汽车及配件并代理美国福特汽车。 |
| 花纱业同业公会 | | 1930年 | 有47户。 |
| 广州市旅业职业工会 | 一德路东善街9号 | 1930年 | |
| 广东全省平粜委员会 | | 1930年 | 1930年广东严重米荒，商会、善堂与广东赈务会合组广东全省平粜委员会，筹垫数十万元购米以救民食。 |
| 纸业同业公会 | | 1930年2月 | 会员158户。 |
| 广州市米糠发行同业公会 | | 1930年2月 | 依法改组获准成立。 |
| 华洋杂货商业同业公会 | | 1930年8月 | |
| 旅业同业公会 | 长堤羊城巷9号 | 1931年 | |
| 对日经济绝交委员会 | | 1931年 | 广州商界成立，实行抵制日货，停止与日本经济交往。 |
| 铜铁锡铅商业同业公会 | | 1931年 | |
| 土洋匹头业、绸缎业、上海绸布发行业、洋服业等同业公会。 | | 1931年 | 依次有47户、58户、60户、101户。 |
| 汽车业同业公会 | | 1931年 | 全行业61户。 |
| 北江纸张杂货发行业同业公会 | | 1931年1月 | 会员30户。 |

（续表）

| 毛笔业同业公会 | | 1931年2月 | 会员30户。 |
|---|---|---|---|
| 纱绸布匹业同业公会 | | 1932年 | 有38户。 |
| 图书教育用品业同业公会 | | 1932.6 | 全行业160户，批发商20户，入会73户。抗日战争胜利后，重新成立图书教育用品业同业公会。 |
| 轮船杂项商业同业公会 | | 1934年 | |
| 货仓业同业公会 | | 1934年 | 广州有私营仓库11户。 |
| 广东省国货推销处糖业部 | | 1934年 | 为统制全省糖业地而设立。1935年改为广东省营产物经理处，统制食糖产销，规定民营糖厂糖寮、糖业营运商均须申请登记领取许可证。 |
| 电器业同业公会 | | 1935年 | 大户有太平南路孔明行、十八甫华美行和惠爱中路亚洲行。 |
| 广东省粮食委员会 | | 1937年 | 广东省设立以管理全省战时粮食。 |
| 杉元株式会社 | 大德路 | 沦陷时期 | 日本人以此会社大肆搜购五金器材和旧铜铁运回本土。 |
| 理发业同业公会 | 一德中路 | 沦陷后 | 广州沦陷后，汪伪政府令理发业组织同业公会，会址设在一德中路，抗日战争胜利后自行解散。1946年1月筹备重新建立“理发业商业同业公会”，“以联络同业感情，谋业务之发展”。但经数月工作，会员大会仍未达到法定出席人数，广州市警察局于1946年12月4日将该组织撤销。 |
| 广州市华洋杂货商业同业公会 | | 1942年 | |
| 华洋杂货批发商业同业公会 | | 1945年 | 广州市华洋杂货商业同业公会分为华洋杂货批发商业同业公会和华洋杂货零售商业同业公会。 |
| 华洋杂货零售商业同业公会 | | 1945年 | 广州市华洋杂货商业同业公会分为华洋杂货批发商业同业公会和华洋杂货零售商业同业公会。 |
| 广州市京果海味同业公会 | 一德路 | 1945年 | 抗日战争胜利后复设。 |
| 土布、匹头、纱绸、纱、新衣、机缝、故衣等业同业公会 | | 1946年 | 抗战胜利后重新成立。 |
| 广州市故衣商业同业公会 | | 1946年 | 会员70户。 |
| 广州市咸鱼商业同业公会 | 一德中路271号 | 1946年 | 会员位于一德路经营者有裕隆行、泰生行、茂源行、广南行等22户。 |
| 广州市摄影业职业工会 | | 1946年3月 | |
| 五金商业同业公会 | | 1946年3月 | |
| 电器水喉洁具业同业公会 | | 1946年4月 | |
| 纸商业同业公会 | | 1946年4月 | 抗战胜利后重新成立。全行业154户。 |
| 广州市旅商业同业公会 | 广泰来旅店四楼 | 1946年4.24日 | |
| 广州市洗衣业职业工会 | 中华中路魁巷20号 | 1946年5月25日 | |
| 钟表业商业同业公会和钟表业职业工会 | | 1946年7月30日 | 同业公会会员188户，职业工会会员623人。 |
| 轮船杂项业同业公会 | | 1946年10月 | |

（续表）

| | | | |
|---|---|---|---|
| 棉花同业公会 | | 1947年 | 共有纺织品商业663户。 |
| 仓库商业同业公会 | | 1947年 | |
| 橡胶轮胎剖切业职工工会 | | 1947年 | 有会员324人。 |
| 新的汽车业同业公会 | | 1948年 | 全行业56户，其中25户取得进口资格，23户经营旧杂件，大部分集中在丰宁路。 |
| 广州市旧物杂架商业同业公会 | | 1948年 | 会员100余户。 |
| 广州市旅社商业同业公会 | | 1948年1月 | 广州市旅商业同业公会改名为“广州市旅社商业同业公会”。 |
| 永福行 | | | 汽车业大户。 |
| 东山行 | | | 汽车业大户。 |
| 于仁行 | | | 汽车业大户。 |
| 新华行 | | | 汽车业大户。 |

## 二、商业中心

抗战前，广州人口激增，超过百万。社会较安定，经济稳步发展。粤汉铁路于1936年建成；公路连接省内各地和赣、湘、桂、闽诸省，创办了民航事业。省会广州商业与内外贸易随之兴盛，市场活跃。先后兴建和扩建了一大批旅馆、酒家、茶楼、商店、戏院。广州形成三个市级商业中心，

一是永汉路（北京路）—惠爱路（中山五路）商业中心。东西向延伸至今中山四路和中山六路。本中心有著名百货公司大新公司支店，在惠爱中路，建国后为中山五路百货商店，即今中山五路新大新公司址。

一是上下九路—第十甫路商业中心。在西关。东西走向，并向南北辐射，形成繁华商业群落。

一是长堤—太平南路（人民南路）商业中心，在西濠口一带，故亦称长堤西濠口商业中心。本中心有著名百货公司先施公司，在长堤大马路，即今华厦公司址。

抗日战争前，仅旅业、摄影、理发、洗染4个自然行业即有店铺200余间，多聚于永汉路、惠爱中路、长堤大马路、太平南路。

商业中心区大店名店荟萃。是广州最兴盛的商业旺地。商店多，规模大，功能全；选择性大；分工精细，有各种专业商店、名特商店；处于最繁华的主要交通要道上，人流量大，吸引全市甚至全国消费者前来购物。

1928年和1933年，广州政府公布约共20项公共卫生法规。1937年，根据这些法规条例、经审查合格发给卫生执照的计有：饮食店379家、肉类腌店5家、牛乳店4家、酱料店5家、汽水店15家、冰室76家、旅店30家、理发店36家、洗衣店4家、泡水浴室82家、戏院7家。

## （一）永汉路—惠爱路商业中心

这是广州最古老的商业中心，位于历朝官衙中枢区，历经千年沧桑而长盛不衰。

清代时，永汉路为官员从天字码头弃船登陆入城的主要通道，沿街设有文具纸张、线装书籍、刻印、成衣、苏杭杂货、古董金石等店铺以及惠如楼、福来居、太平馆等茶楼酒肆，是广州最早形成的商业中心。

1917年，侨商蔡氏兄弟在惠爱街（今中山五路）开设大新公司惠爱分店（今新大新公司址）。当时颇有名气的还有岭南百货店、德昌百货店。为数众多的是前铺后居的夫妻百货店。

民国期间，本商业中心以经营文化用品及日用百货遐迩闻名。400多家商铺中，著名老字号有三多轩、新以泰、惠如楼、太平馆、致美斋、沧洲栈、陈李济、精益、李占记、大学鞋业公司等。

此外，惠爱东路（晚清时称惠爱八约，今中山四路）、文德路、万福路及内街是日用工业品的聚集地，经营牙膏、香火、火柴、针、线、肥皂、碱、布、伞、灯饰、袜子、面盆、毛巾、木器、竹器、藤器等土洋杂货。

民国时期，惠爱东路（中山四路）是店铺林立的繁荣商业街。有店铺100多家。其中书店20多家，药房药店20多家，酒烟糖副食20多家，米行10多家，旅业11家，缝纫店9家，按押业（典当）6家。有著名老字号新以泰、致美斋酱园、妙奇香酒家等。此外，在中山四路两侧的内街经营饮食、旅馆、家具、五金、药材、食品、首饰等行业的小店铺比比皆是。建国初统计，在这里经营的商铺有200多家。

以东山口为中心向南北延伸的商业区及寺右新马路商业，则是建国后才逐渐繁荣起来的。

1994年，中山路因处地铁一号沿线而封路拆建，艳芳照相馆、惠如楼、新陶芳、新风尚衬衫公司、孔旺记等多家名老商号动迁；而北京路繁荣依旧，并与相连的教育路、西湖路、泰康路、大南路、高第街构成大片商业旺地。

## （二）上下九路—第十甫路商业中心

上下九路—第十甫路商业中心在市区西部，地处历史上富商云集、人口密度高的西关。东起上九路，向西经下九路、第十甫路至恩宁路为主线，沿线向光复路、杨巷路、清平路、德星路、十八甫路、文昌路及宝华路南北辐射，组成一个兴旺繁华的批发零售商店群区。

清乾隆年间起，上下九路南的十三行地段被辟为外贸商行集中地，此后逐渐兴旺，并与现人民南路商业区连接。晚清，富商巨贾在西关兴建华丽住宅，人口汇聚，陆续开设众多商店、手工场和酒肆茶楼，形成广州第二个商业中心。民国后，民族资本商业发展。上下九路的金银首饰，十八甫的鞋，杨巷的花纱布匹，吉星里的洋杂百货，和平路的参茸，以及天光墟、猪仔墟、茶仔园等旧货市场均闻名全市。

零售商店、饮食店集中于东西向长街。下九路以鞋店、金铺、绸缎店为多，第十甫路以食肆闻名，更有百年老字号陶陶居、莲香楼、趣香饼家等。批发商店多在南北向路段。百货、服装、鞋帽、床上用品、家具、交电、副食品等中小商店与个体摊档连绵不断，并有纺织品、服装、化工等批发商号。有些是前店后厂，年代久远。

今天，下九路、第十甫路仍为广州繁华商业中心之一。

1984年，上九路、下九路、第十甫路被国家商业部命名为“全国文明商业一条街”。

### （三）长堤—太平南路商业中心

这一带旧称西濠口，故亦有称“长堤—西濠口商业中心”，位于珠江河畔，水陆交通发达。

民国后，民族资本商业发展，新式轮渡码头、当代马路、广州最气派的骑楼式商业建筑群在长堤、西堤一带兴建，来往商旅大增，沿路边先后建起一批较大型商业、饮食、服务业，逐步形成长堤西濠口第三个商业中心。

此地毗邻批发专业街一德路，人气旺，货流如轮转。

1914年，先施公司（今华厦公司址）在长堤开业。这是广州第一家经营环球百货的公司，洋货固然不少，但仍以国货为多，经营棉毛丝织品、针织品、服装鞋帽、化妆品、皮件、橡胶制品、搪瓷玻璃热水瓶、小百货等，品种近万种。首创不二价，实行产销结合、批零兼营，开始形成现代百货商店的模式，成为国内最具规模的百货零售企业。

先施公司还兼营游乐场、东亚大酒店、汽水厂、化妆品厂、玻璃厂、铁器厂、皮鞋厂、饼干厂、水火保险业和信托银行，成为广州首家综合型大百货公司，开创了近代资本主义集团性经营的先声，成为广州百货业发展史上的里程碑。

先施公司与随后兴建的大新公司（南方大厦前身。1918年在西堤开业），使长堤、西堤西濠口一带成为新兴的百货购物中心地区。

先施公司开设的天台游乐场与当时大新公司的天台游乐场东西相对，互相媲美，游乐场内放映电影，表演杂技、粤剧等节目，以吸引顾客。这些发展标志着广州的商业进一步现代化。

20世纪二三十年代，诸如银行、领事馆、海关、百货大楼、大酒店、邮电局等西式建筑在广州兴建，沙面、长堤一带最为集中。呈现出西方不同时期的建筑风格。

进入20世纪，广州照相馆增多，长堤、西濠口一带是主要分布地区。抗日战争胜利后，摄影业复兴。相当部分经营快相业务，多为单人匹马，分布于长堤及中央公园等地，沿用“老鼠箱”流动摆档。

20世纪20年代，西濠口一带有众多饭店。据1935年《广州年鉴》记载，当年全市有下级饭店80户，在西濠口、惠福路、惠爱路、南堤等地有展记、冠南、福馨、永南楼等40余家。抗战胜利后，海珠南路、西濠口一带，有兴记烧味饭店、昌记煲仔饭店、乐露春（天津馆）、半斋川菜馆等饭店、菜馆二三十家。

抗日战争胜利后，酒楼业复兴。在长堤西濠口一带有冠华、小南园、总统、桃李园等酒家11户。较有名气者，为大三元、大同等。至建国前夕，上述店号有的歇业，有的已难以为继。

20世纪二三十年代，是广州旅业的兴盛时期，西濠口一带有新亚、新华、爱群、粤华、白云、旋宫、擎天、粤东等著名酒店、旅馆。抗战期间旅业萧条。胜利后再度复兴。至1949年，广州中心城区有旅店139户，占全市户数的68.13%；全市大中型旅店仍多集中在西濠口一带。

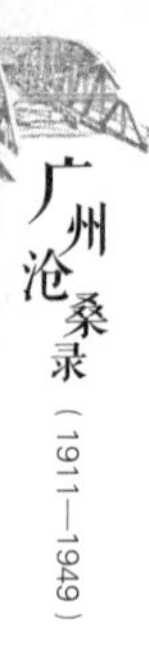


中国第一家洋表劳力士总代理店亦在西濠口地区。连接长堤大马路与太平南路这两条马路的是西濠二马路，素有“广州不夜天”之称，曾为中外闻名的著名食街。

民国时期，这一带建有多间金融机构，故又有金融广场之称。

## 三、专业街

专业街由路段两侧同行业店铺聚集经营而成。雨帽街、扁担巷、竹篙巷、白米巷、海味街、麻行街等，都是古代的专业街。

入民国后，民族资本商业发展很快，近代大中型资本主义商业、饮食、服务企业先后创立起来，随着市区内马路的修筑、扩建及行业的兴衰变化，历史上形成的专业街有了新的调整；除了分布于街巷内与手工业密切联系的古老行业外，又出现了新的商业街和新的网点结集。民国时期，广州中心城区有专业街20多条，较著名的有：

一德路。据1935年参加行业同业公会的商店分组统计，京果海味、糖面杂粮业。京果海味业共61户，在一德路有32户。

高第街。丝绸、布匹零售、靴鞋业。以小商品荟萃而著称。

中华中路。有故衣业共66户，占全市91%。

濠畔街。皮革、乐器业。

状元坊。广绣品业。

汉民北路、西湖路、教育路。图书业和文化用品业。

大新路。象牙、玉雕业。象牙业占全市该行业的100%，玉器业占全市60%。

天成路。纸张业。

大德路。铁器业。

泰康路。有山货竹器草席业41户，占全市该行业的70%。

文德路是著名文化街，前身是府学东街（广府学宫东侧的大街），在清代以销售文房四宝、古董字画著称。民国时期有中学6所、书店10家及10多个文化团体。

惠爱街和永汉路（今北京路）汇集了线装书籍、文具纸张、古董金石、刻印等行业。

## 四、土特产

土特产应用范围很广，除供民用，很大部分还是工业原材料和出口物资。广州历来是华南土特产集散地，土产行业是广州市场最古老的行业之一。

清初，广州已有柴栏竹栏。1932年加入茶叶、木柴、木炭、山货、蒲包草席、沙藤、烟叶烟丝业商会的有1591户。此外，还有竹业、药材、京果海味业等。这些行业大户相对集中；如京果海味、咸杂副食集中在一德路，山货竹木藤器集中在泰康路，柴炭批发集中在如意坊、东堤一带，零售网点分布于各街道。

## 五、批发市场

清代第一次鸦片战争后，取消“公行”（进出口行业组织）制度，外国洋行可以与中国商人自由贸易，各种专业采买商和推销洋货的批发商大量增加。广州涌现一批新兴商品的批发商，有经营洋货的批发商户，同时经营华洋货的批发商户等。

民国时期，新兴商品种类和流通量迅速增加，批发商相应发展，形成多层次经营：有直接从生产者或洋行进货的大批发商、代理商；有从事批发零拆的二批发商、三批发商和从事农产品中间贸易的栏口业，以猪栏、“九八”（向买卖双方各收2%佣金的货栈）、菜栏、鱼栏、鸡鹅鸭栏、柴栏、果栏为最大宗。

百货批发商集中在西关同兴街、荣阳街和长寿里（今德星路）3条主要街道，成行成市。

## 六、集市·肉菜市场

历史上，广州老城区早已形成类似今天农副产品市集式的集市。

1874年，广州中心城区有如下墟市：

老城有15个：大市（惠福西路一带）、小市（今解放南路一带）、归德门市、清风桥市、大南门市、西门市、大北门市、四牌楼市、莲塘街市、迎恩桥市、永安桥市、正东门市、小东门市、仓边街市、二牌楼市。

新城有2个：新桥市、小新街口市；

西山第一津有宜民市。

1912年，广州市各街道、马路、人行道均有摆卖肉菜的摊贩，随行就市，自由经营。品种有猪肉、牛肉、羊肉、“三鸟”、蛋品、塘鱼、蔬菜、豆腐、豆芽菜等。

1915年东山庙东面的共和墟（今共和路）形成集市。

在城区随街摆卖，朝夕喧嗓，蔬果塞途，腥气触鼻。污染环境，妨碍交通，影响市容。政府曾下令禁止，但因相沿甚久，便利居民就近购买，且又无固定市场加以安排，故禁而不止，收效不大。

1917年，侨商伍某，自备资本，在河南岐兴中约建筑五和市场，楼上茶肆，楼下市场，钢筋混凝土建筑，有摊位60余个，这是广州市第一座市场，后因辟马路，市场拆去。

1920年，政府出资，以禺山关帝庙改建为市营禺山市场，盖两幢对称平房，内设猪肉、羊肉、牛肉、鲜鱼、水族、蔬菜、豆腐、咸杂、鲜蛋、鸡鸭、水盆、生果等12类129个摊位，收容散居街市的商贩租赁经营。当年8月1日建成开业，这是民国时期广州市第一座，也是唯一的“官有市场”。是抗战前越秀区境内五个肉菜市场之一。抗日战争胜利后，该市场成为摊贩住所。

1924年6月16日，广州市工务局决定将一德东路会仙街龙王庙、卖麻街太岁庙、归德门关帝庙及第十甫洪圣庙改建为四大市场。同年，由小贩摆卖形成的肉、菜、海鲜集市逐渐形成海珠市场，位于海珠南路126号。1949年后曾进行大规模改造扩建，是中国20大肉菜市场之一。

1925年，南益市场（肉菜市场）建成开业，位于一德东路，以旧龙王庙改建（即解放南路南益市场），两层建筑，首层638平方米。为民办市场，属南益堂私有产业。1938年日军侵占广州后，只余首层营业。

1926年，在东华东路建成两层框架结构的肉菜市场，将部分街边菜贩迁入，集中摆卖。属民营性质。为原东山地区最早出现的蔬菜肉食市场。

此外，还有位于仓边路的仓边市场，为建于20世纪20年代的商办市场。抗战胜利后，1946年由原业主收回。

1931年，由源隆公司兴建，以吉祥路武帝庙旧址建成观莲市场（肉菜市场）。位于今吉祥路与中山五路相交处。民办市场。为框架两层结构，可容105个摊位。但建成后先后几次被占用。1938年后，当局令该场小贩于吉祥路、惠爱中路（中山五路）摆卖。

1929年8月3日，市政府决定建设市场24处。至1930年6月7日第19次行政会议改为先行建前鉴等7处市场。至1937年，广州共有禺山、南益、观莲、东华、溶光、漱珠等6个市场。

肉菜市场建成开业的同时，在每个市场附近划定区域，区域内的摊贩一律进场营业，由公安分局强制执行。自此，肉菜市场开始成为居民副食品的主要购买场所。

当时市场有两种体制：禺山市场是官营市场，其余是民办（商办）市场。

官营市场经费由市财政局支拨，卫生清洁及食品管理由市卫生局主管，维修由市工务局主管。商办市场由市政府招商承办，承办期为10年。

市场用地属市产的由市政府商借，期满将地收回；如属民地，由市政府按时价征用，价款由承办商垫支，期满收回时垫款交回承办商。

市场上盖由承商出资建筑，期满后建筑物归市所有。

市场内摊位分等收租，租金标准由承商拟定，市政府核准。市场清洁卫生由市卫生局派员管理，其工资由承商按月支给。

## 七、黑墟·横墟·天光墟

清末，城区西、东、北三处有在深夜或凌晨开市买卖破旧杂物的聚集场所，出售商品来路不明，不乏“鼠盗匿赃”之物，俗称“黑墟”或“横墟”。1929年，政府曾一度予以禁止。

广州沦陷后重新兴起，有东（德政南路）、南（同福中路）、西（光复北路、龙津东路）三墟，以西墟最盛。日军规定于晨5时后开市，俗称“天光墟”。

抗日战争胜利后，东、南二墟自然淘汰，西墟延伸至烂马路（今中山七路），行业也发展为收买、故衣、杂货三大类，商品杂有“鼠货”，更有走私洋杂、糖果、饼干、百货等物。

## 八、饮食业

自清末至民国时期，广州饮食业发展兴旺。

广州最早的茶楼饭店，据今存文献所载，乃清乾隆年间开业的成珠楼，在河南。

晚清光绪二十六年（1900）推行“新政”，实行“通商惠工”、保护侨商等政策，有利于民族资本主义工商业发展，经营新兴商品和服务行业的店铺开始涌现。随着饮茶之风兴盛，人们以酒家、茶楼作为聚会、交往、歇脚之地，饮食业随之蓬勃发展，逐渐形成酒家、茶居、茶楼、茶室、西餐店、饭店、大肴馆、二厘馆、粉面馆、小食品、凉茶、冰室、晏店、菜艇、紫洞艇等自然行业。各自然行业都有各自的经营范围，各具特色。

民国初期，广州市设有专门的管理机构管理饮食业的物价。各饮食店的食品价格由各店根据市场经营的起伏情况以及本店的经营宗旨自行制定。

据1929年6月11日《广州民国日报》报道，当时广州市的饮食店约有1792户（未计东堤河面的紫洞艇、黄沙河面的菜艇）。饮食点档遍布闹市区、商业区和主要的交通要道。

陈济棠主粤时期，广州政局稳定，华侨投资增多，工商业发展，饮食业兴建和扩建了一批酒家、茶楼，较大的有300～400个座位。一般中小酒家招牌上书“随意小酌”，有的以“鱼生”“狗肉”“凤城炒卖”作宣传。大街小巷多小食摊档，以民间小吃招徕食客。

据1935年《广州年鉴》统计，1934年，广州饮食网点甜品冰室、茶楼茶室、中西酒菜馆、饭店、白粥油器、粉面小食、筵席馆、凉菜档共有1213户。主要汇聚于惠爱路（今中山五路）、汉民路（今北京路）、长堤、西濠二马路、西关上下九路、陈塘、河南漱珠桥、洪德路一带。东堤的紫洞艇、第十甫路陈塘的花酌馆彻夜灯火通明，四大酒家（文园、南园、大三元、西园）生意兴隆，部分酒家兼营茶市。旅游餐饮，可谓盛极一时。

广州食肆兴旺，消费者包括社会各阶层。各类饮食店成为各界人士、各行各业买卖洽谈，互通信息的场所。饮食业作为一个专门行业，在广州社会经济活动中占有相当重要的地位。

20世纪二三十年代，长堤沿江和西濠口一带，酒楼业鼎盛，由东往西，有大三元、金城、总统、金轮、大同、六国等大酒家。不仅以菜式美点作招牌，还依靠各自的“侍应皇后”（领班）招徕宾客，装饰门面。当时社会上流，官僚政要、买办和富商等，多喜爱在此地一带酒家设宴会客，饱览江景。

城西西关茶楼集中在上下九路第十甫路，著名的有陶陶居、莲香楼等。市区茶楼多集中于惠爱路，著名的如惠如楼、占元阁等。

民国期间，广州成立了五个饮食业职业工会，四个在城中心区，见下表：

| 名称 | 成立日期 | 地址 | 本行人数 | 入会人数 | 工作不得超时 | 每月工金（银元） |
|---|---|---|---|---|---|---|
| 广东茶居工会 | 民国九年 | 长堤豫章书院<br>另一个在天平街68号 | 11 600 | 11 600 | 13 | 6～12 |
| 广东酒楼茶室总工会 | 民国十年 | 素波巷。<br>另一个在丰宁路二园街 | 7150 | 7000 | 18 | 2～50 |
| 粉面茶馆工会 | 民国十年 | 四牌楼陶街20号 | 2150 | 2000 | 16 | 2～30 |
| 中华西餐饼干洋务联合工会 | 民国十年 | 大德路10号三楼 | 1500 | 1500 | 13 | 2～13 |

职业工会以保障同业工人利益，促进同业技术交流，改善工人劳动条件和生活条件为宗旨。1947年1月—1948年6月，酒楼茶室业先后发生了56起解雇工人而不补发工资的事件，均由酒楼茶室业职业工会派员前往交涉，使资方全部按规定补发工资。

## （一）二厘馆

二厘馆临街设铺，或在路边搭寮盖篷，招牌为“某某茶话”。茶价收二厘钱（当时一个银毫等于72厘），故名。又称地痞馆（穷苦无固定职业和拾破烂者俗称地痞）。摆些桌凳，供人们歇脚饮茶。有词云：“珠江好，苦力也叹茶。馆设二厘廉取价，座无三等类排衙。平话任喧哗。”可谓晚清时二厘馆的写照。

民国期间，在中华中路（解放中路）、中华南路（解放南路）、惠福路有二厘馆多家，较有名的有万隆店，还有大东门的德昌茶寮，只开茶和供应花生、干点。20世纪30年代，二厘馆渐为粉面馆兼并，约于1935年前后渐绝迹。

## （二）粉面馆·云吞面店

粉面馆较二厘馆稍后出现，较二厘馆高级。用生铁锅炒粉，故又名炒粉馆。还设生铁平底锅，即煎即卖各种糕品。不设饭市。

20世纪30年代，粉面馆已形成行业，有粉面工会组织。据1935年《广州年鉴》载：加入粉面茶点业的店号，在原越秀区内的有30户，其中西安居（在大新街）、奇南（洪桥街9号）较有名。

云吞面是广州的特色小食。馄饨原为中原食品，唐宋时传入广东，后广州人以谐音“云吞”称之，加上银丝细面条，配以上汤，便成云吞面。

20世纪三四十年代，广州云吞面专卖店颇负盛名者，有大新路的邵棠记、汉民路的欧荣记。高第街随园面家参加河内（越南）国际博览会，以“简斋素面”获奖（简斋是清代著名文学家袁枚的别字）。小贩深宵挑担售卖云吞面，以敲击竹片之“独得”（食得）声作招徕，为广州小食品经营特色之一。

## （三）小食店·饭店·餐馆·菜馆·晏店

广州小食业最早的经营方式是挑担叫卖和街边设档。约在20世纪20年代初，开始有小食店出现，多从走街串巷的云吞担、鱼生粥担演变而成。场地小，低档次，分类经营，售价低廉。

越秀南路、广九路、白云路一带，有汽车站、火车站，过路旅客多，建国前，小食店绵延60多家。珠光路一带有小食店20家左右，如波记、卢合记、文记、光记、勤记、新巴黎、龙记、虾记等。署前路的大鸡陆云吞面（现改为向荣面店）、东华东路的江成记七彩粥（现改为春光小食店）、欧荣记猪手面（在农讲所对面，改为东苑面店）、德兴云吞面（在东华西路）等，都颇有名气。

饭店，按其经营规模和范围可分为中小饭店、综合性大饭店和菜馆三类。

综合性大饭店经营茶面点心、午晚饭市，亦有筵席之设。与茶楼、酒楼相当。

菜馆以经营酒菜为主，讲究菜式精致，多做食家小酌，规模和气派不如酒家，不能筵开数席。当年的外江菜馆（主要指外省来广州开设的菜馆）可属此类。

中小饭店规模小，亦称餐馆。属小食业。只供食不供宿，多营午晚饭市，一般不经营茶市。多数不备厅房，只有大堂。装饰简单，桌椅餐具简朴。这缘于早年广东开征筵席捐时，饭店还多是小晏店，故将饭店列入免征之列，但规定饭店的规格是“每款菜价不过二角，不用锡碗牙筷，不设香槟，不售鲍参翅肚，无酸枝椅桌，不分厅房及新式间格者”。沿袭相传，饭店成为中低档消费的食肆。光顾者以果腹为主。

有部分饭店兼营早点及夜宵，供应小镬小炒，设低柜供应烧烤熟食、熏卤小碟荤菜，有原煲饭品（煲仔饭）供应。档次比晏店销高。因不经营筵席，故不征“筵席捐”。

20世纪二三十年代，今越秀区境内以中下级饭店居多。据1935年《广州年鉴》载，全市有下级饭店80户，于西濠口、惠福路、惠爱路、南堤等地有展记、冠南、福馨、永南楼等40余家。

晏店是一种低档小饭店。设备简陋，店铺浅窄。遍布城内，多开设于车站、码头、菜栏、猪栏、果栏、谷埠附近，以方便挑夫贩卒光顾。做午、晚两顿饭市。卖的是现成煮好的价廉饭菜，任客挑选。白饭分大晏（碗）细（小）晏，饭焦（锅巴）也用开水泡软后出售，名曰“沙底”。如海珠南路的胜记、朱监记、黄墨记（40年代）等晏店，营业场地十分浅窄，于门前设及膝的长条台和矮凳，台上置炭炉温着已煮好的各种菜式，任食客选择，由店家按所需分大、中、小舀于小碟上。菜式简单，价钱便宜。另设“大缸茶”于店内，免费供应茶水。

少数的晏店兼营牛奶莲子茶、酒菜业务，食品价目张挂墙上，经营对象以劳动者为主。

晏店于建国后仍有零星存在，至1956年经调整商业网点后逐渐消失。

### （四）酒楼·酒家

清道光年间出现的酒楼，或称酒馆，设施简陋。一般只有两三个厅房或十来张方台。后渐发展，大为改观。到民国前期，酒楼以福来居、一景酒家、贵联升、聚丰园、品连升、一品升、玉醪春、南阳堂、玉波楼、新远来、谟觞等为有名。名园（后为七妙斋）、胜记（后为总统酒家。亦有载是南昌茶厅后改作总统酒家）、一景、襟江等酒楼相当畅旺。

酒楼规模扩大，部分改称酒家。

继后“四大酒家”大三元（在长堤）、文园、南园（在南堤二马路）、西园（在惠爱中路，原为六榕寺范围）名声崛起，在20世纪二三十年代被誉为广州食肆的“最高食府”。文园的江南百花鸡，南园的红烧大网鲍片，西园的鼎湖上素，大三元的大群翅乃各自烹制出来的招牌菜，驰名食界。此外，贵联升的酒满全席、香糟鲈鱼球；聚丰园的醉虾、醉蟹；南阳堂的什锦拼盘、一品锅；品荣升的芝麻鸡；玉波楼的半斋炸锅巴；福来居的酥鲫鱼；万栈的挂炉鸭；蛇王满的龙虎烩；六国饭店的太爷鸡；愉园的玻璃虾仁；旺记的烧乳猪；新远来的鱼云羹、金陵片皮鸭；冠珍的清汤鱼肚；陶陶居的炒蟹；陆羽居的化皮乳猪、白云猪手；菜根香的素食；太平馆的西汁乳鸽等。都是名菜。30年代中期，酒家开始兼营早、午、茶市，成为茶市、饭市兼营的综合体。当年市民团年，开年，红白两事，摆和头酒（为调解矛盾而设立酒席），饯别、洗尘、荣升等多在酒家设宴。酒家生意兴旺。

1934年《广州指南》称：

食不厌精，脍不厌细，此语在今日广州之酒楼颇为相近。菜中以鱼翅为主要之品，佳者每盦数十元，次者十余元，再次三数元。……余如官燕窝，炖乳鸽，汤甜味美，挂炉鸭，烧乳猪，皮脆肉香，亦称珍品。谚云：食在广州，洵非无故：……酒楼规则，例无小账，而堂倌招呼妥帖，人客无不乐与之，名曰打赏。现长堤与永汉路一带酒楼林立，建筑布置，颇有可观。

下表为当时广州各大酒楼之名称、地址：

| 名称 | 地址 | 备注（地址今名） |
|---|---|---|
| 一景楼 | 长堤 | 长堤大马路 |
| 大三元酒家 | 长堤 | 长堤大马路 |
| 大新公司酒菜部 | 惠爱路 | 中山五路 |
| 不夜天岭南菜馆 | 西濠口 | 西濠口 |
| 太白楼酒家 | 太平沙通津 | 太平通津 |
| 玉波酒家 | 十八甫 | 十八甫路 |
| 玉醪春酒家 | 惠爱中路 | 中山五路 |
| 占春酒楼 | 观音直街 | |
| 合记 | 十八甫北 | 十八甫北路 |
| 西园酒家 | 惠爱西路 | 中山六路 |
| 八珍酒家 | 杉木栏 | 杉木栏路 |
| 大世界酒家 | 十八甫北 | 十八甫北路 |
| 大新觉天酒楼 | 西堤 | 沿江西路 |
| 天然酒家 | 十八甫中路 | 十八甫路 |
| 文园酒家 | 西关文昌巷 | 文昌路 |
| 玉棠春酒家 | 惠爱中路 | 中山五路 |
| 占升酒楼 | 大新街 | 大新路 |
| 安乐园 | 西濠口 | 西濠口 |
| 永春酒家 | 陈塘 | 梯云东路珠玑路一带 |
| 名园酒家 | 长堤 | 长堤大马路 |
| 东方酒家 | 东山庙前街 | 庙前直街 |
| 妙奇香 | 永汉南路 | 北京路南段 |
| 南园酒家 | 南堤二马路 | 南堤大马路北面 |
| 京华酒家 | 陈塘新筑地 | 梯云东路珠玑路一带 |
| 冠珠酒家 | 长堤海珠前 | 长堤大马路海珠大戏院前 |
| 品荣升酒楼 | 下九路 | 下九路 |
| 长春酒馆 | 宝华北 | 宝华北 |
| 馨悦酒楼 | 河南洪德路 | 洪德路 |
| 流觞酒楼 | 陈塘 | 梯云东路珠玑路一带 |
| 荚英斋酒家 | 十七甫 | 十八甫路 |
| 笑霞酒家 | 盐仓街 | 今臬司前 |
| 珠江饭店 | 永汉北路 | 北京路北段 |
| 陆羽居酒家 | 太平南路 | 人民南路 |
| 菊坡酒家 | 永汉北路 | 北京路北段 |
| 武陵酒家 | 永汉南路 | 北京路南段 |
| 南京酒家 | 西濠口 | 西濠口 |
| 冠月荣记酒楼 | 东堤大马路 | 沿江东路 |

（续表）

| 品馨酒家 | 河南龙尾通津 | 龙尾通津 |
|---|---|---|
| 美珍居 | 惠爱中路 | 中山五路 |
| 冠珍酒楼 | 光复南路 | 光复南路 |
| 珠记酒楼 | 光复中路 | 光复中路 |
| 珠江饭店 | 长堤 | 长堤大马路 |
| 陶陶居 | 十一甫 | 恩宁路 |
| 茶香室酒家 | 十八甫北 | 十八甫北路 |
| 桃李园 | 太平南路 | 人民南路 |
| 留春酒楼 | 宝华大街 | 宝华大街 |
| 红棉酒家 | 小北双眼桥 | 小北路 |
| 华园饭店 | 十八甫北路 | 十八甫北路 |
| 评珍酒楼 | 河南龙尾导水基 | 龙尾导 |
| 胜记酒楼 | 长堤 | 长堤大马路 |
| 新玉波酒家 | 十八甫 | 十八甫路 |
| 新世界 | 长堤 | 长堤大马路 |
| 新景象酒店 | 惠爱东路 | 中山五路 |
| 群乐酒楼 | 陈塘 | 梯云东路珠玑路一带 |
| 万栈贤记 | 中山路 | 中山路 |
| 福馨酒楼 | 大同路丛桂社 | 丛桂路一带 |
| 瑶天酒楼 | 陈塘新筑地 | 梯云东路珠玑路一带 |
| 醉乐酒楼 | 河南洪德三巷 | 洪德三巷 |
| 寰乐园酒家 | 城隍庙内 | 城隍庙内 |
| 粤真酒楼 | 梯云东路 | 梯云东路 |
| 越秀酒家 | 越秀山 | 越秀山 |
| 趣香村酒菜部 | 永汉北路 | 北京路北段 |
| 新日景酒家 | 长堤 | 长堤大马路 |
| 新北园酒家 | 小北外八十号 | 小北路 |
| 新奇奇酒楼 | 永汉南路 | 北京路南段 |
| 新瑞和酒楼 | 杉木栏 | 杉木栏路 |
| 万栈 | 西关宝华南 | 宝华南 |
| 福来居酒馆 | 城隍庙 | 城隍庙内 |
| 榕荫园素食部 | 花塔街六榕寺 | 六榕寺 |
| 聚丰园 | 越华路 | 越华路 |
| 醉霞酒家 | 长堤 | 长堤大马路 |
| 燕燕酒楼 | 第十甫 | 第十甫路 |
| 燕春台酒楼 | 陈塘新填地 | 梯云东路珠玑路一带 |
| 谟觞酒家 | 宝华正中约 | 宝华正中约 |
| 一品升 | 吉祥路九六号 | 吉祥路 |
| 大同酒家 | 越秀南路小东门口 | 越秀南路小东门口 |
| 泗合隆 | 靖远路五号 | 靖远路 |
| 味珍居 | 长寿西街二七号 | 长寿西街 |
| 金轮酒家 | 长堤海珠前 | 长堤大马路海珠大戏院前 |
| 东川酒家 | 前鉴街一四九号 | 东华东路 |

（续表）

| 美珍居 | 惠爱中路一九一号 | 中山五路 |
|---|---|---|
| 洛成林和记 | 一德路九十号 | 一德路 |
| 冠升 | 存善路五七号 | 宝华路 |
| 冠珍 | 太平街一七三号 | 在太平沙 |
| 南乐园 | 太平沙六十号 | 太平沙 |
| 颐苑酒家 | 十一甫 | 恩宁路 |
| 双英酒家 | 十七甫 | 十八甫路 |
| 一记 | 靖远街二八号 | 靖远路 |
| 吴育强 | 宝华路一号 | 宝华路 |
| 妙奇香利记 | 惠爱东路三〇九号 | 中山五路 |
| 味同居 | 昌兴街二一号 | 昌兴街 |
| 松安居 | 雨帽街六号 | 雨帽街 |
| 恒珍 | 宜民市四二号 | 西华路第一津一带 |
| 信宜楼 | 华宁里三十号 | 华宁里 |
| 冠粤楼 | 东堤六号（兼茶居） | 沿江东路 |
| 冠春馆 | 宝华大街二四号 | 宝华大街 |
| 飞园酒家 | 第六甫三〇号 | 光复中路 |
| 南阳堂 | 书芳街四六号 | 书坊街 |
| 奇珍 | 岐兴中约三八号 | 岐兴中约 |
| 美丽酒家 | 十七甫四三号 | 十八甫路 |
| 品荣升 | 下九甫十二号 | 下九路 |
| 浣花酒家 | 新填地 | 新都里一带 |
| 群乐森记 | 陈塘南二七号 | 陈塘南 |
| 公园桃记 | 布街十二号 | |
| 元珍 | 青紫坊三一号 | 龙津东路 |
| 太平酒家 | 太平南路 | 人民南路 |
| 天真楼 | 存善路四五号 | 宝华路 |
| 占春 | 龙津里十八号 | 龙津路 |
| 粤秀饭店 | 永汉北路粤秀书院街 | 北京路越秀书院街 |
| 民乐楼 | 第六甫 | 光复中路 |
| 生记馆 | 木排头六九号 | 木排头 |
| 长春馆 | 宝华中路六号 | 宝华路 |
| 美珍 | 爱育新街三号 | |
| 悦馨昌记 | 河南洪德大街一一六号 | |
| 顺珍 | 顺母桥十三号 | 康王中路人行道 |
| 桃李园 | 太平路一五七号 | 人民南路 |
| 天海楼 | 河南寺前街 | |
| 元升馆 | 驿巷六号 | 驿巷 |
| 太和馆安记 | 宝华市二五号 | 宝华路 |
| 天真园 | 惠爱路三二一号 | 中山路 |
| 玉壶春 | 如意坊一号 | 如意坊 |
| 永汉楼 | 太平沙二号 | 太平沙 |
| 民天 | 一德路二号（维新路口） | 一德路与广州起义路相交处 |

（续表）

| | | |
|---|---|---|
| 江南饭店 | 长堤靖海门 | 靖海路 |
| 江天楼 | 海味街二四号 | 海味街 |
| 西湖酒家 | 西堤大马路 | 沿江西路 |
| 同乐园 | 跃龙大街二八号 | |
| 北园 | 小北门外 | 小北路 |
| 亦笑楼 | 第十甫一〇号 | 第十甫路 |
| 香酒楼 | 惠爱东路二九七号 | 中山五路 |
| 晋华斋 | 永汉北路一一七号 | 北京路北段 |
| 荔园酒家 | 河南漱珠桥 | 南华路 |
| 陆羽居 | 太平北路一四号（兼茶室） | 人民南路北段 |
| 祥兴隆 | 青紫坊三五号 | 龙津东路 |
| 粤兴隆 | 丛桂南二一号 | 梯云东路 |
| 甄占记第一楼 | 庙前街三一号 | 东山庙前街 |
| 西厢 | 东横街五七号 | 东横街 |
| 同德楼 | （山东馆）惠爱西路中央公园前 | 公园前 |
| 同源酒家 | 十八甫三一号 | 十八甫路 |
| 全真 | 观音庙直街一九号 | |
| 杏春园满记 | 大新街二一一号 | 大新路 |
| 别有春 | （外江菜馆）吉祥路一二八号 | 吉祥路 |
| 留仙 | 十八甫 | 十八甫路 |
| 琪觞 | 芦排巷十一号 | 龙津东路 |
| 陶陶仙 | 宝庆中街二十号 | 宝庆中街 |
| 咏觞园 | 永汉北路文明路口（兼茶室） | 北京路与文明路相交处 |
| 景云 | 河南漱珠市二号 | |
| 越南楼 | 越秀路一七号小东门口 | 越秀南路小东门口 |
| 满春 | 宝华南路十八号 | 华贵路 |
| 云芳 | 永汉北路一百号（消夜馆） | 北京路北段 |
| 新丛馨 | 下九甫一号 | 下九路 |
| 新南馨 | 跃龙东二六号 | |
| 万珍 | 三角市三八号 | 三角市 |
| 福馨支店 | 十八甫又八六号 | 十八甫路 |
| 荣诊发记 | 上九甫八九号 | 上九路 |
| 聚馨成记 | 锦云里四二号 | 锦云里 |
| 德馨 | 龙尾导西市三号 | |
| 绮霞 | 长堤三一六号 | 长堤大马路 |
| 广桃园 | 洞神坊三六号 | 洞神坊 |
| 领海酒楼 | 洪德大街 | |
| 餐霞楼 | 小市街七七号 | 解放南路 |
| 觞乐酒家 | 陈塘四四一号 | 珠玑路一带 |
| 镜天楼 | 洪德大街二二号 | |
| 新汉升 | 宜民市十一号 | 西华路东段 |
| 新汉升 | 宜民市十一号 | 西华路第一津 |
| 义华居 | 七块石三号 | 七块石 |

（续表）

| 万香楼 | 万福路三号（兼茶楼） | 万福路 |
|---|---|---|
| 福珍 | 福仁大街二五号 | |
| 荣记 | 三角市三六号 | 三角市 |
| 满湖酒家 | 太平路 | 人民南路 |
| 汉珍楼 | 青紫坊五三号 | 龙津东路 |
| 绮霞支店 | 长堤二四〇号 | 长堤大马路 |
| 广州西亚 | 西堤二马路十号 | 西堤二马路 |
| 养和馆 | 龙溪三约五四号 | 龙溪三约 |
| 颐春 | 上九甫 | 上九路 |
| 丛乐园 | 丛桂南三十号 | 丛桂南 |
| 镜天和记 | 新填地三十号 | |
| 宝汉茶寮 | 小北门外 | 小北路 |
| 擎觞酒家 | 河南福仁东市 | |
| 觉天酒楼 | 西堤大新公司七楼 | 南方大厦 |
| 聚兴隆 | 堑口十九号 | |
| 宝汉乐 | 宝汉大街一号 | 下塘宝汉大街 |
| 联成 | 仓前直四八号 | 仓前直街 |

## （五）茶居·茶楼·茶室

广州人雅好饮茶。茶居、茶楼、茶室均为品茗场所。

晚清广州茶肆中，凡姑苏籍人开设者，按江南风俗称“茶居”。另一说法，意谓可媲美隐者之“居”，以招徕有钱有闲阶层，故以“居”称之，与江南风俗关系不大。

茶居于清道光年间已出现。顾客多为小商人、劳动者。

茶居后渐与茶楼混称，所谓经营品茗之处统称茶楼；而有些茶楼亦称酒楼。相沿成俗，彼此并无明显界别。又有部分茶居与粉面馆差不多，同属粉面茶点业。以茶市为主，经营龙凤礼饼、点心、饼食、粉面、碟头饭等。这类茶居多设于首层，以水滚茶靓作招徕。主营碗头粉面、碟头饭品、点心，没有酒菜供应。

东山地区出现最早的茶居可能是1917年华侨开设于庙前直街的青园茶居。

相传广州茶楼最早开业者有怡香、巧元、品南。今越秀区境内现存最古老的茶楼为巧心楼（建于1850年）和惠如楼（建于1875年），其建筑风格与经营格局是广州老式茶楼的代表。

另一说法，称清末民初，佛山七堡乡人来广州开设楼高三层的茶居，始称茶楼。

民初广州著名茶楼，有金华、利南、其昌、祥珍、成珠、巧心、贵联升、怡香、莲香、陶陶居等；有五家“心”字号茶楼，位于中心城区者有巧心、得心、和心。

当时还出现了饮食连锁店：一批带“如”字的店号遐迩闻名，其经营者均是佛山七堡乡的茶楼行家，经营风格基本相同，鼎盛时共有十四家之多（时人称之为十四条“鱼”），称东如（三角市）、西如、南如（永汉路）、太如、惠如（惠爱路）、多如（越秀路）、三如（南华中路北面）、五如（马鞍街口）、九如、天如、瑞如（五仙门）、福如（卖麻街口）、宝如（一德东）、巧如（卖麻街）。14户中，规模较大者为惠如、南如，而以惠如楼为首，其老板陈惠如所创者有9家之多，时人称“九条鱼”。客人泡一盅茶，拿两碟点心，慢慢享用，称“一盅两件”，为当年广州人“饮茶”的代名词。

茶楼多为二三层建筑，层高达四五米（故有“食大包上高楼”之民谚）；设大案（制饼）、小案（制点心）；注重“茶靓水滚”，故每层楼均设有座炉，店员在开水炉取水后，再放到座炉上保温，以保证“水滚”。在铺面设饼柜，经营中秋月饼、龙凤礼饼、年宵品，这也是茶楼有别于其他食肆的最大特色。

1925年，茶楼增设曲艺茶座，更添了捧角的茶客。当时著名的茶楼有陆羽居、惠如楼、涎香楼、陶陶居、莲香楼、南如楼等。

行业相同或相近的茶客多聚于同一茶楼。如：

艺人、女伶多相约到“澄江”“庆男”；闲逸人士提了雀笼听鸟音于“太如”；“荣华”是喜弈者之聚处；经营药材、海味、南北行的商贾应酬多在“陆羽居”；收买旧物的喜到“祥珍”；建筑木工行的多聚集在巧心、大元茶楼；教师、公务员喜到汉民路（今北京路）涎香楼品茗；中华中路（今解放中路）四牌楼一带的小茶楼，多为北郊菜农光顾。知识界人士多聚“半鸥”“陶园”；西关的陶陶居多是粤剧界人士。

当年的妇女是绝少上茶楼饮茶的。

20世纪30年代新兴起的茶楼，较著名的有三家：大元茶楼、占元阁、云来阁。两“阁”同在惠爱路，一西一东，其点心供应方式除巡堂叫卖外，仍沿用“摆台”：日字形的红木台分为两格，台面（上格）中央镶玻璃可窥视下格摆放的食品，易受潮的鸡蛋筒等置于陶瓷矮身圆盅盖着。

除了茶市供应外，茶楼还兼做中秋、春节、端午等节令的饼食供应。产销中秋月饼是茶楼一年中最大的经营项目之一，利润可观。因而每到中秋节，茶楼便在门口装设“嫦娥奔月”“仙女散花”等走马灯以招徕生意。惠如楼所创之凤凰贡品月久负盛名。

高级茶楼（有些亦称酒楼、酒家）注重门面装修，宽敞宏大，用门罩、桶扇分隔空间，建筑彩绘灰饰，富于岭南传统韵味。布局分为前、后两部分，前为普座，后为雅座，中间布置园林式庭园。装饰讲究。厅堂陈设使用酸枝、紫檀桌椅；间格采用满洲窗、彩色玻璃、木雕通花。高级筵席布置雅致，精美典雅，餐台有洁净的白布铺垫，并有餐巾侍客。

广州的茶楼建筑以陶陶居、莲香楼和惠如楼最为著名。

茶室大概是介于酒楼与茶楼之间的行业，广州第一间茶室是1916年设于惠爱中路昌兴街口的山泉茶室。此后今越秀区境内有陆园茶室等多家，约有十家设于省财政厅前一带，这与此地有多家舞厅有一定关系。有名的茶室有茶香室、半瓯、兰苑、陆园、憩云亭、新奇亭等。顾客以教员、有闲阶层、喜欢过夜生活的人和粤剧艺人为多。

1920年，平权茶室首先起用女子侍应（同期称女子茶室的有三家），亦有资料载，这是广州首家妇女执业的茶室，名“平权女子茶室”。自此后，酒家、茶楼开始雇佣女工，打破了广州饮食业不用女工的传统。但这“平权女子茶室”后因生意不景而停业。

1923年，广州市政府社会局明令茶室归属酒楼工会，遂有酒楼茶室工会之称。

茶室营业时间大致与酒楼相同，经营特点是俱无铺面，只在二、三楼营业；场面不大，内设厢座或卡位，环境幽雅洁净，有些还挂上名人字画；多不设早市，只在午夜市供应茶面美

点，间有兼营小菜，讲究精致；点心巡回供应至客人桌前，但不高声叫卖。粉面食品亦凭单上台，凭单结账。茶室首创“星期美点”，著名品种有娥姐粉果、灌汤包、笼仔包等。

1934年《广州指南》记载：

广州人士，雅好饮茶，故茶室茶楼，随处皆有。茶市有早午夜三市之分，有只仿午市者，有兼做早午两市者，亦有早午夜三市兼营者。所售食品，饼面包点，花样极多，亦有兼售酒菜。茶价最高者每位二毫或一毫半，次则一毫，再次三分六，二分四，功分八分二不等。加增女伶者，其价较昂。此间人士，每当公余散学，辄就餐于此。数件一盅，既饱而退，盖利其方便也。间亦有休闲无事，到此消遣者。至于茶市之经营，上等为茶室，次则为茶楼，再次则为炒粉馆。茶室须开列食单，才有食品送来，茶楼不须开单，其食品自有伙伴随厅叫卖。近卫生局以此种贩卖方法，有碍卫生，已严厉取缔矣。至于炒粉馆，多为车夫及其他苦力品茗之地，茶价最廉，俗又呼为八厘馆。

下表列出了当时广州茶楼、茶室、茶居之名称、地址：

| 名称 | 地址 | 备注（地址今名） |
|---|---|---|
| 陆园茶室 | 永汉北路 | 北京路北段 |
| 新亦山茶室 | 永汉北路 | 北京路北段 |
| 山泉茶室 | 昌兴街 | 昌兴街 |
| 金华茶楼 | 中华路 | 解放路 |
| 亦山茶室 | 十八甫 | 十八甫路 |
| 西厢茶室 | 东横街 | 东横街 |
| 莲香茶楼 | 第十甫 | 第十甫路 |
| 兰苑茶室 | 永汉北路 | 北京路北段 |
| 五月花茶室 | 昌兴街口 | 昌兴街口 |
| 金龙茶室 | 十八甫中 | 十八甫路 |
| 添男茶楼 | 十七甫 | 十八甫路 |
| 涎香茶楼 | 永汉北路 | 北京路北段 |
| 泉昌茶楼 | 西关带河基 | 康王中路 |
| 妙奇香茶室 | 惠爱中路 | 中山五路 |
| 富珍茶楼 | 西堤二马路 | 西堤二马路 |
| 龙泉茶室 | 十八甫 | 十八甫路 |
| 云来阁茶楼 | 惠爱东路 | 中山五路 |
| 巧心茶楼 | 惠福中路 | 惠福西路 |
| 高升茶楼 | 河南洪德路 | 洪德路 |
| 兰苑茶楼 | 永汉北路 | 北京路北段 |
| 庆男茶楼 | 西堤二马路 | 西堤二马路 |
| 龙山茶楼 | 惠爱西路 | 中山六路 |
| 冠东茶楼 | 惠爱东路 | 中山五路 |
| 正心茶楼 | 下九甫 | 下九路 |
| 惠如茶楼 | 惠爱中路 | 中山五路 |
| 建南茶楼 | 河南南岸路 | |
| 得元茶楼 | 南堤 | 沿江中路 |
| 陆园茶楼 | 永汉北路 | 北京路北段 |
| 利南茶楼 | 惠爱东路 | 中山五路 |

（续表）

| 富隆茶居 | 十八甫 | 十八甫路 |
|---|---|---|
| 中山茶楼 | 惠爱西路 | 中山六路 |
| 马玉山 | 永汉路 | 北京路 |

### （六）西餐馆·番菜馆·西菜馆

西餐馆又称番菜馆、西菜馆。广州西餐业是欧风东渐的产物。鸦片战争后，西洋生活方式传入广州，番菜馆应运而生。

西餐馆的出现始于广州人徐老高创设的太平沙西餐馆，时在晚清。此后不断增加。著名者有太平馆、哥伦布、华盛顿、东亚酒店餐厅、爱群大厦餐厅等。

20世纪30年代，民间西式活动如舞会、晚会、西式婚礼兴起，这些活动多假座西餐店进行。西餐馆增加到30户，主要分布在沙面、长堤、永汉路（北京路）。今越秀区境内有哥伦布、巴黎、纽约等11家；其时，新崛起的大酒店如新亚、东亚、爱群等均附设西餐（西菜）部（厅）。据说当年凡称“酒店”必附设“餐室”，否则只能称旅店。

西餐馆普遍重视内外装潢，外观标志鲜明，内部清洁优雅。顾客以洋行、学生和军政界居多。食品以肉食为主，伴以咖啡、奶茶等饮料。

西餐店专营西式食品。有名的西餐品种有太平馆的烧乳鸽、焗蟹盖，华盛顿的洋葱猪排、烧牛排，新亚餐厅的西洋焗肾翼、烟炝鱼、牛尾汤、铁扒子鸡，英华餐馆的咖喱鸡，东天红西餐厅的焗酿龙虾、荷兰牛柳等。

面粉加工是西餐业的热门品种，大、小餐店出售的西饼、餐包十分畅销。惠爱路（现中山路）的中美餐店制作的排包每天一出炉就有人排队购买。

1934年《广州指南》称：“西菜馆专售西菜，有全餐，有散餐，全餐价高者三元或二元，如美洲酒店、东亚酒店是也。低者一元半或一元，如华盛顿、太平馆是也。菜自六色至十色，散餐每菜计算。”并以表格形式列出当时广州西菜馆之名称、地址，全集中在城中心区域，见下表：

| 店名 | 地址 | 备注（地址今名） |
|---|---|---|
| 东亚酒店 | 长堤 | 长堤大马路 |
| 太平馆 | 南关大巷 | 南关大巷 |
| 华盛顿 | 长堤 | 长堤大马路 |
| 太平新馆 | 永汉北路 | 北京路北段 |
| 新亚酒店 | 太平南路 | 人民南路 |
| 智利餐馆 | 昌兴街 | 昌兴街 |
| 太平馆支店 | 永汉北路 | 北京路北段 |
| 美洲酒店 | 永汉中路 | 北京路中段 |
| 哥伦布 | 大南路 | 大南路 |

### （七）花酌馆

花酌馆兴起于清末，初时设施简陋。盛行于民国陈济棠主粤时期，装饰华丽。多设在东堤、沙基附近的塘鱼栏和陈塘等地，以晚上营业为盛。

花酌馆厅房雅洁舒适，设有妓女陪客饮酒，并设有赌局、烟局（吸鸦片）和唱局（顾客点唱）等。集“食、嫖、赌、吹”于一体。光顾者多为军政界、商界人士。到40年代后期，生意日渐清淡。

## （八）素食馆·素菜馆

素食馆又称素菜馆，即专营素食之菜馆。为佛门弟子及与佛结缘或嗜爱淡素饮食者的饮食场所。用料局限于干鲜蔬果、菌类、豆制品、面制品等。经营三菇六耳、白果、腐竹、豆腐之类的斋料。

民国期间，广州曾有十多家斋菜馆，在旧城区有4家：一名天真园，位于惠爱路原儿童公园前。一名结缘斋菜馆，位于广大路口即广大路与今中山路相交处。一名菜根香，位于惠爱西路（今中山六路）。一名榕荫园，在六榕寺内。主顾为出家人及吃长斋、素食者。一般人家亦常光顾。

## （九）包办馆、大肴馆

包办馆、大肴馆盛行于清末至民国前期（肴：荤菜。行内称猪肉为大荤，供应菜式以猪肉为主，故称大肴），同属以上门包办筵席为主（行内称“到会”，需提前订席），也有将筵席菜式做好送上主家的（行内称“会送”），例不设堂面，只设厨事方面的人员（故民国初年有厨业工会之设）。若有提供饮宴场所的（行内称为“到聚”），这种包办馆又可称为酒馆（楼），堂面布置文雅朴实，设红木八仙台和靠背椅。

包办馆经营的对象多为官宦富户，当年在今越秀区境内较有名气的包办馆有：

贵联升，创于1870年，址设司后街（今越华路），名菜式有姑苏食谱的香糟鲈鱼球。洛城林，创于清光绪年间，址设一德路东段，名菜式有龙凤白鸽蛋。此外还有聚丰园（越华路）、玉堂春（惠爱中）、福来居（惠爱东）、南阳堂（教育路）等数家，均设于民国前期。

包办馆随着酒楼业的陆续兴起而日渐衰落，至1949年10月前所余店号如福来居改营茶楼，洛城林改为饭店。建国后经调整商业网点，包办馆荡然无存。

## （十）外省酒菜馆·外江菜馆

20世纪30年代，广州城中有多家外省酒菜馆（又称外江菜馆）营业，比较有名的有越香村、四时春、别有春、随园成记等。越香村还兼营茶室，同德楼经营山东菜。

外江馆的经营，带来了中原的饮食文化。

据1934年《广州指南》所载，这些外省酒菜馆俱在城中心区，表列如下：

| 名称 | 地址 | 备注（地址今名） |
|---|---|---|
| 福来居 | 惠爱东路城隍庙内六号 | 城隍庙内 |
| 随园成记酒家 | 越华路四号 | 越华路 |
| 新时代 | 财政厅前 | 北京路北段 |
| 越香村支店 | 惠爱东路 | 中山五路 |

（续表）

| | | |
|---|---|---|
| 别有春 | 吉祥路一二八号 | 吉祥路 |
| 聚丰园 | 越华路 | 越华路 |
| 越香村 | 永汉北路 | 北京路北段 |
| 稻香村 | 惠爱东路 | 中山五路 |
| 同德楼（山东馆） | 惠爱西路中央公园前 | 中山五路 |
| 越香村（外江馆兼茶室） | 永汉北路一四四号 | 北京路北段 |
| 别有春（外江菜馆） | 吉祥路一二八号 | 吉祥路 |
| 四时春（淮扬风味） | 永汉北路 | 北京路北段 |

## （十一）粥品店

白粥，初为挑担售卖，设店经营后，美其名曰牛奶白粥或明火白粥，以加入腐竹白果为上乘。

白粥店均销售各式油器、糕品，如海珠南路之“广州”油器、糕品、白粥，西濠口的兴记白粥、油器。均较有名。

白粥店多于早市经营，间有于午夜市经营糖粥或出售咸甜粽子的。40年代较有知名度的有惠福西路的胜利（粥白如乳，绵香可口，名小食有胜利牛肉肠、牛月利酥）和仁济路的陈耀记（以油条驰名）。此类店在20世纪40—60年代颇盛行。

20世纪二三十年代，今越秀区境内有粥品专卖店13间；另在东堤河边，有小艇游弋售卖艇仔粥，不但苦力、小贩们乐于光顾，不少游客也爱品尝。

1945年，广州先后开设了三间吴连记塘鱼类专家粥品店，主营鱼生，兼营鱼类小菜，以鱼肠粥制作最具特色。其中一间在长堤果菜直街口，一间在西濠二马路（该店经营至60年代，现为大江南北饭店，亦有经营鱼类粥品）。

1934年《广州指南》称：

广州粥品，种类甚多。鸡粥，鸭粥，猪肉粥，牛肉粥，甚至鲈鱼鲍片，火腿田鸡等粥，无一不备。富牛等粥，普通每碗一毫至二毫，鸡鸭鲈鲍等粥每碗一毫至三毫，加生鱼片大碟取价一毫，小碟三分六，间亦有西菜馆兼售者、制作较为精美，取价亦较昂。有每碗价格售至一元或八毫者，粥品多于晨七时至十时，夜八时二时售之。

下表列出了当时广州有名的粥品店之名称、地址：

| 店名 | 地址 | 备注（地址今名） |
|---|---|---|
| 又香 | 昌兴街二号 | 昌兴街 |
| 日红楼 | 存善路六一号 | 宝华路 |
| 亦笑楼 | 西菜巷二号 | |
| 工栈 | 十八甫一四号 | 十八甫路 |
| 生记 | 竹栏门七号 | 天成路和一德路相交处附近 |
| 合记 | 十七甫一三号 | 十八甫路 |
| 成记 | 大巷三三号 | 大巷 |
| 同发 | 带河基一一号 | 康王中路 |
| 泗珍 | 第十甫一一二号 | 第十甫路 |

（续表）

| 佳记 | 十七甫正街一三号 | 十八甫路 |
|---|---|---|
| 其记 | 龙溪二约二三号 | |
| 美馨楼 | 司机街五九号 | |
| 泉记 | 大巷口三八号 | 大巷 |
| 益记 | 惠福中八〇号 | 惠福东路 |
| 海舟 | 长堤基立行码头 | 沿江中路 |
| 陈荣记 | 油栏通津三号 | 海珠南路 |
| 植兴泉记 | 维新路八五号 | 广州起义路 |
| 焯记 | 西堤二马路六四号 | 西堤二马路 |
| 煜记 | 太和东街二号 | |
| 有合 | 紫来通津又二号 | |
| 全新 | 十二甫六九号 | 十二甫 |
| 泗记 | 关部前四九号 | 关部前 |
| 旺记 | 珠光小半约二一号 | 珠光小半约 |
| 美香 | 谢恩里九六号 | 谢恩里 |
| 南园 | 龙庆坊二二号 | 龙庆坊 |
| 海天 | 长堤哈德安码头 | 沿江中路 |
| 笑来居 | 紫来通津一四号 | |
| 梁昌利 | 长寿街四三号 | 长寿路 |
| 陈光记 | 维新路 | 广州起义路 |
| 博爱 | 惠爱中一七四号 | 中山五路 |
| 惠民 | 惠福西一三七号 | 惠福西路 |
| 华乐园 | 十六甫 | 十六甫 |
| 万福图支店 | 泰康路二〇号 | 泰康路 |
| 杨明记 | 元运街一九号 | 元运街 |
| 远来 | 同德大街一号 | |
| 翠珍 | 四牌楼二五号 | 解放中路 |
| 德记 | 拱日门八号 | 和平中路 |
| 广记 | 文德路一一号 | 文德路 |
| 兴记 | 一德路一〇号 | 一德路 |
| 邝又生 | 源昌街二五号 | 建为广州文化公园 |
| 邓标记 | 十七甫九号 | 十八甫路 |
| 远香园 | 濠畔街七号 | 濠畔街 |
| 福生 | 皮栏街一八号 | |
| 德香居庆记 | 四牌楼一八号 | 解放中路 |
| 广来 | 驿巷四三号 | 驿巷 |
| 兴记 | 丛桂南九号 | 丛桂南 |
| 锦昌甜记 | 梯云上街四八号 | 丛桂路 |
| 欢乐 | 永汉南一五二号 | 北京路南段 |

20世纪三四十年代出现了粥品专业店，其中“二嫂粥”“馥园坠火粥”“吴连记鱼粥”等颇有名气。大多数小食店粥品繁多，而“及第粥”最为普遍。

## （十二）冰室·咖啡厅

冰室是随着西餐业的发展而发展起来的。

民国初年，新崛起的大酒店内设冷热饮品，带动了冰室（咖啡厅）的兴起。

广州气候炎热，饮水人多，遂有单独经营冰室的点档出现。

20世纪30年代初，隶属于香港美利权糖业有限公司的广州分支店美利权冰室在省财厅前开业，生产设备全由香港进口。

到1934年，广州市的冰室有21间。冰室经营雪糕、冻奶、冰水，兼营咖啡、奶茶等热饮和西饼、面包，营业对象大部分为年轻人。有名的品种有顺记冰室的椰子香芒雪糕和美利权冰室的棉花红豆、棉花雪糕等。

在秋冬淡季时，许多冰室都兼营他业，如皇上皇冰室秋冬季卖腊味，长江、喜临门冰室转营北方包点，有的则转营小食糯米饭、狗肉等。

下表列出了当时广州有名的冰室之名称、地址：

| 名称 | 地址 | 备注（地址今名） |
|---|---|---|
| 士丹顿 | 十八甫西约四号 | 十八甫路 |
| 色色冰室 | 惠爱路二二号 | 中山路 |
| 利民冰室 | 惠福中五四号 | 惠福东路 |
| 安乐园 | 西濠口四号 | 西濠口 |
| 成记 | 鳌洲大街二四号 | 鳌洲大街 |
| 亚美利权 | 惠爱中一一五号 | 中山五路 |
| 亚力山 | 十八甫九号 | 十八甫路 |
| 美利权 | 永汉北二二九号 | 北京路北段 |
| 珠江冰室 | 永汉路一九七号 | 北京路 |
| 华乐园 | 鳌洲五街七二号 | |
| 众乐园 | 公园前四号 | 人民公园前 |
| 新珠江 | 十八甫 | 十八甫路 |
| 精华 | 惠爱中一八四号 | 中山五路 |
| 广州冰条公司 | 维新路三八二号 | 广州起义路 |
| 波士顿冰室 | 永汉南路 | 北京路南段 |
| 美利坚 | 惠福中六〇号 | 惠福东路 |
| 清心 | 洪德三巷二一号 | 洪德三巷 |
| 胜和 | 公园前四号 | 人民公园前 |
| 话梅 | 永汉北九二号 | 北京路北段 |
| 源来 | 十一甫横路九号 | 恩宁路 |
| 醒然冰室 | 靖海路一号 | 靖海路 |

## （十三）甜品店·糖水铺

甜品，广州人习惯称为“糖水”，原是民家食品。

清末民初，有小贩沿街设档或挑担流动叫卖糖水至深夜，品种有绿豆沙、芝麻糊、杏仁茶、清补凉、番薯糖水等。

20世纪二三十年代，在今越秀区境内已有正合记、永发、笑乐园等甜品店十来户，多集中于惠爱路（今中山路）。鲜奶上市供应后，甜品店开始经营奶类甜品，如双皮奶、凤凰奶糊、姜撞奶、杏仁奶糊等。

40年代，西濠口一带的食肆群中亦有乡下婆汤圆麻糊甜品店、华侨甜品店等。当时海珠路口的正合记甜品店制售食疗两用的解毒龟苓膏，销路颇佳。至1945年，甜品店开拓了机榨蔗汁。不少甜品店亦供应蛋糕一类的饼点。

### （十四）菜艇

菜艇是游弋在珠江河上，售卖各式小炒的小艇。有两种经营形式，一种是艇上无座位，主要做珠江游客的生意，将艇泊近客船，出菜单由客人点菜，即在菜艇中开镬制作。制出的菜肴以鱼虾新鲜而受欢迎。另一种是在艇上置一小桌，舱中约可坐四人，客人点菜，即在艇上制作。这种菜艇以黄沙河面为多。

### （十五）凉茶

广东凉茶，是以草药单味或组合配制煲煎成的饮剂。具有生津消暑、清热去湿、甘凉、和胃等功能，价廉实惠。

广州民间素有饮凉茶的习惯。

1828年，草药医生王阿吉在十三行靖远街开了一间凉茶店，将岗梅根等10种草药配方，熬成凉茶，用大水碗售卖，名“王老吉”凉茶。因其清热解暑功能明显，深得人们喜爱。此后凉茶店遂在珠江三角洲一带盛行。

今越秀区域内最早出现的凉茶店称“三虎堂”，始于清光绪中叶（约1890），位于四牌楼（今解放中路）。1994年解放路扩宽，三虎堂拆迁于惠福西路新址，是区属饮食业中唯一由国家工商总局注册的企业。

1946年。王老吉在海珠中路设址。当时相继开业的凉茶店有常炯堂（快应茶）、耕田公、黄振龙等。

## 九、旅业

清光绪年间，广州私营客栈日益增多，并已纳入广州商业七十二行之中，称为“客栈行”，成为一个专业性行业。当时除升平路永兴客栈、大北直街吴同兴客栈外，其他会馆、客栈多设在豪贤街、天官里、华宁里一带。客栈规模小，设备简陋，包住客膳食。

民国前期，广州对外通商渐趋频繁。旅馆业随之兴旺，在长堤一带，名利、平安、海珠、广泰来、大东、兰亭、西濠、亚洲、东亚等店相继开设。靠近码头的广泰来、光华（今星光旅店前身）等旅店擅长接待水客（专为别人携带书信、现金及货物等而从中赚取报酬者）和来自南洋一带的侨胞、侨眷，并代办侨眷的出入境手续和往来车船。

### （一）酒店·旅馆

民国时期，商业闹市的太平南路、西濠口及长堤一带是高级酒店的汇聚地。店内设有餐楼、波楼（桌球娱乐室）、酒吧、洋货柜（售货柜）等综合经营项目，并有代办购车船票、擦鞋、免费搬运行李等服务项目。酒店均有服务人员手持咭纸到车站、码头接客。称为“大酒店”的，内部设施必有酒吧，且中西酒菜完备。

当时的西濠大酒店、东亚大酒店、大东大酒店、亚洲大酒店在广州号称“四大酒店”。

1921年后，海外华侨在广州投资兴办了一些规模较大、服务功能较齐全的大酒店。据统计，1921年广州市共有旅馆业177户。此后，由于社会不稳定，造成旅店业市场萎缩。至1926年，广州旅馆业只有46户。

1920年代末至抗日战争开始的一段时期，即陈济棠治粤时期及稍后，广州社会相对稳定，广东四乡公路辟建，商贾往来大增，经济有较大发展，旅业也因之繁荣。不少华侨商人回来投资开办酒店，在西濠口一带相继开业的有新华、新亚、爱群、中央、璇宫、擎天、白云等。

“国民政府设于广州，万方萃集，冠盖云连，要人政客，往来不绝，大都以旅馆酒店为临时驻节之所，营业乃大见畅旺。”

1928年广州市政府统计广州的旅店有178户。

此时的旅业从高级到低级分为酒店、旅店、公寓、学旅几类。1930年，全市有酒店9户、旅馆85户、客栈27户、学旅37户。

1934年出版的广州市政府编《广州指南》记载：

广州客寓，除社会局直辖之平民宫外，其营业性质者，则有酒店、旅馆、学旅等。上等者为酒店，次为旅馆，再次为学旅。学旅食宿费最廉，每日不过数角，每月不过廿元，盖因其设备之简略也。

旅馆设备，较优于学旅，而其价较昂。酒店则更较优于旅馆，楼阁堂皇，规模宏敞。其供客之饮食也，则有餐楼，中西菜色俱备；其供客之日用也，又有波楼、理发所、阅报室、电话、电铃、电扇、浴房、冷热水喉等；其迎送宾客也，更有电船、汽车。唯此等酒店旅店，只供住宿，膳费另计。凡轮船、火车到埠，各大酒店与旅馆，皆有迎客之人，在车站码头，手持咭片，高呼店名，以招徕顾客。

下表记载了当年广州的旅业状况：

| 名称 | 地址 | 备注（地址今名） |
|---|---|---|
| 东亚酒店 | 长堤 | 长堤大马路 |
| 中山酒店 | 长堤 | 长堤大马路 |
| 中亚酒店 | 永汉北路二二〇号 | 北京路北段 |
| 中洲旅店 | 仁济街口 | 仁济路口 |
| 中国旅社 | 西堤 | 沿江西路 |
| 新亚酒店 | 太平南路 | 人民南路 |
| 新华酒店 | 太平南路嘉南堂 | 人民南路 |
| 新大安栈 | 长堤 | 长堤大马路 |
| 新长发旅店 | 西堤 | 沿江西路 |

（续表）

| 新民旅社 | 维新路一八〇号 | 广州起义路 |
|---|---|---|
| 亚洲酒店 | 西堤 | 沿江西路 |
| 西濠酒店 | 长堤 | 长堤大马路 |
| 大东酒店 | 长堤 | 长堤大马路 |
| 大洲旅店 | 中华中路二三九号 | 解放中路 |
| 粤亚旅店 | 大南路四三号 | 大南路 |
| 粤东酒店 | 永汉北路 | 北京路北段 |
| 粤华酒店 | 西堤 | 沿江西路 |
| 白宫酒店 | 太平南路 | 人民南路 |
| 利益旅馆 | 惠爱中路大马站七二号 | 大马站 |
| 擎天酒店 | 西堤二马路 | 西堤二马路 |
| 泰安栈 | 长堤 | 长堤大马路 |
| 名发栈 | 西堤二马路 | 西堤二马路 |
| 交通酒店 | 南堤 | 沿江中路西段 |
| 美洲酒店 | 永汉北路 | 北京路北段 |
| 永汉侨店 | 永汉北路 | 北京路北段 |
| 兰亭旅店 | 长堤西濠口 | 西濠口 |
| 花旗酒店 | 西堤 | 沿江西路 |
| 南方旅店 | 长堤 | 长堤大马路 |
| 太平旅店 | 西堤二马路 | 西堤二马路 |
| 广州酒店 | 永汉北路 | 北京路北段 |
| 广东酒店 | 长堤 | 长堤大马路 |
| 广泰来栈 | 长堤 | 长堤大马路 |
| 名利旅店 | 长堤 | 长堤大马路 |
| 金陵侨店 | 西堤二马路 | 西堤二马路 |
| 冠华旅店 | 西堤二马路 | 西堤二马路 |
| 珠江大旅店 | 南关二马路 | 南关 |
| 嘉宾旅店 | 仓边马路 | 仓边路 |
| 如意祥旅馆 | 长堤靖海二马路 | 不存 |
| 海珠旅社 | 长堤 | 长堤大马路 |
| 江宁旅店 | 永汉南路 | 北京路南段 |
| 祺发旅店 | 西堤二马路 | 西堤二马路 |
| 迎宾旅店 | 西濠二马路 | 西濠二马路 |
| 禺山酒店 | 惠爱中路 | 中山五路 |
| 宾兴旅店 | 靖海二马路 | 不存 |
| 福生客栈 | 靖远南路 | 靖远南路 |
| 公益祥旅馆 | 西湖街 | 西湖路 |
| 柏林旅店 | 泰康路 | 泰康路 |
| 巴黎酒店 | 永汉南路 | 北京路南段 |
| 月宫酒店 | 长堤 | 长堤大马路 |
| 两广酒店 | 长堤 | 长堤大马路 |
| 五羊酒店 | 永汉北路 | 北京路北段 |

## （二）学旅·公寓

上表载录的是酒店、旅馆，此外，经营住宿的还有学旅和公寓，多由书院、会馆改建，便利来自外地而居住时间较长的学生和小职员租住。设备简陋，只设木床、桌椅和茶具等，寝具均须住客自备。收费较廉，租金习惯以月计算。

1934年《广州指南》记载：“学界宿舍，名曰学旅，设于学校附近，内容与寻常逆旅异，只备木床、椅桌、茶壶、茶杯等，其余一切寝具，均须自备。膳宿费每日约六角，每月约十六元至二十元。”

下表列出了当年广州学旅名称与地址，全部集中在城中心区：

| 名称 | 地址 | 备注（地址今名） |
|---|---|---|
| 一东 | 大塘街六九号 | 大塘街 |
| 大同 | 惠爱路三二号 | 中山路 |
| 大信 | 司后街一七号 | 越华路 |
| 大安 | 豪贤街 | 豪贤路 |
| 公兴 | 百岁坊一〇号 | 百岁坊 |
| 文缘 | 登云里二号 | 仓边路西侧登云里 |
| 自然 | 清水濠三四号 | 清水濠 |
| 多士 | 永汉北乐善里五号 | 北京路北段乐善里 |
| 青连发记 | 豪贤街七八号 | 豪贤路 |
| 泰安 | 豪贤街八七号 | 豪贤路 |
| 高升 | 豪贤街三四号 | 豪贤路 |
| 报东金记 | 天官里一五五号 | 东风中路 |
| 萃英 | 天官里一四六号 | 东风中路 |
| 深柳 | 新贵坊四号 | 文德路北段东侧内街 |
| 华安 | 旧仓巷凌霄里口 | 凌霄里 |
| 新新 | 东岳首约二三号 | 越华路 |
| 豪贤学府 | 豪贤街五六号 | 豪贤路 |
| 天平 | 天平街一四号 | 天成路南段 |
| 名亭永记 | 惠爱路二〇〇号 | 中山路 |
| 同兴 | 登云里一〇号 | 仓边路中段西侧内街 |
| 均安 | 华宁里八号 | 华宁里 |
| 长安 | 天官里八八号 | 东风中路 |
| 泰生 | 华宁里二八号 | 华宁里 |
| 宁乐 | 天官里一五四号 | 东风中路 |
| 桂香 | 桂香街一五号 | 桂香街 |
| 彬彬友记 | 正南街四号 | 正南路 |
| 华宁 | 华宁里三五号 | 华宁里 |
| 粤安 | 朝观街永兴里二号 | 西湖路西段北侧内街永德里 |
| 汇源 | 雅荷塘一一号 | 雅荷塘 |
| 漱山雄记 | 大塘街六六号 | 大塘街 |
| 汉兴胜记 | 西湖街八一号 | 西湖路 |
| 乐园 | 豪贤街一六号 | 豪贤路 |
| 兴华 | 司后街一六号 | 越华路 |

（续表）

| 灵峰 | 文德南路一二号 | 文德南路 |
|---|---|---|
| 希贤 | 豪贤街 | 豪贤路 |
| 适余 | 惠爱路二九号 | 中山路 |
| 广安 | 府学西街 | 府学西街 |
| 卢山公寓 | 榨粉街仁和里一一号 | 仁和里 |
| 广大 | 广大路 | 广大路 |

至1935年，全市的旅馆业已发展到401户，酒店多集中在繁华商业区的长堤、西濠口一带。西濠口至省港码头一带就有大酒店7户、大中型的旅（酒）店主要分布在交通要道和繁华商业区。中型旅店14户。

另有统计，至1937年，广州有酒店、旅店、公寓、学旅等302间。

附：广州市旅馆业机构一览表。

| 名称 | 地址 | 创立时间 |
|---|---|---|
| 旅店业同业社 | | 1921年 |
| 旅业同业公会 | 长堤羊城巷9号 | 1931年 |
| 旅商业同业公会 | 长堤254号广泰来栈 | 1946年4月27日 |
| 旅社商业同业公会 | | 1948年1月 |
| 旅社商业筹备会 | 纸行街通宁道1号二楼 | 1951年2月 |

## 十、金融业

民国时期，广州先后成立的官办银行有：

广东银行（1912—1914）、中国银行广东分行（1914—1919）、广东地方实业银行（1917年5月由广东官银钱局改组而成，1920年关闭）、省立广东银行（1919—1924）、广州市立银行（1928—1949）等。

1924年孙中山在广州创立中央银行，1932年改组为广东省银行，在当时影响甚大。

抗日战争后，国民党中央的四行二局也都纷纷在广州建立分支机构。

官办银行发行纸币、国债，经营存款、贷款业务。

由于当时纸币的发行是能够兑换硬币的，纸币不过是硬币的代用品，而军政各费又常常取给于纸币，发行既滥，而政潮迭起，一闻“风声鹤唳”，银行便出现挤兑而停业关闭。

纸币屡遭挤兑，有的变成废纸，在人们心中失去信用。

广州的私营银行主要有

东亚银行（1920年）、嘉华银行（1923年）、国民储蓄银行（1928年），中国国货银行（1929年）等。

广州的华资银行大都实力较弱，且受政局变动的影响较大。

1934年出版的广州市政府编《广州指南》记载当时广州货币情况：

本市通用货币，以本省所铸之双毫及市立银行、前中央银行发行之纸币为最通用；至大洋纸香港毫及其他各国纸币，均不能直接行使，须向找换店兑换上列三种货币，方能应用。沙面之商店以及市内之洋行，则以香港纸为本位，唯对换货币之找换店，随处皆是，尚无多大之窒碍也。双毫一枚可换铜元三十四个左右，双毫五枚即作小洋一元计算。前中央银行纸币有一元、五元、十元、五十元、一百元五种，改省立银行后又发行一种一元新纸币。市立银行纸币有一元、五元、十元三种，另有一角纸币以为零星找赎之用。票面之值系小洋计算。以双毫兑换港纸及各国纸币，均时价不同。

下表列出了当时在广州的各类金融机构以及经纪行、按押店（当铺）等：

1.银行

| 名称 | 地址 | 备注（地址今名） |
|---|---|---|
| 广东省立银行 | 长堤 | 长堤大马路 |
| 广东省立银行第二兑换所 | 小北路 | 小北路 |
| 广东省立银行第三兑换所 | 西堤 | 沿江西路 |
| 国华银行 | 十三行 | 十三行路 |
| 东亚银行 | 太平南路 | 人民南路 |
| 广东中国银行 | 十三行 | 十三行路 |
| 汇华银行 | 十三行 | 十三行路 |
| 万国宝通银行 | 沙面 | 沙面 |
| 兴中银行 | 西堤二马路 | 西堤二马路 |
| 华南银行 | 西堤二马路 | 西堤二马路 |
| 横滨正金银行 | 沙面 | 沙面 |
| 渣打银行 | 沙面 | 沙面 |
| 盐业银行 | 西堤二马路 | 西堤二马路 |
| 正大信托公司 | 桨栏路六十二号 | 桨栏路 |
| 广州市立银行 | 西濠口 | 西濠口 |
| 国货银行 | 太平南路 | 人民南路 |
| 广东银行 | 西堤 | 沿江西路 |
| 汇丰银行 | 沙面 | 沙面 |
| 法兰西银行 | 沙面 | 沙面 |
| 台湾银行 | 沙面 | 沙面 |
| 嘉华银行 | 太平南路 | 人民南路 |
| 德华银行 | 沙面英界 | 沙面 |
| 丝业银行 | 十三行 | 十三行路 |
| 五华实业信托银行 | 一德路 | 一德路 |
| 宝云信托公司 | 西荣巷十五号 | 西荣巷 |
| 广东信托公司 | 一德路 | 一德路 |

2.银号

| 名称 | 地址 |
|---|---|
| 豫丰 | 光复南路三十号 |
| 全信 | 光复南路十号 |
| 南丰 | 光复南路二五号 |
| 宝栈 | 富善西街一六号 |
| 嘉源 | 桨栏路五二号 |

（续表）

| | |
|---|---|
| 大安 | 拱日东路七八号 |
| 宝长 | 桨栏路一一四号 |
| 瑞安 | 拱日东路七五号 |
| 天祥安记 | 十三行路六七号 |
| 联盛德记 | 桨栏路一二二号 |
| 天泉 | 西荣巷一七号 |
| 永吉 | 宝华路一二七号 |
| 阜源 | 光复南路三四号 |
| 太恒 | 光复南路八七号 |
| 绵信 | 西荣巷二一号 |
| 厚荣 | 拱日东路四二号 |
| 大成 | 拱日东路六六号 |
| 广昌成记 | 永曜北街七四号 |
| 四兴 | 西荣巷二四号 |
| 德祥 | 拱日东路四五号 |
| 永太隆 | 拱日东路八七号 |
| 胜兴 | 中华南路一六号 |
| 永生 | 桨栏路九五号 |
| 宝信 | 桨栏路一〇三号 |
| 正大 | 桨栏路六二号 |
| 宽裕 | 桨栏路六一号 |
| 宝光 | 西荣巷一五号 |
| 裕街 | 拱日东路五七号 |
| 达生 | 桨栏路九七号 |
| 德泰 | 拱日路七〇号 |
| 德隆 | 西荣巷九号 |
| 建华 | 桨栏路一〇〇号 |
| 裕盛 | 桨栏路八二号 |
| 广昌成记 | 东堤永曜北七四号 |
| 粤安 | 十三行路一二四号 |
| 全昌 | 拱日东路九三号 |
| 东利 | 桨栏路一一一号 |
| 道华 | 光复南路三九号 |
| 业昌 | 拱日东路八二号 |
| 永华 | 桨栏路一〇九号 |
| 恒济 | 桨栏路三一号 |
| 华安 | 桨栏路三五号 |
| 粤隆 | 西荣巷二六号 |
| 礼信 | 光复南路三五号 |
| 升隆 | 桨栏路七九号 |
| 协丰 | 永汉北路一五九号 |

（续表）

| 国源 | 拱日中路二〇号 |
|---|---|
| 泰安 | 桨栏路九四号 |

### 3.找换店

找换店即外币兑换店。为客户提供货币兑换的店铺。根据有关条例，开办此项业务须向政府有关部门申请专门的营业牌照。从下表可见，当年外币兑换店遍布广州城各处，可见其业务是相当兴旺的。

| 名称 | 地址 | 备注（地址今名） |
|---|---|---|
| 德信 | 东山庙前街四七号 | 庙前街 |
| 卢勤记 | 五仙路四一号 | 不存 |
| 宝昌 | 五仙路五五号 | 不存 |
| 利明 | 扬仁南路一五号 | 杨巷路 |
| 诚兴 | 永汉北路二〇五号 | 北京路北段 |
| 五昌 | 永汉南路一三六号 | 北京路南段 |
| 利兴 | 十三行路三号 | 十三行路 |
| 铭记 | 十三行路六号 | 十三行路 |
| 何合记 | 梯云东路二八四号 | 梯云东路 |
| 怡安 | 五仙路六〇号 | 不存 |
| 永存 | 拱日东路七八号 | 和平东路 |
| 生昌 | 故衣街五号 | 故衣街 |
| 德祥 | 东山庙前街一五号 | 庙前街 |
| 协元 | 惠爱东路四一七号 | 中山五路 |
| 荣发 | 长寿西路六九号 | 长寿西路 |
| 鸿昌 | 西堤二马路五二号 | 西堤二马路 |
| 两信 | 永汉北路七号之一 | 北京路北段 |
| 同栈 | 海珠路三号 | 海珠路 |
| 汇新 | 扬仁路新巷二六号 | 杨巷路 |
| 恒和 | 桨栏路四三号 | 桨栏路 |
| 逢源昌记 | 小东门永安街一七号 | 永安街 |
| 昌荣 | 惠爱中路一五三号 | 中山五路 |
| 协丰 | 惠爱东路二七九号 | 中山五路 |
| 万兴 | 一德中路三〇七号 | 一德中路 |
| 胜兴 | 中华南路一六号 | 解放南路 |
| 兆昌 | 十八甫南路六〇号 | 十八甫南路 |
| 南记 | 靖海路三二号 | 靖海路 |
| 南发 | 五仙路七一号 | 不存 |
| 仁信 | 一德路三九二号 | 一德路 |
| 贞记 | 梯云东路二二〇号 | 梯云东路 |
| 顺记 | 十三行路二四号 | 十三行路 |
| 荣隆 | 五仙路五二号 | 不存 |
| 裕源 | 十三行路一〇六号 | 十三行路 |

（续表）

| | | |
|---|---|---|
| 义成昌 | 惠爱东路二七九号 | 中山五路 |
| 同兴 | 五仙路六九号 | 不存 |
| 昌源 | 永汉南路一三一号 | 北京路南段 |
| 富昌 | 十三行路一〇二号 | 十三行路 |
| 永源 | 中华南路五五号 | 解放南路 |
| 万利 | 惠爱中路四九号 | 中山五路 |
| 恒昌关记 | 永安街三二号 | 永安街 |
| 东华 | 大东路一三一号 | 中山三路 |
| 恒记 | 永汉南路九〇号 | 北京路南段 |
| 元记 | 梯云东路二〇〇号 | 梯云东路 |
| 永兴 | 永汉南路九四号 | 北京路南段 |
| 德记 | 五仙路六一号 | 不存 |
| 恩昌肇记 | 越秀南路一八二号 | 越秀南路 |
| 信成兴 | 光复南路五七号 | 光复南路 |
| 广州 | 拱日东路一〇六号 | 和平东路 |
| 富荣 | 十三行路八八号 | 十三行路 |
| 余仁生 | 杉木栏路五七号 | 杉木栏路 |
| 文德 | 拱日东七二号 | 和平东路 |
| 仁安 | 桨栏路五三号 | 桨栏路 |
| 德昌 | 一德路四一〇号 | 一德路 |
| 业成 | 永汉南路一三七号 | 北京路南段 |
| 汇隆 | 上九路九八号 | 上九路 |
| 汇华栈 | 龟冈马路二六号 | 龟冈大马路 |
| 泰生 | 十三行路六十号 | 十三行路 |
| 和昌 | 十三行路一四号 | 十三行路 |
| 侨昌 | 拱日东路八八号 | 和平东路 |
| 富华 | 梯云西路三五号 | 不存 |

**4.储蓄会**

| 名称 | 地址 | 备注（地址今名） |
|---|---|---|
| 合众置业储蓄公司 | 西堤二马路 | 西堤二马路 |
| 南方实业储蓄银行 | 西堤二马路 | 西堤二马路 |
| 万国储蓄会 | 沙面法界 | 沙面 |
| 大中储蓄银行 | 太平南路 | 人民南路 |
| 南华置业储蓄公司 | 万福路 | 万福路 |
| 国民商业储蓄银行 | 西堤二马路 | 西堤二马路 |
| 上海商业储蓄银行 | 十三行 | 十三行路 |
| 中法储蓄会 | 沙面 | 沙面 |

广州的金融逐渐操纵在外资汇丰银行手中。民众的储蓄及日常使用多是港币。而银号，找换店及投机分子，亦以港币为买空卖空的目标；特别是抗战胜利后的内战期间，空前的恶性通货膨胀，广州人乃拒用法币，市场交易一律以港币为单位。

# 十一、娱乐业

1903年，电影传入广州。

1908年，广州有了首家电影院。

1924年广州出现了第一个摄影棚，拍摄了《孙中山先生北上》等新闻纪录片。此后广州电影制作业没有发展，但电影放映业却相当繁荣。从20年代到40年代，有过60多家电影院，其中有部分是海外华侨建的。他们在广州下九路建成了中山戏院，在永汉北路（今北京路）建成了中国戏院，在中山七路建成了中兴戏院（后来的中华电影院），在中山四路建成了东乐戏院，在西堤建成了西堤戏院，在中华中路（今解放中路）建成了大德戏院（亦有资料称为华民戏院，今解放电影院前身）。据统计，1949年10月前夕，广州尚有22家电影院。

广州又是中国较早传入话剧的地区之一。20世纪初话剧活动十分活跃。振天声白话剧社是广州第一个话剧团体。

20世纪二三十年代出现过一批以新文艺工作者、青年学生、青年军人为主的话剧社，在大革命时期和抗日救亡运动中起过积极作用。

## （一）大戏院

1934年《广州指南》记载当年戏院状况：

广州市戏院，均演粤剧；演北剧者，唯大新公司天台上之游艺场有之。院中座位，有包厢，对号位，及头二一等之分，票价六角至二元不等。若遇名伶奏技，或演戏筹款，则稍有增加。日场自正午十二时起，至下午七时止；夜场除星期六晚及国家庆典准演通宵外，平时只演至夜十二时止，以免妨碍市民休息。

当时广州五间著名戏院如下：

| 名称 | 地址 | 备注 |
|---|---|---|
| 太平戏院 | 西瓜园 | 丰宁路西瓜园即今人民中路广州日报社一带。 |
| 海珠戏院 | 长堤 | 即今长堤大马路海珠大戏院。 |
| 乐善戏院 | 长寿马路 | 今长寿东路原长寿寺西北部地。长寿电影院前身。 |
| 河南戏院 | 河南 | 原大观园戏院。后改称河南电影院。在河南洪德路51号。 |
| 宝华戏院 | 宝华正中约 | 今宝华正中约。 |

1938年日军占领广州前夕，广州市有海珠、太平、乐善、民乐、宝华、河南、南关7家戏院，连同4个天台戏场，共11个演出场所。

日军占领广州后，市民生活艰辛，娱乐业衰败。河南戏院倾圮荒废，南关戏院因捐税过重被迫停业。能勉强维持演出的海珠等三两家戏院也只能演演停停。粤剧艺人迫于生计，只好在城隍庙（今中山四路北侧）旁边的荒地上和河南洪德路海天四望（街名）的空地上用布帐搭台演出。

抗日战争胜利后，原有戏院多数恢复演出经营，并新建了天星戏院（太平沙原天星电影院改建）、东乐戏院（原民乐戏院改建）、警乐戏院（现广州起义路）、大光明戏院（现滨江西路）、金殿戏院（第十甫）、云香戏院（东华东路）、同福戏院（同福中路）、工娱戏院（南

华中路）等，演出一度繁荣。广州市老戏院之一的南关戏院，在1947年改为乐斯电影院（今南关电影院），不久后因受内战影响，戏院经营又全面衰落，处于半停业、停业甚至倒闭状态。

1949年10月前夕，广州存演出场所13家，即海珠、乐善、太平、天星、东乐、同福、金殿和以布帐搭建的工娱、民乐、云香、芳村、大光明以及先施公司的天台剧场。还有演话剧的基督教青年会剧场等非专业剧场。

1949年10月后，所有剧场、戏院等演出场所陆续归入政府文化部门统属之下。

## （二）电影院

电影于1903年传入广州。1908年由一华裔美国商人在惠爱大街（今中山五路原新华宽银幕电影院旁）开办了广州首家电影院，取名通灵台影院。此后，出现过60家公映场所，多集中于闹市区。初期是默片。1926年首映广州自产故事片《爱河潮》，1929年9月首映彩色影片《天涯浪子》，1930年4月首映片上录音的有声影片《红皮》。

1934年《广州指南》记载当时电影院状况：

年来电影事业，日趋改良，本市各电影院亦已多数改影声片。院中座位，有头、二、三等之分，票价自二毫至一元二元不等。若遇名片，则价稍昂。每日放映二场：头场由正午十二时起，至下午二时止；二场由下午二时起，至四时止。夜亦放映两场：头场由夜间七时起至九时止；二场由九时起至十一时止。

下表为当时广州19个电影院之名称、地址：

| 名称 | 地址 | 备注（地址今名） |
|---|---|---|
| 中国影画院 | 永汉北路 | 北京路北段 |
| 模范影戏院 | 十一甫 | 恩宁路 |
| 明珠影戏院 | 长堤 | 长堤大马路。今羊城电影院前身。 |
| 西堤影戏院 | 西堤大马路 | 沿江西路 |
| 民乐影戏院 | 惠爱中路 | 中山五路 |
| 中山戏院 | 下九甫 | 下九路 |
| 中华影戏院 | 西堤二马路 | 西堤二马路 |
| 永汉戏院 | 永汉路 | 北京路 |
| 明星影画院 | 惠爱中路 | 中山五路 |
| 南关影画院 | 永汉南路 | 北京路南段 |
| 新国民戏院 | 下九甫 | 下九路 |
| 一新戏院 | 十八甫 | 十八甫路 |
| 和平戏院 | 长寿大街 | 长寿大街 |
| 大德戏院 | 中华南路 | 解放南路 |
| 天星影画院 | 太平沙 | 太平沙 |
| 金星影画院 | 十一甫马路 | 恩宁路 |
| 华民戏院 | 中华南路 | 解放南路 |
| 先施天台 | 长堤 | 长堤大马路 |
| 新华影画院 | 惠爱中路 | 中山五路。原新华宽银幕电影院前身 |

当代《广州市志·文化志》有《清末至1938年广州市电影公映单位一览表》，列出电影公映单位共50个，如下表：

| 单位名称 | 创建时间 | 地址·备注 |
|---|---|---|
| 丕崇书院 | 清末光宣年间 | 大新路石室教堂内（即今一德东路圣心堂） |
| 镜花台影院 | 清末光宣年间 | 城隍庙（今中山四路忠佑大街） |
| 民智影院 | 清末光宣年间 | 西关第十甫（今第十甫路） |
| 通灵台影院 | 1908年 | 清风桥（今中山五路原新华影院附近） |
| 民乐影院 | 清末 | 西关十六甫 |
| 长寿大街影画演说场 | 1910年 | 长寿路 |
| 意利影院 | 1914年 | 西关十五甫 |
| 新民影院 | 1913—1917年 | 西关旋源桥 |
| 振兴影院 | 1913—1917年 | 长堤 |
| 智育影院 | 1913—1917年 | 河南海幢公园对面 |
| 先施公司天台游乐场 | 1917年 | 长堤 |
| 豫章书院 | 20世纪10年代 | 长堤 |
| 洞天酒家 | 20世纪10年代 | 长堤 |
| 一景酒家 | 20世纪10年代 | 长堤 |
| 明珠影院 | 1921年 | 长堤。1937年改名羊城影院。 |
| 香江影院 | 1922年 | 永汉路财厅前 |
| 一新影院 | 1923年 | 西关十八甫 |
| 西堤大新公司天台游乐场 | 1923年 | 西堤 |
| 惠爱路大新公司天台游乐场 | 1924年 | 惠爱路（今中山五路） |
| 南关戏院 | 1924年 | 永汉南路 |
| 基督教青年会 | 1925年 | 长堤 |
| 基督教女青年会 | 1925年 | 西瓜园（今人民中路） |
| 河南影院 | 1925年 | 河南（今海珠区）紫来路 |
| 中央影院 | 1925年 | 北京路财厅前。1929年改名中国影院。 |
| 宝华影院 | 1926年 | 西关 |
| 国民影院 | 1926年 | 双门底（今北京路） |
| 明星影院 | 1926年 | 惠爱路（今中山五路）。1936年改名新星影院 |
| 公园前环球影院 | 1927年 | 河南洪德三巷 |
| 永汉影院 | 1927年 | 永汉路 |
| 真光影院 | 1927年 | 西关十八甫 |
| 明华影院 | 1927年 | 西关 |
| 宝庆影院 | 1927年 |  |
| 宝星影院 | 1927年 | 河南岐兴中 |
| 民乐影院 | 1927年 | 中山路 |
| 新国民影院 | 1927年 | 下九路 |
| 中山影院 | 1928年 | 下九路 |
| 模范影院 | 1928年 | 西关十一甫 |

（续表）

| | | |
|---|---|---|
| 华民影院 | 1928年 | 中华路（今解放路） |
| 中华影院 | 1929年 | 西濠二马路 |
| 东山影院 | 1930年 | 东山庙前街 |
| 西堤影院 | 1929年 | 西堤 |
| 一乐影院 | 1930年 | 越秀中路 |
| 和平影院 | 1930年 | 长寿路 |
| 天星影院 | 1930年 | 永汉南路（今北京南路）太平沙 |
| 大德影院 | 1931年 | 中华南路（今解放南路） |
| 新华影院 | 1933年 | 惠爱路（今中山五路） |
| 中兴影院 | 1933年 | 光复北路 |
| 安华影院 | 1933年 | 西关十八甫 |
| 金声影院 | 1934年 | 恩宁路 |
| 娱乐影院 | 1937年 | |

（说明：1929年中央影院改名中国影院，1933年和平影院改名长寿影院，1936年模范影院改名新新影院，明星影院改名新星影院，1937年明珠影院改名羊城影院。）

1938年10月广州沦陷。日伪时期，原羊城、永汉、新星、天星、大德、新华、民乐等影院及大东亚天台游乐场（原先施公司天台游乐场）仍放映电影。此外新开了五间电影院，见下表：

| 名称 | 创建时间 | 地址 |
|---|---|---|
| 南京影院 | 1940年 | 河南岐兴南约 |
| 大光明影院 | 1940年 | 南华中路 |
| 广州影院 | 1942年 | 西堤大马路 |
| 升平影院 | 1943年 | |
| 乐善戏院 | 1945年 | 长寿路 |

1945年6月26日，全市影剧院全部停业，都在门口挂上“捐税过重，无力负担，迫得停业”的大字木牌。

内战时期，羊城、中国、乐斯、永汉、新星、中华、大德、新华、广州、基督青年会仍放映电影（其中乐斯影院是1947年由南关戏院改的专业电影院），此外新开了六间电影院，见下表：

| 名称 | 创建时间 | 地址 |
|---|---|---|
| 同福影院 | 1945年 | 河南同福路 |
| 大华影院 | 1946年 | 教育路 |
| 国泰影院 | 1948年 | 惠福西路 |
| 温拿影院 | 1948年 | 长堤（后改称长堤电影院） |
| 美华影院 | 1948年 | 长寿西路 |
| 丽声戏院 | 1949年 | 海珠中路 |

1949年10月前夕，广州有放映电影的单位27个。其中在今越秀地区的有13个，比较著名的有新华、大华（今南方剧院）、乐斯（今南关电影院）、永汉、新星、温拿、长堤（今羊城）、大德（今解放电影院）和中国（在财厅前）等电影院。放映影片以外国影片为主。

### （三）游乐场·谜坛

20年代后期，兴起了百货公司天台游乐场。西堤大新公司（南方大厦前身）、惠爱路大新公司分店（今新大新公司址）、长堤先施公司（今华厦公司址）和十八甫的安华公司4个天台游乐场均设有大戏场，上演粤剧、京剧和新派剧（早期话剧）。当时广州著名的粤剧全女班如谭兰卿的大观剧社、梁少屏的群芳艳影女剧团等，就曾被天台戏场长期雇请演出。惠爱路大新公司天台游乐场设有全市独一无二的京剧戏台，上海著名京剧演员袁香云、袁汉云等曾在此长期献艺。

1934年《广州指南》记载：

游艺场惟各大公司天台上有之。中分粤剧、电影、幻术等，亦有兼演京剧歌舞者。日场自十二时至四时，夜场自八时至十二时。其座位有对号位及普通位二种，券价自二角至四五角不等。

当年不少人喜欢猜谜，故长堤先施公司天台游乐场首先开设谜坛助庆。所猜之谜以古典诗文为主，通俗的甚少。后来大新公司游乐场也设谜坛，以增加对游客的吸引力。

此外，还有东山精武体育会水上游艺场，但那是水上运动场，跟演戏放电影的游艺场不是同一性质。

## 十二、典当业

广州的典当业于19世纪下半叶开始迅速发展，晚清至民国初期为全盛时期。当时广州城内当铺众多，当楼林立，多达400多间。民谚有“当铺多过米铺”之谚。广州现存当铺已甚少，便是为当时所建。20世纪30年代以后，随着新的融资形式和融资渠道大量出现，典当业逐步走向衰落。

1934年《广州指南》记载广州有当铺（亦称押店、按押店）15间，见下表（备注栏为笔者所加）：

| 名称 | 地址 | 备注（地址今名） |
| --- | --- | --- |
| 泰昌押 | 河南环珠桥 | 不存 |
| 安昌押 | 太平沙 | 太平沙 |
| 洪昌押 | 河南洪德马路 | 洪德路 |
| 履泰押 | 惠福西路一九四号 | 惠福西路 |
| 裕成押 | 中华中路一三七号 | 解放中路 |
| 广隆押 | 回栏大街十七号 | 应为回澜大街。不存 |
| 德丰押 | 河南大基头 | 大基头 |
| 宝德押 | 宝庆新街中约 | 宝庆新街中约 |
| 乾泰押 | 东堤二马路十三号 | 东堤二马路 |
| 均昌押 | 泰康路二九四号 | 泰康路 |
| 祥源押 | 第二甫七十七号 | 光复北路 |

（续表）

| | | |
|---|---|---|
| 福利大押 | 河南福麟大街一八三号 | 福麟大街 |
| 怡安押 | 下九甫六号 | 下九路 |
| 恒丰押 | 太平沙一号 | 太平沙 |
| 贞信押 | 十甫河傍街十三号 | 河傍街清平路 |

今存“东平大押”的仓库楼，现资料称之为“大东门旧当铺”，位于中山四路1号。建于民国初年。现在用来做了“广州市东平典当博物馆”，开放参观。

## 十三、摄影业

照相馆主要从事肖像摄影，亦有兼营画像、镶牙等。至20世纪，广州照相馆增多，多设于卫边街（今吉祥路）、长堤、西濠口及今荔湾区的十八甫。卫边街有“荣昌堂”“谢耀华”等馆；长堤有“荣芳”“先施公司映相部”等馆。

民国时期，20世纪20年代，照相已逐渐被广州社会生活和人们日常生活所经常采用，并为当时社会政治活动和外事活动留下了十分珍贵的历史资料。如1923年8月11日，艳芳照相馆派摄影师到永丰舰上为孙中山和宋庆龄等人拍照。次年孙中山在广东大学（中山大学前身）演讲时，星洲兄弟照相馆派人前往拍照。

30年代，广州摄影业有了很大的发展。摄影业从一般的营业性人像摄影发展到艺术创作、新闻摄影、风光摄影等多品种的摄影活动。1933年2月，广州市举办了规模宏大的“广州市第一次展览会”。展览会设摄影馆，展出作品分艺术摄影、标本、广告图案、本市名胜建筑、人像、风光摄影、十九路军抗战摄影等，作品共计600余幅，摄影业也有部分作品参展。

1929年，位于今越秀区内的摄影店有32家，其中规模较大者有14家，且多集中于惠爱中路（今中山四、五路）和永汉北路（今北京路北段）。女子摄影店开始出现，倩影女子照相店在一德路，镜明女子照相店在靖海路。

下表载录了当时广州的14间照相馆：

| 名称 | 地址 | 备注（地址今名） |
|---|---|---|
| 德源 | 十八甫路一一一号 | 十八甫路 |
| 大光 | 长堤三一四号 | 长堤大马路 |
| 雪鸿 | 旧豆栏 | 旧豆栏 |
| 十全公司 | 太平南七九号 | 人民南路 |
| 世光 | 永汉路二号 | 北京路 |
| 雪明 | 惠爱东路三三六号 | 中山五路 |
| 宝光 | 惠爱中路 | 中山五路 |
| 美洲 | 下九路一三〇号 | 下九路 |
| 万方 | 一德路四一二号 | 一德路 |
| 安华公司五楼 | 十八甫路 | 十八甫路 |
| 大同 | 十八甫八二号 | 十八甫路 |
| 容芳 | 永汉南路一四六号 | 北京路南段 |
| 丽芳 | 吉祥路一二六号 | 吉祥路 |
| 艳芳 | 惠爱中路 | 中山五路 |

另有资料记载，1934年，广州市较大的摄影店有33户。1935年，广州市摄影业主要店号有阿芳、民镜、艳芳、丽芳、影业公司等40余家。至抗日战争前，广州市摄影业共有大小商号300余间，从业人员约450人。一间店连老板带职工平均不到1.5人，这个统计令人怀疑。

广州的照相器材业诞生于民国初年，是全国最早诞生的新兴行业，经营的都是舶来商品。至抗日战争前，广州市全行业只有6户，位于今越秀区内者有万芳等4户。

## 十四、理发美容业

清初清兵攻占广州后，强迫男子剃发垂辫，设剃发匠称作“待诏”，吃俸禄。后来朝廷免去其俸禄，“待诏”唯有开剃头铺谋生，此为理发业之萌芽。

鸦片战争后，剃头铺和挑着木梳妆架子串街的理发档进一步发展，形成理发行业。当年理发，理发者要弯腰低头，手扶着面前一张半人高凳子，长辫搭向前边，露出枕项一截发脚，让剃头匠执刀剃刮。

清代时东山地区尚为乡村之地，已有理发业，但未有理发店。理发匠多在街边设档或手提藤匣走街串巷为人理发。

辛亥革命后，男子不再留辫。把头发理成“西装头”或留短发，剃头铺改名为理发店，服务对象是男子。理发工具增加了推子、剪子。每个座位前立有一面镜子，理发时围上档布。天气炎热时，店中间悬挂布幅，由童工拉动生风扇凉。

女界则有“梳头婆”在街头巷角设长凳几张，专为妇女梳头、盘髻、剃面、修眉。大马站是其聚处之一。

1925年前后，引进火力卷发技术，一新理发店首设以铁钳、炭炉等工具为女子烫发的服务项目。同年11月，理发工会制定了甲、乙、丙各等级店的标准。1928年春颁布了《取缔理发业规则》。

20年代末期，电发技术传入广州，烫发、卷发、洗头日渐兴起。

20世纪20年代，理发店遍布广州城。当时永胜上沙有一家剃头店，为男人剃光头。

30年代，东川路开办了一间可能是原东山地区最早的理发店，后迁往东华东路，即现在的向新理发店原址。其后东山地区较有名气的理发店有时代理发店、清华理发店（已撤销）、美洲理发店（拆建后改为百佳儿童用品店）、钻石理发店（后名东秀理发店）等。

1924年，广州理发业第一家高级店一新理发店在一德西474号开业。

1931年，广州第一间女子理发店——木兰女子理发店在中央公园前诞生。

30年代，理发业迅速发展。

1934年出现化学药水曲发（俗称“冷电”）和使用“大风筒”吹发。最早兼营恤发、电发者有广大路唯一理发店、一新理发店等。自此，理发行业便有了男界、女界之设，逐渐形成了一套男界、女界的剪发、洗头、剃面、吹风、药水电发、染发等经营项目。最早兼营恤发、电发者有广大路唯一理发店、一新理发店等。当时较著名的理发大店有6家，位于今越秀区内有大南路的白宫、惠爱中的大新公司理发店、昌兴街的雅园、南京理发店和一新理发店。

1934年《广州指南》记述：

本市理发店颇多，装潢华美，技术亦颇精巧。前常悬一标志，其形如短棒，色分红绿，外罩以玻璃，通电流，之终日旋转，说者谓此物与理发业有深长之历史云。高等理发店取值，剪装男子四毫，女子六毫。普通理发店，剪装二毫，亦有收费一毫半者。等级甚多。此外如电面，熨发，洗头等，各费均有等差，店中均悬有价目表，亦有悬于门前者，观之则一目了然矣。

## 十五、信托业·经纪行

清乾隆时，法定中介人“牙行”有确定货物品质等次、价格及监督商人交易和纳税的权力。

民国后，牙行逐步为行栏、货栈、交易所、信托公司等居间商业组织所取代。

货栈由牙行演变而来，主要从事农副产品、牲畜和某些手工业品的代购代销或说合介绍，收取佣金。一般经营农副产品的称“栏”，经营土洋杂货的称“行”，统称“九八行”，其经营内容比牙行广泛，服务方式也有新的发展。

民国时，广州有委托购销行业组织，或称委托购销商业同业公会组织，其商户主要是代客买卖，接受外地客商来函来电或来人委托进行购销，向买卖双方收取一定佣金。“九八行”也分布到许多自然行业之中（“九八”指向买卖双方各收2%佣金）。

属于居间服务性的行业还有运输行、报关行、代报税行等。

各行业都有一批经纪人，在商商、工商之间进行中介活动，搞代购代销。

经纪人多在茶楼活动，通过饮茶交谈了解商品信息，打听行情，进行穿针引线，从而达成交易。拥有资金的大经纪看准行情也会自行进货，存放行栈待价而沽。

1934年《广州指南》载录当时广州有经纪行28家，见下表：

| 名称 | 地址 | 备注 |
|---|---|---|
| 大隆 | 溶光街九号 | 长乐路 |
| 三发 | 太平街惠竹居一号 | 泰康路中段北侧内街 |
| 同和 | 仁济街三号 | 仁济路 |
| 合昌和 | 宝顺三巷六号 | 仁济路南段西侧内街 |
| 惠生隆 | 新基中约八二号 | 新基中约 |
| 忠仁隆 | 新基中五号 | 新基中 |
| 林吻银业经纪 | 沙面英租界六六号 | 沙面 |
| 大升平 | 新基正街三八号 | 新基正街 |
| 同泰 | 富善西一七号 | |
| 同得 | 潮音街一号 | 潮音街 |
| 志同和 | 状元坊二三号 | 状元坊 |
| 和纶 | 沙基东横街三号 | |
| 长安泰 | 永安路九一号 | |
| 协记 | 沙面 | 沙面 |
| 南隆行 | 一德路二九一号 | 一德路 |

（续表）

| 佑兴 | 新基正七一号 | 新基正 |
|---|---|---|
| 祥兴 | 新基路二七八号 | 新基路 |
| 华益 | 兴隆路七一号 | 兴隆路 |
| 慎和祥 | 新兴街五号 | |
| 源兴 | 溶光街九号 | 长乐路 |
| 福兴源 | 新基新五一号 | 新基新。 |
| 柯杜经纪 | 沙面 | 沙面 |
| 祥安 | 黄沙中约一九号 | 黄沙 |
| 华隆 | 三角市二七号 | 三角市 |
| 逸安 | 扬仁东七号 | 扬仁东 |
| 诚兴 | 联兴街二五号 | 联兴路 |
| 叶佐记 | 沙基路二九六号 | 六二三路 |
| 福民 | 沙基路二五二号 | 六二三路 |

此外，还有代商人报税以收取佣金之经纪行，称“报税商号”。当年广州有数十家之多，多集中在沿江一带，见下表：

| 名称 | 地址 |
|---|---|
| 大信行 | 联兴街五号 |
| 三益 | 联兴西街四八号 |
| 仁记 | 盐亭西街一九号 |
| 仁信 | 联兴街一七号 |
| 大成 | 正兴街卅一号 |
| 仁和昌记 | 联兴街五四号 |
| 仁昌行 | 兴隆街四二号 |
| 天成 | 新基西街三四号 |
| 天安 | 同文路二九号 |
| 中安 | 联兴街一号 |
| 公信 | 海关右街五号 |
| 元安 | 联兴街二三号 |
| 正隆 | 德兴北一〇六号 |
| 四德堂 | 新基东九号 |
| 永德 | 联兴街四六号 |
| 永发 | 新基西九号 |
| 永昌 | 源昌西街一九号 |
| 同和 | 联兴街四九号 |
| 同昌利 | 兴隆中六号 |
| 同德 | 源昌中一二号 |
| 合兴隆 | 冼基东七号 |
| 中和 | 联兴街五处 |
| 公平行 | 一德路三四号 |
| 日华 | 联兴街三九号 |
| 正兴隆 | 兴隆大街四二号 |
| 平安 | 兴隆街一三号 |

（续表）

| 永兴 | 德兴街九九号 |
| --- | --- |
| 永发祥 | 和乐里一号 |
| 永昌盛 | 新基西四二号 |
| 同安船务公司 | 沙基路四一号 |
| 同发安昌记 | 同兴街九号 |
| 同合 | 联兴街三一号 |
| 合记兴 | 联兴西街八号 |
| 成昌泰 | 扬仁新街一四号 |
| 成昌 | 兴隆街一号 |
| 协同兴 | 兴隆大街四〇号 |
| 明安 | 联兴街五号 |
| 怡和兴合记 | 晋源街五号 |
| 和昌 | 正兴街六号 |
| 信益 | 新基正中约五三号 |
| 厚丰 | 荣阳街七七号 |
| 恒安 | 兴隆街五〇号 |
| 建安 | 新基正中约三二号 |
| 贞安 | 新基正中约六〇号 |
| 厚丰 | 联兴街三三号 |
| 致和祥记 | 兴隆大街五四号 |
| 浩昌行 | 联兴街七六号 |
| 协荣 | 西堤二马路二〇号 |
| 明德 | 同安街一号 |
| 东和 | 正兴街二七号 |
| 昌泰隆 | 兴隆大街三一号 |
| 信源 | 同文路一五号 |
| 信兴 | 广埠前街七号 |
| 厚丰 | 联兴街 |
| 威伦 | 同文路二五号 |
| 英发 | 西堤二马路七一号 |
| 洪记 | 荣阳街三一号 |
| 泰兴 | 联兴路三一号 |
| 益记 | 怡和里二号 |
| 祥泰 | 新基中三〇号 |
| 祥和兴 | 新基西三六号 |
| 祥安 | 同安街一号 |
| 干亨 | 联兴中横街二号 |
| 顺记 | 沙基路三八号 |
| 瑞和 | 永安路四七号 |
| 瑞安 | 兴隆街九二号 |
| 裕安祥 | 兴隆街四六号 |
| 万利 | 荣阳街三六号 |
| 普利源 | 新基西九〇号 |

（续表）

| 巨生源 | 兴隆街八〇号 |
|---|---|
| 福诚信 | 豆栏直街六号 |
| 福利安记 | 同文路三四号 |
| 荣昌 | 联兴街三二号 |
| 祥德 | 兴隆大街四七号 |
| 千元 | 新基中三九号 |
| 常记 | 正兴街卅一号 |
| 华昌 | 兴隆大街三三号 |
| 瑞丰 | 海关右街一五号 |
| 裕利 | 皮栏桥一六号 |
| 裕和祥 | 联兴街三〇号 |
| 万和 | 联兴街六三号 |
| 慎信 | 同安街九〇号 |
| 祺源 | 新基西街六号 |
| 福利 | 荣阳街二九号 |
| 荣兴 | 仁济街一号 |
| 远大 | 联昌路八号 |
| 广安和 | 新基西中约廿一号 |
| 广兴成 | 联兴街一号 |
| 广兴隆记 | 正兴路三二号 |
| 德泰 | 同安街一三号 |
| 兴记 | 兴隆街九二号 |
| 谦德泰 | 联兴街一四号 |
| 广成章 | 兴隆大街四十号 |
| 广德 | 新基横街廿一号 |
| 德华 | 德兴街一〇七号 |
| 德安 | 新基中三号 |
| 联发公司 | 怀远驿十号 |
| 宝安 | 兴隆街八十号 |

## 十六、文具业

晚清，广州已有一些作坊、店铺从事文房四宝的生产和经营，多是前作店铺后为作坊，自产自销，制作纸制品、冥镪、毛笔、印刷、裱字画、代客绘画、写字撰文等。

一些文具店附设加工场印刷各种簿册、表格。

早在清咸丰年间，广州已有文房四宝店和笺扇庄等零售店铺。不少书店兼营文具用品，图书业与文具业关系密切。文具业便是在文房四宝店和书籍行的基础上演变过来的。新以泰和三多轩是著名的商号。

民国时期，文具店多集中在汉民北路（今北京路北段）单号门牌一侧，共有17户，自来水笔店20多户；双号门牌一侧多为书店，半数以上也兼营文具。体育用品、测绘仪器、教学标本模型基本上由文具店经营，尚未形成专业商店。

文具批发多设在西关光复路。

1932年6月，成立图书教育用品业同业公会，全行业160户，批发商20户，入会73户。抗日战争胜利后，重新成立图书教育用品业同业公会。

文具零售，还有身背胡琴沿街叫卖的小商贩。

## （一）笔墨

毛笔业在晚清光绪年间已颇具规模，在府学东街（今文德路）成行成市，名店有陈富元、何大珍等，所产毛笔畅销省港澳和东南亚。1931年2月，成立毛笔业同业公会，会员30户。

1934年《广州指南》载录当时广州有笔墨行9家，除文雅斋一家在西关上陈塘外，其余八家均集中在今北京路一带，见下表：

| 名称 | 地址 | 备注（地址今名） |
| --- | --- | --- |
| 文雅斋 | 上陈塘七一号 | 梯云东路、珠玑路一带 |
| 何大珍 | 永汉北路一三一号 | 北京路北段 |
| 陈富元 | 永汉北路七八号 | 北京路北段 |
| 陆殿章 | 惠爱东路一八三号 | 中山五路 |
| 詹成圭 | 永汉北路二一九号 | 北京路北段 |
| 文华阁 | 高第路一三六号 | 高第街 |
| 高元登 | 永汉北路八六号 | 北京路北段 |
| 曹素功 | 永汉北路一六九号 | 北京路北段 |
| 詹同文 | 永汉北路一三六号 | 北京路北段 |

## （二）纸业

清康熙二十三年（1684）废除海禁，福建、江西、广西等省的土纸、色纸被源源运到广州出口。由东江、西江、北江水路运到的纸张在靠珠江的一德学社、纸行街、诗书街一带集散。

鸦片战争后，德、日等国的纸张陆续输入，纸业遂分为土纸行、洋纸行、色纸行，也有土纸、洋纸、色纸综合经营的。

清末，纸张业已成专门行业，商户多设在纸行街（今纸行路）、诗书街（今诗书路）、天平街（今天成路）、大新街（今大新路）、南濠街（今海珠中路）一带，经营者多为南海、番禺、顺德人士，产地纸商亦有派人到广州坐庄的。“大栏”的价格能左右市场，中小户参照变动。

20世纪20年代后，文具批发业渐具规模。

1930年2月，成立纸业同业公会，会员158户。

1931年1月，成立北江纸张杂货发行业同业公会，会员30户。

一些土纸兼营腊鸭、冬菇、烟叶等土产，部分纸商兼营手工印刷中式信封信笺、十行纸、账簿、历书等，有些同时加入纸业和印刷业两个同业公会。

1935年，纸业大户永福祥创办人萧日初集资2万银元在大马站开业。其他文具批发商规模不大，雇上10多人的已属“大栏”，一般配备一名掌柜和1～2名行街（推销员），坐店经营与上门推销相结合。批发不设起点，可以赊销，凭折记数，月末结算。

1934年《广州指南》载录当时广州有纸张行8家，见下表：

| 名称 | 地址 | 备注（地址今名） |
|---|---|---|
| 文宝楼 | 惠爱中路三三号 | 中山五路 |
| 瑞云楼 | 惠爱中路一一号 | 中山五路 |
| 祥记 | 一德路三二三号 | 一德路 |
| 柔安发 | 联兴路一二八号 | 联兴路 |
| 正昌 | 永汉北路八〇号 | 北京路北段 |
| 五光楼 | 贤藏街七三号 | 贤藏街 |
| 逢源 | 光复中路四三号 | 光复中路 |
| 昌兴行 | 兴隆南路二五号 | 兴隆南路 |

抗战胜利后，1946年4月，重新成立纸商业同业公会，全行业154户。

## 十七、眼镜业

眼镜发明于南宋，以水晶为原料。

清康熙年间（1662—1722），广州有水晶眼镜制作与销售。当时还没有专业店，只是附在古玩玉器铺内销售，使用老式验光工具（对光牌）。

鸦片战争后，西方光学玻璃及其制作技术传入广州，逐步取代了水晶镜片。广州首先引进德国磨眼镜机具生产玻璃眼镜，并能制造12度相当现在1200度的镜片。

咸丰四年（1854），在大马站设立明远堂水晶眼镜公所。

清末，20世纪初，广州已有数家规模相当的眼镜店。

清末民初，广州出现钟表眼镜专业店，逐步发展成有规模的商业行业。一些大型百货公司也开设钟表眼镜专柜。

清末，书坊街开设兆隆、天星、和星等多家店铺而成为眼镜街。囿于帮规行约，眼镜公所不准会员经营光学眼镜，光学眼镜店也不经营水晶眼镜。

1911年，中国精益眼镜公司在上海开设；1913年，在广州等18个城市设立分店。今越秀区内精益眼镜店在当年开业。1918年，孙中山在该店配老花眼镜，并题写了“精益求精”四字，该店将之裱悬于店堂上方正中。

1923年，广州有眼镜店45户。1928年增为52户。

民国期间，钟表眼镜业多集中于太平南路（人民南路）、惠爱中路（中山五路）、汉民北路（北京路北段），著名的钟表眼镜店有李占记、亨得利、东山、大陆、林源丰、精益等。

20世纪30年代，钟表眼镜业生意颇为兴旺。

1934年《广州指南》载录当时广州眼镜店有5间，见下表：

| 名称 | 地址 | 备注（地址今名） |
| --- | --- | --- |
| 中国精益眼镜公司 | 永汉北路二一六号 | 北京路北段 |
| 顺昌 | 太平路二二七号 | 人民南路 |
| 佑昌公司 | 长寿路八六号 | |
| 光和眼镜公司 | 十八甫路一八号 | |
| 冯太升 | 教育路二二号 | 教育路 |

眼镜除了镜片还有眼镜架。制造眼镜架的材料最早用皮革、牛角、象牙、玳瑁壳及铜、铁金属。20世纪塑料工业发展，转为大量采用塑料做原料。

1949年10月前，广州有大茂、祥丰两厂生产塑料眼镜架，由于质量差，销售仍以进口货为主。

据1934年《广州指南》记载，当时广州销售眼镜架的店铺有10家，见下表：

| 名称 | 地址 | 备注（地址今名） |
| --- | --- | --- |
| 幻商 | 同文街五九号 | 同文街 |
| 民光兴记 | 拱日路九号 | 和平路 |
| 永华 | 惠爱中路八〇号 | 中山五路 |
| 光商 | 同文街一九号 | 同文街 |
| 裕和兴 | 太平南路一三九号 | 人民南路 |
| 公华 | 万福东路四五号 | 万福路 |
| 巧华 | 太平南一四一号 | 人民南路 |
| 永昌 | 大新路四〇一号 | 大新路 |
| 粤兴祥 | 惠爱中路一三二号 | 中山五路 |
| 美生 | 鳌洲大街一二号 | 鳌洲大街 |

# 十八、其他行业

## （一）钟表业

今广州博物馆（镇海楼）陈列的元代铜壶滴漏是古代著名计时器。

17世纪，西欧钟表开始输入中国，广州出现了制造机械动力时钟的家庭手工作坊，北京故宫博物院中一座铜镀金水法轮花白猿献寿时乐钟是清乾隆年间广州时钟艺人生产的珍品，香港尖沙咀火车站大钟也是广州工匠手工制品。

清咸丰年间，广州已成立钟表行会，称为“公和堂”，地址在卖麻街。行会对设店授徒，制造贩卖钟表都有一套规则。

清末民初，广州出现钟表眼镜专业店，逐步发展成有规模的商业行业。一些大型百货公司也开设钟表眼镜专柜。

民国时期，钟表属高档消费品，手表全部靠进口。钟表工业只有个别厂商用手工制作一些木挂钟、表带、零件等，厂家自产自销。一般以零售为主，只有大陆、东南、祥安、大中华等较大的钟表店兼营批发。

1915年，李占记钟表店开业，是政府要员们时常光顾的地方。一般平民甚少问津。

1923年，广州有钟表店111户，1928年增到154户。

民国时期钟表店商品以进口钟表为多，亦有一些清廷流散于民间的各国宫廷贡品，如镀金、包金、镶钻的座挂钟、花鸟人物走动的报时钟，还有高路云、奥米加、依力臣、劳力士等怀表和手表。

### （二）广告业

1934年《广州指南》载录当时广州有广告社共6家，见下表：

| 名称 | 地址 | 备注（地址今名） |
| --- | --- | --- |
| 海珠美术广告社 | 广卫路十三号二楼 | 广卫路 |
| 第一广告社 | 下九甫路国华报内 | 下九路 |
| 天龙广告社 | 太平南路嘉南堂四楼四号 | 人民南路 |
| 南风广告社 | 长堤海珠前荣芳映相馆内 | 长堤大马路海珠大戏院前 |
| 黄花广告社 | 惠福西路 | 惠福西路 |
| 绿叶广告社 | 丰宁路 | 人民中路 |

其中海珠美术广告社最有名气，当时鼎鼎大名的海珠桥上的广告就是由它来做的。1934年《广州指南》记述：

该桥（海珠桥）广告地位，为海珠美术广告社办理。入夜电灯，美术广告，辉映全桥，俨如白昼。

### （三）洗染业

清道光年鸦片战争前，广州城已有家庭式上门收洗衣物的服务。鸦片战争后，洗衣店开始发展，但经营规模很小，靠到珠江河边或市郊山坑洗晒。初期大部分开设在靠近沙面租界的西关、十八甫一带，专门接洗沙面上海银行、万国银行等机构的洋人及其家眷的衣服，故称为“番衣店”。直至1912年，全市从事洗衣业工作的只有30多人。此后洗衣业逐渐兴旺。

1916年后，随着生意发展，洗衣店有了铺面和生产场地，洗衣业逐渐兴旺起来。

1923年，美国华侨黄璋传、陈孟浣、梅光华等带回熨绒机、洗衣机等器械，先后在广大路、惠爱路一带开设广大、国新、纽约等洗衣店铺。广州出现了机械洗衣。1926年，上海人朴张龙南下广州，在下九路开设统一染厂，设置了2个工场、8个门市部，把洗、染业务合一。这种做法后为同行所效仿。

1928年，洗衣店遍及广州城区，计有洗衣店184户。

在广大路就先后聚集了广大、大光、益民、中央、紫罗兰、神经六、振华新等多间洗染店（厂），广大路一时成了“洗衣街”。

当时大部分的店是前铺后场，以洗熨棉、麻、毛、丝绸衣服，及各旅店、茶楼的床上用品、餐布台布为主，并兼有漂染业务，多是上门收送。洗染价格自定，但相差不大。一般洗熨一套呢绒西装，收白银五角。在街头巷口，也有一些挑着两个火水罐、木柴的流动摊点，其业务单一，只染蓝黑，染后的衣服滤清靛水，带湿交回顾客。

20世纪30年代的服饰，广州学生大多穿灰色的上衣，黑色的裙子，一般劳动妇女穿短袖衫。市内男装先是盛行长袍马褂，后盛行西装革履，女装以各式旗袍较为习见。

1935年底，广州市有洗衣店126户，染衣店92户。

### （四）乐器业

乐器业集制造、销售、修理于一体。

1921年，开平人邓炳奎兄弟在惠爱路、公园前开设广东琴行和珠江琴行，上海人袁宁发在长庚路开设上海琴行，是广州最早的西乐店。

民国时期，大新路、濠畔街有二胡、秦琴作坊30多家。规模较大的有10家，店主多为四邑人。

抗日战争前，中西乐器业有27户。

### （五）荐人馆

为人介绍工作的服务机构。据1934年《广州指南》记载：

广州求荐工役者，须至荐人馆，先付半月鞋金，即茶敬作押（粤称按柜），然后由荐人馆派人引至雇主处。凡经雇主收下荐条者，虽不雇用，押金亦不交回。如受雇人不依期上工或无人作保等，均属自误，荐馆概不任咎。

当时广州荐人馆有31家，集中在城中心区。可见当时前来广州城找工作的人不少，见下表：

| 名称 | 地址 | 备注（地址今名） |
|---|---|---|
| 海新记 | 惠爱西路四十号 | 中山六路 |
| 泰生 | 惠爱西路七号 | 中山六路 |
| 义昌 | 惠爱西路一号 | 中山六路 |
| 恒盛 | 朝天街八三号 | 朝天路 |
| 荣发 | 德宣东路四六号 | 东风中路 |
| 绵记 | 木排头十九号 | 北京路西侧内街 |
| 昌记 | 木排头六八号 | 北京路西侧内街 |
| 永昌 | 丽水坊三号 | 越秀南路北段西侧内街 |
| 万昌 | 十一甫马路四十三号之六 | 恩宁路 |
| 泰昌 | 福泰里五号 | 福泰里 |
| 祥记 | 中华中路三三一号 | 解放中路 |
| 人和记 | 中华中路三三二号 | 解放中路 |
| 宝生 | 长寿东路担责巷六号 | 长寿东路 |
| 顺利 | 宝华路二八四号 | 宝华路 |
| 合利 | 中华中路三三七号 | 解放中路 |
| 利民 | 惠爱西路六九号 | 中山六路 |
| 合记 | 惠爱西路五〇号 | 中山六路 |
| 明记 | 东横街二号 | 文德路南端西侧 |
| 浩泉 | 西横街高西里一号之一 | 北京路西侧内街 |

（续表）

| 常新 | 旧仓巷七八号 | 中山四路北侧 |
|---|---|---|
| 广记 | 仰忠街三五号 | 北京路东侧 |
| 泰记 | 长寿东路八八号 | 长寿东路 |
| 合和 | 中华中路三三九号之一 | 解放中路 |
| 牲牲 | 正南路四五号 | 正南路 |
| 林大成 | 中华中路一九〇号 | 解放中路 |
| 多利 | 多宝路七三号 | 多宝路 |
| 悦安 | 惠爱西路九七号 | 中山六路 |
| 合成 | 中华中路三三七号之一 | 解放中路 |
| 昭信 | 惠爱西路九一号 | 中山六路 |
| 成利 | 中华中路三二四号 | 解放中路 |
| 焕华隆 | 惠福路六十三号 | 惠福路 |

### （六）米店粮油业

宋代，米市街（今米市路）一带形成专营米业的集市。

明代，在沿河商业区的油栏门一带，为卖油的栏口。清代有油栏直街。

清初，外省运穗大米，多在沿江谷埠起卸、交易。

民国初年，由东江等运穗稻谷多在海珠桥北五仙门（今一德路与原五仙里相交处）一带起卸，形成谷栏。1938年，谷栏毁于战火，后移至东堤。

1935年，今越秀区境有长堤的协祥、聚和谷米行和位于惠爱路的兆丰和、广丰昌等米店125户。

日军侵占广州后，曾实行米粮配给，禁止私商自由贩运和经营粮食。米店多歇业，至抗日战争胜利后始复业。米铺多兼营食油。随行就市，自由购销。

1950年前后，粮油仍为私商经营。

### （七）木器家具业

广州市木器、家具、木料业，清代时已形成多个自然行业，如木盆桶、木屐、寿枋、木制日用杂品、红木家具、白木家具、杉木、土洋杂木、旧木料业等，各有行会组织，民国时期改为同业公会。

木盆桶及木制日用杂品业多集中在泰康路；木屐业在海珠南路；红木家具业初在濠畔街，民国后迁下九路西来初地；白木家具业在文明路、惠爱西路（今中山六路）；杉木业在黄沙、如意坊；松杂木业在竹横沙（今大沙头东山湖公园一带）及德政南定安里；洋杂木业在河南福场园（今南华中路）及永兴街；旧木料业在永兴街、纺织路二冲口一带。

1932年全市有大小木器制品、家具、木材木料商店1678户。

木器制品、白木家具业多是前店后场，产销合一的作坊式小店。红木家具业，因商品价值不菲，经营资金都较雄厚。木材木料业的批发商，多直接到林产区组织货源回市，供零售商选

购。木材行栏，代客买卖。

洋杂木经营，以民国时期陈济棠治粤年间较为兴旺，资金雄厚者，发展为省、港、南洋三地联号经营而雄踞市场。

抗日战争爆发后，进口洋杂木中断，经营旧洋杂木、旧木料业随之兴起。津沪失陷后，广州成了唯一的进出口岸，广州工业品市场曾出现了前所未有但又是短暂的繁荣。

# 第十二章 陈济棠治粤·老广州『黄金时代』

以上记述民国时期广州商业、建筑、医疗慈善事业以及经济文化建设等，基本上都发生在抗日战争爆发之前，其中大部分发生在陈济棠治粤之时。

1927年12月爆发广州暴动。此后，广州社会渐趋安定。

此时渐崛起一位后被称为“南天王”的人物，名陈济棠。他以广州为大本营，主粤八年（1929—1936），政治上与南京中央政权分庭抗礼，经济上进行有计划的建设，兴办现代实业，先后兴建各类工厂、港口公路、大中小学等。辟建城区马路，修建海珠桥。广州的经济和市政建设获得了很大发展，形成了广州城市经济与建设的高峰。其间广州物价稳定，市场繁荣，市民生活改善，故被称为老广州的“黄金时代”。老一辈广东人多称为“陈济棠时代”。

1964年，香港出版《民国政海搜秘》一书，书中称：“在老一辈的人来说，陈（济棠）无疑是最能触发他们的内心感怀的一个。”

1980年9月10日，邓小平在北京接见回国访问的陈济棠之子、美籍华人教授陈树柏时，对其父当年建设广东的业绩给予了中肯而平实的评价：“令尊治粤八年，确有建树，有些老一辈的广东人还怀念他。”

造福桑梓，值得后人怀念。

## 一、“南天王”的崛起

陈济棠（1890—1954），字伯南，广东防城（今属广西壮族自治区）人。同盟会员，军旅出身。先后参加过孙中山领导的护国、护法、讨伐陈炯明的战争以及第二次东征和南征。在国民党第三次代表大会上当选为中央执行委员。1929年3月，出任广东编遣区主任；不久，任“讨逆第八路军总指挥”。自此完全掌握了广东的军权，与当时的广东省主席陈铭枢分治广东。陈济棠主粤，结束了长期以来广东被外来军阀或政客霸占或统治的历史，“粤人治粤”较易获得广东人民在心理上的认同。

1929年4月，粤桂战争爆发，陈济棠击败桂军。12月，占领了梧州。乘机增编军队，从国外购进大批军火，军事力量大大增强。

1931年2月，蒋介石将胡汉民软禁于南京汤山，遭到各方舆论谴责，尤其是遭到广东各军将领、国民党粤系中央委员和西南实力派要员的强烈反对。陈济棠积极组织反蒋活动。这时省长陈铭枢已弃职离粤，陈济棠指定民政厅长许崇清代理省长。自此，陈济棠完全掌握了广东的军政大权，树起了反蒋的旗帜。

1931年5月27日，国民党中央执监委员非常会议在广州召开，发表反蒋宣言，组成了一个与南京国民政府分庭抗礼的广州国民政府。陈济棠以军队为支柱，广州为中心，造成了这个宁粤对峙的局面。过了几个月，九一八事变爆发，日寇侵占东三省，抗日成为全国的头等大事，宁粤复合协议达成，实行政治分权。

12月30日，广州国民政府临时会议决议取消广州的非常会议、国民政府和广州中央党部，设立国民党中执会西南执行部和国民政府西南政务委员会（简称西南两机关或西南两部会），领导西南各省，实际上是由陈济棠、李宗仁分掌两广实权。

1932年3月，陈济棠被行政院任命为广州绥靖公署主任，握有15万大军，总揽广东军政大权，成为独霸广东的“南天王”。陈把“整军经武，改革政治，发展经济，阐扬文化”作为治粤方针。

1932年秋，陈济棠正式颁行《广东三年施政计划》，从事省政建设。

1929—1936年的中国，军阀割据，党争不断；风云变幻，动乱频仍。陈济棠身处乱世，雄霸一方，坚持保境安民，建设地方，改善民生，使大众得以安居乐业，南粤广州获得多年的安定繁荣，并成为真正意义的现代大都市。这在当时已是广受好评，赢得极高的社会声誉。1935年3月，梁漱溟在山东省政府纪念周讲话时说：“民国十六七年，兄弟曾到广州。现已隔七八年。现在之广州，与以前之广州又不同。码头增多，市面扩大，建筑物、汽车都日有增加。”当年报纸报道：“外人初到广州游览，常叹广州近年物质之进步。盖高楼大厦，车水马龙，颇足眩人耳目。”

物价低廉平稳，民生改善，这是老一辈广东人怀念陈济棠的一个重要方面。

以广州为例，1929—1935年，物价平均每年下降2.53%。1934—1935年广州的物价指数平均每年比1926年下降22.7%多，而银元购买力则平均每年比1926年上升了12.12%。（《南天岁月——陈济棠主粤时期见闻实录》第286—287页）社会稳定带来人丁兴旺，1929年广州市人口约81万，到1932年增长到112万，三年间增长了38.3%。

通过救济与复兴农村经济，改良和引进优良种子，防治农作物病虫害。广东粮食连年增产，1935年输入洋米减至5000万元，比10年前少了一半。如以1926年广州的米价指数为100，则1932—1935年分别为90.4、87.4、72.2、77.95（转引自《中国经济史研究》1996年第4期）。

当时广东普遍流通港币，港币一元可买花布20码，一个仙（分）可买一份早餐（内有一碟芽菜炒粉、一碗粥和一油条）。一般工人月工资十来个银元，一个月的生活费用大概二三个银元。报纸报道："茶楼二分之一以下的厅堂生意最热闹，可见平民和劳动界的享受普遍。"

陈济棠让后人怀念之处，不是作为一个军事领袖的显赫战功，或权力角逐场上的奸雄，而是执着于桑梓建设及所取得的成就。整个民国时期，治粤而有如此建树者，无出其右。

## 二、治粤八年，确有建树

1929年陈济棠上台主粤之时，广东经济非常困难。

自民国元年（1912）以来，广东积欠内外债2亿元。每年财政赤字70万元，军队欠饷三至五个月。另有统计，1929年全省收入8374.7万元，支出却达16 264.1万元，赤字达8 000万元之巨。

当时广州和广东境内其他地方的现代工业都很少，商业也不景气。

陈济棠着意发展经济，增强实力。制订了一系列发展和保护工商业的法规。他认定"外侮日深，民生日敝，要谋国家人民的利益，唯一的途径只有积极去做政治上和经济上的建设……才有救国救民的办法"（广东省档案馆编《广东省档案史料丛刊·陈济棠研究史料》，1985年，第214页）。

1931年秋，陈济棠着手整理行政基层组织，改革民政机构。他在广东省府各机关长官僚属欢宴会上，提出要"改革陋习，刷新政治，造成模范新广东"。

1932年，陈济棠着手整理财政。提出一要开源节流，二要廓清积弊，并拟具惩治贪官污吏条例。当他发现财政厅长冯祝万以筹款应急为名，将好些税捐项目压低定额，批给奸商承办后，即将其免职，改任比较公正的区芳浦为广东省财政厅长。区上任后，整顿税务机关，逐渐撤销承商，收回自办，严追欠征税款。同时整理各项税捐，开征洋米、洋糖入口等新税，财政收入从每月五百万元，逐次增至每月六百万元。

为纾缓民困，广东省政府在不到3年里"取消的苛税，属于省库方面的约120多种，年纳约620余万元，属于县市地方的约150余种"（广东省档案馆编《广东省档案史料丛刊·陈济棠研究史料》，1985年，第201、289页）。由此赢得广大民众对建设计划的支持。

其间，陈济棠"用尽心力"（梁漱溟评语）编制《广东省三年施政计划》，并广泛征求多方意见（如聘请岭南大学农科教授冯锐根据广东土壤、气候及市场等情况拟定了广东蔗糖业的3年计划书），甚至包括以前政敌的意见，据说完成后竟然"大病一场"。

1932年9月，陈济棠提出《广东省三年施政计划》并获西南政务委员会通过。这部长达40万字的《计划》是全面发展广东经济的总体建设计划，是陈济棠治粤重视建设的集中体现，被认为是推进广东经济和社会发展的里程碑。

计划的主要内容包含：吏治、财政、乡村建设、城市建设等方面的具体项目；范围甚广，包括农业，林业、畜牧业、水产业、矿业、冶金工业、化学工业，纺织工业等轻重工业以及公路、铁路、航运等。计划全面、周详而具体，体现出陈济棠依照省情办事的务实精神。陈称：

“三年施政计划的唯一目的，是要建成三民主义的新广东……注重民生建设，以期满足人民衣食住行四大需要；以政府力量，为人民造产，并以适当的方法，使国民经济均匀发展。”（广东省档案馆编《广东省档案史料丛刊·陈济棠研究史料》，1985年，第156页）

陈济棠搞建设，注重吸收外资、侨资，大量引进国外先进技术、设备。仅吸收桥汇一项，1933年为粤币25 380万元，占全国侨汇总额的84.26%。1935年，广东侨汇及华侨投资达55 000万元。这在当时是相当可观的，对经济建设起了重要作用。

从1929—1936年，陈济棠主政广东八年，使广东经济发展到历史的最高水平。主要取得如下成就：

注重发展经济，广州市政建设得到长足发展。建起西村工业区和河南工业区，建成一批现代工业企业；市区修筑了总长达36公里的马路，架设了横跨珠江贯通市区南北的海珠桥；建成了公路、海运、铁路、航空的立体交通网络；兴办了众多戏院、旅馆、茶楼和商店，建成惠爱中、西路（今中山五、六路），上九路、下九路和西濠口、长堤三大繁华商业区，还增设了不少商业网点；创办和扩大了一批高、中等教育学校；城市公共设施，出现了中山纪念堂、市府合署楼、中山图书馆、陆军总医院、爱群大厦和中山大学石牌新址校舍等一批新颖、壮观的建筑，在广东乃至全国近代建筑史上有着重要的地位。

1933年广东财政有1000多万元的盈余。市政建设迅猛，市民生活改善。被称为老广州的“黄金时代”。香港报纸赞扬陈济棠“新履仕途，必多朝气；武人骤治民事，亦多慈祥”。

## （一）兴办实业

20世纪20年代以前，广州的工厂、作坊基本是散落于老城区内，随着近代工业的兴起，在老城区周围逐步开设了一些工厂。1930年，全市有工厂109家，其中橡胶厂13家，电镀厂20余家，土法提炼煤油工场30余家。

1932年，陈济棠颁布了以经济建设为主要内容的《广东省三年施政计划》，“首谋工业之振兴”。明确规定“三年计划系以经济为重心”。一方面鼓励扶助社会兴办各种新式工业，一方面由政府举办规模和投资较大，民间不易集中资本与人才经营的工业，特别是重工业。在广州的现代化工厂，相对集中在两个区：一是西村工业区，二是河南工业区。工厂的筹建、原材料采购、产品推销等，都直接由省建设厅统一经营和管理。

### 1. 西村工业区·第一工业区

西村工业区位于城区的西北角，紧靠北江支流，粤汉铁路从工业区的东边通过，区内道路纵横、交通方便，这是广州第一个工业区，又称“第一工业区”。

陈济棠在此地建造了多家由政府主办和管理的公营企业，主要发展化学工业，有水泥厂、硫酸厂、电解厂、肥田料厂、苛性钠厂等多家生产重要原材料工厂。供应广州市区水电的水厂、电厂。还有汽水啤酒厂、燃料厂等。西村因而成为当时广州的重要工业开发区。各厂机器设备多从国外购进，在当时具有世界先进水平。

在西村工业区建成的主要工厂有：

### 西村士敏土厂（广州水泥厂）

清张之洞任粤督时，曾在广州河南办了一间用干法制造士敏土的小厂，生产方式极为落后。1928年前后，当时粤汉铁路铺设工程需要大量士敏土，广东政治分会决定筹建新式士敏土厂，地点选在西村狮头岗，西临增埗河（即现在广州水泥厂所在地）。另一说是，民国十七年，国民政府铁道部为完成粤汉铁路工程，与广东省政府商定在西村狮头岗合建士敏土厂。占地面积37.1万平方米，1929年9月动工兴建。引进荷兰设备，投资预算为广东银毫400万元。

1932年6月建成正式投产（一说1931年投产），日产士敏土220吨（一说日产“五羊牌”水泥约200吨）。产品可与欧美各国水泥媲美。市场供不应求。

1933年5月9日，广东省政府决定7月1日起，将河南士敏土厂并入西村士敏土厂，两厂合并。当年扩建，1936年再次扩建，引进丹麦设备。1937年水泥日产量为600吨（一说660吨）。

当时西村士敏土厂是当时中国华南地区建厂最早，最具规模的现代化工厂。到1936年陈济棠下野前后，3套转窑机日产水泥“660公吨……蔚为南中国最具规模的工厂”，获利甚丰。（《南天岁月——陈济棠主粤时期见闻实录》第245页）

1955年，改名为广州水泥厂。是广东省大型建材生产企业之一。

### 西村发电厂（广州发电厂）

1934年，在增埗河畔动工兴建发电厂。因地处西村，称西村发电厂。全部设备从德国柏林西门子发电厂购进（包括两台1.50万千瓦汽轮机、两台发电机和两台70吨/时锅炉），1937年12月1日安装及试机完毕，发电供西关一带用户并供应西村各厂全部电力。为当时中南五省第一大发电厂。1966年改现名广州发电厂。1989年发电能力9.5亿多千瓦小时。附设砖厂，生产粉煤灰砖。是火力发电厂。现位于东风西路26号，增埗桥东南面。

### 省营广东饮料厂（广州啤酒厂）

1934年，广东饮料厂在西村增埗建成投产（另一说是当年12月奠基兴建，1937年正式投产）。主厂房面积为6448平方米，主要设备从捷克购进，设计能力年产啤酒1088吨，在当时颇具规模，为华南第一家啤酒厂，以生产啤酒、汽水为主。即今广州啤酒厂前身。

1938年沦陷后曾被日军接管，生产“太阳啤”。新中国成立前，该厂生产的“五羊”啤酒最高年产量为499吨，生产汽水6万多箱。

新中国成立后，由政府接收。位于西村西增路14号。1958年，改称广州饮料总厂。1975年5月1日，改名为广州啤酒厂，是国内生产啤酒规模较大型的现代化工厂之一。

### 西村化学工业厂

西村硫酸厂，是继士敏土厂之后动工建设的。1932年兴建，主要生产硫酸，设备全部从美国进口，用接触法生产98％浓硫酸，日产量可达15吨。厂房占地不足160平方米，但流程短捷，产品浓纯，声名不亚于大厂。

电解厂，1934年建设。制造烧碱、液体氯、漂白粉和纯盐酸，设备从美国引进。该厂后并入西村硫酸厂。

省营苛性钠厂，1934年在西村工业区建成。由当时的省政府投资100万元，引进美国的机器设备，于当年安装完毕并进行试车，利用电解食盐的氯气和氢气用合成法制造盐酸，日产量达5.5吨。是当时华南地区第一家没有依靠外国技术人员自行建成的较先进的化工厂。1936年该厂与广东硫酸厂合并，称为广东硫酸苏打厂，内设苏打部。苏打部于1937年正式投产，日产氢氧化钠（又称烧碱）6吨，1938年被日本侵略军飞机炸毁。

肥田料厂，1936年建设，部分厂房已建成并安装机器。生产磷肥、钾肥。

抗日战争爆发后，这一新兴化学工业区遭受日寇飞机连续轰炸而被毁。硫酸厂设备荡然无存，电解厂所有生产车间全被炸毁。

**2. 河南工业区**

以纺织、造纸工业为主。区内主要工厂有棉织厂、丝织厂、麻织厂、毛织厂等。故亦有称为河南纺织工业区。

在河南工业区建成的主要工厂有：

广东省营制纸厂

1933年，广东省营制纸厂建于广州河南南石头，面积218.8亩，建筑面积23亩，当时在全国是规模最大、设备最先进的造纸厂（现广州造纸厂前身），建设费达800万元，是当时全国纸厂中规模最大、设备最先进的。主要设备从瑞典、捷克等国引进，设计能力分别是机浆30吨/日、煮浆20吨/日、抄纸（新闻纸）50吨/日，发电5000千瓦时。1936年安装机器，并于1938年以国产马尾松为主要原料试产新闻纸百余吨成功。其时日军已开始侵略中国，广州被日军占领后，日军将机器全部拆运日本。1945年日本投降后，政府会同盟军总部与日方交涉3年，终得将大部分设备移返该厂，但直至建国前夕仍未能复产。

省营广东纺织厂

1933年筹建，1935年建成投产，厂址位于广州河南草芳围。全厂规模较大，有近两千人，分丝织部、制丝部、绢丝麻纱部、毛纺织部、棉纺织部。有纺纱锭2万锭，织布机120台，设备先进，大都由英美进口，耗资达毫银634万元。由于广东进出口的便利，加上当时广东纺织品奇缺，该厂产品产销甚为可观，特别是丝织部的哔叽，全用粤丝制成，广受欢迎。

**3. 其他工业**

除了西村、河南两大工业区外，市内其他地区还办有一些工厂。

另一盈利产业是钨砂专卖。

利润最大的则是制糖厂，称省营糖厂。1934年先后建成番禺市头糖厂、新造糖厂。前者日榨蔗能力为1000吨，后者为500吨，这是全国最早建成的现代化甘蔗机制糖厂。并附设酒精厂。

全省分为五个蔗糖区，明显促进了当地农业经济的发展。蔗糖业成为珠江三角洲继蚕桑业之后的经济增长点。近代化糖厂的设立，使珠江三角洲原来单一的农业生产布局开始发生变动。制糖业成了带动广东经济发展的“龙头”。

陈济棠办糖厂，一面建设，一面“出糖”。糖厂的烟囱尚未冒烟，就从香港太古糖厂订购大批洋白糖，用缉私舰运来广州，在新造糖厂换装盖有“五羊牌新造糖厂出品”字样的麻袋，随后上市，大获其利。被讥为“无烟糖”。1934年下半年，缉私舰运回来的“无烟糖”有3万多吨，共获利345万余元。直到一个又一个糖厂相继投产后，走私糖才渐受扼制。广东最早建成的3家糖厂，每年可得利3000万元。

日本侵华期间，两厂设备均遭严重破坏。

此外，还兴办了一批基础工业及与国计民生关系密切的工业，其中较有影响的有南石头钢铁厂、自来水厂、造船厂等。

兴办这些工厂，一般都是引进侨资和国外的先进技术。

当时正值世界经济危机，欧美国家竞相削价出售机器设备，与这些国家达成机器借款计划，即向其购买机器，外商派其工程师随机器设备一同到厂安装，购买机器设备的资金则待工厂投产后，于保证期内分期偿还。这一计划使广东当局以极为优惠的条件引进了瑞典、美国、英国、丹麦、德国、捷克等国的先进设备。同时，陈济棠重用从国外留学归来的科技人员主持建厂事务和工厂的管理，因而经济效益都比较显著。如西村士敏土厂（水泥厂）每年所得利润1700万元以上。

在军事工业方面，有琶江兵工厂（制炮）、手榴弹制造厂，并扩建发清代光绪年间设立的石井兵器厂。

再加上一批正在筹办的大规模的重工业，如广东钢铁厂、滃江水力电厂、黄埔造船厂、油页岩炼油厂等，可谓广东省近代官营工业最为兴盛的时期。

陈济棠主政之初，广东官办省营企业只有5万元资本，8年间全省新建省营现代企业20多家，为全国各省同类企业之冠，总资本达7000万元。结束了广东向无大规模近代企业及重工业几为空白的历史，近代工业从经济中心广州向四方扩展，使广东工业出现了前所未有的兴盛景象；短短几年间，不仅改变了洋货充斥广东市面的局面，甚至还能外销。

广东全省民营企业，从几百家发展到两千多家，其中新式企业达350余家；总资本从1929年的654万元，发展到1936年的1500万元（1947年版《广东工业》，广东实业公司印行）。以广州为中心的近代工业体系初具规模。广州集中了广东全部或大部分近代民营机器工业、橡胶业、榨油业、肥皂业、火柴业、碾米业、煤油业、化妆品业、皮革业、电气业，占了全省近代民营工业厂数的43%，资本额的58%。（1940年《广东经济年鉴·广州之工业》）

广东工业在1936年发展到历史的最高水平，并从而改变了广东经济的产业结构——从传统产业结构向近代产业结构转变，在传统农业为主的社会向近代工业为主的社会的转变过程中迈出了重要一步。

1936年4月20日《申报》刊《广东省营纺织厂之扩充》一文中这样评述：“粤省自实施三年计划以来，对于各种实业建设之进行，不遗余力，尤以工业建设更为注重。三年以来，各种省营工厂如纺织厂、士敏土厂、硫酸厂、饮料厂、制纸厂、肥田料厂相继成立，盖广州已日臻工业化矣。”

1936年，广州工业已经初具规模。据统计，当时广州市工业企业（不包括手工业）有3218户，从业人员7.84万人，总产值3.43亿元（按1952年不变价计算）。为建国前广州工业年产值的历史最高水平。主要的工业部门有电力、金属加工（包括机器修造）、化学加工、建筑材料、玻璃、橡胶、木材加工、火柴、纺织、缝纫、皮革、油脂肥皂、化妆品、食品、印刷、自来水和其他工业等，各主要行业全盛时最高月产销量曾达到：铸造700多吨、电池720万只、铁钉200多吨、硫酸15吨、烧碱（液体）240吨、肥皂1200多吨、玻璃300吨、胶鞋120万双、罐头1.50万箱、卷烟1.60万箱、电机织布6万多匹、毛巾10万多打、蚊帐布2.50万匹。这些产品曾遍销华南地区和华北、西南各大城市。在华侨聚居较多的马来西亚、菲律宾、缅甸、泰国、印度尼西亚、越南等地也都占有一定的市场。

**1936年广州市工业企业一览表**

| 工业部门 | 户数（个） | 从业人数（人） | 职工人数（人） | 总产值（万元） |
|---|---|---|---|---|
| 合计 | 3218 | 78 405 | 67430 | 34 267.1 |
| 电力部门 | 1 | 543 | 467 | 534.7 |
| 金属加工部门（包括机器维修、电池、电筒、搪瓷、铁灯等） | 698 | 14 658 | 12607 | 4628.1 |
| 化学加工部门（包括制药） | 161 | 2131 | 1833 | 1195.1 |
| 建筑材料部门 | 28 | 1081 | 930 | 514.5 |
| 玻璃工业部门 | 34 | 639 | 550 | 214.2 |
| 橡胶工业部门（包括胶鞋） | 50 | 3600 | 3096 | 2521.1 |
| 木材加工部门 | 383 | 3390 | 2915 | 2706.6 |
| 火柴工业部门 | 6 | 2750 | 2365 | 973.9 |
| 造纸工业部门 | | | | 正在筹建，尚未开工 |
| 纺织工业部门（包括棉纺、织布、针织、蚊帐布等） | 691 | 29 000 | 24940 | 7180.5 |
| 皮革及皮毛工业部门（户数、人数算入其他工业部门内） | | | | 2650.4 |
| 油脂肥皂香料化妆品 | 29 | | | 501.7 |
| 食品工业部门 | 227 | 5885 | 5061 | 6916.6 |
| 印刷工业部门 | 200 | 3600 | 3096 | 1080.0 |
| 其他工业部门 | 555 | 9080 | 7809 | 1869.7 |

注：总产值按1952年不变价计算。

兴办工厂，改善了财政，缓解了就业问题，有利于社会稳定，赢得了广泛赞誉。

但也造成了严重污染。

1935年，全市工业企业发展到500间。据当时市政文件及《广州民国日报》披露，当时“店户工业杂处不分”，使城区“人烟稠密，空气混浊”；工厂和手工业作坊“或机器声浪嘈杂，或煤炭灰屑飞扬，或臭气熏蒸，秽水横流”，“所建烟囱，复低及檐头，每每煤烟透出，散播各商店住户”。五仙门发电厂烟道日夜喷放煤烟，污染附近居民及来往行人衣物；西村硫酸厂曾因接触反应塔温度不够强行开机，发生大量二氧化硫外溢事故，邻近的树林叶子随即枯黄；东山泰来等灰窑烧蚝壳，臭气逼人；小北、南关、西关及河南一带数十家织布厂采用直接染料和硫化染料，污水直接排入下水道，并纷纷改用马达牵引织机，废水和噪声污染严重，常被市民控告妨碍安宁；设在居民稠密区的胶鞋、电镀、煤油和机械等企业常因污染与市民发生纠纷，相缠到公安分局调处。

三四十年代，市政府或主管部门先后制定了取缔制炼油厂、取缔工厂烟囱、制止汽车掺用油渣、限制燃放爆竹、限制噪声等有关环境保护的政令或法规。工务、公用、卫生、公安等部门结合市政管理分管有关改善环境的事宜。但工业等污染危害始终未能得到有效治理和控制，生态和生活环境日渐遭到破坏。

## （二）商业·服务业·公用事业

在兴办现代工业的同时，陈济棠重视发展商业和服务业。

在广州建成了惠爱路（现中山四、五、六路），上下九路和西濠口三个商业中心区；各界商人、华侨和官僚投资兴建和扩建了一批旅馆、茶楼、酒店、戏院。中山戏院、新华戏院、金门酒店、新华酒店、新亚酒店等都是当时兴建的，这些新戏院“华靡阔大，惟上海有之，平津之平安、大光明、真光诸院，殊不足与之比”。

同时鼓励小商小贩摆摊设档，增加了不少服务业网点，使小本商业有了很大的发展。广州渐呈现出一派经济繁荣、商业蓬勃发展、市场活跃的景象，人民生活渐有改善。

1929年、1930年、1933年、1934年四年，广州商号开业总户数共17 281家，歇业12 653家，平均每年净增1157家。

1932—1934年间，广州有100多个行业，3万多户，比1909年增加19%。

1933年，广州各行业商店总数达22 178间，平均50人就有一间，“广州的大街小巷布满商店”。

1934年上半年新开张商店3646间，商业区扩大到了一德路和东山等地。当年开辟大沙头为商业区。

上列统计数字并不一致，姑勿论哪个准确，当时商业之兴盛繁荣则是显而易见的。

1933年，广州商业银号有数百家，每日开设早中晚3次银市，其交易的规模与繁荣超过香港。

陈济棠还举办展销会，如“舶来农副产品”“外国削价商品”展销，对外则有“广州市展会”，组织华侨到广东考察，以便进一步发展贸易，加快市场繁荣。当年广州有酒店旅馆291家，方便客商的往来住宿。

1936年，全市商业购销总值6.5亿元，超过工业总产值1倍。市场物价基本稳定，广州零售物价指数以1926年为100，1935年为99.2。

广州公用事业同时发展。

1933年底。设立广东长途电话管理处，统一管理通信事宜，统一办理全省电话业务。先后扩充、开通了广州至省内各地和省外几大城市及与香港的长途电话，电话通信普及到90个县。到1934年夏，省内长途电话的里程已达16 500公里以上。

扩充了市内的自动电话用户。建立了广州无线电台。按时播放新闻与娱乐节目；

设立电话机厂及无线电学校。

到1935年，全省100个县市中，除海南乐东等三县外，均有电话设置，其规模之大，可比

拟先进之邦。

增加市内外公共交通车辆的运行。

增加电容量至2.4万千瓦以保证全市电力供应。

自来水厂增装新机以为居民提供更多用水。

### （三）辟建马路·整治内街沟渠·开发东山

随着商业发展，广州市政建设得到很大改观。

陈济棠主粤之前，广州的道路建设没有总体规划。陈济棠主粤后，广州城市规划开始步入制度化、正规化。刘纪文任广州市长时（1932—1936），对广州市的交通道路进行了全面规划，并制定了交通法规。先后修建了西湖路、豪贤路等30多条马路。完成了农林下路到黄埔的18公里中山大道工程建设。

1933年，全市行驶汽车已达2000辆，比1929年增加1180辆。

到1936年，广州马路总长134公里（另一统计，至1934年，广州市区马路总长140公里）。市内新增公共汽车公司5家，开辟经营路线19条。

一直持续到30年代后期，在广州历史上形成了一次城市市政建设热潮，城区面积大大扩展。此时广州道路呈现棋盘形、向城郊以放射形扩展的道路系统已经基本形成，为后来的广州道路造就了初步的骨架。

这些建设对广州经济的发展，工商业的繁荣起了重要作用。

广州内街迂回曲折，房屋参差凌乱。

据广州工务局《广州市工务报告》（1933年5月广州印行）记载，改造拓宽街道约660条，疏通市内沟渠约13 500米。到1935年，整理、扩宽内巷街道1356条。广州面貌得以改观。不仅便利了交通，而且也改善了卫生和消防条件。

从1930年起，政府大力整顿市容。陈济棠下令拆除木屋，在沙河一带新建可容纳近10万户的平民住宅以改善市民居住条件。

在东山一带进行了大规模开发。1931年修筑梅花村、竹丝岗、合群、启明等小区道路。以华侨投资为主，建设东山别墅群，建成了道路曲折、环境幽静的高级住宅区（东山别墅群），其中建筑多为西式花园别墅式住宅，造型华丽，各不雷同，为华侨富商和政府要人居住。广州文化中渐有了“东山少爷，西关小姐”一说。现东山农林上、下路，梅花村，东皋大道等地仍保存着大量这样的建筑。

陈济棠在东山梅花村兴建了陈济棠公馆，作为个人府邸。

### （四）公路·铁路·航空

为了发展广州与省内的经济，实施了以广州为中心的各项交通建设。

陈济棠主粤前的1928年，全省公路总长为4200多公里。1933年建成广东第一条公路干线——广汕公路。1934年8月，广东省长林云陔在谈到公路建设时说：“本省的公路，分为省道、县道、乡道数种……总计全省公路的里数共有35 759里，现时已完成的达26 410里，通车者计有16 278里，其余经计划定而未修筑者只有9340里，亦已分别督筑，希望予最短时间把全省的公路完成。”（广东省档案馆编《广东省档案史料丛刊·陈济棠研究史料》，1985年，第291页）

到1935年底，纵横广东全省的公路干线已有17条、支线326条，总长度增加到了17 587公里。比1932年增加近两倍。不论总长度还是地理密度都超过山东和江苏，跃居全国第一。

全省94个县，除乐东、南澳、连山等少数几县外，都修筑了公路。全省公路运输网初步形成（邓健今主编《广东公路交通史》第一册，人民交通出版社1989年版，第118页）。

1278辆的官营长途汽车和其他营业单位的汽车，不仅连接了全省的重要集镇，而且沟通了赣、湘、桂、闽等省的边境。

省内几条铁路的维修与管理都得到了改善。广州中心城市的地位和作用得到进一步确立和发挥，有力地促进了省内各地经济的发展。

1936年，建设多年的粤汉铁路（广州至武昌）全线通车，扩大了广货和经由广州进口的工业品向中南、西南以至长江以北地区的辐射范围。增强了广州与内地的经济联系

广州对外贸易额逐年有所增长，1912年为6867万元，占全国7.7%。1921年以后突破1亿元，占全国比重大约为5%～6%。从1912—1927年外贸额均排列全国第五位。1936年粤汉铁路全线通车后，广州与内地的经济联系得到了增强。

航空交通兴起。

1911年，在广州市东北郊修建燕塘机场，供飞机表演使用。当年冯如在此表演失事遇难。

1918年起，先后修建大沙头水陆两用机场、天河机场（1928年始建）、白云机场（1932年始建）、南石头水上机场（1933年始建）、石牌机场（1933年始建）、二沙头水上机场（1935年始建）、河南沙头机场（1936年始建）、从化太平机场等。

1928年兴建的天河机场，又名瘦狗岭机场，今天河体育中心地。1931年正式启用。初由空军使用。后改为军民两用机场

1932年冬，广东集资100万元，与广西合资在广州成立了西南航空公司。这是中国第一家全华资航空公司。开创了岭南民用航空事业。

西南航空公司拥有8架客机。1933年最初的航线有：广州—梧州—南宁，每周三班。

1934年增辟的航线有：

广州—梧州—南宁—龙州，每周三班。

广州—茂名—海口。后改为梅录—海口，每周二班。

广州—梧州—桂林，每周二班。

广州—梧州—南宁—柳州—桂林，每周三班。

1936年11月开辟了广州至河内的航线，这是中国民航史上第一条国际航线。

广州—梧州—南宁—龙州—河内，每周一班。

广州—北海—河内，每周一班。

1945年，日军在广州市东郊修建岑村、黄村机场。

20世纪40年代末，多数小型机场被废弃，仅存天河、白云、岑村、黄村机场继续使用。

建国后，50年代使用天河机场，后因天河机场净空条件不好，1959年12月，广州民航从天

河机场迁至白云机场。

## （五）兴建海珠桥

近代广州最具有代表意义的市政设施建筑为海珠桥。

海珠桥横跨珠江南北两岸，是反映广州桥梁建筑历史从木、石、水泥进至钢铁阶段的里程碑，是当时闻名全国的一项重大工程。

桥始建于1929年12月，由上海美商慎昌洋行承包，转给广州的马克敦公司承建。由广州工务局监理。造价白银103.5万两。相传签合同时，马克敦公司要求用金本位为工料给值，工务局局长程天固回应："这是我国政府自己的事业，当然以中国大洋（即国币）为本位。币制为国家体面及经济所关，也为国际间所承认，我们不能忽视。"马克敦公司理屈，不再坚持。到奠基期近时，世界金价突然猛涨，马克敦公司坐失了20万元；中方则从桥下的堤岸取得巨大地价，足以抵偿建桥费用，还有数十万盈余。

历时三年余，至1933年2月，海珠桥建成，成为广州珠江第一桥。

2月15日，海珠桥开通。结束了两岸往来只能走水路的历史。促进了广州市，尤其是河南地区的经济发展。

落成典礼盛况空前。政府安排第一位过桥的不是达官贵人，也不是富豪，而是获第一次耆英大会首席的黄伟及一群老人（耆英：高寿而体健之长者）。

当年广州有歌谣唱道：

河南河北一桥通，两岸生意竞兴隆；五羊商品随处有，钱银滚来乐悠悠。

河南河北一桥通，莫使橹摇背如弓；天光坐车去办事，转眼回家理事务。

河南河北一桥通，百年梦想终圆梦；多亏我地陈老总，为粤为民立一功。

海珠桥为三孔钢桁架结构，桥长452.9米，分三段，两边为引桥，主桥跨江部分为182.9米，桥宽为20.2米。南北两孔各长67米，为固定式弓形钢桥。桥上车道宽12米，上面铺15厘米厚钢筋三合土，2.5厘米厚柏油为保护层。中孔长49米，分为两截，可开合，以利轮船通过。活动节的两端各装一台14匹马力发动机以司启闭。启桥需用的各种机械设备齐全，电动开关每次需时5分钟。

桥额"海珠桥"三字为胡汉民题。"每宇纵横十英尺，即署名二字，亦逾三英尺。"（民国二十三年《广州指南》）

桥上建有一亭，名珠江亭，亭柱楹联："群贤毕至，少长咸集；清风徐来，水波不兴。"（上句出自晋·王羲之《兰亭集序》。下句出自北宋·苏轼《前赤壁赋》）海珠桥连通广州南北两岸，行人如流，熙来攘往，上联正是反映了桥上的热闹景象。下联则描绘了桥跨江上，清风水波之景，点出好一派悠游气氛。

夜幕降临，桥上电灯亮起，照耀一片，别是一种景致。

1934年《广州指南》记述海珠桥：

广州自兴办市政，渐臻繁荣；惟河南以珠江阻隔，交通深感不便。市政府为广拓市区，发展河南起见，乃于民国十八年冬，兴筑铁桥于海珠。由河北维新路，跨过珠江，直达河南瑞仁大街。全桥长约六百尺，中段设有活动电机，以司开合。故较大船舶，亦可通行无阻。桥阔为六十尺，中为车马通衢，次为人力车道，再次为人行道。乃上海慎昌洋行及天津马克敦公司建筑，计需上海规元一百零三万五千两，历时三年有奇，始告完成。……该桥广告地位，为海珠美术广告社办理。入夜电灯，美术广告，辉映全桥，俨如白昼。

海珠桥建成后，开通了两条路线的公共汽车。1933年7月20日通车。

1937年、1938年日机空袭广州，落弹较多的地方是天河飞机场、海珠桥南北桥脚一带和市中心区越华路各军政机关附近。（见冯湛泉《日机空袭广州目击记》，载《广州抗战纪实》第79页）

1949年10月14日下午，国民党军队炸毁海珠桥。造成海珠桥本身的中孔钢梁全被粉碎，南孔全部和北孔4节坠入江中。南桥墩近水面处折断倒卧江中，西北桥墩被炸裂两处，联系桥墩的三合土横梁也被炸沉入江底。

1950年3月，广州市政府正式开始修复海珠桥，改为钢筋混凝土与钢桁架梁混合结构，并固定桥面，不再能开合。采用英国的一座旧钢桥的钢桁梁改制安装。同年11月7日完工，12月5日正式通车，由市长叶剑英剪彩。

1974年，为缓和海珠桥交通拥挤状况，在桥两旁扩建两座各宽8米的钢筋混凝土结构新桥。扩建后的海珠桥全长435米，宽33米，其中快车道宽为11米，两边非机动车道各宽8米，人行道各宽3米，南北引道宽28米，中孔净高8.6米。

1994年，桥中孔出现下沉趋势，桥的主梁结构也出现了变形，承载能力下降。1995年，市政府决定采用自锚式结构加固海珠桥，将中孔桥梁的部分荷载转移到悬索上，并除锈涂漆，竣工后的海珠桥承载能力比加固前提高了50%。

海珠桥的建成，无疑是陈济棠三年计划的一个标志性成就。此外，广州一些大型标志性建筑，亦建成于陈济棠主粤时。主要有中山纪念堂、中山纪念碑、中山图书馆、市府合署大楼、石牌中山大学新校舍、市立气象台、越秀山体育场等。而在1934年动工兴建，1937年落成（当时陈济棠已下野）的爱群大厦，则可谓“陈济棠时代”的“压卷之作”。

### （六）码头·港口·江岸整治

20世纪30年代初，政府着手整治市区段珠江。几年间耗资230多万元，修建了洲头咀内港码头，并整修与其配套的珠江堤岸2400多米。炸低了10.7万立方码的海珠石，修筑了珠江南北两岸新堤1150多米，由此而辟出新的建设用地580多亩。

1933年，西堤等一批过江轮渡码头以及至香港的客船码头先后建成，并对珠江航道进行了疏浚；再加海珠桥建成，珠江两岸往来较前大为便利，为发展广州航运交通和繁荣广州工商业发挥了重大作用。

1934年（一说1935年），海珠新堤（今沿江西路长堤电灯局至爱群大厦段）修筑竣工。原是一个大弓形的堤岸（今长堤大马路）自此取直，被炸低的海珠石被埋于堤内地下，从此不复得见。此后至建国初期，除受到日寇空袭轰炸而损坏外，珠江江岸基本上再无改变。

1935年，进出广州港的商船为25973艘，计载重1643.8万吨，比1932年分别增加8695艘和

200多万吨。

广州外港黄埔港的建设，也在陈济棠主粤时期制定了计划，做了一系列准备工作，为以后的建设打下了基础。

## （七）文教事业

除了经济建设，陈济棠主粤时期还兴办了大量各式学校以培养人才。他认为“教育是立国之本，是永久的事业”，提倡全社会尊重学者。

省府所拨之教育经费逐年增加。由1930年的213万元，增加到1935年的503万元，5年增长了136.2%，教育经费在省预算中的比例由4.3%增加到10.8%；全省中小学数量分别上升了20和46个百分点。其间各县市还投入地方性教育经费1551万元。

在三年施政计划中，陈济棠规定教育方面实行“训育主义化”（三民主义）和“教育职业化，学生劳动化”二原则。

除了重视普通教育外，还重视职业教育，中小学校增设职业课，开办职业学校，“悉力扩充农、矿、工、商等科”，“求学目的，在于致用”。

陈济棠在文化教育方面建设了几项大工程：

改善国立中山大学和私立岭南大学等10所高等学校办学条件。

扩大了中山大学的规模，建设了中山大学石牌新校址的校舍。建设工作委托邹鲁校长负责，由建筑师杨锡宗设计，1933年竣工，全体师生迁入石牌上课。石牌新校建成后，中山大学竟获世界第一大学校美誉（梁漱溟语）。

创办了省立勷勤大学、广东陆军军医大学，广东国医学院（省立国医学院）、省立体育专科学校等。省立勷勤大学分设师范学院、工学院、商学院三所学院，其中师范学院和商学院分别为华南师范大学和广东财经大学前身。

高校学生由4000人增至5000人。外派出国留学生50人。

筹办省立农业、水产、美术、音乐等四所专科学校。

中小学、职业学校、师范学校和成人教育都有了较大的发展，对中学教育尤其重视。

陈济棠提倡民办中、小学校，在施政计划施行的三年中，全省小学增加了400余所，学生人数增加了14万余人；中学增加64所，学生人数增加1.6万余人。

以上举措，为文化传播和人才培养发挥了良好的作用。

此外，1929年12月动工兴建中山图书馆，1933年全馆落成。对广东文化事业的发展是一大促进。

陈济棠强调“建设之先，须罗致及训练所需之人才”，主张“奖励专门技术之研究及发明”。对技术人员、各种专业人士和学者十分尊重。尤其对留学归来的科技人员，委以重任，待遇优厚。他以月薪1000元大洋聘请建筑师刘大钧，以2000元大洋聘请研究军事化学的香港大学教授黄新彦。这些人也对他“知恩图报”，干得很出色。称“陈先生是一位恂恂儒者，丝毫没有武人的习气”，“是一位懂得学术的军人”。受陈济棠的礼贤重才感动来粤工作的著名人士有邹韬奋、张东荪、张君劢、林砺儒等。

陈济棠有“儒将”之称，主要体现在：热衷和注重教育；善待知识分子；尊孔崇礼。

前两点上文已述。兹说第三点。陈济棠确是热爱“国粹”，推行祀孔祭关（羽）、岳（飞）。1933年底，一手发起“广东复古运动”，大倡尊孔读经，并宣称“我粤以孝治天下”，将《孝经》列为中等以上学校的必修课。设立明德杜、学海书院，聘教授来讲授《大学》《中庸》，宣传四维八德。一时“声名鹊起”。

不过，为了增加财政收入，陈济棠对烟、赌、娼并不厉行禁止。据不完全统计，1924年，广州有妓院139间，娼妓1402人。1930年有娼寮65间、妓艇271只、娼妓1172人。陈济棠的政策是，对工商业轻税薄赋，对烟、赌、娼重征赋税；而对“奇装妖服”和跳舞，则大加挞伐，并列出五条衣着标准，理由是“正人心”。

1935年9月，广州当局首次宣布“禁服”，不许妇女“招摇过市”。相传当年遇有衣着违反“标准”之妇女，即将其拘押上车，拉回公安局加以训诫，并在其衣袖盖上“违反标准服装”字样的印记，然后逐出。政府还禁止社会上的跳舞活动，以致后来广州所有舞厅关门大吉，直到抗战胜利后才恢复。

政府还先后颁令禁止男女同台演出，禁止男女同池游泳（用木板隔成两半，以实现分泳），禁止戏剧、电影出现“诲淫诲盗”场景等。1936年7月，陈济棠下野，这场闹剧也随之落幕。

## 三、两广事变·黯然下野

1936年5月12日，胡汉民突因脑溢血逝世。西南政府失去了这位国民党三巨头之一的支撑，陈济棠的政治靠山崩塌了。

蒋介石想趁机结束两广的半独立状态。

陈济棠不甘心放弃经营了多年的广东，遂与桂系联合起来，以抗日为名，于1936年6月1日在广州召开国民党中央执监委员会西南执行部和国民政府西南政务委员会联席会议。决定将两广军队改为“中华民国国民革命抗日救国军西南联军”，由陈济棠、李宗仁任正、副总司令。发表通电，公开反蒋。并发动两广国民党各级组织和群众团体通电响应，举行抗日示威运动。史称“两广事变”，又称“六一事件”。当时在广州中央公园（今人民公园）门外及繁华的永汉路（今北京路）等处悬挂了大幅“打倒蒋介石”“讨伐蒋介石”的宣传画和标语。

西南联军总计兵力，陆军30余万。空军有百余架飞机。海军有广东江防舰艇数十艘。

6月6日，西南联军第一集团军和第四集团军分别由广东和广西向湘南进军，企图一举攻下长沙，再趋武汉，然后转向南京倒蒋。

蒋介石一面电陈迅速退兵，一面急调重兵抢占湖南衡阳。6月10日，蒋的两个军开抵衡阳，西南联军北进受阻。同时，蒋介石用黄金和封官许愿收买陈济棠的部属，策反瓦解。粤军随后分化。

余汉谋部和粤空军全部投蒋，海军归顺中央。陈济棠手下的党政军要员纷纷先后离去。陆军土崩瓦解。在粤国民党元老和许多政客亦纷纷走避一空。

陈济棠众叛亲离，成了孤家寡人，无奈黯然下野。7月17日，陈济棠召开紧急会议宣布立

即下野。7月18日晚，在英国战舰保护下，携家眷离开广州前往香港。不久，转赴欧洲。陈知难而退，主动下野，使广东避免了一场战祸。纷扰了五十多天的两广事变遂告结束，同时也结束了陈济棠对广东的割据局面。

7月24日，余汉谋进驻广州。

蒋介石任命黄慕松为广东省政府主席，曾养甫为广州市市长，并设立国民政府军事委员会委员长广州行营。自此，蒋介石控制了广东的党政军大权。9月17日，蒋介石以军事委员会名义任李宗仁、白崇禧为广西绥靖公署正、副主任，两广事变遂告平息。

关于两广事变，民间颇多传闻。其中最有趣的是“机不可失”，这与陈济棠痴信命理有直接关系。

陈济棠本人笃信阴阳命相、堪舆卜算之术，且由来已久。每在重大行动前，找人算卦扶乩，以测吉凶，再做决定。据说他在梅花村陈公馆专设了一个厅堂来奉祀吕祖先师，朝夕祷拜以求护荫，其荒谬程度几可与清朝两广总督叶名琛相提并论。

陈济棠的五兄陈维周是个有名的星相师，据说给人看相非常准，他认定自己这个弟弟“大贵之相，前途不可限量”；又曾暗中给蒋介石相面，认为蒋面带煞星，1936年将有“束手就缚”大劫；陈济棠养的一帮术士也算出蒋的气数竭尽，有一个叫翁半玄的为陈济棠求签，结果是“大运已到，机不可失”——倒蒋良机不可失。

陈济棠受了煽惑，遂决意公开反蒋，发动事变。

最搞笑的是在誓师大会上，陈济棠竟然在礼堂上方安置了一个皮制假人，上书“蒋介石”三字。宣誓时，各将领除宣读“余决心效忠党国，抗日反蒋，拥护陈总司令，以后如违誓言，必遭天谴”外，还须趋至假人前，举木剑向“蒋介石”身上连刺三剑，以示决心。国民党元老萧佛成慨叹：“陈伯南的荒唐落伍，愚不安愚，一至于此，如何能成大事。”

结果，陈济棠手下的空军首先驾机投蒋去了，痛失“良机”，局势急转直下以致不可收拾——这“机不可失”的“机”原来指的是“飞机”。

至于蒋介石在1936年的“束手就缚”大劫，竟然也真有这么回事，不过是应在该年底发生的西安事变上，跟他“南天王”发动的两广事变没关系。

# 第十三章 抗战时期

1937年卢沟桥事变，揭开了全国抗战的序幕。广州和全国一样，掀起了抗日救亡运动高潮。国共两党再度合作，形成抗日民族统一战线，共赴国难。

自1937年8月底始，广州遭日寇持续轰炸达14个月之久；遭轰炸之严重程度，仅次于陪都重庆。1938年10月21日失守，陷入异常黑暗的岁月。生灵涂炭，民不聊生。

国共两党领导的游击队、各地自发组织的游击队以及民众抗日武装在广州市郊、郊县等地对日寇进行了英勇的抵抗、袭扰和反击，直到日寇无条件投降。

## 一、抗日救亡运动

陈济棠发动两广事变公开反蒋，乃借用抗日的名义，这是顺应了当时社会抗日救亡潮流的。

在此之前，抗日救亡运动早已掀起了。

1931年九一八事变后，日寇侵占了中国东三省。

1931年9月23日，国民党广州“非常会议”、省市党部，在国民党广东省党部（原广东咨议局，今广东革命历史博物馆）大礼堂召集各界民众举行“抵抗日本侵占东三省大会”，与会者数千人。24日，广州出现抵制日货活动，中等以上学校3万余人举行抗日示威游行。

10月10日，中山大学学生及民众到永汉路（今北京路）专卖日货的新世界洋货店检查出大批日货，愤而将日货焚烧。该店老板是永汉警察分局局长杜煊泰。杜指使保安队先行捕人，继而开

枪，死3人，伤24人（一说死15人、伤80多人），是为“永汉路惨案”。

12日，中山大学全体学生罢课，就此事件发表宣言，号召民众“誓以鲜血争民意，以头颅保卫国土，内除殃民大憝，外抗日本帝国主义”。11月7日，中山大学全体学生在该校大礼堂召开大会，致电汉口抗日会，要求将杜煊泰就地处决。广州各界亦到省府请愿，要求惩办杜煊泰。

1932年1月28日，日寇武装进犯上海，史称“一・二八事变”或“一・二八淞沪抗战”。中国驻军第十九路军在总指挥蒋光鼐、军长蔡廷锴等人领导下奋起抵抗。2月29日，广州全市学生绝食一日，声援前方抗日将战。3月3日，在英美等国调停下停战。

今天广州先烈路沙河顶之“十九路军淞沪抗日阵亡将士坟园”即为此战之殉国将士而建。纪功碑正南面的《抗日阵亡将士题名碑》，铭刻着1951位烈士的英名。

1933年5月17日，广东各界数万人在中山大学召开欢送粤、桂、闽三省抗日军北上大会。

1935年12月9日，北平爆发“一二・九”抗日救亡运动。北平（北京）大中学生数千人举行抗日救国示威游行，反对华北自治，要求保全中国领土完整，从而掀起全国抗日救国新高潮。

12月12日，抗日救亡大会在广州石牌中山大学礼堂召开，做出抗日救亡10条决议，成立中山大学抗日救国会筹备委员会。会后游行，参加者2000余人。

12月31日，中山大学学生与各学院代表发起召集紧急救国大会，联合全市学生，在文明路中山大学大操场集合，再次举行抗日示威大游行。参加游行的除中山大学学生外，还有执信、市三中、禺山等中学学生数千人。高呼“全国同胞武装起来，打倒日本帝国主义”“收回东北失地”等口号。

1936年1月9日，中山大学等学校师生总计1万多人，在新填地（今沿江路原省总工会一带）广场宣布成立“广州市学生抗日救国联合会”。

6月1日，陈济棠以抗日为名，发动两广事变。

6月4日，广州市各团体在大东路省参议会礼堂开会。会后列队前往西南政务委员会请愿，要求“出兵抗日，以救危亡”。

6月8日，广州100多学生到西南政务委员会和广东省教育厅请愿，提出出兵抗日，收复失地。随后发生“珠光里事件”。

6月13日，广州民众5万多人在东校场集合，举行抗日示威游行。

7月18日，陈济棠下野，长期半独立的广东还政中央。

1937年卢沟桥事变，日本发动了全面侵华战争。“中华民族到了最危险的时候。”

事变后第二天，中共中央通电全国，号召：“全国同胞、政府与军队团结起来，筑成民族统一战线的坚固长城，抵抗日寇的侵略。”

7月15日，蒋介石在庐山发表抗战讲话：“如果战端一开，那就是地无分南北，人无分老幼，无论何人，皆有守土抗战之责，皆抱定牺牲一切之决心。我们只有牺牲到底，抗战到底，唯有牺牲的决心，才能博得最后的胜利。”同日，中共中央发表《中国共产党为公布国共合作宣言》，提出国共合作，团结抗日。

和全国许多地方一样，广州地区掀起了抗日救亡运动高潮。

7月12日，广东八和粤剧协会在海珠戏院义演，以全部票房收入尽汇前方，慰劳前方二十九军全体抗敌将士。次日又以八和粤剧协进会名义，通电慰勉正在前方英勇抗击日军的宋哲元军长暨二十九军全体将士："寇深祸急，将军率全体将士奋起抗战，薄海同钦……谨电驰勉。"7月15日，中山大学、广雅中学、市一中等广州主要大中学校通电声援卢沟桥中国驻军抗战。

7月17日，广东各界在广州联合举行"广东民众御侮救亡大会"，会中发出通电，谓"百粤民众誓以热血同赴艰危"，并电前方将士，表示"百粤民众誓为后盾"，勉励前方官兵誓死抗击日寇，保卫国土。会后成立"广东民众御侮救亡会"。

7月20日，广州医务界组织战时救护大队，赶赴华北前线，救护我受伤官兵。其他团体、学校则组织宣传队、演剧队、慰劳队和募捐队等，分别至城乡各地进行抗日救亡宣传活动。

7月25日，广州各界群众15万人，举行御侮救亡示威大游行。

8月13日，日军向上海大举进攻，炮击闸北一带。中国军民奋起反击，史称"八一三事变"。国民党政府第二天发表了《自卫抗战声明书》，宣告"中国决不放弃领土之任何部分，遇有侵略，唯有实行天赋之自卫权以应之"。战争持续了三个月。当时撤退到最后的"四行仓库"的800守军坚守阵地，孤军抗战。广州青年学生传唱："中国不会亡……八百壮士勇敢赴战场……宁战死，不投降……"

8月14日，广东第一个公开合法的统一战线群众救亡团体"救亡呼声社"在广州成立。社员后来发展到增城、顺德及广州近郊，有300多人。国民党广东省党部书记长谌小岑任社长，中共秘密党员邹仑、黄泽成、唐健等负责社内各部工作。21日，社刊《救亡呼声》创刊发行，开展抗日宣传，至1938年10月广州沦陷前夕，共发行20多期。（广州沦陷后，该社活动结束。）

当时广播电台演唱教唱抗日救亡歌曲，在广州城中传唱，家喻户晓，连小孩子也在街头唱："民众起来打倒日本仔……"暑假期间，广州市妇女会发起办民众夜校、识字班，一面教文化，一面宣传抗日，教唱抗日歌曲等。

8月22日，广东省政府主席吴铁城发表告全省民众书，号召抗战救亡。

8月，国民党广东当局发布《广东省开放民众运动议案》和《广东省民众武装五项措施》，为广东抗日救亡运动的开展创造了有利条件。

8月29日，广东民众御侮救亡会发动十余万民众举行抗敌大游行。

9月22日，国民党通讯社发表《中国共产党为公布国共合作宣言》。翌日，蒋介石发表对《宣言》的谈话，实际上承认了中国共产党的合法地位。至此，以国共两党合作为基础的抗日民族统一战线正式形成。

1937年秋，以抗日青年团为骨干的广州逢源区抗敌后援会成立，以逢源小学为活动地点（那时候中小学已停课），开展抗日救亡活动。又组成"抗战教育实验工作团"，在广州市前鉴区、海幢区、蒙圣区开办民众教育班（夜班），吸收男女青年工人、店员六七十人参加学习，接受抗战教育。

1937年11月1日，建立了广州各界御侮救亡会，并推动广州各界组织募制寒衣慰劳前方将士委员会，募制寒衣10余万件送往前方。中共南方工作委员会办的《抗战大学》在广州创刊，

出版了13期，每期印6000份，报道和评论抗日战争。

11月21日，“抗战教育实践社”成立。该社办有抗日救亡运动干部培训班，先后培训各界抗日救亡骨干2000多人。出版《新战线》周刊，宣传抗日，影响很大。

12月9日，广州学生和社会各界2000多人举行纪念“一二·九”运动大会。大会议决成立“广州市学生抗日联合会”。会后上街游行。

12月12日，统一战线青年群众抗日救亡团体“广东省青年群文化研究社”（青年群社）正式成立。国民党省党部特派员余俊贤任社长。理事会10人，有8人是共产党员。以惠福路五仙观小学作为社址，后迁教育路72号，再迁惠爱西路即现中山六路第一幼儿园。设总务、研究、出版3个组和1个战时工作委员会。战时工作委员会内又分戏剧组、教育组、城市工作和乡村工作组。出版刊物《青年群》（1938年1月改名为《青年战线》），进行抗日救亡的宣传教育工作。到工厂、学校演出，走向社会公演抗日戏剧。沦陷前夕，1938年10月20日下午7时，青年群社取得国民党动员委员会战时工作队103队的名义，撤出广州。

1937年12月20日，2000多名榨油工人举行抗日示威游行。

1937年寒假，广州各校高中以上的学生，纷纷组织宣传队，下乡宣传抗日，演讲歌咏，演出《放下你的鞭子》等街头剧。大家齐唱《义勇军进行曲》，群情激昂。

1937年底，广州抗日团体有数十个之多。

1938年1月1日，以中山大学抗日先锋队和中大附中抗日先锋队为基础，联合广州学生抗敌救亡会、青年群社、救亡呼声社、青年抗日先锋团、平津同学会以及留东同学抗敌后援会等八个青年学生抗敌救亡团体，联合发起成立了“广东青年抗日先锋队”（简称“抗先”），同时发表《广东青年抗日先锋队发起宣言》及《广东青年抗日先锋队组织草案》。这是中共仿照“中华民族解放先锋队”而建立起来的。以广州为基地，面向广东全省，获得国民党省、市党部批准立案，地位合法。

广州沦陷前夕，“抗先”在广州发展为6000多人（共产党员占40%）的半军事化的战时工作队，并在全省30多个县建有分支机构。沦陷前夕，撤出广州。

1937年末—1938年初，广州各种工会组织如机器、轮渡、邮务、榨油、印刷、铁路、码头、苦力、草席、沽票员等均先后组成，发动工人参加各种抗日救亡活动。

1938年1月1日，《救亡日报》由上海迁来广州复刊。主编夏衍。每日印数达8000份。广州失陷时，散发了当天报纸后才迁出广州。

1月6日，第四路军总司令余汉谋与陈铭枢、蒋光鼐、蔡廷锴、香翰屏等在广州召开会议，讨论抗日战争形势和应采取的各项对策等问题，决定成立广东民众自卫区，准备发动群众全面进行抗日游击战争。余汉谋任主任，蒋、蔡、香及各师长为委员。

1月间，八路军驻广州办事处成立，成为中共在广州进行救亡活动的公开合法机构。

中共《救亡日报》和《新华日报》在广州公开发行，并获得了部分广东国民党军政要人的资助或支持，如国民党第四战区第12集团军总司令余汉谋捐助洋毫2000元，省市党部负责人谌小岑、钟天心等挂名《救亡日报》顾问。当时的广州成了中国“统一战线模范省区”和仅次于汉口的国统区救亡运动中心。

中共在纪念“一二·九”运动两周年时策动成立并掌握的“广州学生抗敌联合会”，在国民党广州市党部立了案。由国民党成立或主管的一些救亡团体，如“救亡呼声社”“广东青年群众文化研究社”等，纷纷成为受中共左右的团体。

1938年4月10日，广州市30多万人举行庆祝台儿庄大捷游行。声势之大，自七七事变以来所未有。

7月7日，是卢沟桥事变一周年，当晚，广州举行了一次火炬游行。这是经过广东国共两党协商决定的。数以万计民众彻夜高举火炬，经过市内的主要马路，沿途高呼抗日救亡口号：“保卫华南！保卫广东！”“保卫广州！”高唱“民众起来，打倒日本鬼呀”“动员！动员，要全国总动员！……民众出路只一条，生存唯有抗战”“工农商学兵，一齐来救亡”等抗日救亡歌曲，所到之处街边和楼房上人群围观如堵。

八路军驻粤办事处代表中共出面率领《新华日报》广州分社、《救亡日报》社和一些书店的成员，组成一支游行队伍，走在整个群众队伍前头。跟在后面的是大专学院、中等学校的师生，以及其他群众团体，游行路线经过惠爱路（今中山五、六路）、永汉路（今北京路）、泰康路，沿着长堤转入太平南路（今人民南路）等主要路段，从靖海路折往西堤时，市民汹涌而来，途为之塞，水上居民也陆续上岸观看。

继武汉“七七”献金运动之后，广州掀起了以纪念“八一三”淞沪抗战为名义的献金运动。时间在1938年8月13日～19日，搭起6座“献金台”，同时展开活动。

献金台是临时搭起来的露天小戏台，面积不过十几平方米，高不过一米半。位于市内几处热闹的商业中心，西濠口（人民南路）、六二三路西桥、文昌路、中央公园音乐亭、大南路永汉分局门前（一说今北京路与中山路相交处）、河南海幢分局门前（另有一说是设于东堤路天字码头）。

8月13日早晨5时，广州中央公园的献金台前已经人山人海，广东省军政界领导人带头参加献金。余汉谋代表第四路军总部献金28 800元，吴铁城代表广东省政府献金7万元，曾养甫代表广州市政府献金3万元，接着，各机关团体代表相继献金。其他各献金台的群众也都纷纷解囊捐献。在8月13日这一天，全市献金已达50万元。

13日晚上举行10万人的献金大游行，当天晚上6时40分，游行队伍从中山纪念堂出发，途经吉祥路、越华路、广仁路、财厅前、永汉路到天字码头，然后沿长堤到丰宁路解散，历时两个小时。沿途高呼“保卫广东”“打倒日本帝国主义”等口号。

1938年8月15日，八路军广州办事处和《新华日报》广州分馆在西濠口献金台联合举行献金大会，救亡日报等单位也同在这个点上宣传鼓动。号召救亡图存，有钱出钱，有力出力，同仇敌忾，保家卫国。群情激昂，在广州起义后第一次响起了“中国共产党万岁”和“国共合作万岁”的口号。在其他献金台的集会上，工人和市民喊出了“全国人民大团结”“各抗日党派、国民党、共产党合作到底”“打倒日本帝国主义”“中华民族彻底解放万岁”等口号。

八路军驻穗办事处的六位工作人员当即献金1000元，《新华日报》分馆工作人员也献金200元。机关团体中，献金超过万元的单位有五六个。广东省立银行全体员工献金达4.3万余元。个人献金1000元以上者有数人。有擦皮鞋小童名吴威定，献金上百次，每次几毫或一元，四天之内共献金70元。

这次全市性的献金运动为时一周，由于余汉谋、吴铁城、曾养甫等国民党军政要员带头慷

概解囊，共捐得100多万元，成果丰硕。这是一次群众性的爱国运动。深具影响。

9月18日，广州各界举行集会游行，纪念“九一八”七周年。当晚，广州各界20余万人举行抗日大游行。

除国共两党外，还有农工民主党（当时称“中华民族解放行动委员会”，又称“第三党”）在1937年春—1938年10月广州失陷前，近两年里，先后出版了《南针》、《抗战农村》半月刊、《抗日青年》半月刊、《抗战华侨》旬刊等几种刊物宣传抗日。

还要提到的是，自九一八事变到广州沦陷前夕，一些教会和基督教团体同社会各界一起，积极投身抗日救亡运动。

当时在广州的许多外国侨民和友好人士纷纷解囊。韩国（即朝鲜）民族革命党李斗山、韩国民党首领大卫、韩国光复会杨小碧等三位友人捐献国币110元。美国人马坤将军献出了一个金烟盒。美国驻广州领事馆职员及英、美、法、苏、印度等国侨民到六二三路献金台献金者达数十人之多。印籍医士可汗捐献了国币5元。除捐献金钱实物，还组织救护队，开展各种抗日救亡宣传活动，其中较有影响的是历时5年的青年会随军服务团。

日军南侵，一些教会机构及所属团体，先后迁往香港、澳门等地，后又辗转迁粤北、桂林、云南。1941年，教会在连县创办了广东连县私立基督教联合中学。

1938年9月，广州高中学生开始集中军训。穿着统一制服，男生穿蓝色中山装并戴帽、打脚绑；女生穿湖水蓝的连衣裙，男女都要腰束风纪皮带。男生要短发，女生不准烫发及梳辫。每周有二三节上学科和术科，有一本《学生军训教程》，其中有陆军的步兵操典、防空知识、救护等。男生以徒手、持枪训练为主，女生则着重于救护。他们高唱着抗日歌曲：“工农兵学商，一齐来救亡，拿起我们武器刀枪，走出工厂、田庄、课堂，到前线去吧，走上民族解放的战场……”当时规定：高中学生经过为期三个月的集中军训后，战时可以当军士或下级军官。

10月12日，日军在广东惠阳大亚湾登陆，广州进入战时状态，全市气氛紧张。17日，全市举行火炬示威游行，《武装保卫大广东》《保卫华南》的抗敌歌声响彻云霄。21日，广州沦陷。

## 二、空袭·沦陷

日寇对广东的侵略，始自空袭，以图封锁中国与英、美等国的联系，切断由香港向大陆内地的物资运输，并摧毁人民的抗日意志。

省城广州是广东政治、经济、文化中心，承受了日寇的重点轰炸。

从1937年8月31日日机6架首袭广州之后，据不完全统计，至1938年6月，日机空袭广东2000架次以上，其中轰炸广州超过800架次，投弹1万多枚，炸死炸伤民众5000人以上，炸毁民房几千幢。

在此期间，初时日寇的重点轰炸目标是广州市北郊和东郊的白云机场、天河机场，粤汉、广三、广九铁路及各公路运输线；后渐扩大范围，轰炸广州市区及交通要道。

从1938年6月—10月21日广州沦陷，日寇为配合陆上进攻，更加紧了对广州的全面轰炸，轰炸次数、投弹数量以及轰炸目标全面升级。学校（包括法国、意大利、美国等国开办的学校）、文化场所、医院、祠堂、庙宇、教堂、医院、红十字会、慈善机构、居民区、商业区、公共建筑物、工厂企业，仓库、酒家、茶楼、陆路与水上交通、车站、码头、船只、铁路、公路、军事要塞、交通要道等，均成为轰炸目标。有时，每日轰炸10余次，每次出动飞机最多达100多架。海珠桥南北岸、西堤、西濠等商业集中地被夷为平地。大批民房与建筑物被毁，广州的城市建设遭受严重破坏。这一时期，市区新建房屋甚少。西村工业区硫酸厂的设备荡然无存，电解厂所有生产车间全被炸毁。

整个广州市笼罩在日机轰鸣声和巨大的爆炸声中。

昔日繁华热闹的商业街区、祥和安宁的万千民居、童声墨香的书院学堂、静谧一方的名斋古刹、救死扶伤的药房医院、水路陆运的交通动脉、民众群集的站场码头、童牧鸟鸣的田野乡村、辛苦劳作的平民百姓……广州城及周边的一切，众多生命在日寇空袭中瞬间消逝，无数事物顷刻毁灭。

电厂被炸，入夜全市一片黑暗，广九、粤汉铁路亦因被炸而运输中断，水路和公路交通也遭严重破坏，运力大大下降，广州实际上几陷于瘫痪状态。

国难之际，盗贼匪徒乘机大肆抢劫，对居民商户无疑雪上加霜。日寇攻占广州当天（1938年10月21日），大批汉奸盗匪伙同日军进行了大规模掠夺，他们击破所有大商店门窗，掠走大批商品，长堤先施公司被劫掠一空。

据统计，从1937年8月31日日寇首次空袭广州至1938年10月21日广州沦陷前，日机对广州市进行了长达14个月的近百次轰炸，出动飞机900余架次，炸死居民6000余人，炸伤近8000人，炸毁房屋4000多幢，炸毁船（艇）近百艘。而据广州市红十字会统计，日机炸死、炸伤同胞共达3万余人。

日寇之行为已达丧心病狂地步，犯下的累累罪行罄竹难书。

沦陷前广州市民大批逃难疏散，留市不足20万人。广东省政府迁往韶关，对敌占区实行经济封锁。经济重心转移到粤北，广州失去昔日的经济地位。

### （一）备战

广州在遭受空袭之前，广州市政府已开始向民众进行防空宣传教育，并做了构筑防空工事等战前准备。

陈济棠主粤时（1929—1936），大约在1933年，从欧洲购买新防空武器。向英国买了12门高射炮（最高射程9600米，有效射程6000米）、预知机和测高机；向奥地利购买最新产品照空灯3部（最有效照高4000米）。

1934—1935年之间，成立了广州防空委员会。陆军中将杜益谦任主任。其职责是统管广州市区地面防空部队及市区民防设施。

建立首批防空部队。先建立高射炮一个大队，辖5个中队；其中高射炮3个队，照空灯测音机一个队，高射机关枪一个队。编成后，大队部与高射炮3个中队驻在燕塘广东军校内，照测队与机关枪队驻在沙河兵棚。

高射炮各队，配运输车3部，五座小汽车1部，有摩托车1部，全队人员武器均是机械化。

全部官兵待遇，比一般部队为优。

1935年5月20日—6月10日，进行了声势较大的防空宣传活动，组织巡回宣传队、张贴标语、散发传单和报纸，通过电影、广播、演讲等形式，宣传介绍防空武器装备、防空工事利用、灯火管制、防毒、防火、消防和救护知识等，以图"使市民对防空引起注意并有初步认识"。

1936年7月陈济棠下野。余汉谋接任第四路军总司令，广州防空委员会改名广州防空处。1937年"八一三"日军进攻上海后，华南地区受到日军飞机频频侵扰，广州防空处奉令加强备战。

1937年1月21日—2月4日，由国民政府军事委员会防空巡回展览部会同国民党广东省党部、广州市政府、第四路军总司令部、广东省防空协会、广州市防护团、宪兵司令部、广东省会警察局等机构，共同筹备，在广东省民众教育馆举办了一次防空展览，展出防空兵器、航空模型、防空通信、警报、消防、救护、防毒设备等实物及各种图表、照片共4000余件。同时印发了《告民众书》《国防防空知识手册》；组织中等以上学校学生宣传队300余个，共2000余人，在市内各处演讲；组织广播、放电影；在街头、公共汽车上悬挂防空标语、绘画等，进行宣传。展览历时15天，前往参观展览和观看防空电影者达50多万人次。

同年，"为求防空事业务必适应战时要求"，广州市政府各机关派员组成"广州市防空演习筹备处"，在3月18日进行了全市防空演习。6月，举行灯火管制演习。7月，广东省防空协会在广州市莲塘路省立女子师范礼堂举办1期防护人员训练班，受训期满考试合格者，由防空协会发给证明书，获得担任防空知识训练员和各项防护工作骨干资格。

1937年，市防护团下设10个专业队：消防队、防毒消毒队、警报队、交通管制队、灯火管制队、救护队、警备（治安）队、工务队、伪装隐蔽队、配给队，共约2000余人，担负全市防空勤务保障任务。6月，组织各队举行防空联合演练。

7月7日，卢沟桥事变，中国进入全面抗战。7月31日，广州市政府在电话管理处设防空空情电话总台，以便随时接收广州防空情报所发出的防空情报。在广州市政府及直属机关各指定1部自动电话，随时接听总台发出的防空情报。防空情报总台与各专机之间设置专用联络设备，每天24小时派人看守。市内，分别在爱群大厦、市政府、大东警察分局、大东区政府、永汉警察分局、长寿警察分局、河南纺织厂、西村电厂和钢铁厂各安装一部电动警报器，由警察局警报班直接管理。另外，还设有手摇警报器、汽笛、旗帜、火灾警报器和吊钟、广播等辅助警报器具。

1938年，对全市医疗救护队、消防队和警备（治安）队进行调整和整顿。市防护团征募防护团员200名，后备团员1000名，编成救护队。23个防护区团，各从公立和私立医院抽调人员组成区救护医疗队。市防护团设消防总队部，下辖28个消防中队，其中以市政消防队为主组成市直属5个消防中队，各区团由所辖街坊铺户抽调壮丁各编成一个消防中队。市警备队兼市直属警备治安队，23个防护区团之下各编1个警备队。其余专业队编组不变。

此外，政府在20世纪30年代初已开始构筑防空工程，尤以1937年和1938年间为最多。当时城区没有防空洞。构筑的防空设施有如下三种：

一是在建筑物下构筑简易防空地下室，共有158座、22886平方米。

二是利用市内外空地及近郊山岗掘筑深2米、宽70厘米、上盖木板并覆盖土层的简易防空壕或露天防空壕，共19309平方米。

三是在坚固楼房底层堆砌临时防空避难室（用木料支撑加固或在马路骑楼下堆沙包等）1000余个，面积6940平方米。

以上合计面积为4.9万平方米。

这些设施若按每0.6平方米容纳1人计算，仅可供8万余人掩蔽，显然远远满足不了市民的防空需要。

防空工程建造方式有公建、私建及街坊建三种。公建的防空壕、室、洞分别由社训队、工务局、防护团、警察局负责。

据笔者父母回忆，有一次“走警报”，与一大群市民一起躲在一处防空工事里。当时笔者的大哥才出生不久，大声哭闹。有市民说要把他的口鼻捂实，以免日机听见来投弹。笔者父亲怒吼：“谁敢动一下孩子，我跟他拼命！”以为天上轰隆隆的飞机能够听到地下孩子的哭声，可见当时人们对防空知识是如何的贫乏，又是何等的愚昧。

当时政府做了备战工作，可惜做得不够严密有效，防空工事更是明显不足。中国空军英勇抗击来犯之敌，可惜其力量不足与敌抗衡，到最后拼耗殆尽。广州几乎成了不设防城市，处处灾区；民众生命财产遭受惨重损失，哀鸿遍野。

建国后，据1951年10月统计，民国时期遗留下来能用的防空工事仅有128个，面积11930平方米，多是外国侨民居住的洋行、公寓、银行等高层建筑以及省市政府机关和官宦庭园所建的一些较坚固的地下室、半地下室、防空洞等，其中以中山纪念堂地下室（1460平方米）为最大。

### （二）轰炸

1937年8月31日，6架日机首次空袭广州，轰炸天河、白云机场。市民纷纷离城。各机关组织疏散，并赶筑防空壕。商界筹组自卫团加强防护。市社会局公布停办市立小学，9月，动员大、中学校迁往内地。

1937年9月22日晨 6时30分，日机9架空袭广州，投弹10余枚，分落市区及东、西郊外民居，毁民房数间。6时40分，再次来袭，投弹10余枚。中午12时35分，第三次来犯。

是日空袭，共伤毙广州市民20余人，毁民房30余间。

广州市德宣、西山、惠福、西禅、东堤、前鉴、黄沙、石牌各区共落弹59枚，其中中山纪念堂落弹5枚，黄沙车站落弹3枚，中山大学落弹16枚。中华路（现解放北路）、光孝寺、朝天街市立五十七小学、二十七小学、十小学等学校附近等处亦中弹。

下午，东华西路及元运街市立十八小学附近中弹。因街坊学校尚在筹备，故无伤人，但校舍已被震坏。

是日为今越秀地区第一次遭日机轰炸，造成重大财产损失，死伤50多人。

1937年9月23日零时43分，日机2架闯人广州市区上空，投弹数枚后被中国空军击退。9月24日，广州市市长曾养甫发表谈话，称连日来，日寇空袭广州市达20次，投弹凡百余枚，除半数以上之炸弹落荒郊田陌间，无甚损失外，余俱向广州的文化机关、民房、店铺、名胜建筑物掷落。广雅书院、中山大学均遭到不同程度的破坏。其中，中山纪念堂已被炸穿一洞，左右石阶均受弹震裂。广州市的无辜市民惨死者百余人，伤者200余人，塌屋数十间。

9月，广州地区各大学校被迫纷纷迁移，至月底止，国民大学迁台山，广州大学迁香港，中山大学拟迁云南澄江，岭南大学迁澳门。

1937年10月2日，是日起，广州于非空袭时，实施灯火管制，从晚间12时开始，定为明、灭各三次，再隔半小时始行完全熄灭，如遇日机来袭时，则不在此限。

据中国当局有关方面统计，1937年10月日机空袭44次，投弹600余枚。主要袭击了黄埔、鱼珠、粤汉铁路；虎门、鱼珠、中山大学、广九铁路、芦苞、宁阳铁路。其中铁路线受到最多轰炸，其次是东郊黄埔。

自9月22日至是11月7日止的40余日中，广九铁路受日机轰炸最烈，投弹最多的为10月15日在石龙方面投下炸弹40余枚，铁路路轨被炸毁，电报电话线被炸断。11月18日日机继续轰炸广九线。

1937年11月广州空袭统计：发警报46次，日寇投弹达371枚，平民死伤500名以上，毁屋不下四五百间。12月1日，日机5架两次炸广九铁路。广九铁路当局正式宣布暂时取消上午及中午开往香港的快车。

据不完全统计，1937年12月广州市被日军飞机炸毁房屋232间，死伤士兵13人。死平民184人，伤平民338人，损失约共35 7万余元。

1938年1月25日，日机轰炸广州，驻东山意大利领事馆被震毁。

2月3日　日军战机42架分批飞广九、粤汉两路投弹多枚。广州市警报时间由晨至暮。达12小时之久，为前所未有。

3月13日，据当时出版的报纸报道，广州遭日军空袭以来损失情况主要如下：

伤毙人数已达1000余人，因受空袭而歇业者共1507家，失业人数13 039人，未歇业者以每日营业约三成半计算，每日损失98.7万元。

1938年3月15—25日止，日机空袭统计：一日之内至多为93架，至少1架，仅有4天因天气恶劣未有来犯，来犯机共273架次，投弹共619牧。

4月2日上午8时55分，日机闯入市区，在瑶台乡连续投弹14枚，2名乡民死亡，7人受伤。下午2时25分，再有5架日机扑向瑶台乡，投弹10多枚。正在被炸现场搜救、殓尸的广州方便医院第一殓运队遭到轰炸。

4月5日下午1时许，5架日机闯进广州市区窥探后，向瑶台乡附近投弹11枚，多数为燃夷弹，引起火灾，毁掉棚厂2座。随后，另有6架日军飞机飞进广州西村，开机枪向地面扫射，并再向瑶台乡投下6枚炸弹，散发传单数束，炸毁棚屋一间，数名平民受伤。

4月6日下午2时45分，11架日机向瑶台、沙涌投弹10余枚，3名平民受伤。

4月7日上午10时50分，日机6架向瑶台、沙涌附近连投250磅炸弹10余枚；下午3时30分，又有6架日机到瑶台乡投弹10余枚。

4月10日，广州市30多万人举行庆祝台儿庄大捷大游行。日机轰炸小北及流花桥一带。下午，日机在宝华正中约十二号大利工厂（原宝华戏院旧址）投下烧夷弹、爆炸弹各一枚，工厂共三座楼房全部倒塌，厂内物资和设备全毁。即有85人死亡，其中女工77人；失踪女工30人；重伤142人，其中女工118人；轻伤133人，其中女工121人（事后据广州市社会局统计，此次大规模轰炸共造成102人死亡，受重伤需入院治疗的多达199人）。这是至该日为止，广州市居民遭日军轰炸死伤单次最严重的一次。

几天后，举行了“广州各界追悼大利工场死难同胞大会”。

4月17日上午11时40分，日军飞机11架经鱼珠闯进市区，分为数队，在广州北郊开机枪向地面扫射。其中一队向小北路及德宣东路口一带连续投下重约250磅的炸弹十余枚，随后转至大北外观音山麓再投数弹。同仁里崇仁街同仁菜地、登瀛路一处、德宣东路口一处、林秀里福成庵药师庵二十八小学一处、德宣东路口一处均遭到轰炸，塌屋54间半，焚毁2间，震毁五六十间；其中，高阳里二十八小学落弹5枚，广东中学、两广人寿义庄一带落弹十余枚，死者累计超过36人，伤190人。

5月12日，日机向市区投下1弹，落于德政路霞飞坊，霞飞坊第18号洋楼及左邻第16号，右邻第20号、第22号，均被炸塌。第18号洋楼系三合土所建，完全炸毁。附近德政新街第14号亦被波及，累计炸死、炸伤20余人，倒塌房屋4间。

5月28日，日机71架次轰击广州，投掷300 ~ 500磅的炸弹150多枚，当场炸死600多人，炸伤近11 300人。广州东、西区住宅均遭日军飞机轰炸。下午3时许。日机经过东沙路永泰北社庄时，投弹12牧，毁屋12间，造成6名村民受伤。

5月28—30日，日机数十架一连三天狂炸广州市区，炸毁学校、民房900多间，市民死伤3000多人。

自日机轰炸市区以来，省、市军政机关大多已迁往郊外办公，故连日来日机疯狂来袭，计共死、伤2000余人，均属非武装之平民，尤以妇孺为多。

5月29日，日机轰炸越华路，落弹甚多，谭家祠内市立二十一小学全校被毁，市二中再次被炸。粤路南站对正之述善堂内民教区及街坊学校被毁。至于其他公私立学校之被摧残者，则有广卫路之南中小学；3月被炸之协和女师、广东中学、美华中学等。均有一部分校舍被炸毁。

5月30日自上午9时25分至中午12时，日机共分五批袭击广州。在市区先后投下爆炸弹和烧夷弹200余枚，烧毁房屋数百间，死平民四五百人，伤七八百人。遭灾地点计有广大路、钱路头、兴隆东街、后楼房上街、越秀北路、净慧路、三元宫、厚兴新街、厚兴新横巷、湛家巷、黄华路、洪圣庙前及西村住宅区、河南岭南大学附近等十余处。

是日，黄华塘乡遭轰炸，6月10日再遭轰炸，乡民死伤共百余人。1946年，乡民立“血泪洒黄华”碑以志此血海深仇。

5月间，日机轰炸长堤永安堂（原省总工会，今广州市少儿图书馆），死难数十人。

当月，省民众教育馆公民部与省防空协会、市防护团协商，决定举办防空讲座，两周1期，讲授防空组织办法和防空消防、防毒消毒、救护、工务、灯火管制、避难管理、交通管制、警备、警报、配给等基本防空知识，规定市民每户至少派1人参加。

6月2日，中国驻国联会常任代表许世泽博士以照会一件送达国联会秘书长爱文诺，就日本飞机轰炸中国不设防城市事提出抗议：最近数日来，日本飞机不断轰炸人烟稠密之广州市，故

意向毫无军事目标之区域投掷炸弹，并用机枪扫射，平民因而死伤者以千计，其中甚多妇孺。兹要求国联会立即采取有效办法，制止日本空军集体屠杀无辜平民的行为。

6月3日下午2时15分许，日机14架分两批袭击广州，在南堤高空先后投弹11枚，落在河南的纺织厂及东堤对开江中。省营纺织厂西角落下巨弹2枚，炸塌毁坏厂房1座，伤毙男女职工40余人，其余5枚炸弹，则在该厂前及东堤一带江面，炸中小船艇中的40余人，在纺织厂前码头的船家及儿童10余人，当即死亡。而纺织厂前堤岸之西一带，死伤也达50余人。累计在河南及东堤炸毁船艇30余艘，死伤百余人。

6月4日上午10时许，日机在市区投弹长达两个小时，为历次空袭所未有。

日机先在惠爱西路西门附近投下1枚巨型炸弹，复在惠爱西路营房巷投1弹，教育路落1弹，吉祥路先后投3弹，都土地巷投巨弹1枚；又在汉民中路、泰康路、太平沙回龙桥、维新南路、新沙直街等处，先后投弹20余枚。南关区一带区域绵延数里，繁华的汉民路被炸成颓垣残壁的瓦砾场，东横街西端的一座四层楼被炸塌，里面的100多人死于非命。迄至正午12时30分，日机才向南飞遁。

据不完全统计，市中心区民房250余间（一说炸毁房屋300余间）被炸毁，死伤无辜平民逾2000人。

日寇连日来狂炸非武装区，屠杀广州市平民，世界各国予以痛斥，并纷纷发出制裁日本倡议。英国政府为搜集证据，要求驻粤英领事实地调查。下午4时，英领事柏林德、副领事依何士，及加拿大教士、外国记者等数人，在市卫生局局长朱广陶陪同下，特地前往被炸惠爱西路、汉民路、大塘街等各灾区视察，实地拍摄了灾区照片。

6月5日上午9时20分至下午1时10分，日军飞机52架两度狂炸广州市区及广九、粤汉路。中午12时许，27架日机会合于市区上空，向商业、平民住宅区投下炸弹及燃烧弹20余枚，落于百灵路、芒果树街、大东路、北横街、大石街、中山大学附中、黄沙等处，同时牛栏岗也落下炸弹10余枚，狂炸时间持续1个小时。其中一部分日机飞离，另一部分日机还继续在牛栏岗投下10余枚炸弹，并向市区群众发机关枪狂射。

据统计，北横街第26号姚宪落下一炸弹，所有左右各邻均被炸塌，另一弹落元隆一巷，一、二巷各住宅均被炸塌，各宅平民死伤达六七十人之多；文明路中大附中校内落下1弹，炸死1人，伤学生数人。德宣分局段内的莲桂一、二、三巷，被2牧炸弹击中，毁屋数十间，死伤平民多人。黄沙车站落弹3枚，炸中修机器厂，炸伤数人。德宣分局段内百灵街16号、展记18号公平米铺间落弹l枚，共毁掉铺户11间，当场炸死3名市民，重伤12人，轻伤5人。德宣路芒果树街落弹1枚，附近民房倒塌多间，志锐中学校全间被毁。德宣路第15—17号，第2—4号之一及福康园，第1号与第2号，亦倒塌。第19号被炸毁一半，其余半毁的有六七间，附近平民20余人受伤。中央公园也落下炸弹。德宣东路与正南路口一带落重量炸弹3投，正中昌发生果店，波及附近铺户。德宣东路美光影相店落弹2枚，被炸毁屋户计由第85—95号一连6间，双门牌由第110—114号三间，均半毁，第124—138号亦被震塌过半，有平民死伤。

文明路中大附近中弹数枚，炸毁民房10余间，红十字会闻报，立刻派救护队到灾场施救。日机瞥见有红十字救护车停在路边，竟然不顾国际公法，恣意向救护车扫射，不下百发枪弹，救护车尾部及右侧被击穿数十孔。

6月6日，日机3批41架狂炸广州市区，专向繁华街道、稠密人群投弹扫射；故意轰炸幼儿园、医院及慈善机关。

屋顶上铺了法国国旗的韬美医院与一德路中华救护队总队部均遭到轰炸，该队总队长吴泽民、大队长林俭、分队长梁云星等均受重伤。

其时日军飞机投弹百余枚，炸毁房屋700余幢，炸死市民200余人，炸伤1000余人。长堤一带数万居民四散躲避，日机专找人群稠密的地方投弹或俯冲扫射，广州最繁盛街道被炸成废墟。

1938年6月6日，广东省府主席吴铁城对中央社记者发表谈话："抗战以来，日机空袭广东2000架次以上，空袭广州过800次，死伤市民5000人以上，炸毁民房数千幢。"

另有统计，1938年6月4日和6月6日，日寇共出动飞机100多架次，投弹200多枚，炸毁房屋1000幢，市民死伤4000余人。

1938年6月7日广东各地的中国当局统计日机袭击情况：

自1937战事发生之后，至1938年6月7日止，广东各处遭空袭次数不下1400余次，仅广州市一地有800余次。日机飞粤共5987架，总投弹约10 692枚，民房被毁5027间，平民死者4595人，轻重伤者8551人。自本年5月8日—6月7日，广州一地之死者达1500人，伤者3000余人。

是日晚8时起至12时止，日机一二架为一批，分6批，轮流夜袭广州市，在市东、北、西郊前后投照明弹3枚，向西村附近投弹4次，每次二三枚不等。然后向天河、白云两处各投弹2次。此外，天河村、源溪乡、花园角、五华里、莲花井、德园巷、中华北、迎宾路、德宣西等地均有落弹，损失惨重。

至是日止，日军连续轰炸广州11日，灾区多处，又无发掘与善后机会，再因天气酷热，烈日曝蒸，遂致在瓦砾堆中之尸体，多数腐化，臭气随空气散播全市，且鼠、蝇、蚊等动物. 于吮吸腐尸以后，随窜各处，侵及人体及食物，瘟疫之灾岌岌可危。

6月8日，日机轰炸了中山大学文法、理二学院及附中，炸毁二学院校舍，炸死5人，伤数十人。中山大学校长邹鲁通电致全国各省大学暨中小学各省教育厅及其他文化机关，揭露日军轰炸中山大学的残暴罪行。

是日，日机分批昼夜狂炸广州，岭南大学、美华中学及西村电厂等多个地方被炸，导致全市停电。

英国《路透社》记者6月8日电称：

今晨10时50分，又有日机32架袭广州，日机之目标为河南、黄沙车站及市区……日机轰炸河南时，有数枚落于某耶苏教新村，死伤惨重。黄沙车站附近落弹数枚，适中某油库，当即发生大火，火焰喷起达50英尺……西村电厂中弹……全市停电，各医院因施手术及爱克斯光等均需用电，至此乃告束手无策。伤者数千人，皆需立即治疗，今停电，其惨状不堪言。

5月28日—6月9日，日机连续13天对广州市区轮番轰炸30余次，共出动飞机340余架（次），投下炸弹数百枚，炸死炸伤居民5000余人（另有统计死伤民众六七千人以上），炸毁房屋3000余幢。灾区遍布全市，造成空前惨剧。西村电厂被炸，全市停电。广州市民整日生活在飞机轰鸣、炸弹呼啸和爆炸的恐怖之中。

1938年6月8日《新华日报》刊登了中国当代著名文学家夏衍（当时是广州版《救亡日报》

主编）所写的一篇通讯《广州在轰炸中》。文中详尽的记述充满了悲痛和愤怒：

广州……谁能设想这是一连12日每日轰毁几百民家、学校、医院，每天屠杀几千非武装平民、妇孺的场所！……广州街上尽是半疯狂状态地号哭着的失了丈夫和儿女的女人，尽是装在运货汽车上一列列的白木棺材，残砖碎瓦，倒塌了烧毁了的民房，炸弹片；一排排的用芦席盖着的尸首，和由红变褐，由褐变黑了的血迹！晚风吹过来，空气中充满了火药味和血腥！是的，经过这10多天的轰炸，广州是遍体鳞伤了，任何一条路上走100码，就可以看见一处惨痛的伤痕。但是，广州还活着，脉搏还正确而有力地鼓动着，遍体鳞伤是不能致命的！广州还在战斗，广州咬紧了牙根忍受一切该忍受的苦痛！

不亲身经历过，是不会理解轰炸人口稠密都市的残酷和恐怖的。从去年9月起，广州是经受了10个月长期轰炸了，但是以前的目标是在近郊的铁路沿线，即使到市区来也不过小规模的轰炸。所以经过了这长时期之后，广州市民对于空袭渐渐从镇定而变成麻木了，二次警报之后还是维持秩序。高射炮怒吼的时候市民也没有张皇的情状。外省到广东来的人们称赞广东人的镇定，广东人也拿这种镇定来自己夸耀，而忽略了对空袭的警觉和准备，于是，惨绝古今的骇闻，就在这种情形之下发生了！

5月28日起，敌机大规模地向广州市区轰炸了，来的飞机最少是12架，最多的时候是52架，掷的炸弹都是300—500磅的巨弹，一次投下的弹数最多的日子是120个，每天来袭的最少3次。5月29日、6月6日，整日在轰炸中，全市民众简直没有喘息的机会。投弹，全然是无目标的，商店、民家、学校、幼稚园、医院，甚至于屋顶上铺了法国国旗的韬美医院，全是他们的目标。5月28、29日，每天死伤的人数是1000人以上。6月6日，死者1200，伤者简直无法统计。日本发言人声明要炸的军政机关，可差不多完全没有炸到。那样目标显著的市政府，周围投了几十个巨弹，但是结果只炸毁了几棵大树，和震碎了这伟大建筑物的一些玻璃。其实，即使炸中，这也是只和“房屋”作对，在军事上完全没有意义的。很明白，在这样大规模的轰炸中，敌人明明知道政府官员不在这些建筑物里办事，这只是一种诡辩，一种对国际间放送的掩护大屠杀的口实。在广州的外国新闻记者都知道。单就到今天为止，殉职的军警还不到死难平民的千分之一这一件事，就可以知道日本帝国主义者要轰炸的目标究竟是什么了。

这是一种人间地狱的情景！我依旧要说，不亲身经历过是不会理解的，你知道炸弹在你近处落下的时候发出的那种和空气摩擦的“哗哗哗哗”的声音吗？这凄厉的声音以一种可怕的力量，深压到每个被威胁者的灵魂深底，在这一瞬间使你失去思考的余裕，闭着眼睛等着，也许下一瞬间你的生命就会这样的消去。接着，是震聋耳膜一般的轰响，窗格的震动，玻璃裂响，一两秒钟之后是一阵黄灰色的烟，冲鼻子的是一种泥土和火药所混在一起的使人喷嚏的臭气……当然，在这几秒钟间，几十几百也许是近千的生命像蝼蚁一样的消失了！这过程反复重叠着，从清晨5点钟到傍晚，从晚间7点到午夜。……人们伏在地上，没有话，没有表情，有的默默地凝视着也许他从来不曾看见过的地上的小虫。在麇集着几百个人的逃难处，沉默得像一座森林，连小孩也不敢哭，被一种无限的森严镇压住了！

广州最繁盛的街道，全被炸成瓦砾场了。黄沙车站附近，已经是一片平地了。文化街的永汉路、惠爱路、长堤，每走几十步不是一堆焦土和残砖，就是一排炸成碎片压成血浆的尸块。路上散碎着人的肉，毛茸茸的小孩头盖，灰黄色的脑浆。炸到几十步远的墙上的紫蓝色的肚肠，风吹着，这肠子在慢慢地在摇晃。红的血被太阳一晒，变成赤黑色的凝块了。尸亲发着低低的泣声，在尸丛里面寻找他们的骨肉，找不到的时候凝呆地回去，找到了的时候一阵凄厉的哭声。我看见一个40多岁光景的妇人捏着一张照片，揭开盖着尸首芦苇和草纸一个个地寻她失踪了的亲戚。看照片，那是一个十四五岁的天真烂漫的姑娘。

……

广州是以街道树的美丽出名的，而现在连这些正开着花的树也遭了殃，附近落了弹，这路上的街道树就会换个模样，红的花，绿的叶，全震落在地上，不炸到的树，也变成落了叶的枯树了。我们看到路上有落叶，就可以知道这一带有轰炸。……29日第二次炸惠爱路，看见红十字会和童子军在上一次灾场发掘尸体，而他们竟低飞袭击，对这发掘工作者投了三个炸弹……

香港英文《中国邮报》的驻粤记者报告中有下述的一段：“余与一美国摄影记者，蹲于爱群酒店之屋顶，而观惨剧之开演，余非故作惊人之言，汉民路（编者注：今北京路）是广州市第一大商衢，是日市民之被炸毙于该路者达600余人，全路路面，为之作赤色。葬身华侨理发店之瓦砾堆中者，亦有百余人，盖500磅炸弹1枚，曾坠于是处。余曾见三所学校，惨遭炸毁，其中一校，尚有十数童尸，横陈地上……”

同样地一个老年的医生对记者发表谈话说：“我从事医生30年，从未经验过这种惨绝人寰的患者。一妇人以手按住已流出之肚肠，而犹频频回头视其背上的婴儿，而此婴儿之头盖，已被机枪子弹扫去一半。”

人间何世？这是什么世界？世界上一切理智清明的人，能够袖手旁观，让这野蛮的屠杀继续下去，扩大下去吗？

（《夏衍选集》第3卷，第212—213页，四川文艺出版社，1987年版）

当年，这种野蛮的屠杀还在继续和扩大下去。

1938年6月10日晚7时20分至11时45分，日机分五批袭来，向小北黄华路、中华北路及西村投弹二三十枚，毁民房50余间，死伤平民170余人，计小北之法政路落弹1枚，越秀北路落弹3枚，1枚落越秀学生宿舍附近；天官里落弹1枚，共毁民房30余间，死伤90余人；黄华路落弹9枚，1枚适中黄华村福音堂，全座毁塌，民房亦毁20余间，死伤50余人；中华北路尾落弹6枚，毁民房五六间，死伤七八人，西村落弹七八枚，毁农舍10余间，死伤10余人。

6月11日晚7时34分至11时，日机分5批袭击广州，每批两三架，在河南的纺织厂及东堤江面落弹4枚。

因日机轰炸，影响所及，十室九空，商业停顿，社会局以民生日用食品有关之各种商店，实不宜久事停顿，为维持民食起见，是日，召集米糠、米业、按押、航业、各同业公会、各派代表到社会局开会，会商维持市面粮食柴薪开业办法。并着按押业每日亦择定适当时间开业，以便人民得以周转，并令各行不准乘机高抬物价，各渡船亦不得故昂船票。

过了两天，6月13日，市社会局决定疏散市内妇孺及无业居民，由政府专备车船输送，陆路汽车北至花县，东至博罗；水路乘船西至三水，东至增城，南至顺德，超过终点则由有关县政府继续遣送。

6月15日晨5时35分许，日机20架闯进广州市区，狂炸平民居住区，毁屋百余座，死伤平民

200余人。闹市之正南路已成一片荒墟，大东路、东皋道、礼兴街、莲塘路、双槐洞等处均遭轰炸。

6月16日凌晨3时35分，一队日机窜进广州市区。先后投照明弹数枚，并向市内民房投弹10余枚。其中，河南纺织厂落弹2枚，大东路原省参议会旧址右边东龙路落弹1枚；常平里19号落弹1枚，炸毁11号至21号、22号、24号等8间；大东路省参议会旷地落弹3枚，百子路89、91两号共落弹2枚，该处为英人中华圣教会所办之圣希利达女学校校址，均被炸毁，东平马路等地也遭到轰炸。

7月6日，国际反侵略大会对日本轰炸广州，提出严重抗议。副署者有英国11个市市长及其他各国之市长多人。抗议内容为：

吾等关于轰炸不设防城市之举，异常愤恨；对于日机之日夜轰击广州，尤为痛心。鉴于无辜之妇孺被炸惨死，吾等之衷心异常不安，故特向世界呼吁，俾各国之舆论一致谴斥，令日本不敢不终止其残杀行为；希望各国政府为其本国人民之安全计，亦一致向日本提出抗议。

此前，1938年6月6日，法国政府已就日机轰炸广州市向日本政府提出抗议。6月9日，美国政府抗议日机轰炸岭南大学。6月10日，法国各党派议员188人，组织“同情中国委员会”，抗议日本轰炸广州，呼吁各国政府干涉，要求世界各大城市市政当局援助难民。6月11日，美国总统罗斯福发表谈话，称：“自日机大肆轰炸广州后，美国政府已设法制止美制飞机售日。”

各国的谴斥和抗议并没能遏制日寇的丧心病狂。日机继续轰炸广州。

1938年7月12日上午8时33分至11时50分，日机23架分两批袭击广州等地。第二批闯入市区上空，投弹20余枚。今越秀地区之中央公园附近后楼房下街落弹1枚，毁民房13间。越华路落1弹，正中市立第六十七小学，除该校完全炸毁外，另毁民房15间。中央公园后空地亦落一弹。北较场落弹1枚，炸毁妇女习艺所，死伤妇女2人。

7月13日，日机56架分三次轮流轰炸广州市郊、曲江及粤汉广九两铁路。黄花岗投弹4枚，其中有500磅炸弹1枚，毁墓地甚多，炸死附近乡民5人，炸伤20多人。

7月14日上午7时30分许，日机闯入市区上空恣意投弹。河南堑口、南堤、文德路，均遭到大规模轰炸，造成大量平民死伤。南堤河面炸沉船艇多艘，三天后，方便医院捞尸队到东圃捞到尸首17具。

7月22日，蒋介石致电世界反轰炸不设防城市大会，谴责日军轰炸广州等不设防城市。

7月23日 国际反对轰炸不设防城市大会在巴黎召开。广九铁路各机关团体在该路大沙头站礼堂开会，在车上散发《告民众书》。据广九路统计，自去年日机开始轰炸广州，广九路被投弹1500枚，搭客、乡民及职工死伤1000余人。

7月27日，日前全国各地举行大会响应在巴黎召开的国际反对轰炸不设防城市大会，对于日机侵华战事作各项统计。一年来，日机在全国不设防城市肆虐投弹33 000余枚，伤亡38 000余人。据统计，日本轰炸广东省飞机数量6492架，轰炸次数902次，投弹数量11 801枚，死亡人数4845人，受伤人数8901人。

8月8日，日机向法国在广州设立的石室教堂投弹，造成教徒及民众死伤200余人，损失约值港币80余万元。11日，法国驻日本大使亨利向日本国提出交涉，抗议此暴行，并要求赔款20万法郎。

8月8、9日，日机一连两天狂炸广州市区，死伤民众860余人，毁民房200余间。

从1937年8月31日日机6架轰炸广州白云机场起，至1938年8月9日，日机轰炸广州地点达300多个。

8月11日凌晨5时55分至下午6时15分，日机四度轮番轰炸广州、封川、肇庆等地及各大交通线，广州市区全天处在警报声中。

是日下午2时许，日机4架飞入广州市东郊石牌上空，以救济院平民住屋为目标，共投下炸弹10枚，均落在该院界内，其中3枚落在平民宿舍第二室饭堂前面，造成该两座房屋的门窗全毁，3人重伤。此外，该院农场约五亩的农作物和多棵路树被毁，80多只水鸭被炸死。

9月9日下午2时许，日机在一面向瑶台投弹，一面开机关枪向下扫射。

是日下午4时，拥护国联援华制日大会在省民教馆举行，参加会议的包括省、市党部特派员及各界团体代表2000余人。会议决定电请国联会员国实行历届决议援华制日各案，并请迅速采取有效办法制止日军使用毒气等违法与不人道的侵略行为。会后，下午5时许，举行了各界拥护国联援华制日示威大巡行。参加者既有工农商学各团体，也有党政军各机关、宪兵、警察、壮丁队，妇女、儿童、艺术家、新闻记者等杜团，达百余单位，民众逾15万人。

10月1日，日机32架分两批先后来犯粤汉、广九两路，闯入市区开机关枪扫射，流弹伤市民多人。

10月4日，广东省全省防空司令部统计9月份日机轰炸情况，总计空袭38次，日机738架，投弹995枚、烧夷弹1枚，炸毁房屋365间，炸死262人，炸伤383人。昔日繁华广州市区，成了一个个大瓦砾场，颓垣断壁，一片荒凉！

## （三）广州沦陷

广州遭受狂轰滥炸之时，1938年9月7日，日本大本营御前会议制定了攻占广州的计划。并于19日向日本第二十一军下达了进攻动员令。

当时驻扎在广州附近的是国民政府第四战区余汉谋部约13个师11万人。国民政府当局对时局误判，认为广州邻近香港，涉及英国利益，日军不敢贸然进犯，因而没有把广州作为重点防御地区。并且抽调了广东4个师和几乎全部广西守军北上增援武汉会战，致使广东只剩下8个师和2个旅的兵力，其中2个主力师布防在广九线上，海防空虚。

日军侦悉大亚湾一带守军少且无临战准备，乃决定在此登陆。

10月7日，日军南支那派遣军在第二十一军司令官古庄干郎中将指挥下，在澎湖集合。9日，日军主力船队从澎湖出发，未遇任何抵抗，10日黄昏，日军先头舰艇十多艘进抵大亚湾附近海面。负责守备大亚湾海防前线的第八十三军军长兼一五一师师长莫希德判断敌有登陆企图，遂即以电话报告第四路军总司令部，并请总部通知在广州、香港度假的所属部队的军官速回防地——有些军官是靠在该两地电影院放字幕通知的。

11日，各国电台、报纸纷纷报道日本军舰云集大亚湾的消息后，广东的军政要员仍予以否认。

11日晚，日舰四五十艘抵达惠阳县大亚湾。并有航空母舰1艘。莫希德用电话报告第四路军总部并请求变更部队部署，调动得力部队加强大亚湾及惠阳前线兵力。总部参谋长王俊复示：勿为敌人佯动所惑，部队非有命令不得移动。

12日凌晨2时，7万日军在飞机百余架掩护下，在大亚湾的平海、霞涌、澳头等处强行登陆。布防在澳头的国民党军队仅有1个营。被日海、空军轰炸，大部分牺牲。其他部队或一触即溃，或闻风而逃。淡水地区的民众自卫队虽英勇抗击，但力量太弱，又得不到正规军的支持，无法抵御。

广州市政府得知日军已登陆大亚湾，遂动员市民临战疏散，要求两日内将妇孺老弱及公务员眷属疏散到内地安全地带。

12日晚，一部日军攻陷淡水、平山。守军一五一师莫希德部基本上是未经战斗而退守惠阳。同时，日军分兵截断广九铁路后，攻占宝安和虎门要塞；另一部经平山、横沥、平陵直逼从化，以图迂回包围广州。

12日晚，蒋介石电令负责广东军事的国民革命军第四路军总司令余汉谋自汕头、中山、琼崖等地调兵加强广州防务，并下令原于当日北上参加武汉保卫战的独立第二十旅停止北上，增援广州。又于13日电令张治中部预备兵团增援广东。

10月13日，国民党中央发表《告广东全省军民书》，余汉谋亦发表《告广东同胞书》，呼吁全省同胞一致奋起保卫广东。同日，宣布封锁珠江口，并限令广州市民老弱及公务员眷属两日内疏散。

当天，日机百余架分19批轰炸广州及军田、连江口、曲江等地。日军则自淡水、澳头、稔山三路向惠阳进犯，当晚进抵惠阳城外。莫希德部是晚弃守惠阳。

10月14日　惠阳失陷。广州市面情形纷乱，有钱的市民及军政界家眷，大都尽量带了财宝纷纷离市他往。

15日，日军攻陷博罗、惠州后，向广州推进。

当天，余汉谋在总部召开高级军事会议，决定利用增江障碍，部署第二防线。

10月17日，第四路军总司令部以六十五军军长李振球为前敌总指挥，指挥所设增城朱村。李以一五三师钟芳峻旅在增（城）博（罗）公路的福田一线，一八六师一个团推进福田以北，统为钟指挥，夹击进犯增城之敌。

10月16日，广州各报将15日日军在福田攻势稍受挫折的消息渲染为我军大捷，民心稍定。下午，第四路军总部获得前方情报，说日军已改变作战计划，以大部队从响水附近绕出龙门、正果、派潭、从化至花县，向广州作大包围；顿时着了慌，赶快下令叫警察局于17日早通知市民疏散。

17日清晨，省会警察局奉命通知市民赶快疏散。是日广州市区警报频作，许多地点遭到轰炸。市府里一片忙乱，正在准备疏散。当晚，广州市各界民众7万余人举行游行示威，表示决心保卫广州。

10月18日，日军先头部队从博罗沿增博公路向增城推进。凌晨4时，钟芳峻旅在福田将敌击退。天亮后，日军后续部队到达，在飞机、大炮、坦克的配合下，向钟旅阵地发起猛攻。战至下午，日军突破钟旅防线，钟旅伤亡惨重。



当天，中共广东省委召开紧急会议，决定将省委机关迁往粤北，成立西南特委、东江特委和东南特委，常委分赴各地分片领导。

警报不断，敌机又在市区投弹。石牌中山大学陆续疏散。当时说是决定疏散到云南去。

广东省动员委员会在净慧公园民众会堂举行总动员大会，党政军首要余汉谋、吴铁城、曾养甫、谌小岑、余俊贤、李煦寰、黄范一、钟天心等都参加，会上发言慷慨激昂，说要保卫大广州，誓与广州共存亡。又决定组织多个宣传队，立即出发宣传。

10月19日，日军抵达增城。

政府再次动员市民紧急疏散。由于时间紧迫，组织不善，加之道路有限，交通工具不足，疏散中各车站、码头及路上拥挤不堪，一片混乱。很多车船开行时间不定，致使不少市民漏乘漏载；特别是遇有日军飞机临空，车船便不顾装载情况，慌忙开行，有些家庭被弄得四分五散，行李物品散失。至10月21日下午日军侵占广州时，尚有许多计划疏散的市民未及撤离。

当时的广州宪兵司令部少校督察长冯湛泉后来撰《广州沦陷前后见闻》记述：

10月19日中午，我驾摩托车巡视永汉路（今北京路）、长堤、西关一带马路，见市面上的商店已陆续关门，人心浮动但秩序良好；同时见东江各县的难民一队接一队断断续续地进入市区，向西关方向前进。我劝告他们可到黄沙渡河过芳村西进。此时市民表面尚觉镇静，但已各自作出疏散逃难的准备，东西北三江的乡渡都集中在河南洲头咀。（《广州文史》第四十八辑《广州抗战纪实》）

当时《广州日报》记者张家耀的《广州弃守前后见闻日记》记载得颇为翔实：

10月19日（星期三）。市面很混乱，有些商店已停止营业，贴上奉令疏散字样。市民陆续疏散，可是由于交通工具缺乏，又只能向西北方向疏散。广花公路上，大小车辆拥挤不堪。过石围塘的轮渡及船艇也供不应求。看见这种混乱情形，令人愤慨！……今天撤退的人更加纷乱，亲眼看见市民像热锅中蚂蚁一样的情景，真叫人痛心。

10月20日（星期四）。午后到市区走了一周，看见市面情形更加紊乱。要疏散的市民大都走不动，交通工具非常缺乏，有“行不得也哥哥”之叹！有不少人是不准备疏散的。据说已有汉奸四出活动，市面谣言甚炽。

10月21日（星期五）。到省府及市府已找不到人，搬不走的公物到处乱扔。……敌人未到，守将先逃，难怪市面混乱，人心惶惶。隐约可闻郊区炮声。……广州市社会训练处的集训总队妇女连今天也撤退了。这些民众武装原来是打算用来保卫广州的，现在正规军既已溃败，他们自然只好“转进”了。但保卫大广州的歌声仍在高唱，这是青年男女组成的宣传队还在进行工作。

10月23日（星期日）……我们走到村边高岗上向广州市区瞭望，只见火光烛天，一片殷红，不知什么地方被焚烧了。（《广州文史》第四十八辑《广州抗战纪实》）

10月19日当天，广东省政府主席吴铁城率僚属随军撤至翁源。广州市长曾养甫率所部模范团、自卫队等往西撤至高要、广宁一带（亦有资料记载吴铁城与曾养甫早于广州沦陷前五天就已撤出广州，疑误。参证张家耀《广州弃守前后见闻日记》）。

前线告急，余汉谋于19日夜赶到增城坑背村第一五四师四六二旅旅部召开前线作战会议，部署在增城正面固守，左右两翼同时向福田出击，以图将日军聚歼于增博公路罗浮山下。

10月20日凌晨3时，阵地作战会议刚结束，部队还未来得及调动，日军主力已于拂晓前在数十架飞机掩护下，兵分两路大举进攻增城、正果。一路日军击退增城守军一八六师及炮兵团、战车队，占领增城；另一路日军进攻正果守军独立第二十旅阵地，独立二十旅一部打退日军数次冲锋后，于下午3时向派潭、从化方向撤退，而该旅第三团二营顽强抵抗至傍晚才撤出阵地。该营在战斗中伤亡200余人，毙伤日军160多人。日军侵占正果后，继续向从化、花县进犯，企图截断广州至韶关之联络。增城方面日军则沿广增公路直扑广州。

当天，由中共党员领导的、爱国华侨和进步青年组成的第四路军看护干部训练班第一中队学员80余人，在增城朱村英勇阻击日军，毙伤敌30余人，护干班50多人牺牲。

广东民众抗日自卫团增城县三区常备队、雅瑶常备队及雅瑶、仙村两个自卫团大队和当地群众数百人截击沿东江经仙村向广州进攻的数百名日军，从上午激战到傍晚，击毙日军20名，击沉敌汽艇一艘，缴获木船一艘。

当晚，余汉谋在广州东山保安街自己的公馆召开紧急军事会议，决定在广增公路两侧福和、石桥和石滩以北一线布防，以阻击日军直下广州。

10月21日凌晨2时，余汉谋电话请示蒋介石，蒋不同意此作战计划，令部队撤至粤北重新部署，徐图阻击日军北上。余汉谋遵命，于凌晨4时率第四路军总司令部沿广花公路向清远撤退（有资料称余汉谋于广州沦陷前三天就已率部撤往清远，疑误）。广州宪兵、警察和各机关向清远、三水、四会撤退。市民扶老携幼向四乡疏散。

广州弃守了。

当时的广东省会警察局长、第四路军兵站总监李洁之在《广州失陷的经过》一文中记述了当时的情形：

10月21日……市面上一片慌乱，市民多半向西北方面奔跑。我们到达荔枝湾，看到有100多部汽车等待着渡江。那里的渡船能力有限，每小时只能渡四部车子，计算一下，要第二天中午才轮到我们的车子，于是我们便立刻折往黄沙码头，找到一艘自备的电船，取道花地这条小河向佛山、西南，转入北江经芦苞再向清远前进。当我途经黄沙时，回头看到市面行人已经不多，珠江河面小艇已向西走避一空。远望河南士敏土厂附近、东山天河机场附近、三元里白云机场附近，都冒出了浓黑的火烟，还传来一阵阵的爆炸声，大概是在烧毁一些搬不走的军用物资了。在佛山、西南沿途看到无数扶老携幼、拖男带女的难民，他们沿着广三铁路线向西奔跑，不断受到敌人飞机分批袭击。死者暴尸，伤者喊救，生者抢路，惨状难言。我们沿途触目伤心，联想到国家养兵为的是卫国保民，现在敌人还没到来，我们这一批人便纷纷各自逃命，撇下老百姓不顾，把广州偷偷放弃了。作为一个中国现役军人，大敌当前却怯懦至此。抚躬自问，宁不愧死！（《广州文史》第四十八辑《广州抗战纪实》）

香港舆论评曰："希德唔得，余汉无谋，吴铁失城，曾养无甫。"（广州话"甫""谱"谐音。无甫就是荒唐、不靠谱）这随后成了广州民谣。

夏衍《广州最后之日》一文记述了10月20日广州沦陷前一晚的情形：

接着，是广州已经几个月不曾有过的夜间警报。警报未完，飞机声已经在头上了。满街是汽车的声音，远远的火车的吼声，炮声，铁甲车碾地的那种可怕的声音……全市漆黑，没有月亮，也没有星光。

10月21日，日军进抵广州东郊，下午2时（一说15时30分），日军机械化部队3000余人冲入广州市区。

广州失陷。广州城上空升起了滚滚浓烟。

日军占据了原广州市府合署大楼作为其临时指挥中心。

当天晚上，日寇到处烧杀抢掠，太平南路、西堤二马路及西关一带遭日寇烧杀尤其惨烈。

1938年10月23日　日军主力全部进入广州。河南被日军占领。当天，日军施放燃烧弹，把广州城西南面烧成一片火海。十八甫、黄沙、今文化公园一带，成了废墟，到处颓墙断壁。大新公司（今南方大厦）被烧剩一个空壳。广从公路沿途田园房舍被日军尽毁。

随后几天，日军占领了从化、虎门、三水、佛山等地，控制了广州附近要地。

自此，日军不仅切断了经港澳向中国内地输送物资的通道，而且为其日后南进东南亚作战建立了一个基地。日军不无得意地称其对武汉、广州的占领“从战略角度可以认为帝国已粉碎了抗日的中国政权”。

广州失守，全国震惊。1938年11月15日，蒋介石以余汉谋“在广惠一带作战，指挥失当，失守广州”，明令予以革职留任处分；第八十三军军长兼一五一师师长莫希德指挥作战不力，丧师失地，予以革职查办；第一八六师师长李振、第一五四师师长梁世骥各记过一次；广东宪兵司令李江未见日军踪影先行撤退复又畏罪潜逃，虎门要塞司令郭思演弃守虎门，各通缉归案究办；旅长叶植南、李如枫扣留；旅长陈勉吾、何联芳撤职留任。

余汉谋对痛失守地非常愧疚自责，自谓无以对国人，无以对本省父老。1938年11月10日，曾通电誓死雪耻，要进行反攻，收复广州。可惜，没能做到。不过，在1939年12月—1940年1月的第一次粤北会战和1940年5—6月的第二次粤北会战中，余汉谋率军两次打败北犯的日寇，保卫了粤汉铁路和粤北地区，有力地支持了桂南会战，振奋了两广军心民心，总算是一雪前耻。1940年9月间，国民党军委会设立第七战区，以余汉谋为司令长官，统辖广东军事。

## 三、沦陷时期

日寇占据广州之后，在广州大量驻军，在黄埔设立宪兵大本营，建立特务机关、宪兵队，扩充军、警力量，强化军事统治。

日军对广州的政治、文化、经济都实行战时统制。在广州设有两种政权统治机关：

一是日本宪兵总司令部，下设各区宪兵分部，分部之下设宪兵分驻所；

二是日本警备总司令部，下面也设各区分部，分部之下，也设有警备分驻所。

广州街头尽是魑魅魍魉。广州完全为日本宪兵和警备队控制，进入异常黑暗的岁月。

在广州城内各处，交通要道，如一德路、太平路（今人民南路）、长堤、惠爱路（今中山五、六路）、汉民路（今北京路）、第十甫等，十字路口、珠江两岸码头、海珠桥、河南的马涌桥等地，甚至大街小巷，都有日军持枪站岗把守，设置关卡，岗哨，盘查过往民众，随意对平民进行搜身。

在广州居住必须领“良民证”，并要随身携带；因为日军经常会搞戒严突击检查，如果检查时不能出示“良民证”，便会被拘留审查，甚至投入监牢或处死。

日间，市民路过岗亭必须立正向站岗日军作九十度鞠躬，稍有怠慢，就会受到站岗日军大声呼喝“北加西奴”，随之便左右开弓掴巴掌，或者用人挞翻在地，甚至惹来杀身之祸。

当年有一位妇女经过芳村南塘铁路边桥头哨岗，向日军弯腰行礼，不料被狠狠地打了一耳光。妇女再深鞠躬，鬼子又给她一记耳光，妇人心慌了，连连鞠躬，那鬼子索性左右开弓，打得妇人晕头转向。当时有一位老人经过，高叫“脱帽”，妇女才醒悟过来，已被打得眼青脸肿。

日寇经常实行宵禁，入夜7时后戒严，一般平民禁止通行。市内外的人力车、公共汽车亦在晚上7时后不得通行。广州成了座死城。一队队日军或伪军在街上巡逻，一片恐怖气氛。

日寇主宰了广州市民的生杀大权，恣意妄为。日军官兵可以随意进入民房，奸淫妇女，劫掠财物。经常突击检查、搜索，任意逮捕“可疑人员”，施以酷刑或杀害。

罗进《广州沦陷期间我所见的日军暴行》记述：“有一年寒冬腊月的一天晚上，寒风凛冽，我住的西村一条村，忽然接到通知，要全村所有居民，从速出家门到指定地集中。那时乌灯黑火，路又坑坑洼洼，村民摸黑到指定地点集中后，便由日军和伪军挨户搜查，又对村民逐个审问，一直折腾到天亮，结果把几个人带走，恐怕这些人一定会凶多吉少。”（《广州文史》第四十八辑《广州抗战纪实》）

广大人民在屈辱下战战兢兢地生活着，失去了生存与安全的保障，陷于水深火热之中。

日军在沦陷区内大肆搜刮，工商业遭到沉重打击，百业凋零、市场萧条，许多工厂倒闭，商业凋零，一落千丈。民众失业、物价腾贵。

日军侵占广州后，市政设施遭到严重破坏。

道路建设与维护均停顿，全部渠道淤塞，1600个井盖被盗；道路除军用路外，皆严重失修失养。只有在日军需要使用时，才在指定的路段进行修补。尽管成立了伪工务局、伪地政局、伪财政局、伪土地管理事务所等机构。

据战后1946年11月统计，除已修补的道路面积32.3万平方米外，尚须修补的达67万平方米。随后，内战连年，经济凋敝，道路建设无法进行。

日寇对广州市区及郊县占领区的抗日游击队和广大抗日民众进行血腥镇压。在所占据的乡村推行“清乡”“保甲制”。强迫村民每月缴交稻草、豆、谷物，送入军营，作为军马饲料之用。强拉壮丁充当为军事目的服务的苦役，如每年都强迫各村抽调村民修理白云机场，整天苦役，只给一顿饭，还任意打骂。

在日伪统治下，汉奸嚣横，烟赌盛行，妓馆林立，民风颓败，陋习盛行，大街小巷乌烟瘴气，黄、赌、毒泛滥成灾。烟赌之徒，走上困境，即沦为盗贼，为非作歹，社会一片混乱，人心惶惶，家家闭户，难有安宁。

1945年，日本败局已定；人民渴望早日光复河山。罗进《广州沦陷期间我所见的日军暴行》一文记载了当年广州民间的一件“趣事”：“抗日战争后期……在群众中曾秘密流传着日本侵略军快要灭亡的传言，说是有一道士用一张日军发行的钞票——军用票，折叠后剪开，则可拼出‘日亡了’几个字，说日本快要灭亡，为期不远了。至今我还记得如何剪拼：把军用票（相当于现100元人民币大小的纸张）的一头折叠约四分之一左右，折叠后再对角折叠，把它沿中线剪开成两份，再把每份各剪开两份，把它打开，对其中两份从虚线中剪开，这样得出各种形状，然后即可拼出‘日亡了’几个字。”（《广州文史》第四十八辑《广州抗战纪实》）

## （一）汪伪傀儡政权

日寇攻占广州后，为了维护其长期统治，采取了“以华制华”“以战养战”的策略。着力扶植傀儡政权，组建各种傀儡机构和组织。

日军最早扶植起来的汉奸是彭东原和吕春荣。1938年12月10日，彭、吕二人在广州成立了伪统治机构“广东治安维持会”，分别担任正副会长。

1939年7月23日，汪精卫来到广州，与日本南支那派遣军司令安藤利吉及广州地区的汉奸头目共同策划成立伪政权，并诱使国民党广东实力派与日本实行“局部停战”。遭到各界痛斥。8月14日广东省政府主席李汉魂广播，号召广东全省民众一致起来“捕杀汪精卫”。15日广东省参议会对汪精卫在广州的劝降活动再次通电声讨。次日，张发奎、余汉谋、蒋光鼐、黄旭初、李汉魂、蔡廷锴、香翰屏等又联名通电驳斥其在广州的劝降谬论。原国民党粤系在野的军政官员许崇智、陈济棠、李福林等亦于同月28日联名通电声讨汪精卫，指斥其为“民族败类”“头号汉奸”！

1940年1月12日，广州地区的汉奸在光孝寺成立伪和平救国军，由广东维持会副会长吕春荣兼任“总司令”。

日伪当局为了全面控制广州，胁迫各业建立了各种“公会”，如轮船业、米业、航业、找换业、酒楼茶室业等八种公会均先后成立，并分别由汉奸担任头目。其他还成立了伪“满族留粤会”“华南体育协会”“妇女会”等，企图诱使广州民众服服帖帖做“顺民”。

3月下旬，日伪广州当局确立了伪国旗的样式，乃在原有的“青天白日满地红”国旗上加一条黄色三角形布条，长度与原旗相等。布条上由左至右用墨笔顺序书写“和平反共建国”六字。

1940年3月29日，是黄花岗起义纪念日，汪以国民党正统自居，“祭告先烈”。通告市内各伪机关、团体、学校等在当天上午9时到墓前齐集行礼。当在黄花岗七十二烈士坟前第一次升起伪国旗时，乌云满天，大雨倾盆，连下数小时不停。旗靡辙乱。或说是先烈有灵，发怒示警。时人以诗记之：“黄花岗上怪旗升，鬼舞魔呼没暗明。地惨天乌看此日，九泉烈士尽涕零。”

翌日（3月30日），以汪精卫为首的伪中央政府在南京成立。汪伪国民党广东省党部发表“告民众书”。广州伪省市当局于是日上午召集各伪机关、团体、学校、工厂举行首次“升旗”仪式，并强令全市和各地学校、工厂、商店、机关、团体、居民一律悬挂伪国旗。由是日起，这面拖上辫子的伪国旗就在市上各伪机关、学校竖起来了。在沦陷区内悬挂了两年9个月零5天，在1943年2月5日才把“辫子”剪掉了。以示与蒋介石国民党“一家亲”来诱降后者。当天是农历癸未年正月初一春节，过去几年逢年过节，日伪当局严禁燃放鞭炮，这年却特意在农历正月初一、初二、初三连续三天开禁，以庆祝伪国旗“甩尾”。

1940年4月7日上午11时，汪伪广东省市机关在中山纪念堂举行“国府还都”庆祝会，并请伪国民政府颁布“大赦”令。

4月13日，汪精卫在广州中山纪念堂召集伪省市党、政、军及各界讲话。下午，在

“汪公馆”接见汪伪国民党省市党部委员，并在广播电台第二次向民众广播，鼓吹“和平反共救国”。

5月10日，伪广东省政府（在今省民政厅地）与伪广州市政府在广州举行成立典礼。伪省主席陈公博、伪代省主席陈耀祖、伪广州市长彭东原，及其他伪省市头目均同时“就职”。

1945年5月1日 伪广州市政府结束，停止办公，并办理移交与伪省政府手续。

广东伪“治安维持会”、伪“广州市政府”以及各种番号的伪军，都是日军在广州统治的工具。他们协助日寇奴役人民，大肆攫取财物，大发国难财。

这个傀儡政权的一切大权都掌握在日军头目后宫淳手上。

日伪当局为了加强其对广州地区的控制，于1940年5月15日成立了伪广东省保安司令部；5月27日成立了伪广东省江防司令部；后来伪省保安司令部又建立了特务总队部。1941年4月又建立了广东伪警防司令部，统辖全省伪警察局、保安队和自警团等。

1943年3月，伪广州绥靖公署在市内增设了伪警务临时指挥部，统一指挥全市伪军警部队。同年11月，又增设了伪宪兵第四大队，实行城乡一起镇压任何抗日活动。

1944年6月，成立了伪广东省保甲委员会，由周应湘为主任委员。伪广州市保甲委员会亦随后宣告成立，由张焯坤为主任委员。

伪广州市保甲委员会在是年8月26日还进行了自广州沦陷以来前所未有的全市户口复查，意图为实施“保甲制”做准备。但广州沦陷后，日伪当局从来没有查清过广州户口，更谈不上查清乡村的户口了。所谓“保甲制”，也不过是徒具形式而已。

日伪可谓绞尽脑汁强化镇压机器，但日伪官员依然仅能龟缩于广州城内，离开广州一步，“安全”就成问题。

当时由广州到江门的轮船，害怕我抗日游击队的袭击，要派军舰或炮艇护航；广三、广九和粤汉各铁路沿线，亦要由伪省警务处派出大批警察“护路”。

1945年4月23日，伪省会警察局、伪宪兵联合出动，在市内施行大检查、大搜索。

1945年5月17日，省伪警务处在市内实行夜禁，不准任何人通行。颁布规定：夜禁时凡穿便衣问话不答者，一律枪杀。

1945年8月14日，日本天皇宣告无条件投降。伪广东省政府及伪广州绥靖公署联合布告，以“安定人心”，并禁止市民燃放爆竹。

1945年8月15日，日本正式宣告无条件投降。是日，伪省警务处通令宪警“站岗位”，并在市区内实行“特别警戒”。

### （二）日寇暴行

日本投降后，1945年11月间，国民政府列举日军罪行达32种，如把人质处死、对平民施加酷刑、杀害俘虏、洗劫村镇、谋害屠杀、奸淫妇女、掳掠孩童等。

#### 1. 烧杀

日寇视中国人命如草芥。

1938年农历九月，日军以南海、花县交界地冯涌、石塘为据点，把南海的桃坑、石塘、瑶边向西至文岗延到三水河边一带划为封锁线的无人区。文岗村原有2000多人，被迫逃离避难。时值晚稻刚熟，有村民冒险回来抢割，先后被打伤打死达二三百人。

1938年11月3日，两名日军窜到增城西洲村抢掠，被打死一人。11月8日，几百日军到西洲报复。数十间房屋被焚毁，六七十村民被杀，妇女20多名被奸。1941年6月，日寇又屠杀西洲村民十多人。当时受残害而未死者后来亦陆续死去，那段期间，新塘镇的棺材竟被西洲人买到绝市。9月间，日军又以西洲村窝藏土匪为借口，对西洲群众施放毒气，当场毒死数十人。

1938年11月9日，日寇分三路进犯，有一路经南村过园下村，沿途捉了南村青年6人，园下村颜泰父子4人，被强迫推大炮，送弹药。逃往蚌湖、神山的部分园下村、南村村民，冒险回家抢收晚稻，将到园下村时，遭遇敌军，男青年全部被捉捆起，后被拉到园下村水冷头塘边，15人均被杀害。仅颜勇全一人，被打了3枪，背部被刺一刀，重伤未死，得以生还。在其他地方被绑的20多人，被迫拉大炮回到大墩松园后，日军用长剑逐个斩掉头颅。颜泰父子4人，仅得12岁的幼子生还。这场血案，被杀者34人，伤者4人。

1939年农历二月二十二日早上，花县黄岐山村、毕村九塘庄、大埗庄和三东乡三辄村等地，被敌机轰炸死的，被日军用机枪、步枪打死的和刺刀刺死的，各地合计足有百人之数。

1939年5月，广游二支队在芳村中市与日军遭遇，击毙2名日军。其后，日军进行大搜捕，30多名群众被杀害。是年夏，日军3人窜到芳村西滘村骚扰，其中2人被抗日游击队击毙，另1人逃脱，日军随后火烧西滘村。

1939年11月17日，日军把拘留在黄德光医院的2000名妇女编成“姑娘慰劳团”，送各线充当军妓。抗拒者均被杀害。

1938年中秋节后，增城福和地区沦陷。日军一到福和墟，即放火焚烧，墟场店铺顿时化为灰烬瓦砾，数十人被枪杀。1940年1月30日晚，驻福和据点的日军到缸瓦窑村骚扰，被村民打死1人。次日，日军把全村村民赶至村前田间，用机枪扫射，集体屠杀128人，焚毁房屋110多间，全村仅3人逃生。

1940年初，日军到河南新滘小洲村搜查武器，将全村青壮男丁关押在西溪公祠内拷打审问，用机枪扫射杀害村民19人。

1940年夏，2名日本兵闯入新滘鹭江村调戏妇女，被愤怒的村民打死1人。日军疯狂报复，放火焚烧该村，用东洋军刀砍杀10名村民。

1941年，游击队在芳村地区的活动频繁。有汉奸向日本宪兵报告谢姓有人参加游击队，于是日本宪兵搜查谢氏至爱堂，捉去附近30多名青壮年（大多数是谢家子弟），把他们当作游击队，拉到广州市区游街示众。后全部处死。

1941年12月8日，珍珠港事件第二天，日军把宝岗礼拜堂用作囚禁英、美传教士的集中营。

1942年夏，日军接到广游二支队进入南滘村活动的情报，进村把来不及逃避的男丁27人全部集中押到南滘涌口，逐个用刺刀捅死，把尸体抛进珠江。

1943年夏，日寇占驻花县的台坑村，控制广州通往从化和粤北的要道，四出骚扰残害百姓。仅石角墟南面千人潭一处，被杀群众数以千计。真是“磨牙吮血，杀人如麻”。

日军冈松部队进驻龙洞村前，拉了大部队去围村，村人想冲出去，结果被打死数百人。日

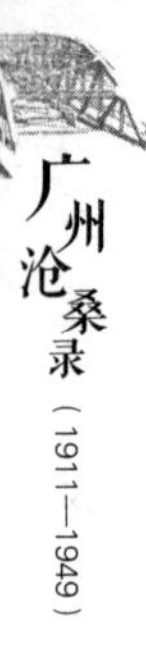


军进驻龙洞村后，曾一次集中枪杀30多名无辜村民。

有一次，驻广州东山新河浦的日军丢失了东西，连夜到附近的寺右村搜查，把村内百多个男性村民全抓起来，关在村东叫“一山公”的祠堂里，然后逐个审查，凡有损手烂脚的都当成是偷日军东西受伤的，一律严刑拷打。

黄埔文冲乡牛山脚有清末遗留的牛山要塞炮坑，长约百米，深宽各约3米。当年日寇杀害我国同胞，将尸首扔进坑内。致尸骨满坑。超过万数，当时人称“万人坑”。

### 2.慰安所

沦陷时期，今越秀地区有两处慰安所。

一处在原东堤区警察分局（德政南路73号，现广东省卫生厅幼儿园）。占地1500平方米。1940年，日军将之设为日本海军陆战队慰安所。门首挂“大日本帝国海军陆战队慰安所”牌子。所内有五六十名中国和韩国妇女，一律身穿和服，专供日本官兵泄欲蹂躏。1945年8月日本投降后，此地为国民党广东省保警大队驻地。建国后改建为楼房。

一处在东华东路西段南侧（今东源新街地段），是一幢两层的红砖屋。日寇在此设慰安所后，将西面东源大街的牌楼闸关闭，南面入牛乳基的路口建墙堵住，东面在东源东街也建墙堵住路口，只留东华东路的路口出入。出入该所的日军常有下士、上士、军曹。所内妇女均是韩国人。附近开杂货店的中国人常见所内有讲朝鲜话、穿韩国袍的妇人出来购物。此所设至日军投降时止。

此外，日伪在大南路、维新路（今起义路）、海珠中路、海珠南路、小北路、宝华路、十五甫和长堤一带开设有“花坛”（妓院），成行成市，供日伪人员淫乐。1941年12月《中山日报》报道：“市内各区花坛开设日众，妓女日增。”

### 3. 细菌实验·虐杀难民

1939年，日军为了进行细菌战，在广州组建第四支细菌战部队，名波字第8604部队，官兵达1200多人，大本营就设在广州百子路原中山大学医学院（当时该大学迁往后方），即今中山医科大学校内的图书馆旧楼。该楼为民国时期建筑。楼高两层，红砖外墙，基础层为石砌半地下室。正面三开间，仿希腊爱奥尼式巨柱贯通第一、第二层形成柱廊。红楼为四层楼房，现已拆除，当年是侵华日军细菌部队兵舍。实验动物中心为三层楼房，当年是细菌部队细菌培养室。基础学院办公楼当年是波字第8604部队的经理室。在中山大学北校区及附属一院范围内还有多处建筑均为侵华日军细菌部队使用过。现大学内部分旧桌椅上仍留有“波字第8604部队”的印记，大学生物生理教研室现仍使用的木椅有“保长室”字样及标注日文的铁框玻璃柜。

酒吧、马房、细菌培养室、检验班等均在旧图书馆附近，包括现中山一院部分地方。日寇在此暗中进行细菌、化学研究和试验。对外则称“华南防疫给水部”。

当时此地驻有许多日本军队。有不少日军穿着白大褂，像医生，还养有一些马匹。他们办公、居住的地方都戒备森严，有武装守卫，有的还用铁丝网围起来，不让无关的人员进入。

此外，在广州小北路原旧女子师范学校、现华南农业大学和中山医学院肿瘤医院等处均驻有细菌战部队。



自1939—1945年间，这支罪恶部队把广州南石头难民收容所作为细菌战实验场所，把收容的大批粤港难民作为细菌实验、增菌和散布细菌的牺牲品。

1940年前后，常有日军细菌战专业人员到农田中搜集孑孓虫，在居民室内搜捕成蚊，培养菌蚊；他们强迫青壮年难民脱光衣服，送到检疫所暗房让蚊虫叮咬，然后抽血进行活体试验，有时还割耳朵取血化验；又强迫难民打“防疫”针，使其打针后发高烧、抽筋，很快死亡。

日本人编写的《大东亚战争陆军卫生史》记载：“在广州曾发出作战命令，出动两个大队，两三次调查市内各户，凡看到手持空罐、饭碗，徘徊街头的流浪者、乞丐、衣衫褴褛者，不管男女老幼，一概押上卡车，送到南郊外原刑务所（即南石头惩教场）收容。”

1941年5—6月间，波字第8604部队指挥官挑选了200多名带菌难民，充当汉奸，潜入粤北乐昌县城内外郊区，在村庄水井、住户家中投放细菌。霍乱、疟疾、痢疾病随后流行。当时在该地驻训的3个连的抗日军队有几十人发病，群众发病更多，仅送往第八十三医院救治者即有几百名，很多人因而被夺去性命。

1941年12月7日日军偷袭珍珠港，太平洋战争爆发。25日，香港总督杨慕琦向日军投降，香港沦陷。香港粮荒严重。1942年2月4日，从香港回内地的难民已超过46万人。至6日又有8000人抵穗。驻穗日军将广州南石头原惩教场改设为难民收容所。春夏间，由香港运到收容所的难民约有三四千人之多。日军以“难民太多，收容所已人满为患”为由，令波字8604部队队长佐藤俊二“用细菌杀死他们”。随后由该部队第一课细菌检索班派人在收容所4个水井和食物中秘密施放伤寒菌、副伤寒菌（沙门氏菌），许多人陆续染菌发病而死。

死尸被拉到收容所附近洼地埋掉。不久，在长100米、宽20米的地段内埋了约1000余具尸体，后因无空地，就改为火化。又因燃料困难，就在收容所附近建两个各20平方米、深约5米的水泥化骨池，把尸体放入池内，用石灰、药水撒浸，让其腐烂。每次放五六十具尸体，过一段时间，尸体腐烂后再由上面堆放，直至尸骨堆满后，把池口封死。当时，在难民中流传着一首打油诗：“笼中鸟，难高飞，不食味粥肚子饥，食了必疴无药止，一定死落化骨池。”

以后因臭气蒸发，空气污染严重，又改为土葬，雇人把尸体拉到收容所东约1公里外的邓岗南箕路两侧埋葬，先后埋了几千具尸体。建国后，该处建房时曾挖出许多遗骨。

由于当时处理大量染菌尸体污染严重，导致伤寒病菌在广州传染流行。当年南石头村很多人病死。

1951—1955年，广州造纸厂在此地建职工宿舍时，挖下0.5～2米深处，均发现有层层重叠不完整的白骨，数量难以估计。1982年改建楼房挖地基时，又发现尸骨三四批，每批约百余具。

这些都是当年日寇所犯罪行的铁证。

## （三）经济衰败·民不聊生

### 1. 劫掠·统制

日军侵占广州后，为进行长期战争，确保战争自给，对广州的工业、金融、商业、交通和其他物资进行了疯狂的掠夺。

广州沦陷时，省营、民营企业大都来不及内迁，全被日军占领，或予破坏，或予拆迁，有的甚至运往日本。不能拆的，独占就地经营。

比如，省营造纸厂于1938年8月刚建成投产，其设备全部都是比较先进的进口机器设备；日军侵占广州后，1940年5月，日本再生纸株式会社将厂内机器设备拆卸运往日本北海道，为其专设的国策制纸株式会社勇拂工场所用。省营造纸厂被劫掠后只剩下一片空旷厂房。

老企业协同和机器厂先被日军饭岛部队占据，后由日本“福大公司”接管，并把工厂的三分之二设备运往海南岛，剩下的三分之一也主要为日军修理军械和生产柴油机。

投产不久的广州士敏土厂（水泥厂），由日军交给日商浅野士敏上株式会社经营，大部分产品供给军用。

1940年3月18日，日军为了“防止中国经济的破坏，确保战争需要”，决定将占有的“华方之财产，尽快移交给中国政府（即汪伪政权），由中国政府交还于合法所有者”。说来好听，实际上发还给原主的只是一些小杂工厂，或已破损不堪的企业，而且发还时日军还以“保管费”“修理费”等名目，乘机勒索一把。至于某些关键性产业，或直接与日本产业相竞争的企业，仍用“租借”“收买”“合办”“委托经营”等名义，由日军继续控制。

在此情势下，日伪统治时期的广州工业，无论是企业数量，还是产品数量，都较战前锐减。

陈济棠治粤时期（1929—1936）建立省营工厂14间，民营工业2000多家。这些企业大多数集中在广州和附近县市。经日军劫掠后，损失达十之八九。许多工厂倒闭，实业受到严重摧残。较大的工厂在抗战前夕已纷纷内迁，剩下的小厂，多陷于停顿。机器制造企业的设备多被日本侵略军拆毁，到抗战后期全行业只剩40家，是广州工业最衰落的时期。

抗战胜利后，广州的棉纺厂只剩下织布机40台和纱锭3200锭。

西村士敏土厂的生产率仅及战前的三分之一。

日军侵占广州后，日伪政府加强了贸易统制，通过“物资统制审议委员会”“全国商业统制总会”“物资调查委员会”及其下属机构与同业公会，统制贸易，同时颁布统制条例，规定物资移动许可制，限额以上商品事先未经许可禁止自由移动。

日军劫掠广州物资，除对特产强行统制外，为战争所需，将广州民间所有破铜废铁亦予搜刮，运回日本。

1939年4月16日，日军装运60卡车废铁，开往大沙头上船，转运回日本。一德路、白云路有轨电车已铺与未铺的钢轨和德宣路（今东风中路省政府一带）大口径地下铁水管，被日军挖起运走。市面上流通的铜制货币铜仙，也被日军用军票换取运走。广三铁路上的铁路设施亦予掠取。

日寇实施掠夺政策，大规模掠夺各种经济资源，对汽车配件、石油、金属材料、花纱布、纸张、肥皂等重要物资实行统制。为实现其“以战养战”的策略，在大德路开设杉原株式会社，贱价收买废旧五金运回国以支持其侵略战争。

日寇加强控制广州经济命脉，掌控广州的工商业生产和经营，并限制广州汇兑。广州民族经济受到沉重打击，衰微破败。

日军对广州的交通运输业实行独霸性的统制政策，在铁路沿线和重要公路线上修筑大量工事和架设铁丝网；强征民工，修复沦陷前炸坏的铁路和公路；铁路有广三线、广九线（华段）、粤汉线南段、黄埔支线等；公路有连接粤汉铁路线的公路和广州至各县市公路等。

1939年2月4日，日军宣布封锁珠江，在水运方面，切断了广州与国际、国内沿海水运交通线，只准伪广东省政府交通处派3只小汽船来往于黄沙与石围塘之间，接送火车、汽车乘客、渡江市民和吐纳广三、广佛等路货物。

1939年恢复港澳之间航线后，在日军主持下，广州组织了“广东内河联运组合”和“广东船业同业组合”，把所有水运控制在这两个组合之下，还把抢购来的大量物资运往澳门，以澳门为供应总站，把“台湾拓植公司”作为日军掠夺华南经济的大本营。

在太平洋战争爆发后，广州水运事业更是日益萎缩，1944年后陷于停顿。

总之，在日军统治下，广州的交通运输业一直是经营惨淡，未曾景气。

日本人掌控了广州的整个金融系统。

为了劫掠广州金融，敌伪在广州建立了一批银行。其中，敌办银行有日本正金银行广州分行、日本台湾银行广州分行、德国德华银行广州分行；伪办银行有伪中央政府官办的中央储备银行广州分行、中国银行广州分行、交通银行广州分行、华南农业银行、邮政储金汇业局广州支行。伪地方政府官办银行有广东省银行等。商业银行有主要经营外币金银买卖的100多家银号和大量找换档。

由于日本有权派顾问到伪政权银行，因此，广州金融系统实际上操纵在日军手中。

日军采用种种强制性的不合法兑换手段，扰乱中国币制管理，从中劫掠大量中国财富。

当时，广州市面上流通的主要是合法使用的“法币”。为了掠得更多法币，日军在台湾大量印刷假法币，除在广东抢购大量物资外，还在上海购买外汇。

与法币同时流通的还有日本大藏省1938年11月在华中、华南强迫发行的军用手票（简称军票）。这种票无黄金和商品储备做基础，也无号码、签署、发行银行。只在现成的日本银行兑换券上加盖“军用手票”四字，实际上是一种没有发行准备、不能兑换、完全靠暴力强制推行的所谓“货币”。而日军则用军票抢购了中国大量物资。此外，日寇还滥发各种债券。

为打击法币威信，日军不断提高军票与法币的比值。1940年是法币100元兑军票50～115元；1942年1月，100元军票兑335元法币；5月，100元军票兑1000元法币，使法币币值不断下降。

1941年12月7日，日军偷袭美国海军基地珍珠港，太平洋战争爆发。9日，港币币值暴跌，广州市商人纷纷提高米价，全市陷于一片混乱。伪广州市政府发表《告市民书》以图“安定民心”。

1941年12月25日，香港英总督向日军签字投降，香港沦陷。

1942年1月6日，南京伪中央储备银行成立，发行所谓新法币，即“中央储备银行流通券”，简称“中储券”。

1942年7月6日，伪中央储备银行广东分行成立，规定从7月10—24日内，广州的新法币必须按官定比价兑换完毕，兑换率是新法币1元等于旧法币2元，在广州强行流通中储券。由于其无信誉可言，无发行数量限制，广州市民因而常常借故拒收，并在暗中流通“旧法币”。1944年5月4日，伪省财政厅布告，严禁市民“歧视中储券”。

至1945年9月22日广州日伪政权被接管，在广州发行的中储券达5 921 796万元。

18元军票可兑换中储券100元。敌伪利用这些强盗式的兑换来掠夺，使广州通货膨胀，物价飞腾。至1944年8月，米价每担狂涨600余元，生油每斤上涨60余元，糖、面、豆类亦高涨三分之一以上，甚至高涨1倍。市面物资奇缺，市民生活困苦不堪。

**2.市场萎缩·百业凋敝**

广州沦陷之前，市民大量逃难疏散，市内人口骤减，不足20万人。工商各业大多迁往内地，去港或避入乡间，广东省政府迁往韶关，对敌占区实行经济封锁，经济重心转移到粤北，广州失去昔日的经济地位。

广州沦陷，商业荟萃之地的永汉路、十八甫、荣阳街、同兴街等处以及大新公司（南方大厦前身）同遭火劫，损失惨重。货源断绝，百货业陷入死寂状态。当时全城一片混乱。民营工商业损失近1000亿元（粤币），许多商店关闭，只留少数店员作留守式经营，以求店铺免遭日伪占用。五金业、交电业、化工业的存货有的被抢掠，有的毁于战火，以致后来货源奇缺，价格飞涨。1940年《民国二十八年海关中外贸易统计年刊·贸易报告·广州》记载："白昼之间，抢劫公行，无日无之；迫至傍晚，则行人绝迹，街衢寂然。……小商店开市者，不过数百家。"（卷1上册第110—111页）

此后，交通阻塞，商品匮乏，工人失业，店铺倒闭。

抗日战争前，芳村地区有栈铺、商号249家，位于花地观音庙前的天光墟花市名闻遐迩。日军入侵，花地一带几条商业街被焚毁，留香园、纫香园等园林顿成废墟。商店停业，市场凋零。

日寇为了实现"以战养战"，在广州实行物资统制和外贸管制政策，强卖强买，垄断市场。

商人开业均须向日军申请登记，领取"许可证书"或参加日商"交易协会"，获"指导商"资格后才能经营。并强迫使用"军票"（即日军发行的军用票）交易；

日寇不准与战争相关的物资随意进入市场，对粮糖专卖配给，五金矿产、生丝皮革、纸张、烟草、爆竹等禁运出口。造成物资短缺，市场萧条，对外贸易额锐减（从沦陷前16 347万元减到1940年的2987万元），走私猖獗。

为了垄断广州商业，日军将商业托拉斯引入广州，开铺设店。日商将搪瓷、玻璃制品、火柴等日用品大量向华倾销，排斥欧美和本地商品。通过各种物资统制机关，规定当地物资只能贱价卖给日军，不准自由买卖。欧美商品奇缺，价格飞涨。市场出现不少翻新旧货，如毛线、锑器、钟表、汽灯等。

日本人在广州、汕头、佛山、江门、海口等大中城市开设许多大小公司商号，大的如三井、三菱，小至茶店、杂货店、书店、水果店、饮食店都有。又用售后结算方式，引诱商人推销日货。

广州市日籍男女（不含军队）有六七千人、大小日本商铺300多间。广州西堤商业街区上，一看望去，尽是日文标识的商业牌匾，市场基本上为日商所控制。如三井杉原公司垄断了五金工业品，三菱福大公司控制交通运输，南洋公司垄断海产粮食，南国烟草株式会社垄断烟草，畜产、皮革分别为日畜公司和振山洋行独占，等等。南海、顺德生丝每担以800元军票收购，以1000—1500元卖出。大肆掠夺。其他如桐油、猪鬃、废钢铁、矿产等亦被日商搜购一空。

在日军严密统制下，加上通货膨胀，广州商人的盈利填补不了上升的货价，商店纷纷倒闭。后来伪“广东维持会”曾限令各商号复业，但“计1942年全市批发零售店仅得200家左右”（罗伯华等《从苏杭到百货——解放前广州的百货业》，《广东文史资料》第20辑）。广州商业深受打击，仅及沦陷前十之二三。

国难深重，民生维艰。市场萎缩，百业凋零。

据广州市政府1946年调查，抗战时期，广州全市损失共1925.65亿元（按当时值计），其中民营企业（主要是商业）损失为906.6亿元，占47.08%。

兹分行业略述如下：

百货批零商业：

广州沦陷前，受到严重轰炸；沦陷后，社会一片混乱，盗贼如牛毛。百货批零商业受到严重摧残。陈济棠上台治粤之年（1929），广州有百货业767户；1942年，批发商只剩55户，零售商降到144户。是年成立广州市华洋杂货商业同业公会；1945年，该公会分为华洋杂货批发商业同业公会和华洋杂货零售商业同业公会。至抗日战争胜利初期，百货批零商业仍只有233户。

饮食业：

广州沦陷。西关、黄沙一带的镇海楼、得男、富隆等10多家老茶楼、酒家被焚，南园、文园两大酒家全毁。市民大量外逃，市内部分茶楼、酒家亦被烧毁，大部分饮食点档歇业、倒闭。不久，社会秩序渐恢复，有小部分饮食店复业。

某些发了国难财的诸如汉奸、大天二之流，还有日伪官员等，他们花天酒地，故酒楼娱乐业有畸形兴旺迹象。亦有一些专供日伪人员消费的较高级食府开设。

1940年后，新开了当时号称一次能筵开百席的广州酒家，以及大同酒家、西濠口开设了广州园酒家，还有东天红酒家、东天红西餐厅（今大公酒楼）为专事日伪人员的消费场所。后来大三元、金轮等酒家亦先后复业。

1937年，位于西濠口的六国饭店毁于战火。1945年，新的六国饭店在长堤大马路开业，布置富丽辉煌，建国后结业。

1945年前后，广州煲仔饭渐盛行，一些下级饭店于门前设煲仔饭档，以小瓦罐煮，在饭将熟时加入肉类，配以青菜、姜葱，即煮即食，御寒果腹，颇得民众喜好。茶楼、酒家纷纷仿效。

和菜亦颇盛行。和菜名称源自上海，内有四和菜、三和菜之分，即由三或四个菜式组合，有汤、羹、小炒、焖、炖等款式，一般以上等原料的下脚料配制，物美价廉。

旅馆业：

广州沦陷前，遭狂轰滥炸，旅馆业生意渐趋萧条；沦陷后，萧条更甚，一落千丈。不少酒店旅馆歇业，倒闭。爱群、新亚、新华、东亚等旅（酒）店被日军强占作指挥部、军医院或招待所。没有被占的酒店、旅馆也是惨淡经营。广州游旅事业研究委员会、广州游旅事业促进

会、中国旅行社广州支社等均停止活动和经营；旅游景点、文物名胜遭到严重破坏。

1940年，全市只剩52户旅（酒）店继续经营。1945年全市旅馆业共116户。

钟表眼镜业：

广州沦陷时期，1941年，广州钟表店减少到115户，货源断绝，主要靠收购旧表翻新出售勉强维持。眼镜店只剩13户。

文具业、纸业：

1935年，广州文具业有107户，纸业有283户。沦陷时期，文具业减少为88户，纸业减少为154户，规模均大不如前。

洗染店：

广州沦陷后，全市洗染店纷纷停业、内迁、倒闭，剩下的仅有1935年的三分之一左右，只在惠爱路等邻近日本人居住的地区尚有少许生意。

五金业：

20世纪40年代中期，五金商业形成了大德路、蔡子园（今下九路）、烂马路（今中山七路）的旧五金市场和汉民路（今北京路）旧机器材料市场。1945年，广州五金店有159户。

理发店：

日军侵占广州期间，理发店纷纷歇业。后因电力不足而取缔电发业务，不少妇女蓄发梳髻，“梳头婆”大行其道，惠福西路成为“梳头婆”聚集之地。时新华电影院侧有日本人开设的长井理发店，专营日本人生意。福建人开的东亚理发店，位于长堤大公餐厅侧，是当时稍有名气的理发店。

摄影业：

广州沦陷时，摄影业许多从业人员四散逃难。部分点档向广西、昆明等地迁移。1941年，全市摄影业仅余店号36间。规模缩小。

木柴业：

沦陷前，广州东堤和东濠两旁有二手木材行业批发商铺、售柴店和柴档近百家，沦陷后，柴店纷纷倒闭，仅剩数家，柴的价格因此昂贵，迫于生计，市郊乡村树木也被大肆砍伐，用作燃料或进城出售。

拍卖行：

抗日战争期间，四牌楼（现解放南路）、东山龟岗、河南南华东等地均设有拍卖行，拍卖新旧工业品及进口百货。其货源来自过期不赎的典押物品，也有销赃物品，议价成交。

### 3. 民不聊生·饿殍载道

沦陷时期，广州的粮食由汪伪政府操控。当时很多农民弃田外逃，有些田园荒芜，无人耕作。日军只能依靠从日本本土、台湾或泰国运粮供应。路途遥远，运输途中又时受袭击。即使运到，也是优先供应日军，剩余的才供应市民。因而粮食匮乏。粮食、油盐等各种民生用品价格高涨，早晚不同。沦陷七年，广州市民经常处于饥饿状态，米珠薪桂，每人每天只配给三两糙米，但仍有不少人家买不起，民众在饥饿中挣扎。

罗进《广州沦陷期间我所见的日军暴行》记述：“我们当时经常吃的是野菜、树叶、野粟、花生麸、神仙糕（用米浆、枧水混合后蒸熟，有浓重的枧水味，令人难以下咽）、日军吃剩的残羹、日军军马拉出的便粪中未消化尽的豆子和残麦等。我们赖以充饥的这些东西，亦是广大群众所吃的东西。”（《广州文史》第四十八辑《广州抗战纪实》）

笔者父母回忆沦陷时期生活：“那时有啖饭食，已经好满足了。”

饥荒年代，往往伴随疫病流行，最普遍的是患水肿病。还有恶性疟疾、肝炎、霍乱等，不时肆虐。当时医药短缺，很多人无钱医治，死亡枕藉，难以计数。

1940年秋，香港、澳门发现霍乱，患者150余人。日伪当局将来往港澳客轮停航，但未能防止疫病蔓延。至1941年5月11日，广州、佛山两地已发现真性霍乱；未及一周，广州市区已蔓延至52人。此疫一直流行至1943年，仍未能扑灭。

街头巷尾，随时可见弃婴。路尸饿殍处处出现。哀鸿遍野。

1940年，伪政府广东省赈务分会成立广州市紧急救济委员会急赈队，负责救治街头急症病人和收殓路尸，每日埋尸数十具。而所谓赈济，不外装点门面，在市内设立施粥点数处，但杯水车薪，且常是粥稀如水，几乎无济于事。

1940年8月12日，伪广东省救济院收留的老弱病残人员，不堪院方克扣，遂联合赴伪广东省政府请愿，痛陈该院的种种黑幕及其所受的痛苦。

1941年12月8日，日本向英美正式宣战并进攻香港。香港回穗居民逐日增多，至1942年2月已逾46万人，米价暴涨，物价波动幅度更大。日军侵占香港后粮食补给困难，更无力供应民食。伪广东省政府遂自1942年6月22日开始实行计口售粮，伪广州市政府实施“米粮配给制度”，食盐也要凭证供应；并实行每周一天禁止市民食米，只准以杂粮充饥。

市民不得温饱，不少人回乡谋生。单1942年10月20日之记录，回乡者达3000余人。盟机轰炸日紧，谣言四起，市面金价猛涨，进一步牵动粮油价继续狂涨。1944年，伪广东省政府实行全面登记金饰业店铺，企图加强控制，但金价仍然上涨。

1943年，广东遭遇严重旱灾。全省受灾耕地占80%，灾情遍布。日寇搜劫粮食，造成更惨重的广东大饥荒。伪广东省政府发布《修正救济民粮发放办法》，规定用途与分配比例为：平粜占50%，施粥占20%，收养难童占15%，其他救济占15%，并规定平粜米价低于行价二成。据记载，当年饿殍遍地，全省饿死300万人。大批灾民拥入广州，广州粮价暴涨。市民只能吃稀粥或以菜当饭，这也吃不起的，只好吃“辟谷符”——当时有传言烧符吞服可以充饥，结果当然只有死路一条。

1942—1943年间，盐、火柴、米、火油、布、茶叶、糖等生活必需品都先后实行按户籍凭证配给供应，无户籍人员由警署遣送回乡。配给量极少，往往未能满足最低需求。1943年6月，每人每天仅配米4两（一斤十六两制），每月还有4天停配，美其名为“食杂粮日”。

饿殍载道。四牌楼一带饿死病死者甚多，仅师古巷9号内竟达30人。

据不完全统计，1942年2月13—15日，冷毙西关街头乞丐就有7人。仅1942年4月24日，方便医院（今市一医院）一日埋尸169具，经常发生因饥寒交迫走投无路而自杀的事件。

当时常见一些濒于死亡的饥民，匍匐街头，哀号求乞。商店或住户多不让他们爬近自己门口，怕要按日伪规定，谁家门口有死尸，就得负责收殓。

有些行将饿死者，拼命爬到海珠桥脚几个桥洞，或大新路圣心中学背后的人行道上，呻吟待毙，造成这两处死尸成堆，分别被称为“升仙亭”和“升仙台”。

其时弃婴很多，有的挂在树上，爬满苍蝇蚂蚁，惨不忍睹。

饿死的人骨瘦如柴，只有屁股有点肉，竟有被割下来当牛肉出售。

市面上曾出现过多档贩卖人肉熟食的摊贩，一时闹得满城议论。

有的歹徒甚至拐杀小孩，割肉出售。日寇投降后，在华贵路某横街一书院内，破获数十箩小孩骨头。当事人承认是当时拐杀小孩割肉出售留下的。西堤二马路上烧毁的大新公司的残存烂屋相传为宰杀小孩之处。沦陷时期的广州，恐怖至此。

1944年4月15日，宣布停止配给香港居民口粮。香港市民人心惶惶，纷纷返粤，广州粮食压力更重，粮价随之暴涨。涨价的幅度越来越大，涨价的周期则越来越短。

1944年8月5日，每担米猛涨600余元。

市面米价连日暴涨。9月21日 伪省长陈春圃要市民勿信“谣言”。日军亦称将“放出储存物资”等。几同鬼话。

市内米价、油价持续上涨。11月15日，生油涨至每斤伪币640余元，大米每担升至伪币8000余元。民心惊惶。

12月15日，每担米涨至伪“中储券”1.5万余元。油、糖、面粉、豆类亦猛涨，有的甚至增长数倍。

1945年4月上旬，一周内米价和金价竟狂涨一倍多。

5月12日每担米再涨八九千元，至8月2日，米价比3日前突涨万余元，比6月份高出一倍。市民苦不堪言。

广州沦陷后，水电一直不能正常供应。

1941年11月1日，市内才设公共供水站开始供水，市民要日日到供水站排“长龙”取水。1944年7月19日，广州电厂宣布，自是日起一律停止供应市民用电，广州城入夜顿成黑暗世界。

抗战胜利前夕，汪伪储备券天天跌价，物价飞涨，连当铺店老板也得靠吃粥度日。

### （四）粉饰暴政·奴化教育

沦陷时期的广州，日伪政权一边实行残暴血腥的统治，奸淫掳掠无恶不作，一面蓄意进行粉饰。大标题书写所谓“中日亲善”“中日提携”。

当年广州惠爱路上，挂着偌大的“中日亲善”标语。在其他主干道上，还挂着“大东亚共荣”“日中友好提携”之类的标语或宣传画等。

电影院里播放的电影，名叫《东亚和平之路》——日寇将用炸弹、烈火、钢枪和刺刀铺成的血路装扮为“和平之路”，并涂脂抹粉。

为蒙骗世界，日寇在占据广州之后不久，就开始处心积虑营造“太平盛世”的繁荣景象，比如拍摄了民间的舞狮场面，以显示当时广州的“歌舞升平”。

同时，日寇进行奴化宣传。依靠高压手段，在文化、教育和宗教方面实施毒化和奴化的政策。汉奸文化甚嚣尘上。

1939年7月，大汉奸汪精卫到广州大肆鼓吹煽动全国军民放下武器的所谓“和平运动”。1940年1月，日军即在广州召开“文化恳谈会”，商讨如何开展“和平运动”等问题。1月21日，由日伪政权扶植起来的各“民众团体”在广州文德路伪“公余俱乐部”开会，筹组“促进和平运动”组织机构。2月4日下午，伪“华南各界促进和平联合会”打着“中日两国共存共荣”的招牌，在中山纪念堂前广场宣布成立。

日本文艺家久米正雄等人于1940年12月间到广州活动，便是为了配合策划广州地区“和平运动”的开展。随后，日本文化界华南慰问团亦于1941年6月间到广州宣扬所谓“大东亚共荣圈”。

汪伪政权策动各报建立了伪“新闻记者协会”，并在广州举行了伪“东亚新闻记者大会”。驻广东的日本新闻记者建立了联合组织“广东日本新闻记者团”，协助日伪当局策划进行欺骗和麻醉宣传。

1942年，日伪当局组织了伪广东文化团体筹委会，同年10月成立了“广东文化同志会”等伪组织，其目的就是奴化民众放弃抵抗。

1940年12月，日伪当局笼络了六榕寺住持铁禅和居士谢为何担任了日本国际佛教协会华南支部负责人。

1942年3月9日，铁禅等人决定组织为日本侵略我国效劳的“东方文化学院”。4月，铁禅受日伪之命赴香港活动，推行“和平运动”。6月，伪广东省政府又派铁禅和谢为何赴日参加“大东亚佛教大会”。回来后，鼓吹“和平运动”不遗余力。堕落成了日本侵略中国的御用工具。

在教育方面，日伪政府在广州实行以伪满洲国为模式的全面奴化教育，实施了如下措施：

（1）派遣留日学生。伪广东省政府借口“沟通文化”，于1941年初设立“中日文化协会广东分会”，分批派遣广东学生赴日留学，接受所谓“中日亲善”“共存共荣”的教育。又选派全市小学校长赴东京“考察教育”，以示“中日亲善”。

（2）设立多所专门日语学校。有些广州市民被迫参加日语课程的学习。规定各级学校都要开设日语课。通过日语教育，贯彻奴化思想。

（3）实行学校军事化。自1941年11月2日始，伪广东省教育厅将广州地区高中以上的学生编队，实行集中“军事训练”。1942年11月，将受过“军事训练”的学生改编为“青年团”。将广州地区的一些大中学生逐步纳入其控制之下。高中以下学生全体参加童子军。推行“大东亚联盟主义”。要求各大中小学成立“东亚联盟支部”，设立大东亚联盟讲习所，讲授“太东亚联盟纲要”，企图控制学生思想，使之效忠日本军国主义。

（4）提倡尊孔崇儒。借以安定社会，维护统治。

（5）按照日本的需要篡改教科书。如称中国东三省为“满洲独立国”，称民族英雄岳飞为“和平的破坏者”。

日寇控制舆论。实行文化专制。侵占广州后，随即创办报纸。

1938年12月出版《广东迅报》。这是广州沦陷后出版的第一家报纸，由日本南支那派遣军司令部所属报导部直接组织掌控，是日伪在广州的重要宣传机构。社址在永安堂。其后有伪广东省治安维持会的《民声日报》（后由伪广州市政府接办）、伪广东省政府的《中山日报》。

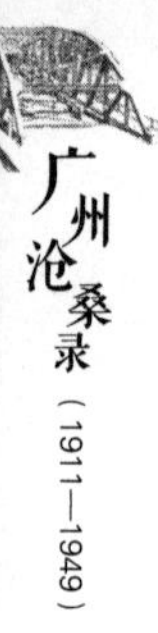


以上为广州沦陷时期的三种主要报纸，日发行量约4万份。

此外，还有《粤江日报》《粤江晚报》《珠江日报》《群声日报》《公正报》《商业新闻》等。

新闻界的“广东新闻记者协会”只是联谊性的新闻组织，不具有新闻机关的职能。

按汪伪政府的规定，所有新闻必须由日本同盟社和汪伪中央社提供，且在印刷前均须全部送审，印刷纸张概由“报导部”控制。这样，当时广州出版的所有报纸全是敌伪喉舌。

日伪统治时期的广州文化活动，基本上由以下三大机构组织进行。

一是华南文化协会。1939年8月成立，是广州沦陷后最早组织的文化机构，成员包括伪政府各处处长和文化界、商界的一些名人。名义上区大庆为会长，实际上控制在日本人手里，出版会报和当时广州最大型的杂志《华南公论》。1941年“中日支化协会”成立后，改为“中日文化协会广东分会”“广州分会”。

二是广东共荣会。这是由日本人控制的广州文艺和出版方面的主要机构，拥有新华、金声、大德、新星4家当时广州最大的电影院，以及《新亚》《南星》《妇女世界》《儿童乐园》4大杂志，还拥有当时广州最大的出版机构“协荣印书馆”和“文艺作家俱乐部”“兴亚剧团”等组织。当时广州发行的美化日伪统治、宣扬日本文化、推行奴化教育的书籍，绝大部分都由协荣印书馆出版。

三是中华东亚联盟协会。这是一个文化大杂烩组织，日本规定所有文化、教育、出版、新闻界稍有名气的人和中小学校长、伪政府人员都要参加。主要职责是培训派到各县做骨干的人员，出版《东亚联盟月报》和画报、《复兴月刊》等。

此外，日伪当局恢复了中山图书馆、广州图书馆。两馆各有藏书10余万册。

新亚印书馆、亚细亚印务局均出版有少量书刊。汉民北路的崛内书店，是一间综合性的大书店；惠爱中路的三通书局广东分局，主要供应华文图书。

## （五）抵抗·袭扰·反击

中国军民对日寇入侵做出了抵抗和反击。

沦陷前，日寇空袭广州，遭到广州空军截击和高射炮射击，多架飞机被击落。沦陷期间，中国空军和盟国美机分别从1939年3月16日和1942年7月6日开始，多次轰炸日军在广州的军事目标，并与日机展开空战，为广州抗战胜利建立了功勋。国共两党领导的游击队及其他民众抗日武装在市郊、外县抵抗、袭击日伪军队。在市内，刺杀了多名大汉奸。

### 1. 空战

日寇空袭广州，广州防空部队发炮阻击，空军奋勇迎战。

陈济棠主粤时已建立了防空部队。至于空军，据抗战初期中央空军第二十九队少尉分队长黄绍濂撰《我参加的对日空战》的记述，当时广州空军的战机，乃“陈济棠从美国订购的霍克-3式战斗机，这是一种双翼起落架用手摇收放的战斗机，有一门小炮，一挺机枪。在机身底下可加挂一副箱，也可外挂一枚500磅的炸弹，可以作俯冲轰炸机用。我们开始接收了9架，每分队3架，驻在广州天河机场。……到七七事变时，在广州就只有这9架飞机了。我们平均是两个飞行员一架飞机。……当时飞机发动是靠机械人员手摇后起动的，十分麻烦”（《广州文史》第四十八辑《广州抗战纪实》）。

1937年8月31日，广州首次遭到空袭，6架日机在白云机场投下炸弹。当时广州空军共9架战机全部起飞迎战，地面高射炮亦猛烈射击。结果击落日机2架、重伤1架。黄绍濂《我参加的对日空战》对这场空战有详尽的记述，文末写道：

这是广州市第一次空战，我机没有损失。喜讯传开，广州市人民十分兴奋，给我们全队慰劳，每击落敌机一架的有1000元慰问金；又用汽车运来大量罐头、汽水及其他慰问品，表达广大人民对抗日战争的热情，使我深受感动。

抗战初期任广州宪兵司令部少校督察长的冯湛泉撰《日机空袭广州目击记》记述当年空战及广州防空状况：

记得1937年秋的某一天清晨，看见敌机一队约9架空袭广州东郊的天河机场，我方的高射炮队12门炮立即集中火力向天河机场上空射击，封锁东郊上空，敌机不敢进入市区。

……

（敌机）每次夜袭广州，照例先由防空机关发出警报，立即实行灯火管制，全市变成黑暗世界，人们即分途疏散。附近有防空洞的就进洞暂避，否则疏散到空旷地方去。当时的防空洞设备简陋，洞内空气不好，时有人满之患，因而有不少人就索性到空旷地方去看“空战”。老弱病残的人就只有待在家中听天由命了。记得每次敌机进入市区，我方12门高射炮分别在萧岗、黄花岗和小港等三个阵地一齐发炮轰击，同时6挺高射机关枪分布在西堤大新公司（今南方大厦），长堤爱群大厦和永安堂等屋顶猛烈射击，此时在黑漆的天空中，突然喷射出一串一串的子弹，有红红绿绿的颜色，像一条锁链横贯天空，紧追敌机射击。高射炮弹也在天空追逐敌机不断“开花”。同时敌机在天空有时放下照明弹，找寻轰炸目标；我方的探照灯也向上空搜索，配合地面高射炮队追击敌机，有时迫使敌机盲目投弹逃走。

日军飞机空袭广州时，我空军虽然处于劣势，但仍奋勇起飞迎头痛击，与敌机发生过多次空战。特别是在1938年夏的某一天，数十架敌机对广州进行大轰炸，我方空军起飞迎击，在广州东北上空击落敌机两架。广大市民目击敌机两架先后在空中着火坠毁，无限欢欣。另一架敌机亦在粤北被击落。同时被击伤多架，摇摇摆摆向南逃去。日机遭受重大打击。我方亦损失飞机两架，负伤两架。空军大队长吴汝鎏不幸在南雄上空中弹阵亡。当广州开追悼会时，市民均为空战牺牲的英雄默哀悼念，隆重致祭！

尤其令人愤恨的是，当年有汉奸放火箭引敌机来炸：

当晚间敌机入市空袭之际，不少汉奸为虎作伥，在市区各处施放火箭，为敌机指示轰炸目标。有些火箭指向爱群酒店和大新公司，有些指向海珠桥，有些指向省政府和市政府。我们在广卫路看见中央公园有火箭射出，即跟踪到公园搜查，但无影迹发现；继而看见财厅附近有火箭从东向西射来；过一会儿，华宁里又有火箭射出，我们即将两头街口封锁，按户登天台检查，全无发现可疑人物。一连两晚，都发现上述情况。在上述两个晚上，广东宪兵司令部各队在全市各区共逮捕施放火箭嫌疑犯达700余人之多，河南伍家祠等各大祠堂都挤满了。两名法官无法清审。当时宪兵司令派笔者负责，限两星期内清理完毕。我即请求派便衣宪兵20多名，由我训练一下，然后假扮犯人，分别进入监狱，一人负责对5个嫌疑犯进行调查研究，并将情况分别汇报。同时我对照各队逮捕犯人时所述的实际情况决定，没有关系的嫌疑犯一律交保释放。结果，不到一星期，全部清理完毕。最后查出梁波等3名，确系施放火箭的犯人。梁是杉行理事长，供认是直接向沙面日本领事馆领取火箭，发给别人施放。他领取火箭时，日本人给他每支款项80元，他转给负责施放者时只发60元，再转发时就发40元、30元或20元，有时每支只发5元交给乞丐用香烟点放。但如在飞机场、高射炮阵地或军事机关施放火箭，一支可领取80元。对于这些情况，梁犯等直认不讳，随即将该3名汉奸押上卡车在全市游行示众后执行枪决。（《广州文史》第四十八辑《广州抗战纪实》）

陈天量在1938年是广州市区地面防空部队高射炮大队照测队队长。他在《抗战初期的广州地面防空部队》一文中记述了当年防空部队抗击敌机来犯的情况：

如敌机进入高射炮火网范围，必遭到我防空部队开炮射击。当时官兵敌忾同仇，斗志激昂，对敌作战次数无法统计。……是年（1937）冬，日机轰炸燕塘兵房和沙河兵棚营地，我高射炮队发挥强大火力，当场击中敌机一架，坠落在杨箕村复旦中学附近，机毁人亡。1938年春，敌机3架侵袭石龙铁桥，低空投弹，被我守桥高射炮队当场击落一架……另一架受伤后，飞到虎门外，坠入海中。以后，敌机对广州市侵袭都在高空侦察和投弹，不敢低飞。

敌机入侵，我空军迎击，空战时有发生。

1937年9月12日上午10时，日军轰炸机一队（共9架）企图袭击广州，被我空军拦截，抵广九铁路石龙段后即折回逃去。

9月23日空战，日机两架被击落，坠毁在河南基立村纺织厂附近。25日，一队日机企图闯入市区，被我空军驱逐出市内。

10月2日空战，1架日机被击落。7日，爆发激烈空战，2架日机被击落，其中1架坠落顺德之横档。中国空军2位分队长陈顺南（南海人）、黄凌波（开平人）牺牲。后与另一空战阵亡的飞行员梁国朋共3人同葬于广州东郊云鹤岭空军坟场。

1938年2月4日，日机企图闯进广州市区，我高射炮队密集射击，双方在广州近郊发生陆空剧战10多次。广州市空袭警报由上午6时50分始发出，至下午6时方才解除。24日空战，我空军机师陈其伟、杨如松殉国。28日空战，日机被击落、击伤各一架。

3月2日，有5架日军在入侵广州西郊时被我空军击退。

4月2日上午，日机闯入市区，中国守军防空炮火击伤其是1架。

4月13日 日机36架袭广州等地，我空军飞机18架起飞迎战，击落敌机7架，我方被毁3架。4人牺牲。年刚20的吴伯钧后来被安葬在广州十九路军坟场后的墓地。这场有名的空战详情见《广州文史》第四十八辑《广州抗战纪实》所载黄绍濂《我参加的对日空战》一文。文中记载了“我所在的二十九队和我所知道的二十八队，上至队长下至飞行员，都在历次敌我数量悬殊的艰苦战斗中打得很英勇顽强”的光辉事迹，记载了当年多位血洒长空、为国捐躯的空军将士的英名：陈其伟、黄新瑞、陈桂林、陈桂文、邓从凯等。陈瑞田则是“受重伤、毁容”。“他们的业绩应该永远载入史册。”

6月3日，日机闯进广州，迭次飞经沙面上空，遭驻沙面各国军舰开炮射击。

1938年10月21日，广州沦陷。



1939年3月16日，中国空军轰炸广州白云机场，22日再次轰炸，毁日机十余架。

5月7日，中国空军轰炸广州天河机场。6月5日，轰炸广州西村等日军阵地。9月29日，炸广州白云机场，毁日军仓库十余座及日机10架。

1941年12月7日，日本偷袭美国海军基地珍珠港，并对美、英等国宣战。太平洋战争爆发。

**2. 盟军的反击**

太平洋战争爆发，世界形成两大阵营：反法西斯的同盟国（主要国家为中国、美国、英国、苏联、自由法国等）与法西斯轴心国（德国、日本、意大利）。

1942年7月4日，盟军飞机轰炸广州白云机场，20余架日机仅5架逃脱，余均被炸毁。6日和18日，盟军飞机再次轰炸广州日伪据点及其军事设施。

5月8日，盟军美机7架轰炸广州日伪据点，投弹数十枚。

1943年4月25日，广州市自是日起再次实行灯火管制（一说日本偷袭珍珠港当日广州市开始灯火管制）。

5月15日，伪广州绥靖公署正式设立防空指挥部，下设6个“防空指挥区”。

7月7日，盟军美机20余架轰炸黄埔附近的日军军事目标。12日，再炸黄埔并进行低空扫射。

8月25日，伪广州警察局宣布夜12时开始宵禁。26日 盟军美机10余架炸广州日伪据点。

9月2日，盟军飞机19架分袭广州、香港。两天后，22架盟机再袭广州。五天后，又袭广州，并与日机空战，日航空兵团长中苇被击毙。

12月间，盟军飞机于16、23、24日三次袭击广州日伪据点，与日机展开激烈空战。

1944年2月11日，盟军飞机27架轰炸广州、香港及广九铁路沿线敌伪军事目标，并与日机空战。

7月5日，盟军飞机20多架轰炸广州黄埔。

7月19日，盟军飞机再袭广州，与日机展开激烈空战。

8月31日，盟军飞机10多架夜袭广州各处日伪军事目标。6天后，盟机深夜再袭广州。

9月30日，盟军飞机夜袭广州日伪各军事目标，投弹数十枚。

10月3日、6日、15日、17日，盟军飞机连袭广州，并曾与日空军展开激烈空战。

12月22日，盟军飞机10余架分袭广州、香港，与日机空战。27日上午，盟机再袭广州。

1945年1月15日，盟军美机数十架轰炸广州、香港、汕头等地，并发生空战。次日美机继续轰炸上述各地。

3月15日，空袭频繁，伪广州市政府加紧挖掘防空壕。

1945年4月12—15日，盟军飞机空袭广州，向河南日军军事目标投弹轰炸。

4月21日，盟军美机空袭广州，日伪损失甚重，其中日船“民国丸”在莲花山附近河面被炸沉。

4月28日，美国飞机向河南日军军事目标投弹7枚。

5月10—15日，盟军美机4次空袭广州日伪军事目标。

6月3日，盟军美机是日起频频轰炸广州。30日，在东堤一带投下烧夷弹十余枚。

7月3日，盟军美机3架轰炸广州石牌一带日伪军事目标。12日上午，美国飞机轰炸广州东川路、汉民南路（今北京南路）及郊区猎德一带。

7月15日，美国飞机轰炸河南驻防的日军。

据统计，自1942年7月4日—1945年8月日本投降，美国空军袭击广州日伪据点共50余次，出动飞机500余架次。日伪军防空能力不强，亦无进行系统的防空宣传，每遇空袭，市民惊慌失措，秩序混乱。美军轰炸有时不幸波及居民区，致市民死伤千余人，毁民房百余幢及民船（艇）数十艘。

日本投降后，国民政府于1945年12月发出指令，裁撤各级防空组织，民防工作随之停止。

### 3. 抵抗・袭扰・锄奸

日军侵占广州后，军事上一面在广州外围的顺德、黄埔、增城、佛山、三水及西江、北江、东江沿岸各要点布防并构筑工事；一面北犯从化、花县。同时企图“扫荡”活跃在珠江三角洲的抗日武装力量，以巩固其对广州的占领。

国共两党在广州沦陷后先后建立的抗日游击队，还有自发组织的地方抗日武装，采取各种形式，在广州郊县敌占区进行武装斗争，袭扰、攻击日军，阻击日伪军的清乡扫荡，创建抗日根据地。迫使日军龟缩在广州及其附近的狭小地域。其间著名战役有江高阻击战、夜袭官塘、植地庄之战、西海大捷等。这些战斗都发生在广州郊县。

抗日武装除在广州郊县抗敌外，亦曾在市区对日寇发动攻击，刺杀汉奸。

1938年下半年，汤平化（广州黄埔军校四期毕业生）奉广州市长曾养甫之命，成立了广州市自卫团。10月21日广州沦陷后，自卫团潜入市区，与日军交战20余次，毙伤敌军200余名。

11月，自卫团撤出广州市区，改称为广州市区游击别动队，汤平化任司令，共有数千人，分布在广州市区和郊区，寻找机会打击日伪军。1939年2月1日，游击别动队在广州市郊袭击日军，救出被掳妇女多人。同日，别动队员50多人潜入白云山脚，刺死日兵2名。图炸天河机场，可惜没有成功。

1939年2月8日，游击别动队在爱群酒店门口伏击伪广州治安维持会副会长吕春荣，可惜被吕侥幸逃脱。

同年11月27日，汪伪广州市公安局长练演生在惠爱路百货公司举行就职典礼，遭到游击别动队袭击。别动队纵火焚烧典礼会场，试图将出席典礼的日伪官员一举歼灭。这天恰好北风较大，熊熊大火迅速向南蔓延，彻夜燃烧，一直烧到了大南路口的永汉戏院。在这次除奸突击中，练演生被击毙，日军也有伤亡。同时，在东郊的天河机场，别动队焚毁了一些日军军火。

别动队还进行过焚烧敌人军粮、抢劫正金银行等突击活动。

1938年12月3日晚，国民政府便衣队80多人潜入广州市区，在六榕寺一带与日军巷战3小时始退。同时，进入市内之游击队向原省府及教育厅等处投掷手榴弹。日军大为恐慌，是晚实施戒严。

1941年9月17日，惠爱中路（今中山五路）及市内多处地方发生炸弹爆炸，炸死炸伤日伪军数十人。其中一枚炸弹在日本海军司令部爆炸，炸死日军数人。



1944年4月4日下午6时，大汉奸汪精卫妻弟、伪广东省长、华南最大汉奸头子陈耀祖与卫士来到广州文德路教忠学校前，正过马路，前边忽然爆了个烟幕弹，同时枪声响起。陈之卫士倒地。陈狂奔至何家祠，本欲冲进祠内，因过度惊惶，过祠门槛时绊倒。刺客紧随追至，举快掣驳壳枪横扫，陈中7枪。刺客逸去。陈随后先被送往附近的博济医院抢救，再送东山陆军医院，当夜毙命。

沦陷时期，国民党军统局特工潜伏广州市中，其任务包括刺探情报，袭扰日伪，制裁汉奸等。所谓“制裁”，实即暗杀。据当时追随陈耀祖的伪广东省政府庶务股长兼建设厅庶务股长和伪广东绥靖公署庶务股长的大忏《大汉奸汪伪省长陈耀祖遇刺记》记载，陈耀祖即为军统局所暗杀。《70年前抗日锄奸英雄 如今百岁成为台湾寿星——汕头市籍台胞李树藩传奇》一文则明确称“李树藩以军统行动队长成功刺杀广东伪省长陈耀祖，出大名”。上两文均详述了刺陈经过，但细节出入颇大。另一说法是陈耀祖死于国民党广州区游击别动队之手（见《广州市志·卷十一·中国国民党广州地方组织志》）。

4月14日，日本天皇追赠陈耀祖“勋二等旭日重光章”。当日，伪南京政府任命陈春圃为伪广东省长。同年，南武中学被汪伪省府接收，改名“德明中学”以纪念陈耀祖。

1944年9月25日，伪广州要塞司令何翰澜经大新路时遇刺，身中三枪，至27日毙命。

11月6日深夜，伪太平分局警长范慕陶在仁济路被击毙。

汉奸头目连遭暗杀，令其他汉奸相当惧怕。

#### 4. 中共抗战宣传

广州沦陷前，广州中共党员有400多人。沦陷前夕，绝大部分撤出广州。

1940年6月，中共南（海）番（禺）区委成立，在广州云台里、惠福路等地建立据点，开展市内地下工作。

1941年12月太平洋战争爆发后，日本鼓吹汪蒋合流，联合反共，对占领区采取“怀柔政策”，在大城市中，公开奸淫抢掠的暴行有所收敛。逃离广州的市民陆续有些回来。后来市面逐渐出现“繁荣”，尽管一般民众仍挣扎在饥饿线上，而茶楼、酒馆渐兴旺，赌场、妓寨就更兴盛。在市民陆续回市之时，1942年前后，中共各方面组织（粤南省委、北江特委、东江纵队、珠江纵队、西江特委等）先后各自派遣了一批党员回广州活动，在市内利用各自关系建立联络点，设交通站，搜集情报，传送文件，利用所开商店筹集经费、购买物品，开展抗日宣传，发展党的外围组织等。其工作方针是“隐蔽精干，长期埋伏，积蓄力量，以待时机”。

当年建立的联络站和交通站有：

十三行“华昌京果药材行”（现利口福饭店附近）。在带河路、文德路129号、河南厚德路64号开设的妙奇香杏仁饼店、美香园杏仁饼店和北香杏仁饼店。广州市教育路、芳草街19号、东川一街宜园、中山四路谭家巷2号之一、中山四路342号（现稻香村）、河南同庆路、十三行、泰康路、芳村、海珠北路、东川东路、圣心路、光复北路、华贵路、维新横路、惠福路、中华路（今解放路）、云台里、大德路、惠爱东路（今中山四路）、文昌路、德政中路福乐里1号、米市路广安柴店、万福路、万善堂中学、二沙头等地均设立了秘密交通站、联络点和据点。

广州地下党组织在发展“游击之友”的同时，建立了“抗日大同盟”等外围组织，总部设在文德路二巷1号。

1943年夏，中共北江特委领导下的党组织在广州水母湾洪门小学内建立秘密印刷点，翻印东江纵队《前进报》及其他宣传品散发。当年负责此事的何君侠在《敌后斗争四年的回顾》一文中记述：

我们秘密散发宣传品采取下面几种方法：1.通过党员、“游击之友”送给亲朋。2.邮寄给经选择的对象。汉奸们接到我们的宣传品都很惶恐，说“老八”都知道我住址了，或“老八”来警告我了！3.广州在夜间11时即停电，并实行宵禁，但日本兵只在马路上巡逻，不敢进入横街小巷。我们就在这时候活动于横街小巷中，或在街道墙上，或在厕所里面，以代用品作浆糊把宣传品张贴，纵或遇见伪警，亦可掩饰过去。另外则将传单叠放在当风之处，借风吹散，翌晨人们路过，就可捡到。有一位当伪警察的“游击之友”，曾多次在电影院散发，从来没有出过问题。

沦陷时期广州中共地下党主要负责人之一的郭静之撰《沦陷时期珠江纵队驻广州联络站情况》记述：“我们还曾经大量翻印过东纵部队的《前进报》以及‘七大’文件《论联合政府》《论解放区战场》等在广州市以及在可靠的社会关系中散发，扩大党的影响。”

1945年2月，陈翔南抵广州，作为中共广州地区的主要领导人，统一领导当时来自中共各方面组织的广州地下党。其公开身份是十三行路“华昌药材行”老板。据其《抗战后期的广州地下党》一文中记述，当时广州地下党总人数在80人左右，外围组织“游击之友”大约100人不到。这时广州市面呈现一片混乱景象，经常停水停电，米价、金价狂涨，汪伪发行的储备券严重贬值。日本败局已定，汪伪政权处于风雨飘摇中。

5月，德国法西斯投降，欧战结束。英美集中力量在太平洋对日展开进攻，日本完全陷于孤立。中国军队开始了局部反攻。抗战胜利已现曙光。

当月，陈翔南拟就《广东人民抗日游击队东江纵队告全市同胞书》和《广东人民抗日游击队珠江纵队告全市同胞书》，号召广州人民在中共党和军队领导下收复广州。每篇1000余字。总共印了4000份以上。在一个夜间在全广州市范围内（所有主要马路干线和一些横街小巷）大规模散发。翌日，全市为之震动。中共地下党还通过投寄信件的方式，警告汉奸们不要继续为日军卖命，要身在曹营心在汉，立功赎罪。

日本投降后，1945年底，中共地下党又散发了珠江纵队第二支队《告广州人民书》。

## 四、抗战胜利

1945年7月26日，中美英三国发表《波茨坦公告》，敦促日本立即无条件投降。日本顽抗。

8月6日，美国在日本广岛投下第一颗原子弹。

8月8日，苏联对日宣战。盘踞中国东北的日本关东军随后被歼灭。

8月9日，美国在日本长崎投下第二颗原子弹。

8月10日，穷途末路的日本政府向美、英、中、苏政府发出乞降照会。

8月11日 中共东江纵队向各部发出紧急命令：“动员全体军民，开入附近敌伪据点，解除日伪武装……”

8月15日，日本天皇正式宣布接受《波茨坦公告》，无条件投降。

执掌广东实权的大汉奸陈璧君得日本投降电讯后，旋接国民政府主席蒋介石电知并饬转知所属照常办公，听候接收；非有命令，不得移动。

广州市面秩序混乱。当晚，文德路“广州市政府”挂起“广州警备总司令部”招牌，以伪广东省长褚民谊为总司令，伪广东海军司令招桂章、伪广东警察处长兼广州市警察局长郭卫民为副司令。宣布戒严。

这伙汉奸决议“易帜”。在越华路伪广东省政府大门前挂起白底黑字之“先遣军总司令部”大招牌——它成了国民政府的“先遣军”了。招桂章自称先遣军总司令兼广州警备总司令。

8月17日，日本华南派遣军司令官发表谈话：“依上司命令，将现有配置已概行转移于停战之态势……已对蒋委员长有所申请。”同日，日本驻粤“总领事”下旗归国。

当时盗贼出没无常，混乱的社会秩序令民众不安。市内各街道纷纷建筑街闸，以防不测。各界强烈要求广州市警察局维持社会治安。警察局随即要各工厂、商店派出人员充当“义务警”，并趁机搜刮“义勇费”。义务警每天上午参加操练后回厂、店上班，如需巡逻，则巡逻后再去上班。充当义务警的都是年青工人、店员、杂工、搬运工等。巡逻费按警察局规定由各义务警向自己所在的厂、店报销，服装、鞋袜费也由各厂、店支付。（后来，这支“义勇警察队”在1949年4月被改编为半军事性质的临时脱离生产的“民众自卫队”，共有2个大队，下辖8个中队，隶属于广州市“民众自卫队总队部”，同月改为“民众自卫司令部”，在国民党军溃逃时自动溃散。这是后话）

1945年9月1日，新任广东省政府主席罗卓英等办理省府迁回广州事宜。陈策被任命为广州市长。9月2日，在停泊于日本东京湾的美国战舰“密苏里”号上，日本正式签署投降书，向盟国无条件投降。

## （一）受降

日本无条件投降。国民政府将中国战区划分为15个受降区，广州地区为第二受降区，以第二方面军司令官张发奎为受降主官。受降地区范围为广州、雷州半岛及海南岛等地。

广州是日军华南遣派军司令部所在地。日军投降部队集中于广州，并在广州办理投降事宜。

为使受降实施便利，军事委员会特组设广州前进指挥所。省府旧址（今越华路省民政厅地）为办公处。

9月6日，第二方面军广州前进指挥所命令广州日军集中珠江南面市区候令解除武装。同日，张发奎向广州日军最高指挥官田中久一发出备忘录：

1. 我军决定立即正式接收广州市；

2. 通知各地区日军集中地点及我军受降之部队番号及将领姓名；

3. 警告日军不得毁坏一切军火及器材；如有毁坏，由该指挥官负其全责。

9月7日，国民政府新编第一军（新一军）进入广州市，正式接防。当时新一军下属新

三十八师驻防市区以及越秀山、白云山地区，东山、沙河、石牌地区，西关、芳村、石围塘地区等地。师部设在维新北路敌伪广州市警察局内（今广州市公安局址）。

当时广州地方行政系统尚未建立，各防区内的市面治安，由步兵团团部或师直属营营部派出巡查班巡查。对抢劫盗匪可加以逮捕，送交师部处理；对斗殴争吵案件，只许劝解；其他民间纠纷，一概“不得干涉”。以后一段时间，广州市面并不安宁。驻军不懂地方行政，对小案件进行劝解，对大案件则不分青红皂白一律将当事人同时关押，有人担保的予以释放，无人担保的则准备以后移交地方当局。当时新三十八师关押了三四十人，以后都交给了警察局（见《广州文史》第四十八辑《广州抗战纪实·新一军进入广州受降记》）。

9月7日，第二方面军广州前进指挥所主任张励中将率领200余人乘飞机抵穗，日军最高指挥官田中久一即向第二方面军送呈在广东的日军部队驻地及实力表册。计有：

在广州市区的第二十三军军部及其直属部队和独立第八、十三、二十三3个步兵旅团；在广九沿线之东莞、宝安一带的第一二九师团；驻惠州一〇四师团；驻中山、江门一带的一三〇师团；在雷州半岛的独立第二十二旅团及二十三旅团之各一个大队；驻海南岛与香港的防卫队；其他尚有航空、通信、宪兵、工兵、炮兵、铁道、汽车、船舶等部队共83个单位。合计总兵力137 300人。其中驻广州及其附近的机关部队及各种勤务保障单位共约3.7万人（据时任新一军新三十八师副师长兼参谋长龙国钧《新一军进入广州受降记》记述，当时广州日军约有2万多人）。另有日侨与朝鲜侨民各约1万人，台湾籍人7000余人。

当天，张励率领高级职员赴黄花岗，致祭七十二烈士墓。“荒芜八年之圣地，又恢复昔日之光辉庄严矣。”（1946年6月15日编撰《广东受降记述》）

9月8日，广州军事特派员公署暨广州市政府成立。

9月15日，张发奎率第二方面军司令部全体官兵，乘机飞广州主持受降。飞机在白云山上空盘旋两周，降落白云机场。张发奎随后登车，率领各级首长各机关团体代表，沿途严密布置警戒，以新一军新三十八师全副武装为行列，举行入城进军仪式。

中华北路口搭建了庄严之凯旋门，路口两侧排列着民众代表约5000人，当司令官车过时，一致立正为礼，热烈欢呼。

从中华北路（今解放北路南段）经一德路、太平路、长堤、靖海路、泰康路、汉民路、德宣路，至中山纪念堂前，绕市一周，行程两小时，沿途悬灯结彩，市民夹道以迎，爆竹声不断。

张发奎《抗日战争回忆记·进军广州受降》记述当时的情景：

汽车纵列、骑兵部队和全副美式装备的步兵，以雄壮威武的姿态，通过了庄严而辉煌的凯旋门，巡行了市区的主要街道。当时我和博文将军以同盟国并肩作战的象征，站在吉普车上，沿途受到全市夹道欢迎的民众的欢呼，国旗凌空飘扬……

9月16日，广州日军投降仪式在广州中山纪念堂举行。“中美英苏国旗，鲜艳夺目。礼堂内电灯齐明，场中气氛，庄严肃穆，威仪万千。”（《广东受降记述》）

中方受降官为第二方面军司令官张发奎、参谋长甘丽初及美国联络官博文少将，广州市市长陈策、新编第一军军长孙立人等参加了受降仪式，参加受降仪式的代表和观礼人员共183人。

日方投降代表为日本南支派遣军和第二十三军司令官田中久一中将、参谋长富田直亮少将、海南岛日军指挥官代表肥后大佐3人。田中久一在降书上正式签字投降。

时任第二方面军司令部作战处处长的李汉中在《广州受降接收与肃奸纪实》（载《广州文史》第四十八辑《广州抗战纪实》）一文记述了受降经过：

受降时，张上座南面，左右为博文与参谋长甘丽初，面对日军投降代表田中久一及海南岛日海军代表肥后大佐，宣布受降第一号命令（由我以国语宣读，由译员译成日语）。然后，令田中久一在降书上签字执行。该命令规定：日军受令后，应即就现集中地，依我指定之仓库，按先重武器、后轻武器之顺序，自动卸下一切装备，纳入仓库。随即将武器、弹药、车辆、航空器材、海军舰艇，以及人员、马匹和其他军需物资、现存财物等，分别造具结册各五份，呈送第二方面军司令部，由司令部派员按册清点；又规定日军卸下武器后，依原部队建制，徒手进入指定之集中营，以战俘身份听候处理。田中久一及各级部队长即解除指挥权，田中久一改为日俘官兵善后联络部部长等。田中久一的降书内，则载有"如不执行命令或违犯命令，愿受惩罚"等词句。

签字仪式由上午10时开始，至10时40分钟结束。

新一军负责解除广州地区日军武装。

9月23日，广州附近日军开始解除武装；至9月28日，共收缴日军步马枪12 300支、轻机关枪512挺、重机关枪178挺、掷弹筒28具、高射机关枪6挺、手枪1100支、轻重迫击炮270门、步兵炮24门、火箭炮235门、臼炮10门、九厘臼炮4门、15.2厘米榴弹炮2门、速射炮9门、高射炮20门。此外，尚有武器仓库、军需物资在清查中。后统计大小武器等约17万余件。

9月29日，已解除武装的日军进入河南之南石头、石涌口、白砚壳等集中营。

10月8日　源潭、新街日军第八独立旅全部缴械，所有该旅官兵均被押解至广州芳村花地集中营。日侨、朝鲜侨民及台湾籍人分别集中管理。广州市日侨集中在东山、黄埔两地，朝鲜侨民集中在百子路（今中山二路）一带，台湾籍人集中在花地。

整个受降过程中没有发生骚动或重大破坏情况。

10月10日　广东国民党各机关在中山纪念堂举行庆祝抗战胜利及双十节大会。

10月29日，第二方面军组建日本战俘管理处。

11月26日　日俘官兵善后联络部部长田中久一向张发奎报告投降后移交情况，谓"所有日俘均已进入集中营"。

当时广州区的伪军有20余个单位，人数62 000人，其内还有4个伪军正规陆军师，大部散布在广州及广九铁路沿线附近。张发奎训令他们严守纪律，不得妄动，并暂负所在地治安维持之责，听候中央处置。后来，除一部分缴械解散外，其余的改编拨归国民政府军，或补充保安团队。

### （二）接收

日本宣告投降后，国民政府重新颁布了经过修订的惩治汉奸和处理汉奸伪产条例，同时加紧进行筹组处理汉奸的肃奸机构。

在张励的前进指挥所与新一军部队到达广州以前，广州秩序曾一度相当混乱。

军统别动军徐光英部和军统局地下工作广州站站长陈劲凡大肆活动，到处标封房屋，抢劫物资，敲诈勒索，并擅令日宪兵缴械，引起双方武装冲突。伪广州警备总司令招桂章、伪广州市警察局长郭卫民等贴出其"安民"布告，搞得满城风雨。张励的指挥所与新一军来到广州后，社会秩序才渐稳定下来。

张励一面令孙立人统一指挥所有广州部队，包括徐光英的别动军和伪军等，分驻市区各要点，对日军之移防集中实行监视；一面令广州日军先行集中于河南之南石头及芳村花地一带，候令缴械进入集中营。

至9月11日，日军在上述各地集中完毕，广州市面日军绝迹。计自1938年10月21日广州沦陷至日军投降最后一批撤离市区日止，广州被日军盘踞共6年又10个半月。

国民政府同时开展接收日伪物资、财产的工作。这是一个可以大捞油水大发横财的机会。在整个过程中，贪污受贿、腐败舞弊、巧取豪夺之丑行有明有暗，层出不穷，上下各级几乎无不参与其中，甚至官僚政客之亲戚朋友，或与权贵有关之奸商地痞，亦乘机插手，浑水摸鱼。社会舆论称这种"接收"为"劫收"。

如行政院将大部敌伪物资、工商企业和房地产等，以不适宜于国营条件为理由，颁布了一个转让民营的条例。条例规定：凡承顶者如一次付清价款，可以按估值七折承顶，或由国家银行担保，可以按全部估值先缴三分之一，半年内续缴三分之一，余在一年内缴清。广东区敌伪物资产业处理局局长林继庸把大企业和大房地产估值定得特别高，小的定得低一些。这样，大企业、大地产非一般中小财力可以承顶，故多落于大官僚或富豪之手；房地产大多为高级党政军人员所占据，他们可以引用优先标顶权和人事关系等低价投标。此为巧取豪夺"劫收"法之一。

又如军统借口"暗中监视"或"保密特殊"，将预先占据的汉奸机关或敌伪化身之企业、商号和住宅所存之物资用具、古玩珍宝等，独自进行了接收。汪精卫在德政北路住宅之大量珍藏古玩，伪省市政府的现金财物以及家私用具等，大部为军统人员所抢掠。等到省府主席罗卓英以省府名义去接收时，已几乎无物可接了。

此中还有不同派系之你争我夺。不同部门的特派大员来到广州有先有后，接收权责与物资各类范围等又不能明确规定，中央与省市之间在接收权属问题上，亦划分不清。这些都引起了很大纠纷。比如一个仓库门上的接收封条，你贴一张，我贴一张，竟有多至五六张的。

张发奎极力从中调解，1945年11月，组织了一个"广东接收委员会"，统一划分接收权责范围及仲裁调解纠纷诸事。但仍免不了许多纷争。

中央各特派大员利用"合法"接收之条件进行贪污，如变卖、隐藏、打折扣、伪造或涂改接收清册单据等情事，不一而足。当年闹出两件贪污舞弊大案，一是莫与硕枪械舞弊案（莫将接收过来的最新式尚未启箱使用的数千步枪机枪，卖给中山护沙总队及黄角乡一带五龙堂之地方土匪恶霸），后来莫被枪决。二是中央银行黄金失窃案。此案始终没能侦破。

对于当年胜利后接收的种种情状，张发奎在《进军广州受降》一文这样记述，语气沉痛：

整理受降后繁杂的任务，却令人感到不快。

这固然因胜利的突然来临，使我们在时间仓促中不能预作详密的准备。而我们行政方面之低能与社会人心之腐败，也于胜利后不久之际，全部暴露无遗了。

社会秩序的混乱，奸徒乘机抢掠，加上接收情形的紊乱和浑水摸鱼的贪污罪行，真令我感到我们虽赢得了胜利，但我们先哲遗下来的羞耻观念，却已荡然无存了。

我先述接收的事情。这是战后行政的最大污点。第一是中央对于接收问题，根本没有全盘计划。凡接收机关的派遣，接收部门的分类，接收物质的处理，都没有明白的规定。

如当我成立接收委员会时，中央仅派有军政部、交通部、财政部、中宣部和航空委员会的特派员到来，至于其他中央各部门有无派遣人员，及应接收何物，均无指示。但事隔月余，经济部、农林部、教育部、社会部、海军部等特派接收人员又陆续到来。如海军的船艇就须由军政部的特派员再行移交于海军部的接收人员；有国营性的生产工业，就须再移交经济部的接收人员，甲移交乙、乙移交丙，其中损失和舞弊事情，就不难想象了。其次则物质之分类又没有详确的规定，如通讯器材，究属于军政部？抑属于交通部？军用的化学工厂，究属于军政部？抑属于经济部？凡此均引起了接收工作不少的纠纷。接收委员会最初虽有一个概要的规定，但因中央各部门的步骤紊乱，亦无法顺利进行其工作。这些都是当时行政院应该负的责任。

多数接收人员的低能和贪污，更直接造成了接收工作的混乱。

接收人员，为个人打算的多，为国家设想的少；藏匿埋没，折扣报销，贵贱调换，敲诈勒索，层出不穷。结果发财是私人，吃亏是国家。军政部特派员莫与硕和他的办公厅主任李节文的正法，亦不足以转变此种风气。发“胜利财”与“劫收”的名词，竟是这个时候添入了“辞典”。于是，人民由希望的高峰跌进了失望的深渊。胜利的光荣，也因此而黯淡褪色了。

各级党政军人员在接收过程中之贪污舞弊，已成为当时官场中普遍之风气。各种恶劣行为被媒体披露，致使大失民望。

### （三）肃奸

日本宣告投降后，国民政府重新颁布了经过修订的《惩治汉奸暂行条例》《伪产处理暂行条例》，同时筹组处理汉奸的肃奸机构，定名为“肃奸专员办事处”（肃奸处）。

肃奸工作由军统局兼理负责。名义上隶属于开入各收复区的各个战区司令长官部和各个方面军司令长官部，实际上受军统局直接指挥管辖。

抗战期间，军统在各个沦陷区派有秘密潜伏的站、组，平时已调查收集大批汉奸名单和伪产线索，因而由军统来担任这项工作是合适和便利的。

1945年10月间，第二方面军肃奸专员办事处成立，由国民党军统局广州站站长陈劲凡任专员，该站全部人员和电台，俱调到第二方面军肃奸专员办事处，负责第二方面军受降区范围内的肃奸工作。此外，肃奸专员办事处在香港、澳门各派有一个驻港驻澳专员，负责将逃匿香港、澳门的汉奸引渡回广州。

肃奸处逮捕汉奸和查封伪产所依据的，基本上是四个方面提供的材料和线索：一是根据军统派在沦陷区的潜伏站、组多年来所搜集的资料；二是缴获汉奸政府、伪绥靖公署和日军方面的文武官员名册及它们过去印行的公报；三是日本投降后居民的检举。肃奸处门口置有检举告密箱，欢迎居民检举告密，检举伪产，证实后还可以发给奖金；四是肃奸处调查组调查得来的资料。

肃奸专员办事处（后改组为肃奸委员会）的任务，是逮捕汉奸和查封伪产，但无权结案处理，只能对案件进行审查；如审查确定被捕人确犯有汉奸罪，被查封的房产财物确属于汉奸伪产后，须将案卷、人犯、财物全部移交高等法院或军事法庭和敌伪处理局去处理。因而肃奸处（肃奸委员会）只是一个中间过渡的机构。

当时陈劲凡掌握的大小汉奸名单有1000余人。上中级汉奸有褚民谊、陈璧君、招桂章、李辅群、郭卫民、范德星、骆秀礼、吕春荣等伪军政要员。有公开通缉的计前后宣布三批名单共500余人（第一批40余名，于1946年2月间公布；第二批100余名，于同年5月间公布；第三批380余名，于7月间公布），多属上中层之经济、文化、教育和一般之伪军政人员。此外还有内部掌握暂不公布的名单，这些人大多属于中下级人物，不大为社会所注意而容易遮掩者。

何崇校在广州沦陷期间任军统广州潜伏站光粤站站长，胜利后任广东站负责人，并任领导肃奸委员办事处的肃奸指导委员会委员。他在《肃奸机构与肃奸工作》中称："当时肃奸工作弊陋丛生，动辄产生'卖放''勒诈''盗换'等舞弊贪污行为。"

陈劲凡肃奸不力，行为不检，受到多方指责。

1946年2月1日，军事委员会委员长广州行营（简称广州行营）成立。第二方面军司令长官张发奎改任广州行营主任。原司令长官部机构和人员均改属广州行营。当月，第二方面军肃奸专员办事处改组为广东肃奸委员会，3月1日成立。不再隶属于军统局而归属广州行营统辖，张发奎任主任。办公地址仍设海珠中路原址。

汉奸之最后判决与处理，大致可分为三种：

一是送南京处理，如褚民谊、陈璧君等人，不加审问，即送南京。

二是在广州判决后就地直接处理（徒刑或死刑）。

三是把案件搁置起来或不加起诉处分予以释放。

张发奎主张坚决惩治汉奸。他在《进军广州受降》一文中写道：

国家的正义与民气必须伸张。文天祥的浩然之气，实足以代表一个国家民族的生存条件。奸伪的政治主张，虽有其不同的角度，但卖国求荣的行为是罪无可逭的。所以在胜利后，我就确定以严厉的法律来处理奸伪人员。陈璧君、褚民谊、周应湘、汪宗准、何文灿等，首先就进了我的缧绁。吕春荣、范德星、李剑琴、符永茂等就立即上了断头台。这决不残酷，这是历史的惩罚。

1945年9月21日，大汉奸陈璧君（汪精卫之妻）、伪广东省长兼广州绥靖主任褚民谊、伪广东民政厅长周应湘、财政厅长汪宗准、建设厅长李荫南、教育厅长陈良烈、参事徐义宗、高齐贤和汪精卫的女婿何文杰等一帮大汉奸被军统逮解第二方面军司令部收押。张发奎将他们拘禁于豪贤路之豪园。10月28日押解南京审办。后褚民谊判死刑，陈璧君判无期徒刑。四个伪厅长俱判徒刑。

罪行累累的"市桥皇帝"李辅群（李朗鸡）被捕经肃奸处定案后，移解军事法庭公审，后又移解南京最高法院审理。被判死刑，但没有马上执行，而是移至上海监狱关押。直至建国后，被押回市桥公审处决。

伪广东警察处长兼广州市警察局长郭卫民被捕后，据说因陈策称其在日本投降时对维持治安出了大力，故从轻判处徒刑5年。1949年广州监狱疏散时，逃往香港。

罪大恶极、血债累累的伪“广州治安维持会”副会长、伪“和平救国军”总司令吕春荣经第二方面军军事法庭审判，处死刑。在对吕执行死刑前，张发奎举行记者招待会，说：“肃奸必须雷厉风行，我虽与吕有旧交亦决不徇情，仍将他从清远解来，并为大快人心起见，特在天字码头执行枪决示众。”1945年10月14日，吕被押赴天字码头执行枪决。

1945年12月8日，伪“自警团”团长叶坤亦被处决。

1946年8月，广东肃奸委员会结束。

1947年5月18日，国民政府高等法院裁决没收汪精卫在德政中路自编门牌1～8号的房屋8间及其他财产。

### （四）处决战犯·遣返日俘日侨

上文说过，1945年9月29日，已被解除武装的日军进入广州各处集中营。

社会舆论要求，在遣送日俘回日本前，必须将其中犯有严重罪行者列为战犯，逮捕审判。

1945年冬。国民政府宣布战犯处理条例。美军驻华总部要求张发奎在1946年2月以前将华南战犯调查完毕，将与美军有关之战犯，交由美军法庭提审。

1945年12月间，第二方面军组织“日军战犯调查组”，对日军在华南之具体罪行进行调查。当月，广州市长陈策调用日俘500名扫大街，搞市内清洁卫生。民众要求日俘扫街时，不准戴口罩，以别于一般清道夫。省公路局调用大良日俘2000名，修筑中山、顺德公路。各中央接收机关，大多调用了日俘中之技术人员，如航空、造船、汽车、铁道、交通、通信等技术官佐与技工等，在各部门服役，其数不下千人。

1946年春，广州行营在河南南石头的英商太古货仓设立“广州战犯拘留所”。

据《广东受降纪述》记载：经遵照军委会之指示，及采纳人民之公意，将战争中无恶不作之日军宪兵伍长以上的士官及部队长392名全部集中禁押，并将其姓名及相片公布，以便人民指认检举。

1946年1—4月，共宣布逮捕战犯6批622名，送战犯拘留所看守，听候审判。

战犯中有中将3名、少将4名、校（佐）官19名。还有德国纳粹间谍14名、意大利女间谍1名、印度间谍1名，连同日军将官士兵等合共710余名。据时任广州战犯拘留所主任的邓世汉所撰《广州战犯拘留所》记载，这是先后解到拘留所的数字，转解到南京上海审判的包括在内。

后因英国总领事要用太古货仓存货，战犯拘留所迁到了越秀山麓三元宫，稍加修理，古道观便做了战犯集中营地。“至1948年夏，该所把战犯分别解送完毕而宣告结束。”（邓世汉《广州战犯拘留所》）

1946年2月15日，广州审判战犯军事法庭在广州市广卫路4号设立。

军事法庭先后判处侵粤日军战犯死刑50名，无期徒刑18名，有期徒刑7名。

其中将官战犯及一部分罪行严重或与美军有关的，均解南京或上海美军法庭审讯处理。后因广东人民之坚决要求，田中久一被押解回广州。1946年5月23日，广州行营军事法庭依法对这个华南日军头号战犯提起公诉，经审理判处死刑。1947年3月27日下午，田中久一被押上卡

车，并没有被捆绑。在广州市游街示众，车上拉着写有“枪决日战犯华南最高指挥官田中久一中将”的白色横额。当天下午3时，田中久一在流花桥刑场枪决，时年59岁。是在中国被枪毙的最高军职的日本人。

被广州审判战犯军事法庭判处死刑的还有近藤新八（中将）、平野仪一（少将）等日军高级将领，以及一批日军特务和宪兵。

据邓世汉《广州战犯拘留所》记载，日本战犯在广州被处决判刑的大致情况如下：

“在广州战犯被判处死刑者，在将官以下的校官占多数。至于特务与宪兵及尉官等，经过揭发，并调查有确凿的罪证才判死刑。在广州执行死刑的约30余名，其余判死刑或徒刑的，以未经批复，曾先后分批转解南京；减刑的亦转解上海而转送返日本。”

1947年12月31日，军事法庭宣布结束，尚未处理的日军战犯77名全部押解至上海审理。

另一工作是遣返战俘。

按当时规定，遣送战俘回国乃以盟军之名义，由中美双方会同办理。

美军当时除负责调拨运送所需之船只外，并派有一个组会同战俘管理处实施日军离营登轮之检查、监视诸事。

广东日军战俘，自1946年2月上旬开始遣返，按汕头、海南岛、惠州、广州、东莞、大良为序，最后为日侨，分批运送回日本。

4月15日，最后一批日俘2.7万余名、日侨6700余名登船返国。至此，约共14万日俘日侨被遣返日本。“战俘登轮回国时，均欢天喜地；有人甚至跪伏码头向我监视部队叩头致谢。其中有的说，他们回国后，将不再服军役，永不与中国为敌等语。情绪相当激动，妇女亦间有流泪者。”（《广州文史》第四十八辑《广州抗战纪实·广州受降接收与肃奸纪实》）

台湾籍人因不属战俘身份，由我国自行另租挪威轮船沙班号等，于4月间运送回台。

至1946年4月25日，全部遣送完毕。

# 第十四章 内战时期

1945年8月抗战胜利后，国共和谈。10月10日在重庆签订《政府与中共代表会谈纪要》（又称《双十协定》）。表面上双方达成了和平建国协定。

国民政府在广州恢复了广东省和广州市政权机构，11月，驻穗第二方面军总司令张发奎任命原伪广州警备司令部副司令韦振福为广州警备司令，将广州市区划分为三个警备区（市区西部为第一警备区；市区中部为第二警备区；市区东部为第三警备区），分别管辖本区内保安、警察、宪兵部队，维护广州社会秩序。

12月2日，撤销广州市警备司令部，广州市的警备勤务改由指定的广州驻军兼管。

1946年2月1日，在广州设立军事委员会委员长广州行营，简称广州行营。

6月，根据国共两党谈判达成的协议，中共领导的广东抗日游击队主力二千五六百人，由美舰运载，北撤山东烟台。后来编为两广纵队。6月下旬，内战爆发。原驻广州地区的国民政府正规部队陆续北上参加内战。

11月27日，中共广东区委做出恢复武装斗争的决定。在广州及其附近地区先后建立了增（城）龙（门）从（化）博（罗）人民自卫队、从（化）龙（门）人民保乡队、博（罗）龙（门）河（源）人民解放队、清（远）从（化）佛（冈）人民义勇大队、广州东北郊人民游击队、江北支队（粤赣湘边纵队东江第三支队）等武装，致力于打击和摧毁国民政府的基层政权，巩固和扩大根据地，为后来配合解放军主力部队攻克广州发挥了重要作用。

内战时期，广东成了国民政府的战略后方基地。为巩固广东

地区，国民政府频频调兵遣将，加强防卫。

1946年8月，整编第六十四师进驻广州，担负广州警备任务，并扩充地方保安部队。

1947年1月，广州行营改为国民政府主席广州行辕，简称广州行辕。1948年6月，广州行辕又改为广州绥靖公署。宋子文兼任绥靖公署主任。

1947年7月，广东省保安司令部与省民政厅政保科合并，成立广东省警保处。1948年8月1日，恢复广东省保安司令部，由广州行辕主任、广东省主席宋子文兼广东省保安司令。到当年12月底，增建保安团至15个。在各地则建立了保警队。

1948年10月1日，恢复广州警备司令部，设在广卫路，隶属于国防部和广州绥靖公署。

1949年4月23日，解放军攻克南京。25日，国民政府南迁广州。

8月8日，广州警备司令部扩建为广州卫戍司令部。设在丰宁路西瓜园原警察学校内。隶属于广州绥靖公署，兼受国防部领导。其卫戍区域为广州市及南海、番禺、中山、顺德、东莞、花县、从化、增城、宝安、三水等10县。

10月14日解放军攻克广州，广州卫戍司令部随之瓦解。

## 一、胜利后的复兴

抗战胜利后，国民政府对广州的经济封锁随即解除，东、西、北三江复航，工农产品的流通渠道相继恢复，物流渐通畅。粤汉铁路通车。

返市居民日众。广州人口激增，城乡生活消费品急需补充更新，不少已歇业的店铺相继恢复营业，市场开始复苏。百货业务平稳而有所发展，商业户数增加，摊贩陆续开设。服务业迅速发展。

广州市社会局恢复商业行政管理，商业重新办理登记，领取营业执照。

广州连年上涨的物价曾一度开始下降。

在东濠东侧的三角市、元运街、东华西路、白云路以及珠光路、中山四路等地段商业店铺相继恢复。据1946年《商业年鉴》记载：东山区公所地段有19户，前鉴区公所地段有183户，东堤区公所地段有962户。

东堤、德政南、八旗二马路、广舞台等地段因靠近广九火车站，天字码头亦不远，水陆交通方便，省内外的猪牛、三鸟、蛋品、木材、大米源源运进。此处的猪栏、牛栏、三鸟栏、蛋品栏、木材栏相继复市，且日渐增多，成为颇具规模的商品集散地。

生产复苏。厂店、民用房、车辆船舶的维修装饰，带旺了建筑五金、室内电器、油漆颜料等行业的经营，旧行业复苏，并建立了许多新行业，

1946年7月10日，广州至九龙的广九公路在东山梅花村举行通车典礼

1946年，“为稳定粮食，调节民食”，设立了广州市粮食肉类市场管理处；“为扩张销路，平准物价，改良运输，平衡产销”，设立了鱼市场管理处。交易双方均须办理登记，确认买卖资格，并规定第一次交易均须进市场成交。

不但广州，当时中山、南海、顺德、番禺、东莞、台山、开平、新会等地商业亦十分兴旺，以华洋杂货、金饰、钱庄、饮食业为最。

随着生产交通运输业逐渐好转，侨汇增多，不少华侨侨眷投资商业。广州新增大型酒店餐厅和房产，属侨资的占40%以上；汕头属华侨投资的有200多家，梅城400多家，著名侨乡开平三埠、赤坎、蚬冈、义兴等墟镇由华侨侨眷直接、间接经营的占40%～90%。

广州商业日趋繁荣，成为华南工商经济中心。据1946年下半年统计，广州有商号10920户，大小酒家、茶室300多家，来往旅客平均每月40余万人，出入的货运量达71万多吨。市场兴旺，出现了一段经济繁荣时期，

## 二、百业盛衰

上文说过，抗战胜利后，广州人口激增，广州地方政府鼓励恢复工商业，百业随之复苏，曾有过一段短暂的繁荣时期。有些行业很快恢复到战前水平，机器制造业、建材工业、食品工业的糖烟酒业等超过了战前的发展水平。过了才大半年，元气未复，内战爆发，时局动荡，人心不稳。经济随之大受影响，并逐渐走向衰败。

1946年11月4日，中美在南京签订《中美友好通商航海条约》，简称《中美商约》，共30条及一项议定书，于1948年11月30日在南京交换批准书生效。其主要内容包括两国国民均可在对方全境经营各种行业，有处理动产和不动产的权利，各种税率双方相同，且在各方面均给予对方最惠国待遇，等等。

从字面上看，条约双方平等。但当时的实际情况是，中方无实力到美方经营获利，而美国商品则得以大量涌进中国。从机器设备到日常用品、农副产品，诸如棉纱、棉布、铁钉、铁丝、水泥、化肥、化工原料、药品、奶粉、水果等，美国货充斥市场，而广州市场首当其冲，再加走私猖獗，批发商、零售商、紫来市场（位于龙津路，摆卖洋杂货为多）的洋货摊户大都直接收购私货，甚至长期勾结一班走私客以取得走私货源。使国货销售急剧下跌，民族工商业遭到严重打击。

社会激烈动荡、通货恶性膨胀、洋货大量涌入，诸因素共同作用，使广州很多行业逐渐走向衰落。城市经济与建设始终未能恢复到战前水平，反而一步步陷入衰退、萧条的状态。

据统计，1947年，河南地区70%的工厂歇业。8万多工人停工。畸形发展的是烟赌。是年，市郊各乡烟赌林立。河南地区的康乐、大塘等乡烟赌档达100多家。

建国前夕，市级商业中心仍跟战前一样，有永汉北路（今北京路）和中山五路、太平南和长堤、第十甫和上下九路等3个。

据统计，建国初期，原东山地区共有私营店铺937间，多为小本经营，以家庭经营为主；摊贩有2500余户，多分散在商业街的两旁摆卖，部分则走街串巷叫卖。

从以下几个主要行业的盛衰大致可知内战时期广州商业的状况。

### （一）饮食业

广州沦陷，市民大量外逃，饮食业大受打击。

胜利后，广州市人口激增，饮食市场首先复苏。广州四周乡镇的酒家、茶楼纷纷迁穗；

原饮食业店主多回来找铺位；部分富裕人士亦认为饮食业容易赚钱。多路人马聚集，饮食店于是越开越多。40年代中后期，中西餐厅发展兴旺，金轮、金城、广州、大同、金隆、国泰、亨栈、六国大饭店、钻石、红棉大酒家、新陶芳等声名日隆。

40年代后半期，受各种因素影响，很多行业衰退，而饮食等消费业几乎是一直兴旺。1949年城镇商饮服务人员近14万人，比工业从业人员多。商业长期兴旺，这是作为一个历史悠久大商埠的现代广州经济的一大特点。

不过到了建国前夕，社会动荡，百业凋敝，广州饮食业终是敌不过时代大潮，亦迅速衰落，处于半停顿状态：资产微薄者难以维持；资金雄厚者多挟资外移；勉强支持者，唯中小店而已，而摊贩则相对增多。

据统计，建国初期的东山地区有茶楼、饭店、小食店、冰室、凉茶店等161户。

**1. 酒楼·酒家·饭店·茶厅**

胜利后，位于原越秀区内的酒楼如雨后春笋出现，据称达106家之多。

惠爱中路（中山四、五路）、汉民路（北京路）有国泰、红棉、大中、新陶芳、迎宾（今北京路新华书店址）等酒家先后开业；在长堤西濠口一带有冠华、小南园、总统、桃李园等酒家11家。较有名气者，为大三元、大同、钻石、北园、金陵等数家；陈设富丽堂皇者首数钻石酒家。至建国前夕，上述店号有的已歇业，有的接近歇业边缘。

20世纪30年代酒家陆续增设早茶，40年代推广星期美点，由是酒家均设有点心部。抗战胜利后，经营方式有所改变，酒家兼做茶市，茶楼不再独占鳌头；茶楼兼做酒菜筵席，如惠如楼、占元阁等先后增设饭市，经营酒菜。涎香楼扩建后增挂一个酒家的招牌；巧心楼每月接办酒席达500多桌，成为当时茶楼的佼佼者。

酒家、茶楼酒菜合一，并发展到三茶两饭市。茶市、饭市、酒菜筵席综合经营。

经营手法亦各出奇招。胜利餐厅和中央餐厅兼营舞厅，陶陶居以名人字画作招徕，惠如楼设女伶清唱，云来阁设古玉、书画买卖，大元茶楼、永元茶楼设唱雀、斗雀。

大来、明珍等饭店，有不少郊区进城的农民光顾；设于中华中路（今解放中路）的新代月店，门前摆着尿桶车几十部，那是来光顾的农民进城收集肥料的工具。建国前后，上述各店改做了茶楼。

具有历史规模的四大茶厅在抗战胜利后先后开业：在海珠南路的擎天茶厅和南天茶厅、濠畔街内的金陵茶厅，还有长堤石公祠的荣珍茶厅。建国后上述四店先后结业，其中南天由二商系统接管，改建为现在的南天大厦；擎天支援从化县吕田去了；金陵改为民居；荣珍由区饮食公司改作迎华居大旅店。

海珠南路、西濠口一带，在抗战胜利后先后开业兴记烧味饭店、昌记煲仔饭店、乐露春（天津馆）、半斋川菜馆等饭店、菜馆二三十家；亦有资料记载西濠口附近有大小食肆70多间，形成各地风味食店群聚的食街。

发记饭店有三家，分设于今中山四路、解放南路和靖海路，属中下级饭店。

较具规模的饭店有中山、又栈、建国等；稍有名气的中小饭店有公合记饭店（址设长堤，兼营小菜，曾以一款“嫁妆饭”名闻远近）和专营鱼类食品的乡下公饭店。有的饭店兼营早粥市及夜宵，如1947年设于一德西的德栈饭店。

有名气的北方菜馆，当数聚丰园，出品之灌汤包、烧饼名冠羊城，还设缸炉于店堂前，芝麻烧饼（蟹壳黄）现烤现卖。

1947年，今越秀区内有茶楼饼食业42间。占元阁、云来阁、巧心楼等依然营业，而9条“鱼”则只剩下惠如、瑞如、南如、东如四间。当时有一定规模者还有涎香、高升（新开）、大元、源源、得泉等。

一些粉面馆扩展成茶楼，如新代月、又栈等，仍是普罗大众吃茶、用饭、闲话之所。

东堤堤岸诸式小食摆卖至深夜，另有游弋小艇叫卖粥面杂食。

1948年，广州全市各类饮食点档1.2万户以上。当年《广州市各种物价》一文记载了广州市政府对饮食业的部分饮食价格，明确规定和限定如下：

酒家房座茶价每位20元（金圆券，以下同），卡座15元，堂座10元。

茶楼房座茶价每位15元，卡座10元，堂座5元。

中菜每席最高额为4000元。

点心小碟为10元，大碟点心酒家为20元，茶楼为15元。

此外，还有大肴馆，在抗战胜利后曾一度兴盛，但终因大酒家、大饭店纷纷开设，市民春茗、婚、丧、寿宴，多转入酒家、茶楼而逐渐衰落。

茶室亦衰落。至40年代后已所剩无几，建国后经调整商业网点后不复存在。

**2. 西餐馆**

40年代后期，西餐馆有较大发展，今越秀区境内有近20家，多设于两个市级商业中心永汉路（今北京路）和长堤西濠口一带，较具规模者有太平馆、华盛顿、大公、哥伦布、新亚、新华、爱群十一楼等。

一德路的大观酒店、文德路的欧美同学会、长堤的青年会等也有附设西餐茶点。

当年的西餐厅以英式为主，亦有俄式（早氏餐室）、法式、美式者，室内布置恬静清雅，圣诞节最为热闹。一些社会名流的文明结婚、生日宴会多在西餐厅举行。

1948年《广州市各种物价》一文记载：西餐早餐最高额为150元，午餐为200元，晚餐为300元。

当时餐室为招揽顾客，各出新招：“哥伦布”上落三四楼用电梯。大公置冷气设备。日日新附设桌球室。温拿开辟小舞池。

西餐厅多有制作、销售面包、西饼，当时位于惠爱中路的中美餐室出品的排包，常有人排除候购。

建国后，西餐厅濒于淘汰，越秀区只有太平馆、大公、新亚西菜部等3家。

**3. 冰室**

冰室是专营冷饮（雪糕、冰水、冻奶等）的店号，也有兼营热饮（咖啡、奶茶）的。有资料称，冰室兴起于20世纪40年代，其实不然。1934年《广州指南》记载的冰室就有21家，基本上设于三个商业中心区。沦陷时大为减少。抗日战争胜利后复苏，有10多家，多设于惠爱路（今中山五路）、永汉路（今北京路）及西濠口这两个市级商业中心，仅长堤一带即有天河、

的彩、沿江等6间。

太平冰室始建于1946年，经营西饼面包，其设备全部从香港进口，开业时设有一台电动制饼机。

新中国成立初期，原东山区境内只有4家冰室。

### （二）百货业·日用品商业

抗战胜利后，城乡对消费品需求甚殷，广州百货业开始复苏。

1946年，全行业户数恢复到233户（批发66户，零售167户）。是年重新组织成立了广州市华洋百货商业同业公会；1948年1月，改名为广州市百货商业同业公会。1948年广州百货业增到474户。

1948年11月，台山旅美华侨集资5.7万美元，创办了设施豪华、装备现代化的美华百货店，在永汉路（今北京路）开业，进口的化妆品、时款的童服、高级洋服、精致的日用品琳琅满目。与此同时，在高第街、昌兴街等出现多家服装店，自良、艺良诸店号颇负盛名。昌兴街更有洋服街之称。是年广州棉纱绸布业有330户。

广州百货业多分布于长堤、汉民路（今北京路）、惠爱路（今中山四、五、六路）、高第街、太平南（今人民南路）等路段，亦即原来的商业中心区，经营日用百货、床上用品、服装等。

拥有较强购买力的侨眷多到永汉路、惠爱路商业中心购物，长堤一带的销售对象则以过往旅客为主。

在长期历史演变过程中，广州日用品商业形成了明显的行市买卖特色，便于选购，并提供有利的竞争和销售机会。

行业网点分布于全市的主要路段，并有一定的经营规律性，同生产、运输、购买、售后服务有密切联系。如百货批发多在德星路，化妆品和鞋店多在上下九路和高第街，皮革制品多在永汉北路等。

建国前，鞋帽类商品品种较少，多为布鞋、拖鞋、木屐、草帽。一般服装，以夏麻布广受一般民众青睐，因其耐磨、透气凉爽、不粘身、价廉。

建国前夕，国民政府南迁，广州成了临时首都，游资纷纷南下，再加通货恶性膨胀，货币严重贬值。市民购物保值，百货业首当其冲。因而使广州百货业畸形繁荣。1949年全业户数增到515户，其中批发商135户，零售商380户。但终因社会动荡，苛捐杂税层出不穷，不少中小百货店每况愈下，经营陷入困境。

### （三）旅馆业

沦陷时期，广州旅馆业萧条。至1940年，全市只剩52户继续经营。

抗战胜利后，旅业迅速在中国沿海城市复苏。作为中国南方最大都市的广州人口激增，逐渐繁荣。由于许多建筑物在战时毁坏于炮火兵燹，市民居住困难，再加往来客人增多，酒店、旅馆客房常常供不应求，挂起“座客已满”的牌子。一些旅店连走廊也设满帆布床来接待住客。这促使旅馆业迅速复苏。

1945年12月1日，中国旅行社广州支社在广州太平南路14号复业。当年全市旅馆业共有116户。除酒店、旅店、客栈、公寓、学旅外，珠江河面上亦已出现供旅客住宿的客艇（寓艇），由水上船民经营。艇租便宜，包住客饭食。

1948年《广州市旅商业同业公会会务报告书》载："会员人数去年仅得154家，现在已增至204家"。当时广州市旅馆业分为三等7个级定价。

1949年春季，受战事影响，广州市旅馆业的经营不景气，平均开房率不足六成。

春季后，国民政府南迁广州，来往人口激增，多以旅馆、酒店作居停之所。当时各行业多不景气，甚至关闭破产，而旅业再度兴旺。广州全市的旅馆业回复至216户，各酒店客房被订住一空。市中心区（原越秀区域）内有旅店139户，约占全市户数的64%；全市大、中型旅店仍多集中在长堤、人民南路一带。

当年广州旅游活动以宗教和商务活动为主，旅游接待专业部门有中国旅行社广州支社，主要酒店有东亚大酒店、新亚大酒店、白宫酒店、新华大酒店、爱群大酒店、胜利宾馆等。

除了陆上的旅（酒）店、客栈、公寓外，在珠江河面上还有曲江艇、沙艇、大厅艇1800余艘，多停泊在长堤、东堤、黄沙一带，供旅客住宿、游玩。

客艇分为三种类型：

曲江艇，是抗战期间在曲江发展起来的，抗战后南迁广州经营，陈设较好，艇较大，可住6人，属一级客艇；

沙艇，有一定的营业地点，可住5~6人，设备比较洁净，亦属一级客艇；

大厅艇，是一种流动性较大的客艇，并兼营客人游河业务，可住2~3人，属二级客艇。

客艇的生意每年以夏季最好，冬季最差。

建国初期，交通未恢复，工商业停滞，流动人口减少，一部分资方抽走资金，广州旅业萧条。大型旅店陷于半停业状态。1950年5月前，旅店业开房率不足10%，先后有华南、白宫等22间酒店、旅店停业歇业；6间拍卖，14间出租，7间部分出租，如新华、胜利等酒店长期出租给机关单位作为办公或宿舍使用，勉强维持经营而不致倒闭。

### （四）文具业

抗战前，文具店主要汇聚于汉民路（今北京路）。战时，汉民路是重灾区，该街的文具店多毁于战火，部分转入高第街经营。日伪机构所需文具多在日伪汉奸经营的大东亚百货公司（设于先施公司原址）等大公司购买。

抗战胜利后，机团、学校、企业回迁广州复业复课。文具销售兴旺。

1949年文具业有128户，分布在永汉路、惠福路、西湖路、高第街、光复路等路段，在永汉路的有17家之多。

1949年4月解放军攻克南京，国民政府南迁广州，使广州文具市场需求增加，有不少新店开业。但受通货膨胀影响，多处于勉强维持状态。

建国初期，文化用品商店开业、歇业频繁。北京路著名的文一文化用品公司的前身，就是

六家文具印务行老板抽走资金到境外后，由职工重新组建的带有生产自救性质的文化用品第一联营社。

## （五）钟表眼镜业

广州沦陷时期，1941年，广州钟表店式微，减少到115户，货源断绝，主要靠收购旧表翻新出售勉强维持。

抗战胜利后，金融动荡，走私猖獗，经营仅可维持。大店售卖兼修理，以经营名表和精工维修招徕顾客；小店和夫妻店以修理为主，兼卖一些新旧钟表。

1946年7月30日，成立了钟表业商业同业公会和钟表业职业工会，同业公会会员188户，职业工会会员623人。

广州钟表眼镜业名店荟萃，在华南地区拥有较强的维修技术力量。

1948年，全市有钟表眼镜店18间，分布于今越秀区的有11间，占60%；个体的钟表眼镜业摊档则分设于马路旁的骑楼底或内街的巷口。这种状况延续至建国后。

沦陷时期，广州眼镜店只剩13户。建国前有16户，其中设有验光配镜服务的有顺昌、精益等11间店。当年眼镜大店多附设加工场，接到顾客要件后自行磨片加工；小店只出售一些固定度数的成品镜、零件、小修小配。

## （六）理发业·美容院

沦陷时期，广州理发店纷纷歇业。抗战胜利后，社会渐稳定，市民纷纷回市，人口增多。理发业复苏。原有的理发店相继复业，并新开设了一乐也、模范、豪华、一新二支店等大店。

市中心区（原越秀区）有大小理发店46间，其中较具规模者有模范、一新、一乐也；中等的有巴黎、金星、一美等。

一乐也首先推出冷气曲发业务，其发型有晚装、蝴蝶装、原子爆炸装等，颇具知名度。

当年广州已有美容服务，理发店有改用美容院的称谓。模范店在行内首称美容院，美容服务堪称一流。市中心区有大中国美容院等27家。

洁室美容院“驳头发”（装上部分假发）的技艺全市首屈一指。

当时名理发店的服务对象各不相同：一新主要是知识界、军政界；模范以文艺界人士光顾为主；一乐也则为军政要员。当时为军政要员理发，往往需派师傅上门服务（可收取双倍服务费），当然也有到店来理发的。

女子理发店有了较大发展，成立了理发业同业公会和女子美容联谊会。公会印发了统一的价目表：剪发特级收350元，甲级收250元，乙级收200元，丙级收170元，丁级收120元。后来因物价暴涨，金融混乱，1947年5月，剪发收费涨到特级店2800元，甲级店2200元，乙级店1700元，丙级店1300元，丁级店900元（国币计）。

建国初期，1950年7月，广州有男子理发店1097户，从业人员2405人，其中特级店12户，甲级店46户，乙级店141户，丙级店356户，丁级店542户；女子理发店180户，从业人员820人。街边摆档理发人员约1000人。

### （七）摄影业

1941年，全市摄影业仅余店号36间，规模较战前大为缩小。

抗战胜利后，证件相需求增加，中小摄影店纷纷开业。摄影业很快恢复、发展。至1946年，全市有摄影点档226户（一说203家），从业人员1100人。

1947年，摄影业重组职业工会，登记会员有329人（一说从业人员有270余人）。当年，市中心区（原越秀区）有大小摄影店80多家。

当时大型摄影店多设于商业中心地带。较有名气的有：

星洲，位于惠爱中路，擅长拍集体相，囊括了行内该项业务的七八成；

雅丽光，位于汉民南路，以冲晒质量好著称，备受摄影爱好者的青睐。

凌烟阁。这是原东山地区最早开业的摄影店，创办于民国三十五年（1946），开业时店址在惠爱中路（今中山五路）新华戏剧院对面，亦为当时的大型摄影店，以新潮的"大头相""柔光相"吸引大学生、知识界光顾。1970年才迁至中山四路农讲所对面继续营业。

当年还有相当部分是经营快相业务的，分布于长堤及中央公园（今人民公园）等地，多为单人匹马沿用传统的"老鼠箱"流动摆档。

民国三十八年（1949），广州全市约有摄影店200户，从业人员900人。当时经营业务仍以人像摄影为主，兼营社团拍照、冲洗胶卷、放大照片、翻拍文件等业务。按当时的社会需求，摄影业有过剩现象；价格并无统一规定，视所在地点、设备技术条件等由各店自定。

建国初期，广州摄影业部分大户歇业，失业工人集资或单独经营以维持生计；小型点档突增，最多时全市有摄影点档305户。

### （八）洗染业

沦陷时期，广州洗染店纷纷停业、内迁、倒闭，幸存数量约为1935年的三分之一。

抗战胜利后，随着政府机关回迁，民众、商人纷纷回市，洗染行业逐步兴旺起来。宝华路的天池、冠球，惠福路的华星，永汉路（今北京路）的快而美等较具规模的机械洗染店（厂）相继开设。其中快而美投资最大，开业时资本达3亿元（国币计）。

1947后，同业公会曾议定按各店规模大小，地处优劣分甲乙丙三个等级收价，但因受旺淡季节和通货膨胀影响而难以实施。

1948年，一般洗熨一套绒西装为5万元，一套布西装为2万元（国币计）。

建国初期，人们衣着朴素，且自行洗涤者多，洗衣业生意清淡，不少店号歇业。据统计，1950年3月，全市有洗染店224户，从业人员694人。

### （九）其他行业

五金业。抗战胜利后，因修缮战时被损坏的房屋、店铺、厂房所需，对五金业需求激增，拆船业也发展起来。新旧五金业买卖两旺，1945年，广州有五金店159户。1946年3月和10月，先后成立了新的五金商业同业公会和轮船杂项业同业公会。1947年，广州五金店增到380户，获进出口许可证的有30余户。1948年，五金坐商有300多户，机械器材店增到68户，水暖器材业新开业的20户。1949年，受战事影响，五金店降到200户左右。

交电行业。在抗战胜利后有较大发展。1946年，电器水喉洁具同业公会会员为172户，1948年为182户（其中兼营进出口6户）。1949年为316户，其中水喉洁具已由5户恢复到20户（有兼营水电安装维修连工包料）。

无线电行业。1949年有74户，大店有锦光行、光人行、金门行、友联行、福生行、港粤行等。

自行车及零件业。1948年经营自行车及零件的有44户，摊贩180户，大户有顺英号、永记电机行、中英商行。经营批发货源靠进口及沙面洋行或向华侨收购，部分旧料翻新装配成杂牌车低价出售。凤凰橡胶厂在战后引进国外技术生产的钻石牌28寸自行车外胎，有良好声誉。

汽车行业。1948年，汽车行业登记有56户，25户有进口资格，90%货源来自英、美、澳、加等国，10%来自上海、衡阳和市内。大部分商户集中在丰宁路，成行成市。少部分在越秀南路。汽车销路除供省内，还远销长沙、昆明、重庆、上海、天津等地。

化工原料行业。战后，楼房、店铺、车辆、船舶纷纷进行装修粉饰，维修保养，带旺了土洋颜料业。1948年，化工原料行业有80户。1949年全行业会员有74户。

### （十）肉菜零售与批发市场

抗战前，广州中心城区内已建有五个肉菜市场：观莲市场，位于吉祥路武帝庙旧址。南益市场，位于一德东路，为旧龙王庙改建。禺山市场，位于禺山关帝庙。海珠市场，位于海珠南路126号。仓边市场，位于仓边路。

沦陷时期，1940年，伪市政府以惠福西路南海县府旧址（今惠福西路东段北侧惠福肉菜市场地）建成惠福市场（肉菜市场）。当年10月2日建成。平房式建筑，共有摊位223个。12月租与荣兴公司承办。抗日战争胜利后为广东特派员公署借用（亦有资料载为被军队占用）。1942年9月24日，江西会馆代表梅叙明将会馆地址租与伪市政府工务局和财政局建筑海珠路简易市场（并非上述之海珠市场）。

抗日战争胜利后，市政府工务局接管了海珠市场和仓边市场。海珠市场继续使用，仓边市场将地址退还业主，上盖折价36万元归业主所有。

1947年，政府招商在广州市增建20个肉菜市场：其中农林、前鉴、惠爱西、惠爱东、珠光、大德、惠福、德宣、小北、东堤在今越秀地区。其余的在西关和河南。是年，在杨箕共和村还设立了蔬菜交易集市，俗称“天光墟”。

当时有些市场被拆除，有的被占用，如惠福市场、观莲市场。

至1949年建国前，广州只有梅花村、南益、禺山、海珠、兴隆、漱珠等7个市场继续营业（前五个在今越秀地区），各街道、繁盛马路成为摊贩的集散流动场所。

建国初期，1950年上半年，政府对摊贩进行了整顿，登记的肉类、瓜菜摊贩共11527档，其中7551档先予固定下来，将30条大马路的摊档迁入33条小巷，部分摊档（310档）迁入禺山、海珠、南益、蒙圣4个肉菜市场，加辟了大北（德宣西路，即今东风西路）、小北（榨粉街）两块空地作为肉菜市场。此外还有3976档暂无适当地点迁移，仍摆在7条马路和一些街道上。

以上是肉菜市场大致状况。批发市场状况大致如下。

1932年，广州有猪栏34家、猪牛羊肉店372家、烧腊店214家，市场稳定，价格有所下降。抗日战争时期，西猪栏（在黄沙珠江江岸）被日机炸毁，以后迁至新堤（今沿江中路）一带营业，猪栏数量减至十二三家。猪源因受战争和交通影响，来货减少。

抗战胜利后，猪栏先后搬回西猪栏街营业，除经营代客买卖外，有的还自行到产区设点收购。

1947年，在德政南路聚集了三四十家兼营出口猪栏，时称“东猪栏”。省内各地恢复了生猪来市。当年，为加强对批发市场的管制，先后成立粮食、肉类、食糖和鱼市场，规定市内批发买卖商人均在场内交易。

从1948年起，湖南长沙、郴州、株洲、湘潭等地开始运猪入广州市，菜牛来源也增加了广西、贵州、海南等地，但市场销量仍未达到战前的水平。1938年广州市猪肉零售量为12 298 984公斤，1948年为11 726 750公斤，只是前者的95.43%。

据猪肉业同业公会统计，1948年该会共有会员322家，全行业资本额2500亿元（法币），当年销售总值约49 680亿元。

由于恶性通货膨胀，致使物价直线上升，如生猪价格，1949年1月比1946年5月上涨了11.5万倍。

### （十一）商业街

1933年扩建马路和进一步建设西濠（今人民南路、长堤）、惠爱路、汉民路（今中山五路、北京路），上下九第十甫路商业中心区，兴建了众多商业网点和鼓励商贩设摊。相对集中经营，成行成市，形成众多商业街。抗战胜利后商业街复兴，据1948年《广州大观》记载，计有：

沙基（今六二三路）、大同路、东堤的大米业；梯云路、一德西、仁济路的食油业；沙面、长堤的洋酒业；光复南路、仁济西的南北药材业；上九路、杨巷、高第路的丝绸业；上九路、高等街的鞋帽业；上九路的土布业；状元坊的广绣业；太平北、丰宁路（今人民中路）的汽车零件业；南华东路的船上用具业；文德路的旧书古董业；大新路、长寿路的玉器业；惠爱路（今中山五路）、文明路的杂木家具业；大新路的象牙业；抗日路（今和平路）、长乐路的爆竹业；一德路的京果海味业；濠畔街的皮革制品业；西来初地的酸枝家具业；泰康路的山货藤器业；汉民北路（今北京北路）的新书业。

1948年，位于城中心区的汉民、惠福、德宣、西山、太平、小北、靖海7个区的商户占全市商业户数的52.78%；路边、街巷摊贩尤为密集，经营项目繁多，还有不少为串街走巷上门服务者。

# 三、市政·文教

内战时期，社会动荡，人心不稳，通货膨胀，经济停滞。广州市政建设日渐式微，道路建设基本停顿。文教事业亦几乎乏善可陈。

## （一）灾区重建

抗日战争期间，广州市区屡遭轰炸，西堤、黄沙、南堤、宝岗、海珠桥北岸（今海珠广场地区，抗战前是居民密集区，被炸成废墟）等处成了灾区，大量房屋毁坏，总面积达220.3万平方米。

抗战胜利后，市区商业逐渐恢复，市民陆续回归。市政府恢复工务局、地政局建制，负责市政建设。

1946年，广州市工务局公布《广州市建筑规则》，为民国以来较完整的建筑管理法规，后又公布《建筑违章处罚细则》，严厉查处违章建筑。同年又颁布了《收复区城镇规划》及《城镇重建规划须知》，拟定了黄沙、西堤、海珠桥北岸、南堤四个灾区的重建计划。拟将海珠桥北岸区建为商业区。

市地政局组织灾区测量队（即测量队第四分队），开始对灾区重新测量。

1946年10月，广州市政府成立都市计划委员会，负责制订市区建设的11项计划，包括：现况改造、灾区整理、区域划分、公共土地使用、道路系统、上下水道、公用事业、港务、水陆空站及联络、园林、公墓、运动场、游乐场等。

1947年，都市计划委员会修正通过四个灾区《重建计划书》，其主要内容：一、确定灾区用地范围；二、确定新辟或拓宽道路的走向及宽度（20～30米）；三、规定不同区域内的营建规则，划定商业区、住宅区范围，并规定在不同区域内营建市场、学校、儿童游玩场等公共建筑及其配建设施。

当年，都市计划委员会还讨论了《广州市土地分区使用办法（再修正案）》，该《办法》将广州划分为普通住宅区、田园住宅区、商业区、工业区、风景区、家业区等六种，并对在不同区域新建或改建的建筑物的性质、高度和建筑密度作了明确规定，提出在居住区、商业区、风景区、农业区内不准建设有污染的工厂，凡属易燃、易爆、有污染、用地规模大的工厂，其建筑地点须经市政府核定。

1947年7月，市地政局公布《灾区土地重划办法》，首先对西堤、黄沙、海珠桥北岸，南堤等灾区进行重划，由市地政局主办，市工务局、市财政局协办。11月，市政府成立灾区公共工程营建委员会，负责制订营建办法。

以上规划文献是当时政府编制的城市建设计划，对形成广州城区建设格局、功能分区，尤其是道路构架有着直接影响。

1948年，完成了西堤灾区土地重划，计划重建土地面积12万平方米，其中建筑地9317起；宅地1905起，面积8.2万平方米。

由于当时土地分配不合理，造成大量产权纠纷，加上有政府官员贪污舞弊，互相勾结炒卖灾区地皮，以致直到建国前夕，仅完成了地基、马路、渠道等部分工程，其他工程只是有规划而未能实施。

建国前，广州城市土地管理包括土地的登记、调查、估价、测量、征用及补偿，但城市建设用地仍未按规划进行管理。

### （二）清渠·建桥·修路

1945年8月广州光复，市政府重设工务局，10月间恢复清渠修路。两年间疏通大渠30公里，旁渠、横渠150公里，进人井、留沙井4600个，对内街分19区进行清理。

工务局经费短缺，由市商会组织市民集资协助政府修路。

据1948年3月26日《市民协助政府修路委员会报告书》记载："市政府拨付修路补助费50亿元，征收马路费5.63亿元，支出各种第一期工程费50.64亿元。另第二期工程费预算64.83亿元，其中政府负担26.26亿元，民众负担38.57亿元。"民众负担工程费几乎是政府的1.5倍。

1946—1948年，修桥10座，最大工程乃修理海珠桥的第一、二期工程，余为木桥。

建国前夕，广州市城市道路长228公里，道路面积180万平方米，道路系统呈棋盘式。全市仅有4个公园，城市绿地面积36公顷，绿化覆盖率1.56%。

### （三）修建房屋

抗战前，市中心区共有房屋12.6万幢；抗战时期，从日机轰炸至日寇投降，4.9万幢受损（部分被毁），占38.88%。抗战八年间新建房屋甚少，仅为1633幢，面积18.51万平方米。

抗战胜利后，市区商业逐渐恢复，疏散内地的市民陆续回来。1946—1947年，全市人口已恢复到战前水平约120万人，而遭破坏的房屋多数仍未修复，住房供不应求；加上通货膨胀，租金昂贵，造成市民居住十分困难，出现了房屋与人口比例严重失调的"房荒"。

为解决房荒，当时市政府提出鼓励市民自建楼宇，修复被毁的住宅和商店。

1947年2月，市政府成立广州市房屋救济义卖委员会，拟定在大沙头西段、盘福路北段、广雅中学北段、中山大学医学院对面世光园等处，分期分区建筑临时住宅。

据统计，自抗战胜利至建国前夕（1945年9月—1949年10月），全市新建房屋5745幢，占建国前夕私房幢数的7.14%。

1949年，房屋建筑面积为1231万平方米，其中住宅建筑面积为780万平方米，全市人均居住面积约为4.5平方米。

### （四）文教

1946年2月，被誉为广东聋哑儿童教育奠基人的张颖仪，自筹资金在惠爱东路（今中山四路）自家住宅办起了私立启聪聋校，这是广东省第一所聋哑人学校。

同年，私立中华文化学院在黄花岗右侧建校舍。翌年，改名文化大学。

1947年，广州学龄儿童有112 684人，已入学的仅56 684人，入学率低至50.30%。

1947年，广州有大学程度人口24 943人，每10万人口拥有2023人，即大学程度人口占总人口2.023%；中学程度人口为167 493人，每10万人口拥有13 588人，占13.588%；小学程度人口为297 894人，每10万人口拥有24127人，占24.127%。可见文化普及率之低。

1947年8月16日，私立珠海大学成立，校址设竹丝岗二马路。

1948年，全市获准立案的私立小学167间，其中东区22间。

1948年，广州有大学程度人口为67 035人，每10万人口拥有4691人；即大学程度人口占总人口4.691%；中学程度人口为275 447人，每10万人口拥有19277人，占19.277%；小学程度人口为433 827人，每10万人口拥有30 362人，占30.362%。上述三个不同年份人口文化结构的变化，反映出当年学校教育有了一定的发展。但文化普及率仍然甚低。

社会上文盲充斥，文化落后的情况相当严重。

据统计，1932年，广州市文盲与半文盲人口有392 427人，为当年年末总人口的44.51%。抗战胜利后，1946年文盲与半文盲人口为265 871人，为总人口的21.57%；1948年广州总人口1 428 872，文盲与半文盲人口仍达302 311人，为总人口的21.16%。较前虽有进步，但仍占总人口五分之一多。

### （五）书刊发行机构·出版机构·报刊

抗战胜利后，迁移到外地的出版机构陆续回迁广州，加上新成立的出版机构，广州得以重新成为广东全省出版事业中心。此时广州有出版发行机构126家。主要有：韶光计政图书用品社、南光书店、实学书局、中心出版社、纵横文化事业公司等。中山大学、岭南大学、广州大学、珠海大学出版了不少学术著作。广东省建设厅、教育厅也先后出版了一批经济、教育类书籍。

至建国前夕，广州市书刊发行机构有102个，主要集中在光复中路、汉民北路、文德路、第十甫、十八甫、惠爱西路、惠爱中路、惠爱东路等地。

民国时期的书刊发行机构，往往是图书与文具一起经营。建国后，书刊的出版、印刷、发行实行专业分工，书刊发行逐步自成体系。

建国前夕，广州还有私营及公私合营出版机构十余家，规模较大者有南方通俗出版社和人间书屋。建国后，被先后并入华南人民出版社（广东人民出版社）。其他私营出版机构或自动停业，或被撤销。

建国前夕，广州出版报刊数十种，其中跟国民政府政策相左的报刊不下30家，较有影响的有《正报》、《华商报》、《愿望周刊》、《自由世界》、《文艺新闻》、《新世纪》、《学习知识》、《现代士活》、《国民》、《每日论坛报》、《建国日报》、《广州上人》、《观察》、《世界知识》、《广州文摘》、《真善美》期刊、《天地新闻日报》、《当代日报》、《民主》星期刊、《文猎》等，以及文艺性的《文艺生活》《文艺新闻》《中国诗坛》《草莽》《新音乐》《文坛》《文艺世纪》等，香港的《人民报》《星岛日报》也在广州发行。

另有经济建设方面的理论性期刊，如《经济建设》《经济论坛》等。

# 四、风雨飘摇

内战爆发时，无论在武器装备还是在军队数量上，国民党都明显处于优势。随着战事进展，渐处劣势。1948年，濒临崩溃；到1949年1月三大战役结束，大势已去。

“宜将剩勇追穷寇”，中共没有给国民党任何喘息机会。“百万雄师过大江”，解放军攻克国民政府首都南京，随后挥师南进。国民党军士气严重低落，节节败退，几可谓溃不成军。

同时，中共地下组织在国统区组织领导了一次又一次的学潮、工潮。搞得国民政府焦头烂额。

1949年4月，国民政府南迁广州。

广州连年恶性通货膨胀，经济面临崩溃，再加自然灾害不断，传染病流行，民生维艰。

在内外夹击下，国民党民望尽失，风雨飘摇，败局已定。

## （一）通货膨胀·民生维艰

1945年8月15日，日本宣布投降。8月17日，日本驻广州总领事馆降下了日本国旗。当天，市内金价、米价均大跌，两天后跌至一年来之最低点。

无奈好景不长。随着人口激增，广州政府无法供应市民生活所需，致使日常生活用品短缺，物价上涨。尤其是柴价与米价上涨得厉害。1945年10月7日，柴每担法币1000元，白米涨至每斤60元。到1946年1月即涨到日本投降前夕的高价位上。

1946年春，天气亢旱，春耕缺水，造成青黄不接，粮价上涨。市民怨声载道。市内发生饥民抢米事件。饿死者众，仅4月收掩饿殍800多具，5月高达1562具。

1946年6月下旬，内战爆发。此后，通货膨胀逐渐加剧。市场物资缺乏，有些商号虽然生意兴隆，但货币贬值，赚钱亏货，明盈实亏。工商业者陷于窘境。于是有商人铤而走险，或炒买（卖）外币、黄金，或走私。1948年上半年，仅海关就缉获私货3011宗，金额共计1800亿元（法币）。

1947年2月11日，米价每担由一天前的13万元涨至28万元；11月28日为54万元；1948年2月23日为170万元；5月5日为700万元，此后继续大涨。

据当时中央、中国、交通、农民四大银行联合办事总处统计，与抗战前夕的1937年上半年相比，1948年8月19日的广州一般物价指数为其450万倍，9月4日增至829万倍，半个月间陡升83%。

通货膨胀与物价飞涨“互相促进”。

根据中央政府的统计，若以抗战前1937年6月的货币发行量为100的话，那么，1945年12月为73 332；1946年12月为264 789；1947年12月为2 177 215。通货膨胀严重至如此程度，简直叫人瞠目结舌。

1948年3月，根据《京沪平津穗五市民食配售通则》，设立广州市民食调配委员会、广州市配售美国救济物资委员会、广州市配售议价粮食委员会，统制米、面、油、棉布、食糖、

盐、煤等生活用品。

1948年，随着军事上的节节败退，京、津、沪、湘、鄂等地官僚豪门、富商巨贾纷纷把现金、物资南移。4月间，每天从粤汉铁路带来的现钞总值在3000亿元左右，投放在黄金市场上的游资在1500亿元以上；广州各金饰店及十三行各银号每天成交黄金在3000两左右，90%为湘、鄂人所购。沿粤汉路运穗的棉纱、布匹、烟草等货物竟至“水泄不通”。

由于游资充斥，金融波动，物价飞腾，人心恐慌，广东市场激烈动荡。

1948年4月，广州大多数商贸活动已改港币为计价单位。当时国币与港币比率为13万比1。亦有商人以黄金、棉纱、稻谷为交易单位。

当时投机炒卖盛行，以致广州有“工不如商，商不如囤，囤不如投机”之说。各类资本转向投机事业，出现大量买空卖空的投机商业和炒买黄金外币的金融投机商以及“剃刀门楣”金融投机贩。

1948年8月，法币的发行总额为1937年6月的47万倍。8月19日，国民政府改法币为金圆券，刚改制11天，金圆券的发行量已为法币的5倍。市场一片混乱，抢购风四起。

不少正常经营的工商业倒闭。1948年末统计，广州工商业倒闭或暗中转让的在1000家以上，以花纱、洋纸、米粮等行业为多。

当不断升级的通货膨胀无法解决财政危机之际，国民政府接连采取币种翻新和举借外债的办法，以求渡过难关。

从抗战前的法币、关金券并存，到1948年8月进行“币制改革”后，金圆券、银圆券和广东大洋票等中央与地区性的币种纷纷出台，但这些币种的发行，均回天乏力，无一成功。

叫得最响的是金圆券，规定其每一元的含金量为纯金0.22 217克，与美元的比价是4比1，还声称其发行总额限定为20亿元，其中40%的保证为黄金、白银和外汇，其余保证则为有价证券和政府指定的国有资产。但是，从1948年8月19日宣布开始流通起，到1949年4月20日，短短8个月，其发行额已达1.5万多亿元，6月更高达130多万亿元之巨。

1948年8月—1949年5月，广州物价上涨640万倍。

1949年5月7日，金圆券惨跌，全市1000多档兑换店均告停业。

国民政府声誉扫地，拒收金圆券的社会风潮随之而至。形成不可逆转的金融危机。

美元、港纸等币种和国内的旧铸银元、镍币、铜板等过时的流通手段，一起涌向市场，甚至出现以纸片记数加戳为筹码的君子货币和物物变换的原始贸易方式。

1949年6月23日，国民政府承认金圆券破产，宣布金圆券与旧铸银元的比价为5亿比1，实际上，有的地方是以15亿比1的比价在抛售金圆券。

7月18日，国民政府宣布金圆券作废，规定9月1日为金圆券兑换银元的最后期限。至此，原鼓噪一时的金圆券寿终正寝。

1949年6月发行“银圆兑换券”，也迅速崩溃。至于广东银行发行的大洋票，亦只存在了4个月零6天。

国民政府的金融市场陷于一片混乱不堪的状态。

大势已去。蒋介石下令将大批财产运往台湾，其中经广州运出的黄金为20多万两。

伴随恶性通货膨胀，物价直线上升。广州的生活指数与1937年相比，1948年6月为55万倍，7月高达170万倍。

1949年4月国民政府南迁广州。广州物价涨势更烈。粮价一日数涨，饭店一日三市饭价三易。

据广州大学经济研究所统计，1949年5月8—14日，一周的物价总指数为战前893万倍，比5月1—7日一周的物价总指数增加了95.55%。

除了饥饿，传染病对民众亦构成严重威胁。

当年卫生条件差，医疗设施差，霍乱、伤寒诸种传染病时时肆虐；恙虫病、肺结核、麻风、性病等传播均相当严重；白喉、疟疾、痢疾亦时有流行。尤其住地窟、茅屋的贫民，多因困苦饥寒染病而亡。

1946年4月间，广州霍乱流行，负责掩埋路尸、医院死亡的无主尸体以及水上浮尸的广州市卫生局掩埋队一天埋路尸达30具。

1947年2月，失业者达20万人。

1948年，市区人口死亡率高达千分之十五点三。全市共掩埋尸体1818具，其中成年男性359人，男童740人，成年女性63人，女童656人。

饥饿与疾病，将不少人推向死亡边缘。广州市当年有市立医院、教会医院、私人医院，还有众多诊所，但医生少，收费高，对这些贫病交困者来说几乎是遥不可及。广州街头出现露宿饿殍的悲惨景象。

### （二）工商倒闭潮

抗日战争胜利后，广州的电力、机械、纺织、卷烟、食品、搪瓷、五金制品、制药等一些工业部门开始恢复或者有所发展，但多数民营工厂因缺乏资金和原材料无法复工，陈济棠主粤时期建设起来的省营工业还未及复元。少数复工者，亦因设备简陋、机器陈旧，产量甚低。据民国广东省建设厅统计，抗日战争后全省向该厅登记的工厂不过1039家，其中广州地区占987家，上述工厂除省营15家外，其余皆为民营。短暂的经济活跃景象也维持了不久。1947年下半年起，由于全面内战，政府横征暴敛，滥发钞票，金融紊乱，物价暴涨，当时的省政府统计处发布的1947年10月中旬物价指数比战前上涨6.45万余倍。外国商品大量倾销，民族工业备受摧残，生产无法维持，工厂纷纷歇业、倒闭，资本厚者也多转营商业作投机买卖。1949年全市工业总产值比抗日战争前的1936年下降25%。当时广州歇业停工的工厂占全市工厂总数的44.7%，半停工的工厂占32.4%；失业者达25万余人，几占全市人口五分之一。恶性通货膨胀，经济日衰，以至濒临崩溃，再加上结汇制度和输出入管理办法，使百业萎缩，市场萧条，工商业均大受打击。

据1948年5月调查，广州火柴、橡胶、卷烟、纺织、五金工厂被迫关门的达70% ~ 80%。当月有百余家茶楼停业，占该行业的四分之一以上。另有统计，1948年1—6月，东山地区工厂倒闭率超过90%。

1948年10月中旬，广州市民因币值急剧下跌而掀起抢购风潮，以致生油、面粉、杂货皆绝市。不少商店关门停业。

1949年，广州米机业倒闭30户，行庄倒闭500户。当年3月，有六七十间工厂倒闭。最有实力和声誉的老字号“协同和机器厂”，从1946年7月复业到1948年末的两年半的生产总值，竟然低于其创办的第二年即1913年的一年。

1949年5月的半个月内，广州大商行倒闭60多家，其中出口商占多数。工厂倒闭有20多家，停止减产的四五十家。至建国前夕，广州全市全面歇业停工的工厂占44.7%，半停工的占32.4%，市场萧条，企业破败。

7月，倒闭商店500多家，其中杂货店300多家，花纱行180多家。不少商号挂上“货已售罄”“清盘”之类的牌子。

8月，广州金行由251家减至200家左右。当月11日，广州官僚、商贾逃往港澳的黄金近2万两，一周内达五六万两。1947年初，私人银号、钱庄在广州有61家，至1949年10月，减至32家。殷商巨贾多挟资外移。工商业资金、技术人员、企业家转移香港的不计其数。

当时广州有赌档2000多处，操赌的有3万多人。可见社会秩序之混乱。

10月，市面极度萧条，不少商店关门停业。

1949年10月6日是中秋节，当晚实施宵禁，禁放鞭炮。往年每逢中秋，珠江沿岸以及荔枝湾的花舫虽然船租比平时提高了八九倍，但还是生意甚旺。1949年的中秋节，江边冷冷清清，游人稀少。当时《商报》报道称，中秋夜江面冷清，连嫦娥都要对水自怜了。

## （三）查封报刊

1945年11月13日，中共广东区委机关报《正报》在香港创办。1946年1月4日，带有统战性质的《华商报》在香港复刊，与《正报》相呼应，指斥国民党。广州是此两报的重要发行地区。

1946年1月4日，广州国民党党政军联席会议议决取缔境外报纸进口，对舆论界实施高压政策。广州各报只能刊登中央社电讯。

2月13日，国民党社会局同警察局到书店查禁《自由世界》《文艺新闻》《新世纪》《学习知识》四种杂志；5月14日，广州当局捣毁了《正报》《华商报》在广州的办事处。6月，勒令《民主》星期刊、《文艺生活》、《文艺世纪》等30余家杂志停刊，没收刊物十余万册，查封了13处文化机关。一些杂志迁到香港或其他地方，不少文化人走避。

6月26日，国共双方在湖北与河南交界地域爆发大规模武装冲突。内战全面爆发。

11月30日，广州社会局下令不准销售《华商报》及与国民政府政策相左的小报。

1947年6月1日凌晨，广州保安司令部查封了由中共党员、民盟盟员等联合经办的《每日论坛报》，逮捕报社人员60余人。5天之间市内被拘捕者达2000人，监狱挤满，中山纪念堂亦做了拘禁之所。

12月25日，国民政府颁布《戡乱时期危害国家紧急治罪条例》，其第6条规定：“以文字图画为匪徒宣传者，处3年以上7年以下有期徒刑。”（匪徒，是对共产党的蔑称）

1948年12月1日，广州社会局下令查禁《观察》《世界知识》等350种书报。

1949年3月21日，广州绥靖公署以“造谣惑众”罪，禁止香港《星岛日报》进口广州等地。

4月23日，解放军攻克国民政府首都南京。4月25日，国民政府南迁广州，广州做了临时首都。4月28日，《天地新闻日报》因为全文刊登了4月21日《中国人民解放军向全国进军命令》，被勒令停刊，发行人和总编辑遭逮捕。4月29日，广州警备司令部以《当代日报》谴责国民政府拒绝与中共和平谈判，令该报停刊7天。

各种指斥国民党的报刊，只要尚未被查封，就照出不误。

内战时期的这种舆论高压政策并没有形成大革命失败后的那种舆论一律的状况，而是呈现出一片混乱。由于政治和军事等原因，当时广东党政军及其他各界派系复杂，老四军、新四军、太子派等，名目繁多，各有其靠山与帮派，往往利用杂志来作有利于自己的舆论工具，于是出现了不少小报形式的三日刊、五日刊之类的杂志，以揭露内幕、自我标榜、互相攻讦、摭拾社会新闻为主要内容。建国前夕，这类杂志最为风行，反映出国民政府当年对舆论控制已是无能为力。

### （四）“第二条战线”

军事上，中共军队接连获胜；国统区，中共地下组织领导学潮、工潮，同时联合其他党派，诸如中国民主同盟南方总支和广东支部、中国国民党民主促进会、中国农工民主党等，出版报刊，扩大反国民党的宣传，形成“第二条战线”，予国民政府以沉重打击。

1946年12月24日，北平发生了美国士兵强奸北大女学生沈崇事件。消息传到广州，中山大学随即到处出现要求严惩凶手的标语、传单、墙报。1947年1月4日，300多名同学集会议决：罢课3天；1月7日举行游行示威；成立有中共党员参加的15名同学组成的中山大学“抗暴委员会”（又称“沈案后援会”）。

1947年1月7日，3000多人的游行队伍浩浩荡荡地向沙面开进，一路高呼反美口号，冲破军警防线，进入沙面，把抗议标语贴在美国领事馆的墙上，迫使美国领事馆开门接纳抗议书。中共地下党组织在这次反美示威中乘势成立了外围组织——爱国民主协会，为以后领导学生运动打下组织基础。

2月28日，中共中央就国统区的工作方针和斗争策略发出指示，要求“扩大宣传，避免硬碰，争取中间分子，利用合法形式，力求从为生存而斗争的基础上，建立反卖国、反内战、反独裁与反特务恐怖的广大阵线”。

5月31日，在中共广州市委领导下，国民大学、中山大学、执信中学、中山大学附中、中华文化学院等大中学校学生3000多人举行“反内战、反饥饿”示威游行。中大学生队伍首先从石牌出发，一路凝集其他院校学生和市民，高呼口号，声势浩大；途经长堤时，遭大批持棍棒铁器的打手袭击，彼此搏斗两小时，有21名学生重伤，轻伤30余人，被捕48人（一说学生三四十人被殴伤），是为“五卅一血案”。当晚，又有数十名中山大学师生被捕，直到6月中旬才获释。

1948年1月16日，“粤穗各界对九龙城事件后援会”在中山纪念堂前举行后援大会后，游行示威至沙面。广州市长欧阳驹赶到现场，以救火为名，指挥军警拘捕“嫌疑分子”116人。

12月15日，在中共地下党组织领导下，国立第二侨民师范学校开展了一场“反饥饿、反迫害、反内战”的断炊拍卖活动，获得社会人士的支持及捐助，省教育厅答应解决断炊问题。

1949年1月9日，粤汉铁路南段工人派代表往衡阳铁路局请愿，要求改善待遇。广九铁路工人一度罢工。

7月23日深夜，广州警备司令部1000多名军警包围并搜捕了中山大学，按黑名单逮捕了师生167人。中共广州特派员钟明在香港闻讯后，立即回广州组织多方营救。10月12日，营救工作胜利结束。两日后，国民党败逃。

## 五、历史掀开新页

1949年1月，辽沈、淮海、平津三大战役结束，国民党损失正规军144个师，非正规军29个师，合计共154万余人，其主要军事力量基本被消灭。

1949年2月，国民政府行政院自南京迁广州。

4月23日，解放军攻克国民政府首都南京。同日，广州市“民众自卫总队部”扩大为“民众自卫司令部”，市长欧阳驹兼司令，市警察局局长朱晖日、民政委员钟岱兼副司令。当日，广州警备司令宣布广州戒严，实行宵禁。

4月25日（一说5月4日，疑误），国民政府南迁广州，广州成了临时首都。

总统府设在广州市郊石牌。教育部在文明路旧中大校园内，司法院在万福路联义社，立法院在文德路市立中山图书馆内。总统府办公室在市政府前座，行政院在中华北路（今解放北路）广东招待所，财政部在财政厅。

4月28日，广州警备司令叶肇声称：为执行戒严令，组织突击队，对“严重违犯戒严令者，格杀勿论”。

5月1日，国民政府广州警备司令部将两个警备大队，第二大队设在河南。

5月3日，广州警备司令叶肇在河南大塘召开外围治安会议。李福林等参加，决定“加强外围治安组织，健全保甲，组织地方武力，建筑碉堡，严禁械斗”。5月14日，劝告市民疏散。5月30日，在市区成立义勇警察大队。7月1日，广州警备司令部成立第一自卫总队，同时成立水上警备部。

1949年7月，解放军第四、十五兵团和两广纵队、粤赣湘边纵队、粤中纵队约共22万人，挺进广东。8月下旬，到达江西。9月中下旬召开赣州会议，定下广东战役部署：以第二野战军第四兵团为右路，以第四野战军第十五兵团为中路，以两广纵队、粤赣湘边纵队为左路，发起攻击。

广东国民党军共3个兵团15万人，以主力布防于曲江、乐昌、仁化、南雄地区，为第一道防线。在英德、翁源、新丰地区布防第二道防线。广州以北、以东的佛冈、花县、从化地区组织防御，为第三道防线。第一〇九军及警卫团，宪兵第十七、二十六团，保安第一纵队驻守广州、增城。

8月10日，国民党政府官员开始纷纷撤离广州。

8月24日，广州绥靖公署改为“华南军政长官公署”，余汉谋为军政长官。

10月2日，各路解放军发起广东战役，在粤赣边地区同时对国民党军发动攻击。

6日，攻占乐昌、仁化。7日，进占曲江。国民党军败逃，防线崩溃，广东北部门户洞开。解放军随即沿粤汉铁路南下。9日，占领乳源、英德及城南的连江口。11日占领佛冈。

左、右、中三路大军快速逼近广州，构成对广州的西、北、南三面夹击之势。

广州卫戍司令李及兰发布“十杀令”：助敌者、纵火者、图谋罢工者、散布谣言者、操纵市场者、私带军械者、参加示威游行者、戒严时放鞭炮者、散布反政府宣传者、抢劫者，一律格杀勿论。

10月12日，国民党政府代理总统李宗仁宣布总统府和行政院迁往重庆。李本人于当日乘飞机逃往桂林。国民党中央党、政、军机关自广州乘飞机逃往重庆。

10月13日，国民党军广州外围防线被击溃。解放军占领清远、从化、花县、派潭、增城。余汉谋于当日经湛江逃至海南岛。

10月14日晨，解放军进抵广州城北郊三元里。薛岳、李扬敬、李及兰等国民党高官离穗逃往海南岛。广州市内由市警察局副局长何名泽负责维持秩序。

10月14日18时左右，解放军之中路军先头部队从中华路（今解放路）进入广州市区，21时许占领总统府、省政府、警察局等重要机关。后续部队源源列队进城。

早在解放军主力逼近广州之前，中共广州地方组织已决定把工作重点转移到迎接解放、护厂护校、准备接管方面来。

中共广州市委和广州新民主主义工人协会、教育工作者协会、地下学联等组织，组织和领导工人、农民、居民、学生，成立消防、救护、自卫、修理队，做了大量预防和护厂护校等保护工作。

广州发电厂组织了200多人的护厂队，分成警卫、消防、救护3个组。队员臂扎红带，手持铁棒，日夜在厂内巡逻；又在工厂四周架设了一条长达1000多米的铁丝网，准备在发生紧急情况时输电以保护工厂，还在工厂门口筑起沙包防御工事。

西村自来水厂也组织了护厂队，并在自来水管理处组织抢修队。在厂房四周架设高压电线，组织武装巡逻。10月14日傍晚海珠桥被炸毁，附近一些自来水管被炸坏，水厂抢修队立即赶赴现场抢修，保证了全市正常供水。

粤汉、广三铁路工务段工人预先采取了防破坏、防爆炸措施，保护了全路段铁路、桥梁完好无损。

在国民党军警纷纷逃离广州之时，保安警察独立大队上校大队长程长清（中共特别党员）策反广州市警察局代理正副局长黄逸民、练秉彝，于10月14日14时，通知市内13个警察分局和保警独立大队，保警总队第二、三大队，广州市政府自卫队共约2000人反正，使广州市免遭严重破坏。

在此情势下，广州国民党当局原定撤退时的“总破坏”未能实施，但仍是发生了局部破坏和枪杀事件。

10月14日清晨，100多名政治犯在流花桥刑场被集体枪杀。石牌军用物资弹药仓库和黄埔鱼雷仓库、天河机场弹药仓库等炸毁。白云机场跑道被炸，所幸炸药不足，只造成轻度破坏。

黄沙火车站遭到破坏。六二三路一带部分商店、民房和河面船艇、鱼栏被烧毁。

广州市政设施遭受最严重破坏的是沟通市区南北两岸的唯一桥梁海珠桥被炸毁。

10月14日18时左右，解放军正进入市区之时，轰隆一声巨响，当时中国四大桥梁之一的海珠桥毁塌江中。

事前，黄色炸药近100箱被置于桥墩、桥梁结合部。14日下午5时50分施爆，桥中央活动吊桥全部炸塌，桥墩被炸毁1个，两头桥梁被震坏。附近两岸房屋被震塌数百间（一说房舍全毁100多间，半毁300多间，房舍瓦面毁掉的500多间）。码头倒塌50余座，炸沉大小船只100余艘。至于死伤多少人，说法不一。一说死伤市民四五百人，一说近千人。一说死亡14人，重伤11人，轻伤900多人。3000多灾民无家可归。

五仙门电力厂发电机及锅炉被震受损，电线被炸断，3条往河南输电的电缆被炸毁。当晚市区漆黑一片。

这一声巨响亦宣告了国民党在广州的统治结束。政权易手。广州历史自此掀开新的一页。